《中国水泥年鉴》2014卷

协办单位

（排名不分先后）

中国建材　中国联合水泥集团有限公司

sinoma　新疆天山水泥股份有限公司

JIDD 冀东水泥　冀东发展集团有限责任公司

LAFARGE 拉法基瑞安水泥　拉法基瑞安水泥有限公司

中国水泥年鉴(2014)

China Cement Almanac(2014)

《中国水泥》杂志社有限责任公司 编

中国建材工业出版社

图书在版编目 (CIP) 数据

中国水泥年鉴. 2014 /《中国水泥》杂志社有限责任公司编. —北京 : 中国建材工业出版社, 2015.3

ISBN 978-7-5160-1171-3

Ⅰ. ①中… Ⅱ. ①中… Ⅲ. ①水泥工业—中国—2014—年鉴 Ⅳ. ①F426.7-54

中国版本图书馆 CIP 数据核字 (2015) 第 045383 号

中国水泥年鉴 (2014)

China Cement Almanac(2014)

《中国水泥》杂志社有限责任公司 编

出版发行：中国建材工业出版社

地　　址：北京市海淀区三里河路 1 号

邮　　编：100044

经　　销：全国各地新华书店

印　　刷：北京久仁印刷厂

开　　本：880mm×1230mm 1/16

印　　张：22.75

字　　数：778 千字

版　　次：2015 年 3 月第 1 版

印　　次：2015 年 3 月第 1 次

定　　价：580.00 元

ISBN 978-7-5160-1171-3

本社网址：www.jccbs.com.cn 微信公众号：zgjcgycbs

广告经营许可证号：京海工商广字第 8293 号

《中国水泥年鉴》（2014）

编委会和编辑部工作人员

目　录

第一篇　特载

政策法规

重要文章

第二篇 综述

各省水泥工业概况

第三篇 标准、专利、科技成果

第四篇 记事篇

第五篇 统计数据

第一篇　特载

政策法规

重要文章

政策法规
Policy and Regulations

水泥单位产品能源消耗限额★

前言

本标准的4.1、4.2为强制性的，其余为推荐性的。

本标准按照GB/T1.1-2009给出的规则起草。

本标准代替GB 16780-2007《水泥单位产品能源消耗限额》。与GB 16780-2007相比，主要变化如下：

——现有水泥企业水泥单位产品能耗限定值按照熟料和水泥分类，并重新确定现有水泥单位产品限定值指标（2007年版的4.1，本版的4.1）；

——新建水泥企业水泥单位产品能耗准入值指标按照熟料和水泥分类，并重新确定新建水泥企业水泥单位产品能耗准入值指标（2007年版的4.2，本版的4.2）；

——水泥企业水泥单位产品能耗先进值指标按照熟料和水泥分类，并重新确定水泥企业水泥单位产品能耗先进值指标（2007年版的4.3，本版的4.3）；

——对可比熟料综合煤耗的计算进行修改（2007年版的5.3.1，本版的5.3.1）；

——将余热发电折算标准煤量计算中的电力折标准煤系数由0.404kgce/kW·h修改为0.1229kgce/kW·h（2007年版的5.3.1.1.1，本版的5.3.1.2）；

——在可比水泥综合电耗计算中取消混合材掺量修正，同时增加海拔高度修正（2007年版的5.3.4.4，本版的5.3.4.3）；

——取消附录B各种能源折标准煤参考系数和能耗工质平均折算热量；

——增加水泥企业水泥单位产品分步能耗限额资料性附录。

本标准由国家发展和改革委员会资源节约与环境保护司、工业和信息化部节能与综合利用司提出。

本标准由全国能源基础与管理标准化技术委员会（SAC/TC 20）、中国建筑材料联合会归口。

本标准起草单位：天津水泥工业设计研究院有限公司、中材装备集团有限公司、中国建筑材料科学研究总院、合肥水泥研究设计院、北京工业大学、中建材（合肥）装备科技有限公司。

本标准主要起草人：刘继开、狄东仁、陶从喜、肖秋菊、丁奇生、王学敏、兰明章、包玮、萧瑛。

本标准所代替标准的历次版本发布情况：

——GB/T 16780-1997；

——GB 16780-2007。

水泥单位产品能源消耗限额

1 范围

本标准规定了通用硅酸盐水泥单位产品能源消耗（简称能耗）限额的术语和定义、技术要求、能耗统计及计算方法。

本标准适用于通用硅酸盐水泥生产企业能耗的计算、考核，以及对新建项目的能耗控制。

2 规范性引用文件（略）

3 术语和定义（略）

4 技术要求

4.1 现有水泥企业水泥单位产品能耗限定值

现有水泥熟料和水泥生产企业的单位产品能耗限定值指标包括综合能耗、综合电耗等5项，其值应符合表1的规定。

表 1　现有水泥企业水泥单位产品能耗限定值

项目		可比熟料综合煤耗限定值 kgce/t	可比熟料综合电耗限定值 kW · h/t	可比水泥综合电耗限定值 kW · h/t	可比熟料综合能耗限定值 kgce/t	可比水泥综合能耗限定值 kgce/t
熟料		≤ 112	≤ 64	-	≤ 120	-
水泥	无外购熟料	-	-	≤ 90	-	≤ 98[a]
	外购熟料	-	-	≤ 40	-	≤ 8

[a] 如果水泥中熟料占比超过或低于 75%，每增减 1%，可比水泥综合能耗限定值应增减 1.20kgce/t。

4.2　新建水泥企业水泥单位产品能耗准入值

新建水泥生产企业的单位产品能耗准入值指标包括综合能耗和综合电耗等 5 项，其值应符合表 2 的规定。

表 2　新建水泥企业水泥单位产品能耗准入值

项目		可比熟料综合煤耗准入值 kgce/t	可比熟料综合电耗准入值 kW · h/t	可比水泥综合电耗准入值 kW · h/t	可比熟料综合能耗准入值 kgce/t	可比水泥综合能耗准入值 kgce/t
熟料		≤ 108	≤ 60	-	≤ 115	-
水泥	无外购熟料	-	-	≤ 88	-	≤ 93[a]
	外购熟料	-	-	≤ 36	-	≤ 7.5

[a] 如果水泥中熟料占比超过或低于 75%，每增减 1%，可比水泥综合能耗准入值应增减 1.15kgce/t。

4.3　水泥企业水泥单位产品能耗先进值

水泥生产企业应通过节能技术改造和加强节能管理来达到表 3 中的能耗先进值。

表 3　水泥企业水泥单位产品能耗先进值

项目		可比熟料综合煤耗先进值 kgce/t	可比熟料综合电耗先进值 kW · h/t	可比水泥综合电耗先进值 kW · h/t	可比熟料综合能耗先进值 kgce/t	可比水泥综合能耗先进值 kgce/t
熟料		≤ 103	≤ 56	-	≤ 110	-
水泥	无外购熟料	-	-	≤ 85	-	≤ 88[a]
	外购熟料	-	-	≤ 32	-	≤ 7

[a] 如果水泥中熟料占比超过或低于 75%，每增减 1%，可比水泥综合能耗先进值应增减 1.10kgce/t。

4.4　水泥企业水泥单位产品分步能耗限额参见附录B。

5 能耗统计及计算方法

5.1　统计范围

5.1.1　燃料的统计范围

5.1.1.1　熟料综合煤耗统计范围

从原燃材料进入生产厂区开始，到水泥熟料出厂的整个熟料生产过程消耗的燃料量，包括烘干原燃材料和烧成熟料消耗的燃料。如果水泥企业采用替代燃料，应单独统计替代燃料消耗量，但替代燃料不包含在熟料综合煤耗范围内。

注：废弃物种类见财税〔2008〕156 号财政部、国家税务总局《关于资源综合利用及其他产品增值税政策的通知》中附件 2 的规定和财税〔2009〕163 号《关于资源综合利用及其他产品增值税政策的补充的通知》中的规定。

5.1.1.2　水泥综合能耗中标准煤耗统计范围

从原燃材料进入生产厂区开始，到水泥出厂的整个水泥生产过程消耗的燃料量，包括烘干原燃材料和水泥混合材以及烧成熟料消耗的燃料。如果水泥企业采用替代燃料，应单独统计替代燃料消耗量，但替代燃料不包含在水泥综合能耗范围内。

5.1.2 电耗的统计范围

5.1.2.1 熟料综合电耗统计范围

从原燃材料进入生产厂区开始，到水泥熟料出厂的整个熟料生产过程消耗的电量，不包括用于基建、技改等项目建设消耗的电量。采用废弃物作为替代燃料和替代原料时，处理废弃物消耗的电量应单独统计，并且不包含在熟料综合电耗范围内。

5.1.2.2 水泥综合电耗统计范围

从原燃材料进入生产厂区开始，到水泥出厂的整个水泥生产过程消耗的电量，不包括用于基建、技改等项目建设消耗的电量。采用废弃物作为替代原料、替代燃料和水泥混合材时，处理废弃物消耗的电量应单独统计，并且不包含在水泥综合电耗范围内。

5.1.2.3 水泥粉磨企业综合电耗统计范围

从水泥熟料、石膏和混合材等进入生产厂区到水泥出厂的整个水泥生产过程消耗的电量。

5.2 统计方法

5.2.1 燃料统计方法

在统计期内水泥企业定期统计用于烘干原燃材料、水泥混合材和烧成熟料的原煤用量，以及点火用油或用气量。采用废弃物作为替代原料时，烘干废弃物消耗的燃料用量单独统计。采用废弃物作为水泥混合材时，其烘干所消耗的燃料量也应单独统计。同时统计所消耗燃料对应的收到基低位发热量。

烧成系统废气用于余热电站发电时，应统计余热电站发电量及余热电站自用电量。采用烧成系统废气进行原、燃料烘干以外的其他余热利用时，应对余热利用进口和出口热量及余热利用系统的散热损失进行定期检测。检测和计算参考GB/T 26282和GB/T 26281的规定进行。

5.2.2 电耗统计方法

水泥生产企业定期根据生料制备、燃料制备、熟料烧成和水泥粉磨等过程各电表记录的电量进行统计。采用废弃物作为替代原料、替代燃料和水泥混合材时，处理废弃物消耗的电量单独统计。电耗的测试可以按GB/T 27977-2011中规定的方法进行。

5.3 计算方法

5.3.1 可比熟料综合煤耗

5.3.1.1 熟料综合煤耗

熟料综合煤耗按式（1）计算

$$e_{c1}=\frac{P_c\ Q_{net,ar}}{Q_{BM}P_{CL}} \cdots\cdots\cdots\cdots (1)$$

式中：

e_{c1}——熟料综合煤耗，单位为千克标准煤每吨(kgce/t)；

P_c——统计期内用于烘干原燃材料和烧成熟料的入窑与入分解炉的实物煤总量，单位为千克（kg）；

$Q_{net,ar}$——统计期内实物煤的加权平均低位发热量，单位为千焦每千克（kJ/kg）；

Q_{BM}——每千克标准煤发热量，见GB/T 2589，单位为千焦每千克（kJ/kg）；

P_{CL}——统计期内的熟料总产量，单位为吨（t）。

燃料发热量：固体燃料发热量按GB/T 213的规定测定，液体燃料发热量按GB/T 384的规定测定；企业无法直接测定燃料发热量时，按GB/T 26282的规定计算。

5.3.1.2 余热发电折算标准煤量

余热发电折算标准煤量按式（2）计算：

$$e_{he}=\frac{0.1229\times(q_{he}-q_o)}{P_{CL}} \cdots\cdots\cdots\cdots (2)$$

式中：

e_{he}——统计期内余热发电折算的单位熟料标准煤量，单位为千克标准煤每吨（kgce/t）；

0.1229——每千瓦时电力折合的标准煤量，单位为千克标准煤每千瓦时 [kgce/（kW·h）]；

q_{he}——统计期内余热电站总发电量，单位为千瓦时（kW·h）；

q_o——统计期内余热电站自用电量，单位为千瓦时（kW·h）。

5.3.1.3 余热利用热量折算标准煤量

余热利用热量折算标准煤量按式（3）计算：

$$e_{hu}=\frac{H_{HI}-(H_{HE}-H_{HD})}{Q_{BM}\ P_{CL}} \cdots\cdots\cdots\cdots (3)$$

式中；

e_{hu}——统计期内余热利用的热量折算的单位熟料标准煤量，单位为千克标准煤每吨（kgce/t）；

H_{HI}——统计期内余热利用进口总热量，单位为千焦(kJ)；

H_{HE}——统计期内余热利用出口热量，单位为千焦(kJ)；

H_{HD}——统计期内余热利用系统的散热损失总量，单位为千焦（kJ）。

5.3.1.4 熟料强度等级修正系数

熟料强度等级修正系数按式（4）计算：

$$a=\sqrt[4]{\frac{52.5}{A}} \cdots\cdots\cdots\cdots (4)$$

式中：

a——熟料强度等级修正系数；

A——统计期内熟料平均28d抗压强度，按附录A的规定计算，单位为兆帕（MPa）；

52.5——统计期内熟料平均抗压强度修正到 52.5MPa。

5.3.1.5 海拔修正系数

水泥企业所在地海拔高度超过 1000m 时进行海拔修正，海拔修正系数按式（5）计算：

$$K=\sqrt{\frac{P_H}{P_o}}\cdots\cdots\cdots\cdots(5)$$

式中：

K——海拔修正系数；

P_o——海平面环境大气压，101325 帕（Pa）；

P_H——当地环境大气压，单位为帕（Pa）。

5.3.1.6 可比熟料综合煤耗

可比熟料综合煤耗按式（6）计算：

$$e_{kcl}=aK(e_{cl}-e_{he}-e_{hu}-e_{fc})\cdots\cdots\cdots\cdots(6)$$

式中：

e_{kcl}——可比熟料综合煤耗，单位为千克每吨（kg/t）；

e_{fc}——处理废弃物消耗的燃料折算到每吨熟料的标准煤耗，单位为千克标准煤每吨（kgce/t），如果没有处理废弃物，按 0 考虑。

5.3.2 可比熟料综合电耗

可比熟料综合电耗按式（7）计算：

$$Q_{KCL}=aKQ_{CL}\cdots\cdots\cdots\cdots(7)$$

式中：

Q_{KCL}——可比熟料综合电耗，单位为千瓦时每吨（kW·h/t）；

Q_{CL}——统计期内熟料综合电耗，单位为千瓦时每吨（kW·h/t）。

5.3.3 可比熟料综合能耗

可比熟料综合能耗按式（8）计算：

$$E_{CL}=e_{kcl}+0.1229\times Q_{KCL}\cdots\cdots\cdots\cdots(8)$$

式中：

E_{CL}——可比熟料综合能耗，单位为千克标准煤每吨（kgce/t）。

5.3.4 可比水泥综合电耗

5.3.4.1 水泥综合电耗

水泥综合电耗按式（9）计算：

$$Q_s=\frac{q_{fm}+Q_{CL}p_{cl}+q_m p_m+q_g p_g+q_{fz}}{P_c}\cdots\cdots\cdots\cdots(9)$$

式中：

Q_s——水泥综合电耗，单位为千瓦时每吨（kW·h/t）；

q_{fm}——统计期内水泥粉磨及包装过程耗电量，单位为千瓦时（kW·h）；

p_{cl}——统计期内熟料消耗量，单位为吨（t）；

q_m——统计期内每吨混合材预处理平均耗电量，单位为千瓦时每吨（kW·h/t）；

p_m——统计期内混合材消耗量，单位为吨（t）；

q_g——统计期内每吨石膏平均耗电量，单位为千瓦时每吨（kW·h/t）；

p_g——统计期内石膏消耗量，单位为吨（t）；

q_{fz}——统计期内应分摊的辅助用电量，单位为千瓦时（kW·h）；

P_c——统计期内水泥总产量，单位为吨（t）。

当企业全部采用外购熟料生产水泥时，式（9）中外购熟料的 Q_{CL} 按零计算；当企业外购部分熟料生产水泥时，式（9）中外购熟料的 Q_{CL} 按 65kW·h/t 统一计算。

当企业部分熟料外卖时，在计算水泥综合电耗时式（9）中 p_{cl} 不包括外卖的熟料量。

5.3.4.2 水泥强度等级修正系数

水泥强度等级修正系数按式（10）计算：

$$d=\sqrt[4]{\frac{42.5}{B}}\cdots\cdots\cdots\cdots(10)$$

式中：

d——水泥强度等级修正系数；

B——统计期内水泥加权平均强度，单位为兆帕（MPa）；

42.5——统计期内水泥平均强度修正到 42.5MPa。

5.3.4.3 可比水泥综合电耗

可比水泥综合电耗按式（11）计算：

$$Q_{KS}=dKQ_s\cdots\cdots\cdots\cdots(11)$$

式中：

Q_{KS}——可比水泥综合电耗，单位为千瓦时每吨（kW·h/t）。

5.3.5 可比水泥综合能耗

可比水泥综合能耗按式（12）计算：

$$E_{KS}=e_{kcl}\times g+e_h+0.1229\times Q_{KS}\cdots\cdots\cdots\cdots(12)$$

式中：

E_{KS}——可比水泥综合能耗，单位为千克每吨（kg/t）；

g——统计期内水泥企业水泥中熟料平均配比，%；

e_h——统计期内烘干水泥混合材所消耗燃料折算的单位水泥标准煤量，单位为千克每吨（kg/t）。

当企业全部采用外购熟料生产水泥时，式（12）中外购熟料的 e_{kcl} 按零计算。

当企业外购部分熟料生产水泥时，式（12）中 e_{kcl} 可采用本企业可比熟料综合电耗数据。

5.3.6 统计期内企业生产两种以上不同强度等级的水泥时，应根据不同强度等级的可比水泥综合电耗和水泥产量采用加权平均的方法计算可比水泥综合电耗和可比水泥综合能耗。

5.3.7 企业有多条生产线时，按生产线分别计算能耗，公用部分的电耗按产能分摊到各条生产线。

6 节能管理与措施

6.1 节能基础管理

6.1.1 企业应按照GB/T 23331规定的要求建立能源管理体系。

6.1.2 企业应定期对生产中单位产品消耗的燃料量和用电量进行考核，并把考核指标分解落实到各基层部门，建立用能责任制度。

6.1.3 企业应按要求建立能耗统计体系，建立能耗测试数据、能耗计算和考核结果的文件档案，并对文件进行受控管理。

6.1.4 企业应根据GB/T 24851-2010的要求配备能源计量器具并建立能源计量管理制度。

6.1.5 企业应根据生产线运行情况定期按照GB/T 26282和GB/T 26281规定的方法对水泥回转窑系统的热平衡和热效率进行测试和计算，并按照GB/T 27977-2011规定的方法对水泥和熟料生产过程中的电能能效进行测试和计算。

6.2 节能技术管理

6.2.1 耗能设备

6.2.1.1 企业应使电动机系统、泵系统、通风机系统、电力变压器、工业锅炉、电加热锅炉等通用耗能设备符合GB/T 12497、GB/T 13469、GB/T 13470、GB/T 13462、GB/T 17954和GB/T 19065等相关的用能产品经济运行标准要求。

6.2.1.2 新建及改扩建企业所用的中小型三相异步电动机、容积式空气压缩机、通风机、清水离心泵、三相配电变压器等通用耗能设备应达到GB 18613、GB 19153、GB 19761、GB 19762、GB 20052等相应耗能设备能效标准中节能评价值的要求。

6.2.2 生产过程

6.2.2.1 水泥企业在水泥熟料或水泥各生产过程中，应采取有效措施，保证生产系统正常、连续和稳定运行，提高系统运转率，实现优质、低耗和清洁生产。

6.2.2.2 企业在生产过程中，应加强设备的日常维护工作。

附录A

（规范性附录）
熟料平均28d抗压强度计算方法

A.1 范围

本附录适用于水泥熟料平均28d抗压强度的计算。

A.2 方法原理

根据GB/T 21372所得的熟料28d抗压强度数值和对应的熟料产量计算，按GB/T 175-2007中表3规定的硅酸盐水泥28d抗压强度指标作为对应强度等级的水泥熟料28d抗压强度。

A.3 日、旬、月、季、年度熟料平均28d抗压强度计算

A.3.1 日熟料平均28d强度的计算

熟料日平均28d强度可采用加权平均方法计算，即将熟料的28d抗压强度分别乘以日产量，分别相加后除以窑的总产量，即得日熟料平均28d抗压强度。

A.3.2 旬熟料实际平均强度等级

将旬中每日熟料28d抗压强度分别乘以日产量，分别相加后除以该旬窑的总产量，即得旬熟料平均28d抗压强度。

A.3.3 月熟料实际平均强度等级

将月中每日熟料28d抗压强度分别乘以日产量，分别相加后除以该月窑的总产量，即得月熟料平均28d抗压强度。

A.3.4 季度熟料实际平均相当等级

将季度中分月的熟料平均28d强度等级分别乘以每月熟料产量，并相加后除以该季度熟料总产量，即得季度熟料实际平均强度等级。

A.3.5 年度熟料实际平均强度等级

将年度中分月的熟料平均强度等级分别乘以每月熟料产量，并相加后除以当年的熟料总产量，即得年度熟料实际平均强度等级。

附录 B

（资料性附录）
水泥企业水泥单位产品分步能耗限额

B.1　范围

本附录给出了通用硅酸盐水泥单位产品能源消耗限额的分布能耗限额指标。

B.2　水泥企业分布能耗

B.2.1　现有水泥企业分步能耗

现有水泥企业的分步能耗指标包括生料制备工段、熟料烧成工段和水泥制备工段的电耗以及熟料烧成工段煤耗等 4 项，其值见表 B. 1。

表 B.1　现有水泥企业分步能耗

项目	生料制备工段电耗[a] kW·h/t	熟料烧成工段煤耗 kgce/t	熟料烧成工段电耗 kW·h/t	水泥制备工段电耗 kW·h/t
熟料	≤22	≤115	≤33	-
水泥	≤22	≤115	≤33	≤38

[a] 生料制备工段的电耗为原料中等易磨性的电耗，应折算至每吨生料基准。

现有水泥企业的分步能耗指标没有经过海拔高度和强度等级修正，为水泥企业实际能源消耗，供现有水泥企业生产控制指标作为参考。

B.2.2　新建水泥企业分步能耗

新建水泥生产企业的分步能耗指标包括生料制备工段、熟料烧成工段和水泥制备工段的电耗以及熟料烧成工段煤耗等 4 项，其值见表 B. 2。

表 B.2　新建水泥企业分步能耗

项目	生料制备工段电耗[a] kW·h/t	熟料烧成工段煤耗 kgce/t	熟料烧成工段电耗 kW·h/t	水泥制备工段电耗 kW·h/t
熟料	≤18.5	≤108	≤33	-
水泥	≤18.5	≤108	≤33	≤34

[a] 生料制备工段的电耗为原料中等易磨性的电耗，应折算至每吨生料基准。

新建水泥企业的分步能耗指标没有经过海拔高度和强度等级修正，为水泥企业实际能源消耗，供新建水泥企业生产控制指标作为参考。

B.2.3　水泥企业分步能耗先进值

水泥生产企业应通过节能技术改造和加强节能管理来达到表 B. 3 中的分步能耗先进值。

表 B.3　水泥企业分步能耗先进值

项目	生料制备工段电耗[a] kW·h/t	熟料烧成工段煤耗 kgce/t	熟料烧成工段电耗 kW·h/t	水泥制备工段电耗 kW·h/t
熟料	≤16	≤105	≤32	-
水泥	≤16	≤105	≤32	≤32

[a] 生料制备工段的电耗为原料中等易磨性的电耗，应折算至每吨生料基准。

B.3　电耗的统计范围

B.3.1　水泥粉磨企业综合电耗统计范围

从水泥熟料、石膏和混合材等进入生产厂区到水泥出厂的整个水泥生产过程消耗的电量。

B.3.2　生料制备工段电耗统计范围

从原材料进入生产厂区开始，到生料出生料库和废气出高温风机到窑尾烟囱的整个生料制备和废气处理过程消耗的电量，包括原料破碎、原料预均化、生料粉磨、生料均化消耗的电量。

B.3.3　熟料烧成工段电耗统计范围

从生料出生料库到熟料入熟料库，原煤入煤磨到煤粉入煤粉仓的整个熟料烧成过程消耗的电量，包括燃料制备及生料预热分解、熟料煅烧及熟料冷却和废气处理消耗的电量。

B.3.4　水泥制备工段电耗统计范围

从水泥熟料、石膏及混合材出调配库到水泥出厂的整个水泥制备工段消耗的电量，包括水泥粉磨、水泥包装及散装消耗的电量。

参考文献

[1] 财税〔2008〕156 号　财政部、国家税务总局《关于资源综合利用及其他产品增值税政策的通知》中附件 2

[2] 财税〔2009〕163 号《关于资源综合利用及其他产品增值税政策的补充的通知》

★中华人民共和国国家质量监督检验检疫总局和中国国家标准化管理委员会 2012 年 12 月 31 日联合发布的 GB 16780-2012 国家标准。

关于扩大脱硝电价政策试点范围有关问题的通知★

各省、自治区、直辖市发展改革委、物价局，国家电网公司、南方电网公司、内蒙古电力公司，华能、大唐、华电、国电、中电投、神华集团公司：

为加快燃煤机组脱硝设施建设，提高发电企业脱硝积极性，减少氮氧化物排放，促进环境保护，决定进一步加大脱硝电价政策试行力度。现将有关事项通知如下：

一、扩大脱硝电价试点范围。

自2013年1月1日起，将脱硝电价试点范围由现行14个省（自治区、直辖市）的部分燃煤发电机组，扩大为全国所有燃煤发电机组。燃煤发电机组安装脱硝设施、具备在线监测功能且运行正常的，持国家或省级环保部门出具的脱硝设施验收合格文件，报省级价格主管部门审核后，执行脱硝电价。脱硝电价标准为每千瓦时8厘钱。

二、脱硝电价资金暂由电网企业垫付。

发电企业执行脱硝电价后，电网企业增加的购电资金暂由其垫付，今后择机在销售电价中予以解决。

三、加强对脱硝电价政策执行的监管。

各省、自治区、直辖市价格主管部门要及时对已安装脱硝设施的燃煤机组执行脱硝电价，调动发电企业脱硝积极性；会同有关部门加强对发电企业脱硝设施运行情况的监管，督促发电企业提高脱硝效率。同时，要注意总结脱硝电价政策实施情况，妥善处理出现的问题，并及时向我委报告。

★国家发展和改革委员会2012年12月28日发布的发改价格〔2012〕4095号文。

粉煤灰综合利用管理办法★

第一章 总则

第一条 为节约资源、保护环境、发展循环经济，深入推进粉煤灰综合利用健康发展，根据《中华人民共和国循环经济促进法》、《中华人民共和国清洁生产促进法》、《中华人民共和国固体废物污染环境防治法》等有关法律法规，制定本办法。

第二条 中华人民共和国境内粉煤灰的产生、储运、综合利用等活动，适用本办法。

第三条 本办法所称粉煤灰是指：燃煤电厂以及煤矸石、煤泥资源综合利用电厂（以下称产灰单位）锅炉烟气经除尘器收集后获得的细小飞灰和炉底渣。

第四条 本办法所称粉煤灰综合利用是指：从粉煤灰中进行物质提取，以粉煤灰为原料生产建材、化工、复合材料等产品，粉煤灰直接用于建筑工程、筑路、回填和农业等。

第五条 国家发展改革委负责全国粉煤灰综合利用的组织协调和监督检查工作，国务院有关部门负责各自职责范围内的相关工作。

地方各级资源综合利用主管部门负责本办法的贯彻实施和本行政区域的监督、管理和协调工作，有关部门负责各自职责范围内的相关工作。

相关行业协会、社会团体组织开展粉煤灰综合利用技术培训和交流，加强行业自律。

第六条 粉煤灰综合利用应遵循“谁产生、谁治理，谁利用、谁受益”的原则，减少粉煤灰堆存，不断扩大粉煤灰综合利用规模，提高技术水平和产品附加值。

第二章 综合管理

第七条 国家发展改革委会同国务院有关部门组织编制粉煤灰综合利用实施方案。各省级资源综合利用主管部门会同有关部门编制本行政区域的粉煤灰综合利用实施方案，并纳入地方经济社会发展规划，报国家发展改革委备案。

第八条 国家发展改革委会同科技部、工业和信息化部、财政部、国土资源部、环境保护部、住房城乡建设部、交通运输部、税务总局、质检总局等部门负责制订完善粉煤灰综合利用的相关政策、技术、产品导向目录和标准，组织开展粉煤灰清洁高效利用关键技术、设备的研发与产业化示范，推动粉煤灰在建筑、建材、化工等更多领域的广泛应用。

第九条 产灰单位须按照《中华人民共和国固体废物污染环境防治法》和环境保护部门有关规定申报登记粉煤灰产生、贮存、流向、利用和处置等情况，同时报同级资源综合利用主管部门备案。

地市级环境保护部门、资源综合利用主管部门负责统计和掌握本地区粉煤灰产生、贮存、流向、利用、处置等数据信息。各省（区、市）环境保护部门和资源综合利用主管部门应于每年6月底前，将本地区上年度统计数据报环境保护部和国家发展改革委。

第十条　新建和扩建燃煤电厂，项目可行性研究报告和项目申请报告中须提出粉煤灰综合利用方案，明确粉煤灰综合利用途径和处置方式。

综合利用方案中涉及粉煤灰存储、装运的设施和装备以及产灰单位自行建设粉煤灰综合利用工程的要与主体工程同时设计、同时施工、同时建成。

综合利用方案中涉及为其他单位提供粉煤灰的，用灰单位应符合国家产业政策且具备相应的处理能力。

第十一条　新建电厂应综合考虑周边粉煤灰利用能力，以及节约土地、防止环境污染，避免建设永久性粉煤灰堆场（库），确需建设的，原则上占地规模按不超过3年储灰量设计，且粉煤灰堆场（库）选址、设计、建设及运行管理应当符合《一般工业固体废物贮存、处置场污染控制标准》（GB 18599-2001）等相关要求。

第十二条　产灰单位灰渣处理工艺系统应按照干湿分排、粗细分排、灰渣分排的原则进行分类收集，并配备相应储灰设施。已投运的电厂要改造、完善粉煤灰储、装、运系统，包括加工分选、磨细和灰场综合治理等设施。

产灰单位既有湿排灰堆场（库），应制订粉煤灰综合利用专项方案和污染防治专项方案，并报所在地市级资源综合利用主管部门和环境保护部门备案。新建电厂应以便于利用为原则，不得湿排粉煤灰。

堆场（库）中的粉煤灰应按环境保护部门有关规定严格管理。

第十三条　在堆场（库）提取粉煤灰，产灰单位应与用灰单位签订取灰安全及环保协议，产灰单位应对用灰单位从指定地点装运未经加工的粉煤灰（包括从湿排灰堆场（库）取灰点、电厂储装运设施中取原灰）提供装载方便，并维护灰场和生产现场的安全。

第十四条　粉煤灰运输须使用专用封闭罐车，并严格遵守环境保护等有关部门规定和要求，避免二次污染。

第十五条　粉煤灰建材产品和利用粉煤灰或制品建造的道路、港口、桥涵、大坝及其他建筑工程，必须符合国家或行业的有关质量标准，质量技术监督部门和工程质量管理部门应依法监督管理。

第三章　鼓励措施

第十六条　鼓励对粉煤灰进行以下高附加值和大掺量利用：

（一）发展高铝粉煤灰提取氧化铝及相关产品；

（二）发展技术成熟的大掺量粉煤灰新型墙体材料；

（三）利用粉煤灰作为水泥混合材并在生料中替代粘土进行配料；

（四）利用粉煤灰作商品混凝土掺合料等。

第十七条　鼓励产灰单位对粉煤灰进行分选加工，生产的符合国家或行业标准的成品粉煤灰，可以适当收取费用，其收费标准根据加工成本和质量，由产、用灰双方商定。鼓励产灰单位与用灰单位签订长期供应协议。

第十八条　用灰单位可以按照《国家鼓励的资源综合利用认定管理办法》有关要求和程序申报资源综合利用认定。符合条件的用灰单位，可根据国家有关规定，申请享受资源综合利用相关优惠政策。

第十九条　鼓励在具备条件的建筑、筑路等工程中使用符合国家或行业质量标准的粉煤灰及其制品。

第二十条　对粉煤灰大掺量、高附加值关键共性技术的自主创新研究，相关部门应给予一定支持。对获得国家和地方资金支持的粉煤灰综合利用项目，所在地区科技、投资、环保等部门要对项目进展、资金使用、环境影响情况进行监督检查，并进行资源综合利用效果的后评估。

第二十一条　各级资源综合利用主管部门应会同相关部门，根据本地区实际情况制定相应的鼓励和扶持措施。

第二十二条　相关部门、各级地方政府对在粉煤灰综合利用工作中有突出贡献的产灰、用灰、运灰、设计、科研和管理等单位及个人按规定予以表彰和奖励。

第四章　法律责任

第二十三条　新建电厂兴建永久性储灰场违反第十一条规定的，由国土资源等部门监督其限期整改。对环境造成污染的，由环境保护部门依法予以处罚。

第二十四条　任何单位及个人不得在灰场（库）非指定区域擅自取灰，凡擅自取灰影响灰场（库）安全，造成财产损失或引发安全事故的，有关部门要依法追究相关责任。

第二十五条　违反本办法第十四条、第十五条规定的，由环境保护、质量技术监督等部门根据情节轻重及有关规定予以行政处罚，资源综合利用主管部门监督整改。

第二十六条　有关部门依照本办法及相关规定对单位、个人处以罚款和没收财物时，应遵守《中华人民共和国行政处罚法》相关规定，同时必须使用财政部门统一制发的罚没票据。

第五章　附则

第二十七条　各省级资源综合利用主管部门应根据本办法，并结合当地实际情况，制定实施细则。

第二十八条　本办法自2013年3月1日起施行。原国家经贸委等六部门联合发布的《粉煤灰综合利用管理办法》（国经贸节〔1994〕14号）同时废止。

★国家发展和改革委员会联合科学技术部等10部委2013年1月5日发布的〔2013〕第19号令。

关于加快推进重点行业企业兼并重组的指导意见★

各省、自治区、直辖市、新疆生产建设兵团工业和信息化主管部门、发展改革委、财政厅（局）、人力资源社会保障厅（局）、国土资源厅（局）、商务厅（局）、人民银行中心支行、国资委（局）、国家税务局、地方税务局、工商部门、银监局、证监局：

推进企业兼并重组是推动工业转型升级、加快转变发展方式的重要举措，是提升我国经济国际竞争力、进一步完善社会主义基本经济制度的必然选择，有利于提高资源配置效率，调整优化产业结构，培育发展具有国际竞争力的大企业大集团。《国民经济和社会发展第十二个五年规划纲要》、《国务院关于促进企业兼并重组的意见》（国发〔2010〕27号）、《工业转型升级规划（2011-2015年）》（国发〔2011〕47号）提出，要以汽车、钢铁、水泥、船舶、电解铝、稀土、电子信息、医药等行业为重点，推进企业兼并重组。为贯彻落实国务院部署要求，现就加快推进重点行业企业兼并重组提出以下意见：

一、指导思想和基本要求

（一）指导思想

以邓小平理论、“三个代表”重要思想、科学发展观为指导，以产业结构调整为主线，以规模效益显著的行业为重点，坚持市场化运作，发挥企业主体作用，充分发挥政府引导作用，提高产业集中度和资源配置效率，增强国际竞争力，推动重点行业健康有序发展，加快经济结构调整和发展方式转变。

（二）基本要求

——坚持市场化运作，发挥企业主体作用。充分发挥市场的基础性作用，遵循经济规律和市场准则，尊重企业意愿，由企业通过平等协商，自愿自主地开展兼并重组。

——完善政策措施，发挥政府引导作用。完善相关行业规划和政策措施，努力营造有利于企业兼并重组的政策环境。完善企业兼并重组服务管理体系，努力消除制约企业兼并重组的体制机制障碍，规范行政行为。

——推动体制创新，加快转型升级。支持企业通过兼并重组完善治理结构，增强技术优势，开展管理创新，加强品牌建设，淘汰落后产能，培育国际竞争力，推进转型升级。

——实行分类指导，促进大中小企业协调发展。结合行业自身特点和企业实际情况实行分类指导，促进各种所有制企业公平竞争和优胜劣汰，促进大中小企业协调发展，形成结构合理、有效竞争、规范有序的市场格局。

——加强统筹兼顾，维护企业、社会和谐稳定。严格执行相关法律法规和产业政策，兼顾国家、地方、企业和职工的利益，依法维护债权人、债务人和企业职工等利益主体的合法权益，促进企业、社会和谐稳定。

二、主要目标和重点任务

通过推进企业兼并重组，提高产业集中度，促进规模化、集约化经营，提高市场竞争力，培育一批具有国际竞争力的大型企业集团，推动产业结构优化升级；进一步推动企业转换经营机制，加强和改善内部管理，完善公司治理结构，建立现代企业制度；加快国有经济布局和结构的战略性调整，促进非公有制经济和中小企业发展，完善以公有制为主体、多种所有制经济共同发展的基本经济制度。

推动重点行业企业兼并重组，要以产业政策为引导、以产业发展的重点关键领域为切入点，鼓励大型骨干企业开展跨地区、跨所有制兼并重组；鼓励企业通过兼并重组延伸产业链，组成战略联盟；鼓励企业“走出去”，参与全球资源整合与经营，提升国际化经营能力，增强国际竞争力。

（一）汽车行业。（略）

（二）钢铁行业。（略）

（三）水泥行业。

到2015年，前10家水泥企业产业集中度达到35%，形成3－4家熟料产能1亿吨以上，矿山、骨料、商品混凝土、水泥基材料制品等产业链完整，核心竞争力和国际影响力强的建材企业集团。

重点支持优势骨干水泥企业开展跨地区、跨所有制兼并重组。坚持集约化发展的原则，鼓励企业通过合并、股权收购、资产收购、资产置换、债务重组等多种方式，实施强强联合、兼并改造困难企业和中小企业，实现产能合理布局。

鼓励水泥企业延伸产业链。鼓励水泥企业在做强做大主业的基础上兼并重组上下游关联企业，优化物流配送，整合发展预拌砂浆、商品混凝土及建筑预制构件产业。鼓励具有科技研发优势的建材企业集团，以并购、产业联盟等多种方式整合资源，融合咨询、测试、科研、技术开发、工程设计、安装调试、工程承包等业务，促进运营服务及生产一体化发展。

支持重组企业整合内部资源，走以内涵为主的发展之路。鼓励将企业兼并重组与改组、改制、技术改造、加强管理相结合。鼓励企业创新商业模式，发展电子商务。

（四）船舶行业。（略）

（五）电解铝行业。（略）

（六）稀土行业。（略）

（七）电子信息行业。（略）

（八）医药行业。（略）

（九）农业产业化龙头企业。（略）

三、积极引导企业稳妥开展兼并重组

（一）科学制定方案。

引导企业根据自身发展战略规划，按照国家产业政策要求，确定兼并重组目标企业。选择目标企业要有利于实现资源的优势互补，有利于最大限度地发挥资源的协同效应。结合宏观经济状况和行业、企业情况，做好尽职调查，认真调研、反复讨论，科学制定兼并重组方案。

（二）加强风险防控。

企业要有步骤有计划地实施兼并重组，深入研究兼并重组中可能出现的矛盾和问题，高度重视企业兼并重组中面临的市场、财务、职工安置等方面的风险，以及跨国并购中的风险。加强风险管理，识别风险因素，评估风险强度，妥善制定相应的应对预案和措施，构建完善的风险管理体系。

（三）加强重组后整合。

企业要高度重视重组后各种要素资源的整合，加强人员、文化、管理的融合。以兼并重组为契机，深化管理体制改革，积极开展公司制、股份制改造，进一步完善公司治理结构。结合实际，在人事、财务、采购、销售、生产、研发等环节开展业务流程再造，优化土地、资金、技术、人才等生产要素配置，创新管理模式，实现优势互补、深度融合。

（四）加强组织协调。

各地区要根据实际建立企业兼并重组工作协调机制，加强对企业兼并重组的组织领导，统筹协调本地区企业兼并重组工作。各地工业和信息化主管部门要发挥牵头作用，加强与发展改革、财政、人力资源社会保障、国土资源、商务、人民银行、国资、税务、工商、银监、证监等部门的配合，协调解决兼并重组企业面临的实际问题，积极推动本地区企业兼并重组。充分发挥协调机制作用，深入调查研究，努力解决企业兼并重组中的问题，及时反映需要国家有关部门协调解决的问题。工业和信息化部将会同相关部门，积极协调解决各地反映的问题。各地区可根据实际，选择本地区优先支持的企业兼并重组重点行业，研究出台具体的支持政策。

（五）落实政策措施。

各地区要认真贯彻落实《国务院关于促进企业兼并重组的意见》，以及在财政、税收、金融服务、债权债务、职工安置、土地、矿产资源配置等方面促进企业兼并重组的政策措施，支持企业开展兼并重组。各地工业和信息化、发展改革、财政、人力资源社会保障、国土资源、商务、国资、工商等部门要结合本地区实际，研究出台促进企业兼并重组的具体措施，优先支持兼并重组企业开展技术改造，鼓励企业加强和创新管理，提升企业综合竞争力。对通过兼并重组淘汰落后产能的企业，中央财政淘汰落后产能奖励资金给予重点支持，加大奖励力度。

（六）营造良好环境。

坚持市场化运作，充分尊重企业意愿，充分调动企业积极性，引导和激励企业自愿自主开展兼并重组。认真清理、修订、废止各种不利于企业兼并重组的政策、规定和做法，尤其要坚决取消各地自行出台的限制外地企业对本地区企业实施兼并重组的规定。积极探索跨地区企业兼并重组地区间利益共享机制。在不违背国家有关政策规定的前提下，地区间可根据企业资产规模和盈利能力，签订企业兼并重组后的财税利益分成协议，妥善解决企业兼并重组后增加值等统计数据的归属问题，实现企业兼并重组成果共享。

（七）做好管理服务。

各地区有关部门要督促企业严格执行兼并重组的有关法律法规和国家产业政策，规范操作程序，加强信息披露，防控内幕交易，防范道德风险。鼓励外资以参股、并购等方式参与国内企业改组改造和兼并重组，加强外资并购境内企业安全审查，维护国家安全。对达到经营者集中法定申报标准的企业兼并重组，要依法进行经营者集中反垄断审查。各地区要加强对企业兼并重组的指导服务，研究制定推动本地区企业兼并重组实施意见，把兼并重组与企业改制、管理创新、技术改造、淘汰落后等结合起来。拓宽企业兼并重组信息交流渠道，建立促进企业兼并重组的公共服务平台。推动企业兼并重组中介服务专业化、规范化发展，重点引进和培养熟悉企业并购业务，特别是跨国并购业务的专门人才，积极为企业提供市场信息、战略咨询、法律顾问、财务顾问、土地估价、资产评估、产权交易、融资中介、独立审计和企业管理等中介服务。认真做好典型经验的总结推广工作，加强宣传引导。

★工业和信息化部联合国家发展和改革委员会等12个部门2013年1月22日发布的工信部联产业〔2013〕16号文。

关于加快燃煤电厂脱硝设施验收及落实脱硝电价政策有关工作的通知★

各省、自治区、直辖市、新疆生产建设兵团环境保护厅（局）、发展改革委、物价局：

为落实《国家发展改革委关于扩大脱硝电价政策试点范围有关问题的通知》（发改价格〔2012〕4095号）要求，确保脱硝电价政策及时执行到位，全面完成氮氧化物减排目标，现将有关要求通知如下：

一、加快脱硝设施验收工作

现有燃煤机组进行脱硝设施改造的，改造完成后，由建设单位向所在地省级环保部门申请环保验收，经验收合格取得验收审批文件；新建燃煤机组工程同步建设脱硝设施的，由环境保护部委托所在地省级环保部门对脱硝设施进行先期单项验收，验收审批文件抄报环境保护部，先期单项验收结果纳入工程竣工环保总体验收，工程竣工环保总体验收时，不再重复开展脱硝设施验收工作。

省级环保部门应在受理验收申请之日起30个工作日内，对验收合格的脱硝设施出具验收合格文件。

二、脱硝设施必须符合规定要求并正常运行

（一）安装脱硝设施的燃煤机组氮氧化物排放浓度达到《火电厂大气污染物排放标准》（GB 13223-2011）相应的排放限值要求。

（二）脱硝设施必须安装分散式控制系统（简称“DCS”），实时监控脱硝系统运行情况，记录用于氮氧化物减排核查核算相关参数，并确保能随机调阅相关参数及趋势曲线，相关数据至少保存一年以上。

（三）脱硝设施必须安装烟气在线监测设施，通过有效性审核，并取得设备监督考核合格标志。脱硝设施入口和烟囱入口均须安装烟气自动在线监测设施，安装应符合《固定污染源烟气排放连续监测技术规范》（HJ/T 75-2007）的相关要求。设置永久、安全、便于采样和测试的操作平台，操作平台应符合《固定污染源排气中颗粒物测定与气态污染物采样方法》（GB/T 16157-1996）的要求。

三、及时落实脱硝电价政策

（一）对2013年1月1日前建成投运并通过国家或省级环保部门验收的燃煤发电机组脱硝设施，尚未执行脱硝电价的，自2013年1月1日起执行脱硝电价。

（二）2013年1月1日以后安装、具备在线监测功能且运行正常的脱硝设施，经省级环保部门验收合格后，报省级价格主管部门审核，自验收合格之日起执行脱硝电价。以“点对网”方式跨省、区送电的燃煤发电机组脱硝设施，经当地省级环保部门验收合格并经当地省级价格主管部门审核后，向落地省价格主管部门或区域电网公司提出申请，自验收合格之日起执行脱硝电价。

各地在脱硝设施运行、验收及脱硝电价执行过程中遇到的问题，请及时向环境保护部和国家发展改革委报告。

★环境保护部办公厅和国家发展和改革委员会办公厅2013年2月17日发布的环办〔2013〕21号文。

符合《水泥行业准入条件》生产线名单（第二批）★

根据《水泥行业准入条件》和《水泥行业准入公告管理暂行办法》，经企业申报、省级工业和信息化主管部门核实以及专家复核，现将符合《水泥行业准入条件》生产线名单（第二批）予以公告。

附件：符合水泥行业准入条件生产线名单（第二批）

序号	公司名称	生产线名称	建设地点	产能规模（吨/日）
1	北京水泥厂有限公司	2000t/d新型干法熟料生产线（一线）	北京市昌平区马池口镇北小营村东	2000
2	北京水泥厂有限公司	3000t/d新型干法处置城市工业废弃物示范线（二线）	北京市昌平区马池口镇北小营村东	3000
3	北京太行前景水泥有限公司	2000t/d新型干法熟料生产线	北京市房山区青龙湖镇坨里西大街318号	2000

序号	公司名称	生产线名称	建设地点	产能规模（吨/日）
4	北京立马水泥有限公司	2000t/d 新型干法熟料生产线	北京市房山区周口店镇黄山店村	2000
5	北京市琉璃河水泥有限公司	2000t/d 新型干法熟料生产线（1 号线技改）	北京市房山区琉璃河车站前街 1 号	2000
6	北京市琉璃河水泥有限公司	2000t/d 新型干法熟料生产线（2 号线技改）	北京市房山区琉璃河车站前街 1 号	2000
7	大同冀东水泥有限责任公司	4500t/d 熟料新型干法水泥生产线（1 线）	山西省大同市口泉镇新东街	4500
8	大同冀东水泥有限责任公司	4500t/d 熟料新型干法水泥生产线（2 线）	山西省大同市口泉镇新东街	4500
9	威顿水泥集团有限责任公司	2500t/d 熟料新型干法水泥生产线（1 线）	山西省新绛县泽掌镇石门峪	2500
10	威顿水泥集团有限责任公司	1000t/d 熟料新型干法特种水泥生产线	山西省新绛县泽掌镇石门峪	1000
11	冀东海天水泥闻喜有限责任公司	4500t/d 熟料新型干法水泥生产线	山西省闻喜县侯村乡西阳村村西	4500
12	山西晋投夏工水泥有限公司	1000t/d 熟料新型干法特种水泥生产线	山西省晋中市灵石县夏门镇牛槽沟	1000
13	内蒙古冀东水泥有限责任公司	4000t/d 熟料生产线（一期）	内蒙古自治区呼和浩特市武川县鑫川工业园区	4000
14	内蒙古冀东水泥有限责任公司	4000t/d 熟料生产线（二期）	内蒙古自治区呼和浩特市武川县鑫川工业园区	4000
15	乌兰察布中联水泥有限公司	2000t/d 水泥熟料生产线	内蒙古自治区察右后旗红格尔图乡工业园区	2000
16	乌兰察布中联水泥有限公司	2000t/d 水泥熟料生产线（1# 线）	内蒙古自治区察右后旗红格尔图乡工业园区	2000
17	乌兰察布中联水泥有限公司	2500t/d 水泥熟料生产线（2# 线）	内蒙自治区古察右后旗红格尔图乡工业园区	2500
18	乌兰察布中联水泥有限公司	4000t/d 水泥熟料生产线	内蒙自治区古察右后旗红格尔图乡工业园区	4000
19	句容台泥水泥有限公司	5000t/d 水泥生产线	江苏省句容市桥头镇	5000
20	句容台泥水泥有限公司	6000t/d 熟料新型干法水泥生产线	江苏省句容市桥头镇	6000
21	江苏鹤林水泥有限公司	2500t/d 熟料新型干法水泥生产线	江苏省镇江市丹徒区高资镇西斛村	2500
22	江苏鹤林水泥有限公司	4500t/d 熟料新型干法水泥生产线	江苏省镇江市丹徒区高资镇西斛村	4500
23	浙江红狮水泥股份有限公司	2000t/d 水泥生产线（一号窑）	浙江省兰溪市灵洞上郭村	2000
24	浙江红狮水泥股份有限公司	2000t/d 水泥生产线（二号窑）	浙江省兰溪市灵洞上郭村	2000
25	浙江红狮水泥股份有限公司	4000t/d 水泥生产线（三号窑）	浙江省兰溪市灵洞上郭村	4000
26	兰溪诸葛南方水泥有限公司	4000t/d 熟料水泥生产线	浙江省兰溪市诸葛镇十坞岗	4000
27	浙江金圆水泥有限公司	2000t/d 新型干法水泥生产线（一线）	浙江省金华市婺城区竹马乡古塘里村	2000
28	浙江金圆水泥有限公司	2000t/d 新型干法水泥生产线（二线）	浙江省金华市婺城区竹马乡古塘里村	2000
29	浙江虎鹰水泥有限公司	2500t/d 新型干法水泥生产线	浙江省金华市婺城区竹马乡姜衙村	2500
30	安徽怀宁海螺水泥有限公司	4000 吨 / 日水泥熟料生产线（1 号线）	安徽省安庆市怀宁县石镜乡甘露村	4000
31	安徽怀宁海螺水泥有限公司	4000 吨 / 日水泥熟料生产线（2 号线）	安徽省安庆市怀宁县石镜乡甘露村	4000
32	淮南舜岳水泥有限责任公司	2500t/d 新型干法水泥熟料生产线（一线）	安徽省淮南市八公山区蔡新路	2500
33	淮南舜岳水泥有限责任公司	2500t/d 新型干法水泥熟料生产线（二线）	安徽省淮南市八公山区蔡新路	2500
34	天瑞集团萧县水泥有限公司	4500t/d 新型干法水泥熟料生产线	安徽省宿州市萧县经济开发区	4500
35	淮北矿业相山水泥有限责任公司	2000t/d 新型干法水泥熟料生产线	安徽省淮北市东山路 189 号	2000
36	铜陵上峰水泥股份有限公司	5000t/d 新型干法水泥熟料生产线（一线）	安徽省铜陵市铜陵县天门镇板桥村	5000
37	铜陵上峰水泥股份有限公司	5000t/d 新型干法水泥熟料生产线（二线）	安徽省铜陵市铜陵县天门镇板桥村	5000
38	铜陵上峰水泥股份有限公司	5000t/d 新型干法水泥熟料生产线（三线）	安徽省铜陵市铜陵县天门镇板桥村	5000
39	怀宁上峰水泥有限公司	5000t/d 新型干法水泥熟料生产线（一线）	安徽省安庆市怀宁县月山镇奇隆村	5000
40	怀宁上峰水泥有限公司	5000t/d 新型干法水泥熟料生产线（二线）	安徽省安庆市怀宁县月山镇奇隆村	5000
41	安徽巢东水泥股份有限公司	4000t/d 新型干法水泥熟料生产线（1 号线）	安徽省巢湖市居巢区银屏镇芦塘行政村	4000
42	安徽巢东水泥股份有限公司	4000t/d 新型干法水泥熟料生产线（2 号线）	安徽省巢湖市居巢区银屏镇芦塘行政村	4000
43	江西上高南方水泥有限公司	4500t/d 熟料生产线	江西省宜春市上高县墨山垦殖场二分场	4500
44	江西亚东水泥有限公司	4200t/d 新型干法熟料水泥生产线（1 号）	江西省瑞昌市码头镇亚东大道六号	4200

序号	公司名称	生产线名称	建设地点	产能规模（吨/日）
45	江西亚东水泥有限公司	4200t/d 新型干法熟料水泥生产线（2 号）	江西省瑞昌市码头镇亚东大道六号	4200
46	江西亚东水泥有限公司	4200t/d 新型干法熟料水泥生产线（3 号）	江西省瑞昌市码头镇亚东大道六号	4200
47	江西亚东水泥有限公司	4200t/d 新型干法熟料水泥生产线（4 号）	江西省瑞昌市码头镇亚东大道六号	4200
48	江西玉山万年青水泥有限公司	2000t/d 新型干法熟料水泥生产线（1 号）	江西省上饶市玉山县岩瑞镇	2000
49	江西玉山万年青水泥有限公司	2000t/d 新型干法熟料水泥生产线（2 号）	江西省上饶市玉山县岩瑞镇	2000
50	江西万年青水泥股份有限公司	2000t/d 熟料生产线（4# 窑）	江西省上饶市万年县城东郊	2000
51	江西赣州南方水泥有限公司	2000t/d 新型干法熟料水泥生产线	江西省赣州市于都县罗坳镇步前村	2000
52	江西锦溪水泥有限公司	4500t/d 新型干法熟料水泥生产线	江西省乐平市涌山镇叶家村	4500
53	江西锦溪水泥有限公司	2500t/d 新型干法熟料水泥生产线	江西省乐平市涌山镇叶家村	2500
54	江西永丰南方水泥有限公司	4500t/d 熟料生产线	江西省吉安市永丰县陶唐乡谢坊村金溪	4500
55	山东水泥厂有限公司	2000t/d 新型干法熟料水泥生产线（3# 线）	山东省济南市市中区党家镇党东村东	2000
56	平阴山水水泥有限公司	5000t/d 新型干法熟料生产线（1# 线）	山东省济南市平阴县安城镇东毛铺村	5000
57	平阴山水水泥有限公司	5000t/d 新型干法熟料水泥生产线（2# 线）	山东省济南市平阴县安城镇东毛铺村	5000
58	济南世纪创新水泥有限公司	2500t/d 新型干法熟料水泥生产线	山东省济南市长清区崮云湖街道办事处山水工业园	2500
59	枣庄中联水泥有限公司	2000t/d 新型干法熟料水泥线一线	山东省枣庄市市中区齐村镇韩庄村	2000
60	枣庄中联水泥有限公司	2000t/d 新型干法熟料线二线	山东省枣庄市市中区齐村镇韩庄村	2000
61	枣庄中联水泥有限公司	5000t/d 新型干法熟料生产线三线	山东省枣庄市市中区齐村镇韩庄村	5000
62	枣庄山水水泥有限公司	3600t/d 新型干法熟料水泥生产线	山东省枣庄市台儿庄区涧头集镇薛庄村西台利路北侧	3600
63	山东申丰水泥集团有限公司	5000t/d 新型干法熟料水泥生产线	山东省枣庄市峄城区阴平镇黄庄村	5000
64	枣庄市沃丰水泥有限公司	4000t/d 新型干法熟料生产线	山东省枣庄市市中区西王庄乡宋楼村	4000
65	泉头集团枣庄金桥旋窑水泥有限公司	4000t/d 新型干法熟料水泥生产线	山东省枣庄市市中区税郭镇驻地	4000
66	山东鲁珠集团有限公司	4000t/d 新型干法熟料水泥生产线	山东省泰安市宁阳县伏山镇魏庄村西	4000
67	春江集团有限公司	4500t/d 新型干法熟料水泥生产线（一线）	河南省卫辉市唐庄镇工业园区	4500
68	春江集团有限公司	4500t/d 新型干法熟料水泥生产线（二线）	河南省卫辉市唐庄镇工业园区	4500
69	河南孟电集团水泥有限公司	3000t/d 新型干法熟料水泥生产线（三线）	河南省新乡市辉县市孟庄镇孟庄村北	3000
70	河南孟电集团水泥有限公司	3000t/d 新型干法熟料水泥生产线（四线）	河南省新乡市辉县市孟庄镇孟庄村北	3000
71	安阳市新天河水泥有限责任公司	4500t/d 新型干法熟料水泥生产线	河南省安阳市安阳县水冶镇西红罗山	4500
72	郑州煤炭工业集团龙力水泥有限责任公司	4500t/d 新型干法熟料水泥生产线	河南省郑州市矿区新裴路（原基建处办公楼）	4500
73	华新水泥（宜昌）有限公司	2500t/d 新型干法熟料水泥生产线（2 号窑）	湖北省宜都市枝城镇华新路 1 号	2500
74	华新水泥（宜昌）有限公司	3500t/d 新型干法熟料水泥生产线（1 号窑）	湖北省宜都市枝城镇华新路 1 号	3500
75	湖南耒阳南方水泥有限公司	2500t/d 熟料生产线	湖南省耒阳市小水镇	2500
76	湖南耒阳南方水泥有限公司	4000t/d 熟料生产线	湖南省耒阳市小水镇	4000
77	湖南浏阳南方水泥有限公司	5000t/d 熟料生产线	湖南省浏阳市永安镇永新社区	5000
78	湖南金磊南方水泥有限公司	2500t/d 熟料生产线	湖南省资兴市天宇路一号	2500
79	湖南金磊南方水泥有限公司	2500t/d 熟料生产线（二线）	湖南省资兴市天宇路一号	2500
80	昌江华盛天涯水泥有限公司	5000t/d 新型干法水泥生产线（一期）	海南省昌江县石碌工业开发区	5000
81	昌江华盛天涯水泥有限公司	5000t/d 新型干法水泥生产线（二期）	海南省昌江县石碌工业开发区	5000
82	昌江华盛天涯水泥有限公司	5000t/d 新型干法水泥生产线（三期）	海南省昌江县石碌工业开发区	5000
83	昌江华盛天涯水泥有限公司	10000t/d 新型干法水泥熟料生产线（四期）	海南省昌江县石碌工业开发区	10000
84	华润水泥（昌江）有限公司	2000t/d 新型干法水泥熟料生产线（一期）	海南省昌江县石碌镇水尾村	2000

序号	公司名称	生产线名称	建设地点	产能规模（吨/日）
85	华润水泥（昌江）有限公司	2000t/d 新型干法水泥熟料生产线（二期）	海南省昌江县石碌镇水尾村	2000
86	华润水泥（昌江）有限公司	5000t/d 新型干法水泥熟料生产线（三期）	海南省昌江县石碌镇水尾村	5000
87	海南昌江鸿启实业有限公司叉河水泥分公司	2500t/d 新型干法水泥熟料生产线（一线）	海南省昌江县叉河镇	2500
88	海南昌江鸿启实业有限公司叉河水泥分公司	2500t/d 新型干法水泥熟料生产线（二线）	海南省昌江县叉河镇	2500
89	四川峨胜水泥集团股份有限公司	4600t/d 熟料新型干法水泥生产线（1#）	四川省峨眉市九里镇	4600
90	四川峨胜水泥集团股份有限公司	4600t/d 熟料新型干法水泥生产线（2#）	四川省峨眉市九里镇	4600
91	四川峨胜水泥集团股份有限公司	4600t/d 熟料新型干法水泥生产线（3#）	四川省峨眉市九里镇	4600
92	四川峨胜水泥集团股份有限公司	4600t/d 熟料新型干法水泥生产线（4#）	四川省峨眉市九里镇	4600
93	四川峨胜水泥集团股份有限公司	4600t/d 熟料新型干法水泥生产线（5#）	四川省峨眉市九里镇	4600
94	宜宾海丰和锐有限公司水泥分公司	2500t/d 熟料（全电石渣）新型干法水泥生产线	四川省宜宾市江安县阳春坝工业园区	2500
95	贵州凯里瑞安建材有限公司	2500t/d 熟料新型干法水泥生产线	贵州省凯里市洗马河街道新台村	2500
96	贵州省松桃高力水泥实业有限公司	2500t/d 熟料新型干法水泥生产线	贵州省铜仁市松桃苗族县寨英镇邓堡村	2500
97	贵州金久水泥有限公司	4000t/d 熟料新型干法水泥生产线	贵州省贵阳市修文县久长镇金桥村	4000
98	曲靖昆钢嘉华水泥建材有限公司	4000t/d 新型干法水泥熟料生产线	云南省曲靖市师宗县丹凤镇	4000
99	云南国资水泥富民有限公司	2000t/d 新型干法水泥熟料生产线	云南省昆明市富民县永定镇东元村	2000
100	华新水泥（西藏）有限公司	2000t/d 新型干法熟料水泥生产线	西藏山南地区桑日县绒乡冲达村	2000
101	西藏高争建材股份有限公司	2000t/d 新型干法水泥熟料生产线（一线）	西藏拉萨市堆龙德庆县乃琼镇	2000
102	西藏高争建材股份有限公司	2000t/d 新型干法水泥熟料生产线（二线）	西藏拉萨市堆龙德庆县乃琼镇	2000
103	尧柏特种水泥集团有限公司蒲城分公司	2500t/d 熟料新型干法生产线	陕西省渭南市蒲城县罕井镇	2500
104	尧柏特种水泥集团有限公司蒲城分公司	2500t/d 熟料新型干法生产线	陕西省渭南市蒲城县罕井镇	2500
105	安康市尧柏水泥有限公司	4000t/d 熟料水泥生产线	陕西省安康市旬阳县白柳镇	4000
106	冀东海德堡（扶风）水泥有限公司	4000t/d 熟料水泥生产线	陕西省宝鸡市扶风县天度镇闫马村北	4000
107	冀东海德堡（扶风）水泥有限公司	4500t/d 熟料水泥生产线	陕西省宝鸡市扶风县天度镇闫马村北	4500
108	陕西社会水泥有限责任公司	2500t/d 新型干法水泥熟料生产线	陕西省宝鸡市眉县金渠镇河营路 001 号	2500
109	中材汉江水泥股份有限公司	2000t/d 熟料新型干法生产线	陕西省汉中市西郊许家田坝	2000
110	中材汉江水泥股份有限公司	2500t/d 熟料新型干法生产线	陕西省汉中市西郊许家田坝	2500
111	青海互助金圆水泥有限公司	3200t/d 水泥熟料生产线	青海省互助县东和乡黑庄村	3200
112	青海互助金圆水泥有限公司	3000t/d 水泥熟料生产线	青海省互助县东和乡黑庄村	3000

★工业和信息化部 2013 年 3 月 26 日发布的 2013 年第 16 号公告。

符合《水泥行业准入条件》生产线名单（第三批）★

依据《水泥行业准入条件》和《水泥行业准入公告管理暂行办法》，经企业申报、省级工业和信息化主管部门核实以及专家复核，现将符合《水泥行业准入条件》生产线名单（第三批）予以公告。

附件：符合《水泥行业准入条件》生产线名单（第三批）

序号	公司名称	生产线名称	建设地点	产能规模（吨/日）
1	鹿泉市曲寨水泥有限公司	2000t/d 旋窑水泥熟料生产线（一线）	河北省石家庄市鹿泉市曲寨工业区	2000
2	鹿泉市曲寨水泥有限公司	2000t/d 旋窑水泥熟料生产线（二线）	河北省石家庄市鹿泉市曲寨工业区	2000

序号	公司名称	生产线名称	建设地点	产能规模（吨/日）
3	河北鼎星水泥有限公司	4000t/d 新型干法熟料水泥生产线	河北省石家庄市井陉县孙庄乡东白花村	4000
4	河北矿峰水泥有限公司	4000t/d 新型干法水泥生产线	河北省石家庄市井陉矿区贾庄镇南寨村	4000
5	赞皇金隅水泥有限公司	4000t/d 熟料水泥生产线	河北省石家庄市赞皇县王家洞村东南	4000
6	赞皇金隅水泥有限公司	2000t/d 熟料水泥生产线	河北省石家庄市赞皇县王家洞村东南	2000
7	辽阳千山水泥有限责任公司	4500t/d 新型干法水泥熟料生产线	辽宁省辽阳市文圣区小屯镇	4500
8	辽宁恒威水泥集团有限公司	2000t/d 新型干法水泥生产线	辽宁省辽阳市文圣区罗大台镇陆甲村	2000
9	亚泰集团哈尔滨水泥（阿城）有限公司	4000t/d 新型干法水泥熟料生产线	黑龙江省哈尔滨市阿城区松峰山镇新明矿	4000
10	黑河关鸟河水泥有限公司	2500t/d 新型干法水泥生产线	黑龙江省黑河市嫩江县多宝山镇西南	2500
11	亚泰集团哈尔滨水泥有限公司	2000t/d 新型干法熟料生产线	黑龙江省哈尔滨市道外区水泥路 102 号	2000
12	黑龙江省宾州水泥有限公司	5000t/d 新型干法水泥生产线	黑龙江省哈尔滨市滨西县滨西镇	5000
13	黑龙江省宾州水泥有限公司	4500t/d 新型干法水泥生产线	黑龙江省哈尔滨市滨西县滨西镇	4500
14	伊春北方水泥有限公司	2000t/d 新型干法水泥生产线	黑龙江省伊春市南岔区浩良河镇	2000
15	伊春北方水泥有限公司	4000t/d 新型干法熟料水泥生产线	黑龙江省伊春市南岔区浩良河镇	4000
16	鸡西市城海水泥有限责任公司	2000t/d 新型干法窑水泥生产线	黑龙江省鸡西市城子河区城海委	2000
17	佳木斯北方水泥有限公司	2500t/d 新型干法熟料水泥生产线	黑龙江省佳木斯市桦南县桦南镇太和村西	2500
18	佳木斯北方水泥有限公司	4500t/d 新型干法熟料水泥生产线	黑龙江省佳木斯市桦南县桦南镇太和村西	4500
19	黑龙江北疆集团龙江水泥有限公司	2200t/d 新型干法水泥生产线	黑龙江齐齐哈尔市龙江县龙江镇大庆路 131 号	2200
20	江西万年青水泥股份有限公司	2000t/d 熟料生产线（3# 窑）	江西省上饶市万年县城东郊	2000
21	江西万年青水泥股份有限公司	2500t/d 熟料生产线（5# 窑）	江西省上饶市万年县城东郊	2500
22	九江鑫山水泥有限公司	2500t/d 熟料新型干法回转窑水泥生产线（一号线）	江西省九江市九江县沙河镇东风村六组	2500
23	九江鑫山水泥有限公司	2500t/d 熟料新型干法回转窑水泥生产线（二号线）	江西省九江市九江县沙河镇东风村六组	2500
24	淄博鲁中水泥有限公司	4500t/d 新型干法熟料水泥生产线	山东省淄博市淄川区罗村镇南韩村	4500
25	山东东华水泥有限公司	5000t/d 水泥熟料生产线	山东省淄博市淄川区龙泉镇圈子村东首	5000
26	山东东华水泥有限公司	4500t/d 水泥熟料生产线	山东省淄博市淄川区龙泉镇圈子村东首	4500
27	烟台山水水泥有限公司	4000t/d 水泥熟料生产线	山东省烟台市栖霞市白洋河工业园	4000
28	烟台山水水泥有限公司	5000t/d 熟料生产线	山东省烟台市栖霞市白洋河工业园	5000
29	沂水山水水泥有限公司	4600t/d 新型干法水泥熟料生产线	山东省临沂市沂水县富官庄镇徕庄村	4600
30	济宁山水水泥有限公司	2500t/d 熟料水泥生产线	山东省济宁市嘉祥县马集乡马集村	2500
31	山东山铝水泥有限公司	2500t/d 新型干法熟料水泥生产线（1# 线）	山东省淄博市张店区沣水镇山铝矿山公司东邻	2500
32	山东山铝水泥有限公司	5000t/d 新型干法熟料生产线（2# 线）	山东省淄博市张店区沣水镇山铝矿山公司东邻	5000
33	东阿山水东昌水泥有限公司	2500t/d 干法水泥熟料生产线（电石渣综合利用）	山东省聊城市东阿县大桥镇驻地	2500
34	淄博山水水泥有限公司	4000t/d 新型干法水泥熟料生产线	山东省淄博市淄川区岭子镇宋家庄村南	4000
35	淄博山水水泥有限公司	5000t/d 新型干法水泥熟料生产线（二期）	山东省淄博市淄川区岭子镇宋家庄村南	5000
36	昌乐山水水泥有限公司	2000t/d 新型干法熟料水泥生产线	山东省潍坊市昌乐县朱刘街办大桥村西	2000
37	山东鲁城水泥有限公司	2500t/d 新型干法熟料水泥生产线（1# 线）	山东省济宁市曲阜市城东八宝山	2500
38	山东鲁城水泥有限公司	2500t/d 新型干法熟料生产线（2# 线）	山东省济宁市曲阜市城东八宝山	2500
39	烟台三菱水泥有限公司	3300t/d 新型干法熟料水泥生产线	山东省烟台市栖霞经济开发区江苏路 3 号	3300
40	康达（山东）水泥有限公司	4000t/d 新型干法熟料水泥生产线	山东省烟台市蓬莱市大辛店镇龙山店	4000
41	天瑞集团南召水泥有限公司	4500t/d 新型干法水泥熟料生产线	河南省南阳市南召县产业集聚区	4500
42	安阳中联海皇水泥有限公司	4500t/d 熟料水泥生产线	河南省安阳市安阳县许家沟乡下堡村南	4500

序号	公司名称	生产线名称	建设地点	产能规模（吨/日）
43	武汉亚鑫水泥有限公司	2500t/d 新型干法水泥熟料生产线	湖北省武汉市江夏区纸坊街将军山	2500
44	黄冈亚东水泥有限公司	4200t/d 水泥熟料生产线	湖北省黄冈市武穴市田镇办事处田镇新街 13 号	4200
45	湖北亚东水泥有限公司	4200t/d 水泥熟料生产线（一号）	湖北省武汉市新洲阳逻经济开发区平江西路 176 号	4200
46	湖北亚东水泥有限公司	4200t/d 水泥熟料生产线（二号）	湖北省武汉市新洲阳逻经济开发区平江西路 176 号	4200
47	葛洲坝嘉鱼水泥有限公司	4800t/d 新型干法熟料水泥生产线	湖北省咸宁市嘉鱼县高铁岭镇石泉村	4800
48	大冶尖峰水泥有限公司	4000t/d 新型干法水泥熟料生产线	湖北省黄石市大冶市保安镇永光村	4000
49	华新水泥（秭归）有限公司	4000t/d 熟料水泥生产线	湖北省宜昌市秭归县郭家坝镇郭家坝村	4000
50	葛洲坝老河口水泥有限公司	4800t/d 熟料水泥生产线	湖北省襄阳市老河口市洪山咀	4800
51	葛洲坝兴山水泥有限公司	2500t/d 新型干法水泥熟料生产线	湖北省宜昌市兴山县峡口镇平邑口村	2500
52	湖北钟厦水泥股份有限公司	4000t/d 新型干法水泥生产线	湖北省荆门市钟祥市双河镇	4000
53	湖北钟厦水泥股份有限公司	2500t/d 新型干法水泥生产线	湖北省荆门市钟祥市双河镇	2500
54	崇阳县昌华实业有限公司	2500t/d 新型干法水泥熟料生产线	湖北省咸宁市崇阳县城北六公里鲶鱼泉	2500
55	湖南张家界南方水泥有限公司	2000t/d 熟料新型干法生产线	湖南省张家界市永定区后坪镇边岩村	2000
56	湖南海螺水泥有限公司	4000t/d 熟料新型干法生产线	湖南省娄底市新化县西河镇	4000
57	双峰海螺水泥有限公司	4000t/d 熟料新型干法水泥生产线（1# 线）	湖南省娄底市双峰县三塘铺镇	4000
58	双峰海螺水泥有限公司	4500t/d 熟料新型干法水泥生产线（2# 线）	湖南省娄底市双峰县三塘铺镇	4500
59	华新水泥（郴州）有限公司	4500t/d 熟料生产线	湖南省郴州市北湖区保和乡顶上村	4500
60	永州市九嶷骄阳水泥有限责任公司	2500t/d 熟料新型干法旋窑水泥生产线	湖南省永州市冷水滩区仁湾镇	2500
61	湖南省云峰水泥有限公司	2500t/d 新型干法水泥熟料生产线	湖南省邵阳市武冈市龙溪镇连山坪	2500
62	湖南宁乡南方水泥有限公司	2500t/d 新型干法熟料生产线	湖南省长沙市宁乡县夏铎铺镇天马新村	2500
63	中材常德水泥有限责任公司	2500t/d 新型干法水泥熟料生产线	湖南省常德市桃源县热市镇温泉村	2500
64	湖南隆回南方水泥有限公司	2500t/d 新型干法水泥生产线	湖南省邵阳市隆回县北山镇抱溪村	2500
65	湖南苏仙南方水泥有限公司	2500t/d 新型干法熟料生产线	湖南省郴州市苏仙区廖家湾乡连溪村	2500
66	台泥（贵港）水泥有限公司	6000t/d 熟料新型干法水泥生产线（A 线）	广西贵港市覃塘区黄练镇黄练峡	6000
67	台泥（贵港）水泥有限公司	6000t/d 熟料新型干法水泥生产线（B 线）	广西贵港市覃塘区黄练镇黄练峡	6000
68	台泥（贵港）水泥有限公司	6000t/d 熟料新型干法水泥生产线（C 线）	广西贵港市覃塘区黄练镇黄练峡	6000
69	台泥（贵港）水泥有限公司	6000t/d 熟料新型干法水泥生产线（D 线）	广西贵港市覃塘区黄练镇黄练峡	6000
70	华润水泥（陆川）有限公司	4500t/d 熟料新型干法水泥生产线（一期）	广西玉林市陆川县珊罗镇（北部工业区内）	4500
71	华润水泥（南宁）有限公司	4000t/d 水泥熟料新型干法生产线（一期）	广西南宁市西乡塘区双定镇致富路 108 号	4000
72	华润水泥（南宁）有限公司	4000t/d 水泥熟料新型干法生产线（二期）	广西南宁市西乡塘区双定镇致富路 108 号	4000
73	广西鱼峰水泥股份有限公司	2000t/d 熟料生产线（1# 线）	广西柳州市柳太路 62 号	2000
74	广西鱼峰水泥股份有限公司	3200t/d 熟料新型干法水泥生产线（2# 线）	广西柳州市柳太路 62 号	3200
75	广西鱼峰水泥股份有限公司	2500t/d 熟料新型干法水泥生产线（3# 线）	广西柳州市柳太路 62 号	2500
76	广西鱼峰水泥股份有限公司	2800t/d 熟料新型干法水泥生产线（4# 线）	广西柳州市柳太路 62 号	2800
77	贵州东立水泥有限公司	2500t/d 熟料新型干法水泥生产线	贵州省黔东南州镇远县清溪镇五里牌	2500
78	永登祁连山水泥有限公司	2500t/d 新型干法水泥生产线(1# 线)	甘肃省兰州市永登县中堡镇	2500
79	永登祁连山水泥有限公司	2500t/d 新型干法水泥生产线(2# 线)	甘肃省兰州市永登县中堡镇	2500

序号	公司名称	生产线名称	建设地点	产能规模（吨/日）
80	永登祁连山水泥有限公司	4500t/d 新型干法水泥生产线（3# 线）	甘肃省兰州市永登县中堡镇	4500
81	漳县祁连山水泥有限公司	3000t/d 新型干法水泥生产线	甘肃省定西市漳县盐井	3000
82	平凉祁连山水泥有限公司	2500t/d 新型干法水泥生产线	甘肃省平凉市崆峒区四十里铺镇洪岳村	2500
83	成县祁连山水泥有限公司	3000t/d 新型干法水泥生产线	甘肃省陇南市成县抛沙镇西成经济开发区	3000
84	酒钢（集团）宏达建材有限责任公司	2000t/d 新型干法水泥生产线	甘肃省嘉峪关市西郊	2000
85	酒钢（集团）宏达建材有限责任公司	4000t/d 熟料新型干法水泥生产线	甘肃省嘉峪关市西郊	4000
86	青海祁连山水泥有限公司	2500t/d 新型干法水泥熟料生产线（一期）	青海省西宁市湟中县上新庄镇	2500
87	青海祁连山水泥有限公司	2500t/d 新型干法水泥熟料生产线（二期）	青海省西宁市湟中县上新庄镇	2500
88	宁夏瀛海天祥建材有限公司	2500t/d 新型干法水泥熟料生产线（1 号窑）	宁夏中卫市中宁县宁新工业园区	2500
89	宁夏青铜峡水泥股份有限公司	2000t/d 水泥熟料生产线（2 号线）	宁夏吴忠市青铜峡市青铜峡镇	2000
90	宁夏青铜峡水泥股份有限公司	2500t/d 新型干法熟料生产线（3 号线）	宁夏吴忠市青铜峡市青铜峡镇	2500
91	宁夏青铜峡水泥股份有限公司	2000t/d 新型干法油井水泥生产线（4 号线）	宁夏吴忠市太阳山开发区建材工业园区	2000
92	宁夏青铜峡水泥股份有限公司	2000t/d 新型干法油井水泥生产线（5 号线）	宁夏吴忠市太阳山开发区建材工业园区	2000

★工业和信息化部 2013 年 8 月 6 日发布的 2013 年第 42 号公告。

关于推动碳捕集、利用和封存试验示范的通知★

各省、自治区、直辖市及计划单列市发展改革委，科技部、工业和信息化部、财政部、国土资源部、环境保护部、国资委、国家能源局、国家标准委、有关中央管理企业、有关行业协会：

推动碳捕集、利用和封存试验示范是“十二五”控制温室气体排放工作的一项重点任务。国务院印发的《“十二五”控制温室气体排放工作方案》（国发〔2011〕41 号）明确要求，在火电、煤化工、水泥和钢铁行业中开展碳捕集试验项目，建设二氧化碳捕集、驱油、封存一体化示范工程，并对相关人才建设、资金保障和政策支持等方面做出安排。为贯彻和落实相关工作任务，根据国务院办公厅印发的《“十二五”控制温室气体排放工作方案重点工作部门分工》（国办函〔2012〕68 号），现就有关事项及工作安排通知如下：

一、目的、意义和工作思路

碳捕集、利用和封存是一项具有大规模温室气体减排潜力的技术。发展碳捕集、利用和封存，是在我国能源结构以煤为主的现实情况下，有效控制温室气体排放的一项重要举措，并有助于实现煤、石油等高碳资源的低碳化、集约化利用，促进电力、煤化工、油气等高排放行业的转型和升级，带动其他相关产业的发展，对我国中长期应对气候变化、推进低碳发展具有重要意义。目前，碳捕集、利用和封存各环节的技术研发已取得显著进展，但仍然存在成本和能耗高、长期安全性和可靠性有待验证等问题，开展试验示范既有助于通过实践来解决该技术发展中存在的各种问题，也是该技术走向规模化和商业化应用、发挥其大规模温室气体减排潜力的必经环节。

各地区、各部门应按照“十二五”规划纲要中应对气候变化工作的整体要求，围绕贯彻《“十二五”控制温室气体排放工作方案》关于推动碳捕集、利用和封存试验示范的相关工作任务，按照“立足国情、着眼长远、积极引导、有序推进”的思路，加强对碳捕集、利用和封存的试验示范的支持和引导，切实推动碳捕集、利用和封存的健康有序发展。

二、主要工作任务

近期将从以下几个方面来推动碳捕集、利用和封存的试验示范工作：

（一）结合碳捕集和封存各工艺环节实际情况开展相关试验示范项目。

鼓励在煤化工、油气等行业开展针对高纯度二氧化碳排放源进行捕集的示范项目，在火电厂开展燃烧前、燃烧后、富氧燃烧等各种二氧化碳捕集技术路线的试验示范项目，加强不同二氧化碳捕集工艺路线间的技术和经济比较，不断解决相关技术实现产业化应用面临的各种实际问题。加强对二氧化碳天然气藏（田）的开采的管理，严格限制以利用为目的二氧化碳气藏（田）开发，逐步关停现有气田，推动捕集所获的二氧化碳实现多方式、多渠道的资源化利用，提高试验示范项目经济效益。在二氧化碳排放集中地区加强二氧化碳封存潜力评价与选址工作。建立不同行业间的协调合作机制，加强二氧化碳捕集点（供应方）与封存地（需求方）的匹配和衔接。支持利用二氧化碳强化采油（气）并在此基础上实现封存，视情开展一些小规模、探索性的二氧化碳陆上及海底咸水层封存试验。推动二氧化碳分离、运输等环节相关技术及工程的试验示范。

（二）开展碳捕集、利用和封存示范项目和基地建设。

优先支持符合国情、成本较低、规模适度、有行业、地区特色和自有知识产权、近期有较大推广价值的半流程及全流程示范项目，加强对中长期较大规模，涉及捕集、驱油（气）和封存的一体化示范项目的引导。组织建立碳捕集、利用和封存重点示范项目清单和项目库，结合实际循序渐进地开展相关项目申报、筛选和支持工作，完善项目审批和管理机制，支持建立一批有代表性的示范项目、创新平台和示范基地，引导建立若干包含不同技术路线、跨行业合作的、具备工业规模和产业化应用潜力的全流程示范系统。

（三）探索建立相关政策激励机制。

研究探索有助于推动碳捕集、利用和封存试验示范的引导和激励机制，落实现行有关税收扶持政策。不断拓宽资金渠道，鼓励企业自筹资金和多方面融资，逐步探索对企业投资碳捕集、利用和封存试验示范项目在信贷、价格、土地使用等方面配套支持。加快形成政府鼓励引导、企业投入、多方面参与的碳捕集、利用和封存试验示范资金保障体系，着力带动相关产业的发展。

（四）加强碳捕集、利用和封存发展的战略研究和规划制定。

加强对碳捕集、利用和封存在我国中、长期发展潜力、障碍、风险和影响的评估，进一步明确其在我国未来控制温室气体排放和能源中长期发展战略中的地位和作用。探索碳捕集、利用和封存与应对气候变化、能源开发、节能环保、循环经济等相关领域中长期规划的衔接与结合。在摸清电力、煤炭及煤化工、石油石化、天然气、钢铁、水泥等行业温室气体排放的基本情况及深入分析这些行业开展碳捕集、利用和封存试验示范可行性和潜力的基础上，进一步明确政策需求和导向，引导相关行业在中长期规划中充分考虑二氧化碳捕集、利用和封存的要求和部署。

（五）推动碳捕集、利用和封存相关标准规范的制定。

结合我国碳捕集、利用和封存发展实际，研究制订涉及该技术工业规模应用以及产业化、商业化推广的工程规范和标准。加强对碳捕集、利用和封存的效果、安全和环境影响评价，强化长期安全、环境风险的评估和管控，构建并完善相关安全标准和环境监管规范体系。积极参与和引导碳捕集、利用和封存国际标准和规范的制定。

（六）加强能力建设和国际合作。

加强对碳捕集、利用和封存的人才培养、项目管理等方面的能力建设。加强与碳捕集、利用和封存技术相关的信息传播和知识普及，加深公众对该技术的认识理解。加强与主要发达国家和发展中国家政府的合作，深化与国际金融组织和其他相关国际机构的合作，有效整合、利用国际资金、国际经验和国际资源。

三、工作组织和要求

推动碳捕集、利用和封存试验示范是一项长期工作，需要加强组织和领导。国家发展改革委将牵头会同其它有关部门和相关机构，协调开展工作，力争尽快形成中央、地方、行业、企业、研究机构共同参与的良好局面。

国家发展改革委会同其它相关部门，组织开展推动碳捕集、利用和封存试验示范的研究战略规划、制定政策法规、征集申报项目、提高公众意识、加强能力建设、扩大国际合作等方面的工作。各相关部门加强协调配合，发挥各自优势，积极参与推动碳捕集、利用和封存试验示范。由国家发展改革委牵头，建立跨部门的工作协调机制，整合公共资源，形成政策合力。

地方发展改革委从应对气候变化、控制温室气体排放、推动产业改造升级的高度出发，重视开展碳捕集、利用和封存的试验示范工作。抓紧摸清本地区相关行业、企业现状、潜力和政策需求，会同财政、能源、工业、科技、环保、国土资源等相关领域主管单位，加大对本地区企业开展试验示范项目的支持力度。低碳试点地区要先行先试，重点结合本地区能源结构和高排放行业发展实际情况，探索鼓励碳捕集、利用和封存试验示范的政策机制。

火电、煤化工、钢铁、水泥、油气等重点行业和企业应根据自身实际情况，从积极控制温室气体排放、履行企业社会责任、提高企业技术竞争力出发，积极加大对碳捕集、利用和封存的试验示范项目的投入，积累项目建设、运行和管理经验。研究机构应积极参与试验示范过程中有关技术问题的解决以及相关标准、政策的制定，积极参与推动公众正确认识该技术。鼓励相关企业、研究机构和公众提出有利于推动碳捕集、利用和封存健康有序发展的意见建议。

★国家发展和改革委员会2013年4月27日发布的发改气候〔2013〕849号文。

关于坚决遏制产能严重过剩行业盲目扩张的通知★

各省、自治区、直辖市人民政府，国务院有关部门：

党中央、国务院高度重视产能过剩问题，中央经济工作会议把化解钢铁、水泥、电解铝、平板玻璃、船舶等行业产能过剩矛盾作为今年的工作重点。根据国务院有关工作部署，发展改革委、工业和信息化部会同有关部门，按照“尊重规律、分业施策、多管齐下、标本兼治”的原则和“消化一批、转移一批、整合一批、淘汰一批”过剩产能的要求，正在抓紧研究制定《化解产能过剩矛盾总体方案》，有关综合性的政策措施将陆续出台。当前，一些地区和企业仍在盲目新上项目，有的项目甚至在未取得土地、环保、核准手续的情况下违法违规建设。为防止产能过剩矛盾进一步加剧，经国务院同意，现就有关事项通知如下：

一、充分认识遏制严重过剩产能的重要性和紧迫性

产能严重过剩加剧资源环境瓶颈制约，对产业健康良性发展以及就业和金融安全产生巨大危害，如不及时纠正，将对稳增长、防通胀、控风险的大局造成不利影响。各地要提高认识，切实把思想和行动统一到中央的决策部署上来。科学论证产业布局，依法依规履行项目建设手续，坚决遏制钢铁、水泥、电解铝、平板玻璃、船舶等产能严重过剩行业盲目扩张。

二、严禁核准产能严重过剩行业新增产能项目

地方各级人民政府及其发展改革、工业和信息化主管部门要加强产能严重过剩行业的项目管理，不得以任何名义核准、备案产能严重过剩行业新增产能项目，国土、环保等部门不得办理土地供应、环评审批等相关业务，金融机构不得提供任何形式的新增授信支持。

三、坚决停建产能严重过剩行业违规在建项目

地方各级人民政府要立即组织对产能严重过剩行业违规在建项目进行认真清理，对未批先建、边批边建、越权核准的违规项目，尚未开工建设的，不准开工，正在建设的项目，要停止建设；国土部门要依法依规停止土地供应，环保部门要强化环境监管，金融机构不得提供任何形式的新增授信支持，对已经发放的贷款要采取妥善措施保障合法债权安全。对停建的违规在建项目，按照谁违规谁负责的原则，做好债务、人员安置等善后工作。对停建的违规项目，将区分不同情况，采取相应措施，具体政策和分类处理意见将在制定《化解产能过剩矛盾总体方案》时统筹研究。

四、加强领导严格监督检查

各地区人民政府对本地区遏制产能严重过剩行业盲目扩张负总责，要切实加强组织领导和监督检查。对未按本通知要求停建的违规在建项目，要予以严肃查处，并依法追究相关责任人的责任。对违反国家土地、环保法律法规和信贷政策、产业政策以及本通知规定，继续违规核准、备案新增产能项目以及向违规项目发放贷款、供应土地和通过环评审批的机构及人员，按照《中共中央办公厅 国务院办公厅印发〈关于实行党政领导干部问责的暂行规定〉的通知》（中办发〔2009〕25号）有关要求和相关规定进行问责，予以严肃处理。

各地区人民政府主管部门要将违规项目清理情况向省（区、市）主要领导报告后，于6月底前报送发展改革委、工业和信息化部。发展改革委、工业和信息化部汇总有关清理情况并及时向国务院汇报。

★国家发展和改革委员会和工业和信息化部2013年5月10日发布的发改产业〔2013〕892号文。

水泥工业污染防治技术政策★

一、总则

（一）为贯彻《中华人民共和国环境保护法》等法律法规，防治污染，保护和改善环境，促进水泥工业生产工艺和污染治理技术的进步，制定本技术政策。

（二）本技术政策为指导性文件，供各有关单位在环境保护相关工作中参照采用。本技术政策提出了水泥工业污染防治可采取的技术路线、原则和方法，包括源头控制、大气污染物排放控制、利用水泥生产设施协同处置固体废物、其他污染物排放控制、研发新技术和新材料等内容。

（三）本技术政策所称的水泥工业是指开采水泥原料和水泥生产的过程。

（四）水泥工业污染防治宜采取源头控制与污染治理相结合的方式，提高工艺运行的稳定性和污染控制的有效性，减少污染物的产生与排放。

（五）水泥工业污染防治遵循的原则：

1. 优化产业结构与布局，淘汰能效低、排放强度高的落后工艺，削减区域污染物排放量；

2. 采用清洁生产工艺技术与装备，配套完善污染治理设施，加强运行管理，实现污染物长期稳定达标排放；

3. 有效利用石灰石、粘土、煤炭、电力等资源和能源，对生产过程产生的废渣、余热等进行回收利用；

4. 水泥生产设施运行过程中应确保环境安全。

（六）水泥工业污染防治目标：到2015年水泥工业重点污染物得到有效控制，其中NOx排放量控制在150万吨以下，颗粒物排放量（含无组织排放量）控制在200万吨以下；到2020年水泥工业污染物排放得到全面控制，资源利用、能源消耗和污染排放指标达到国际先进水平。

二、源头控制

（七）按照国家发展规划、产业政策和区域布局要求，开展水泥工业项目建设。对新、改、扩建项目所在地区的高污染落后产能实施等量或超量淘汰，削减区域污染物排放量。

（八）水泥工业企业的建设选址应与城乡建设规划、环境保护规划协调一致，并处理好与保护周围环境敏感目标和实现环境功能区要求的关系。

（九）水泥矿山开采需符合矿山生态环境保护与污染防治技术政策等的相关要求。宜合理规划、有序利用石灰石、粘土等资源，提高资源利用率。新建水泥生产线应自备水泥矿山。

（十）选择和控制水泥生产的原（燃）料品质，如合理的硫碱比、较低的N、Cl、F、重金属含量等，以减少污染物的产生。可合理利用低品位原料、可替代燃料和工业固体废物等生产水泥。淘汰使用萤石等含氟矿化剂。

（十一）提高水泥制造工艺与技术装备水平，应用新型干法窑外预分解技术、低氮燃烧技术、节能粉磨技术、原（燃）料预均化技术、自动化与智能化控制技术等清洁生产工艺和技术，实现污染物源头削减。

（十二）采用新型干法工艺生产水泥，淘汰能效低、环境污染程度高的立窑、干法中空窑、立波尔窑、湿法窑等落后生产能力和工艺装备。

（十三）安装工艺自动控制系统，通过对生料及固体燃料给料、熟料烧成等工艺参数进行准确测（计）量与快速调整，实现水泥生产的均衡稳定，减少工艺波动造成的污染物非正常排放。

（十四）建立企业能效管理系统。采用节能粉磨设备、变频调速风机和其他高效用电设备，减少电力资源的消耗。优化余热利用技术，水泥窑热烟气应优先用于物料烘干，剩余热量可通过余热锅炉回收生产蒸汽或用于发电。

三、大气污染物排放控制

（十五）水泥窑窑头、窑尾烟气经余热利用或降温调质后，输送至袋式除尘器、静电除尘器或电袋复合除尘器处理，使排放烟气中颗粒物浓度达到排放标准要求。其他通风生产设备和扬尘点采用袋式除尘器。

（十六）加强对除尘设备的设计与运行控制，提高设备运行率。袋式除尘器应控制适宜的烟气温度，防止烧袋或结露；采取单元滤室设计，具备发现故障或破袋时及时在线修复的功能。静电除尘器应与工艺自动控制系统联动，采取可靠措施保证与水泥窑同步运行。

（十七）逸散粉尘的设备和作业场所均应采取控制措施，在工艺条件允许的前提下，宜优先采用密闭、覆盖或负压操作的方法，防止粉尘逸出，或负压收集含尘气体净化处理后排放。通过合理工艺布置、厂内密闭输送、路面硬化、清扫洒水等措施减少道路交通扬尘。提高水泥散装比例，减少水泥包装及使用环节的粉尘排放。

（十八）根据国家及地方环保要求，加强水泥窑NO_X排放控制，在低氮燃烧技术（低氮燃烧器、分解炉分级燃烧、燃料替代等）的基础上，选择采用选择性非催化还原技术（SNCR）、选择性催化还原技术（SCR）或SNCR-SCR复合技术。新建水泥窑鼓励采用SCR技术、SNCR-SCR复合技术。严格控制氨逃逸，加强液氨等还原剂的安全管理。

（十九）针对SO_2、氟化物等大气污染物排放浓度较高的水泥窑，宜采取湿法洗涤、活性炭吸附等净化措施和采取窑磨一体化运行方式，实现达标排放。

四、利用水泥生产设施处置固体废物

（二十）在确保污染物排放和其他环境保护事项符合相关法规、标准要求，并保障水泥产品使用中的环境安全前提下，可合理利用水泥生产设施处置工业废物、生活垃圾、污泥等固体废物及受污染土壤。

（二十一）利用水泥生产设施处置固体废弃物，应根据废物性质，按照国家法律、法规、标准要求，采取相关措施，并做好污染物监测工作，防范环境风险。

五、其他污染物排放控制

（二十二）水泥生产中的设备冷却水、冲洗水等，可适当处理后重复使用。

（二十三）鼓励采用低噪声设备，并对设备或生产车间采取隔声、吸声、消声、隔振等措施，降低噪声排放。宜通过合理的生产布局、建（构）筑物阻隔、绿化等方法减少对外界噪声敏感目标的影响。

（二十四）对水泥生产中的废矿石、窑灰、废旧耐火砖、废包装袋、废滤袋等进行分类收集处理。除尘系统收集的粉尘应回收利用。不宜使用铬镁砖作为水泥窑的耐火材料，废旧耐火砖需妥善处理，防止受到雨雪淋溶和地表径流侵蚀。

六、鼓励研究开发的新技术、新材料

（二十五）研究开发高效低阻低排放的新型熟料烧成技术、高效节能粉磨技术与装备、高性能低氮燃烧器。

（二十六）研究开发可减少石灰石用量和降低烧成热耗的低 CO_2 排放技术，以及 CO_2 回收利用技术。

（二十七）研究开发水泥生产设施协同处置固体废物的资源化利用与安全处置技术、二次污染控制技术。

（二十八）研究开发适用于新型干法水泥窑的高效烟气脱硝技术，如高尘 SCR 技术、SNCR-SCR 复合技术等；研究开发高性能催化剂，以及失效催化剂再生与安全处置技术。

（二十九）研究开发高性能过滤材料、多种污染物协同控制技术与材料。

（三十）研究开发水泥窑用生态环保型耐火材料和耐磨材料。

七、运行与监测

（三十一）按照相关规定，在水泥生产设施安装大气污染物排放自动监测和传输设备，并与环境保护管理部门联网，保证设备正常运行。

（三十二）加强水泥生产企业原（燃）料品质检测与管理，防止挥发性 S、Cl、Hg 等含量较高的原（燃）料进入生产系统。加强生产工艺设备的运行与维护管理，保持生产系统的均衡稳定运行。污染治理设施应与生产工艺设备同时设计、同时建设、同时运行。

★卫生保护部 2013 年 5 月 24 日发布的〔2013〕第 31 号公告。

关于加快推进空气质量新标准第二阶段监测实施工作的通知★

各省、自治区、直辖市环境保护厅（局），新疆生产建设兵团环境保护局：

按照《关于印发〈空气质量新标准第二阶段监测实施方案〉的通知》（环办〔2013〕30 号，以下简称《方案》）的要求，2013 年年底前，环保重点城市和地级环保模范城市的所有国控点位及县级环保模范城市所有监测点位要全面依据新空气质量标准开展监测并发布信息。目前，大部分省、自治区、直辖市环境保护厅（局）高度重视空气质量新标准的监测实施工作，整体工作进展顺利。但是，仍存在进度不平衡的问题，少数地方尚未开展空气质量监测设备招标工作。为确保空气质量新标准第二阶段监测实施任务圆满完成，现将有关事项通知如下：

一、加快空气质量新标准第二阶段监测实施工作进度

截至目前，第二阶段实施空气质量新标准的城市中，大同、长治、临汾、阳泉、桂林、北海、柳州等部分城市已提前完成设备安装任务，正开展试运行；咸阳、铜川、渭南、宝鸡、延安、嘉峪关、荆州等城市已完成设备招投标程序，正在进行设备安装调试；牡丹江、芜湖、三亚、南充、攀枝花、曲靖、石嘴山、宜昌等城市已启动招投标程序；尚有部分城市仍未启动招标程序，监测实施工作进展缓慢。

各地要高度重视新标准的监测实施工作。我部正积极协调财政部门争取尽快下拨中央补助资金，但因今年面临国家财政体制改革，中央补助资金预计不能及时下达。尚未进行招标工作的城市，要积极筹措资金，提前开展工作，确保在规定的时间内完成设备招标、安装、试运行及发布信息等相关工作，我部将定期通报各地工作进度，适时开展现场督查。

二、加快空气质量监测的数据传输与网络化质控平台建设

空气质量数据传输、信息发布和网络化质控平台建设是实施空气质量新标准监测的重要组成部分。2012 年已投资建设的 37 个城市要先行与国家联网并实时发布空气质量监测数据。其他城市要加快相关联网设备采购工作进度，确保 2013 年 8 月底前国家空气网数据传输、信息发布与网络化质控平台建设所需硬件设备安装到位；10 月底前完成行政区域内国家环境空气质量监测网与中国环境监测总站联网，确保第二阶段实施城市监测数据实时发布。

三、加强空气质量新标准第二阶段监测实施工作的组织领导

各地要加强对空气质量新标准第二阶段监测实施工作的组织领导，认真贯彻落实，严格按照《方案》要求，制定工作计划，细化工作任务，明确责任人，加强业务培训。在确保空气质量新标准第一阶段监测点位稳定运行的基础上，保质、保量、如期完成第二阶段监测实施任务。

★环境保护部办公厅 2013 年 6 月 24 日发布的环办〔2013〕70 号文。

关于加大工作力度确保实现2013年节能减排目标任务的通知★

各省、自治区、直辖市人民政府，国务院各部委、各直属机构：

为切实做好节能减排工作，确保完成2013年目标任务，并为实现“十二五”节能减排约束性目标奠定基础，经国务院同意，现就有关事项通知如下：

一、确保完成2013年节能减排工作任务目标

我国正处于工业化、信息化、城镇化、农业现代化快速发展的关键时期，能源资源需求刚性增长，资源环境约束日益突出。2012年，各地区、各部门按照党中央、国务院的决策部署，把节能减排作为调整经济结构、转变发展方式、推动科学发展的重要抓手，采取一系列政策措施，推动节能减排工作取得积极进展，全国单位国内生产总值能耗降低3.6%，二氧化硫、化学需氧量、氨氮、氮氧化物排放总量分别减少4.52%、3.05%、2.62%、2.77%，实现了全年目标。但是，当前节能减排的形势依然严峻，实现“十二五”节能减排目标任务更加艰巨。一是节能减排目标完成进度滞后，要实现“十二五”目标任务，后三年年均单位国内生产总值能耗需降低3.84%，比前两年平均降幅高1.03个百分点，氮氧化物平均降幅需达到4%以上。二是今年以来，高耗能、高排放行业增长加快，能耗强度下降速度放缓，污染物排放增量压力加大。三是随着节能减排工作深入，政策机制不完善、基础工作薄弱等问题日益凸显。

党的十八大提出，要把生态文明建设放在突出地位，融入经济、政治、文化、社会建设各方面和全过程，努力建设美丽中国，实现中华民族永续发展。各地区、各部门要把思想和行动统一到中央的精神上来，切实增强全局意识、危机意识和责任意识，树立绿色、循环、低碳发展理念，以节能减排倒逼产业转型和发展方式加快转变，下更大决心，用更大气力，采取更加有力的政策措施，确保2013年全国单位国内生产总值能耗下降3.7%以上，二氧化硫、化学需氧量、氨氮、氮氧化物排放总量分别下降2%、2%、2.5%、3%，促进形成节约资源和保护环境的产业结构、生产方式、生活方式，加快生态文明建设。

二、强化节能减排目标责任

公告2012年省级人民政府节能目标责任现场评价考核和各地区主要污染物减排核查核算结果，并在主流媒体上发布，接受社会监督；将节能减排任务完成情况作为省级人民政府领导班子和领导干部综合评价考核的重要内容；对考核等级为未完成的地区，由国务院节能减排工作领导小组领导或授权约见提醒，督促考核等级为未完成的地区限期整改，并将各地整改情况汇总整理报国务院；做好节能减排形势分析，定期发布《各地区节能目标完成情况晴雨表》。各地区要强化考核结果的运用，兑现奖惩措施，着力解决节能工作的薄弱环节，及时对节能目标责任现场评价考核中发现的问题进行整改，整改情况纳入2013年节能考核范围；节能减排进度滞后、存在“前松后紧”趋势的地区，要重新调整今后3年的年度目标并进行相关工作部署；各地要定期发布本行政区域内各地（市）节能目标完成情况的晴雨表，加强预警和政策调控。（发展改革委、环境保护部、统计局会同有关部门负责）

三、调整优化产业结构

*一是严控高耗能、高排放行业过快增长和产能严重过剩行业盲目扩张。*严格节能评估审查和环境影响评价，对新上项目能源消费量增长过快的地区，暂缓高耗能项目能评审查。提高“两高”项目准入门槛，新上“两高”项目的能效、环保指标要达到国内同行业、同规模领先水平。严控“两高”行业新增产能，新、改、扩建项目实行产能等量或减量置换。继续严格控制“两高”产品出口，完善加工贸易禁止类和限制类目录，禁止高耗能、高排放和资源类产品加工贸易。加强项目管理，严禁核准产能严重过剩行业新增产能项目，坚决停建产能严重过剩行业违规在建项目。（发展改革委、环境保护部、财政部、工业和信息化部、商务部负责）

*二是加快淘汰落后产能。*结合做好化解产能过剩矛盾工作，以钢铁、水泥、电解铝、平板玻璃等产能严重过剩行业为重点，尽快将任务分解落实到具体企业并公告企业名单，加强监督检查，列入公告的落后设备（生产线）力争2013年9月底前全部关停，12月底前彻底拆除，不得转移。全年淘汰落后产能火电200万千瓦以上、炼铁263万吨、炼钢781万吨、水泥7345万吨、电解铝27.3万吨、煤炭4500万吨、焦炭1405万吨，做好对淘汰落后产能企业的现场检查验收和发布任务完成公告工作。健全落后产能退出机制，做好职工安置工作。（工业和信息化部、能源局、发展改革委、财政部、环境保护部、人力资源社会保障部负责）

三是调整优化能源结构。在做好保护生态和移民安置的前提下开工建设水电2000万千瓦以上，在确保安全的基础上开工建设核电335万千瓦，风电、太阳能电站装机规模分别达到8000万千瓦、1600万千瓦。积极发展生物质能、地热能，大力推进天然气、页岩气、煤层气等勘探开发利用。支持工商企业、工业园区和大型公共建筑发展光伏发电系统，推进光伏发电示范区建设；开展以智能电网、物联网和储能技术为支撑的微电网示范工程。促进煤炭清洁利用，推广使用天然气、煤制气、生物质成型燃料等清洁能源。发展分布式能源。继续推进资源综合利用发电。（能源局、发展改革委、财政部、工业和信息化部、住房城乡建设部、国土资源部负责）

四是大力发展服务业和节能环保等战略性新兴产业。推进服务业规模化、品牌化、网络化经营，提高服务业在国民经济中的比重。推进高效锅炉、高效内燃机、半导体照明、绿色建材、烟气脱硫脱硝、机动车尾气高效净化等节能环保产品和装备发展，建设一批国家节能环保重大技术示范工程。支持在企业集聚区实施分布式能源供应、环保综合治理等基础设施集中建设和运营。抓好《国务院关于加快发展节能环保产业的意见》的贯彻落实，明确任务分工，落实工作责任，创造良好的产业发展环境，确保各项任务措施落到实处，务求尽快取得实效。（发展改革委、财政部、科技部、工业和信息化部、环境保护部负责）

四、加快实施节能减排重点工程

安排中央预算内投资和中央财政节能减排专项资金支持节能减排重点工程和能力建设。实施节能改造、节能技术产业化示范、节能产品惠民、合同能源管理推广、节能能力建设等节能重点工程，形成节能能力6000万吨标准煤。实施城镇污水垃圾处理设施及配套管网建设、重点流域水污染防治、重金属污染防治、重点区域大气污染防治、湖泊生态环境保护、规模化畜禽养殖场污染治理、脱硫脱硝等减排重点工程，新增城镇污水日处理能力800万吨，形成化学需氧量、氨氮年削减能力60万吨、6万吨；新增燃煤机组脱硫装机容量700万千瓦、脱硝装机容量1.5亿千瓦，对77条水泥生产线安装烟气脱硝设施，形成二氧化硫、氮氧化物年削减能力24万吨、160万吨。加强节能环保重点项目建设和运行监管，切实发挥工程措施作用。（发展改革委、财政部、环境保护部、工业和信息化部、住房城乡建设部、水利部、农业部、能源局、质检总局、科技部负责）

五、推动重点领域节能

开展城镇化过程中绿色发展问题研究。落实《绿色建筑行动方案》，实施绿色建筑行动，督促各地制定绿色建筑行动实施方案，明确目标任务，全年新建绿色建筑5000万平方米以上；推进绿色生态城区创建。完成北方采暖地区既有居住建筑供热计量和节能改造1.5亿平方米、夏热冬冷地区既有居住建筑节能改造1200万平方米。加强大型公共建筑用能管理，扩大能耗动态监测平台建设范围。开展第三批重点城市公共建筑节能改造。推动实施绿色照明工程，落实半导体照明节能产业规划。（发展改革委、财政部、住房城乡建设部会同有关部门负责）

深入开展万家企业节能低碳行动，加强万家企业节能目标责任评价考核，尽快公告2012年度考核结果，加大奖惩问责力度，对未完成目标的企业强制开展能源审计；落实能源利用状况报告制度，汇总分析万家企业能源利用状况，提出改进措施；在北京市、河南省和陕西省开展重点用能企业能耗在线监测系统建设试点。加强企业能源管理体系建设及评价工作，健全标准规范。研究推进能源管理师制度建设。实施工业能效提升计划和电机能效提高计划，推进电子信息制造业节能降耗。推进数据中心节能改造。支持中小企业节能减排。（发展改革委、工业和信息化部、国资委、住房城乡建设部、交通运输部、商务部、统计局、质检总局、能源局、人力资源社会保障部负责）

稳步推进低碳交通运输体系建设城市试点，抓好两批26个城市试点工作。开展19个绿色低碳交通城市、7条绿色低碳公路、3个绿色低碳港口创建等示范活动。深入推进981家交通运输企业开展低碳交通运输专项行动，强化目标考核，推广先进适用技术，推进清洁能源车船应用。发展城市步行、自行车出行系统。组织实施第三批12家运输企业甩挂运输试点，推进不停车自动交费系统（ETC）联网工程。推进内河船型标准化，推广内河船舶免停靠报港信息服务系统，推进靠港船舶使用岸电技术应用。强化铁路企业节能环保指标控制，继续提高电气化铁路及电力机车承担运输工作量比重，加快淘汰老旧机车。在15座机场推进桥载设备替代飞机辅助动力装置专项工作；继续优化航路航线，在开展缩短飞机地面滑行时间前期可行性研究基础上，选择1-3座机场进行试点。（交通运输部、铁路局、民航局、发展改革委、财政部、住房城乡建设部负责）

推进1000家节约型公共机构示范单位创建活动，加强节水型单位建设，在中央国家机关16个部门开展节约型办公区建设。在商业领域深入推进“百城千店”示范工程和绿色饭店创建活动。支持军队重点用能设施设备节能改造。推进省柴节煤炉灶炕升级换代，建设节能减排示范村。（国管局、发展改革委、财政部、商务部、农业部、总后勤部负责）

六、推进主要污染物减排

出台建设项目主要污染物排放总量指标管理办法，逐步推行主要污染物总量指标预算管理制度。加大细颗粒物

（PM2.5）治理力度，把主要污染物排放总量指标作为环评审批的前置条件。推进大气污染联防联控，建立区域联防联控工作协调机制和监测预警应急体系。在京津冀、长三角、珠三角和山东城市群开展煤炭消费总量控制试点，加快清洁能源替代利用，加快燃煤锅炉、窑炉、自备燃煤电站的天然气改造。在19个省（区、市）的47个地级以上城市实施大气污染物特别排放限值。推进火电、钢铁、有色、炼油、建材等行业脱硫脱硝，对火电、钢铁、水泥、燃煤锅炉实施高效除尘改造，开展石化、化工、表面涂装、包装印刷等行业挥发性有机物治理，采取有效的经济手段加快淘汰运营类黄标车，全面供应符合国家第四阶段标准的车用燃油，加强扬尘污染防治。以制浆造纸、印染、食品加工、农副产品加工等行业为重点，继续加大水污染深度治理和工艺技术改造。深入推进湘江流域重金属污染治理、历史遗留重金属污染治理和无主尾矿隐患综合治理。加强农村环境综合治理，加大农业面源污染防治力度，因地制宜推进农村生活污水、垃圾处理设施建设，继续推广测土配方施肥、水产健康养殖，加快推进畜禽标准化规模养殖，推进农村清洁工程建设。着力抓好污水处理厂、造纸厂、畜禽养殖场、火电厂、钢铁厂、水泥厂和机动车等“六厂（场）一车”减排措施落实，确保1545个重点减排项目按期保质建成投运。（环境保护部、发展改革委、工业和信息化部、住房城乡建设部、交通运输部、国土资源部、农业部、国资委、能源局负责）

七、大力发展循环经济

做好《循环经济发展战略及近期行动计划》宣传贯彻，编制循环经济年度推进计划。印发《关于加快发展农业循环经济的指导意见》、《关于促进生产过程协同资源化处理城市及产业废弃物的指导意见》。深化循环经济统计试点，发布国家层面资源产出率指标。继续开展循环经济“十百千”示范行动，2013年启动20个循环经济示范城市（县）、10个国家“城市矿产”示范基地、17个餐厨废弃物资源化利用城市试点和28个再制造试点，以及20个园区循环化改造。继续开展再生资源回收体系试点城市建设，建设分拣加工示范基地。开展消费者交回旧件并以置换价购买再制造产品的工作。完善老旧汽车淘汰和回收拆解体系，支持和培育回收拆解骨干企业，鼓励有条件地区建立区域性破碎示范中心。推进在工业生产过程中协同处理城市生活垃圾和污泥。深入推进清洁生产，编制国家清洁生产推行规划，发布清洁生产评价指标体系，加快重大清洁生产技术应用，建设一批清洁生产技术服务中心。发布《关于开展工业产品生态设计的指导意见》，选择汽车、电子等产品开展工业产品生态设计试点。开展铅循环利用体系建设试点。深入推进资源综合利用百个示范基地和百家骨干企业建设，新增粉煤灰等大宗固体废弃物综合利用能力1.6亿吨。编制实施赤泥、磷石膏等专项方案，开展工业固体废弃物综合利用基地建设试点，修订资源综合利用目录。推进墙体材料革新工作，完成183个城市限制粘土制品、397个县城禁止使用实心粘土砖任务。大力推进建筑废物和废旧路面材料再生利用。继续抓好农作物秸秆综合利用，加快秸秆收集储运体系建设，严格农作物秸秆焚烧监管。启动第三批国家级绿色矿山试点，推动首批40家矿产资源综合利用示范基地建设。全面落实最严格水资源管理制度，推进节水型社会建设，加快发展海水淡化产业。（发展改革委、财政部、国土资源部、工业和信息化部、环境保护部、住房城乡建设部、交通运输部、商务部、水利部、农业部负责）

八、加快节能减排技术和产品开发推广

发布实施《节能减排科技专项行动方案》，加强重点行业、领域和区域节能减排共性和关键技术开发、示范，推动实施节能减排科技专项，重点推动洁净煤利用、绿色建筑、电动汽车、太阳能工业热利用、太阳能发电等技术研发推广。出台节能技术推广管理办法，建立节能技术遴选、评定和推广机制。发布第六批重点节能技术推广目录及第二批循环经济技术、工艺设备名录，修订《国家鼓励发展的重大环保技术装备目录（2011年版）》，制定“十二五”期间国家鼓励的重大节水技术工艺装备目录、高用水行业淘汰技术目录。继续实施节能产品惠民工程，推广高效照明产品1.3亿只、节能汽车100万辆、高效电动机500万千瓦，推动超高效节能产品市场消费。调整鼓励进口目录，支持先进节能环保技术、设备和关键零部件进口。开展节能减排重大技术装备质量提升专项行动。开展城市能源计量建设示范活动。推行政府绿色采购，完善强制采购和优先采购制度，逐步提高节能环保产品在采购中的比重。（科技部、发展改革委、财政部、环境保护部、工业和信息化部、水利部、商务部、质检总局、国管局负责）

九、完善节能减排的经济政策

调整和完善成品油、天然气价格形成机制，严格落实差别电价、惩罚性电价、脱硫电价和脱硝电价政策，建立动态甄别和监管机制。落实居民用电阶梯价格，推行居民生活用水、用气阶梯价格和非居民用水超定额累进加价政策。实行差别化排污收费政策，提高污水、废气中主要污染物和重金属污染物排污费标准，推进垃圾处理收费方式改革，研究制定排污权交易价格管理规定。适当调整地表水、地下水水资源费征收标准，落实超计划超定额累进收取水资源费制度。清理规范资源类收费。完善矿山环境治理恢复保证金制度。加强财政资金管理，提高使用效率，注重

发挥财政资金的引导作用，促进形成持续稳定增长的资金投入机制；研究建立有利于促进地方实现节能减排目标任务的财政支持机制。扩大节能减排财政政策综合示范范围，结合绿色城镇化和生态文明等重大战略部署，进一步加大政策集成力度。提高节能产品惠民工程推广产品补贴标准，对能效"领跑者"产品推广给予更高标准的补贴。梳理节能减排有关税收政策，推动落实合同能源管理项目和节能节水环保产品税收优惠政策。调整消费税范围和税率结构，研究将大量消耗能源资源、易造成环境污染的产品纳入征税范围。研究制定水泥、石化等非电行业脱硫脱硝激励政策。继续推行涉重金属等高环境风险企业环境污染强制责任保险（放心保）制度。建立绿色信贷实施情况关键评价指标体系、绿色信贷统计制度，加强绿色信贷信息平台建设，提高节能环保企业和项目的融资能力。（发展改革委、财政部、环境保护部、国土资源部、工业和信息化部、水利部、人民银行、税务总局、法制办、银监会、保监会、能源局负责）

十、推行节能减排市场化机制

大力推动节能服务产业发展，积极落实合同能源管理项目扶持政策，加强政策培训，规范项目管理。深入推进"百项能效标准工程"，出台约50项高耗能产品能耗限额标准、产品能效标准。加快制定《乘用车企业产品平均油耗管理办法》。发布电冰箱、空调、洗衣机等终端用能产品能效"领跑者"目录。扩大能效标识产品目录，对配电变压器、抽油烟机等产品实施能效标识。拓宽节能产品认证范围，规范节能认证管理，研究建立绿色建材认证制度。改进发电调度方式，在坚持优先调度节能环保高效机组的基础上，逐步增加经济调度因素；鼓励余热余压发电及上网；加大可再生能源发电全额保障性收购力度，推行促进风电等可再生能源消纳的辅助服务补偿机制。在4个城市开展电力需求侧管理综合试点。研究推行节能量交易。积极推进排污权有偿使用和交易试点，出台排污权有偿使用和交易试点工作指导意见，制订排污权交易方案。（发展改革委、环境保护部、财政部、工业和信息化部、人民银行、税务总局、质检总局、能源局负责）

十一、强化节能减排管理监督

出台控制能源消费总量实施方案，建立控制能源消费总量工作协调机制，确定各地区总量控制目标，提出具体的考核实施办法、部门分工意见。严格主要污染物排放总量指标管理，把污染物排放总量指标作为项目环评审批的前置条件。根据中央转变发展方式监督检查总体安排，做好节能减排政策措施落实情况监督检查。对完成节能减排目标进度滞后、淘汰落后产能不力、节能减排形势严峻的地区，暂缓办理该地区高耗能、高排放项目的节能评估审查和环境影响评价。适时开展节能减排专项资金管理使用情况监督检查，重点查处并纠正骗取、套取以及截留、挤占、挪用节能减排资金等违法违规行为。开展电力调度交易监管，落实可再生能源发电全额保障性收购制度，研究推行发电权交易。继续加强对脱硫脱硝电价政策执行情况的监督检查。加强新建建筑执行节能标准的监管，鼓励有条件的地区制定实施更高水平的标准。开展民用建筑供热计量收费监督检查。组织开展重点用能单位能耗（电耗）限额标准执行情况检查、重点用能单位能源计量审查、在用工业锅炉能效测试。完善主要污染物减排监测体系，推动企业自行监测，规范监督性监测，加大污染源监测信息发布力度。推进环境监管能力标准化建设，提高污染源监测、机动车污染监控、农业源污染监测和减排管理能力。支持地方节能减排监察机构能力建设，提高节能减排执法能力。（发展改革委、环境保护部、财政部、监察部、工业和信息化部、住房城乡建设部、质检总局、能源局负责）

十二、开展节能减排全民行动

深入推进节能减排全民行动，组织开展政府绿色办公、节能减排家庭社区行动、企业行动、青年志愿者行动、青少年行动、巾帼环境友好使者行动、节约型军营行动等，减少使用一次性产品，抑制商品过度包装，限制使用塑料购物袋，积极倡导文明、节约、绿色、低碳的消费模式。组织好全国节能宣传周、低碳日、世界环境日、世界水日等主题宣传活动，加强日常宣传报道，充分发挥民间组织、志愿者的积极作用。支持循环经济教育示范基地创建工作。反对食品浪费，研究出台关于开展反食品浪费行动的通知，推动餐饮企业、单位食堂、公务接待用餐、家庭用餐、粮食收储运等各方面、各环节节约粮食。继续开展节能减排科普展览教育活动，在重点行业职工中开展节能减排达标竞赛活动，加强职工节能减排义务监督员队伍建设。（发展改革委、科技部、教育部、环境保护部、水利部、商务部、质检总局、国管局、新华社、总后勤部、全国总工会、共青团中央、全国妇联、中国科协会同有关部门负责）

各地区、各部门要把节能减排放在更加突出的位置，切实加强组织领导，认真履行职责，强化协调配合，深入推进节能减排各项工作，确保完成2013年节能减排目标任务。发展改革委要认真履行国务院节能减排工作领导小组办公室的职责，加强节能减排工作的综合协调和检查指导，组织推动节能工作，及时向国务院报告进展情况，提出意见和建议；环境保护部为主承担污染减排方面的工作。

★国家发展和改革委员会2013年8月16日发布的发改环资〔2013〕1585号文。

2013年工业行业淘汰落后产能企业名单（第三批）★

根据《国务院关于进一步加强淘汰落后产能工作的通知》（国发〔2010〕7号），依据《工业和信息化部关于下达2013年19个工业行业淘汰落后产能目标任务的通知》（工信部产业〔2013〕102号），现将2013年工业行业淘汰落后产能企业名单（第三批）予以公告。

有关省（区、市）要采取有效措施，确保在2013年12月底前，彻底拆除列入公告名单内企业的落后产能，不得向其他地区转移，并按照《关于印发淘汰落后产能工作考核实施方案的通知》（工信部联产业〔2011〕46号）要求，做好对淘汰落后产能企业的现场检查验收和发布任务完成公告工作。

附件：2013年工业行业淘汰落后产能企业名单（第三批）（节选水泥部分）

序号	省份	企业名称	淘汰生产线（设备）型号及数量	产能
七、水泥（熟料及磨机）（产能单位：万吨）				
12	四川	古蔺县星鑫水泥厂	Φ3.6×11米机立窑生产线一条 Φ2.4×9米生料粉磨机一台	16
13	宁夏	石嘴山市慧磊建材有限公司	Φ3.8×8.5米机立窑生产线一条	18
14	江西	进贤岚湖第二水泥有限公司	Φ3.6×12米机立窑生产线一条	15
15	江西	江西乐矿水泥有限责任公司	Φ3.8×10米机立窑生产线一条	15
16	江西	上高县雪林白水泥有限公司	Φ1.6×39米回转窑生产线一条 Φ1.9×39米回转窑生产线一条	4
17	江西	江西省戈氏水泥建材有限公司	Φ3.4×11米机立窑生产线一条	15
18	江西	江西建安建材工业有限公司	Φ3.6×12米机立窑生产线一条	15
19	陕西	陕西勉县温泉水泥有限责任公司	Φ3×45米干法回转窑水泥生产线一条	10
20	甘肃	甘肃寿鹿山水泥有限责任公司	Φ2.8×48米回转窑生产线一条 Φ3.6×11.8米机立窑生产线一条 Φ3.6×11米机立窑生产线一条 Φ2.2×6.5米生料粉磨机组两套 Φ2.4×8米生料粉磨机组一套 Φ2.6×11米水泥粉磨机组一套 Φ2.6×10米水泥粉磨机组一套 Φ3×13米水泥粉磨机组一套	40

★工业和信息化部2013年9月9日发布的2013年第46号公告。

关于印发大气污染防治行动计划的通知★

各省、自治区、直辖市人民政府，国务院各部委、各直属机构：

现将《大气污染防治行动计划》印发给你们，请认真贯彻执行。

国务院

2013年9月10日

日前，国务院发布《大气污染防治行动计划》（以下简称《行动计划》）。这是当前和今后一个时期全国大气污染防治工作的行动指南。以下是《行动计划》全文：

大气污染防治行动计划

大气环境保护事关人民群众根本利益，事关经济持续健康发展，事关全面建成小康社会，事关实现中华民族伟大复兴中国梦。当前，我国大气污染形势严峻，以可吸入颗粒物（PM10）、细颗粒物（PM2.5）为特征污染物的区域性大气环境问题日益突出，损害人民群众身体健康，影响社会和谐稳定。随着我国工业化、城镇化的深入推进，能源资源消耗持续增加，大气污染防治压力继续加大。为切实改善空气质量，制定本行动计划。

总体要求：

以邓小平理论、“三个代表”重要思想、科学发展观为指导，以保障人民群众身体健康为出发点，大力推进生态文明建设，坚持政府调控与市场调节相结合、全面推进与重点突破相配合、区域协作与属地管理相协调、总量减排与质量改善相同步，形成政府统领、企业施治、市场驱动、公众参与的大气污染防治新机制，实施分区域、分阶段治理，推动产业结构优化、科技创新能力增强、经济增长质量提高，实现环境效益、经济效益与社会效益多赢，为建设美丽中国而奋斗。

奋斗目标：

经过五年努力，全国空气质量总体改善，重污染天气较大幅度减少；京津冀、长三角、珠三角等区域空气质量明显好转。力争再用五年或更长时间，逐步消除重污染天气，全国空气质量明显改善。

具体指标：

到 2017 年，全国地级及以上城市可吸入颗粒物浓度比 2012 年下降 10% 以上，优良天数逐年提高；京津冀、长三角、珠三角等区域细颗粒物浓度分别下降 25%、20%、15% 左右，其中北京市细颗粒物年均浓度控制在 60 微克 / 立方米左右。

一、加大综合治理力度，减少多污染物排放

（一）加强工业企业大气污染综合治理。

全面整治燃煤小锅炉。加快推进集中供热、“煤改气”、“煤改电”工程建设，到 2017 年，除必要保留的以外，地级及以上城市建成区基本淘汰每小时 10 蒸吨及以下的燃煤锅炉，禁止新建每小时 20 蒸吨以下的燃煤锅炉；其他地区原则上不再新建每小时 10 蒸吨以下的燃煤锅炉。在供热供气管网不能覆盖的地区，改用电、新能源或洁净煤，推广应用高效节能环保型锅炉。在化工、造纸、印染、制革、制药等产业集聚区，通过集中建设热电联产机组逐步淘汰分散燃煤锅炉。

加快重点行业脱硫、脱硝、除尘改造工程建设。所有燃煤电厂、钢铁企业的烧结机和球团生产设备、石油炼制企业的催化裂化装置、有色金属冶炼企业都要安装脱硫设施，每小时 20 蒸吨及以上的燃煤锅炉要实施脱硫。除循环流化床锅炉以外的燃煤机组均应安装脱硝设施，新型干法水泥窑要实施低氮燃烧技术改造并安装脱硝设施。燃煤锅炉和工业窑炉现有除尘设施要实施升级改造。

推进挥发性有机物污染治理。在石化、有机化工、表面涂装、包装印刷等行业实施挥发性有机物综合整治，在石化行业开展“泄漏检测与修复”技术改造。限时完成加油站、储油库、油罐车的油气回收治理，在原油成品油码头积极开展油气回收治理。完善涂料、胶粘剂等产品挥发性有机物限值标准，推广使用水性涂料，鼓励生产、销售和使用低毒、低挥发性有机溶剂。

京津冀、长三角、珠三角等区域要于 2015 年底前基本完成燃煤电厂、燃煤锅炉和工业窑炉的污染治理设施建设与改造，完成石化企业有机废气综合治理。

（二）深化面源污染治理。

综合整治城市扬尘。加强施工扬尘监管，积极推进绿色施工，建设工程施工现场应全封闭设置围挡墙，严禁敞开式作业，施工现场道路应进行地面硬化。渣土运输车辆应采取密闭措施，并逐步安装卫星定位系统。推行道路机械化清扫等低尘作业方式。大型煤堆、料堆要实现封闭储存或建设防风抑尘设施。推进城市及周边绿化和防风防沙林建设，扩大城市建成区绿地规模。

开展餐饮油烟污染治理。城区餐饮服务经营场所应安装高效油烟净化设施，推广使用高效净化型家用吸油烟机。

（三）强化移动源污染防治。

加强城市交通管理。优化城市功能和布局规划，推广智能交通管理，缓解城市交通拥堵。实施公交优先战略，提高公共交通出行比例，加强步行、自行车交通系统建设。根据城市发展规划，合理控制机动车保有量，北京、上海、广州等特大城市要严格限制机动车保有量。通过鼓励绿色出行、增加使用成本等措施，降低机动车使用强度。

提升燃油品质。加快石油炼制企业升级改造，力争在 2013 年底前，全国供应符合国家第四阶段标准的车用汽油，在 2014 年底前，全国供应符合国家第四阶段标准的车用柴油，在 2015 年底前，京津冀、长三角、珠三角等区域内重点城市全面供应符合国家第五阶段标准的车用汽、柴油，在 2017 年底前，全国供应符合国家第五阶段标准的车用汽、柴油。加强油品质量监督检查，严厉打击非法生产、销售不合格油品行为。

加快淘汰黄标车和老旧车辆。采取划定禁行区域、经济补偿等方式，逐步淘汰黄标车和老旧车辆。到 2015 年，淘汰 2005 年底前注册营运的黄标车，基本淘汰京津冀、长三角、珠三角等区域内的 500 万辆黄标车。到 2017 年，基本淘汰全国范围的黄标车。

加强机动车环保管理。环保、工业和信息化、质检、工商等部门联合加强新生产车辆环保监管，严厉打击生产、

销售环保不达标车辆的违法行为；加强在用机动车年度检验，对不达标车辆不得发放环保合格标志，不得上路行驶。加快柴油车车用尿素供应体系建设。研究缩短公交车、出租车强制报废年限。鼓励出租车每年更换高效尾气净化装置。开展工程机械等非道路移动机械和船舶的污染控制。

加快推进低速汽车升级换代。不断提高低速汽车（三轮汽车、低速货车）节能环保要求，减少污染排放，促进相关产业和产品技术升级换代。自2017年起，新生产的低速货车执行与轻型载货车同等的节能与排放标准。

大力推广新能源汽车。公交、环卫等行业和政府机关要率先使用新能源汽车，采取直接上牌、财政补贴等措施鼓励个人购买。北京、上海、广州等城市每年新增或更新的公交车中新能源和清洁燃料车的比例达到60%以上。

二、调整优化产业结构，推动产业转型升级

（四）严控“两高”行业新增产能。

修订高耗能、高污染和资源性行业准入条件，明确资源能源节约和污染物排放等指标。有条件的地区要制定符合当地功能定位、严于国家要求的产业准入目录。严格控制“两高”行业新增产能，新、改、扩建项目要实行产能等量或减量置换。

（五）加快淘汰落后产能。

结合产业发展实际和环境质量状况，进一步提高环保、能耗、安全、质量等标准，分区域明确落后产能淘汰任务，倒逼产业转型升级。

按照《部分工业行业淘汰落后生产工艺装备和产品指导目录(2010年本)》、《产业结构调整指导目录(2011年本)(修正)》的要求，采取经济、技术、法律和必要的行政手段，提前一年完成钢铁、水泥、电解铝、平板玻璃等21个重点行业的“十二五”落后产能淘汰任务。2015年再淘汰炼铁1500万吨、炼钢1500万吨、水泥(熟料及粉磨能力)1亿吨、平板玻璃2000万重量箱。对未按期完成淘汰任务的地区，严格控制国家安排的投资项目，暂停对该地区重点行业建设项目办理审批、核准和备案手续。2016年、2017年，各地区要制定范围更宽、标准更高的落后产能淘汰政策，再淘汰一批落后产能。

对布局分散、装备水平低、环保设施差的小型工业企业进行全面排查，制定综合整改方案，实施分类治理。

（六）压缩过剩产能。

加大环保、能耗、安全执法处罚力度，建立以节能环保标准促进“两高”行业过剩产能退出的机制。制定财政、土地、金融等扶持政策，支持产能过剩“两高”行业企业退出、转型发展。发挥优强企业对行业发展的主导作用，通过跨地区、跨所有制企业兼并重组，推动过剩产能压缩。严禁核准产能严重过剩行业新增产能项目。

（七）坚决停建产能严重过剩行业违规在建项目。

认真清理产能严重过剩行业违规在建项目，对未批先建、边批边建、越权核准的违规项目，尚未开工建设的，不准开工；正在建设的，要停止建设。地方人民政府要加强组织领导和监督检查，坚决遏制产能严重过剩行业盲目扩张。

三、加快企业技术改造，提高科技创新能力

（八）强化科技研发和推广。

加强灰霾、臭氧的形成机理、来源解析、迁移规律和监测预警等研究，为污染治理提供科学支撑。加强大气污染与人群健康关系的研究。支持企业技术中心、国家重点实验室、国家工程实验室建设，推进大型大气光化学模拟仓、大型气溶胶模拟仓等科技基础设施建设。

加强脱硫、脱硝、高效除尘、挥发性有机物控制、柴油机（车）排放净化、环境监测，以及新能源汽车、智能电网等方面的技术研发，推进技术成果转化应用。加强大气污染治理先进技术、管理经验等方面的国际交流与合作。

（九）全面推行清洁生产。

对钢铁、水泥、化工、石化、有色金属冶炼等重点行业进行清洁生产审核，针对节能减排关键领域和薄弱环节，采用先进适用的技术、工艺和装备，实施清洁生产技术改造；到2017年，重点行业排污强度比2012年下降30%以上。推进非有机溶剂型涂料和农药等产品创新，减少生产和使用过程中挥发性有机物排放。积极开发缓释肥料新品种，减少化肥施用过程中氨的排放。

（十）大力发展循环经济。

鼓励产业集聚发展，实施园区循环化改造，推进能源梯级利用、水资源循环利用、废物交换利用、土地节约集约利用，促进企业循环式生产、园区循环式发展、产业循环式组合，构建循环型工业体系。推动水泥、钢铁等工业窑炉、高炉实施废物协同处置。大力发展机电产品再制造，推进资源再生利用产业发展。到2017年，单位工业增加值能耗比2012年降低20%左右，在50%以上的各类国家级园区和30%以上的各类省级园区实施循环化改造，主要有色金属品种以及钢铁的循环再生比重达到40%左右。

（十一）大力培育节能环保产业。

着力把大气污染治理的政策要求有效转化为节能环保产业发展的市场需求，促进重大环保技术装备、产品的创新开发与产业化应用。扩大国内消费市场，积极支持新业态、新模式，培育一批具有国际竞争力的大型节能环保企业，大幅增加大气污染治理装备、产品、服务产业产值，有效推动节能环保、新能源等战略性新兴产业发展。鼓励外商投资节能环保产业。

四、加快调整能源结构，增加清洁能源供应

（十二）控制煤炭消费总量。

制定国家煤炭消费总量中长期控制目标，实行目标责任管理。到2017年，煤炭占能源消费总量比重降低到65%以下。京津冀、长三角、珠三角等区域力争实现煤炭消费总量负增长，通过逐步提高接受外输电比例、增加天然气供应、加大非化石能源利用强度等措施替代燃煤。

京津冀、长三角、珠三角等区域新建项目禁止配套建设自备燃煤电站。耗煤项目要实行煤炭减量替代。除热电联产外，禁止审批新建燃煤发电项目；现有多台燃煤机组装机容量合计达到30万千瓦以上的，可按照煤炭等量替代的原则建设为大容量燃煤机组。

（十三）加快清洁能源替代利用。

加大天然气、煤制天然气、煤层气供应。到2015年，新增天然气干线管输能力1500亿立方米以上，覆盖京津冀、长三角、珠三角等区域。优化天然气使用方式，新增天然气应优先保障居民生活或用于替代燃煤；鼓励发展天然气分布式能源等高效利用项目，限制发展天然气化工项目；有序发展天然气调峰电站，原则上不再新建天然气发电项目。

制定煤制天然气发展规划，在满足最严格的环保要求和保障水资源供应的前提下，加快煤制天然气产业化和规模化步伐。

积极有序发展水电，开发利用地热能、风能、太阳能、生物质能，安全高效发展核电。到2017年，运行核电机组装机容量达到5000万千瓦，非化石能源消费比重提高到13%。

京津冀区域城市建成区、长三角城市群、珠三角区域要加快现有工业企业燃煤设施天然气替代步伐；到2017年，基本完成燃煤锅炉、工业窑炉、自备燃煤电站的天然气替代改造任务。

（十四）推进煤炭清洁利用。

提高煤炭洗选比例，新建煤矿应同步建设煤炭洗选设施，现有煤矿要加快建设与改造；到2017年，原煤入选率达到70%以上。禁止进口高灰份、高硫份的劣质煤炭，研究出台煤炭质量管理办法。限制高硫石油焦的进口。

扩大城市高污染燃料禁燃区范围，逐步由城市建成区扩展到近郊。结合城中村、城乡结合部、棚户区改造，通过政策补偿和实施峰谷电价、季节性电价、阶梯电价、调峰电价等措施，逐步推行以天然气或电替代煤炭。鼓励北方农村地区建设洁净煤配送中心，推广使用洁净煤和型煤。

（十五）提高能源使用效率。

严格落实节能评估审查制度。新建高耗能项目单位产品（产值）能耗要达到国内先进水平，用能设备达到一级能效标准。京津冀、长三角、珠三角等区域，新建高耗能项目单位产品（产值）能耗要达到国际先进水平。

积极发展绿色建筑，政府投资的公共建筑、保障性住房等要率先执行绿色建筑标准。新建建筑要严格执行强制性节能标准，推广使用太阳能热水系统、地源热泵、空气源热泵、光伏建筑一体化、“热—电—冷”三联供等技术和装备。

推进供热计量改革，加快北方采暖地区既有居住建筑供热计量和节能改造；新建建筑和完成供热计量改造的既有建筑逐步实行供热计量收费。加快热力管网建设与改造。

五、严格节能环保准入，优化产业空间布局

（十六）调整产业布局。

按照主体功能区规划要求，合理确定重点产业发展布局、结构和规模，重大项目原则上布局在优化开发区和重点开发区。所有新、改、扩建项目，必须全部进行环境影响评价；未通过环境影响评价审批的，一律不准开工建设；违规建设的，要依法进行处罚。加强产业政策在产业转移过程中的引导与约束作用，严格限制在生态脆弱或环境敏感地区建设“两高”行业项目。加强对各类产业发展规划的环境影响评价。

在东部、中部和西部地区实施差别化的产业政策，对京津冀、长三角、珠三角等区域提出更高的节能环保要求。强化环境监管，严禁落后产能转移。

（十七）强化节能环保指标约束。

提高节能环保准入门槛，健全重点行业准入条件，公布符合准入条件的企业名单并实施动态管理。严格实施污染物排放总量控制，将二氧化硫、氮氧化物、烟粉尘和挥发性有机物排放是否符合总量控制要求作为建设项目环境影响评价审批的前置条件。

京津冀、长三角、珠三角区域以及辽宁中部、山东、武汉及其周边、长株潭、成渝、海峡西岸、山西中北部、陕西关中、甘宁、乌鲁木齐城市群等“三区十群”中的47个城市，新建火电、钢铁、石化、水泥、有色、化工等企业以及燃煤锅炉项目要执行大气污染物特别排放限值。各地区可根据环境质量改善的需要，扩大特别排放限值实施的范围。

对未通过能评、环评审查的项目，有关部门不得审批、核准、备案，不得提供土地，不得批准开工建设，不得发放生产许可证、安全生产许可证、排污许可证，金融机构不得提供任何形式的新增授信支持，有关单位不得供电、供水。

（十八）优化空间格局。

科学制定并严格实施城市规划，强化城市空间管制要

求和绿地控制要求，规范各类产业园区和城市新城、新区设立和布局，禁止随意调整和修改城市规划，形成有利于大气污染物扩散的城市和区域空间格局。研究开展城市环境总体规划试点工作。

结合化解过剩产能、节能减排和企业兼并重组，有序推进位于城市主城区的钢铁、石化、化工、有色金属冶炼、水泥、平板玻璃等重污染企业环保搬迁、改造，到2017年基本完成。

六、发挥市场机制作用，完善环境经济政策

（十九）发挥市场机制调节作用。

本着“谁污染、谁负责，多排放、多负担，节能减排得收益、获补偿”的原则，积极推行激励与约束并举的节能减排新机制。

分行业、分地区对水、电等资源类产品制定企业消耗定额。建立企业“领跑者”制度，对能效、排污强度达到更高标准的先进企业给予鼓励。

全面落实“合同能源管理”的财税优惠政策，完善促进环境服务业发展的扶持政策，推行污染治理设施投资、建设、运行一体化特许经营。完善绿色信贷和绿色证券政策，将企业环境信息纳入征信系统。严格限制环境违法企业贷款和上市融资。推进排污权有偿使用和交易试点。

（二十）完善价格税收政策。

根据脱硝成本，结合调整销售电价，完善脱硝电价政策。现有火电机组采用新技术进行除尘设施改造的，要给予价格政策支持。实行阶梯式电价。

推进天然气价格形成机制改革，理顺天然气与可替代能源的比价关系。

按照合理补偿成本、优质优价和污染者付费的原则合理确定成品油价格，完善对部分困难群体和公益性行业成品油价格改革补贴政策。

加大排污费征收力度，做到应收尽收。适时提高排污收费标准，将挥发性有机物纳入排污费征收范围。

研究将部分“两高”行业产品纳入消费税征收范围。完善“两高”行业产品出口退税政策和资源综合利用税收政策。积极推进煤炭等资源税从价计征改革。符合税收法律法规规定，使用专用设备或建设环境保护项目的企业以及高新技术企业，可以享受企业所得税优惠。

（二十一）拓宽投融资渠道。

深化节能环保投融资体制改革，鼓励民间资本和社会资本进入大气污染防治领域。引导银行业金融机构加大对大气污染防治项目的信贷支持。探索排污权抵押融资模式，拓展节能环保设施融资、租赁业务。

地方人民政府要对涉及民生的“煤改气”项目、黄标车和老旧车辆淘汰、轻型载货车替代低速货车等加大政策支持力度，对重点行业清洁生产示范工程给予引导性资金支持。要将空气质量监测站点建设及其运行和监管经费纳入各级财政预算予以保障。

在环境执法到位、价格机制理顺的基础上，中央财政统筹整合主要污染物减排等专项，设立大气污染防治专项资金，对重点区域按治理成效实施“以奖代补”；中央基本建设投资也要加大对重点区域大气污染防治的支持力度。

七、健全法律法规体系，严格依法监督管理

（二十二）完善法律法规标准。

加快大气污染防治法修订步伐，重点健全总量控制、排污许可、应急预警、法律责任等方面的制度，研究增加对恶意排污、造成重大污染危害的企业及其相关负责人追究刑事责任的内容，加大对违法行为的处罚力度。建立健全环境公益诉讼制度。研究起草环境税法草案，加快修改环境保护法，尽快出台机动车污染防治条例和排污许可证管理条例。各地区可结合实际，出台地方性大气污染防治法规、规章。

加快制（修）订重点行业排放标准以及汽车燃料消耗量标准、油品标准、供热计量标准等，完善行业污染防治技术政策和清洁生产评价指标体系。

（二十三）提高环境监管能力。

完善国家监察、地方监管、单位负责的环境监管体制，加强对地方人民政府执行环境法律法规和政策的监督。加大环境监测、信息、应急、监察等能力建设力度，达到标准化建设要求。

建设城市站、背景站、区域站统一布局的国家空气质量监测网络，加强监测数据质量管理，客观反映空气质量状况。加强重点污染源在线监控体系建设，推进环境卫星应用。建设国家、省、市三级机动车排污监管平台。到2015年，地级及以上城市全部建成细颗粒物监测点和国家直管的监测点。

（二十四）加大环保执法力度。

推进联合执法、区域执法、交叉执法等执法机制创新，明确重点，加大力度，严厉打击环境违法行为。对偷排偷放、屡查屡犯的违法企业，要依法停产关闭。对涉嫌环境犯罪的，要依法追究刑事责任。落实执法责任，对监督缺位、执法不力、徇私枉法等行为，监察机关要依法追究有关部门和人员的责任。

（二十五）实行环境信息公开。

国家每月公布空气质量最差的10个城市和最好的10个城市的名单。各省（区、市）要公布本行政区域内地级及以上城市空气质量排名。地级及以上城市要在当地主要媒体及时发布空气质量监测信息。

各级环保部门和企业要主动公开新建项目环境影响评价、企业污染物排放、治污设施运行情况等环境信息，接受社会监督。涉及群众利益的建设项目，应充分听取公众意见。建立重污染行业企业环境信息强制公开制度。

八、建立区域协作机制，统筹区域环境治理

（二十六）建立区域协作机制。

建立京津冀、长三角区域大气污染防治协作机制，由区域内省级人民政府和国务院有关部门参加，协调解决区域突出环境问题，组织实施环评会商、联合执法、信息共享、预警应急等大气污染防治措施，通报区域大气污染防治工作进展，研究确定阶段性工作要求、工作重点和主要任务。

（二十七）分解目标任务。

国务院与各省（区、市）人民政府签订大气污染防治目标责任书，将目标任务分解落实到地方人民政府和企业。将重点区域的细颗粒物指标、非重点地区的可吸入颗粒物指标作为经济社会发展的约束性指标，构建以环境质量改善为核心的目标责任考核体系。

国务院制定考核办法，每年初对各省（区、市）上年度治理任务完成情况进行考核；2015年进行中期评估，并依据评估情况调整治理任务；2017年对行动计划实施情况进行终期考核。考核和评估结果经国务院同意后，向社会公布，并交由干部主管部门，按照《关于建立促进科学发展的党政领导班子和领导干部考核评价机制的意见》、《地方党政领导班子和领导干部综合考核评价办法（试行）》、《关于开展政府绩效管理试点工作的意见》等规定，作为对领导班子和领导干部综合考核评价的重要依据。

（二十八）实行严格责任追究。

对未通过年度考核的，由环保部门会同组织部门、监察机关等部门约谈省级人民政府及其相关部门有关负责人，提出整改意见，予以督促。

对因工作不力、履职缺位等导致未能有效应对重污染天气的，以及干预、伪造监测数据和没有完成年度目标任务的，监察机关要依法依纪追究有关单位和人员的责任，环保部门要对有关地区和企业实施建设项目环评限批，取消国家授予的环境保护荣誉称号。

九、建立监测预警应急体系，妥善应对重污染天气

（二十九）建立监测预警体系。

环保部门要加强与气象部门的合作，建立重污染天气监测预警体系。到2014年，京津冀、长三角、珠三角区域要完成区域、省、市级重污染天气监测预警系统建设；其他省（区、市）、副省级市、省会城市于2015年底前完成。要做好重污染天气过程的趋势分析，完善会商研判机制，提高监测预警的准确度，及时发布监测预警信息。

（三十）制定完善应急预案。

空气质量未达到规定标准的城市应制定和完善重污染天气应急预案并向社会公布；要落实责任主体，明确应急组织机构及其职责、预警预报及响应程序、应急处置及保障措施等内容，按不同污染等级确定企业限产停产、机动车和扬尘管控、中小学校停课以及可行的气象干预等应对措施。开展重污染天气应急演练。

京津冀、长三角、珠三角等区域要建立健全区域、省、市联动的重污染天气应急响应体系。区域内各省（区、市）的应急预案，应于2013年底前报环境保护部备案。

（三十一）及时采取应急措施。

将重污染天气应急响应纳入地方人民政府突发事件应急管理体系，实行政府主要负责人负责制。要依据重污染天气的预警等级，迅速启动应急预案，引导公众做好卫生防护。

十、明确政府企业和社会的责任，动员全民参与环境保护

（三十二）明确地方政府统领责任。

地方各级人民政府对本行政区域内的大气环境质量负总责，要根据国家的总体部署及控制目标，制定本地区的实施细则，确定工作重点任务和年度控制指标，完善政策措施，并向社会公开；要不断加大监管力度，确保任务明确、项目清晰、资金保障。

（三十三）加强部门协调联动。

各有关部门要密切配合、协调力量、统一行动，形成大气污染防治的强大合力。环境保护部要加强指导、协调和监督，有关部门要制定有利于大气污染防治的投资、财政、税收、金融、价格、贸易、科技等政策，依法做好各自领域的相关工作。

（三十四）强化企业施治。

企业是大气污染治理的责任主体，要按照环保规范要求，加强内部管理，增加资金投入，采用先进的生产工艺和治理技术，确保达标排放，甚至达到“零排放”；要自觉履行环境保护的社会责任，接受社会监督。

（三十五）广泛动员社会参与。

环境治理，人人有责。要积极开展多种形式的宣传教育，普及大气污染防治的科学知识。加强大气环境管理专业人才培养。倡导文明、节约、绿色的消费方式和生活习惯，引导公众从自身做起、从点滴做起、从身边的 小事做起，在全社会树立起“同呼吸、共奋斗”的行为准则，共同改善空气质量。

我国仍然处于社会主义初级阶段，大气污染防治任务繁重艰巨，要坚定信心、综合治理，突出重点、逐步推进，重在落实、务求实效。各地区、各有关部门和企业要按照本行动计划的要求，紧密结合实际，狠抓贯彻落实，确保空气质量改善目标如期实现。

★国务院2013年9月10日发布的国发〔2013〕37号文。

北京市2013-2017年清洁空气行动计划★

近十几年来，北京市连续采取大气污染治理措施，空气中主要污染物浓度逐年下降，但大气污染物排放总量仍然超过环境容量，空气质量与国家新标准和公众期盼依然存在较大差距，大气污染复合型特征突出，城市正常运转和市民日常生活产生的污染物所占比重越来越大，大气污染防治形势十分严峻。为贯彻落实国家《大气污染防治行动计划》，进一步改善空气质量，特制定本行动计划。

一、指导思想和行动目标

（一）指导思想

以科学发展观为指导，以生态文明建设为统领，以保障市民健康为出发点，以防治细颗粒物（PM2.5）污染为重点，坚持政府调控与市场调节相结合，污染物总量减排与空气质量改善相匹配，着力推动能源结构和产业结构调整，加快转变经济发展方式，着力完善政府主导、企业施治、公众行动的大气污染防治工作机制，综合运用法律、经济、科技和行政手段，积极推进多种污染物协同减排，努力实现环境建设、经济建设与社会建设协调发展。

（二）行动目标

经过五年努力，全市空气质量明显改善，重污染天数较大幅度减少。到2017年，全市空气中的细颗粒物年均浓度比2012年下降25%以上，控制在60微克/立方米左右。其中：

——怀柔区、密云县、延庆县空气中的细颗粒物年均浓度下降25%以上，控制在50微克/立方米左右；

——顺义区、昌平区、平谷区空气中的细颗粒物年均浓度下降25%以上，控制在55微克/立方米左右；

——东城区、西城区、朝阳区、海淀区、丰台区、石景山区空气中的细颗粒物年均浓度下降30%以上，控制在60微克/立方米左右；

——门头沟区、房山区、通州区、大兴区和北京经济技术开发区空气中的细颗粒物年均浓度下降30%以上，控制在65微克/立方米左右。

二、八大污染减排工程

坚持污染减排是改善空气质量的根本措施。结合能源消费量大、生活性消耗占比高等特点，立足能源结构优化、产业绿色转型和城市管理精细化要求，重点实施压减燃煤、控车减油、治污减排、清洁降尘等八大污染减排工程。

（一）源头控制减排工程

1. 优化城市功能和空间布局。认真落实北京城市总体规划和主体功能区划，分类推进区域和产业发展，合理控制开发强度，完善功能布局，推动形成有利于大气污染物扩散的城市空间布局。

市规划委、市环保局、市发展改革委、市园林绿化局、市国土局、市住房城乡建设委等部门强化城市空间管制和绿地控制要求，对于城市公共绿地等规划强制性内容，未经法定程序，在建设时其位置和规模不得修改；开展城市环境总体规划研究和编制工作，强化资源、环境约束；研究完善北京地区电网等能源空间布局和中长期发展规划，推动能源清洁化发展和科学化配置；全力推动绿色建筑发展，推进绿色生态示范区和绿色居住区建设。市规划委、市发展改革委、市环保局、市经济信息化委、市交通委、市国土局等部门和各区县政府严格执行规划环境影响评价条例，认真开展综合性规划和专项规划的环境影响评价及审查工作，建立健全规划环境影响评价与建设项目环境影响评价联动机制。

2. 合理控制人口规模。坚持人口资源环境相均衡、经济社会生态效益相统一，合理调控人口规模，优化人口空间布局。市发展改革委、市公安局、市人口计生委、市流管办、市教委、市卫生局等部门综合施策，研究制定人口总量控制措施，大力推进产业结构优化升级，科学配置教育、医疗等资源，创新流动人口服务和管理方式，推进人口管理体系建设，有效疏解核心区人口，减少生活刚性需求增加带来的污染。

3. 严格控制机动车保有量。严格落实国家对北京市提出的限制机动车保有量的要求，综合考虑资源、环境等因素，以环境承载力为约束条件，严格控制机动车规模，减轻机动车保有量过快增长带来的污染排放压力。市交通委、市公安局公安交通管理局研究采取经济手段和必要的行政手段，确保2017年底将全市机动车保有量控制在600万辆以内。

4. 强化资源环保准入约束。市经济信息化委、市发展改革委、市环保局等部门制定严于国家要求的禁止新建、扩建的高污染工业项目名录，原则上禁止建设钢铁、水泥、电解铝、平板玻璃、炼焦、有色金属冶炼、电石、铁合金、沥青防水卷材等高耗能、高污染项目，不再建设劳动密集型一般制造业项目。提高节能环保准入门槛，健全重点行业准入条件，探索建立符合准入条件的企业动态管理机制。

严格执行建设项目环境保护管理条例，对新、改、扩建项目必须进行环境影响评价。实施污染物排放总量控制，将二氧化硫、氮氧化物、颗粒物和挥发性有机物排放总量指标作为建设项目环境影响评价审批的前置条件，对新增大气污染物排放量的建设项目，逐步实施“减二增一”的削减量替代审批制度。市发展改革委严格落实节能评估审查制度。

对禁止建设的工业项目和未通过节能评估、环境影响评价审查的项目，有关部门不得审批、核准和备案，不得提供土地，不得批准开工建设，不得发放生产许可证、安全生产许可证和排污许可证，金融机构不得提供任何形式的新增授信支持，有关单位不得供电供水。对违规建设、投产的污染项目要坚决清理、依法关闭。对未完成大气污染物减排任务的区域和行业实施区域、行业限批，除民生工程外，不得批准建设排放大气主要污染物的项目。

全市新建项目原则采用电力、天然气等清洁能源，不再新建、扩建使用煤、重油和渣油等高污染燃料的项目。2013年底前，划定城六区范围内的高污染燃料禁燃区；自2014年起，按照由城市建成区向郊区扩展的原则，逐步在远郊区县城关镇地区划定高污染燃料禁燃区。禁燃区内逐步禁止原煤散烧。现有燃煤设施按期限完成清洁能源改造，加快推进无煤化进程。

严格重点行业表面涂装生产工艺的环境准入，提高低挥发性有机物含量涂料使用比例，新建机动车制造涂装项目达到80%以上，其中小型乘用车单位涂装面积的挥发性有机物排放量控制在35克/平方米以下；家具制造及其他工业涂装项目达到50%以上；包装印刷业必须使用符合环保要求的油墨。推广使用水性涂料，鼓励生产、销售和使用低毒、低挥发性溶剂。

（二）能源结构调整减排工程

坚持能源清洁化战略，因地制宜开发北京市新能源和可再生能源，积极引进外埠清洁优质能源，努力构建以电力和天然气为主、地热能和太阳能等为辅的清洁能源体系。2013年，市发展改革委牵头制定《北京市2013-2017年加快压减燃煤和清洁能源建设工作方案》并组织实施。到2017年，全市燃煤总量比2012年削减1300万吨，控制在1000万吨以内；煤炭占能源消费比重下降到10%以下，优质能源消费比重提高到90%以上。

1. 加强清洁能源供应保障。市发展改革委牵头，加快外受电力通道、变电设施、高压环网建设，增强外调电供应保障能力。到2017年，外调电比例达到70%左右，电力占全市终端能源消费量的比重达到40%左右；加快输变电和并网工程建设，实现9个电网分区均有本地电源支撑，全网供电能力得到提升，农村电网得到全新再造，供电能力和电能质量显著提升。

市市政市容委、市发展改革委等部门加强燃气供应保障，2013年，建成大唐煤制气一期工程和唐山液化天然气一期工程；2015年，建成陕京四线，大唐煤制气、唐山液化天然气工程全面竣工投产，10个远郊新城全部接通管道天然气；2016年，开工建设陕京五线，形成多气源、多通道、多方向的供应格局。积极争取国家天然气用气指标，满足北京市2017年240亿立方米的用气需求。

2. 实现电力生产燃气化。市发展改革委、市重大项目办加快推进四大燃气热电中心建设。2013年，在东南、西南燃气热电中心投产运行的基础上，西北燃气热电中心建成投产运行2台机组，东北燃气热电中心主体结构封顶，关停科利源热电厂燃煤机组。2014年，西北、东北燃气热电中心建成投产运行，关停高井热电厂燃煤机组。2015年，华能北京热电厂新增燃气发电机组建成投产运行，关停国华、京能热电厂燃煤机组。2016年，关停华能北京热电厂燃煤机组。

3. 推进企业生产用能清洁化。通过污染企业关停退出和清洁能源改造等方式，减少煤炭使用量，基本实现企业生产用能清洁化。市经济信息化委、市环保局等部门和有关区县政府加快实施工业企业燃煤锅炉、窑炉、自备电站等清洁能源替代步伐。2015年，完成19个市级以上工业开发区燃煤设施清洁能源改造。2016年，基本完成全市规模以上工业企业燃煤设施清洁能源改造；城六区及远郊新城建成区的商业、各类经营服务行业燃煤全部改用电力、天然气等清洁能源。

4. 逐步推进城六区无煤化。在核心区近20万户居民实现采暖清洁化的基础上，2013年，东城和西城区再完成4.4万户平房居民采暖“煤改电”工程；剩余2.1万户平房居民的采暖燃煤，通过人口疏解、清洁能源替代等综合措施逐步消除。到2015年，城市核心区实现无煤化；朝阳、海淀、丰台、石景山区政府完成剩余4900蒸吨燃煤锅炉清洁能源改造工程。

5. 推进城乡结合部和农村地区“减煤换煤”。2013年，制定出台“减煤换煤、清洁空气”行动实施方案，按照城市化改造上楼一批、拆除违建减少一批、炊事气化解决一批、城市管网辐射一批、优质煤替代一批的思路和要求，分年度制定并实施行动方案，到2016年，基本实现农村地区炊事气化、无散用劣质煤，并大幅削减民用散煤使用量。

多措并举推进清洁能源采暖。在城乡结合部和农村地区综合推广电力、热泵、太阳能等清洁能源采暖方式，削减散煤使用量。制定出台农村享受峰谷电价优惠政策实施方案，推进农村电网扩容建设，提高电采暖供电能力。到2017年，力争完成20万农户电采暖改造任务；完成50个新型农村社区建设，推行集中供暖和新能源供暖；全市累计新增太阳能集热器面积400万平方米；累计新增热泵供暖面积3500万平方米，其中，利用燃气热电厂余热热泵改造新增供暖面积2000万平方米，发展再生水热泵新增供暖面积500万平方米，实施地热供暖新增供暖面积500万平方米，在远郊新城、重点镇的公共建筑发展浅层地温利用新增供暖面积500万平方米。

6. 推动远郊区县燃煤减量化。各远郊区县政府实施燃煤总量控制。到2017年底，房山、通州、顺义、昌平、大兴等区的燃煤总量比2012年减少35%；门头沟、平谷、怀柔、密云、延庆等区县的燃煤总量比2012年减少20%。

减少远郊区县锅炉用煤。积极开展燃煤锅炉清洁能源改造或协调引入外埠热源，逐步整合、消除区域内的分散燃煤锅炉。到2017年底，基本淘汰远郊区县城镇地区的10蒸吨及以下燃煤锅炉。鼓励推动已建成的燃煤集中供热中心实施清洁能源改造。

7. 建立健全绿色能源配送体系。2013年底前，市发展改革委、市市政市容委组织建立优质煤和瓶装液化气供应渠道，各区县建成绿色能源配送中心，确保优质煤和瓶装液化气供应。严厉打击非法生产、销售劣质煤的行为，集中清理、整顿和取缔不达标散煤供应渠道；采取路检路查等手段杜绝不符合规定标准的散煤和固硫型煤进京销售。

8. 提高能源使用效率。推行节能降耗技术，从源头上降低能源需求，推动减少大气污染物排放。市发展改革委牵头完成国家下达的节能降耗目标，到2017年，单位工业增加值能耗比2012年降低20%左右。市规划委、市住房城乡建设委严格执行新建居住建筑节能75%的强制性标准，推广使用太阳能热水系统、地源热泵、光伏建筑一体化等技术。市市政市容委、市住房城乡建设委、市发展改革委等部门加快推进既有居住建筑供热计量和节能改造，到2015年，累计完成1.5亿平方米符合50%节能标准的既有居住建筑供热计量改造；全面完成“十二五”期间6000万平方米既有居住建筑节能改造任务。市质监局加强对供热计量和重点用能单位能源资源计量器具的监督检查，开展能源计量审查评价工作。市住房城乡建设委推进抗震节能农宅建设，到2017年底力争完成20万户左右。

（三）机动车结构调整减排工程

坚持先公交、严标准、促淘汰的技术路线，加强经济政策引导，强化行政手段约束，使全市机动车结构向更加节能化、清洁化方向发展。到2017年，全市机动车使用汽柴油总量比2012年降低5%以上，减少机动车污染物排放。

1. 大力发展公共交通。市重大项目办牵头加快轨道交通建设，到2015年，全市轨道交通运营里程力争达到660公里。市交通委、市公安局公安交通管理局优化公交网络，完善地面公交快速通勤体系，到2017年，中心城区公共交通出行比例力争达到52%，公共交通占机动化出行比例达到60%以上。市交通委牵头加强自行车道、步行道建设和环境整治，推广公共自行车服务运营。

2. 不断严格新车排放和油品供应标准。2013年，新增的轻型汽油车和新增的公交、环卫等柴油车实施第五阶段机动车排放标准，同时示范运营达到第六阶段排放标准的公交车辆，为实施第六阶段机动车排放标准开展前期准备。2014年底，新增重型柴油车全部实施第五阶段机动车排放标准，其中市域内使用的重型柴油车必须安装颗粒捕集器。2016年，力争实施第六阶段机动车排放标准，并同步供应符合标准的油品，进一步加严油品中的主要环保指标。加快柴油车车用尿素供应体系建设。市环保局、市经济信息化委、市质监局、市工商局等部门加强新生产车辆环保监管，严厉打击生产、销售不达标车辆的违法行为。

不断严格非道路动力机械排放标准。2013年，新增非道路动力机械必须达到第三阶段排放标准；2015年1月起，新增非道路动力机械必须达到第四阶段排放标准。未达到排放标准的非道路动力机械，依法禁止在京销售和使用。

3. 加快淘汰高排放老旧机动车。2013年，市交通委、市商务委等部门制定出台新增和更新汽油出租车强制报废标准和配套政策措施。市公安局公安交通管理局、市环保局等部门通过扩大黄标车禁行范围、增加尾气排放检测频次、加强行业管理和加大执法检查力度等措施，到2015年底淘汰全部黄标车。市环保局、市财政局、市交通委等部门通过经济鼓励等措施，推动淘汰高排放老旧机动车，鼓励更换混合动力汽车和小排量客车，到2017年累计淘汰老旧机动车100万辆。市公安局公安交通管理局、市商务委牵头严格执行国家报废标准，加大对报废解体厂的监管力度。

4. 积极推广新能源和清洁能源汽车。市科委、市交通委、市财政局等部门研究制定鼓励个人购买和使用新能源汽车的相关政策。继续抓好公交、环卫等行业及政府机关的新能源汽车示范应用工作。加快加气站、充电站（桩）等配套设施建设，满足新能源和清洁能源汽车发展需求。2017年底，全市新能源和清洁能源汽车应用规模力争达到20万辆。

5. 促进行业机动车结构调整和污染减排。

调整公交车结构。市交通委等部门研究加快老旧公交车淘汰，缩短使用年限。积极发展新能源和清洁能源公交车辆，每年新增公交车中新能源与清洁能源车比例力争达到70%左右。到2017年，实现新能源和清洁能源公交车辆比例达到65%左右；公交行业车辆油耗比2012年减少40%。

调整出租车结构。2014年起，新增和更新的汽油出租车全部执行更严格的强制报废标准。鼓励出租车更换三元催化器，更换周期最长不超过两年。到2017年，累计报废更新车辆中，电动车、天然气车、混合动力车各达到5000辆；出租车行业车辆油耗比2012年减少20%。

调整客运车辆结构。2015年底前，全部淘汰第三阶段机动车排放标准以下的省际客运、郊区客运和旅游客运车辆，发展新能源和清洁能源旅游车。到2017年，郊区客运和五环路内的旅游客运天然气车辆比例力争分别达到50%、20%，示范运营纯电动旅游车达到300辆；郊区客运、旅游客运行业车辆油耗分别比2012年减少20%、5%。

调整渣土车和环卫车结构。市市政市容委牵头，到2015年底前，全部淘汰第三阶段机动车排放标准以下的渣土车；大力发展纯电动和天然气环卫车辆，2017年纯电动环卫车辆比例达到50%；环卫行业车辆油耗比2012年减少20%。

调整货运车结构。市交通委、市商务委、市公安局公安交通管理局等部门加快组建货物运输“绿色车队”，2015年底达到5万辆。2014年起，全市物流园区和货物流转集散地使用第三阶段及以上机动车排放标准车辆进行货物运输。加快淘汰老旧邮政车辆，发展新能源和清洁能源邮政车，2017年城区内邮政配送电动车辆比例达到50%；邮政行业车辆油耗比2012年减少15%。

调整低速汽车结构。市农委等部门会同相关区县政府，逐步推进皮卡、轻型卡车替换低速汽车，并推广电动车。2014年，新增和更新低速货车执行与轻型货车同等的节能环保标准。到2017年，皮卡及轻型卡车替换低速汽车累计比例达到60%。

6. 完善管理政策。制定完善小客车分区域、分时段限行政策和外埠车辆管理政策，市公安局公安交通管理局严格依法查处违章车辆。协调加快北京绕城高速公路建设，力争2017年建成北京绕城高速公路，减少重型载货车辆过境穿行。

（四）产业结构优化减排工程

进一步提高环保、能耗、安全、质量等标准，加快淘汰落后产能，有序发展高新技术产业和战略性新兴产业，推行清洁生产，建设生态工业园区，不断推动产业结构优化升级，到2015年和2017年，第三产业比重分别达到78%和79%。

1. 淘汰压缩污染产能。2013年，市经济信息化委、市环保局、市发展改革委等部门制定发布严于国家要求的不符合首都功能定位的高污染行业调整、生产工艺和设备退出指导目录，并适时更新。2014年，提前一年完成国家下达的“十二五”落后产能淘汰任务。2015年至2017年，再淘汰一批污染产能。

对水泥、石化等高耗能、高排放行业，市经济信息化委牵头组织实施产能总量控制，鼓励通过兼并重组压缩产能。到2017年，全市水泥产能由“十二五”初期的1000万吨压缩至400万吨左右，保留的产能用于协同处置危险废物。全市炼油规模控制在1000万吨。

市住房城乡建设委、相关区县政府组织压缩混凝土搅拌站的数量和规模。2013年，五环路内未通过治理整合的混凝土搅拌站基本退出；2015年，全市未通过治理整合的混凝土搅拌站基本退出，全市混凝土搅拌站控制在135家左右。

2. 整治小型污染企业。对布局不合理、装备水平低、环保设施差的小型污染企业，市经济信息化委和各区县政府加强综合整治，到2016年底，累计调整退出建材、化工、铸造、家具制造等行业的小型污染企业1200家；集中整治镇村产业集聚区，到2017年，污染得到有效整治。

3. 建设生态工业园区。市经济信息化委明确全市工业开发区、工业园区、产业基地的目录和发展方向，新建工业项目原则上进入相应区域，推动产业集聚发展。对新建工业开发区、工业园区、产业基地依法开展规划环境影响评价，对已有规划环境影响评价的每三年开展一次跟踪评价。

市经济信息化委、市环保局等部门以及相关区县政府加快推进工业开发区环境基础设施建设，鼓励开展生态化、循环化设计和改造。到2017年，19个市级以上工业开发区按照国家《生态工业园区标准》，基本建成生态工业园区。

4. 推行清洁生产。市发展改革委、市经济信息化委、市环保局等部门组织和引导水泥等重点行业企业开展清洁生产审核，实施清洁生产技术改造，鼓励发展节能、降耗、减排的清洁生产项目。到2017年，组织400家以上企业完成清洁生产审核；钢铁、水泥、化工、石化等重点行业的排污强度比2012年下降30%以上。

（五）末端污染治理减排工程

1. 严格环保标准。加快修订重点行业大气污染物排放标准，进一步加严污染物排放限值。2013年，市发展改革委、市质监局、市环保局等部门修订发布低硫散煤及制品标准。2015年底前，市质监局、市环保局制定修订建材、石化和汽车制造等行业大气污染物排放标准，基本建成完善的大气污染物排放标准体系。

严格执行相关行业挥发性有机物排放标准、清洁生产评价指标和环境工程技术规范。加强挥发性有机物面源污染控制，鼓励使用通过环境标志产品认证的涂料、油墨、胶粘剂、建筑板材、家具、干洗剂等产品。

2. 实施氮氧化物治理。2013年，完成京丰燃气热电厂、10座远郊区县燃煤集中供热中心和4条水泥生产线的脱硝治理。2014年底，全市所有水泥生产线完成脱硝治理。2015年，各远郊区县全面完成燃煤集中供热中心烟气脱硝高效治理。不断推进燃气锅炉低氮燃烧技术改造。

3. 开展工业烟粉尘治理。2013年，华能北京热电厂实施烟气除尘深度治理；全市水泥厂和搅拌站的物料储运系统、料库完成密闭化改造。不断推进燃煤锅炉、工业窑炉除尘设施升级改造；严格落实原材料、产品密闭贮存、输送，装卸料采取有效抑尘措施等要求，大型煤堆、料堆要实现封闭储存或建设防风抑尘设施。

4. 加强挥发性有机物治理。到2017年，全市工业重点行业挥发性有机物排放量与2012年相比累计减少50%左右。

不断推进石化、有机化工等行业挥发性有机物综合整治。燕山石化实施泄漏检测与修复技术改造，开展顺丁橡胶尾气治理等污染治理工程。2015年，完成全部有机废气综合治理工程。2016年，原油加工损失率控制在3‰以内；挥发性有机物排放量比2012年减少50%；水煤浆锅炉停运；完成所有燃煤设施清洁能源改造。2017年，燕山地区空气中挥发性有机物浓度比2012年下降30%。

在汽车制造、电子、印刷、家具、建筑等行业，重点抓好挥发性有机物污染控制，推广使用先进涂装工艺技术，优化喷漆工艺与设备，深化涂装有机废气治理，溶剂型涂料涂装工序必须密闭作业，配备有机废气高效收集和回收净化设施。加强其他溶剂使用工艺挥发性有机物的治理。

（六）城市精细化管理减排工程

加强城市精细化管理和监管执法，集中整治点多、量大、面广的施工扬尘、道路遗撒、露天烧烤、经营性燃煤和机动车排放等污染，督促排污单位完善污染防治设施，规范运行管理，切实发挥管理减排效益。到2017年，全市降尘量比2012年下降20%左右。

1. 严格控制施工扬尘污染。推行绿色文明施工管理模式，建设单位、施工单位在合同中依法明确扬尘污染治理实施方案和责任，并将防治费用列入工程成本，单独列支，专款专用。实施扬尘污染防治保证金制度。市住房城乡建设委和各区县政府严格施工扬尘管理，确保施工工地达标率不低于92%；将施工扬尘违法行为纳入企业信用管理系统，对违法情节严重的，限制参与招投标活动。市住房城乡建设委、市园林绿化局、市水务局、市交通委、市市政市容委等部门加强本行业施工过程中的扬尘管理，督促施工单位落实全封闭围挡、使用高效洗轮机和防尘墩、料堆密闭、道路裸地硬化等扬尘控制措施，切实履行工地门前三包责任制，保持出入口及周边道路的清洁。

市住房城乡建设委组织对5000平方米以上的建筑施工工地出入口和粉状物料、建筑土方堆放区安装视频在线自动监控设备，并与城管执法部门联网。城管执法部门充分利用视频监控和现场执法等手段，加大对扬尘污染监管执法力度。

2. 严格控制道路扬尘污染。市市政市容委、市住房城乡建设委、市城管执法局、市公安局公安交通管理局、市交通委等部门加强渣土运输规范化管理，严格执行资质管理与备案制度，城市渣土运输车辆安装卫星定位系统并实现密闭运输。加强对重点地区、重点路段渣土运输的执法监管，杜绝道路遗撒。

市市政市容委大力推广“吸、扫、冲、收”清扫保洁新工艺，增加作业频次，切实降低道路积尘负荷，到2017年，全市新工艺作业覆盖率达到87%以上；加大检查、考核力度，定期向社会公布环境卫生干净指数。市交通委、各区县政府减少道路施工开挖面积，缩短裸露时间，开挖道路分段封闭施工，及时修复破损道路。市园林绿化局加强道路两侧绿化，减少裸露地面。

市水务局牵头抓好《北京市加快污水处理和再生水利用设施建设三年行动方案（2013－2015年）》的落实，提高再生水供应量。市市政市容委、市水务局等部门研究再生水冲洗道路的保障机制，加快配套管网和加水站点建设，到2015年，城市主干道基本实现每日再生水冲洗；到2017年，再生水冲洗范围扩展至中心城区和远郊区县建成区的次干路及以上道路，正常作业条件下再生水冲洗使用量力争每日达到30万立方米。

3. 严格控制生活垃圾污染。市市政市容委牵头抓好《北京市生活垃圾处理设施建设三年实施方案（2013－2015年）》的落实，提高生活垃圾处理能力，优化处理方式，有效控制处置过程中的大气污染，到2015年，全市每日新增处理能力18000吨，焚烧、生化处理比例达到70%以上；实现生活垃圾全密闭化运输，杜绝遗撒；生活垃圾焚烧严格实施尾气治理，确保达标排放；规范卫生填埋作业程序，缩小作业面，并对作业区域进行及时覆盖；收集处理填埋场产生的沼气，减少沼气污染。到2017年，基本完成非正规垃圾填埋场的治理。

4. 严格控制露天烧烤、餐饮油烟等污染。2013年底前，各远郊区县政府按要求划定本区域禁止露天烧烤范围；各区县政府及城管执法部门严格执法，对城市核心区和朝阳、海淀、丰台、石景山区城镇地区公共场所，以及远郊区县政府划定区域内的露天烧烤行为要坚决取缔。严厉打击焚烧垃圾、秸秆和违法使用经营性燃煤等行为。环保部门加强餐饮油烟监管，督促餐饮企业和单位食堂安装使用高效油烟净化设施，并定期清洗维护，确保达标排放。

5. 严格在用车和油品质量监管。严格落实机动车检测等相关管理规定，对未取得环保检验标志的机动车，不予进行机动车安全技术检验，不予办理营运机动车定期审验合格手续，不得上路行驶。

市环保局、市公安局公安交通管理局牵头加大对在用车辆尾气排放抽查力度，强化路检和入户抽查，重点监管夜间行驶的柴油货运车和渣土运输车。

市工商局、市质监局、市环保局等部门强化对油品质量、车用燃油清净性、车用氮氧化物还原剂的监管，定期抽测，严厉打击非法生产、销售不达标油品的行为。

6. 整治违法排污企业。创新执法机制，开展专项治理和联合执法。市环保局和各区县政府运用监督性监测、在线监控、现场检查等手段，加大对污染源单位的执法检查力度，对超标排放、整改措施不落实的排污单位，依法处以罚款、限期改正、停产治理；对偷排偷放、屡查屡犯的违法企业，依法予以关停，对涉嫌环境犯罪的，依法追究刑事责任。

7. 提高环境监测和监管能力。市编办、市财政局、市环保局等部门按照增能力、提效能的原则，加强市、区两级环境监测和监管能力建设，合理增设机构编制，增加仪器装备，加强对大气污染防治政策研究的支持。市环保局和各区县政府加大环境监测、信息、应急、监察等能力建设力度，到2015年达到标准化建设要求。

各区县政府落实街道办事处、乡镇政府的环保职责，加强基层环保体制机制建设，健全基层环保监管力量。市有关部门加大投入，不断提高环境执法监管手段的技术含量。2014年底前，完善空气质量监测网络和重点污染源在线监控体系，重点污染源按要求安装污染物排放在线监控系统，并与环保部门联网。推进环境卫星应用。

（七）生态环境建设减排工程

1. 提高绿化覆盖率。加强植树造林、绿化美化建设，增加森林资源总量，提高森林建设质量，到2017年，全市林木绿化率达到60%以上。在平原地区，2016年底完成百万亩造林工程，同时加大荒滩荒地、拆迁腾退地和废弃坑塘治理力度，从源头上减少沙尘污染；加快建设新城滨河森林公园、功能区“绿心”等大尺度城市森林和重点镇生态休闲公园，完善城市绿化隔离带。在山区，继续推进京津风沙源治理、太行山绿化、森林健康经营等工程建设，加强与周边省区市的区域林业建设合作，增强绿色生态屏障功能。在城区，坚持规划建绿，加快推进滨水绿带建设，加大代征绿地回收和建设力度，积极实施屋顶绿化、垂直绿化等立体绿化工程，增加绿化面积。

2. 扩大水域面积。市水务局加强水源科学调配，充分利用高品质再生水等水源补充河湖水系用水，改善生态环境。加大永定河、潮白河、北运河水系综合治理及清洁小流域建设力度，扩大水域面积。到2017年，累计增加水域面积1000公顷，建设生态清洁小流域170条，治理水土流失面积1750平方公里。市园林绿化局牵头编制全市湿地保护发展规划，到2017年，累计建成10个湿地公园和10个湿地保护小区。

3. 实施生态修复。市国土局、市安全监管局适度调整非煤矿山的规划和布局。市园林绿化局、市国土局牵头对远郊区县的废弃矿山、荒地实施生态修复和绿化，恢复生态植被和景观，不断推进开采岩面治理。到2017年，扬尘污染得到有效控制，生态环境得到明显改善。

（八）空气重污染应急减排工程

统筹兼顾大气污染的长期治理和短期应急，进一步完善空气重污染应急管理，不断强化与周边省区市的空气重污染应急联动。

1. 将空气重污染应急纳入全市应急管理体系，实行政府主要负责人负责制，成立市空气重污染应急专项指挥部，负责空气重污染的应急组织、指挥和处置。市环保局等部门加强空气重污染预警研究，完善监测预警系统，不断提高预测预报的准确性。市空气重污染应急专项指挥部各成员单位、各区县政府的主要负责人对本部门、本区县的空气重污染应急工作负总责。

2. 修订《北京市空气重污染日应急方案（暂行）》，完善应急程序，强化工作措施，综合考虑污染程度和持续时间，增加持续重污染的应急措施，包括机动车单双号限行、重点排污企业停产减排、土石方作业和露天施工停工、中小学校停课以及可行的气象干预等应对措施。开展重污染天气应急演练。

3. 在国家有关部门的协调支持下，会同周边省区市建立空气重污染应急响应联动机制，开展区域联防联控，共同应对大范围的空气重污染。

三、六大实施保障措施

深化改革创新，着力构建充满活力、富有效率的政策法规体系，着力发挥科技支撑作用，着力加强组织领导，为本行动计划的实施提供多方面保障，确保污染减排工程落到实处、收到实效。

（一）完善法规体系

进一步健全完善北京市大气污染防治的法规体系，积极推进《北京市大气污染防治条例》的立法工作，固化确有成效的污染防控措施，注重吸收借鉴国内外先进经验，在污染物排放总量控制、区域限批、排污许可、排污交易、应急预警、法律责任等制度设计方面取得新突破，在解决违法成本低、守法成本高等问题上取得明显进展。对恶意排污、造成重大污染危害的企业及相关负责人，公安机关等司法部门研究依法适用治安处罚和刑事处罚等手段。研究探索公益诉讼制度。

（二）创新经济政策

1. 发挥资源价格的杠杆作用。按照“多使用、多付费，多排放、多负担”的原则，完善资源环境价格体系，积极推行激励与约束并举的节能减排新机制，引导企业绿色生产、社会绿色消费。市发展改革委、市经济信息化委、市水务局、市环保局等部门制定水、电、油等资源类产品消耗定额，研究完善差别化、阶梯式的资源价格政策；研究落实国家关于“按照优质优价、排污者付费原则合理确定成品油价格”的要求，制定引导降低机动车使用强度的经济政策；加大惩罚性电价、水价的实施力度。

市发展改革委、市市政市容委等部门推进全市供热价格统一，逐步理顺供热价格，鼓励使用清洁能源采暖；推进瓶装液化气同城同价，建立用户公平负担、鼓励清洁能源应用的价格机制。

市发展改革委牵头，扩大采暖用电享受峰谷电价政策范围，鼓励农村使用电采暖，替代原煤散烧。

2. 发挥税费政策的调节作用。全面落实“合同能源管理”的财税优惠政策，研究推行污染治理设施投资、建设、运行一体化特许经营。

市环保局、市发展改革委等部门加快制定出台适应新形势要求的排污费征收政策。调整二氧化硫、氮氧化物排污收费标准；逐步实施挥发性有机物、工地扬尘、经营性餐饮油烟排污费征收。严格依法征收排污费，做到应收尽收。

市交通委、市发展改革委牵头，会同市公安局公安交通管理局完善区域差别化停车收费制度；会同市环保局等部门根据国家大气污染防治行动计划的要求，研究城市低排放区交通拥堵费征收方案，推广使用智能化车辆电子收费识别系统，引导降低中心城区车辆使用强度。

3. 发挥金融手段的约束作用。市环保局、市金融局等部门加快推进排污权交易、绿色信贷和绿色证券等制度的建设与实施，将企业环境信息纳入银行征信系统，对环境违法企业，严格限制企业贷款和上市融资。

4. 发挥财政资金的引导作用。市财政局、市发展改革委加大财政投入，以奖励、补贴和贴息等形式，支持清洁能源改造、污染防治设施建设和升级改造、老旧机动车淘汰、污染企业退出等重点项目，对重点行业清洁生产示范工程给予引导性资金支持。建立企业“领跑者”制度，对能效、排污强度达到更高标准的先进企业给予鼓励。整合能源使用等相关补助政策，提高财政资金使用效率，促进能源结构调整和污染减排。

（三）强化科技支撑

将大气污染防治作为实施“科技北京”战略的重要内容，深入开展大气环境领域科学研究，不断加大对科技基础设施建设的支持力度。市科委、市环保局等部门发挥首都科技资源优势，组织各类科研机构、高等院校、企业和相关单位，深入开展大气污染成因、传输规律、污染源来源解析及治理技术、细颗粒物对人体健康的影响，以及空气质量中长期预报预警技术等研究，每年形成阶段性成果，为科学决策提供有力支撑。

加快先进适用技术的示范推广。重点推广分布式能源、交通节能减排、天然气低氮燃烧和烟气脱硝、新能源与可再生能源利用、挥发性有机物污染治理、家用高效油烟净化、农业氨减排等技术，边研究边应用。大力发展节能环保产业，培育新的经济增长点。加强国际交流合作，学习借鉴国外先进的大气污染防治理念，引进、消化、吸收和再创新先进技术。

（四）加强组织领导

成立北京市大气污染综合治理领导小组，负责组织研究大气污染防治的政策措施，协调解决重大问题；落实区域联防联控工作机制，加强与周边省区市的合作，推进区域大气污染联防联控、联动应急。领导小组办公室负责每月进行工作调度和督促落实。各区县政府成立相应的领导小组，统筹开展辖区大气污染防治工作。

（五）分解落实责任

市政府对本行动计划进行重点任务分解，与各区县政府、市有关部门和企业签订目标责任书；每年制定年度清洁空气行动计划，细化目标、任务和措施；2015 年对行动计划进行中期评估，依据评估结果，适当调整重点任务。

各区县政府对本辖区空气质量改善负责，制定本区县 2013-2017 年清洁空气行动计划和年度实施方案，细化年度减排项目，并逐一分解落实到本区县有关部门、各街道（乡镇）和排污单位。区县五年行动计划在2013年10月底前报市政府备案。

市有关部门要积极争取中央有关部门的政策、资金和技术支持，加强行业管理，对本行业、本领域的大气污染防治工作负责，制定本部门2013-2017年清洁空气行动计划实施方案，每年制定年度措施，实施方案在2013年10月底前报市政府备案。各有关部门要加强协作、互相配合、齐抓共管、形成合力，共同推进全市大气污染防治工作。

（六）严格考核问责

市政府制定考核办法，将细颗粒物指标作为经济社会发展的约束性指标，构建以环境质量改善为核心的目标责任考核体系，将行动计划目标、任务完成情况纳入绩效考核体系。每年初对各区县政府、市有关部门和市属国有企业上年度任务完成情况进行考核，考核结果作为领导班子考核评价的重要内容，适时向社会公布，并实行"一票否决"。

对年度考核不合格的区县政府、市有关部门和市属国有企业，给予通报批评，环保部门会同监察机关、组织部门对其主要负责人进行约谈；对工作不力、行政效率低下、履职缺位等导致未能有效完成任务的，依纪依法追究有关单位和人员的责任。对考核不合格的区县实施环保区域限批，禁止建设除民生工程以外的排放主要大气污染物的建设项目，取消授予环境荣誉称号，取消评优、评先资格。

四、三大全民参与行动

防治大气污染、改善空气质量是全社会的共同责任。要大力弘扬生态文明理念，加快培育首都特色的环境文化，系统开展大气污染防治的知识普及、教育引导、百姓宣讲、公益广告等活动，动员全社会践行绿色环保的生产、生活方式，引导全社会树立关心环保、认知环保、参与环保、践行环保的新风尚，形成保护环境、人人有责，改善环境、人人行动的新局面。

（一）企业自律的治污行动

企业肩负着发展经济和保护环境的双重责任，是污染减排的重要力量。一方面，企业要加强自律，自觉遵守环保法律法规，确保污染防治设施正常运行，污染物稳定达标排放；另一方面，政府要搭建平台，鼓励企业深化环保管理，引进先进治污技术，挖掘节能减排潜力，减少污染物排放。

1. 工业企业。要积极吸收和借鉴国内外同行业污染防治的先进经验，加强污染治理。建材、化工等高污染企业要主动压缩产能、转型升级，走科技含量高、资源消耗少、污染排放低的新型工业化道路。水泥、热力等企业要开展高效脱硝治理，石化、印刷等企业要深化挥发性有机物污染治理，减少能源消耗、降低污染物排放。

2. 建筑施工企业。要认真落实绿色施工管理要求和门前三包责任制，对施工现场道路和裸露地面进行硬化、覆盖，运输车辆应当冲洗干净后上路行驶；建筑垃圾、渣土应当装袋扎口清运或用密闭容器清运；进行拆除、平整场地、清运建筑垃圾和渣土、道路开挖等施工作业时，应当采取边施工、边洒水等防止扬尘污染的作业方式。自觉选用低排放的渣土运输车辆和非道路动力机械，采用洗轮机、防尘墩、密闭化施工等新技术、新措施，积极使用环保型涂料、油漆和溶剂。

3. 运输企业。要积极推行绿色运输，主动购置、使用低排放运输车辆和新能源汽车，加强车辆的维护、保养，做到节油行驶、达标排放，杜绝遗撒。

4. 环卫企业。要采取道路清扫保洁一体化新工艺，推广应用再生水冲刷道路，提高道路洁净度；杜绝露天焚烧落叶、垃圾等违法行为。

5. 餐饮企业。要自觉使用清洁能源，拒绝使用燃煤，杜绝露天烧烤、骑墙烧烤等行为；自觉安装油烟净化设施，加强日常维护，定期清理烟道，确保污染物达标排放。

6. 其他服务业企业。商场、超市、宾馆、休闲度假场所等单位，要积极开展墙面和屋顶绿化、节能改造、夜景照明节电改造、供暖设施清洁能源改造。

（二）公众自觉的减污行动

公众是保护大气环境、推动空气质量改善的实践者。以"同呼吸、共责任、齐努力"为导向，鼓励公众从自身做起、从现在做起、从身边做起、从点滴做起，共同营造绿色生活、减少污染、保护环境的良好氛围。

1. 倡导绿色消费。环保部门要编制《市民绿色消费指南》，鼓励市民做好：绿色饮食，适量烹饪用油，拒绝露天烧烤；绿色家居，选用节能家电、高效照明设备、环保涂料等环保产品；绿色生活，不用散煤，随手关灯、拔插头，减少待机能耗，夏季少用空调多开窗。

2. 鼓励绿色出行。交通、环保等部门要加强宣传，鼓励市民自觉采用公共交通、自行车和步行等绿色出行方式，积极参与"无车日"活动，节油驾驶，停车熄火，及时维修保养车辆。

3. 推进环保创建。教育、环保部门要加强对各级各类学校学生的环境教育。积极开展环境友好型学校、环境友好型社区和生态文明村创建工作，引导公众参与建筑节能、绿化美化、原煤散烧替代等工作。

4. 组织公益活动。环保部门要培育和壮大环保志愿者队伍，发挥非政府组织、知名人士和志愿者队伍的积极性、主动性和创造性，组织系列环保公益活动，丰富公众参与的活动形式和载体，提高公众参与的有效性，带动更多的市民参与污染防治和减排。

（三）社会监督的防污行动

社会监督是政府监管的有力补充。要引导媒体、公众等社会力量依法、有序监督各项大气污染防治减排措施落实。

1. 加强信息公开。利用网络、电视等媒体，及时发布区县空气质量状况及排名。环保部门和企业要按要求主动公开建设项目环境影响评价、企业污染物排放、治污设施运行情况等环境信息，自觉接受监督。

2. 畅通监督渠道。市政府及有关部门要完善12345、12369、12319、96310等热线电话管理，采取聘请大气污染防治特约监督员等措施，鼓励市民监督和举报污染大气环境行为，提出加强大气污染防治的意见和建议，广泛吸纳公众智慧和力量，推动大气污染防治工作不断深入。

3. 鼓励媒体监督。宣传、环保等部门要支持协助媒体深入报道大气污染防治工作进展，报道保护大气环境的典型人物和事迹；科学客观解读空气质量，加强大气污染防治科普宣传；多种形式加强法制宣传，开设专栏、以案说法，报道防治大气污染执法情况，批评违反法律法规严重污染大气环境的行为，开展大气环境保护方面的警示教育。

★北京市人民政府2013年9月11日发布的京政发〔2013〕27号文。

京津冀及周边地区落实大气污染防治行动计划实施细则★

京津冀及周边地区（包括北京市、天津市、河北省、山西省、内蒙古自治区、山东省）是我国大气污染最严重的区域。为加快京津冀及周边地区大气污染综合治理，依据《大气污染防治行动计划》，制定本实施细则。

主要目标

经过五年努力，京津冀及周边地区空气质量明显好转，重污染天气较大幅度减少。力争再用五年或更长时间，逐步消除重污染天气，空气质量全面改善。

具体指标：到2017年，北京市、天津市、河北省细颗粒物（PM2.5）浓度在2012年基础上下降25%左右，山西省、山东省下降20%，内蒙古自治区下降10%。其中，北京市细颗粒物年均浓度控制在60微克/立方米左右。

重点任务

（一）实施综合治理，强化污染物协同减排

1. 全面淘汰燃煤小锅炉。加快热力和燃气管网建设，通过集中供热和清洁能源替代，加快淘汰供暖和工业燃煤小锅炉。

到2015年底，京津冀及周边地区地级及以上城市建成区，除必要保留的以外，全部淘汰每小时10蒸吨及以下燃煤锅炉、茶浴炉；北京市建成区取消所有燃煤锅炉，改由清洁能源替代。

到2017年底，北京市、天津市、河北省地级及以上城市建成区基本淘汰每小时35蒸吨及以下燃煤锅炉，城乡结合部地区和其他远郊区县的城镇地区基本淘汰每小时10蒸吨及以下燃煤锅炉。

到2017年底，北京市、天津市、河北省、山西省和山东省所有工业园区以及化工、造纸、印染、制革、制药等产业集聚的地区，逐步取消自备燃煤锅炉，改用天然气等清洁能源或由周边热电厂集中供热。

在供热供气管网覆盖不到的其他地区，改用电、新能源或洁净煤，推广应用高效节能环保型锅炉。北京市、天津市、河北省、山西省和山东省地级及以上城市建成区原则上不得新建燃煤锅炉。

2. 加快重点行业污染治理。京津冀及周边地区大幅度削减二氧化硫、氮氧化物、烟粉尘、挥发性有机物排放总量。

电力、钢铁、水泥、有色等企业以及燃煤锅炉，要加快污染治理设施建设与改造，确保按期达标排放。到2015年底，京津冀及周边地区新建和改造燃煤机组脱硫装机容量5970万千瓦，新建和改造钢铁烧结机脱硫1.6万平方米；新建燃煤电厂脱硝装机容量1.1亿千瓦，新建或改造脱硝水泥熟料产能1.1亿吨；电力、水泥、钢铁等行业完成除尘升级改造的装机容量或产能规模分别不得低于2574万千瓦、3325万吨、6358万吨。

到2017年底，钢铁、水泥、化工、石化、有色等行业完成清洁生产审核，推进企业清洁生产技术改造。

实施挥发性有机物污染综合治理工程。到2014年底，加油站、储油库、油罐车完成油气回收治理。到2015年底，石化企业全面推行“泄漏检测与修复”技术，完成有机废气综合治理。到2017年底，对有机化工、医药、表面涂装、塑料制品、包装印刷等重点行业的559 家企业开展挥发性有机物综合治理。

3. 深化面源污染治理。强化施工工地扬尘环境监管，积极推进绿色施工，建设工程施工现场应全封闭设置围挡墙，严禁敞开式作业，施工现场道路应进行地面硬化。将施工扬尘污染控制情况纳入建筑企业信用管理系统，作为招投标的重要依据。

到2015年底，渣土运输车辆全部采取密闭措施，逐步安装卫星定位系统。各种煤堆、料堆实现封闭储存或建设防风抑尘设施。

加强城市环境管理，严格治理餐饮业排污，城区餐饮服务经营场所全部安装高效油烟净化设施，推广使用高效净化型家用吸油烟机。全面禁止秸秆焚烧。

推进城市及周边绿化和防风防沙林建设，扩大城市建成区绿地规模，继续推进道路绿化、居住区绿化、立体空间绿化。山西省、内蒙古自治区要强化生态保护和建设，积极治理水土流失，继续实施退耕还林、还草，压畜减载恢复草原植被，加强沙化土地治理。进一步加强京津冀风沙源治理和“三北”防护林建设。

（二）统筹城市交通管理，防治机动车污染

4. 加强城市交通管理。实施公交优先战略，加强步行、自行车交通系统建设，开展“无车日”活动，提高绿色交通出行比例。到2017年底，北京市、天津市公共交通占机动化出行比例达到60%以上。优化京津冀及周边地区城际综合交通体系，推进区域性公路网、铁路网建设，合理调配人流、物流及其运输方式；加快建设北京市绕城高速公路，减少重型载货车辆过境穿行主城区。

5. 控制城市机动车保有量。北京市要严格限制机动车保有量，天津、石家庄、太原、济南等城市要严格限制机动车保有量增长速度，通过采取鼓励绿色出行、增加使用成本等措施，降低机动车使用强度。

6. 提升燃油品质。天津市、河北省、山西省、内蒙古自治区和山东省2013年底前供应符合国家第四阶段标准的车用汽油，2014年底前供应符合国家第四阶段标准的车用柴油。北京市、天津市、河北省重点城市2015年底前供应符合国家第五阶段标准的车用汽、柴油，山西省、内蒙古自治区、山东省2017年底前供应符合国家第五阶段标准的车用汽、柴油。

中石油、中石化、中海油等炼化企业要合理安排生产和改造计划，制定合格油品保障方案，确保按期供应合格油品。

加强油品质量监督检查，严厉打击非法生产、销售不合格油品行为，加油站不得销售不符合标准的车用汽、柴油。

7. 加快淘汰黄标车。到2015年底，北京市黄标车全部淘汰，天津市基本淘汰，河北省、山西省、内蒙古自治区和山东省淘汰2005年底前注册营运的黄标车。到2017年底，京津冀及周边地区黄标车全部淘汰。

到2014年底，北京市、天津市、河北省、山西省和山东省地级及以上城市建成区全面实施“黄标车”限行。

8. 加强机动车环保管理。到2015年，北京市、天津市、河北省全面实施国家第五阶段机动车排放标准，山西省、内蒙古自治区和山东省于2017年底前实施。

北京、天津、石家庄、太原、济南等城市实施补贴等激励政策，鼓励出租车每年更换高效尾气净化装置。

9. 大力推广新能源汽车。公交、环卫等行业和政府机关率先推广使用新能源汽车。北京、天津、石家庄、太原、济南等城市每年新增或更新的公交车中新能源和清洁燃料车的比例达到60%左右。采取直接上牌、财政补贴等综合措施鼓励个人购买新能源汽车。在农村地区积极推广电动低速汽车（三轮汽车、低速货车）。

（三）调整产业结构，优化区域经济布局

10. 严格产业和环境准入。京津冀及周边地区不得审批钢铁、水泥、电解铝、平板玻璃、船舶等产能严重过剩行业新增产能项目。北京市、天津市、河北省、山东省不再审批炼焦、有色、电石、铁合金等新增产能项目，山西省、内蒙古自治区（临近京津冀的地区）

不再审批炼焦、电石、铁合金等新增产能项目。北京市不再审批劳动密集型一般制造业新增产能项目，现有的逐步向外转移。

北京、天津、石家庄、唐山、保定、廊坊、太原、济南、青岛、淄博、潍坊、日照等12个城市建设火电、钢铁、石化、水泥、有色、化工等六大行业以及燃煤锅炉项目，要严格执行大气污染物特别排放限值。

11. 加快淘汰落后产能。京津冀及周边地区要提前一年完成国家下达的“十二五”落后产能淘汰任务，对未按期完成淘汰任务的地区，严格控制国家安排的投资项目，暂停对该地区重点行业建设项目办理核准、审批和备案手续。2015-2017年，结合产业发展实际和环境质量状况，进一步提高环保、能耗、安全、质量等标准，加大执法处罚力度，将经整改整顿仍不达标企业列入年度淘汰计划，继续加大落后产能淘汰力度。

北京市，到2017年底，调整退出高污染企业1200家。

天津市，到2017年底，行政辖区内钢铁产能、水泥（熟料）产能、燃煤机组装机容量分别控制在2000万吨、500万吨、1400万千瓦以内。

河北省，到2017年底，钢铁产能压缩淘汰6000万吨以上，产能控制在国务院批复的《河北省钢铁产业结构调整方案》确定的目标以内；全部淘汰10万千瓦以下非热电联产燃煤机组，启动淘汰20万千瓦以下的非热电联产燃煤机组。“十二五”期间淘汰水泥（熟料及磨机）落后产能6100万吨以上，淘汰平板玻璃产能3600万重量箱。

山西省，到2017年底，淘汰钢铁落后产能670万吨，淘汰压缩焦炭产能1800万吨。

内蒙古自治区，到2017年底，淘汰水泥落后产能459万吨。

山东省，到2015年底，淘汰炼铁产能2111万吨，炼钢产能2257万吨，钢铁产能压缩1000万吨以上，控制在5000万吨以内；到2017年底，焦炭产能控制在4000万吨以内。

（四）控制煤炭消费总量，推动能源利用清洁化

12. 实行煤炭消费总量控制。按照国家要求，完成节能降耗目标。到2017年底，通过淘汰落后产能、清理违规产能、强化节能减排、实施天然气清洁能源替代、安全高效发展核电以及加强新能源利用等综合措施，北京市、天津市、河北省和山东省压减煤炭消费总量8300万吨。

其中，北京市净削减原煤1300万吨，天津市净削减1000万吨，河北省净削减4000万吨，山东省净削减2000万吨。

13. 实施清洁能源替代。加大天然气、液化石油气、煤制天然气、太阳能等清洁能源的供应和推广力度，逐步提高城市清洁能源使用比重。

到2017年底，京津塘电网风电等可再生能源电力占电力消费总量比重提高到15%，山东电网提高到10%。北京市煤炭占能源消费比重下降到10%以下，电力、天然气等优质能源占比提高到90%以上。

北京市、天津市、河北省和山东省新增天然气优先用于居民用气、分布式能源高效利用项目，以及替代锅炉、工业窑炉及自备电站的燃煤。

到2017年底，北京市、天津市、河北省和山东省现有炼化企业的燃煤设施，全部改用天然气或由周边电厂供汽供电。

14. 全面推进煤炭清洁利用。天津市、河北省、山西省、内蒙古自治区和山东省要将煤炭更多地用于燃烧效率高且污染治理措施到位的燃煤电厂，鼓励工业窑炉和锅炉使用清洁能源。

加强煤炭质量管理，限制销售灰份高于16%、硫份高于1%的散煤。

削减农村炊事和采暖用煤，加大罐装液化气和可再生能源炊事采暖用能供应。推进绿色农房建设，大力推广农房太阳能热利用。

到2017年底，北京市、天津市和河北省基本建立以县（区）为单位的全密闭配煤中心、覆盖所有乡镇村的洁净煤供应网络，洁净煤使用率达到90%以上。

15. 扩大高污染燃料禁燃区范围。到2013年底，北京市、天津市、河北省、山西省和山东省完成“高污染燃料禁燃区”划定和调整工作，并向社会公开；各城市禁燃区面积不低于建成区面积的80%。禁燃区内禁止原煤散烧。

16. 推动高效清洁化供热。京津冀及周边地区实行供热计量收费。到2017年底，京津冀及周边地区80%的具备改造价值的既有建筑完成节能改造。

新建建筑推广使用太阳能热水系统，推动光伏建筑一体化应用。既有建筑“平改坡”时，鼓励同步安装太阳能光伏和太阳能热水器。

17. 优化空间格局。京津冀及周边地区要严格按照主体功能区规划要求，制定实施符合当地功能定位、更高节能环保要求的产业发展指导目录，优化区域产业布局。科学制定并严格实施城市规划，将资源环境条件、城市人口规模、人均城市道路面积、万人公共汽车保有量等纳入城市总体规划，严格城市控制性详细规划绿地率等审查，规范各类产业园区和城市新城、新区设立和布局，严禁随意调整和修改城市规划，形成有利于大气污染物扩散的城市和区域空间格局。

河北、山西、山东等省要大力推进位于城市主城区的钢铁、石化、化工、有色、水泥、平板玻璃等重污染企业搬迁、改造，到2017年底，基本完成搬迁、改造任务。加快石家庄钢铁、唐山丰南渤海钢铁集团、青岛钢铁厂等企业环保搬迁。

山西省、内蒙古自治区要高起点规划、高标准建设国家能源基地，加快火电、风电等电力外送通道建设。

（五）强化基础能力，健全监测预警和应急体系

18. 加强环境监测能力建设。到2013年底，北京市、天津市、河北省和山东省完成地级及以上城市细颗粒物监测能力全覆盖；到2015年底，北京市、天津市各建设3个国家直管监测点，石家庄、太原、呼和浩特、济南、青岛等城市各建设2个国家直管监测点，其他地级城市各建设1个国家直管监测点，逐步建成统一的国家空气质量监测网。

加强重点污染源在线监测体系建设，建成机动车排污监控平台。将监测能力建设及其运行和监管经费纳入各级财政预算予以保障。

19. 建立重污染天气监测预警体系。环保部门要加强与气象部门的合作，抓紧建立重污染天气监测预警体系。到2013年底，初步建成京津冀区域以及北京市、天津市、河北省省级重污染天气监测预警系统；到2014年底，完成山西省、内蒙古自治区、山东省省级和京津冀及周边地区地级及以上城市建设任务。

20. 组织编制应急预案。地方人民政府要制定和完善重污染天气应急预案，明确应急组织机构及其职责，按照预警等级，确定相应的应急措施，2013年底前编制完成。应急预案报环境保护部备案并向社会公布。定期开展应急演练。

21. 构建区域性重污染天气应急响应机制。将重污染天气应急响应纳入各级人民政府突发事件应急管理体系，实行政府主要负责人负责制。2013年底前，京津冀及周边地区建立健全区域、省、市联动的应急响应体系，实行联防联控。

22. 及时采取应急措施。在预警信息发布的同时，根据重污染天气的预警等级，迅速启动应急预案，实施重污染企业限产停产、建筑工地停止土方作业、机动车限行、中小学校停课以及可行的气象干预等应对措施，引导公众做好卫生防护。

（六）加强组织领导，强化监督考核

23. 建立健全区域协作机制。成立京津冀及周边地区大气污染防治协作机制，由区域内各省（区、市）人民政府和国务院有关部门参加，研究协调解决区域内突出环境问题，并组织实施环评会商、联合执法、信息共享、预警应急等大气污染防治措施。通报区域大气污染防治工作进展，研究确定阶段性工作要求、工作重点与主要任务。

24. 加强监督考核。国务院与京津冀及周边地区各省（区、市）人民政府签订大气污染防治目标责任书，将目标任务层层分解落实到各级人民政府和企业。

建立以政府考核为主、兼顾第三方评估的综合考核体系，提高考评结果的公正性和准确性。发挥行业协会、公众、专家学者和咨询机构的积极性，采用抽样调查、现场评价、满意度调查等方法，探索开展第三方评估。每年初对上年度任务完成情况进行考核。考核、评估结果向国务院报告，并向社会公告。

25. 广泛动员公众参与。通过典型示范、专题活动、展览展示、岗位创建、合理化建议等多种形式，动员公众践行低碳、绿色、文明的生活方式和消费模式，积极参与环境保护。企业要严格遵守环境保护法律法规和标准，积极治理污染，履行社会责任。

★环境保护部联合发展和改革委员会等6部门2013年9月17日发布的环发〔2013〕104号文。

关于化解产能严重过剩矛盾的指导意见★

各省、自治区、直辖市人民政府，国务院各部委、各直属机构：

化解产能严重过剩矛盾是当前和今后一个时期推进产业结构调整的工作重点。为积极有效地化解钢铁、水泥、电解铝、平板玻璃、船舶等行业产能严重过剩矛盾，同时指导其他产能过剩行业化解工作，特制定本意见。

一、充分认识化解产能严重过剩矛盾的重要性和紧迫性

在市场经济条件下，供给适度大于需求是市场竞争机制发挥作用的前提，有利于调节供需，促进技术进步与管理创新。但产品生产能力严重超过有效需求时，将会造成社会资源巨大浪费，降低资源配置效率，阻碍产业结构升级。

受国际金融危机的深层次影响，国际市场持续低迷，国内需求增速趋缓，我国部分产业供过于求矛盾日益凸显，传统制造业产能普遍过剩，特别是钢铁、水泥、电解铝等高消耗、高排放行业尤为突出。2012年底，我国钢铁、水泥、电解铝、平板玻璃、船舶产能利用率分别仅为72%、73.7%、71.9%、73.1%和75%，明显低于国际通常水平。钢铁、电解铝、船舶等行业利润大幅下滑，企业普遍经营困难。值得关注的是，这些产能严重过剩行业仍有一批在建、拟建项目，产能过剩呈加剧之势。如不及时采取措施加以化解，势必会加剧市场恶性竞争，造成行业亏损面扩大、企业职工失业、银行不良资产增加、能源资源瓶颈加剧、生态环境恶化等问题，直接危及产业健康发展，甚至影响到民生改善和社会稳定大局。

当前，我国出现产能严重过剩主要受发展阶段、发展理念和体制机制等多种因素的影响。在加快推进工业化、城镇化的发展阶段，市场需求快速增长，一些企业对市场预期过于乐观，盲目投资，加剧了产能扩张；部分行业发展方式粗放，创新能力不强，产业集中度低，没有形成由优强企业主导的产业发展格局，导致行业无序竞争、重复建设严重；一些地方过于追求发展速度，过分倚重投资拉动，通过廉价供地、税收减免、低价配置资源等方式招商引资，助推了重复投资和产能扩张；与此同时，资源要素市场化改革滞后，政策、规划、标准、环保等引导和约束不强，投资体制和管理方式不完善，监督检查和责任追究不到位，导致生产要素价格扭曲，公平竞争的市场环境不健全，市场机制作用未能有效发挥，落后产能退出渠道不畅，产能过剩矛盾不断加剧。

产能严重过剩越来越成为我国经济运行中的突出矛盾和诸多问题的根源。企业经营困难、财政收入下降、金融

风险积累等，都与产能严重过剩密切相联。化解产能严重过剩矛盾必然带来阵痛，有的行业甚至会伤筋动骨，但从全局和长远来看，遏制矛盾进一步加剧，引导好投资方向，对加快产业结构调整，促进产业转型升级，防范系统性金融风险，保持国民经济持续健康发展意义重大。因此，要坚决控制增量、优化存量，深化体制改革和机制创新，加快建立和完善以市场为主导的化解产能严重过剩矛盾长效机制。这是一项复杂的系统工程，任务十分艰巨，要精心谋划、总体部署、统筹安排，积极稳妥加以推进。

二、总体要求、基本原则和主要目标

（一）总体要求。

全面贯彻落实党的十八大精神，以邓小平理论、“三个代表”重要思想、科学发展观为指导，坚持以转变发展方式为主线，把化解产能严重过剩矛盾作为产业结构调整的重点，按照尊重规律、分业施策、多管齐下、标本兼治的总原则，立足当前，着眼长远，着力加强宏观调控和市场监管，坚决遏制产能盲目扩张；着力发挥市场机制作用，完善配套政策，“消化一批、转移一批、整合一批、淘汰一批”过剩产能；着力创新体制机制，加快政府职能转变，建立化解产能严重过剩矛盾长效机制，推进产业转型升级。

（二）基本原则。

——坚持尊重市场规律与改善宏观调控相结合。发挥企业市场主体作用，强化企业责任意识；加强市场供需趋势研判和信息引导，综合运用法律、经济以及必要的宏观调控手段，加强政策协调，形成化解产能严重过剩矛盾、引导产业健康发展的合力。

——坚持开拓市场需求与产业转型升级相结合。保持投资合理增长，培育新的消费增长点，扩大国内市场规模，巩固拓展国际市场，消化国内过剩产能。强化需求升级导向，培育高端产品市场，促进产能结构优化，带动产业转型升级。

——坚持严格控制增量与调整优化存量相结合。严格要素供给和投资管理，遏制盲目扩张和重复建设；推进企业兼并重组，整合压缩过剩产能；实施境外投资和产业重组，转移国内过剩产能；强化资源能源和环境硬约束，加快淘汰落后产能；统筹区域协调发展，优化产业布局。

——坚持完善政策措施与深化改革创新相结合。完善和细化化解产能严重过剩矛盾的配套政策措施，建立中央和地方联动机制，加强协调服务，发挥部门合力，落实地方责任；深化重点领域改革和体制机制创新，形成有利于发挥市场竞争机制作用、有效化解产能严重过剩的体制机制环境。

（三）主要目标。

通过5年努力，化解产能严重过剩矛盾工作取得重要进展：

——产能规模基本合理。钢铁、水泥、电解铝、平板玻璃、船舶等行业产能总量与环境承载力、市场需求、资源保障相适应，空间布局与区域经济发展相协调，产能利用率达到合理水平。

——发展质量明显改善。兼并重组取得实质性进展，产能结构得到优化；清洁生产和污染治理水平显著提高，资源综合利用水平明显提升；经济效益实现好转，盈利水平回归合理，行业平均负债率保持在风险可控范围内，核心竞争力明显增强。

——长效机制初步建立。公平竞争的市场环境得到完善，企业市场主体作用充分发挥。过剩行业产能预警体系和监督机制基本建立，资源要素价格、财税体制、责任追究制度等重点领域改革取得重要进展。

三、主要任务

（一）坚决遏制产能盲目扩张。

严禁建设新增产能项目。严格执行国家投资管理规定和产业政策，加强产能严重过剩行业项目管理，各地方、各部门不得以任何名义、任何方式核准、备案产能严重过剩行业新增产能项目，各相关部门和机构不得办理土地（海域）供应、能评、环评审批和新增授信支持等相关业务。

分类妥善处理在建违规项目。对未按土地、环保和投资管理等法律法规履行相关手续或手续不符合规定的违规项目，地方政府要按照要求进行全面清理。凡是未开工的违规项目，一律不得开工建设；凡是不符合产业政策、准入标准、环保要求的违规项目一律停建；对确有必要建设的项目，在符合布局规划和环境承载力要求，以及等量或减量置换原则等基础上，由地方政府提出申请报告，报发展改革委、工业和信息化部并抄报国土资源部、环境保护部等相关职能部门，发展改革委、工业和信息化部商国土资源部、环境保护部等职能部门，在委托咨询机构评估的基础上出具认定意见，各相关部门依法依规补办相关手续。对未予认定的在建违规项目一律不得续建，由地方政府自行妥善处理；对隐瞒不报在建违规项目，一经查实，立即停建，金融机构停止发放贷款，国土、环保部门依据土地管理法、环境保护法等法律法规予以处理，对涉及失职渎职和权钱交易等问题的予以严肃查处，对监管不力的要严肃追究相关人员的责任。同时，按照谁违规谁负责的原则，做好债务、人员安置等善后工作。所有在建违规项目的处理结果均应向社会公开。

（二）清理整顿建成违规产能。

全面清理整顿。各省级人民政府依据行政许可法、土地管理法、环境保护法等法律法规，以及能源消耗总量控制指标、产业结构调整指导目录、行业规范和准入条件、环保标准等要求，对产能严重过剩行业建成违规项目进行全面清理，提出整顿方案并向社会公示后，报发展改革委、工业和信息化部、国土资源部、环境保护部等部门备案；对不符合备案要求的，各有关部门要及时反馈意见。

加强规范管理。各级政府要加强对建成违规产能的规范管理，工业主管部门加强行业规范和准入管理，国土、环保部门严格监督检查，质检部门进行质量保障能力综合评价，依法颁发产品生产许可证。对工艺装备落后、产品质量不合格、能耗及排放不达标的项目，列入淘汰落后年度任务加快淘汰。

（三）淘汰和退出落后产能。

坚决淘汰落后产能。分解落实年度目标，在提前一年完成“十二五”钢铁、电解铝、水泥、平板玻璃等重点行业淘汰落后产能目标任务基础上，通过提高财政奖励标准，落实等量或减量置换方案等措施，鼓励地方提高淘汰落后产能标准，2015年底前再淘汰炼铁1500万吨、炼钢1500万吨、水泥（熟料及粉磨能力）1亿吨、平板玻璃2000万重量箱。“十三五”期间，结合产业发展实际和环境承载力，通过提高能源消耗、污染物排放标准，严格执行特别排放限值要求，加大执法处罚力度，加快淘汰一批落后产能。中央企业在淘汰和退出落后产能方面要发挥示范带头作用。

引导产能有序退出。完善激励和约束政策，研究建立过剩产能退出的法律制度，引导企业主动退出过剩行业。分行业制修订并严格执行强制性能耗限额标准，对超过能耗限额标准和环保不达标的企业，实施差别电价和惩罚性电价、水价等差别价格政策。产能严重过剩行业项目建设，须制定产能置换方案，实施等量或减量置换，在京津冀、长三角、珠三角等环境敏感区域，实施减量置换。项目所在地省级人民政府须制定产能等量或减量置换方案并向社会公示，行业主管部门对产能置换方案予以确认并公告，同时将置换产能列入淘汰名单，监督落实。鼓励各地积极探索政府引导、企业自愿、市场化运作的产能置换指标交易，形成淘汰落后与发展先进的良性互动机制。

（四）调整优化产业结构。

推进企业兼并重组。完善和落实促进企业兼并重组的财税、金融、土地等政策措施。协调解决企业跨地区兼并重组重大问题，理顺地区间分配关系，促进行业内优势企业跨地区整合过剩产能。支持兼并重组企业整合内部资源，优化技术、产品结构，压缩过剩产能。鼓励和引导非公有制企业通过参股、控股、资产收购等多种方式参与企业兼并重组。研究出台促进企业做优做强的指导意见，推动优强企业引领行业发展，支持和培育优强企业发展壮大，提高产业集中度，增强行业发展的协调和自律能力。

优化产业空间布局。科学制定产业布局规划，在坚决遏制产能盲目扩张和严控总量的前提下，有序推进产业布局调整和优化。按照区域发展总体战略要求，适应城镇化发展需要，结合地方环境承载力、资源能源禀赋、产业基础、市场空间、物流运输等条件，有序推进产业梯度转移和环保搬迁、退城进园，防止落后产能转移。支持跨地区产能置换，引导国内有效产能向优势企业和更具比较优势的地区集中，推动形成分工合理、优势互补、各具特色的区域经济和产业发展格局。

（五）努力开拓国内市场需求。

扩大国内有效需求。适应工业化、城镇化、信息化、农业现代化深入推进的需要，挖掘国内市场潜力，消化部分过剩产能。推广钢结构在建设领域的应用，提高公共建筑和政府投资建设领域钢结构使用比例，在地震等自然灾害高发地区推广轻钢结构集成房屋等抗震型建筑；推动建材下乡，稳步扩大钢材、水泥、铝型材、平板玻璃等市场需求。优化航运运力结构，加快淘汰更新老旧运输船舶。

着力改善需求结构。强化需求升级导向，实施绿色建材工程，发展绿色安全节能建筑，制修订相关标准规范，提高建筑用钢、混凝土以及玻璃等产品使用标准，带动产品升级换代。推动节能、节材和轻量化，促进高品质钢材、铝材的应用，满足先进制造业发展和传统产业转型升级需要。加快培育海洋工程装备、海上工程设施市场。

（六）积极拓展对外发展空间。

巩固扩大国际市场。鼓励企业积极参加各类贸易促进活动，创新国际贸易方式。拓展对外工程承包领域，提升对外承包工程质量和效益，积极承揽重大基础设施和大型工业、能源、通信、矿产资源开发等项目，带动国内技术、装备、产品、标准和服务等出口，培育“中国建设”国际品牌。适应国际新规范、新公约、新标准要求，增强节能环保船舶设计制造能力，稳定船舶出口市场。

扩大对外投资合作。鼓励优势企业以多种方式“走出去”，优化制造产地分布，消化国内产能。建立健全贸易投资平台和“走出去”投融资综合服务平台。推动设立境外经贸合作区，吸引国内企业入园。按照优势互补、互利共赢的原则，发挥钢铁、水泥、电解铝、平板玻璃、船舶等产业的技术、装备、规模优势，在全球范围内开展资源和价值链整合；加强与周边国家及新兴市场国家投资合作，采取多种形式开展对外投资，建设境外生产基地，提高企业跨国经营水平，拓展国际发展新空间。

（七）增强企业创新驱动发展动力。

突破核心关键技术。利用市场机制和经济杠杆倒逼企业增强技术创新的内在动力，推动企业转型和产业升级，提升以产品质量、标准、技术为核心要素的市场竞争力。着力构建以企业为主体、市场为导向、产学研相结合的技术创新体系，集中精力突破、掌握一批关键共性技术。鼓励企业实施技术改造，推广应用更加节能、安全、环保、高效的钢铁、电解铝、水泥、平板玻璃工艺技术，提升高技术船舶、海洋工程装备设计制造能力。

加强企业管理创新。深化国有企业改革，引导国有资本从产能严重过剩行业向战略性新兴产业和公共事业领域转移。鼓励企业强化战略管理、培育知名品牌，加强产品创新、组织创新、商业模式创新，提升有效供给，创造有效需求。提高企业管理信息化水平，推进精细化管理。注重发挥企业家才能，加强创新型人才队伍建设，完善以人为本的企业人才激励机制。总结推广企业管理创新优秀成果，实施企业管理创新示范工程。

（八）建立长效机制。

创新政府管理。加强产业、土地、环保、节能、金融、质量、安全、进出口等部门协调配合，强化用地、用海和岸线审查，严格环保和质量监督管理，坚持银行独立审贷，形成法律法规约束下责任清晰的市场监管机制。深化投资体制改革，强化事中和事后纵横协管。加强对产能严重过剩行业动态监测分析，建立产能过剩信息预警机制。

营造公平环境。保障各种所有制经济依法平等使用生产要素、公平参与市场竞争、同等受到法律保护。切实减少对企业生产经营活动的行政干预，坚决清理废除地方政府在招商引资中采取土地、资源、税收、电价等损害公平竞争的优惠政策，以及地方保护、市场分割的限制措施。加强知识产权保护和质量体系建设，打击假冒伪劣产品，整顿规范市场秩序，形成有利于创新创业的市场环境。

完善市场机制。推进资源税改革和环境保护税立法。理顺资源、要素价格的市场形成机制，完善差别化价格政策，提高产业准入的能耗、物耗、水耗和生态环保标准，切实发挥市场配置资源的基础性作用。以资源环境承载力上限，倒逼超标产能退出、节能减排达标和自然环境改善。完善转移支付制度，建立生态环保补偿责任制。

四、分业施策

对产能严重过剩行业，要根据行业特点，开展有选择、有侧重、有针对性的化解工作。

水泥。加快制修订水泥、混凝土产品标准和相关设计规范，推广使用高标号水泥和高性能混凝土，尽快取消32.5复合水泥产品标准，逐步降低32.5复合水泥使用比重。鼓励依托现有水泥生产线，综合利用废渣发展高标号水泥和满足海洋、港口、核电、隧道等工程需要的特种水泥等新产品。支持利用现有水泥窑无害化协同处置城市生活垃圾和产业废弃物，进一步完善费用结算机制，协同处置生产线数量比重不低于10%。强化氮氧化物等主要污染物排放和能源、资源单耗指标约束，对整改不达标的生产线依法予以淘汰。

五、政策措施

（一）完善行业管理。

充分发挥行业规划、政策、标准的引导和约束作用，落实工业转型升级规划和行业发展规划，修订完善钢铁、水泥产业政策和铝、水泥、平板玻璃、船舶行业准入条件。加强行业准入和规范管理，公告符合条件的生产线和企业名单。适时发布产能严重过剩行业产能利用、市场供需等相关信息。定期发布淘汰落后产能企业名单。加强产品质量管理，推行产能严重过剩行业产品质量分类监管。发挥行业协会在行业自律、信息服务等方面的重要作用。

（二）强化环保硬约束监督管理。

加强环保准入管理，严格控制区域主要污染物排放总量，完善区域限批措施。抓紧研究完善污染物排放和环境质量标准，特别是对京津冀等环境敏感区域要提高相关环境标准。开展环境质量、重点污染源排放情况动态监测，对污染物排放超标企业实施限产、停产等措施。对产能严重过剩行业企业强化执法监督检查，曝光环境违法企业名单，加大处罚力度，责令限期整改，污染排放严重超标的企业要停产整顿，对经整改整顿仍不符合污染物排放标准和特别排放限值等相关规定的企业，予以关停。

（三）加强土地和岸线管理。

强化项目用地、岸线管理，对产能严重过剩行业企业使用土地、岸线进行全面检查，对违规建设项目使用土地、岸线进行清理整顿，对发现的土地违法行为依法进行查处。加强对产能严重过剩行业新增使用土地、岸线的审核，对未经核准、备案的项目，一律不得批准使用土地、岸线。各地要取消产能严重过剩行业项目用地优惠政策。政府土地储备机构有偿收回企业环保搬迁、兼并重组、淘汰落后等退出的土地，按规定支付给企业的土地补偿费，可以用于支持企业做好善后处理工作和转型发展。

（四）落实有保有控的金融政策。

对产能严重过剩行业实施有针对性的信贷指导政策，加强和改进信贷管理。对未取得合法手续的建设项目，一律不得放贷、发债、上市融资。依法保护金融债权。鼓励商业银行按照风险可控和商业可持续原则，加大对产能严重过剩行业企业兼并重组整合过剩产能、转型转产、产品结构调整、技术改造和向境外转移产能、开拓市场的信贷支持。对整合过剩产能的企业，积极稳妥开展并购贷款业务，合理确定并购贷款利率，贷款期限可延长至7年。大力发展各类机构投资，鼓励创新基金品种，开拓企业兼并重组融资渠道。加大企业“走出去”的贷款支持力度、适当简化审批程序，完善海外投资保险产品，研究完善“走出去”投融资服务体系，支持产能向境外转移。

（五）完善和规范价格政策。

按照体现资源稀缺性和环境成本的原则，深化资源性产品价格改革。继续实施并完善非居民用水超定额加价和环保收费政策。完善差别电价政策，各地对产能严重过剩行业优惠电价政策进行清理整顿，禁止自行实行电价优惠和电费补贴。对钢铁、水泥、电解铝、平板玻璃等高耗能行业，能耗、电耗、水耗达不到行业标准的产能，实施差别电价和惩罚性电价、水价。

（六）完善财税支持政策。

中央财政加大对产能严重过剩行业实施结构调整和产业升级的支持力度，各地财政结合实际安排专项资金予以支持。中央财政利用淘汰落后产能奖励资金等现有资金渠道，适当扩大资金规模，支持产能严重过剩行业压缩过剩产能。完善促进企业兼并重组的税收政策，鼓励企业重组，提高市场竞争力。对向境外转移过剩产能的企业，其出口设备及产品可按现行规定享受出口退税政策。修订完善资源综合利用财税优惠政策，支持生产高标号水泥、高性能混凝土以及利用水泥窑处置城市垃圾、污泥和产业废弃物。

（七）落实职工安置政策。

各级政府要切实负起责任，将化解产能严重过剩矛盾中企业下岗失业人员纳入就业扶持政策体系。落实促进自主创业、鼓励企业吸纳就业和帮扶就业困难人员就业等各项政策，加强对下岗失业人员的免费职业介绍、职业指导等服务，提供职业培训，开展创业指导和创业培训，落实自主创业税费减免、小额担保贷款等政策，扶持下岗失业人员以创业带动就业。切实做好下岗失业人员社会保险关系接续和转移，按规定落实好其社会保障待遇，依法妥善处理职工劳动关系。

（八）建立项目信息库和公开制度。

建立全国统一的投资项目信息库，充分发挥信息化在市场监管中的作用。结合取消和下放项目行政审批，以及加强事中、事后监管的要求，率先建立钢铁、电解铝等产能严重过剩行业项目信息库，涵盖现有生产企业在建项目和已核准或备案项目的动态情况。加强建设项目信息公开和服务，并与国土、环保、金融等信息系统互联互通，形成协同监管机制。同时，建立和完善举报查处制度，鼓励和引导社会参与监管。

（九）强化监督检查。

把化解产能严重过剩矛盾工作列为落实中央重大决策部署监督检查的重要内容，加强对本意见贯彻落实情况的监督检查，落实地方政府主体责任。认真执法问责，对工作开展不力的地方和部门，进行通报批评，建立健全责任延伸制度。强化案件查办，对违法违规建设产能严重过剩行业项目监管不力的，按照国家有关规定追究相关责任人的责任。将遏制重复建设、化解产能严重过剩矛盾工作列入地方政府政绩考核指标体系。及时公开化解产能严重过剩进展情况，发挥新闻媒体舆论引导和社会公众的监督作用。

六、实施保障

各地区、各部门要进一步提高认识，把思想和行动统一到中央的决策部署上来，切实履行职责，加强协调配合，以高度的责任感、使命感和改革创新精神，合力推进化解产能严重过剩矛盾各项工作。国土资源部门要进一步加强供地用地管理，把好土地关口；环境保护部门要继续强化环境监管，管好环保门槛；金融部门要改进和加强信贷管理，用好信贷闸门。各有关部门要按照本意见的要求，根据职责分工抓紧制定配套文件，完善配套政策，确保各项任务得到贯彻实施。各省级人民政府对本地区化解产能严重过剩矛盾工作负总责，结合实际制定具体实施方案并组织实施，高度重视和有效防范社会风险，切实加强组织领导和监督检查，稳扎稳打做好化解产能严重过剩工作，保障本意见各项任务顺利实施。加强宣传引导，做好政策解读，营造化解产能严重过剩矛盾的良好社会氛围。

★国务院2013年10月15日发布的国发〔2013〕41号文。

关于做好2013年冬季大气污染防治工作的通知★

各省、自治区、直辖市环境保护厅（局），副省级城市环境保护局，解放军环境保护局，新疆生产建设兵团环境保护局：

为贯彻落实《国务院关于印发大气污染防治行动计划的通知》（国发〔2013〕37号，以下简称《大气十条》），切实保障人民群众身体健康，现将做好冬季大气污染防治工作有关事项通知如下：

一、充分认识做好冬季大气污染防治工作的重要性

近年来，我国冬季，特别是北方地区进入采暖期后，季节性燃煤造成污染物排放量剧增，同时逆温、静风等不利气象条件频繁出现，造成我国部分地区雾霾天气频发，对人民群众身体健康和生产生活造成严重影响。各级环保部门要切实增强责任感和使命感，主动当好同级党委和政府的参谋助手。一方面，结合本地实际，尽快制定落实《大气十条》的实施细则，分解目标任务，明确中长期任务和措施，积极推进大气污染防治工作；另一方面，充分认识当前冬季大气污染防治工作的重要性，采取有力举措，积极防止和应对可能出现的重污染天气，改善空气质量切实保障人民群众身体健康。

二、扎实推进大气污染防治工作

冬季期间，各地应着力抓好以下几项工作：

（一）严格控制燃煤污染。积极推进集中供热、“煤改气”、“煤改电”工程建设，加快淘汰燃煤小锅炉；在天然气气源供应不足的地方，要优化使用方向，优先保障民生用天然气。各级环保部门要配合有关部门加强煤炭质量检测，严控高硫份、高灰份煤炭生产和使用，超标煤炭一律封存并实施处罚。大幅压减耗煤项目生产规模，支持电厂等耗煤大户冬季采取“限煤量、限煤质、限排放”等措施。定期公开企业用煤量、煤质、治污设施运行以及污染物排放情况等信息。北方采暖地区加快建立以县（区）为单位的全密闭洁净煤配送中心，实行煤炭集中统一配送，解决农村和远郊地区原煤散烧污染问题。

（二）深化面源污染治理。要大幅减少冬季施工工地土方作业，各级环保部门要配合有关部门强化施工工地扬尘环境监管，对达不到绿色施工标准的一律停工整顿。渣土运输车辆应采取密闭措施，禁止道路遗撒和乱倾乱倒，对不符合环保要求的渣土运输车辆一律予以处罚。推行道路机械化清扫等低尘作业方式，遇有大风、雾霾天气，加大道路冲洗、洒水、清扫频次。推进农作物秸秆综合利用，全面禁止秸秆焚烧，确保“不着一把火、不冒一股烟”。大力倡导减少燃放烟花爆竹，节日期间遇有不利于污染物扩散的天气条件应采取临时性限制燃放措施，以减轻燃放造成的污染影响。

（三）强化工业企业污染治理。以开展大气污染防治专项检查督查为契机，对火电、钢铁、水泥、石化、化工、有色金属冶炼等大气污染物排放企业进行全面排查。强化火电、钢铁等重点企业监管，对污染源实行“定人、定位、定责”，做到“全天候、全方位、全过程、全时段、全覆盖”监管，确保治污设施稳定运行、污染物达标排放。鼓励企业将设备检修、维护时间安排在冬季。依据最高法、最高检关于办理环境污染刑事案件适用法律若干问题的司法解释，对偷排偷放、屡查屡犯等企业环境违法行为，发现一起查处一起，涉嫌环境污染犯罪的，一律移送司法机关追究有关责任人的刑事责任，提高环境执法监管的震慑力。

（四）加强机动车污染监管。各级环保部门要密切配合公安部门开展机动车停放地检查和道路抽查，加大检查力度，禁止超标车辆上路行驶。加强车辆环保管理，对达不到国四排放标准和尾气检测标准的车辆一律不予入户和审验。加快高污染车辆淘汰进程，因地制宜地采取划定禁行区域、经济补偿等方式，逐步淘汰黄标车和老旧车辆。利用广播、电视、网络、微博等媒介开展宣传，鼓励绿色出行，降低重污染天气机动车使用强度。

三、建立健全监测预警体系

各级环保部门要进一步加强空气质量监测，构建城市站、背景站、区域站统一布局的环境空气质量监测网络。按照《关于印发空气质量新标准第二阶段监测实施方案的通知》（环办〔2013〕30号）要求，确保在2013年底前国家环保重点城市和环保模范城市全部建成PM2.5监测点，尽快按照新标准要求开展监测并发布信息。鼓励有条件的地区提前启动空气质量新标准监测实施工作。

各级环保部门要强化与气象部门的合作，加快推进重污染天气监测预警体系建设。京津冀及周边地区要严格按照《关于印发京津冀及周边地区重污染天气监测预警方案（试行）的通知》（环发〔2013〕111号）要求，2013年底前，初步建成京津冀区域以及北京市、天津市、河北省省级重污染天气监测预警系统。完善会商研判机制，做好重污染天气变化过程的趋势分析，通过广播、电视、网络和报纸等媒介及时发布空气质量监测预警信息，保障群众的环境知情权，为地方政府和有关部门采取应对措施提供决策参考。

四、积极应对重污染天气

各地要参考《城市大气重污染应急预案编制指南》（环办函〔2013〕504号），尽快制定和完善重污染天气应急预案。明确应急组织机构及其职责、监测与预警、应急响应、总结评估、应急保障等内容。

当预测可能出现重污染天气时，要提前预警，及时采取响应措施。建议性措施主要包括提醒公众做好健康防护，倡导公众自觉采取污染减排措施。强制性措施主要包括企业停产、限产，机动车限行，扬尘管控，禁止露天烧烤等。

当发布最高级别预警时，要采取一切可以采取的强制性减排措施，并采取大型户外活动停办、中小学和幼儿园停课、企事业单位实行弹性工作制等措施。

各级环保部门要高度重视今冬大气污染防治工作，切实加强组织领导，密切协调和配合有关部门，形成治污合力。北方采暖地区要坚持一周一调度、一周一通报，保障今冬大气污染防治工作有序开展。各省（区、市）环保厅（局）要将重污染天气发生、应对情况以及大气污染防治工作重大进展情况及时报送我部。我部将不定期对各地落实《大气十条》的情况和开展冬季大气污染防治工作情况进行督查，对于发现的突出问题，特别是因工作不力、履职缺位等导致未能有效应对重污染天气的，将予以严肃处理，并会同有关部门严格追究有关单位和人员的责任。

★环境保护部办公厅2013年11月1日发布的环办〔2013〕102号文。

关于发布政府核准的投资项目目录（2013年本）的通知★

各省、自治区、直辖市人民政府，国务院各部委、各直属机构：

为进一步深化投资体制改革和行政审批制度改革，加大简政放权力度，切实转变政府投资管理职能，使市场在资源配置中起决定性作用，确立企业投资主体地位，更好发挥政府作用，加强和改进宏观调控，现发布《政府核准的投资项目目录（2013年本）》，并就有关事项通知如下：

一、企业投资建设本目录内的固定资产投资项目，须按照规定报送有关项目核准机关核准。企业投资建设本目录外的项目，实行备案管理。事业单位、社会团体等投资建设的项目，按照本目录执行。

二、法律、行政法规和国家制定的发展规划、产业政策、总量控制目标、技术政策、准入标准、用地政策、环保政策、信贷政策等是企业开展项目前期工作的重要依据，是项目核准机关和国土资源、环境保护、城乡规划、行业管理等部门以及金融机构对项目进行审查的依据。

对于钢铁、电解铝、水泥、平板玻璃、船舶等产能严重过剩行业的项目，国务院有关部门和地方政府要按照国务院关于化解产能严重过剩矛盾指导意见的要求，严格控制新增产能。

三、项目核准机关要改进完善管理办法，提高工作效能，认真履行核准职责，严格按照规定权限、程序和时限等要求进行审查。有关部门要密切配合，按照职责分工，相应改进管理办法，依法加强对投资活动的监管。对不符合法律法规规定以及未按规定权限和程序核准或者备案的项目，有关部门不得办理相关手续，金融机构不得提供信贷支持。

四、按照规定由国务院核准的项目，由发展改革委审核后报国务院核准。核报国务院核准的项目、国务院投资主管部门核准的项目，事前必须征求国务院行业管理部门的意见。由地方政府核准的项目，省级政府可以根据本地实际情况具体划分地方各级政府的核准权限。由省级政府核准的项目，核准权限不得下放。

五、法律、行政法规和国家有专门规定的，按照有关规定执行。

六、本目录自发布之日起执行，《政府核准的投资项目目录（2004年本）》即行国务院2013年12月2日废止。

国务院

2013年12月2日

政府核准的投资项目目录（2013年本）

一、农业水利

农业：涉及开荒的项目由省级政府核准。

水库：在跨界河流、跨省（区、市）河流上建设的项目由国务院投资主管部门核准，其余项目由地方政府核准。

其他水事工程：涉及跨界河流、跨省（区、市）水资源配置调整的项目由国务院投资主管部门核准，其余项目由地方政府核准。

二、能源

水电站：在主要河流上建设的项目由国务院投资主管部门核准，其余项目由地方政府核准。

抽水蓄能电站：由国务院行业管理部门核准。

火电站：分布式燃气发电项目由省级政府核准，其余项目由国务院投资主管部门核准。

热电站：燃煤背压热电项目由省级政府核准，其余燃煤热电项目由国务院投资主管部门核准；其余热电项目由地方政府核准。

风电站：由地方政府核准。

核电站：由国务院核准。

电网工程：跨境、跨省（区、市）±400千伏及以上直流项目，跨境、跨省（区、市）500千伏、750千伏、1000千伏交流项目，由国务院投资主管部门核准；非跨境、跨省(区、市)±400千伏及以上直流项目，非跨境、跨省(区、市)750千伏、1000千伏交流项目，由国务院行业管理部门核准；其余项目由地方政府核准。

煤矿：国家规划矿区内新增年生产能力120万吨及以上煤炭开发项目由国务院行业管理部门核准，国家规划矿区内的其余煤炭开发项目由省级政府核准；其余一般煤炭开发项目由地方政府核准。国家规定禁止新建的煤与瓦斯突出、高瓦斯和中小型煤炭开发项目，不得核准。

煤制燃料：年产超过20亿立方米的煤制天然气项目，年产超过100万吨的煤制油项目由国务院投资主管部门核准。

原油：油田开发项目由具有石油开采权的企业自行决定，报国务院行业管理部门备案。

天然气：气田开发项目由具有天然气开采权的企业自行决定，报国务院行业管理部门备案。

液化石油气接收、存储设施（不含油气田、炼油厂的配套项目）：由省级政府核准。

进口液化天然气接收、储运设施：由国务院行业管理部门核准。

输油管网（不含油田集输管网）：跨境、跨省（区、市）干线管网项目由国务院投资主管部门核准，其余项目由省级政府核准。

输气管网（不含油气田集输管网）：跨境、跨省（区、市）干线管网项目由国务院投资主管部门核准，其余项目由省级政府核准。

炼油：新建炼油及扩建一次炼油项目由国务院投资主管部门核准。

变性燃料乙醇：由省级政府核准。

三、交通运输

新建（含增建）铁路：跨省（区、市）项目和国家铁路网中的干线项目由国务院投资主管部门核准，国家铁路网中的其余项目由中国铁路总公司自行决定并报国务院投资主管部门备案；其余地方铁路项目由省级政府按照国家批准的规划核准。

公路：国家高速公路网项目由国务院投资主管部门核准，国家高速公路网外的干线项目由省级政府核准；地方高速公路项目由省级政府按照国家批准的规划核准，其余项目由地方政府核准。

独立公路桥梁、隧道：跨境、跨重要海湾、跨大江大河（三级及以上通航段）的项目由国务院投资主管部门核准，其余项目由地方政府核准。

煤炭、矿石、油气专用泊位：在沿海（含长江南京及以下）新建港区和年吞吐能力1000万吨及以上项目由国务院投资主管部门核准，其余项目由省级政府核准。

集装箱专用码头：在沿海（含长江南京及以下）建设的项目由国务院投资主管部门核准，其余项目由省级政府核准。

内河航运：千吨级及以上通航建筑物项目由国务院投资主管部门核准，其余项目由地方政府核准。

民航：新建机场项目由国务院核准，扩建军民合用机场项目由国务院投资主管部门会商军队有关部门核准。

四、信息产业

电信：国际通信基础设施项目由国务院投资主管部门核准；国内干线传输网（含广播电视网）以及其他涉及信息安全的电信基础设施项目，由国务院行业管理部门核准。

五、原材料

稀土、铁矿、有色矿山开发：已查明资源储量5000万吨及以上规模的铁矿开发项目，由国务院投资主管部门核准；稀土矿山开发项目，由国务院行业管理部门核准；其余项目由省级政府核准。

钢铁：新增生产能力的炼铁、炼钢、热轧项目由国务院投资主管部门核准。

有色：新增生产能力的电解铝项目，新建氧化铝项目，由国务院投资主管部门核准。

石化：新建乙烯项目由国务院投资主管部门核准。

化工：年产超过50万吨的煤经甲醇制烯烃项目，年产超过100万吨的煤制甲醇项目，新建对二甲苯（PX）项目，由国务院投资主管部门核准；新建二苯基甲烷二异氰酸酯（MDI）项目由国务院行业管理部门核准。

化肥：钾矿肥、磷矿肥项目由省级政府核准。

水泥：由省级政府核准。

稀土：冶炼分离项目由国务院行业管理部门核准，稀土深加工项目由省级政府核准。

黄金：采选矿项目由省级政府核准。

六、机械制造

汽车：按照国务院批准的《汽车产业发展政策》执行。

船舶：新建10万吨级及以上造船设施（船台、船坞）项目由国务院投资主管部门核准。

七、轻工

烟草：卷烟、烟用二醋酸纤维素及丝束项目由国务院行业管理部门核准。

八、高新技术

民用航空航天：民用飞机（含直升机）制造、民用卫星制造、民用遥感卫星地面站建设项目，由国务院投资主管部门核准。

九、城建

城市快速轨道交通项目：由省级政府按照国家批准的规划核准。

城市供水：跨省（区、市）日调水50万吨及以上项目由国务院投资主管部门核准。

城市道路桥梁、隧道：跨重要海湾、跨大江大河（三级及以上通航段）的项目由国务院投资主管部门核准。

其他城建项目：由地方政府核准。

十、社会事业

主题公园：特大型项目由国务院核准，大型项目由国务院投资主管部门核准，中小型项目由省级政府核准。

旅游：国家级风景名胜区、国家自然保护区、全国重点文物保护单位区域内总投资5000万元及以上旅游开发和资源保护项目，世界自然和文化遗产保护区内总投资3000万元及以上项目，由省级政府核准。

其他社会事业项目：除国务院已明确改为备案管理的项目外，按照隶属关系由国务院行业管理部门、地方政府自行确定实行核准或者备案。

十一、金融

印钞、造币、钞票纸项目：由中国人民银行核准。

十二、外商投资

《外商投资产业指导目录》中有中方控股（含相对控股）要求的总投资（含增资）3亿美元及以上鼓励类项目，总投资（含增资）5000万美元及以上限制类（不含房地产）项目，由国务院投资主管部门核准。《外商投资产业指导目录》限制类中的房地产项目和总投资（含增资）小于5000万美元的其他限制类项目，由省级政府核准。《外商投资产业指导目录》中有中方控股（含相对控股）要求的总投资（含增资）小于3亿美元的鼓励类项目，由地方政府核准。

前款规定之外的属于本目录第一至十一条所列项目，按照本目录第一至十一条的规定核准。

外商投资企业的设立及变更事项，按现行有关规定由商务部和地方政府核准。

十三、境外投资

中方投资10亿美元及以上项目，涉及敏感国家和地区、敏感行业的项目，由国务院投资主管部门核准。

前款规定之外的中央管理企业投资项目和地方企业投资3亿美元及以上项目报国务院投资主管部门备案。

国内企业在境外投资开办企业（金融企业除外）事项，涉及敏感国家和地区、敏感行业的，由商务部核准；其他情形的，中央管理企业报商务部备案，地方企业报省级政府备案。

★国务院2013年12月2日发布的国发〔2013〕47号文。

关于指导做好2014年煤炭产运需衔接工作的通知★

各省、自治区、直辖市发展改革委、经信委（工信委、经委、经贸委）、工信厅、物价局、煤炭厅（局、办），煤炭、电力、冶金、化肥行业协会，国家电网公司、有关企业：

为贯彻落实十八届三中全会精神，按照《国务院办公厅关于深化电煤市场化改革的指导意见》（国办发〔2012〕57号）的有关要求，充分发挥市场配置资源的决定性作用和更好发挥政府作用，激发和释放市场活力，建立健全科学合理的煤炭产运需衔接和运行调节机制，保障煤炭稳定供应，促进经济持续健康发展，现就指导做好2014年煤炭产运需衔接有关工作通知如下：

一、进一步完善产运需衔接机制

（一）在开展产运需衔接工作中，充分尊重企业市场主体地位，凡依法生产经营的煤炭、用户企业，均可自主参与衔接，严禁不具备安全生产条件、严重污染环境、不符合产业政策等违法违规的企业参与衔接。

（二）煤炭企业依据核准（核定）的生产能力、参考实际煤炭发运量，用户企业依据实际需要，自主衔接签订合同。合同的数量、质量、价格及违约责任等内容应规范完整、具有法律效力。

（三）供需企业签订的合同，在矿点、用户以及供货渠道等方面应保持相对稳定。支持供需双方签订2年以上的中长期合同，建立长期稳定的供需关系。

（四）为提高工作效率，保障衔接顺利进行，继续由中国煤炭工业协会对年度、中长期煤炭合同签订情况进行汇总。

（五）交通运输部、中国铁路总公司组织进行运力衔接，分别指导有关港航企业、铁路局依据运输能力，对汇总的煤炭合同合理配置运力并保持相对稳定。对规范并符合运输条件的中长期电煤合同优先配置运力，日常执行中优先保障运输。

（六）积极推进煤炭运输市场化改革，有条件的运输企业应与货主签订运输合同。

（七）对供需双方签订并确认运力的跨省区年度、中长期电煤合同，由发展改革委、交通运输部和铁路总公司予以备案，作为日常调节、市场监管、合同履行检查的依据。

二、科学实施宏观指导和监管

（一）发展改革委会同有关部门依据经济社会发展规划计划和煤炭工业发展规划，研究预测下一年度煤炭消费需求、生产和运输能力，做好产运需衔接的综合平衡。在充分发挥市场机制作用的前提下，指导做好煤炭产运需衔接工作。对脱离生产经营实际，签订虚假合同，造成资源、运力浪费的企业，依法依规予以纠正。

（二）各地区有关部门要最大限度减少对微观事务的管理，保障交易主体公平自主参与市场竞争、平等使用生产要素，不得实行地方保护和干预企业签订合同。

（三）继续贯彻落实国办发〔2012〕57号文件精神，坚持供需双方自主协商确定价格，凡是能由市场形成价格的都交给市场，政府不得进行干预。同时，继续实施煤电价格联动。

（四）加强衔接事中事后监管，我委会同有关方面组织开展合同履行检查，督促产运需企业严格兑现合同。建立健全褒扬诚信、惩戒失信机制，强化企业的诚信和契约意识，将供需双方的履约情况纳入法人信用记录，对严重失信的不良信用记录要进行社会公示和联合惩戒。

（五）探索培育全国性煤炭交易市场，加快形成统一开放、竞争有序的煤炭交易市场体系。

三、加强组织协调，切实做好衔接工作

（一）各地区、有关部门和单位要增强大局意识，认真贯彻通知精神，确保煤炭产运需衔接工作顺利进行。各有关协会和单位要发挥桥梁纽带作用，努力做好服务，加强行业自律，配合政府有关部门及时协调解决衔接中出现的重大问题。

（二）煤炭供需双方要加强沟通、密切配合，抓紧签订合同。煤炭工业协会要加强与有关部门的联系，力争在今年12月底以前完成合同汇总。交通运输部、铁路总公司要尽快组织指导完成运力衔接。衔接期间要保障煤炭供应平稳有序，特别要确保取暖供热企业的煤炭供应和正常生产。

（三）各有关方面在煤炭产运需衔接工作中，要按照十八届三中全会精神和中央“八项规定”等有关要求，精简各类会议活动，切实改进工作作风，严格遵守各项廉政规定。同时，加强对衔接工作的正面引导，做好舆论宣传，为深化煤炭市场化改革和提高产运需衔接水平营造良好环境。

★国家发展和改革委员会2013年12月9日发布的发改运行〔2013〕2497号文。

关于二氧化硫等四种污染物排污收费标准有关问题的通知★

各区县发展改革委、财政局、环保局，各有关单位：

为改善本市环境质量，发挥经济手段促进治污、减排的作用，经市政府批准，现将本市二氧化硫、氮氧化物、化学需氧量、氨氮排污收费标准调整及有关事宜通知如下

一、二氧化硫、氮氧化物、化学需氧量排污收费标准调整为每公斤10元，氨氮排污收费标准调整为每公斤12元。取消普通煤二氧化硫排污费（含硫量0.5%以上，编码140001005）、低硫煤二氧化硫排污费（含硫量0.5%以下，编码140001006）。

为鼓励低标准排放，惩罚超标准排放，督促排污单位加大治污减排力度，根据污染物排放情况同时实施阶梯式差别化排污收费政策：污染物实际排放值低于规定排放标准50%的（含50%），按收费标准减半计收排污费；污染物实际排放值在规定排放标准50%-100%之间（含100%），按收费标准计收排污费；污染物实际排放值超过规定排放标准的，按收费标准加倍计收排污费。

二、环保部门按规定办理《收费许可证》变更手续，做好收费公示工作，并使用市财政局印制的财政票据，排污收费收入管理按国家和本市有关规定执行。

三、各级发展改革、财政、环保部门要密切配合，切实做好政策实施的宣传解释工作，依各自职责加强对排污费征收和资金管理的监督检查。各级环保部门要强化收费管理和收费情况稽查考核，严格核定排污者污染物排放种类、数量，严格执行排污费征收标准，做到应收尽收。

四、本通知自2014年1月1日起执行。

★北京市发展和改革委员会、北京市财政局、北京市环保局2013年12月12日发布的京发改〔2013〕2657号文

水泥工业大气污染物排放标准★

前言

为贯彻《中华人民共和国环境保护法》、《中华人民共和国大气污染防治法》等法律、法规，保护环境，防治污染，促进水泥工业生产工艺和污染治理技术进步，制定本标准。

本标准规定了水泥制造企业（含独立粉磨站）、水泥原料矿山、散装水泥中转站、水泥制品企业及其生产设施的大气污染物排放限值、监测和监督管理要求。上述企业排放水污染物、环境噪声适用相应的国家污染物排放标准，产生固体废物的鉴别、处理和处置适用相应的国家固体废物污染控制标准。

本标准首次发布于1985年，1996年第一次修订，2004年第二次修订，本次为第三次修订。本次修订的主要内容有：

——适用范围增加散装水泥中转站；

——调整现有企业、新建企业大气污染物排放限值，增加适用于重点地区的大气污染物特别排放限值；

——取消水泥窑焚烧危险废物的相关规定。

新建企业自2014年3月1日起，现有企业自2015年7月1日起，其大气污染物排放控制按本标准的规定执行，不再执行《水泥工业大气污染物排放标准》（GB 4915-2004）中的相关规定。

本标准是水泥工业大气污染物排放控制的基本要求。地方省级人民政府对本标准未作规定的污染物项目，可以制定地方污染物排放标准；对本标准已作规定的污染物项目，可以制定严于本标准的地方污染物排放标准。环境影响评价文件要求严于本标准或地方标准时，按照批复的环境影响评价文件执行。

本标准由环境保护部科技标准司组织制订。

本标准主要起草单位：中国环境科学研究院、合肥水泥研究设计院。

本标准环境保护部2013年12月16日批准。

本标准自2014年3月1日起实施。

本标准由环境保护部解释。

水泥工业大气污染物排放标准

1 适用范围

本标准规定了水泥制造企业（含独立粉磨站）、水泥原料矿山、散装水泥中转站、水泥制品企业及其生产设施的大气污染物排放限值、监测和监督管理要求。

本标准适用于现有水泥工业企业或生产设施的大气污染物排放管理，以及水泥工业建设项目的环境影响评价、环境保护设施设计、竣工环境保护验收及其投产后的大气污染物排放管理。

利用水泥窑协同处置固体废物，除执行本标准外，还应执行国家相应的污染控制标准的规定。

本标准适用于法律允许的污染物排放行为。新设立污染源的选址和特殊保护区域内现有污染源的管理，按照《中华人民共和国大气污染防治法》、《中华人民共和国水污染防治法》、《中华人民共和国海洋环境保护法》、《中华人民共和国固体废物污染环境防治法》、《中华人民共和国环境影响评价法》等法律、法规和规章的相关规定执行。

2 规范性引用文件

本标准内容引用了下列文件或其中的条款。凡是不注日期的引用文件，其最新版本适用于本标准。

GB/T 15432 环境空气总悬浮颗粒物的测定 重量法

GB/T 16157 固定污染源排气中颗粒物测定与气态污染物采样方法

HJ/T 42 固定污染源排气中氮氧化物的测定 紫外分光光度法

HJ/T 43 固定污染源排气中氮氧化物的测定 盐酸萘乙二胺分光光度法

HJ/T 55 大气污染物无组织排放监测技术导则

HJ/T 56 固定污染源排气中二氧化硫的测定 碘量法

HJ/T 57 固定污染源排气中二氧化硫的测定 定电位电解法

HJ/T 67 大气固定污染源氟化物的测定离子选择电极法

HJ/T 75 固定污染源烟气排放连续监测技术规范（试行）

HJ/T 76 固定污染源烟气排放连续监测系统技术要求及检测方法（试行）

HJ/T 397 固定源废气监测技术规范

HJ 533 环境空气和废气 氨的测定 纳氏试剂分光光度法

HJ 534 环境空气 氨的测定 次氯酸钠-水杨酸分光光度法

HJ 543　　固定污染源废气　汞的测定　冷原子吸收分光光度法（暂行）

HJ 629　　固定污染源废气　二氧化硫的测定　非分散红外吸收法

《污染源自动监控管理办法》（国家环境保护总局令第 28 号）

《环境监测管理办法》（国家环境保护总局令第 39 号）

3 术语和定义

下列术语和定义适用于本标准。

3.1 水泥工业 cement industry

本标准指从事水泥原料矿山开采、水泥制造、散装水泥转运以及水泥制品生产的工业部门。

3.2 水泥窑 cement kiln

水泥熟料煅烧设备，通常包括回转窑和立窑两种形式。

3.3 窑尾余热利用系统 waste heat utilization system of kiln exhaust gas

引入水泥窑窑尾废气，利用废气余热进行物料干燥、发电等，并对余热利用后的废气进行净化处理的系统。

3.4 烘干机、烘干磨、煤磨及冷却机 dryer, drying and grinding mill, coal grinding mill and clinker cooler

烘干机指各种型式物料烘干设备；烘干磨指物料烘干兼粉磨设备；煤磨指各种型式煤粉制备设备；冷却机指各种类型（筒式、篦式等）冷却熟料设备。

3.5 破碎机、磨机、包装机及其他通风生产设备 crusher, mill, packing machine and other ventilation equipments

破碎机指各种破碎块粒状物料设备；磨机指各种物料粉磨设备系统（不包括烘干磨和煤磨）；包装机指各种型式包装水泥设备（包括水泥散装仓）；其它通风生产设备指除上述主要生产设备以外的需要通风的生产设备，其中包括物料输送设备、料仓和各种类型储库等。

3.6 采用独立热源的烘干设备 dryer associated with independent heat source

无水泥窑窑头、窑尾余热可以利用，需要单独设置热风炉等热源，对物料进行烘干的设备。

3.7 散装水泥中转站 bulk cement terminal

散装水泥集散中心，一般为水运（海运、河运）与陆运中转站。

3.8 水泥制品生产 production of cement products

预拌混凝土、砂浆和混凝土预制件的生产，不包括水泥用于施工现场搅拌的过程。

3.9 标准状态 standard condition

温度为 273K，压力为 101.3kPa 时的状态。本标准规定的大气污染物浓度均为标准状态下的质量浓度。

3.10 排气筒高度 stack height

自排气筒（或其主体建筑构造）所在的地平面至排气筒出口计的高度，单位为 m。

3.11 无组织排放 fugitive emission

大气污染物不经过排气筒的无规则排放，主要包括作业场所物料堆存、开放式输送扬尘，以及设备、管线等大气污染物泄漏。

3.12 现有企业 existing facility

本标准实施之日前已建成投产或环境影响评价文件已通过审批的水泥工业企业或生产设施。

3.13 新建企业 new facility

自本标准实施之日起环境影响评价文件通过审批的新、改、扩建水泥工业建设项目。

3.14 重点地区 key region

根据环境保护工作的要求，在国土开发密度较高，环境承载能力开始减弱，或大气环境容量较小、生态环境脆弱，容易发生严重大气环境污染问题而需要严格控制大气污染物排放的地区。

4 大气污染物排放控制要求

4.1 排气筒大气污染物排放限值

4.1.1 现有企业 2015 年 6 月 30 日前仍执行 GB 4915-2004，自 2015 年 7 月 1 日起执行表 1 规定的大气污染物排放限值。

4.1.2 自 2014 年 3 月 1 日起，新建企业执行表 1 规定的大气污染物排放限值。

表 1　现有与新建企业大气污染物排放限值

单位：mg/m^3

生产过程	生产设备	颗粒物	二氧化硫	氮氧化物（以 NO_2 计）	氟化物（以总 F 计）	汞及其化合物	氨
矿山开采	破碎机及其他通风生产设备	20	—	—	—	—	—
水泥制造	水泥窑及窑尾余热利用系统	30	200	400	5	0.05	10(1)
	烘干机、烘干磨、煤磨及冷却机	30	600(2)	400(2)	—	—	—
	破碎机、磨机、包装机及其他通风生产设备	20	—	—	—	—	—
散装水泥中转站及水泥制品生产	水泥仓及其他通风生产设备	20	—	—	—	—	—

注：(1) 适用于使用氨水、尿素等含氨物质作为还原剂，去除烟气中氮氧化物。(2) 适用于采用独立热源的烘干设备。

4.1.3 重点地区企业执行表2规定的大气污染物特别排放限值。执行特别排放限值的时间和地域范围由国务院环境保护行政主管部门或省级人民政府规定。

表2 大气污染物特别排放限值

单位：mg/m^3

生产过程	生产设备	颗粒物	二氧化硫	氮氧化物（以 NO_2 计）	氟化物（以总F计）	汞及其化合物	氨
矿山开采	破碎机及其他通风生产设备	10	—	—	—	—	—
水泥制造	水泥窑及窑尾余热利用系统	20	100	320	3	0.05	8 (1)
	烘干机、烘干磨、煤磨及冷却机	20	400 (2)	300 (2)	—	—	—
	破碎机、磨机、包装机及其他通风生产设备	10	—	—	—	—	—
散装水泥中转站及水泥制品生产	水泥仓及其他通风生产设备	10	—	—	—	—	—

注：(1) 适用于使用氨水、尿素等含氨物质作为还原剂，去除烟气中氮氧化物。
(2) 适用于采用独立热源的烘干设备。

4.1.4 对于水泥窑及窑尾余热利用系统排气、采用独立热源的烘干设备排气，应同时对排气中氧含量进行监测，实测大气污染物排放浓度应按公式（1）换算为基准含氧量状态下的基准排放浓度，并以此作为判定排放是否达标的依据。其他车间或生产设施排气按实测浓度计算，但不得人为稀释排放。

$$C_{基}=\frac{21-O_{基}}{21-O_{实}}\cdot C_{实} \qquad (1)$$

式中：

$C_{基}$——大气污染物基准排放浓度，mg/m^3；

$C_{实}$——实测大气污染物排放浓度，mg/m^3；

$O_{基}$——基准含氧量百分率，水泥窑及窑尾余热利用系统排气为10，采用独立热源的烘干设备排气为8；

$O_{实}$——实测含氧量百分率。

4.2 无组织排放控制要求

4.2.1 水泥工业企业的物料处理、输送、装卸、储存过程应当封闭，对块石、粘湿物料、浆料以及车船装卸料过程也可采取其它有效抑尘措施，控制颗粒物无组织排放。

4.2.2 自2014年3月1日起，水泥工业企业大气污染物无组织排放监控点浓度限值应符合表3规定。

表3 大气污染物无组织排放限值

序号	污染物项目	限值	限值含义	无组织排放监控位置
1	颗粒物	0.5	监控点与参照点总悬浮颗粒物（TSP）1小时浓度值的差值	厂界外20m处上风向设参照点，下风向设监控点
2	氨(1)	1.0	监控点处1小时浓度平均值	监控点设在下风向厂界外10m范围内浓度最高点

注：(1) 适用于使用氨水、尿素等含氨物质作为还原剂，去除烟气中氮氧化物。

4.3 废气收集、处理与排放

4.3.1 产生大气污染物的生产工艺和装置必须设立局部或整体气体收集系统和净化处理装置，达标排放。

4.3.2 净化处理装置应与其对应的生产工艺设备同步运转。应保证在生产工艺设备运行波动情况下净化处理装置仍能正常运转，实现达标排放。因净化处理装置故障造成非正常排放，应停止运转对应的生产工艺设备，待检修完毕后共同投入使用。

4.3.3 除储库底、地坑及物料转运点单机除尘设施外，其他排气筒高度应不低于15m。排气筒高度应高出本体建（构）筑物3m以上。水泥窑及窑尾余热利用系统排气筒周围半径200m范围内有建筑物时，排气筒高度还应高出最高建筑物3m以上。

4.4 周边环境质量监控

在现有企业生产、建设项目竣工环保验收后的生产过程中，负责监管的环境保护主管部门应对周围居住、教学、医疗等用途的敏感区域环境质量进行监控。建设项目的具体监控范围为环境影响评价确定的周围敏感区域；未进行过环境影响评价的现有企业，监控范围由负责监管的环境保护主管部门，根据企业排污的特点和规律及当地的自然、气象条件等因素，参照相关环境影响评价技术导则确定。地方政府应对本辖区环境质量负责，采取措施确保环境状况符合环境质量标准要求。

5 污染物监测要求

5.1 企业应按照有关法律和《环境监测管理办法》等规定，建立企业监测制度，制定监测方案，对污染物排放状况及其对周边环境质量的影响开展自行监测，保存原始监测记录，并公布监测结果。

5.2 新建企业和现有企业安装污染物排放自动监控设备的要求，按有关法律和《污染源自动监控管理办法》的规定执行。

5.3 企业应按照环境监测管理规定和技术规范的要求，设计、建设、维护永久性采样口、采样测试平台和排污口标志。

5.4 对企业排放废气的采样，应根据监测污染物的种类，在规定的污染物排放监控位置进行，有废气处理设施的，应在该设施后监测。排气筒中大气污染物的监测采样按GB/T 16157、HJ/T 397或HJ/T 75规定执行；大气污染物无组织排放的监测按HJ/T 55规定执行。

5.5 对大气污染物排放浓度的测定采用表4所列的方法标准。

表4 大气污染物浓度测定方法标准

序号	污染物项目	方法标准名称	方法标准编号
1	颗粒物	固定污染源排气中颗粒物测定与气态污染物采样方法	GB/T 16157
		环境空气 总悬浮颗粒物的测定 重量法	GB/T 15432
2	二氧化硫	固定污染源排气中二氧化硫的测定 碘量法	HJ/T 56
		固定污染源排气中二氧化硫的测定 定电位电解法	HJ/T 57
		固定污染源废气 二氧化硫的测定 非分散红外吸收法	HJ 629
3	氮氧化物	固定污染源排气中氮氧化物的测定 紫外分光光度法	HJ/T 42
		固定污染源排气中氮氧化物的测定 盐酸萘乙二胺分光光度法	HJ/T 43
4	氟化物	大气固定污染源 氟化物的测定 离子选择电极法	HJ/T 67
5	汞及其化合物	固定污染源废气 汞的测定 冷原子吸收分光光度法（暂行）	HJ 543
6	氨	环境空气和废气 氨的测定 纳氏试剂分光光度法	HJ 533
		环境空气 氨的测定 次氯酸钠-水杨酸分光光度法	HJ 534

6 实施与监督

6.1 本标准由县级以上人民政府环境保护行政主管部门负责监督实施。

6.2 在任何情况下，水泥工业企业均应遵守本标准规定的大气污染物排放控制要求，采取必要措施保证污染防治设施正常运行。各级环保部门在对企业进行监督性检查时，可以现场即时采样或监测的结果，作为判定排污行为是否符合排放标准以及实施相关环境保护管理措施的依据。

★环境保护部2013年12月27日发布的GB 4915-2013国家污染排放(控制）标准。

水泥窑协同处置固体废物污染控制标准★

前言

为贯彻《中华人民共和国环境保护法》、《中华人民共和国固体废物污染环境防治法》、《中华人民共和国大气污染防治法》、《中华人民共和国循环经济促进法》、《中华人民共和国产品质量法》等法律、法规，保护环境，防治水泥窑协同处置固体废物过程的污染，促进生产工艺和污染治理技术的进步，制定本标准。

本标准规定了协同处置固体废物水泥窑的设施技术要求、入窑废物特性要求、运行技术要求、污染物排放限值、生产的水泥产品污染物控制要求、监测和监督管理要求。

本标准为首次发布。

水泥窑协同处置固体废物过程中排放水污染物、环境噪声适用相应的国家污染物排放标准，产生固体废物的鉴别、处理和处置适用相应的国家固体废物污染控制标准。

本标准规定的污染物排放限值为基本要求。地方省级人民政府对本标准未作规定的污染物项目，可以制定地方污染物排放标准；对本标准已作规定的污染物项目，可以制定严于本标准的地方污染物排放标准。环境影响评价批复的限值严于本标准或地方标准限值的，按环境影响评价批复的限值执行。

本标准由环境保护部科技标准司组织制订。

本标准主要起草单位：中国环境科学研究院、中国建筑材料科学研究总院、北京金隅红树林环保技术有限责任公司、环境保护部环境保护对外合作中心。

本标准由环境保护部 2013 年 12 月 16 日批准。

本标准自 2014 年 3 月 1 日起实施。

本标准由环境保护部解释。

水泥窑协同处置固体废物污染控制标准

1 适用范围

本标准规定了协同处置固体废物水泥窑的设施技术要求、入窑废物特性要求、运行操作要求、污染物排放限值、生产的水泥产品污染物控制要求、监测和监督管理要求。

本标准适用于利用水泥窑协同处置危险废物、生活垃圾（包括废塑料、废橡胶、废纸、废轮胎等）、城市和工业污水处理污泥、动植物加工废物、受污染土壤、应急事件废物等固体废物过程的污染控制和监督管理。当水泥窑协同处置生活垃圾时，若掺加生活垃圾的质量超过入窑（炉）物料总质量的 30%，应执行《生活垃圾焚烧污染控制标准》。

本标准适用于法律允许的污染物排放行为。新设立污染源的选址和特殊保护区域内现有污染源的管理，按照《中华人民共和国大气污染防治法》、《中华人民共和国水污染防治法》、《中华人民共和国海洋环境保护法》、《中华人民共和国固体废物污染环境防治法》、《中华人民共和国放射性污染防治法》、《中华人民共和国环境影响评价法》等法律、法规和规章的相关规定执行。

2 规范性引用文件

本标准内容引用了下列文件中的条款。凡是不注日期的引用文件，其有效版本适用于本标准。

GB 4915　水泥工业大气污染物排放标准

GB 8978　污水综合排放标准

GB 14554　恶臭污染物排放标准

GB 18485　生活垃圾焚烧污染控制标准

GB 18597　危险废物贮存污染控制标准

GB/T 16157　固定污染源排气中颗粒物测定与气态污染物采样方法

HJ 77.2　环境空气和废气 二噁英类的测定 同位素稀释高分辨气相色谱－高分辨质谱法

HJ 543　固定污染源废气 汞的测定 冷原子吸收分光光度法（暂行）

HJ 657　空气和废气 颗粒物中铅等金属元素的测定 电感耦合等离子体质谱法

HJ 662　水泥窑协同处置固体废物环境保护技术规范

HJ 688　固定污染源排气 氟化氢的测定 离子色谱法（暂行）

HJ/T 27　固定污染源排气中氯化氢的测定 硫氰酸汞分光光度法

HJ/T 38　固定污染源排气中非甲烷总烃的测定 气相色谱法

HJ/T 55　大气污染物无组织排放监测技术导则

HJ/T 75　固定污染源烟气排放连续监测技术规范（试行）

HJ/T 176　危险废物集中焚烧处置工程建设技术规范

HJ/T 397　固定源废气监测技术规范

《污染源自动监控管理办法》（国家环境保护总局令第 28 号）

3 术语和定义

下列术语和定义适用于本标准。

3.1 水泥窑协同处置 co-processing in cement kiln

将满足或经过预处理后满足入窑要求的固体废物投入水泥窑，在进行水泥熟料生产的同时实现对固体废物的无害化处置过程。

3.2 固体废物 solid wastes

是指在生产、生活和其他活动中产生的丧失原有利用价值或者虽未丧失利用价值但被抛弃或者放弃的固态、半固态和置于容器中的气态的物品、物质以及法律、行政法规规定纳入固体废物管理的物品、物质，包括液态废物（排入水体的废水除外）。

3.3 危险废物 hazardous wastes

列入国家危险废物名录或者根据国家规定的危险废物鉴别标准和鉴别方法认定的具有腐蚀性、毒性、易燃性、反应性和感染性等一种或一种以上危险特性，以及不排除具有以上危险特性的固体废物。

3.4 应急事件废物 emergency wastes

指由于污染事故、安全事故、重大灾害等事件以及环境保护专项行动中集中产生的固体废物。

3.5 新型干法水泥窑 new dry process cement kiln

在窑尾配加了悬浮预热器和分解炉的回转式水泥窑。

3.6 窑磨一体机模式 compound mode

指把水泥窑废气引入物料粉磨系统，利用废气余热烘干物料，窑和磨排出的废气在同一套除尘设备进行处理的窑磨联合运行的模式。

3.7 窑尾余热利用系统 waste heat utilization system of kiln exhaust gas

引入水泥窑尾废气，利用废气余热进行物料干燥、发电等，并对余热利用后的废气进行净化处理的系统。

3.8 标准状态 standard state

温度为273K，压力为1.01×10^5Pa时的状态，简称“标态”。本标准规定的大气污染物排放浓度均指标准状态下O_2含量10%的干烟气中的数值。

3.9 最高允许排放浓度 maximum acceptable emission concentration

处理设施后排气筒中污染物在规定时间段内的浓度平均值不得超过的限值。

3.10 二噁英类 dibenzo-p-dioxins and dibenzofurans

多氯代二苯并－对－二噁英（PCDDs）和多氯代二苯并呋喃（PCDFs）的统称。

3.11 二噁英类毒性当量 toxic equivalent quangtity (TEQ) of dibenzo-p-dioxins and dibenzofurans

二噁英毒性当量因子（TEF）是二噁英毒性同类物与2,3,7,8-四氯代二苯并－对－二噁英对Ah受体的亲和性能之比。二噁英毒性当量（TEQ）可以通过下式计算：

TEQ=Σ（二噁英毒性同类物浓度 ×TEF）

3.12 焚毁去除率 destruction removal efficiency (DRE)

投入窑中的特征有机化合物与残留在排放烟气中的该化合物质量之差，占投入窑中该化合物质量的百分比。DRE的表达式如下：

$$DRE=\frac{W_{in}-W_g}{W_{in}}\times 100\%$$

式中：

W_{in}——为单位时间内投入窑中的特征有机化合物的总量，kg/h；

W_g——为单位时间内随烟气排出的该化合物的总量，kg/h。

4 协同处置设施

4.1 用于协同处置固体废物的水泥窑应满足以下条件：

a）单线设计熟料生产规模不小于2000吨／天的新型干法水泥窑；

b）采用窑磨一体机模式；

c）水泥窑及窑尾余热利用系统采用高效布袋除尘器作为烟气除尘设施；

d）协同处置危险废物的水泥窑，按HJ 662要求测定的焚毁去除率应不小于99.9999%；

e）对于改造利用原有设施协同处置固体废物的水泥窑，在进行改造之前原有设施应连续两年达到GB 4915的要求。

4.2 用于协同处置固体废物的水泥窑所处位置应满足以下条件：

a）符合城市总体发展规划、城市工业发展规划要求；

b）所在区域无洪水、潮水或内涝威胁。设施所在标高应位于重现期不小于100年一遇的洪水位之上，并建设在现有和各类规划中的水库等人工蓄水设施的淹没区和保护区之外。

4.3 应有专门的固体废物贮存设施。

危险废物贮存设施应满足GB 18597和HJ/T 176的规定。

生活垃圾和城市污水处理厂污泥的贮存设施应有良好的防渗性能并设置污水收集装置；贮存设施应采用封闭措施，保证其中有生活垃圾或污泥存放时处于负压状态；贮存设施内抽取的空气应导入水泥窑高温区焚烧处理，或经过其他处理措施达标后排放。

前述两款规定之外的其他固体废物的贮存设施应有良好的防渗性能，以及必要的防雨、防尘功能。

4.4 应根据所需要协同处置的固体废物特性设置专用固体废物投加设施。固体废物投加设施应满足HJ 662的要求。

4.5 固体废物的协同处置应确保不会对水泥生产和污染控制产生不利影响。如果无法满足这一要求，应根据所需要协同处置固体废物的特性设置必要的预处理设施对其进行预处理；如果经过预处理后仍然无法满足这一要求，则不应在水泥窑中处置这类废物。

5 入窑协同处置固体废物特性

5.1 禁止下列固体废物入窑进行协同处置：

——放射性废物；

——爆炸物及反应性废物；

——未经拆解的废电池、废家用电器和电子产品；

——含汞的温度计、血压计、荧光灯管和开关；

——铬渣；

——未知特性和未经鉴定的废物。

5.2 入窑固体废物应具有相对稳定的化学组成和物理特性，其重金属以及氯、氟、硫等有害元素的含量及投加量应满足HJ 662的要求。

6 运行技术要求

6.1 在运行过程中，应根据固体废物特性按照HJ 662中的要求正确选择固体废物投加点和投加方式。

6.2 固体废物的投加过程和在水泥窑中的协同处置过程应不影响水泥的正常生产。

6.3 在水泥窑达到正常生产工况并稳定运行至少4小时后，方可开始投加固体废物；因水泥窑维修、事故检修等原因停窑前至少4小时内禁止投加固体废物。

6.4 当水泥窑出现故障或事故造成运行工况不正常，如窑内温度明显下降、烟气中污染物浓度明显升高等情况时，必须立即停止投加固体废物，待查明原因并恢复正常运行后方可恢复投加。

6.5 在协同处置固体废物时，水泥窑及窑尾余热利用系统排气筒总有机碳（TOC）因协同处置固体废物增加的浓度不应超过10mg/m³，TOC的测定步骤和方法执行HJ 662和HJ/T 38等国家环境保护标准。

7 污染物排放限值

7.1 利用水泥窑协同处置固体废物时，水泥窑及窑尾余热利用系统排气筒大气污染物中颗粒物、二氧化硫、氮氧化物和氨的排放限值按GB 4915中的要求执行。

7.2 利用水泥窑协同处置固体废物时，水泥窑及窑尾余热利用系统排气筒大气污染物中除列入本标准7.1条外的其他污染物执行表1规定的最高允许排放浓度。

表1 协同处置固体废物水泥窑大气污染物最高允许排放浓度

单位：mg/m³（二噁英类除外）

序号	污染物	最高允许排放浓度限值
1	氯化氢（HCl）	10
2	氟化氢（HF）	1
3	汞及其化合物（以Hg 计）	0.05
4	铊、镉、铅、砷及其化合物（以Tl+Cd+Pb+As 计）	1.0
5	铍、铬、锡、锑、铜、钴、锰、镍、钒及其化合物（以Be+Cr+Sn+Sb+Cu+Co+Mn+Ni+V 计）	0.5
6	二噁英类	0.1 ng TEQ/m³

7.3 在本标准第6.4条规定的情况下，所获得的监测数据不作为执行本标准烟气排放限值的监测数据。每次故障或事故持续排放污染物时间不应超过4小时，每年累计不得超过60小时。

7.4 固体废物贮存、预处理等设施产生的废气应导入水泥窑高温区焚烧；或经过处理达到GB 14554规定的限值后排放。

7.5 生活垃圾渗滤液、车辆清洗废水以及水泥窑协同处置固体废物过程产生的其他废水收集后可采用喷入水泥窑内焚烧处置、采用密闭运输送到城市污水处理厂处理、排入城市排水管道进入城市污水处理厂处理或者自行处理等方式。废水排放应符合国家相关水污染物排放标准要求。

7.6 协同处置固体废物的水泥生产企业厂界恶臭污染物限值应按照GB 14554执行。

7.7 水泥窑旁路放风排气筒大气污染物排放限值按照本标准第7.1和7.2条执行。

7.8 协同处置固体废物的水泥生产企业，除水泥窑及窑尾余热利用系统、旁路放风、固体废物贮存及预处理等设施排气筒外的其他原料、产品的加工、贮存、生产设施的排气筒大气污染物排放和无组织排放限值及周边环境质量监控按照GB 4915执行。

7.9 从水泥窑循环系统排出的窑灰和旁路放风收集的粉尘如直接掺加入水泥熟料，应严格控制其掺加比例，确保满足本标准第8章要求。

如果窑灰和旁路放风粉尘需要送至厂外进行处理处置，应按危险废物进行管理。

8. 水泥产品污染物控制

8.1 协同处置固体废物的水泥窑生产的水泥产品，其质量应符合国家相关标准。

8.2 协同处置固体废物的水泥窑生产的水泥产品中污染物的浸出，应满足相关的国家标准要求。

8.3 利用粉煤灰、钢渣、硫酸渣、高炉矿渣、煤矸石等一般工业固体废物作为替代原料（包括混合材料）、燃料生产的水泥产品参照本标准中第8.2条的规定执行。

9 监测要求

9.1 烟气监测

9.1.1 企业应按照有关法律和《环境监测管理办法》等规定，建立企业监测制度，制定监测方案，对污染物排放状况及其对周边环境质量的影响开展自行监测，保存原始监测记录，并公布监测结果。

9.1.2 新建企业和现有企业安装污染物排放自动监控设备的要求，按有关法律和《污染源自动监控管理办法》的规定执行。

9.1.3 企业应按照环境监测管理规定和技术规范的要求，设计、建设、维护永久性采样口、采样测试平台和排污口标志。

9.1.4 对企业排放废气的采样，应根据监测污染物的种类，在规定的污染物排放监控位置进行。有废气处理设施的，应在该设施后监测。排气筒中大气污染物的监测采样按GB/T 16157、HJ/T 397或HJ/T76规定执行；大气污染物无组织排放的监测按HJ/T 55规定执行。

9.1.5 企业对烟气中重金属（汞、铊、镉、铅、砷、铍、铬、锡、锑、铜、钴、锰、镍、钒及其化合物）以及总有机碳、氯化氢、氟化氢的监测，在水泥窑协同处置危险废物时，应当每季度至少开展1次；在水泥窑协同处置非危险废物时，应当每半年至少开展1次。对烟气中二噁英类的监测应当每年至少开展1次，其采样要求按HJ 77.2的有关规定执行，其浓度为连续3次测定值的算数平均值。对其他大气污染物排放情况监测的频次、采样时间等要求，按有关环境监测管理规定和技术规范的要求执行。

9.1.6 对大气污染物排放浓度的测定采用表2所列的方法标准。

表2 大气污染物浓度测定方法标准

序号	污染物项目	方法标准名称	标准编号
1	氯化氢	固定污染源排气中氯化氢的测定 硫氰酸汞分光光度法	HJ/T 27
2	氟化氢	固定污染源排气 氟化氢的测定 离子色谱法（暂行）	HJ 688
3	汞	固定污染源废气 汞的测定 冷原子吸收分光光度法（暂行）	HJ 543
4	镉、铬、锡、镍、铅、砷、锑、铜、锰、钒、钴、铊、铍	空气和废气 颗粒物中铅等金属元素的测定 电感耦合等离子体质谱法	HJ 657
5	二噁英类	环境空气和废气 二噁英类的测定 同位素稀释高分辨气相色谱-高分辨质谱法	HJ 77.2

9.2 水泥窑协同处置危险废物设施的性能测试

9.2.1 水泥生产企业在首次开展危险废物协同处置之前，应按照HJ 662中的要求对水泥窑协同处置设施进行性能测试。

9.2.2 应定期对开展协同处置危险废物的水泥窑设施进行性能测试，测试频率应不少于每五年一次。

10 实施与监督

10.1 本标准由县级以上人民政府环境保护行政主管部门会同有关部门负责监督实施。

10.2 在任何情况下，协同处置固体废物的水泥生产企业均应遵守本标准规定的污染物控制要求，采取必要措施保证污染防治设施正常运行。各级环保部门在对企业进行监督性检查时，可以现场即时采样或监测的结果，作为判定排污行为是否符合排放标准以及实施相关环境保护管理措施的依据。

★环境保护部2013年12月27日发布的GB 30485-2013国家污染排放（控制）标准。

重要文章
Importantarticles

建设美丽中国的必由之路★

中国建筑材料联合会、中国水泥协会会长 乔龙德

2013年中国国际水泥峰会的主旨是“绿色水泥工业 建设美丽中国”，这是一个既具有深远意义又具有现实意义的课题。中国共产党第十八次全国代表大会把生态文明建设作为我国经济社会建设与发展的战略任务，绿色发展是建设美丽中国的必由之路。以“绿色水泥工业 建设美丽中国”为主题的峰会，是要让人们进一步树立并深化绿色发展意识，通过专题的形式，寻找多渠道、多方位的工作措施和政策措施，将水泥工业建设和生产环境、职工生活环境、生产区域的周边环境用绿色的理念和标准融入与指导生产建设过程、生产经营过程和生活管理过程，使水泥工业生产和管理全方位处在清洁文明的环境中。

在全球经济社会发展以科技进步为支撑，以产业提升和资源能源效能效率和实现低碳绿色发展为主要目标的时代背景下，无论哪个行业产业，尽管工艺方法和生产方式不同，但选择的发展道路必须是共同的——坚持绿色低碳的发展道路。

水泥工业是在经济社会建设中别的产品无法替代的基础性原材料工业，在推进社会发展进步和提高人民生活水平两大领域中发挥着十分重要的作用。但是不可否认，水泥工业固有的特性与作用决定了它是一个消耗资源能源而且对环境有着污染的产业。当前世界经济科技进步的潮流和目标正是要以减少资源能源消耗，在经济社会进步进程中以人为本实现生态文明水平的提升，以此实现人类生活更加美好。在这样的历史背景下，从事水泥行业的同仁们，在推进生态文明建设中应具有更强的意识和紧迫性。

中国水泥工业近二十多年来，通过技术创新使主要装备技术、单线规模和工厂规模大型化、现代化，优质的新型干法水泥比例达到了总产量的90%，节能减排、承建水泥项目的能力等诸多方面都取得了巨大的进步，得到全球水泥界同仁的认可。但是我们深知，水泥行业还有许多提升空间和潜力，还存在着不可忽视的问题与不足。尤其在节能减排方面，即使我国比较优秀的水泥企业，与世界领先的水平相比还存在一定差距。众多的水泥企业节能减排的任务还相当艰巨。中国水泥的总产量占到全球水泥总产量的54%，因此就水泥工业实现绿色发展，建设美丽中国，我们的责任最重大，我们肩上的担子最重，这也是我们积极倡议和主办这次峰会的目的。我们必须以这两个“最”为动力，做到全面规划、系统设计、分步实施、狠抓落实。

中国建筑材料联合会和中国水泥协会在工作的指导思想上，在每项重点工作中都把节能减排置于其中，已经把创新技术作为推进节能减排的切入点，把创新研发“第二代新型干法水泥技术”作为提升节能减排的突破点。在转变发展方式实施一条主线、六位一体的结构调整和产业升级的工作格局中，将“举行业之力加快生态文明建设，整体推进节能减排达标”作为举措之一。

在最近召开的C12+3中国水泥行业大型水泥企业领导人圆桌会议上，重点讨论了工信部等12部委推进兼并重组文件的实施方案。其中为推进化解水泥工业产能过剩，提出了“消化一批、转移一批、淘汰一批、重组一批、遏制一批、提升一批”的六项举措，这六项举措都与节能减排紧密结合，作为实现目标之一。因为，我们认识到水泥工业发展的一切的一切必须落脚在提高产品质量、降低物耗能耗和减少污染物排放上。

本次国际水泥峰会上旨在搭建一个国际交流平台，以形成节约能源资源和保护生态环境的水泥工业发展方式、合理的消耗模式、科学的排放形式，并且在绿色矿山建设、低碳环保、氮氧化物减排、大气污染防治、循环经济、绿色混凝土与物流等诸多方面进行深入探讨交流以寻找新的出路。通过听取国内外优秀企业人士的演讲，我相信他们的先进经验和理念，将会给与会代表带来深刻的思想启迪。中国的水泥企业，无论是演讲还是参会的企业，要充分利用国际界的交流平台，多思考、多学习、多找差距，使中

国参会代表成为中国水泥行业率先响应绿色发展、率先实现节能减排、争当绿色发展的排头兵和领头羊。我希望通过本次峰会的充分交流，进一步增加与各国之间的互信合作，进一步扩大经济技术的合作和贸易，在推进绿色发展、促进生态文明建设方面取得新的共识，求得更实际更有效的方法。我们愿和世界各国水泥界的朋友们一起为实现中国水泥工业绿色发展，推动世界水泥工业的持续健康发展，做出更大的贡献。

★该篇文章是中国建筑材料联合会、中国水泥协会会长乔龙德在 4 月 25 日召开的 2013 年中国国际水泥峰会上的致辞。

当前主要任务是遏制新增产能和提高运行效益★

中国建筑材料联合会、中国水泥协会会长　乔龙德

2013 年是水泥行业形势较为严峻的一年，正确把握形势和统一认识是水泥行业提高经济效益的前提。前不久，中央对上半年国民经济指标及经济运行情况予以公布，并明确了下半年经济工作的方针。水泥行业对自身的发展、经济运行以及下半年工作重点等问题，也应及时总结与部署，以便统一认识，明确当前的主要任务，使今年的经济指标和各项重点工作完成得更好。

一、当前水泥行业的发展形势与主要问题

1. 发展要把握两个标尺

发展的技术装备水平和市场供需状况的把握程度是衡量行业发展的两个基本标尺。发展的衡量标准是生产力水平进步与提高的程度，发展的目的是为了满足市场需求，适量过剩引起竞争是健康的，严重过剩造成浪费是不健康的。目前所谓“新的增量”基本上都是雷同的重复建设，只是一种量的增长，而不是质的提高，不是技术水平的提高，而是传统的、习惯的、以增量为目的的发展方式。

在大家共同努力和监督下，产能严重过剩形势下的新增产能虽然有所减少、还在减少，但仍在不断产生。所谓“有所减少”是指：2012 年 1 ～ 6 月新投产 66 条生产线，新增产能 9194 万吨，2013 年 1 ～ 6 月新投产 32 条生产线，新增产能 4180 万吨，同比下降 120%。所谓“还在减少”是指：2013 年一季度新投产比去年同期下降 65%，二季度比去年同期下降 55%，今年二季度比一季度下降了 50%。

目前，新增产能的表现形式是多种多样的：有违规建设的，有冒名顶替弄虚作假的，也有过去核准的项目近期开始建设的。但这些项目的共同点都是加剧产能过剩的产物。从总体上来说，尽管单线规模大小不一，但都是相同技术的重复建设，是导致严重供过于求，加剧价格下跌的主要因素。因此，遏制产能新增既是减少资源浪费、又是遏制效益下滑的主要矛盾，必须靠全行业的力量加以遏制。

2. 从经营状况看，增量增收不增效

(1) 今年上半年水泥产量增加，水泥产量共计 10.96 亿吨，比去年同期增长 9.67%，说明绝对量还是增加的。今年上半年销售收入比去年同期增长 6.58%，但利润总额 223.63 亿元，比去年同期仅增长 0.96%，说明上半年虽然产量增长了 9.7%，销售收入增长了 6.58%，但利润的增加却微乎其微。需要进一步分析的是，利润总额增长的不到一个百分点是在每吨水泥的煤炭成本降低 8 ～ 10 元左右的前提下实现的。总体上半年水泥市场价格比去年每吨降低了 30 元。

(2) 应收账款增加，上半年水泥行业应收款达 721 亿元，有近四分之一的货款没有收回，相当于生产的 10 亿吨的水泥，有 2.5 亿吨没有收回货款。因此可以说，上半年 223.63 亿元的利润有一部分还未真正到手。

(3) 上半年水泥亏损企业达 1167 家，亏损额 65.9 亿元，亏损面由上年的 24% 增加到 30%，经济效益虽在回升但不理想。

看效益下降的主要原因：市场绝对用量是增加的，市场本身并没萎缩，原、燃材料价格没有涨价，反而处在跌价中，利润总额为什么与产量增加和销售收入不同步呢？亏损企业为什么增多呢？最根本的原因是产能严重过剩造成产品跌价是主要的原因。当然也有一些企业自身经营管理也存在着粗放和成本控制不到位的状况。因此，遏制新增产能和优化存量是我们必须坚持的基本方针。

3. 重点工作推进不够有力

由于受到产能过剩的影响，经营不稳，效益不佳，使水泥企业主要精力用于应对产能严重过剩条件下的市场变化、价格波动与预防不规则的竞争等，使技术进步、节能减排、兼并重组、优化存量等水泥行业的一些重点工作推进受到影响。

在去年的中国水泥协会换届大会上，我讲了要抓住水泥工业发展中的几件大事，做到一年一大步，一步一个脚印。第一，“第二代新型干法水泥技术装备”的研发要加快；第二，优化存量，有效提高资源利用率，向上下游延长产业链，包括把产能向国外转移要有序推进；第三，着力推进节能

减排清洁生产，向国际领先指标对标要有实质性的举措；第四是继续推进兼并重组，淘汰落后产能，促进行业升级；第五、加强水泥协会内部的改革和管理提升。

目前看，“两个第二代”有专门组织在推动，虽然取得了一定进展，但尚未影响和促进众多企业以此为目标提升创新现有技术的自觉性。

在节能减排方面，发改委新颁布的水泥单位能耗限额国家标准将在今年10月1日起执行，新建的水泥生产线能耗限额指标将提升10%，目前国内有20%～25%左右的产能是达不到限定值要求的，通过改造后达不到的要列入淘汰；2014年7月1日起，水泥窑及窑尾余热利用系统、氮氧化物排放要低于500mg/Nm^3，2016年要低于400mg/Nm^3，从今年开始新建的生产线要低于320mg/Nm^3。这些强制性的约束，对水泥行业来说无疑是严峻的挑战。但目前我们既没有分类对标，更没有引起各企业的高度重视。

对于兼并重组的工作，虽然中国建材联合会与中国水泥协会正在做方案，但由于一些政策不到位，加之今年水泥企业效益不佳，从宏观方面缺乏规则和有效引导，导致兼并重组推进迟缓。

产业链向两头延伸，已有一部分企业已开始向骨料和商品混凝土方面延伸，但由于商品混凝土行业进入门槛低，管理不到位，缺乏标准等诸多问题，不仅配套政策跟不上，法规规定不健全，调控政策不到位，出现了“乱”的现象，一部分企业的发展受阻。

优化存量更是今年工作的重点，虽然不少水泥企业在实际工作中已付出了诸多努力，但由于外部经济发展环境和产能严重过剩的冲击，虽然一部分企业在优化内部资源配置、简化管理流程、制度创新、开源节流等方面采取了一定的措施，但与预期还有较大差距。

向国外转移产能，虽然已经有若干大企业开始尝试，但对于中国这样的水泥生产大国来说还远不够。虽然最近制定了化解产能过剩的 “六个一批”的工作方案，包括含在其中的向国内转移一批，以及遏制一批、消化一批、淘汰一批、整合一批、提升一批，但仅是一种设定，具体的推进与落实还要做大量细致的工作，具体支撑的条件和运作的方式都还没有落地。

中国水泥协会本部虽然已进行了“三定”，对部门职能有了新的调整，但对水泥行业的中心工作，重点工作集中的精力和力度都不够，显得工作零碎分散，重点不突出。总之，很多任务提出来了，但在外部环境如经济效益欠佳的影响下，一些工作进展不快，下半年必须加大力度。

二、下半年的重点工作

1.坚持两个遏制：遏制新增产能，遏制效益下滑

第一，当前的关键不是坐而论道，而是拿出能够实现“两个遏制”的靠谱的高招，扎扎实实地做事，认识到遏制新增产能和遏制经济效益下滑是共同的责任，必须共同面对，大家都从行业整体利益出发，共同一齐努力，通过宣传，共同劝说，该阻止的要阻止，该曝光的去曝光，多轨齐下，达成共识。对新增产能的新建线要遏制，对未投产的令其停止投产。

第二，把精力用在优化存量，挖掘潜力，创新技术，练内功增效益方面。力争今年水泥行业的利润总额不低于去年的水平，亏损面要由30%降到15%以内。

第三，加强自律与协调，共同履行公约。企业追求利润最大化是本质要求。既要防止随意涨价，又要防止随意跌价低于成本。各级协会组织敢于协调，不要被动地跟在事情后边转，要站在前沿敢于协调发展与经营中出现的各种现实问题。要防止一些协会的同志只会跟着喊，却拿不出具体举措，甚至跟着说三道四，使行业杂声增加，造成一些企业无所适从。

2.中国水泥协会和联合会有关部门联手与企业携手共同推进当前的重点工作

第一，中国水泥协会与中国建材联合会标准质量部联手，把新的能耗和排放标准分别分解到各类企业，让大家都清楚各自的达标指标，找出不足与差距，朝着新的标准推进节能减排。推荐与产生百家节能减排的先进企业作为行业典型，加以宣传与推广。

第二，中国水泥协会与中国建材联合会产业发展部一起，做出具体推进兼并重组的政策和提出推进兼并重组的指导目录与推进计划，主动牵头，使兼并重组有对象、有重点、有典型，一批一批地推进；各大企业应在自己区域范围内提出兼并重组计划，形成目标一致，共同推进的格局。

第三，各水泥企业要首先与国内最先进的节能减排企业对标，与优化内部资源存量、配置有成果的典型企业的经营指标对标，提出达标的时间与目标，地方各级水泥协会应帮助提供对标的有关指标并进行督促检查。

第四，由中国水泥协会牵头，一方面进一步组织碳交易的专题研究；一方面设立与组建对能耗及排放的评估、认证、监测等服务机构，联手相关企业共同形成节能减排服务系统，这样既为企业提供服务，又为协会提供创收。

第五，继续推进产能向国外转移，帮助企业创造条件，中国水泥协会与政府一道争取若干优惠政策，为产能转移保驾护航。

总而言之，总体宏观的工作要抓落实，企业重点工作要抓效益。通过对形势的分析，对问题的判断、措施的提出，达成共识，推进当前的工作，化解当前困境，使得水泥行业在回暖的基础上发展得更好。

★该篇文章是中国建筑材料联合会、中国水泥协会会长乔龙德在中国水泥协会七届二次常务理事会上的讲话。

水泥行业目前的主要任务★

中国建筑材料联合会、中国水泥协会会长 乔龙德

第一、坚持"两个遏制"

在原料、燃料价格没有大幅涨价、反而跌价的前提下，在生产量、销售收入绝对量还在增长的情况下，在众多企业的管理没有全面滑坡的前提下，经济效益下滑的主要因素是产能严重过剩、价格下滑带来的。所以遏制效益下滑一要遏制新增产能，二是挖掘内部潜力，增产增收。遏制产能新增，今年上半年比去年同期下降了120%，今年二季度又比一季度又下降55%。但还得抓住、抓出成效。

第二、坚持自律与协调

自律更多地对企业而言，协调更多地对协会而言。现在有了一个公约，应该大胆尝试，大胆实践。严格执行法律政策和追求经济效益的最大化是统一的、而不是对立的；无序地盲目地串通涨价是违规的，随意的、单纯为了占有市场的、不顾投资回报和收益的恶性降价也是要理直气壮地反对的。竞争和协调都是手段，它们都服从与服务于行业的发展和企业的根本利益。

当前自律不足、协调不力是水泥行业存在的诸多问题中最现实的缺陷，我们必须认账，才能体现出行业的作用和企业的主动作为，因此必须主动抓好。

第三、坚持推进兼并重组

这不仅是增加生产集中度，提升规模效益的重要途径，也是加快行业总体技术水平和管理水平升级的有效途径。除十二个部委提出的原则意见外，中国建材联合会、中国水泥协会的兼并重组实施方案九月份可以搞出来，核心内容有三点：一是建立一种运行机制，以更加透明、公正的要求对评估、标价等程序进一步完善；二是在争取政策方面要有突破点，争取用淘汰机立窑补贴同样的方式在资金上予以支持；三是主导是企业，引导是行业，要推进机制的形成。目前进展慢有行业效益不景气的原因，政策不配套的原因，也有引导协调不到位的原因。因此政策和方案设定的责任更多地在中国建材联合会和中国水泥协会。具体引导结成对子、推进工作更多地在大企业和各省市行业协会。

第四、坚持把优化存量、挖掘内部潜力作为转变发展方式和水泥行业工作的主要出发点和立足点

外部的协调，特别是区域的协调是完全必要的，但是协调只解决共性问题，个性问题一定得靠企业自己解决。

要引导企业改变过于依靠增量发展获得发展和利润的理念，即使国家为保增长，某个阶段会采取一些增加投资和拉动需求的措施，但是大幅度的拉动不会重来，因为它会拉垮整个经济。即使稍有拉动增加，由于产能严重过剩，也增加不了一个企业的市场绝对量。因此最好的办法还是靠练内功，把挖掘资源利用率，向产业链两头延伸，向国外转移产能，提高自动化程度，提高劳动生产率，减低成本，提升运行能力和节能减排，改造更换落后设备等潜力还是有的，靠降低成本提高竞争力是最可靠的。

第五、坚持不懈地推进节能减排迈上一个新的台阶

今年10月1日起国家对几个重点产业，包括水泥行业的能耗进行限额，目前有20%至25%达不到限额的要面临淘汰，氮氧化物排放还有两年时间要低于400毫克，可能从产量上说三分之一左右难以达到，从企业个数上说50%以上达不到。

退一步讲，即使达到上述指标也不是先进的。站在行业的角度，协会在此期间还会提出更高要求的指标，否则引领不了世界水泥工业发展。

为此每个省市建材协会要把现在本身所有的企业分成三类，经济指标、排放能耗指标现状，分别提出达标要求。

如果真用碳交易方法的话，可能关在红灯之外的有一大批企业，因此喊得多、干得少。要变为干得多，实打实在节能减排方面做成几件实事，包括废弃物利用、焚烧垃圾的政策，设立能耗、排放的认证、评估机构，提升标准培育一批示范企业等等。

第六、坚持拓展与创新政策

水泥行业自律、协调、练内功，都是必要的。以前在行业结构调整方面的产业政策也发挥了重要作用。但是在进入市场经济之后，人们把注意力和精力放在市场配置资源方面的总体思路是对的。但是单靠市场，在目前很多资源在市场得不到的情况下，在现阶段，解决一些共性的突出矛盾仍然要依靠政府出台政策。因此两级协会要花较大的精力研究政策，促进经济、技术、税收等政策扶持，包括节能减排、协同处置废弃物、焚烧垃圾 、节能减排技术研发专项列项，产能向国外转移的资金额度，重组资金补贴，取消散装水泥扶散资金等等分期分批，两级协会分别向政府部门逐年争取等。参考国家对事业单位改革一步一步改，事业单位体制改革一步一步进行，意味着市场化不是一夜之间能到来的。

我们要列出若干专题研究，用我们的工作责任换取更多突出问题更有效解决。

★该篇文章发表于2013年10期《中国水泥》杂志。

结构调整创新驱动　促进水泥工业健康可持续发展★

国务院参事 蒋明麟

在这春光明媚、鲜花盛开的美好季节里，我们相聚北京，共同关注当前世界水泥工业发展热点、研判未来水泥行业走向，发布产经新闻，交流行业信息，研讨水泥工业健康、可持续发展的战略与对策，对于国际水泥工业，特别是对中国水泥行业的发展将具有很强的现实针对性和长远的影响力。

改革开放以来，随着中国经济快速的增长，特别是固定资产投资规模的逐年扩大，中国水泥工业在市场需求的强力推动下得到了快速发展。水泥的总产量的迅速增加、水泥生产技术和装备水平不断提高、水泥产品实物质量显著改善，水泥生产集中度的有所提高，水泥生产过程对资源、能源的消耗以及污染物的排放明显下降。这些成绩的取得，都使水泥工业有力地支持了中国经济快速增长和人民改善居住条件的巨大需求。

然而，在水泥工业以超乎常规高速发展的同时，也存在着令人担忧的隐患和不可持续的严重问题，并且已日益显现。突出表现为：

一是，全行业产能相对过剩的矛盾进一步加剧。2012年全年水泥产量达21.8亿吨，同比增长7.4%（工信部数据）。尽管2012年全年淘汰落后水泥（熟料及磨机）产能近2.2亿吨，但新增生产线达125条，新增熟料产能1.6亿吨，致使全国水泥产能达30亿吨左右。产能利用率下降到72.7%。盲目扩大产能的势头尚未得到有效的遏制，由此造成企业竞争进一步加剧。二是资源环境的约束力进一步加大。虽然我国水泥生产技术和装备水平不断提高，单位产品的资源、能源和污染物排放量不断下降，但由于总量的增速过快和国家对环境质量的要求的提高，对于水泥工业这样的耗能和排放重点行业的要求（烟尘、气体污染物、温室气体等）也日益提高。而我们的节能减排技术与装备还不能完全适应新的要求，生产成本也有所增加，给企业经营造成压力。三是水泥产品价格下滑、产销率下降，企业经营困难。供需关系的变化，使产品价格竞争激烈，而人工、资源、能源和环保成本的增加，使企业的获利空间减小，新一轮优胜劣汰和企业兼并重组在所难免。

产生这些问题的原因是多方面的，是在长期快速发展中逐步积累而形成的。最主要的有以下几点：经济发展重总量与规模、轻结构与质量；企业运行重经济效益、轻环境保护与社会责任；行业技术进步重引进消化与追赶，轻自主创新与超越等等。

党的十八大为我们提出了到2020年全面建成小康社会的宏伟目标。我国正处于加速推进工业化、信息化、城镇化、农业现代化同步发展的关键时期，促进水泥工业的健康可持续发展具有十分重要的意义。国务院已经确定了今年和今后一个时期的经济工作的大政方针，我们要不折不扣地贯彻执行，加快促进我国由水泥大国向世界水泥强国转变。重点抓好以下几点：

一是切实转变水泥工业发展方式。水泥工业再不能走规模扩张外延式发展的老路。要着力推进技术进步，加快研发升级版的预热窑外分解烧成和节能粉磨技术和装备，加大技术改造力度，加快推进水泥工业走上创新驱动和内生增长的发展轨道。二是大力推进产业结构优化升级。要加强政府政策引导，充分发挥市场机制作用，立足市场需求，严格控制总量，多管齐下、标本兼治，把化解产能过剩作为工作重点。通过多种方式消化一批、转移一批、整合一批、淘汰一批，严把市场准入关、畅通退出关；制定水泥行业生产力布局调整规划；适时修订并严格执行水泥产品能耗、环保、安全等标准；支持加快推进水泥行业企业兼并重组，提高产业集中度。三是积极推动水泥工业绿色发展。要按照建设资源节约型、环境友好型社会的要求，以推进设计开发生态化、生产过程清洁化、资源利用高效化、环境影响最小化为目标。立足节约、清洁、低碳、安全发展，加大水泥工业节能减排工作力度，增强水泥工业的健康可持续发展能力。四是向上下游延长产业链。根据国家促进服务业加快发展的政策意见，加快水泥行业的研发设计、软件开发服务、电子商务、工程建设业以及现代物流业发展；水泥行业从单纯的原材料工业向商品混凝土、预拌砂浆产业、水泥制品产业发展；水泥工业从耗能排放重点产业通过大力推广水泥窑协同处置工业废弃物和生活垃圾技术向环保产业发展；扩大产业链，开发新的经济增长领域。五是强化创新驱动。创新是实现水泥工业健康可持续发展的根本动力。我们要在认真总结过去取得成绩和存在问题的基础上，创新我们发展理念、大力推进科技创新、着力企业管理创新。要把创新作为一门系统科学来对待，从创新理论、创新体制、创新工具、创新环境、创新法规、创新人才诸方面加以研究并在实践中加以发展。

当前，我们必须对行业发展现状和未来发展趋势，认真加以分析，正视产业发展存在的突出问题，增强危机意识，又要看到产业发展取得的成绩和有利条件，增强做好工作的信心。以水泥工业结构调整为手段，以创新驱动为动力，以水泥工业健康可持续发展为目标，下定决心，认真吸收国际先进的技术和管理经验，转变行业发展思路，采取切实有效措施，克服当前水泥工业存在的突出矛盾和问题，坚持科学发展、绿色发展和可持续发展，使水泥工业一这一传统产业，在全面建成小康社会中发挥其独有的支撑作用，以崭新的面貌去迎接行业发展的美好未来。

★该篇文章是国务院参事蒋明麟在4月25日召开的2013年中国国际水泥峰会上的致辞。

深化科技体制改革　进一步开发特种水泥★

原国家建材局局长　王燕谋

新中国成立后，水泥行业突飞猛进地发展，开发出众多水泥新品种。改革开放后，在市场机制作用下，优胜劣汰，不断进步，形成了一个具有中国特色的特种水泥体系。

分类　中国特种水泥体系分三大类：特种硅酸盐水泥、铝酸盐水泥和硫铝酸盐水泥。特种硅酸盐水泥有大坝水泥、油井水泥和装饰水泥等品种系列，以及核电水泥和道路硅酸盐水泥等品种。铝酸盐水泥包括CA-50铝酸盐水泥、CA-60铝酸盐水泥、CA-70铝酸盐水泥和CA-80铝酸盐水泥等四个品种。硫铝酸盐水泥分普通硫铝酸盐水泥和铁铝酸盐水泥等两个品种系列。详细分类示于表1。

表1　中国特种水泥分类表

类别	系列		品种
特种硅酸盐水泥	大坝水泥		中热硅酸盐水泥
			低热硅酸盐水泥
			低热矿渣硅酸盐水泥
			低热微膨胀水泥
	油井水泥	通用油井水泥	A级油井水泥
			B级油井水泥
			C级油井水泥
			D级油井水泥
			E级油井水泥
			F级油井水泥
			G级油井水泥
			H级油井水泥
		特种油井水泥	超深油井水泥
			低比重油井水泥
			膨胀油井水泥
特种硅酸盐水泥	装饰水泥		白色硅酸盐水泥
			彩色硅酸盐水泥
	特种硅酸盐水泥其他品种		核电水泥
			道路硅酸盐水泥
			抗硫酸盐硅酸盐水泥
			膨胀硅酸盐水泥和自应力硅酸盐水泥
			明矾石膨胀水泥和明矾石自应力水泥
			无收缩快硬硅酸盐水泥
			快硬硅酸盐水泥
铝酸盐水泥	铝酸盐水泥		CA-50铝酸盐水泥
			CA-60铝酸盐水泥
			CA-70铝酸盐水泥
			CA-80铝酸盐水泥
	铝酸盐水泥其他品种		快硬高强铝酸盐水泥
			特快硬调凝铝酸盐水泥
			膨胀铝酸盐水泥
			自应力铝酸盐水泥
硫铝酸盐水泥	普通硫铝酸盐水泥		快硬硫铝酸盐水泥
			膨胀硫铝酸盐水泥
			自应力硫铝酸盐水泥
			低碱度硫铝酸盐水泥
	高铁硫铝酸盐水泥即铁铝酸盐水泥		快硬铁铝酸盐水泥（海洋水泥）
			膨胀铁铝酸盐水泥
			自应力铁铝酸盐水泥
特种水泥其他品种	氟铝酸盐水泥		型砂水泥
			快凝快硬硅酸盐水泥
			快凝快硬氟铝酸盐水泥
	特种水泥其他品种		氯铝酸盐水泥即阿里尼特水泥
			钡水泥
			锶水泥

特种水泥分类的依据是国家标准GB/T 4131-1997《水泥的命名、定义和术语》。

应用 特种水泥是国民经济发展中必需的工程结构材料和功能材料。以市场为导向而形成的特种水泥体系各品种广泛应用于我国现代化建设。大坝水泥系列的中热硅酸盐水泥应用于举世闻名的长江三峡大坝建设。油井水泥系列的A级、D级和G级油井水泥保证了我国油田不同井深的固井需要。装饰水泥系列中的白色硅酸盐水泥用于国家大剧院的内部装饰装修。核电水泥用作核能反应堆容器外部的混凝土防护壳。铝酸盐水泥作为不定形耐火材料普遍应用于水泥、冶金和石化等工业的高温耐热装置。CA-60铝酸盐水泥用于建造航天火箭发射台的导流槽。CA-50铝酸盐水泥在现代建筑工程上用于制作各种干拌砂浆，如自流平砂浆等等。

硫铝酸盐水泥是中国建材研究总院与生产、应用单位密切协作于20世纪70年代到80年代开发出的水泥新品种。开发成功后即应用于冬季施工建筑结构工程、快速施工城建工程、刚性防水工程、海洋建设工程和各种水泥制品。1978年用快硬硫铝酸盐水泥冬季施工的北京复兴门国家海洋局大楼（图1）和1994年用快硬铁铝酸盐水泥冬季施工的辽宁物产大厦等等高层建筑目前都在正常使用。1992年到1993年间用快硬铁铝酸盐水泥快速施工的北京三环路立交桥，如燕莎桥、安贞桥和航天桥等等，至今安然无恙。1981年底到1982年初用快硬铁铝酸盐水泥建造的福建东山岛南门海堤（图2），在1985年、1995年和2004年三次考察中看到，经二十多年的日夜风吹浪打，依然十分坚固，砌缝水泥砂浆表面完好无损（图3），抗海水腐蚀性能非常好。硫铝酸盐水泥已有20～30年的安全使用历史，这对水泥新品种而言非常难能可贵，为进一步开发创造了十分有利的条件。

图1 1978年用快硬硫铝酸盐水泥冬季施工的北京复兴门国家海洋局大楼（摄于2012年）

图2 1982年用快硬铁铝酸盐水泥建造的福建东山岛南门海堤（摄于2004年）

图3 东山岛南门海堤的快硬铁铝酸盐水泥砌缝砂浆表面（摄于2004年）

特种水泥的应用非常广泛，在国民经济发展中占重要地位。

特点 当前我国的水泥工业已进入构建资源节约和环境友好型的低碳绿色产业的新阶段，特种水泥的发展正是适应了这样的新形势。

具有补偿收缩功能的大坝水泥和新开发出的核电水泥满足了发展清洁能源的需要。铝酸盐水泥作为不定形耐火材料，对水泥、冶金和石化等行业高温耐热装置的节省能源和提高设备运转率具有关键性作用。硫铝酸盐水泥生产与通用硅酸盐水泥相比，可减排CO_2量30%，由于烧成温度低100℃～150℃，其NO_x排放量也较低，这些对保护环境有利。硫铝酸盐水泥用于冬季施工和快速施工可使工程建设做到省、好、快，大大提高了经济效益和社会效益。铁铝酸盐水泥用于海洋工程可大幅度提高工程使用寿命。通用硅酸盐水泥经3～4年使用后必须进行修补，经涂层处理后，使用期也只能延长到7～8年。根据现有的考察资料判断，快硬铁铝酸盐水泥在海洋工程的使用寿命是20年以上。

2012年12月20日，中国建材联合会拜访住房和城乡建设部时，仇保兴副部长指出，海洋强国的国家战略和可再生能源发展战略的实施，需要大量抗海水腐蚀的海洋工程水泥，用于构建海洋工程和沿海风能源基础设施，并希望建材行业对此做好准备。在这里可以明确地回答，中国水泥行业已做好准备，近期研发成功的铁铝酸盐水泥是在各种材料中既能大量应用又能抗海水腐蚀的最佳海洋工程材料。

特种水泥的生产和应用具有可持续发展的鲜明特点。

开发 特种水泥对创建资源节约型环保友好型社会虽正发挥着重要作用，但随着社会进步尚需进一步开发。例如硫铝酸盐水泥。

20世纪80年代到90年代，硫铝酸盐水泥在当时条件下曾广泛应用或试用于各种特殊工程。到九十年代末，中国建材研究总院停止了硫铝酸盐水泥的研发工作，而当时该水泥的开发工作尚未做到列入相关工程的设计和施工规范，例如冬季施工工程、快速施工工程和海洋工程等的设计和施工规范。由于未能制订出规范，硫铝酸盐水泥在相关工程中无法充分发挥作用，例如，现代海洋工程建设中的港口建设、风力发电场建设和人工岛建设等工程中至今仍在沿用不耐久的通用硅酸盐水泥。为解决这个问题，须进一步开发铁铝酸盐水泥，使其尽快列入海洋工程设计和施工规范。同样，还须通过开发工作制订硫铝酸盐水泥冬季施工、快速施工和刚性防水工程等的设计和施工规范。可见，硫铝酸盐水泥急待进一步研究开发。

世界水泥工业的CO_2排放量占全球人类活动总排放量的5%，中国水泥工业的CO_2排放量占全国总排放量的10%，水泥工业减排CO_2的任务既迫切又艰巨。然而，目前尚未找到大幅减排CO_2的有效办法。从化学理论研究着手开发水泥新品种是大幅减排CO_2的重要技术途径之一，例如，按硫铝酸盐水泥化学理论研究利用工业废渣制造CO_2排放量较低的水泥新品种，可利用的工业废渣包括铝渣、硫铁矿渣和高铝粉煤灰等等。据2013年3月7日人民日报提供的资料，内蒙古西部已探明煤铝共存的煤炭资源量500多亿吨，潜在高铝粉煤灰蕴藏量达150亿吨，具有开发低碳水泥新品种的资源条件。

包括硫铝酸盐水泥在内的特种水泥尚有很大开发空间。

前景 地球面积的71%是海洋，在人类社会可持续发展进程中，向海洋索取资源是必然的趋势。当今中国已成为世界第二大经济实体，海洋经济蓬勃发展，海洋工程建设规模日益扩大，特别是在保卫海疆不受侵犯的神圣职责中，加快海洋工程建设具有特别重要的意义。在海洋工程建设中需要各种特种水泥，目前已见到的有：油井水泥、快硬水泥和抗海水腐蚀的水泥等。兼具快硬和抗海水腐蚀性能的硫铝酸盐水泥随着海洋工程建设的扩大，其需求量必将愈来愈多。19世纪航海业的发展催生了通用硅酸盐水泥，21世纪海洋工程建设的高速崛起必将推进特种水泥的发展。硫铝酸盐水泥的年需求量近期都波动在100万～200万吨，如果通过开发工作能在冬季施工、快速施工，特别是在海洋工程建设中获得广泛应用，其年需求量将会以数十倍计的幅度增长。

我国环保部门对一些地区已设置CO_2排放限量，地区间的碳交易也已开始试点。CO_2排放量较大的水泥行业必将为此付出高额代价。即将出台的水泥企业排放标准中，NO_x排放指标要大幅下调，征求意见稿中NO_2排放限值将由800mg/m^{3}下调到320～450mg/m^3。许多水泥企业将为NO_x排放达标而提高成本。开发CO_2和NO_x排放量较低的特种水泥不仅具有直接的经济效果，还能使水泥工业的沉重环保压力得到一定缓解。

在“五位一体”的生态文明建设中，特种水泥发展前景广阔，将大有作为。

措施 中共“十八大”报告中指出：“深化科技体制改革，加快建设国家创新体系，着力构建以企业为主体、市场为导向、产学研相结合的技术创新体系。”这是应用研究和技术开发领域三十多年来改革实践的总结，十分正确，切中要害，为水泥科技体制改革指明了方向，为加快水泥科技创新提出了基本措施。

中国建材研究总院物化室为开发硫铝酸盐水泥曾组建集科研、开发、生产和应用于一体的远大特种工程材料有限公司，实践表明，该公司的创建大大推动了硫铝酸盐水泥的快速发展。后来公司被撤销，建材研究总院停止了硫铝酸盐水泥的开发工作。远大公司存在的时间虽然不长，但充分说明，建立技术创新体系是水泥技术开发工作又好又快的必要条件。

为加快特种水泥发展，在不同单位之间或一个集团内部都应遵循中共“十八大”关于深化科技体制改革的指示精神，组建以市场为导向，以企业为主体的研究开发与生产应用相结合的创新体系。按目前水泥行业的情况，可按股份制形式或合约形式，组建科研—生产—应用三位一体的技术开发链和利益共同体。

在全面建设小康社会的进程中，深化科技体制改革，必将开创特种水泥发展新局面。

★该篇文章发表于2013年5期《中国水泥》杂志。

企业兼并重组中的几个问题★

中国水泥协会常务副会长、秘书长 孔祥忠

2013年1月22日，工信部联合国家发改委、财政部等12个部门联合印发《关于加快推进重点行业企业兼并重组的指导意见》，文件把水泥行业列入重点行业之中，12个政府部门联合发文，这在历史没有过，引起了社会广泛关注和企业的高度重视。现就水泥行业的兼并重组问题谈点自己的看法和认识。

一、抑制产能过剩、存量优化的重要举措

企业兼并重组是国家经济转型的重要问题。我国经济经历着由贸易拉动、投资拉动向消费拉动的过程。贸易拉动解决了大量的劳动力就业，积累了初期财富，增加了外汇储备，但国际经济萧条、贸易顺差使得贸易拉动不可持续；投资拉动带来了GDP高增长，市场需求激增，但也带来了诸多行业的产能过剩，投资效益下降，能源和环境问题日趋严重，同样也不可持续；在转向消费拉动的过程中，首先就面临着要解决投资拉动带来的产能过剩问题，这是发达国家都走过的路。问题是中国制造业的各行业体量都非常大，中国的水泥产量占了世界总量的60%，其他行业也是这样，加上人口和就业问题，这就给我国经济转型带来了空前的难度。

企业兼并重组需要政策引导和社会支持。由于兼并重组的主体是企业，企业在进行兼并重组中所遇到的问题也不是政府一个部门能解决的，需要政府多部门配合支持。企业兼并重组是优化存量，实现资源的优化配置，于国于民于企业都是有利的，而政府的引导和支持最为关键。

推进企业兼并重组是推动工业转型升级、加快转变发展方式的重要举措，是提升我国经济国际竞争力、进一步完善社会主义基本经济制度的必然选择。企业兼并重组的意义和目的在于，一是要抑制重复建设带来的产能过剩，通过提高市场集中度、优化资源配置来促进行业的转型升级；二是要引导企业投资方向，实现存量优化，通过技术创新、产业链延伸来增强企业市场竞争力；三是要改变供需失衡带来的市场恶性竞争，通过加强行业自律、市场协同来提高投资效益；四是要加速淘汰落后产能，通过提升能效和环境标准，落实十八大提出的我国生态建设目标。

二、兼并重组中的几个关键问题

《关于加快推进重点行业企业兼并重组的指导意见》中，对汽车、钢铁、水泥、船舶、电解铝、稀土、电子信息、医药和农业产业化共九大行业和领域的兼并重组工作提出了，一个指导思想、五个基本要求、九个行业的主要目标和重点任务，其中特别明确了2015年要达到的产业集中度要求，还有七项政策保障，应该说是对《国务院关于促进企业兼并重组的意见》（国发〔2010〕27号）的具体落实文件。

这个文件在“十二五”期间对企业兼并重组能起到哪些实质性的改善，我看主要是四大问题的变化：

一是部分省市级地方政府在引进投资中是否转变观念，从注重投资额度和项目向注重行业和效益转变，要企业转型升级的前置条件是政府管理观念的转型升级。这需求政府的考核体系向科学化、生态化转变。至今产能过剩还在延续，有些地方政府盲目越权核准新上水泥项目，政府没有一套严格的项目核准程序和监督体系是难控产能过剩的。

二是金融支持力度。企业投资兼并重组很难给地方带来明显的GDP增长数值，也享受不到招商引资项目所给予的诸多优惠条件，投资兼并重组的资金回报期要长，而新建项目前五年回报率高，对于金融界是好事，前期大多数资金都收回了，风险小。但是从兼并重组企业的集团效益考虑，整体效益会增加，风险会更小。因此，金融投资者要把大型水泥企业集团作为兼并重组投资的重点，必然获得较好的投资回报。鉴于市场的公平竞争，对于产能过剩行业的企业投资重复新建项目和企业投资兼并重组项目，政府有关部门应通过税负调整，真正起到鼓励和支持企业投资兼并重组。

三是建立大企业集团间在兼并重组中的行业自律。现在水泥企业的兼并重组成本很高，看上一家企业，几个集团都去争相竞购，抬高了收购价码。有些企业就代价沽售，更有甚者投机建线不为生产经营，就等着大企业来收购。大企业间的市场协同是一种行业自律行为，市场协同不仅仅只是维系市场供需平衡和价格稳定的问题，也应该包括兼并重组的协同效应，以降低收购成本。

四是配套鼓励政策的出台。企业反映，兼并重组的难度越来越大，成本越来越高，如兼并重组后企业的原采矿证变更、实施技术改造后的生产许可证变更、土地证变更、房产权变更等税赋加重，费用增多，手续繁杂，这都加大了企业兼并重组的畏惧情绪，不如投资新建来的简单，成本低。要尽快出台相应的配套政策，简化收购程序、降低收购税费。

三、促进企业兼并重组协会要积极发挥作用

作为行业协会，首先是代表行业利益的，行业的健康发展是行业协会的根本任务。在推进水泥行业的企业兼并重组中，中国水泥协会努力做好三个方面的工作：

一是为政府部门提供政策咨询服务。2011年，协会就调研起草了《水泥行业兼并重组现状及政策建议》，并在同年完成了政府委托的《水泥行业兼并重组实施方案》研究课题。这次12部委文件中水泥部分的内容基本上就是来自《实施方案》，《实施方案》研究课题是水泥协会牵头，众多水泥大企业和相关机构专家都参与的。工信部联产业〔2013〕16号文件发布后，协会要做好宣传贯彻，并及时将行业兼并重组的问题和政策建议反映给政府部门。

二是在协会秘书处的职能上要强化对企业兼并重组的研究，不断总结成功案例，包括国外同行的案例。要组织行业企业并购专家，每年召开1～2次专题研讨会，研究和探讨水泥企业兼并重组的问题。要通过协会媒体及时报道水泥企业兼并重组的进展情况，提供信息服务。

三是协会领导和部门负责人要参与到企业兼并重组的过程中，在市场经济中提升服务企业的职业技能，协助和促进企业兼并重组的实施。在过去水泥企业的多项重大兼并重组中，协会领导都发挥了重要作用，虽然都是“幕后英雄”，但作用很关键。这里所说的协会领导还包括省市水泥（建材）协会的领导。行业协会是促进兼并企业和被兼并企业交流沟通的良好平台，南方水泥、中联水泥、北方水泥、西南水泥、中材祁连山水泥、冀东水泥、金隅水泥、同力水泥等等，在他们的兼并重组过程中都不同程度地有着行业协会领导的助推作用。

★该篇文章发表于2013年3期《中国水泥》杂志。

学习和宣贯《国务院关于化解产能严重过剩矛盾的指导意见》的思考★

中国水泥协会常务副会长、秘书长　孔祥忠

2013年对于中国水泥行业来说必定是一个发展阶段的重大转折点，积累多年的产能过剩问题终于等到国务院出重手了。认真学习和贯彻落实国务院《关于化解产能严重过剩矛盾的指导意见》（以下简称《指导意见》或41号文件），将是行业今后几年发展中的工作重点，也是引领水泥行业转型升级的唯一准则。通过对《指导意见》的学习和梳理，我们可以更清晰地看出文件的核心内容和工作思路。在产能严重过剩的背景下对行业进行空间分析，我们可以粗略地找出化解矛盾的难点。在41号文件中，涉及水泥行业的核心政策导向会对未来行业的发展带来哪些重大变化，非常值得行业人士去关注。本人对41号文件的学习理解和几点思考也有待于同行之间的评价。

对《指导意见》中核心内容的学习和梳理

《指导意见》近8500字，五个章节，通篇学习后会发现针对水泥行业的事情说得最多、最细，文中提及“水泥”单词的23处，提及“钢铁”的15处，提及“电解铝”和“平板玻璃”的各13处，提及“船舶”的17处。似乎感觉文件就是为水泥行业写的，文件中采纳了行业协会在听取企业许多意见后汇总上报的政策建议。

从水泥行业角度对《指导意见》核心内容的梳理可归纳为“1234-3894”：

一个主线：化解产能严重过剩矛盾是当前和今后一个时期推进产业结构调整的工作重点。

两个认识：重要性和紧迫性的充分认识。

重要性：认识产能过剩将会造成社会资源巨大浪费，降低资源配置效率，阻碍产业结构升级。

紧迫性：产能过剩呈加剧之势，直接危及产业健康发展，甚至影响到民生改善和社会稳定大局。

三个总体要求：着力加强宏观调控和市场监管，坚决遏制产能盲目扩张；着力发挥市场机制作用，完善配套政策；着力创新体制机制，建立化解矛盾长效机制。

四项基本原则：“四结合”坚持尊重市场规律与改善宏观调控相结合；坚持开拓市场需求与产业转型升级相结合；坚持严格控制增量与调整优化存量相结合；坚持完善政策措施与深化改革创新相结合。

三大主要目标：5年时间取得重要进展。产能规模基本合理；发展质量明显改善；长效机制初步建立。

八大主要任务：坚决遏制产能盲目扩张；清理整顿建成违规产能；淘汰和退出落后产能；调整优化产业结构；努力开拓国内市场需求；积极拓展对外发展空间；增强企业创新驱动发展动力；建立长效机制。

九项政策措施：完善行业管理；强化环保硬约束监督

管理；加强土地和岸线管理；落实有保有控的金融政策；完善和规范价格政策；完善财税支持政策；落实职工安置政策；建立项目信息库和公开制度；强化监督检查。

四项分业施策：1. 加快制修订水泥、混凝土产品标准和相关设计规范，尽快取消32.5复合水泥产品标准。2. 发展高标号水泥和特种水泥。3. 支持利用现有水泥窑无害化协同处置。4. 强化氮氧化物等主要污染物排放和能源、资源单耗指标约束。

化解水泥产能过剩一是要遏制新建生产线，二是要对现有存量进行优化，三是要加快淘汰落后水泥产能。完成这三大任务才能实现推进水泥行业结构调整。这其中，最难的是存量优化。存量优化包含了企业兼并重组、市场合理布局、企业节能减排、产业链延伸和转型升级。

关注41号文件中涉及水泥行业的核心政策导向

1. 从标准中取消P·C32.5水泥后对企业和市场的影响。以P·C32.5水泥为主的小粉磨站经济效益将出现下滑，市场竞争能力变弱，最终迫使一批小粉磨站退出市场竞争，加快了淘汰落后产能。

2. 调整水泥资源综合利用税收优惠政策。以低标号水泥品种为主的企业在掺入30%以上废渣享受增值税退税优惠政策将打折，高标号水泥产品有望也享受优惠政策。大企业盈利能力相应增强，小企业盈利能力变弱，也起到了加快淘汰落后的目的。

3. 企业兼并重组将得到政府的财税、金融、土地等政策支持。今后所有企业的规模扩张必须走兼并重组的道路，企业"走出去"也将得到政府的财税、金融优惠和支持。

4. 政策导向明显是向大企业倾斜。从41号文件中提出的企业兼并重组、企业创新驱动、发展高标号水泥、增大特种水泥产品、落实金融政策、实施差别电价等多项化解产能过剩的措施中看出，基本是在为大企业发展创造发展空间。

要达到41号文件提出的"产能利用率达到合理水平"目标，在现有的产能基础上，一是对总量进行"封顶"，二是对存量进行"减肥"。"封顶"的手段是停止增量项目核准，清查违规在建项目，这虽然是政府部门的事，但加强社会监督是必要的。"减肥"就是要淘汰一批现有产能，这需要有规模的企业配合政府来完成。政府将在能效审核、环保执法上加大力度，所有的立窑企业、没有矿山资源的回转窑企业、环境敏感地区的企业都将要退出市场。北京市计划只保留2～3家水泥厂用于处置城市垃圾、危废。

解读41号文件后的几点思考

1. 注意国务院文件中提出的是"化解产能严重过剩"。请注意"化解"和"严重"两个词。

"化解"取代了过去一味的"抑制"、"遏制"提法，文件中针对产能只提到2处，一是遏制新增，二是遏制重复建设。对现有产能的消解都是用化解的提法；"产能严重过剩"区别于常说的"产能过剩"。

"化解"体现了政策的刚性和柔性相结合，一是要停止新建，不得再盲目核准新增产能项目。二是对已投产运行的企业在客观上给予一定程度上的认可，"超生的孩子总要给户口，没生的孩子要流产"。政府要对38号文件后投产和在建的项目进行清理，清理的原则是"分类妥善处理"。政策允许用现有落后产能指标，通过"等量或减量的原则"对违规新建水泥项目的合法化。"遏制"的是新增产能，"化解"的是"优化存量"。

产能"严重"过剩的提法既是肯定了产能过剩有利于市场竞争和创新发展的积极一面，也强调了严重过剩给企业和国家经济发展带来的负面影响。"过剩"永远是一个变量，水泥行业喊产能过剩已快20年了，年年喊过剩，年年市场需求在增加，行业结构不断完善，技术进步不断在提高，企业规模不断扩大，过剩只要不严重就是合理的。

对水泥行业的产能过剩，控制的核心是水泥熟料的产能和水泥标准的创新。

2. 应鼓励有实力的民企参与市场整合，开展企业兼并重组。前10年间的企业兼并重组都集中在国企牵头，虽然有"国进民退"的议论，但事实上，以中国建材为首的一批国企通过兼并重组，企业的规模和市场的竞争能力大为提高，对社会的资源利用率也明显提升，体现了央企、国企在承担社会责任方面的贡献，我们必须充分给予肯定和支持。但是，我们也必须看到，随着市场经济的国际化和行政体制的不断变革，有必要鼓励有实力的民企参与市场整合，开展企业兼并重组。这里的民企当然也包括外资企业。这样可以改变民企在建厂等着"解放军"来整编的投资行为，更重要的是鼓励民营企业开展兼并重组有利于行业的长期稳定发展。李克强总理指出："简政放权、放管结合，可以有效调动民间投资力量和企业活力"。从长远来看，政府手中属于市场充分竞争行业的国有资产早晚会向社会分批出售，一度传说的安徽省要出让海螺国有股、唐山市要出让冀东水泥国有股、河南省要出让同力水泥股等消息，都从一个侧面反映出地方政府在迫于财政紧张时不断抛出国有股权是客观存在的，抛售的对象包括民企和央企，目前央企最强势，但谁能保证今后央企资产不被国家抛售呢？

行业的结构调整不仅有技术结构调整（新型干法水泥比重）、组织结构调整（市场集中度）、产品结构调整（高标号水泥、特种水泥比重、产业链延伸），也应该包括行业资本结构调整。2012年水泥行业总资产1149.28亿元，其中国有控股：36.76%；民营（集体和私人）：44.69%；

外资（含港澳台）：12.59%；其他5.96%，如何评价不同时期行业的央企、国企、民企、外资的比重与行业的发展关系是一个新命题。但充分利用民间资本和外资来发展传统的水泥工业，让更多的国有资产去投资惠民的公益事业必定是一件更好的事情。

3. 是取消散装水泥基金的时候了。

41号文件提到了政府要“营造公平环境”，这个公平环境既有同业之间的市场公平竞争环境，也应该包括上下游产业之间的公平竞争环境。几乎所有的产品都有包装，唯独水泥的包装国家要收取单独的费用，造成市场不公平竞争，并有歧视行业的嫌疑。

4. 未来水泥市场必定看好。

首先是市场需求长期存在，中国的基础建设远不是二三十年就能完成的，水泥产能的总量将得到控制，投资拉动仍是发展的主线。李克强总理指出：“立足当前着眼长远，采取推进基础设施投融资体制改革、加快棚户区改造、发展服务业等一举多得的政策措施，可以有效扩大需求、促进结构优化。”

其次，水泥产品的区域化为大企业提供了在区域市场上发挥主导作用。行业自律既创造了市场公平竞争环境，也给企业带来了实实在在的经济效益，大企业对市场的贡献功不可没。

★该篇文章发表于2013年12期《中国水泥》杂志。

2013年水泥行业政策研究与对策建议★

中国水泥协会常务副会长、秘书长 孔祥忠

伴随着今年GDP指标的增长放缓，水泥行业发展形势出现了微妙变化，表现在市场需求虽略有回升，但新增产能仍超出需求增量，产能过剩日益加剧。上半年重点项目开工减少，政府鼓励企业兼并重组的优惠政策细则仍未出台，反垄断调查使企业自律停产行为更为谨慎，地方政府对企业的氮氧化物减排约束力强化，节能减排和生产安全提高了企业经营和管理成本，市场恶性竞争愈演愈烈，需求上升利润下降。问题的根源还在于总量，产能过剩成为行业发展难以逾越的屏障。5月以来，国家金融改革暖风频吹，或对水泥行业发展产生较大影响。现就涉及今年水泥行业发展的相关政策与相应对策，谈谈自己的理解和建议，与同行进行沟通交流。

一、政策研究

1. 关于化解产能过剩政策

今年新一届政府上任后，将化解产能过剩列为国家经济发展的重要议题。其实水泥行业的产能过剩已经讲了很多年了，年年都在讲产能过剩，产能年年都在过剩。

今年5月，国家发改委和工信部针对产能过剩问题，受国务院委托出台了892号文件。该文件针对性目的性很强，剑锋直指当前经济放缓情况下，产能过剩和效益下滑所引发的经济乃至就业等方面出现的严重问题。然而文件出台后到底对遏制产能过剩能起到多大的作用？回顾2009年38号文件出台以后，全国仍有300多条新线继续上马，可见利用行政手段依旧难以控制。7月份，中国水泥协会公布了今年上半年全国水泥新线建设的投产数据，与国家发改委要求各省上报的数据大相径庭。

892号文件和38号文件的区别在于：38号文件在项目投资的核准和备案的权利上作了明确规定，而892号文件则是在严格核准、坚决停建的基础上增加了“行政问责”。造成产能过剩，各级政府在核准项目时放松了严控虽然负有责任，但要真正“行政问责”似乎很难，谁打谁的板子还不一定。

国家发改委和工信部从今年春节以后便着手草拟一个“如何化解产能过剩矛盾总体方案”，近期坊间盛传国务院将要出台这个“总体方案”，其重点还是解决钢铁、水泥、平板玻璃、电解铝、造船五大行业比较严重的产能过剩问题。892号文件的出台也可以理解为“总体方案”的前奏。这些行业的产能过剩不仅对中国经济发展产生负面效应，而且通过经济贸易摩擦会给国际经济带来重大影响。

7月25日在中央召开党外人士座谈会上，习近平主席指出，要大力推进产业结构调整，坚持把化解产能过剩作为产业结构调整的重点，用市场倒逼机制来进行经济结构的调整。化解产能过剩是经济结构调整的重要内容，“用市场机制来化解产能过剩”，这一点应值得我们认真研究，产能过剩的问题终归还要依靠市场机制来解决。

按照市场规律，项目建设的投资主体理应是企业，而我国“特有”的项目的核准制度使得真正的投资主体是地方政府，他们在通过招商引资、GDP的考核机制和干部政绩来完成这些任务，这是由现有的体制和机制决定的，而问题的症结就在于此。淘汰落后应按市场竞争机制来实现，依靠行政手段只能是一个暂时过渡的手段，不能单纯依赖行政手段来彻底解决市场经济中出现的产能过剩问题。包括大企业在内的部分新型干法水泥生产线，一年之中有近半年时间停产，也处于“半淘汰”状态，今后的“落后产能”如何界定？所以，当前首要任务是如何解决控制新增产能投资的问题。

2. 关于将要颁布的水泥大气污染标准修订版

产业政策问题也涉及一系列行业标准。去年启动的《水泥工业大气污染排放标准》修订工作早已上报送审稿，而修订指标中变化最大的就是颗粒物、NO_X 和 SO_2 这三项指标，在这三项指标中，给水泥企业生产成本和管理成本带来最大影响的还是 NO_X 的减排。中国水泥协会得到了环保部的信任，参与了标准审查的全过程，为标准中的指标修订提供了重要的咨询服务，促使标准与国际接轨。

我们认为，如果按照欧洲标准先进指标 $500mg/m^3$ 执行，中国水泥行业将减少 38% 的排放，这对国家规定的减少排放总量 10% 做出巨大贡献。解决环境问题不是单纯依靠指标先进，关键在于环境监控以及环保执法的公平、公开、到位。确定的排放指标要有技术支撑，也要考虑经济承受力，还要兼顾二次污染源和上游新增污染量的问题。最重要的是，政策主管部门领导不能仅以中国在环境标准指标上一定要订出全世界最先进的标准为理念，因为最先进未必代表最科学、最经济，因为标准不是行政文件，不能变成政治任务的产物。标准要能拿到国际上去交流和检验，要得到国际社会认可。

水泥行业的氮氧化物是一定要减排的，从 $800mg/m^3$ 减到现在发达国家标准指标，对一些敏感地区做些特殊的限制也是正确的。我们的企业要回馈社会，要加大环境保护的投入，这是企业的社会责任，也是可持续发展中必须要做而且要做好的事。

3. 关于水泥行业清洁生产评价指标体系

水泥行业清洁生产评价指标体系由国家发展和改革委员会、环境保护部、工业和信息化部联合组织，并由中材地质工程勘查研究院有限公司、中国环境科学研究院、中国水泥协会共同参与制定，该指标体系的出台从根本上解决了“政出多门”的问题，实现了统一标准规范。

按指标体系对企业清洁生产的评定将分为三个等级，即：领先企业、先进企业和一般企业。本指标体系适用于水泥生产企业，包括水泥（熟料）生产企业、水泥粉磨站的清洁生产审核、清洁生产潜力与机会的判断、清洁生产绩效评定和清洁生产绩效公告制度。也适用于水泥行业环境影响评价、环保核查、排污许可证和行业准入等环境管理制度。因此，企业必须对评价体系的审定工作引起高度重视。

4. 关于加快推进重点行业企业兼并重组的指导意见

今年 1 月，工业和信息化部联合 12 个部委，就加快推进重点行业企业兼并重组问题，在国务院两年前提出的相关问题的基础上发布了指导意见。该指导意见将水泥行业归列为第三位，同时对水泥行业企业的兼并重组提出了下述目标，即：到 2015 年，前 10 家水泥企业产业集中度达到 35%，形成 3～4 家熟料产能 1 亿吨以上，矿山、骨料、商品混凝土、水泥基材料制品等产业链完整，核心竞争力和国际影响力强的建材企业集团。

为了完善目标细则，中国水泥协会科技组拟定了《加快推进水泥行业企业兼并重组实施方案》，并已报送工信部、财政部等部委。该实施方案的细则包括兼并重组的指导思想、原则、目标、实施方案、政策措施、组织保障措施等六个方面。上述细则已通过网上征求意见，获取了大量的意见反馈。

水泥企业的兼并重组最重要的问题是如何切实有效落实国家已公布的关于兼并重组政策的相关内容。我感受最深的是，兼并重组要解决融资问题和投资待遇问题。收购企业与建设新线同样都是投资行为，但在地方政策上享受的待遇是不一样的。兼并重组中的政策措施和保障措施必须尽快落实到位，才能真正有效加大企业兼并重组的力度。

5. 关于修订水泥标准与调整税收鼓励政策

一些大企业的老总提出，是否可以把 32.5 水泥或 32.5 复合水泥全部取消，其理由是：许多小企业、小粉磨站压低价格、扰乱市场，同时出现了一些产品质量的问题。但是像水泥这种工程材料标准的修订，并不仅取决于水泥企业的一方意见，还应考虑到下游用户的理念，要想实现统一还需要一定的过程。水泥标准的修订将牵扯到下游的混凝土的标准和施工规范的标准，国家标准的修订在程序和时间上是比较长的，所以关于修订标准的意见难以统一，无法在短期内一蹴而就。

关于调整水泥资源综合利用税收政策的意见基本得到政府采纳，我在《调整水泥资源综合利用税收政策的建议》文章中有详细的论述。将工业废渣掺加量 30% 享受即征即退的比例进行分配调整，似乎更为合理。从现有标准来看，能享受这一优惠政策的多半是生产 32.5 低标号水泥的中小企业，而大企业以生产 42.5 高标号水泥为主，很难享受到这一优惠政策。因此同样是优惠政策，在执行上出现了一些偏差。政策调整之后，国家不增加新的退税额度，对淘汰落后有利，对技术创新有利，对产品结构调整有利，同样也将成为化解水泥产能过剩的一个间接方法。

6.关于淘汰落后产能政策

“十一五”期间，我国共淘汰落后水泥产能3.4亿吨。企业数量虽然减少，但水泥产能却上升了。全国政协委员、原工信部部长李毅中表示，“现在化解产能过剩，多采用规模标准的办法，未来应该加入能耗、质量、环保等安全指标来综合考虑”，我认为这个提法是对的。

工信部今年7月25日公布了《2013年水泥（熟料及磨机）淘汰落后产能企业名单》，经粗略统计名单中的生产线情况，包括中空窑、湿法回转窑45台、立窑637台，涉及企业527家，减少水泥产能9275吨。我认为这里的数据可能有些问题，因为在中国水泥协会数据库中早已没有“湿法窑”一项了。

二、对策建议

1.产能过剩与兼并重组

我认为化解产能过剩有五个方面问题亟待解决，一是有效遏制增量，严控项目核准和重复建线；二是加快淘汰落后，使能效低、不达标的企业退出市场；三是推进企业兼并重组，提高市场集中度，实现资源优化配置；四是加速技术创新，提高资源综合利用，促进行业转型升级；五是鼓励产业链延伸，增强企业综合竞争实力。其中最核心的问题就是如何提高市场集中度。随着集中度的提高，过去所有出现的问题都会迎刃而解。

所有发达国家都走过“产能过剩、市场恶性竞争”这条路，中国只要坚持市场经济就回避不了这些问题。对于全国来说，前十家大企业的集中度应占60%以上，按目前只占40%的现状分析，将会有更多的大企业去对市场进行整合。通过兼并重组可以扩大企业规模和市场占有率，同样在今后的兼并重组过程中，我们的企业还能对其给予更加丰富的内涵，比如说资产置换、相互参股和委托经营等等。我们可以在市场交叉的地方，甚至可以由两家或两家以上的大企业集团联合对一家企业进行兼并重组，也可以组建一家新的公司；或者以一家为主，另一家或多方参股，使其做到企业与企业之间股权的相互渗透，这样更便于相互间的深层次密切合作。要实现这个目标就必须要求我们的大企业带头停建新线，对投资方向进行调整，去做优化存量的投资，去做技术创新的投资，去做管理创新的投资。

2.反垄断与行业自律

今年初国家发改委反垄断局对水泥行业进行了调研，期间国家还公布了对其他行业的部分企业或产品涉嫌垄断的处罚决定。作为水泥的行业协会和生产企业，应该吸取教训，认真主动地学习法律知识。水泥行业作为国家重点提名的产能过剩行业，应该以节能减排为目的，自律进行停窑和限产，有效控制产量、遏制产能过剩，而不能通过价格同盟，竞相压价、低价倾销等不正当手段占有市场份额，我们要维护行业利益，获取合理收益，反对牟取暴利，鼓励公平竞争。

对于那些用低价倾销，试图占领更多市场份额的做法，我认为，现今的大企业之间谁也别想吃掉谁，所谓“杀敌一千，自损八百”，结果两败俱伤还屡试不爽，到最后还是得坐下来谈判。加强行业自律是我们今后维护水泥行业健康发展、维护水泥市场有序运行的一个非常重要的手段，我们协会应该搭建平台来共商市场发展的问题。

在加强行业自律过程中，通过反垄断和坚持自律停窑限产等举措，可以真正体现水泥企业的诚信与社会责任感，考验企业家的素质和智慧。没有行业利益就没有企业利益，在当前这种情况下，任何一个企业想独善其身都是不现实的，也是无法实现的。

3.环境标准与技术创新

引领行业发展应该是根据市场需求及时制修订标准和规范，标准的先进性、科学性、可行性代表了这个国家、这个行业的技术水平和创新能力。

环境和资源的约束力迫使我们加强技术创新，创新可以增强企业市场竞争能力，显示企业发展潜力，促进行业健康发展。

在目前的国家标准体系里面存在这样的问题，即只有国家标准、行业标准和企业标准，而缺少一个协会标准（上述四个标准均具有法律效力）。这就给我们提出了一个新的课题，究竟应该如何发挥行业协会在标准制定中的作用？我的感觉是，似乎行业协会仅仅是承担了为上述四项标准提供咨询的工作，这一点和发达国家截然不同，比如美国各行业的标准都是由行业协会来制定，完成之后交国家备案，待需要升格为国家标准时再将其固定下来。

在环境标准和技术创新方面，我觉得水泥行业有两点值得关注。首先是二氧化碳的减排，目前定义为捕获、利用与储存，这方面企业可能没什么感受，而政府已经开始行动了，我们水泥行业仅在做一些试点工作。关于碳捕集、利用和封存技术的试验示范，包括低碳产品的认证管理办法，这两个文件在今年都已陆续出台。按照国家的规划将于“十三五”期间在水泥行业推行二氧化碳减排，但从目前的情况看，推进速度相当快，再加上近期《中美气候变化联合声明》的签署，估计在“十二五”末期就会提前实施。中国今年发布了《中国应对气候变化政策与行动2012年报告》，明确提出了到“十二五”能源消耗降低16%（按单位GDP）、二氧化碳排放减少到17%的总体部署，因此这两个指标便成了硬性的指标，到地方政府那里也就变成了一个政治任务。

其次是水泥工业的汞污染。汞污染对人体健康，主要是软骨病具有很大的伤害和诱病的作用。早年日本在工业高速发展时期也出现过汞污染问题，它不单是水泥行业，所有工业企业都存在汞污染的问题，水泥企业主要源于其原材料及燃料。

关于汞污染，在我国现行的水泥标准里没有提及，而中国政府今年10月将参加并签署国际汞污染的防止和治理公约，这个公约签署后将会直接波及我们水泥行业。前段时间，我和CSI中国办的专家到日内瓦参加了联合国环境署召开的全球水泥行业汞污染研讨会，国际上很多发达国家和发展中国家的水泥工业都有汞污染排放标准。根据联合国环境署目前的统计数据显示，在全球的汞污染企业中水泥行业占了9%。因此，建议我们水泥企业对矿山原料和生产用煤进行一次汞污染检测，未雨绸缪，及早准备。

4. 企业效益与产业链延伸

市场需求的是保障供给，企业讲究的是盈利能力。企业的效益，内部来源于技术创新、管理创新、企业文化；外部受制于市场需求、规模能力、社会责任。而产业链延伸增强了市场的竞争实力。目前国内骨料加工带来的效益好于水泥生产，我们水泥企业应该很好利用手中石灰石矿山资源，让资源发挥最大效益。拓展混凝土业务方向是正确的，但目前混凝土市场混乱，需要一个长期市场整合的过程。投资骨料加工和收购混凝土业务，最终使我们水泥企业形成“骨料+水泥+混凝土+制品”的产品结构，在这个投资过程中实际上就是一个企业兼并重组、开拓创新的扩张路径。

5. 利率市场化与“营改增”

利率的市场化改革刚刚起步，贷款利率的上浮和下限、存款五年期利率的放开等，这对水泥企业在融资的选择性上有了更大的余地，也降低了水泥企业的融资成本，对企业来说是一个利好。因此，水泥企业应该以降低投资、经营及财务成本为目的，并根据新的利率市场化来及时制定相应的对策，希望我们水泥企业抓住这次机会，对自身的资产负债率做一次很好的调整。

关于“营改增”，虽然水泥企业都是一般纳税人，但是为我们提供服务的部分上游企业，包括产品下游的物流、仓储以及服务性的企业以前执行的是营业税，“营改增”后，水泥企业在税赋工作上要做一次很好的策划调整，通过“营改增”使企业产生新的效益。然而对部分企业来讲可能会增加一些税负，比如混凝土、工程设计、工程总包等也会略有增加。总的来讲“营改增”会使国家整个税收体系更趋完整、合理，对“三产”来讲是一个很大的利好。

要密切关注人民币汇率市场化，在目前的经济发展过程中，不排除今后有汇率的市场化的发生，它可能不会出现想象中的美国使人民币升值现象发生，反而可能会出现人民币贬值的过程。其对策应该是：一是做国外工程的可能有汇率结算风险；二是真正汇率市场化以后带来的“人民币贬值”对我们水泥的出口是一个利好消息，使中国在世界上出口水泥及熟料的竞争力不断增强。

我对未来的中国水泥行业是充满信心的，有了“骨料+水泥+混凝土+制品”的产品结构，有了前十家大型水泥集团形成的寡头垄断市场，有了与城市发展相共融的低碳生态企业，我们的行业会发展得更好。

★该篇文章发表于2013年9期《中国水泥》杂志。

用碳交易方法化解水泥产能过剩的政策建议★

中国水泥协会常务副会长、秘书长 孔祥忠

从“十一五”初起，产能过剩就一直困扰着中国水泥行业的发展。水泥行业的产能过剩有它的必然性和偶然性。市场经济本身就是一个过剩经济，出现一定量的产能过剩是必然的，不必大惊小怪；但经济持续的高速发展和地方政府过分追求GDP的倾向，导致水泥产能过剩的量超出了市场供需平衡的度。由于水泥产品的同质化，它不同于钢铁行业和玻璃行业，会存在结构性的产能过剩，我们今天说水泥产能过剩是因为从经济学的角度分析，水泥行业的设备运转率、市场价格、企业盈利水平、资金周转率、产品库存率等指标都出现了问题，整个行业的效益下行。企业、行业协会、金融证券、政府部门都在为产能过剩担忧，寻求化解产能过剩的办法。

笔者提出用碳交易的方法，即把政府对新建水泥项目的行政核准权变为碳交易市场，希望用市场机制来化解水泥产能过剩的思路，供业内同行和政府主管部门领导参考，也算是政策建议，邀大家共同讨论。

用碳交易方式取代水泥项目核准权是探讨市场化的方法化解产能过剩

碳交易的概念是源自 1997 年 12 月的《京都议定书》，把市场机制作为解决二氧化碳为代表的温室气体减排问题的新路径，即把二氧化碳排放权作为一种商品，从而形成了二氧化碳排放权的交易。根据《联合国气候变化框架公约》中三种减排机制之一的——清洁发展机制（Clean Development Mechanism，CDM），使发展中国家在可持续发展的前提下进行减排，并从中获益。我国开始了许多 CDM 项目，其中水泥行业的部分余热发电带来的碳减排指标拿到国际市场进行了成功交易，企业有了额外收益。

今年 4 月 13 日，《中美气候变化联合声明》的签署使得全球最大的两个温室气体排放国在气候变化方面有了共同的认识，并决定双方合作采取进一步的行动，推动绿色低碳经济发展方式。我国对绝对碳减排指标的承诺只是早晚的事，水泥行业碳减排总量的控制也是必然的。水泥生产中由煅烧石灰石中碳酸钙分解和燃煤产生的二氧化碳排放是主要成因，吨水泥熟料的碳排放量差距并不大。中国水泥总产量占全球近 60%，对水泥行业的碳排放总量的控制必然是国家控制的重点之一。对于难以控制的水泥新线建设，担忧的不仅是产能过剩加剧，也存在新增污染排放源和污染总量逐年增加的担忧。

2012 年 9 月 11 日，广东省碳排放权交易试点正式启动，广东成为全国第一个启动碳交易试点的省份。广州碳排放权交易所做的第一单“生意”就是省内四家水泥企业以 6799 万元认购了 130 万吨二氧化碳排放权配额，为中国基于碳排放总量控制下的首宗配额交易。广东塔牌集团、阳春海螺水泥有限公司、中材（罗定）水泥有限公司、华润水泥（罗定）有限公司等 4 家水泥企业签订碳排放权配额认购书。这些企业均计划新增生产线，而新增的产能全部要认购碳排指标，每吨 60 元二氧化碳排放权。

由于政府的项目核准权缺少完备的监督机制，在地方政绩考核追求 GDP 指标的情况下，水泥项目的核准是很难控制的。无论是 38 号文件、892 号文件对地方都不管用，行业规划都是纸面文章，水泥项目核准的方式可以变通，两个文件公布后水泥新项目依然在不停地上，可谓“上有政策，下有对策”。更有甚者，项目核准后的批文成了高价倒卖的指标，核准制衍生了权力寻租。加上中国人的投机理念：“政府越要控制的东西，你越要设法拿到手，必定有利可图”，有条件的、没条件的“投资者”都到政府那里去申请批文，这还迎合了地方政府招商引资的需求。可见，水泥项目的政府核准制度已经走进了死胡同。

转变行政管理方式对微观产品的宏观调控思路，引入市场调节机制，让市场去配置资源，用碳交易方法去控制新增水泥产能、推进企业兼并重组、加快淘汰落后产能也是一种体制和制度的改革。这种方法将可以促进政府管理的科学发展观，将 GDP 的增长建立在生态文明的发展上，是践行习近平主席提出的建设美丽中国的指导理念。对推动市场经济发展，减少权力寻租、反腐倡廉有益。也是体现政府服务市场的理念和管理经济发展方式的转型，简政放权，让市场可以解决的问题交给市场自己去解决。

碳交易方法是用现代生态环境理念去化解传统产业产能过剩

化解水泥产能过剩，一是有效遏制增量，严控项目核准和重复建线；二是加快淘汰落后，使能效低、不达标的企业退出市场；三是推进企业兼并重组，提高市场集中度实现资源优化配置；四是促进技术创新，提高资源综合利用，提升行业转型升级；五是鼓励产业链延伸，增强企业综合竞争实力。从而打造低碳绿色生态水泥的概念，实现水泥行业可持续发展。对水泥项目的碳交易机制和体系的建立能同时满足以上五项措施内容，可谓是用现代的环保理念去有效解决传统工业发展中的产能过剩弊端。

碳交易方法在化解水泥产能过剩五项措施中的作用：

一是有效遏制增量，严控项目核准和重复建线。对新建水泥项目核准的前提是项目必须购买等量的碳排放指标，要想上新线先要花钱认购到碳排放指标，然后才能申请政府有关部门的多项法规审查：如环境评估、矿山勘探、土地征用、建筑施工、安全卫生、能效评估等投资程序。交易所完全市场化，政府不能许诺给投资企业空头碳指标配额，内外资相同待遇。这使政府对水泥项目的监管从行政核准制转移到法律监督上，如果再加上社会监督，行业协会对新上项目的市场评估认可，这将有效遏制新上项目。

二是加快淘汰落后，使能效低、不达标的企业退出市场。产能过剩、效益下滑使得不少落后企业逐渐退出市场。对于退出市场要关闭的水泥企业，可以按标准和规则进行碳排放量的核定，其核定后的碳排放指标可以在关闭企业后拿到碳交易所挂牌交易，这对被淘汰企业在资金补偿上是有益的、公平的。这比目前被淘汰落后水泥享受政府补贴标准各地不一的情况要公平公正的多。在碳指标总量控制下，没有淘汰的指标就没有新上项目的可能。

三是推进企业兼并重组，提高市场集中度实现资源优化配置。兼并重组也是一种投资行为，收购和控股一个新企业也就意味着原有企业的碳排放总量的增加。并购并不引起碳排放总量的增加，因此，企业进行兼并重组后新增规模并不需要去认购碳指标。但可以让并购后的企业中部分落后的企业关闭，其碳排放指标放到碳交易所出售，再由自己优先认购回来，将几条小规模企业的指标合并，新建一个大规模生产线。兼并重组带来市场寡头势必加快了淘汰落后产能企业，对兼并重组后的企业新建项目投资也会大大降低。

四是促进技术创新，提高资源综合利用，提升行业转型升级。在核定企业碳排放总量的前提下，企业通过技术创新和改造、资源综合利用而带来的减少碳排放的指标也可以拿到交易所去交易，所得资金是对企业技术创新的补偿，并应享受免税优惠。对于原有生产线进行技术改造产生的新增产能部分，原则上也要认购新增碳排放指标。因技术改造带来碳减排的部分，可以在政府核定企业每年减排总量指标中扣除。

五是鼓励产业链延伸，增强企业综合竞争实力。在对骨料和混凝土产品的碳排放界定的前提下，企业可以认购碳指标用于除水泥产品以外的上下游产品的项目投资。相对于水泥产品来说，骨料和混凝土产品的碳排放量小，企业规模也小，投资费用也低。企业还可以将水泥技术改造节约的碳排放指标回购用于骨料和混凝土项目的投资，其项目成本更低。

水泥碳交易的几点政策建议

1. 政府要建立和支持市场化的碳交易市场，而不是由政府自己组建碳交易市场，不然又把行政核准权转移到碳交易所。国内许多做CDM项目的专业公司有专业技能和交易实践，他们可以向政府主管部门申办经营碳交易所，他们促合碳交易更市场化。

2. 政府主管部门应尽快对水泥等重点产能过剩行业开展碳排放基准线的核定工作，这是进行碳排放交易的前提。在“十二五”期间，政府部门和中科院对水泥行业的碳排放课题都有专题深入研究，可以将水泥行业的碳排放交易工作先行，作为化解产能过剩方法的试点。

3. 政府监管部门应出台水泥和其他行业的碳排放核定标准和交易规则。这有利于规范市场交易和便于政府监管。标准和规则应国际化，便于国际交流，与国际市场接轨。

4. 政府和社会组织应监督并鼓励企业公布碳排放核查报告。政府应委托专业机构对每个生产企业碳排放总量进行评估与核定，以便企业在总量的控制下进行有效减排活动。

5. 鼓励金融机构探索以碳排放权交易产品作为质押的融资服务，为企业提供绿色金融信贷服务，以体现全社会为绿色生态建设共同履行责任。

结论

碳排放权和碳交易体系的建立，有利于水泥企业开展自主技术进步，有利于化解行业产能过剩的困境，有利于政府管理方式和执政水平的提高，有利于彰显我国应对气候变化和温室气体减排承诺对全球所做出的贡献。

碳排放权的交易需要政府的支持和监管，需要发挥金融机构、社会团体的积极配合。

★该篇文章发表于2013年8期《中国水泥》杂志。

水泥市场需求拐点还没有到来★

中国水泥协会常务副会长、秘书长 孔祥忠

2012年中国经济增长速度降至7.8%，为十多年来增速最慢的一年，其市场的直接反映是对大宗商品原材料、能源的需求增长也下降至个位数。但中国经济并没有“硬着陆”，新型城镇化建设以及庞大的基础设施建设市场，是水泥、钢铁等原材料工业商品需求的持久源泉。在今年3月北京召开的“两会”上，中国政府把保障房建设定为工作重点之一，而保障房建设需要大量水泥、钢材。交通建设和水利建设投资将维系数十年光景，农村市场仍占1/3的水泥用量。2013年，中国政府设定的固定资产投资增长目标预期将增长18%。今年一季度，固定资产投资增长20.9%，基础设施（不包括电力、热力、燃气及水的生产与供应）投资8525亿元，同比增长26.9%。未来市场对水泥商品的需求增长至少还会持续10年，所谓的水泥市场需求拐点还没有到来。

水泥市场维持个位数的需求增速，预示着行业将进入一个稳定期。而在这个稳定期内，行业至少要有效解决四大问题，以推动未来市场的健康发展。

一是产能过剩问题。短期内，新增产能仍然大于市场需求增量。去年，全行业产能利用率75%以下，部分省市全年停窑时间达150天。今年初是一个去库存的时期，但去年新增1.6亿吨熟料产能释放冲击着一季度8.2%的市场增量。地方政府对市场的过度干预是造成水泥产能过剩的主因，企业的发展战略和个别投资商的投机行为是水泥产能过剩的次因。正如政府对官员严禁大吃大喝，动真格的处罚违禁者那样，对产能过剩行业严格控制项目核准，并处罚一批违规违禁者，方可见效。好在政府多个部委近期都在关注和设法解决水泥行业产能严重过剩问题。

二是完善产业布局问题。产业布局是个资源与市场合理配置问题，在中国现阶段做起来很难。地方财政分灶吃饭，找项目投资成了硬指标，体制问题制约水泥市场健康发展。于是，政府做起了行业协会的事，引导企业兼并重组，大企业是行业兼并重组的主力军，兼并重组过程中的艰难和风险是客观存在的，政府文件中承诺的政策保障很难马上到位，而市场供需失衡使得价格战烽火重燃。好在行业中一批有社会责任感的企业家，带头整合市场，在去年经济下行的情况下，整个行业仍然有较好的盈利。我们呼吁金融和媒体，应该关注和支持他们，他们才是行业发展的中流砥柱，才是最终的赢家。

三是产能转移问题。中国经济发展进入一个由东部沿海向中西部梯级过渡的时期，未来市场需求的增量在中西部地区，东部沿海的水泥产能渐进一个去产能化的过程。国际市场需求增量有限，中国水泥市场的单一性难以改变。研究国际市场需求，将我们先进的技术、装备、人才和优质熟料向国际市场转移是途径之一。二是通过水泥产业链延伸，控制更多的商品混凝土市场，再通过水泥标准修订，将水泥混合材用量转移到商品混凝土中，水泥的产量将大幅下降。

四是环保和资源利用问题。中国水泥产量占全球一半以上，在消纳大量工业废渣，解决环境污染的同时，水泥生产过程也产生大量的环境污染问题。2000多家水泥粉磨站要解决的是粉尘污染问题，1000多条熟料生产线要解决的是有害气体排放问题。今年水泥行业的氮氧化物排放消减，未来二氧化碳减排、二氧化硫减排，都要增加环境成本，拉高水泥价格。水泥窑协同处置是未来的亮点，城镇化建设的推进将为水泥窑协同处置提供更大的市场空间。政府长期重视对水泥行业开展的资源综合利用给予优惠政策，是水泥企业推进节能减排的重要政策保障。

中国水泥未来市场依然乐观，发展中的问题将会在发展中解决。政府、企业、水泥协会将共同努力，一个社会主义初级阶段的中国，一个贫富差别依然存在的社会，一个改革开放经济需要长期发展的国度，水泥，这种尚未有取代产品的基础原材料，市场行情长期看好。

★该篇文章是中国水泥协会常务副会长、秘书长孔祥忠在2013年中国水泥市场论坛上的致辞。

调整水泥资源综合利用税收政策的建议★

中国水泥协会常务副会长、秘书长　孔祥忠

为了进一步推动资源综合利用工作，促进节能减排，财政部、国家税务总局于二〇〇八年十二月九日和二〇〇九年十二月二十九日，先后下发了《关于资源综合利用及其他产品增值税政策的通知》（财税〔2008〕156号）和《关于资源综合利用及其他产品增值税政策的补充的通知》（财税〔2009〕163号），通知明确规定：对“采用旋窑法工艺生产的水泥或者外购水泥熟料采用研磨工艺生产的水泥，水泥生产原料中掺兑废渣比例不低于30%”的产品享受增值税即征即退的政策。这项鼓励政策自九十年代中期实施以来，极大地调动了水泥企业消纳固体废渣的积极性，在生产中不仅在水泥粉磨过程中大量利用工业废渣，而且在原料配比中也尽可能利用废渣搭配。这不仅降低了水泥生产成本，更是为我国环境保护做出了贡献。说明这项政策是利民利企的好政策。但随着水泥行业的技术进步和结构调整，尤其是在近几年淘汰落后水泥产能的推进中发现，政策的“普惠性”使得更多的落后产能继续享受政策优惠，加大了淘汰落后水泥产能的难度。在水泥行业产能过剩的背景下，对现有政策作出适当调整，或许对加快淘汰落后产能，化解水泥产能过剩是有益的。

一、水泥行业利用废渣的基本情况

在我国水泥生产中，目前能利用的工业废渣有40种以上，在上述文件列出的36种废渣目录中绝大多数都可以被利用。2012年，我国水泥熟料产量13.4亿吨，产出水泥总量22.1亿吨，按单位水泥平均含5%石膏矿计算，石膏用量1.1亿吨，水泥工业年消纳固体废渣已达：22.1-13.4-1.1=7.6亿吨。如果考虑石膏用量中采用2.5%的电厂脱硫石膏，2012年水泥工业实际消纳固废在8亿吨，水泥产品固废利用率达8/22.1=36.2%。

“十一五”期间，我国水泥熟料总产量47.34亿吨，加废渣和石膏共生产出水泥75.3亿吨，消纳固废26.08亿吨，水泥产品固废利用率为35%。在工业和信息化部发布的《大宗工业固体废物利用“十二五”规划》中表示，“十一五”

期间我国大宗工业固体废物总产生量118亿吨，总利用量36亿吨。可见，水泥工业消纳的固废占我国利用总量的70%以上。

二、水泥品种和强度等级不同，废渣利用率也不同

根据国家水泥质检中心提供数据，2012年全国年检水泥样品5728份，其中，矿渣水泥306份，占5.34%，多数为32.5等级水泥；粉煤灰水泥仅占2%；复合水泥在90%以上，并以32.5等级水泥为主。本人2012年曾对20家大型水泥集团近两年水泥销售情况进行调查统计，32.5等级水泥约占40%，42.5等级水泥约占55%，52.5等级水泥和特种水泥约占5%。由此初步得出：就全国水泥而言，32.5等级水泥占总量的60%，42.5等级及以上的水泥占总量的40%；而大企业的产品在国家重点工程中得到较多的应用，因而大企业的32.5等级水泥占总量的40%，42.5等级及以上的水泥占总量的60%，真好是相反的结果。

按照财税〔2008〕156号文规定，水泥生产原料中掺兑废渣比例不低于30%的产品享受增值税即征即退的政策，而在实际生产中和按GB 175-2007《通用硅酸盐水泥》标准规定，42.5等级及以上强度的水泥是没法掺入30%及以上的废渣的，享受优惠政策的是32.5等级强度的水泥。可见，大企业生产优质高标号水泥的，对国家重点工程建设贡献大的反而享受优惠政策力度小。

以2012年为例，水泥总产量22.1亿吨，60%的32.5等级水泥13.26亿吨，扣除其中5%的矿渣水泥产量0.66亿吨，剩下粉煤灰和复合水泥产量12.6亿吨可享受增值税即征即退政策。

按照增值税即征即退政策，水泥企业在销项税减去进项税后，实际享受退税3%～4%，在32.5等级水泥价格平均280元/吨情况下，如果80%的享受退税的产品能获得退税，则12.6×70%×280元/吨×（3～4）%=84～112亿元。这是理论计算值，实际上水泥行业每年获得的退税额不会达到这么多。

三、增值税即征即退政策的调整建议

上述分析可见，《资源综合利用及其他产品增值税政策》是一个有利于国家环境保护和调动企业参与废渣利用积极性的好政策，但在现在的环境下，过多偏重低标号水泥，对优质高标号水泥和企业技术创新，以及淘汰落后水泥产能不利。

A、政策调整建议：

1. 对32.5等级水泥掺兑废渣比例不低于30%废渣的由全额退税改为减半退税；

2. 对42.5等级水泥掺兑废渣比例不低于20%废渣的享受全额退税；

3. 对52.5等级水泥掺兑废渣比例不低于10%废渣的享受全额退税。

B、调整后退税总额变化：

42.5高标号水泥产量22.1×40%=8.84亿吨，按50%能获得全额退税（实际上很难，由于水泥标准的限制等因素，真正做到40%已经很不错了），水泥平均价格320元/吨（52.5水泥产量很少），那么42.5及以上高标号水泥有可能获得退税额：8.84×50%×320元/吨×（3～4）%=43～56亿元；而32.5水泥减半退税后获得37～49亿元。调整后(43～56)+(37～49)=（80～105），这样国家总的退税额不会增加。

四、政策调整后的预期效果

1.32.5等级水泥掺兑废渣比例不低于30%废渣的由全额退税改为减半退税后并不会影响对废渣的利用总量，只是部分32.5等级水泥成本会上升8～10元/吨。

2.42.5等级水泥掺兑废渣比例不低于20%废渣，52.5等级水泥掺兑废渣比例不低于10%废渣的都享受全额退税后，预计会有30%左右高标号水泥吨成本降低10元以上。而废渣的利用率由于政策的鼓励，预计会年增加利用1.6亿吨废渣。

高标号水泥8.84亿吨×在原来基础上新增10%废渣利用率=8840万吨废渣

3. 由于以生产低标号水泥为主的部分落后企业生产成本的上升，其市场竞争力会降低，这有利于加快淘汰落后水泥产能，化解行业产能过剩，提高水泥产品质量。

4. 由于生产高标号水泥时多掺入废渣可以享受优惠，企业势必加大提高熟料强度，这对企业技术进步有利，更能发挥大企业和先进工艺生产线的优势。

五、结论

利用对水泥企业的资源综合利用增值税政策进行调整，采取差别税率，国家没有增加新的退税额，废渣利用率还有所提高，尤其对行业转型升级，淘汰落后水泥产能，化解产能过剩起到了非常好的作用。

当然，调整后政策操作层面还需做一些技术完善。

★该篇文章发表于2013年7期《中国水泥》杂志。

关于水泥大气污染排放标准修订的思考★

中国水泥协会常务副会长、秘书长　孔祥忠

《水泥工业大气污染物排放标准》GB4915-2013版的修订工作已接近尾声，作为中国水泥协会和本人自始至终参与了修订过程，从维护标准的科学性，推进水泥环保技术进步，兼顾行业利益多方考虑，协会和本人为标准的修订提出过许多政策建议和参与具体指标的界定论证。标准一旦颁布，协会将全力配合环保部门在水泥行业落实贯彻标准的工作，相信新标准将大大改善水泥企业的环保质量，推动水泥环保技术进步，为落实国家"十二五"减排指标做出行业的积极贡献。

经历了标准修订，感觉到政府要加强环保执法的科学性、严肃性和公平性。

环保标准的制修订要建立在有成熟技术支撑之上，要兼顾到经济发展水平和企业可承受力基础之上，这样的标准才能体现科学性和先进性，并不是我国的环保指标比发达国家还超前就是先进的，可以引领世界了。老外可不是这么认为，他们可能不理解一个发展中国家为什么要冲老大？也有老外在偷着乐，全球的减排指标多数都让中国人去完成吧！成熟的技术是有一个形成的过程，过低的氮氧化物排放指标必然消耗大量的氨水，新增合成氨产量会产生多少新的环境污染？会给水泥企业的生产安全和职工健康带来多少隐患？都是未知数，没有人去做评估。

环保标准的严肃性在于它的强制性，因为他是法律。严肃性要和科学性统一，标准中的指标可执行而且必须强制执行。首先，把政治任务的减排指标直接转化成标准制修订指标的思路是违反科学精神的，是只考虑到总产量基础上的总量减排，而忽略了行业结构改善后的变化带来的总量减排，后者减排的力度更大。其次，我们部分企业在环保现场核查时人为压低产量，减少排放，给核查人员造成假象，用这样的指标反过来去要求企业正常生产时的执行标准，你又说做不到。企业不能用弄虚作假的方式应付环保核查，企业要讲诚信，你提供的指标对标准制修订影响有关，对行业的影响极大。

环保标准的执法公平性说起了很简单，就是"人人平等"。首先是标准涵盖的所有企业都要监管，在监管的力度上不能"大小企业有别、不同地方有别"。严格的监管有利于加速淘汰落后水泥产能，更有利于保护人们身心健康，改善环境质量。事实上，大企业监管容易，小企业监管难度大，但执法者有着公平性的原则就不应该让"老实人吃亏"！不可讳言，有些环保执法机关把罚款作为创收指标，导致为完成任务乱管滥罚，罚多罚少讨价还价，既没有标准执法的严肃性，更谈不上公平性。监管和罚款的初衷都是要促使企业环保达标，变了味的处罚，企业难理解也不支持，它只能激化矛盾，逼着企业作假，必须改变以罚代法的执法行为。环保执法体系建设和改革也要提到议事日程上来。

★该篇文章发表于2013年6期《中国水泥》杂志。

2012年水泥行业科技发展报告★

中国水泥协会　范永斌／王郁涛／孔祥忠

一、前言

2012年中国新型干法水泥产量比重已达到90%以上，其生产技术和装备水平、技术成熟程度都获得了极大的提升，大型技术装备的水平接近或达到世界先进水平。一批具有自主知识产权的科技成果达到国内领先或国际先进水平，这些成果的推广应用进一步提升了水泥工业技术和装备的整体水平，为实现水泥工业转型升级，走可持续发展道路提供了重要支撑，为中国水泥工业走绿色发展之路奠定了基础。

2012年，水泥行业获得国家级科技进步二等奖2项；获得建材行业科学技术奖科技进步类一等奖4项、科技进步类二等奖8项、科技进步类三等奖5项，占建材行业年度科学技术奖获奖总数的36.2%，与上年相比有所提高。2012年科技成果获得实用新型专利达20余项。自主研发的技术和装备为国内水泥企业的技术进步和节能减排以及环境保护和资源综合利用做出了重要贡献，同时也提升了中国水泥工业在世界水泥工业中的形象和地位。

二、科技发展的行业背景

1. *产能过剩压力加剧*：淘汰落后水泥产能接近尾声，根据中国水泥协会统计，新型干法水泥生产线投入运行的有1637条，熟料设计产能16亿t，水泥产能29亿t。2012年水泥产量22.1亿t，同比增长5.74%。随着经济平稳的发展，未来市场需求将维持低速增长，水泥产能过剩已成为行业发展的瓶颈。

2. *企业兼并重组速度加快*：2012年3月5日国务院总理温家宝在政府工作报告中指出，“以汽车、钢铁、造船、水泥等行业为重点，控制增量，优化存量，推动企业兼并重组，提高产业集中度和规模效益。”对水泥产业的兼并重组再次提出了指导方向。

在市场、政策的双重作用下，2012年是水泥行业收购的高峰期，企业兼并重组案例较多，涉及资金约300亿元，可披露的有61个案例，其中40%集中在西南地区，其中中建材集团的西南水泥表现出众，海螺水泥也开始战略转向。

3. *能源和环境约束力加大*：社会经济高度文明发展对能源和环境要求越来越高。面对污染物减排标准的提高以及能效和环保监督考核标准的提高，推动水泥企业的技术创新、节能减排，将水泥企业打造成绿色生态水泥工厂将是未来发展方向和新亮点。

三、技术政策和标准的制（修）订动态

2012年是实施“十二五”规划承上启下的重要一年，行业紧紧围绕节能减排和环境保护以及资源综合利用等诸多方面，充分发挥行业技术政策和标准的引领作用，推动行业技术创新，为行业转型升级，走绿色发展道路做出了贡献。

（一）水泥行业有关技术政策的制（修）订

1. 环保部组织编制《水泥工业污染防治最佳可行技术指南》，即将发布

《水泥工业污染防治最佳可行技术指南》（简称水泥BAT指南）的编制，是为了指导企业选择合理的污染防治技术，为水泥工业全面提升工艺技术水平、环境保护水平，实现水泥工业节能减排目标，推动水泥工业可持续发展提供技术支撑，为环境技术管理体系的进一步完善提供技术保障，是指导水泥企业和环保部门因地制宜选择技术的重要依据。

《水泥BAT指南》共有五个章节，提出了水泥工业污染防治最佳可行技术及环境管理要求。最佳可行技术重点在两个方面，一是工艺过程污染防治最佳可行技术；二是污染物排放控制最佳可行技术。环境管理要求主要包括：建立节能环保组织机构和制定职责；水泥厂建立环境管理体系并通过论证；建设项目“三同时”执行情况；建设项目环境影响评价制度执行情况；原有污染源限期治理项目完成情况；污染物排放总量控制情况；环境监测制度建立及执行情况；开展全面清洁生产审核等。

2010年7月，环境保护部正式下达了编制《水泥BAT指南》的任务，2012年年初上报报批稿。中国水泥协会参与了编制过程，并提出了行业专家意见。

2. 环保部制订《水泥工业污染防治技术政策》

“十二五”期间，我国在原SO_2总量控制的基础上，增加了NO_X总量控制要求，并将进一步修订《水泥工业大气污染物排放标准》。为贯彻《中华人民共和国环境保护法》，指导行业污染防治规划与排放标准的制定实施，防治水泥工业污染，促进生产工艺和污染治理技术进步，特制定本技术政策。

本技术政策共有六章三十一条，六个章节包括总则、源头控制污染、大气污染物控制、利用水泥生产设施协同处置固体废物、其他污染物排放控制、鼓励研究开发的新技术和新材料。

2012年7月环保部公布《水泥工业污染防治技术政策》（简称《技术政策》）征求意见稿，广泛征集意见。在充分讨论和征求有关专家意见的基础上提出了《技术政策》报批稿。该《技术政策》的起草由环科院和中国水泥协会联合承担。

3. 环保部制订《水泥窑协同处置危险废物环境保护技术规范》

水泥窑协同处置危险废物在西方发达国家已有30多年历史，经验成熟。对危险废物处理处置发挥了巨大作用。相比填埋和焚烧而言，水泥窑协同处置具有明显的经济效益和环境效益。

为促进我国危险废物水泥窑协同处置事业的健康发展，急需将国际先进的水泥窑协同处置经验与中国实际相结合，制定适合我国国情的水泥窑协同处置危险废物环境保护技术规范。

本技术规范共有十章三十二条，十个章节包括适用范围、规范性文件、术语与定义、协同处置设施环境保护技术要求、废物特性要求、协同处置运行操作环境保护技术要求、协同处置过程的末端污染控制、协同处置设施性能测试要求、特殊废物协同处置的环境保护、人员与制度。

2012年10月环保部公布《水泥窑协同处置危险废物环境保护技术规范》征求意见稿，广泛征集意见。在充分讨

论和征求有关专家意见的基础上提出了《水泥窑协同处置危险废物环境保护技术规范》报批稿。

(二)有关标准的制(修)订

1.《水泥工业大气污染物排放标准》修订稿公布，新标准即将颁布

《水泥工业大气污染物排放标准》(征求意见稿)于2012年10月公布，向行业及社会有关部门征求意见。

本次标准修订以提高污染物排放限值为主要内容:(1)进一步降低颗粒物排放水平。标准修订将颗粒物排放限值进一步降低至10～30mg/Nm^3。(2)严格水泥工业NO_X控制。排放浓度限制从800mg/m^3调至500mg/m^3以下，严于发达国家标准水平。(3)水泥窑协同处置固体废物(危险废物、生活垃圾等固体废物)时，其常规污染物(PM、SO_2、NO_X、F化物)排放应执行本标准统一的规定限值。本次修订将完善现行标准中对水泥窑协同处置固废的排放限制要求。

2.国家标准《水泥窑协同处置危险废物污染控制标准》征求意见稿公布

《水泥窑协同处置危险废物污染控制标准》(征求意见稿)于2012年10月公布，向行业及社会有关部门征求意见。

标准规定适用于利用水泥窑协同处置危险废物过程中的污染控制和监督管理，包括设施要求、入窑废物特性要求、运行操作要求、污染物排放限值、监测和监督管理要求等。

在执行《水泥工业大气污染物排放标准》的同时，本标准的大气污染物控制项目增加了氟化氢(HF)、14种重金属(汞、镉、砷、铅、铬、钴、锑、锡等)及其化合物、TOC、二噁英类、NH^3，并给出了排放限值。标准提出了监测要求，包括对尾气监测和产品的检测要求。

3.特种水泥标准的制(修)订工作

(1)启动GB/T 2015《白色硅酸盐水泥》国家标准修订工作

根据国标委综合〔2012〕50号文，下达了GB/T 2015《白色硅酸盐水泥》标准修订的计划。2012年11月中国水泥协会特种水泥分会在江苏省苏州市召开了GB/T 2015《白色硅酸盐水泥》标准修订的工作会议，提出了修订相关内容和计划，计划2014年上半年完成修订工作。

(2)《油井水泥》GB 10238国家标准列入了2012年修订计划，开始前期准备工作

《油井水泥》国家标准使用已超过5年，为发挥标准的引领作用，推动产品技术进步，必须修订GB 10238《油井水泥》国家标准。根据国家标准化管理委员会的要求，该产品标准列入了2012年制(修)订计划，开始前期准备工作，计划在2014年底完成修订工作。

(3)《核电工程用硅酸盐水泥》和《管桩水泥》等产品的国家标准的制订，列入2012年制(修)订计划，开始前期准备调研工作

近年来核电站建设以及工程建设地基处理用管桩量越来越多，水泥用量逐年增加。由于工程的专业性，对水泥基材料的性能有其特殊的要求，因此使用普通硅酸盐水泥已经不能满足核电建设和管桩制造对材料性能的要求。为满足工程要求，急需要满足核电建设和管桩制造特殊要求的专用水泥品种。为此，根据国家标准化管理委员会的要求，《核电工程用硅酸盐水泥》和《管桩水泥》等国家标准制订列入了2012年制(修)订计划，在2014年底完成标准制订工作。

4.低碳水泥产品有关标准和产品认证示范

由环保部组织制定的《环境标志产品技术要求 水泥》标准(HJ 2519-2012)于2012年7月3日颁布，2012年10月1日实施。中国水泥协会参与了此标准制定，此标准为首次颁布。本标准适用于中国环境标志产品认证和中国环境标志低碳产品认证。

为贯彻《中华人民共和国环境保护法》，减少水泥在生产、使用、包装、运输和处置过程中的温室气体排放，以及对环境和人体健康的影响，特制定本标准。标准对水泥熟料和水泥单位产品二氧化碳排放、放射性等方面提出限量要求。

在水泥企业开展环境标志低碳产品认证工作，可以有效促进我国水泥工业朝着低碳、低能耗、低污染、可持续和有利于人体健康的方向发展。通过产品认证，便于消费者进行绿色选购，通过消费者的选择和市场竞争，可以引导企业自觉调整产业结构，采用清洁生产工艺，生产对环境有益的低碳产品。

首批获得中国环境标志产品认证和中国环境标志低碳产品认证的示范水泥企业有十五家。

5.《水泥助磨剂》(GB/T 26748-2011)国家标准发布，2012年3月1日实施。为配合标准的实施，协会启动了《水泥助磨剂企业质量管理规程(试行)》、《行业准入条件》编制工作

由中国水泥协会助磨剂分会主持修订的《水泥助磨剂》(GB/T 26748-2011)标准，替代了原建材行业标准《水泥助磨剂》(JC/T 667-2004)。新标准的实施提高了行业的技术"门槛"，有助于水泥助磨剂行业规范化管理。按照国家标准要求助磨剂企业必须对产品复检和自查，对原料、配方、工艺及设备进行必要的调整和完善。

国家标准与原标准对比，重点在助磨效果、对水泥和

混凝土性能的影响、均质性指标、稳定性、出厂检验以及型式检验和交货验收等十个方面做出了修订。标准更加严谨和科学。

《水泥助磨剂》国家标准的颁布实施，必将促进水泥助磨剂行业的技术进步，将有效规范水泥助磨剂市场。

为配合标准的实施，加强水泥助磨剂生产企业的过程管理，保证水泥和混凝土工程质量，中国水泥协会水泥助磨剂分会完成了《水泥助磨剂企业质量管理规程（试行）》、《行业准入条件》的编制工作，征求意见稿已经完成。

6. 新修订的《水泥单位产品能源消耗限额》（GB 16780-2012）国家标准颁布，2013年10月1日开始执行

2012年12月31日国家质检总局、国家标准委发布的《中华人民共和国国家标准公告（2012年第42号）》公布了169项国家标准，《水泥单位产品能源消耗限额》（GB 16780-2012）列在其中，新国标将替代GB 16780-2007标准，于2013年10月1日起实施。

新标准增加了生料制备工段电耗、熟料烧成工段煤耗、熟料烧成工段电耗和水泥制备工段电耗4个分步能耗指标，原有单位产品能源限额指标进一步提高。新标准的实施必将进一步推进行业开展节能减排，提高节能水平。对水泥行业的产业结构调整、淘汰落后产能、转型升级，规范行业发展起到积极推动作用。

四、重要科技成果（新技术、新产品）鉴定情况

根据协会技术中心初步统计，2012年通过行业和省部级单位鉴定的有关水泥行业的重要科研成果共计13项，申请实用新型专利20余项。

1. 高海拔地区生料终粉磨系统研究及应用

该成果是成都建筑材料工业设计研究院有限公司针对高海拔地区的特殊条件开发的生料终粉磨系统，于2012年3月通过中国建材联合会组织的成果鉴定。

其关键技术和主要创新点如下：

（1）研发了适合2440米高海拔地区使用的“辊压机+烘干静态选粉机+下进风动态选粉机”的生料终粉磨系统，提高了粉磨效率；

（2）通过优化设计导风板和流场，开发出适用于生料粉磨系统的高效烘干与选粉一体化静态选粉机，解决了原料烘干问题，优化了工艺流程；

（3）研发了具有自适应功能的辊压机喂料系统，有效减少挤压辊侧面缝隙漏料和卡料；通过对机架数值模拟和模态分析，从结构强度和动态特性方面同时进行优化，提高了设备运行的稳定性。

该成果在青海新型建材有限责任公司2000t/d熟料生产线上使用，运行两年来表明：在生料Bond功指数为12.6kWh/t条件下，系统运行平稳，维修方便，用户反映良好。经中国水泥发展中心物化检测所测试：在生料细度0.08mm筛余为11.9%时，产量为202t/h，系统电耗为12.5kWh/t。其综合技术指标达到国际先进水平。

2. 大型半移动破碎站装备的开发和应用

由常熟中材装备重型机械有限公司完成的“大型半移动破碎站装备的开发和应用”成果，于2012年4月通过中国建筑材料联合会组织的新产品鉴定。

其关键技术及主要创新点如下：

（1）针对无基础破碎装备所研发的吸震缓冲装置和低着地比压设计，减缓了系统在大冲击载荷下的振动，降低了对地面基础的承载要求，保证了各单体的稳定和运转平稳；

（2）通过锤头排列和篦板的优化设计，实现了出料均齐，减少了堵料现象，提高了破碎效率；

（3）通过系统的优化集成，工艺流畅，整体紧凑，便于迁移。

该半移动破碎站已在四川亚东水泥有限公司5000t/d新型干法水泥熟料生产线上使用两年多，运行安全可靠，维修方便，缩短了采场内矿石的运距，降低了生产成本。经中国水泥发展中心物化检测所检测：在含泥量30%、含硅量5%、平均含水量6%时，平均产量1400t/h（最大可达1700t/h）时，耐磨件（锤头）磨耗为1.09g/t，电耗0.42kWh/t。该成果整体技术性能指标居国内领先水平。

该成果填补了国内水泥行业矿山大型半移动破碎技术的空白，对推动我国破碎技术进步和水泥矿山开采的节能减排具有积极作用。

3. 特殊原燃料条件下日产万吨级熟料烧成系统开发与应用

由中材国际工程股份有限公司承担的“特殊原、燃料条件下日产万吨级熟料烧成系统开发与应用”项目，于2012年5月通过中国建筑材料联合会组织的成果鉴定。

其关键技术及主要创新点如下：

（1）首次提出并系统研究了分解炉燃点控位和司料温控技术，解决了因装备结构大型化而引起的技术失真问题，并解决了特殊原燃料的适应性问题；

（2）开发的国际上首套大比例超大型无排灰立式和卧式两种旁路放风骤冷器及其系统，避免了器壁结皮堵塞，解决了大型工程旁路放风存在的环境差、占地面积大、难于布置的技术难题，满足了超大规模烧成系统应用特殊原燃料的安全与环保要求；

（3）开发的万吨级回转窑采用了双驱动、双挡轮装置和强制润滑系统，解决了单边传动和单点定位导致的应力过于集中对材质、设计、加工要求高和润滑过程中油膜形

成不均匀的技术难题；研发的万吨级高温辊式熟料破碎机满足了万吨级水泥生产线的需要；

（4）研发的专用多介质多通道离散式低 NO_x 燃烧器、分解炉燃料分级燃烧技术，显著降低了 NO_x 的排放；

（5）开发的含放风需求的多组分非线性规划配料程序，解决了多组分原料（原料数可达10种）的快速优化配料难题。

本项目针对不同的原燃料和环境条件，研发出了具有自主知识产权的日产万吨级新型干法水泥熟料烧成技术及装备，成功应用于沙特SCC二条生产线和河南天瑞水泥集团生产线。经使用表明，当采用6级预热器时，系统出口废气温度可控制在280±10℃（燃油时270±10℃）内，系统阻力≤5500Pa，熟料烧成热耗：放风量为25%时为3084kJ/kg-cl；当采用5级预热器时，热耗为2915kJ/kg-cl。该成果综合技术水平居国际领先。

该成果的研发推动了我国水泥工业大型生产线技术进步，为实现我国水泥工业超越和引领世界水泥工业发展奠定基础；为实施走出去战略起到重要支撑。

4.LRMS46.4矿渣立磨装备及技术的研究

由溧阳中材重型机器有限公司和中材装备集团有限公司南京分公司共同完成的“LRMS46.4矿渣立磨装备及技术的研究”项目，于2012年5月通过中国建筑材料联合会组织的成果鉴定。

其主要技术成果和创新点如下：

（1）自主研发的相同规格四辊可成对切换、互为主辅辊的机构，提高了磨辊系统的运行可靠性；

（2）开发了循环料与矿渣原料分区入磨工艺技术，克服了进料口易堵塞现象，提高了立磨系统运行的平稳性和运转率；

（3）优化了磨辊限位缓冲装置，在油缸上应用了减震器，有效地降低了磨机的振动，延长了构件的寿命；

（4）研发的磨内主动除铁技术，降低了粉磨部件的金属消耗和维修费用，提高了粉磨效率。

该装备和技术经在江苏友邦新型建材有限公司应用一年表明，当矿渣微粉的比表面积≥450m²/kg时，产量≥90t/h，系统电耗≤39kWh/t；设备运行稳定可靠，维护方便，控制简捷，主要技术经济指标达到国际先进水平。

本成果的研发对固废资源综合利用和水泥工业节能减排意义重大，经济社会效益显著。

5.水泥工业用立式磨配套轴承组的研制

由西北轴承股份有限公司研制的“水泥工业用立磨轴承组”新产品，于2012年7月通过了由中国建筑材料联合会组织的新产品鉴定。

该产品是西北轴承股份有限公司自主研发、制造的水泥工业用立磨轴承组。其主要特点及创新点如下：

（1）设计上选择GCr15SiMn、GCr15SiMo及G20Cr2Ni4A真空脱气钢材料，同时应用自主开发的CAD软件和有限元分析进行优化产品结构和技术参数，提高了轴承组寿命、可靠性及耐冲击性能，实现了大型立磨配套轴承的国产化；

（2）设计中采用了一种新结构保持架，取消了刨边，加大了整体兜孔对滚子的包容量，消除了轴承的不可靠隐患

（3）研制的水泥工业用立磨轴承组主要性能指标达到国内先进，部分性能指标优于国外同类产品。

水泥工业用立磨轴承组经宁夏机械产品质量监督检验站检测，产品完全符合现行标准，通过用户2007年装机使用至今，运行状况良好，轴承运转正常，质量稳定可靠，所有产品温升正常。

该产品的研制成功，改变了立磨配套轴承依赖进口的局面，降低了产品的制造成本，性价比高，市场前景广阔。

6.水泥工业用高效节能离心风机

冀东日彰风机公司承担研发的“水泥工业用高效节能离心风机”新产品，2012年4月通过了由河北省科技成果转化服务中心组织的成果鉴定。

冀东日彰风机的“水泥工业用高效节能离心风机”新产品成果，是在采用日本风机技术的基础上进行再创新。通过现场调研、理论分析、优化设计、加工制造等手段，提出了风机设计优化、改进工艺等环节的方法与措施，研发的风机具有结构合理、工艺性好、性能稳定、工作安全可靠、噪声低、调节性能好、维护方便等优点。

鉴定委员会认为：该新产品对水泥工业用离心风机节能降耗、提高使用寿命效果明显，在同类产品中达到国内领先水平。

该新产品在冀东集团各水泥企业应用，取得了很好的节能效果和经济效益。

7.JLW730大型立式双行星减速机新产品应用

由重庆齿轮箱有限公司研制的JLW730大型立式双行星减速机新产品，于2012年10月通过了重庆市工信委组织的产品鉴定。

鉴定委员会对JLW730立式减速机的使用情况进行了评审鉴定，一致认为：该减速机在芜湖海螺世界首条12000t/d水泥熟料生产线大型立磨上应用，经过一年的使用，运行良好，温度、噪音及振动等优于设计指标，与国际同类产品相比，其适应性更强，主要技术指标达到国际先进水平，可替代进口。

8.利用工业废弃物生产水泥熟料技术

由南京建通水泥技术开发有限公司研发、完成的“利

用工业废弃物生产水泥熟料技术”项目，于2012年10月通过了由工信部组织，中国资源综合利用协会、中国水泥协会参与的科技项目成果鉴定会。

鉴定委员会得出如下鉴定结论：

（1）石嘴山惠磊建材公司100%利用电石渣、双氰胺渣等工业废弃物作为原料，用工业废水代替全部成球生产用水，成功生产硅酸盐水泥熟料，在国内外均属首创；

（2）该生产线已投入正常生产，根据建材工业环境监测中心的标定结果，每吨可比熟料综合标准煤耗46.29kg、综合电耗39.87kWh；每立方米窑系统颗粒物、二氧化碳、二氧化硫、氮氧化物排放浓度分别为23.8mg、310mg、43mg、160mg；熟料3天抗压强度为27.5MPa；熟料28天抗压强度为55.9MPa；

（3）该技术综合经济技术指标达到国内外先进水平，其中工业废弃物利用率以及氮氧化物和二氧化碳排放指标属国内领先水平；

（4）该技术利用工业废弃物、工业废水，利用低品位煤矸石烘干高水分物料，不仅在JT窑，并且在整个水泥行业，乃至其他工业领域均有很高的推广价值。

9.“CWF集成式煤粉定量控制系统”项目

由合肥院固泰自动化公司承担的“CWF集成式煤粉定量控制系统”项目，于2012年12月通过了安徽省科技厅组织的专家鉴定。

关键技术及主要创新点如下：

（1）该项目具有创新的间隙锁风、多层密封、轴承密封预判和负压抽吸等技术，保证了系统的长期、可靠、稳定的运行，具有使用寿命长、故障率低、维护简单的特点。在同类系统中首次采用带前馈功能的自动控制系统，实现了系统的高精度计量和高抗干扰能力。自主研发的集成式系统，优化了内部结构设计，工艺参数选取合理，结构更加紧凑，能适应复杂工况的需求。

（2）系统主要技术指标：①给料范围：0.5～40t/h ②计量精度：优于±0.5% ③系统控制精度：优于±1.0%，主要技术指标达到同类系统的国际先进水平。

该项目成果可以完全替代国外同类产品，经国内外建材、冶金、电力、有色等行业多家企业实际使用效果良好，取得了明显的经济、社会效益。

10.MFT480大型中心传动磨机减速机开发应用

由南京高精齿轮集团有限公司开发的MFT480大型中心传动磨机减速机产品于2012年12月通过了由江苏省经信委组织的产品鉴定会。

MFT480磨机减速机最大传递功率为4 800kW，是南高齿国内首次进行自主设计制造的最大功率、最大速比的三级减速磨机减速机。中心传动磨机减速机是水泥厂的关键设备，该产品的推出适应了水泥生产线装备日益大型化的需求。

其创新点是：开发设计充分吸收了国外同类产品的设计、制造和使用经验，产品关键零部件运用ANSYS分析与校验，并采用重载齿轮齿形修形技术及均载技术，具有大功率、高精度、大扭矩、传动平稳等特点。

鉴定委员会一致认为，MFT480磨机减速机产品技术处于国内领先水平，整机性能达到国际同类产品先进水平。该产品首制完成时间为2008年，并出口至菲律宾，其后亦出口至孟加拉国。经用户使用，反映良好。

11.水泥行业粉煤灰综合利用——粉煤灰的大型化粉磨与分选技术

由合肥水泥研究设计院粉体科技装备有限公司承担的国家科技部科研院所技术开发研究专项资金资助项目“水泥行业粉煤灰综合利用——粉煤灰的大型化粉磨与分选技术（编号为2008EG132267）”，于2012年12月通过了安徽省科技厅组织的鉴定会。

通过数值模拟分析和工业试验，对粉煤灰的生产工艺系统进行深入的研究，研发出大型DS(F)高效选粉机、球磨机内部装置和外加剂等技术，实现了对粉煤灰资源化利用。

其关键技术创新及主要成果如下：

（1）采用前置分选闭路粉磨系统，集成了单分选和单细磨两者的优势，优化了工艺流程与参数，减少了过粉磨，提高了粉磨系统效率和成品品质；

（2）自主研发的带有新型撒料盘、新型转子密封结构、涡流消除装置、变截面叶片的高效分级转子以及异型导向叶片、新型进风装置等，提高了处理量和选粉效率。单机处理量达160t/h以上，选粉效率大于85%；

（3）研制的粉煤灰磨内多项结构与装置，有效地控制了物料流速，改善了磨内工况，提高了粉磨效率，降低了电耗；

（4）研制的天然混合无机物与有机物合成的外加剂，成本低廉，有效地降低了粉煤灰需水比，改善了粉煤灰的性能；

（5）该项目取得发明专利1项，实用新型专利4项。

经在福建大唐国际宁德电厂36万t/年一级粉煤灰生产线上应用证明，粉磨电耗为17.95kWh/t，成品灰细度（45μm筛余）为6.8%，烧失量为1.98%，活性指数为72.3%，达到GB/T 1596—2005中一级粉煤灰的要求。研发的粉煤灰大型化粉磨与分选装备和系统技术为国内首创，主要技术经济指标达到国际同类系统先进水平，经济和社会效益显著。

12. 水泥工业节能高效除尘器关键部件优化

由合肥水泥设计研究院中亚环保科技有限公司承担的安徽省科技计划项目“水泥工业节能高效除尘器关键部件优化（编号为11010402102）”项目，于2012年12月通过了安徽省科技厅组织的验收暨鉴定会。

该项目通过对袋除尘器进风气流均布、喷吹系统、壳体、袋笼、顶部密封保温门的优化和研发及数控技术在花板加工中的应用；通过对电除尘器壳体、气流均布系统、预收尘装置、进出口喇叭、阴阳级系统、振打清灰系统、平衡式限压限载装置、防烟气旁路和二次扬尘、灰斗装置与输灰系统的优化和研发，实现了节材、节能，提高了设备的运行效率和除尘效果。本项目获得3项发明专利、3项实用新型专利。

其具有如下创新点：

（1）壳体、内部隔板采用TF保护板加工工艺；

（2）袋除尘器采用惯性预收尘气流均布技术、新型带有鱼鳞状导流装置滤袋袋笼、采用新型顶部密封防水保温门和“Y”型胶条进行密封、防水、保温；

（3）电除尘器采用多重导流与折流组合预收尘装置、优化配置多区独立悬挂阳极系统、组合样式燕尾垂流放电阴极系统和平衡压差式限压装置。

怀宁上峰水泥有限公司的实际运行数据和安庆市环境监测中心站监测结果表明：窑尾袋式除尘器出口烟尘排放浓度 14.87mg/Nm^3、运行阻力 ≤ 1000Pa；窑头电除尘器出口烟尘排放浓度 11.73mg/Nm^3、运行阻力≤ 300Pa；设备投资降低20%；设备随主机运转率为100%。

专家组认为该项目研发的上述技术的袋、电除尘器为国内首创，具有节材、节能、高效的特点，主要技术指标达到国内领先水平。其经济效益、环境效益和社会效益显着。

13. 助磨剂分子／官能团组合设计及功能型液体水泥助磨剂的研究与应用

由中国矿业大学（北京）主持完成的“助磨剂分子／官能团组合设计及功能型液体水泥助磨剂的研究与应用”项目，于2012年12月在北京通过了教育部组织的科技成果鉴定。

鉴定委员会一致认为，项目在分子／官能团结构的水平上研究了助磨剂分子的设计、官能团的组装和组合设计及其对水泥粉磨特性和水化特性的影响，开辟了一条崭新的研究路线，初步探明了其作用机制，取得了丰硕的研究成果和良好的应用效果。项目整体技术达到国际领先水平，对于我国水泥工业的节能减排降耗、促进资源综合利用、提升水泥产品品质，进而实现水泥工业可持续发展起到积极的作用。

项目推广得到了山东宏艺、唐山龙亿、北京金隅、山西平朔等业内龙头核心企业的资金支助和技术协作，为本项目的加速研发特别是快速产业化起到了积极的推动作用。

五、重点科技成果推广应用情况介绍

为了加快科技成果在全行业推广应用，实现科技成果产业化，中国水泥协会和成果研究单位密切合作分别采用会议宣传或专题推介会的形式宣传推广，取得了较好效果。这些科技成果的推广应用，有效地提升行业技术水平，促进行业节能减排，推动行业转型升级。

2012年7月中国水泥协会在江苏徐州举办了第五届中国水泥企业总工程师论坛。重点推广2011年建材科技奖水泥行业的技术和装备获奖部分成果，如大型新型干法水泥生产线粉磨关键装备的研发与应用、KGP新型水泥熟料辊式破碎机、水泥窑炉 NO_x 减排及技术选择等。

2012年8月中国水泥协会在广州举办了第六届矿山年会暨水泥矿山产业延伸、节能减排技术论坛。重点推广了先进适用的采矿技术和装备、石灰石矿山运输设备及矿山产业延伸综合利用技术等。

2012年9月中国水泥协会在河北省石家庄市召开了利用新式立磨（HRM）技术改造老旧粉磨系统现场推介会，会议就新式立磨技术和改造传统粉磨系统应用案例进行了专题宣传推介。会议的举办有效地推进了水泥企业在粉磨系统上实现节能减排。

根据行业科技成果推广应用情况，选择近年来行业重点关注的有代表性的几项成果做介绍。

1. 高固气比悬浮预热分解技术推广应用情况

高固气比悬浮预热分解技术——“XDL水泥熟料煅烧新工艺”是由西安建筑科技大学经多年艰苦努力和不断探索，在系统理论创新的基础上开发的原创性水泥煅烧技术。该技术通过增加物料换热器和反应器中的固气比，强化气、固两相的换热传质和反应，使换热器和反应器的效率大大提高，产量大幅度增加，热耗进一步降低，有害气体排放大大减少，是一项可用于粉体物料热处理的普适性系统技术。2010年10月该技术成功应用于陕西阳山庄2500t/d水泥熟料生产线上，取得了较好的效果。2011年1月，中国建材联合会主持召开了“陕西阳山庄2500t/d水泥熟料高固气比悬浮煅烧新工艺成果汇报会”，参会领导专家对此项技术给予了充分肯定，认为该工艺构思新颖、过程简洁可靠，同时投资省、热效率高，对于改造中国现有新型干法生产线、进一步提高全国水泥工业的整体能源利用水平具有重要意义。2011年5月陕西省科技厅对技术进行了科技成果鉴定，与会专家也给予了高度评价。通过鉴定后，行业有关科研部门、水泥企业对该技术给予了极大的关注，多家水泥企业与研发单位进行交流，对该项目开展参观调研工作。

目前，该技术的推广应用进展相对比较缓慢，应用该技术的大中型规模熟料生产线（2500t/d及以上）企业还不多，比例很低。因此，需要加快在大中型规模生产线（技改或新建）的推广速度，提高该技术的应用比例。该技术仍需要通过生产线的实践数据进一步完善其理论，在生产运行中不断完善工艺技术和装备。据了解，目前开展前期工作和正在建设的2500～5000t/d生产线有10余条，预计将有2条5000t/d生产线在今年6～7月份投产。如果在5000t/d规模的生产线能够连续稳定运行，并取得良好的技术经济指标，标志着该技术走向更加成熟。

2. 高效能熟料烧成关键技术推广应用情况

此技术是由合肥水泥研究设计院利用仿真技术改进优化烧成系统而开发的高能效熟料烧成关键技术。该技术通过仿真研究，优化了预热器、分解炉、换热管道、撒料器等，进一步提高了热效率，同时开发了高效的第四代冷却机、高效节能燃烧器，并首次成功应用在陕西宝鸡众喜金陵河水泥有限公司5000t/d（五级预热器）新型干法水泥生产示范线上，2010年通过工程验收。经过一年多的运行考核，于2011年12月通过了中国建材联合会组织的科技成果鉴定，鉴定结论如下：主要技术经济指标达到国际先进水平，对我国水泥工业的技术进步、节能减排及结构调整意义重大，对新型干法水泥生产线的建设和技术改造具有示范作用。

宝鸡众喜金陵河水泥有限公司5000t/d（五级预热器）新型干法水泥示范线，经国家建筑材料工业水泥能效环保评价检验测试中心标定：熟料产量5816t/d，熟料烧成热耗2939.77kJ/kg-cl，预热器出口温度280℃，三次风温度1080℃，出冷却机熟料温度93℃，冷却机热回收效率76.18%。

高能效熟料烧成关键技术在示范线成功使用，表明可提高了烧成系统的热效率，降低能耗。该成果得到了业界专家一致的认可，很多家企业对此项技术给予极大关注，并参观调研实际应用厂家。合肥院通过互动交流和实例的宣传，近两年该技术推广速度较快，取得了较好应用效果。该技术目前已在南方水泥、华润水泥、中联水泥、亚东水泥、红狮水泥、声威水泥、青松建化、祁连山水泥、众喜水泥、龙元建设、春驰集团等大企业（集团）四十余条生产线得到成功应用并取得了良好的效果，为行业推进节能减排工作做出了贡献。

典型的应用案例如下：

（1）江西玉山南方水泥有限公司2500t/d（五级预热器）烧成系统劣质无烟煤（发热量20074kJ/kg）改造项目，经国家建筑材料工业水泥能效环保评价检验测试中心标定：熟料产量3217t/d，熟料烧成热耗3037kJ/kg-cl，预热器出口温度296℃，三次风温度1010℃。被中建材南方水泥集团授予“南方水泥示范线”。

（2）华润水泥（漳平）有限公司2500t/d生产线，采用无烟煤煅烧（挥发份2%～4%），2011年生产熟料103.16万吨，熟料标准煤耗104.49kg/t。2012年6月南京工业大学的标定报告显示，该生产线熟料产量达3184t/d，熟料烧成热耗3040kJ/kg（727kcal/kg）。

3. 水泥窑氮氧化物减排技术推广应用

《国家环境保护“十二五”规划》明确提出了氮氧化物减排目标，对水泥行业提出“新型干法水泥窑要进行低氮燃烧技术改造，新建水泥生产线要安装脱氮效率不低于60%的脱硝设施”。水泥工业氮氧化物减排势在必行，目前水泥企业已经行动起来，积极推进水泥窑的氮氧化物减排工作。行业内科研设计单位也已经开发出了有效的减排技术和装备（低氮燃烧技术、SNCR技术），为行业开展氮氧化物减排奠定了技术基支撑。

由中材天津水泥院和中材湘潭水泥公司共同研发的降低水泥窑氮氧化物排放技术在5000t/d生产线上成功应用，运行效果良好，其脱氮效率可达到30%～60%左右，通过不同的脱氮技术组合，可实现其排放浓度可达到500mg/m^{3}以下。该技术为组合脱氮技术（即低氮燃烧器+分解炉分级燃烧+SNCR技术），已经通过了行业组织的鉴定，并获得了2012年度建材行业科技进步二等奖。通过对该技术的宣传交流，多年研究的脱硝技术成果得到多家业主的认可。目前该技术已经在水泥行业内快速推广，截止到2012年底共签署水泥窑脱硝合同（选择性非催化还原技术SNCR和空气分级燃烧），生产线数达82条，总合同金额超过2亿元，该技术推广普及率逐年提高。另外，江苏科行集团开发的脱氮技术（SNCR技术）也在水泥行业内快速推广，据了解已经投入运行或在建的脱氮设施有十几条生产线。运行设施的减排效果明显，可有效实现减排，达到排放浓度在500mg/m^{3}以下。

该技术的推广应用，为完成我国水泥工业氮氧化物减排任务将做出贡献。

4. 水泥窑协同处置污泥技术推广应用

我国水泥行业从20世纪90年代后期开始了水泥窑“协同处置”生活污泥的技术研究工作。进入21世纪后，加强了与国外合作，在学习借鉴国外技术的基础上，开发出具有自己知识产权的污泥处置技术，并开始工业化应用试验。“十一五”期间开展了工业化大规模实用处置技术应用，取得了重大突破，形成了以北京水泥有限公司、广州越堡水泥有限公司、华新宜昌水泥有限公司为代表的三种典型污泥处置工艺技术，水泥窑协同处置污泥技术应用取得了成功。

（1）宜昌模式——湿污泥直接入窑煅烧技术。该技术简单，利用现有水泥生产设备进行局部改造，加装污泥泵送系统，污泥入窑直接焚烧，处置规模为150t/d。该处置方式能力低，适用于污泥量产生量少的地区，具有投资低、建设周期短、易操作等特点，目前约有不到10条生产线在使用此项技术。如果处置收费过低、对企业无税收优惠政策，则给水泥企业造成一定的负担，将影响该项技术的推广应用。

（2）污泥干化处置技术

北水模式——利用水泥窑尾废气间接干化污泥入窑焚烧技术。采用窑尾废热烟气经导热油换热器间接干化污泥，干化污泥送入水泥窑尾烟室焚烧。

越堡模式——利用水泥窑尾废气直接干化污泥入窑焚烧技术。采用窑尾废热烟气直接烘干污泥，干化污泥送入水泥窑尾烟室焚烧。

该两项技术适宜大规模的处置污泥，技术水较平高，投资较大，适用于大中城市产污泥量大的地区。目前仅有北京水泥厂、广州越堡水泥厂两家企业在应用此项技术，设计处置量分别是500t/d、600t/d。由于建设成本高以及处置成本较高、处置收费、政策法规标准以及税收等诸多因素的影响，目前该两项技术的推广缓慢或停滞。

加快推广水泥窑协同处置污泥技术的应用，可从根本上消除了城市生活污泥对环境威胁，改善生态环境走可持续发展的道路，建议政府有关部门在水泥窑协同处置污泥上给予明确的经济和税收政策支持，以利于加快技术的推广应用。

5.HJGX奥通水泥窑用燃烧器

该产品系由郑州奥通热力工程公司自主研发的水泥窑用高效煤粉燃烧器。该燃烧器首先在富阳南方水泥有限公司5000t/d新型干法熟料生产线使用，经一年试用考核，表明具有很好的使用性能和节能效果，一次风机电机功率由原先的110kW降低到90kW，一次风量控制在8%左右，熟料烧成标煤耗平均降低2kg/t，对煤质的适用性强并可提高熟料质量。该产品通过了行业产品鉴定，其产品性能达到了国际先进水平，完全可以取代进口产品。

由于在富阳南方水泥成功的应用，起到很好的示范作用，在业界引起了关注，此项技术很快在南方水集团内部推广应用。设备制造企业采取适宜的营销策略，通过互动交流和实例的宣传，该产品得到认可。目前该产品在行业内的推广使用率迅速提高，已有100多条线在使用，普及率已经达到10%以上，为水泥工业节能减排做出了贡献。

★该篇文章发表于2013年4、5期《中国水泥》杂志。

解读中国建材与海螺集团联手合作★

中国水泥协会常务副会长、秘书长 孔祥忠

2012年12月4日，中国建材集团与安徽海螺集团在芜湖签署了“战略合作协议”，引起了行业内外的热切关注。在当前深入贯彻落实党的 “十八大”精神，促进经济增长方式的转变之际，中国水泥行业最大的两家企业开展合作，搭建优势互补、资源共享的战略平台，实现强强联合、互利共赢，这对水泥行业发展来说，具有非常重要的意义。下面就大家关注的话题谈点个人看法。

两家大集团的合作为市场开创了联动多赢的局面，为行业解决产能过剩开拓了新思路。两家大集团的合作内容主要涉及四个方面。一是技术和装备合作：按照市场化原则，互相为对方提供技术和服务，发挥海螺水泥在项目建设、设备成套、节能装备制造等方面的技术优势，为中国建材下属水泥企业的生产线建设和技改，余热发电建设和改造，垃圾焚烧、脱硝技改项目提供装备和服务。二是物流合作：在有条件的地方，依托各自优势，相互为对方企业提供煤炭供应、熟料及水泥购销服务。三是信息共享：双方保持定期交流，在各个层次建立定期会商机制，加强信息沟通和成果共享。四是国际上的合作：共同开拓国际市场。

首先，两家的战略合作的签署，有利于华东市场价格的稳定，以及对未来市场预期看好。从行业协会的角度来说，这是行业结构调整中非常值得关注和深层次研究的现象，两家集团目前是国内最大的水泥企业，此前，资本市场对他们共同开展合作并维护市场竞争秩序中，因为经营策略的差异，大家都心存疑虑。然而，我个人认为这次两家集团战略合作的签署并不仅限于内容的落实，更多的在于对行业发展方向和市场的认同，相互之间有了长期的交流和达成共识的过程。

其次，两家集团强强联手对推动水泥行业结构调整以及未来的区域市场整合，将切实奠定一个良好的基础。区域整合需要每个区域市场中的大企业达成共识，如果是形成不了共识的区域市场，即使几家大企业占有绝对市场份额也变得毫无意义。因此，两家的合作对行业市场整合起着积极的引领作用，也势必加速该区域市场的企业兼并重组进程。

第三，合作内容上来讲，两家集团的合作上升到国际合作层面要好操作一些，两家大集团如果能牵头共同挺进国际市场，带领中国水泥行业走出去，无疑历史意义重大。他们两家无论是联合投资也好、相互参股形式都不重要，能走出去最重要。中国建材在国际化人才方面占有明显优势，海螺在企业生产管理上最精细化，两家大集团通过优势互补，联合起来能动用更多的资源推动行业市场发展。不排除这次两家的合作可能为今后更大的合作内容奏响序幕。

第四，此次合作更重要的意义还在于更有利推进行业的技术创新，技术创新必须要靠企业来实现，行业协会只能提出目标和口号，执行方面还要靠企业来做。我们所有的水泥工业这么多年一路走来，所有的技术创新都是靠企业，企业是创新的主体，政府只能推动创新并为创新创造良好环境，实施、研发和应用还是以企业为主体，包括乔龙德会长提出的第二代新型干法水泥，最终也要靠水泥企业的技术创新来实现，尤其要靠像这两家大集团的参与和发挥牵头作用。

第五，由于两家大集团牵头，对整个资本市场是个利好，预示着未来占中国销量65%的最大的两个市场华东和华南地区市场未来的恶性竞争现象将减少，大大提升了整个行业的引领能力。更深入的理解，我认为两家集团能够实现合作，除了双方共同的努力，很重要的一点就是在行业产能过剩的大背景下大家都达成了共识。产能过剩的现实问题证实：在行业将面临长期过剩的情况，大企业间的市场竞争不仅仅是价格问题，更多是维护市场公平竞争的问题。价格竞争不是公平竞争的唯一内容，在法律框架下，通过行业协会的行业自律行为，维护竞争有序的市场更为重要。

合作也体现出两个大集团高度的行业责任感和社会责任感，对化解行业产能过剩也提出了一个非常好的思路。两家大集团到目前为止都或多或少违心的被一些地方政府绑架新建了很多生产线，自己也是有苦难言。国务院提出的控制增量、优化存量，旨在推进企业兼并重组，这些对未来市场都是有益的。近两三年来，中联水泥和南方水泥在延伸产业链，拓展混凝土业务方面有了长足发展，掌控的混凝土产能达到了三亿立方米，这将使得水泥企业对产品的最终使用方有了发言权，在这种情况下两家集团的战略合作为以后的实际操作留足空间，对今后发展有重大意义。所以，从行业协会角度思考，这种合作现象值得鼓励，希望其他区域市场的大企业都能效仿他们开展战略合作，把具体合作落实到实处，苦苦寻觅的产能过剩问题就会得到很好的解决。所以，产能过剩需要靠市场来解决，技术创新则要靠企业来实现。

总之，中国建材和海螺的这次合作，体现了贯彻“十八大”的创新思想和科学发展观，用创新的思维解决现实问题，从竞争走向竞合，是难能可贵的，不仅为水泥企业做出了表率，更是开出了建材行业的先河，消除了市场尤其是资本市场对未来水泥业的疑虑和担心，水泥行业会随着历史的车轮向前行。创新是解决问题的手段，不断创新带来的是长足发展。

★该篇文章发表于2013年1期《中国水泥》杂志。

学习贯彻十八大精神　推动行业转型创新发展★

中国水泥协会常务副会长、秘书长　孔祥忠

党的十八大报告首次单篇论述生态文明，提出着力推进绿色发展、循环发展、低碳发展。生态文明建设是水泥工业发展今后的主要任务。通过落实生态文明建设的指标和政策，实现抑制产能过剩、淘汰落后产能，实践科学发展观。加强生态文明建设，节能减排，技术创新，提高产业集中度，水泥工业转变经济发展方式的任务十分艰巨。

加快转变我国经济发展方式，推进经济结构战略性调整，必须促进像水泥这样的传统产业尽快向高附加值、低能耗、低污染的集约型发展方式转变，实现产业转型升级。

一、关于对“转型升级”的认识

所谓水泥企业的“转型”，应该是增长方式的转型和管理模式的转型；所谓“升级”，应该是由耗能污染的传统产业升级为具有生态环保功能的绿色产业。“转型”带来企业量的倍增、质的飞跃；“升级”预示着行业社会地位的重新定位。转型和升级是相互关联的，转型的过程伴随着升级，而升级的过程也必然涉及转型。

企业的转型升级是为了更好地使企业的发展适应市场环境、管理环境、资源环境、人文环境的变化，通过创新，重塑企业发展和竞争优势，提升企业的社会价值，实现企业可持续发展的目的，转型升级的过程就是一个不断创新的过程。因此，企业的创新能力决定了企业转型升级的程度。众多微观（企业）的转型升级成功也就实现了宏观（行业）的结构调整目的。企业是转型升级的主体。

转型升级的本质，就是通过行业转型升级实现行业结构调整、优化产业布局；通过企业转型升级实现资源优化配置，增强创新能力。所谓行业转型升级，本质上是企业转型升级。

那么水泥企业转型升级都包括哪些内容呢？笔者认为应体现在以下几个方面：

● 在企业规模上，由投资新建增加产能转为兼并重组扩大规模。控制增量、优化存量。

● 在生产方式上，由传统的耗能污染型转为现代的生态环保型。节能减排，环境保护。

● 在技术创新上，由引进和中国制造转为自主创新和中国创造。以技术赢市场以创新促升级。

● 在市场竞争上，由众多企业低价竞争转为主导企业协同供需平衡。市场协同，价值回归。

● 在产品品质上，由传统的熟料和水泥品种，转为新增骨料、商混和制品，提高水泥品质，扩大特种水泥用量。延伸产业链。

● 在国际贸易上，由产品、技术和装备出口转为海外投资。由内向型转为外向型。

● 在企业文化上，由单一追求利润转为以人为本创造和谐环境。重视企业社会责任。

● 在企业管理上，由重视生产和销售转为重视安全和职工健康。优化企业发展环境。

● 在企业资产上，由国有化、股份制转为股权多元化、上市公司公众化。资本运作。

中国水泥协会要围绕上述企业转型升级内容，脚踏实地做好引领、服务、协调工作。

二、关于对“市场协同”的认识

正对水泥行业开展的市场协同，部分行业人士和企业领导中，也包括部分地方行业协会都存在着认识上的差距。这对我们协会开展为行业争取合法权益工作带来困惑。通过联系实际学习《反垄断法》，我们认为：市场协同不是垄断市场。垄断市场包含完全竞争市场、完全垄断市场、垄断竞争市场三种形态。

完全竞争市场：就像菜市场的商贩没有控制价格的能力，水泥行业的发展长期经历了这个过程。煤炭价格、钢铁价格大于水泥价格。

完全垄断市场：完全垄断市场有以下特征：1）唯一的卖者，厂商就是行业，2）产品不能代替，3）独自决定价格，4）实行差别价格。

垄断竞争市场：是一种介于完全竞争和完全垄断之间的市场组织形式，在这种市场中，既存在着激烈的竞争，又具有垄断的因素。多个企业在市场上销售同类产品，市场的进入和退出比较容易就存在着长期的竞争；而产品的差异化和企业的规模化又造成一定的市场垄断。垄断和竞争并存。

我认为水泥行业出现的市场协同现象正是处于垄断竞争市场阶段。

市场协同的形成要具备以下条件：必要的企业规模（市场主导企业）、合理市场布局（资源优化配置）、形成了区域市场（多个主导企业掌控的市场）。我们所说的 “市场主导企业”并不具备我国反垄断法中“市场支配地位”说明的条件，即“指经营者在相关市场内具有能够控制商品价格、数量或者其他交易条件，或者能够阻碍、影响其他经营者进入相关市场能力的市场地位”。第十九条规定：（1）一个经营者在相关市场的市场份额达到 1/2；（2）两个经营者在相关市场的市场份额合计达到 2/3；（3）三个经营者在相关市场的市场份额合计达到 3/4，可以推定经营者具有市场支配地位。按照这个标准，即使以省份划分区域市场，具有市场支配地位的水泥经营者还没有出现。

因此，市场协同不是垄断市场。行业协会应该解放思想，大胆工作，理直气壮地支持企业的市场协同。

企业没有利润不是企业的目标，也不是经济发展的目的。竞争是为了技术进步，降低社会成本。

三、加强完善协会自身建设

2013 年，中国水泥协会要在内部制度上下工夫，通过制度管人、管事，形成良好的内部管理机制，为胜任“引领、协调和服务的职能”提供保障。

新修改的协会章程明确，中国水泥协会的职能定位其核心是两条，一是“引领、协调和服务的职能”；二是“自身建设和能力、素质提高的职能”。

要做到引领，就要有创新思维，预测和前瞻性的领导能力，这不是一日之功，要讲究科学发展观，加强我们协会领导和工作人员的学习，深入调查研究很重要。政策建议要有出处。强势的政府引领行业的发展都出现了各行各业的产能过剩，而行业协会的要引领传统的、产能过剩的行业，就需要领导层站得更高，看得更远。

做好“协调”是一个尽职尽责的问题，是工作态度和工作作风的体现。协调要主动，不能坐在办公室协调，要深入问题的现场，还要创新协调的方式方法。

做好“服务”更多的是个人能力的问题。每一个人都想做好工作，尽可能将事情办得尽善尽美。但能力不同，效果各异。

要完成行业协会的“引领、协调和服务的职能”，关键是二点：

一是协会有个好会长，能指明“引领”的方向；二是有一批人才，能去实施和实践，将理想变现实。

中国水泥协会在职能定位上存在的主要差距是缺少人才，高素质的人才。只有提高现有人员的素质和技能，引进必要的专业人才，调整协会工作人员的专业结构。还要注重在职人员的培训和教育，以适应做好“引领、协调和服务”的高水准要求。

★该篇文章发表于2013年2期《中国水泥》杂志。

交流 学习 借鉴 合作★

国家工业和信息化部原材料司副司长 苗治民

水泥工业是国民经济基础产业，产业关联度高，对宏观经济形势变化反应较为敏感。随着我国经济发展方式转变和结构调整的加快，水泥工业有效需求增长明显放缓，2012年全行业虽然产量仍有所增长，但均价看跌、利润大幅下降、产能利用率走低、产能过剩矛盾和资源、能源以及环境约束加剧。

近年来，我国水泥工业在技术创新、结构调整、功能拓展等方面取得了可喜进展，但由于行业还存在产业链短、信息化融合度低、水泥基材料制品发展滞后等问题，全行业万元产业值能耗依然较高，污染物排放总量仍然较大，与循环发展、绿色发展和低碳发展的要求还有较大差距。

党的十八大提出“两个一百年”奋斗目标，要求促进“四化”同步发展，发展实体经济，建设海洋强国，大力推进生态文明建设，既为我国水泥工业创造了难得的发展机遇，同时也对水泥工业的发展提出了较高的要求。当前及今后一段时间内，水泥工业要坚持稳中求进，进一步把调结构、转方式、拓功能、促和谐结合好，朝着单位生产要素和熟料产品创造的工业增加值最大化、伴生的污染物最少化方向不断迈进，逐步将行业打造成经济社会发展特别是构建循环经济产业链不可或缺的产业，并着力做好以下工作：

一是牢固树立绿色发展理念，推动水泥工业绿色发展。围绕绿色建筑需求，推动水泥、混凝土产品标准以及相关工程设计规范的制修订，发展具有“节能、减排、安全、便利和可循环”的绿色建材，推广高性能混凝土、高标号水泥，以及适合用于海洋工程建设的特种水泥。

二是采取切实措施化解产能过剩矛盾。立足国内需求，加强供给侧管理和运行检测，规范行业准入，坚持等量或减量置换，严格控制能源、资源消耗以及污染物排放总量，利用市场机制促进优胜劣汰，淘汰高消耗、高排放的落后装置，压缩竞争乏力的过剩产能。

三是发挥水泥窑独特优势，加快推进无害化协同处置城市生活垃圾和产业废弃物示范工程，积极参与区域循环经济和产业循环经济产业链构建，拓展水泥产业环保生态功能，促进水泥产业与当地经济社会和谐发展。

四是鼓励跨行业跨区域跨所有制联合重组，以水泥熟料为纽带双向延伸产业链，提高产业集中度，积极利用现代信息技术改造技术装备、优化管理模式、创新经营业态，支持发展合同管理、现代物流、电子商务等生产性服务业，提升发展质量和效益。

五是大力发展行业急需的节能减排共性技术，如氮氧化物、细颗粒物（PM2.5）治理减排技术，能源高效梯利用及低温余热发电技术，碾压与磨机高效组合粉磨技术，二氧化碳减排和综合利用技术，积极应对资源环境约束。

2013中国国际水泥峰会以“绿色水泥工业　建设美丽中国”为主题，交流成功经验、可取的模式，并结合我国国情探讨我国水泥工业绿色发展路径，有利于引导企业创新发展、加快行业技术进步、服务生态文明建设。

为此，我衷心希望与会的中外企业家，充分利用中国水泥协会为大家搭建的“中国国际水泥峰会”这一互动平台，开展广泛而深入地交流，相互学习、相互借鉴、相互合作，共同推进水泥工业的节能减排、拓展水泥工业的产能功能、创新水泥工业的发展路径、加快水泥工业的转型升级。

★该篇文章是国家工业和信息化部原材料司副司长苗治民在4月25日召开的2013年中国国际水泥峰会上的致辞。

重庆水泥困局解析★

重庆市水泥协会　马泽民

一、重庆水泥发展现状

水泥是国民经济的基础原材料，其地位和作用至今无材料可替代，但水泥又属被拉动的产业，水泥产量和消费量与国民经济发展速度、固定资产投资强度、城市化率的进度关系密切。近年来，重庆城镇化建设有了长足的发展，但这个诱导因子非但没起作用，却致重庆的水泥工业长期以来出现了一个逆增长的过程，从而陷入“生产－亏损－扩大生产－扩大亏损”的恶性循环怪圈。即使在受多重利好的2011年，在工业园区标准厂房建设，多条轨道交通线开工，开工建设公租房1350万平方米等项目的直接拉动下，水泥销售利润仅2%，低于同期全国平均水平9.3个百分点。其罪魁祸首就在于全局性、全方位的产能过剩。一方面是部分水泥企业已限产、停产；但另一方面，新增产能却屡禁不止。2011年1月，重庆市经信委下发一号文件，明确表示将停止核准新建水泥生产线项目，实际情况是，2010年重庆市水泥产能6870万吨，2011年即达到8200万吨，一年共增产能1330万吨（见表1）。从某种意义上说，重庆水泥行业的困局，即是当前我国水泥行业困局的缩影。

表1　2000～2012年重庆市投资、水泥等指标统计表

序号	年份	2000	2001	2002	2003	2004	2005	2006	2007	2008	2009	2010	2011	2012（预测）	年均递增（%）
1	GDP（万元）	1791	1977	2233	2556	3035	3468	3907	4676	5794	6530	7926	10011	11456	8.04
2	固投（万元）	656	802	996	1269	1622	2006	2452	3162	4045	5318	6935	7686	9380	11.72
3	水泥产能（万吨）	2148	2320	2548	2882	3364	3670	3585	3900	4200	5200	6870	8200	7600	8.63
4	水泥产量（万吨）	1402	1511	1680	1927	1906	2101	2534	2820	3231	3611	4598	5053	5276	5.68
5	水泥消费量（万吨）	1400	1500	1600	1800	1780	1980	2493	2610	2931	3180	4278	4793	4434	4.92
6	常住人口（万吨）	2849	2829	2815	2803	2793	2798	2808	2816	2839	2859	2885	2915	2945	0.14
7	城镇化率（%）	35.60	37.40	39.90	41.90	43.50	45.20	46.70	48.30	50.00	51.60	53.00	55.00	56.98	

说明：2012年，重庆新型干法水泥产量已占总产量的95.4%左右。

二、重庆水泥亏损之冠原因分析

2012年1～11月，重庆水泥行业亏损5.23亿元，名列全国榜首（见表2）。企业亏损面占46%，原因在哪里？

表2　重庆水泥产销量数据预统计

指标	水泥产能（万吨）	产量（万吨）		净输出量（万吨）		销售收入（万元）	销售利润（万元）
		水泥	熟料	水泥	熟料		
实现值	7600	5276	3872	647	260	1560000	-58000
同比增（%）	-7.32	4.41	12.9	333.33	9.70	-3.11	-274.70

1、重庆市水泥存在两种过剩

首先是产能过剩——水泥产品生产的供给能力大于产品市场需求能力，它对市场供需关系的影响是潜在的。重庆市自愿停窑的新型干法生产线的增加为产能过剩提供了佐证（见表3）。

表3　重庆市自愿停窑的新型干法生产线

年份	停窑线（条）	规模（t/d）						年减少熟料产量（万吨）
		600	1000	1200	2500	3200	5000	
2011	8		1	2	3	1	1	592
2012	9.5	1	1	2	2	1	2.5	766
同比增长（%）	18.75	100.00	0.00	0.00	33.33	0.00	150.00	29.4

其次是供给过剩——水泥市场的需求能力小于水泥产品的供给能力，它对市场供需关系的影响是直接的、颠覆性的。重庆市水泥产品量、价齐升局面少，2010 年后大量低价流出就是供给过剩的实证。去年净流出水泥和熟料分别为 647 万吨和 260 万吨。

2、重庆市水泥消费量出现疲软

从 2011 年起，本地水泥消费量并未随投资拉动经济而刚性增长，进一步印证了消费疲软的残酷现实。因宏观调控和投资结构调整，其水泥消费量已进入波动期(见图1、2)。

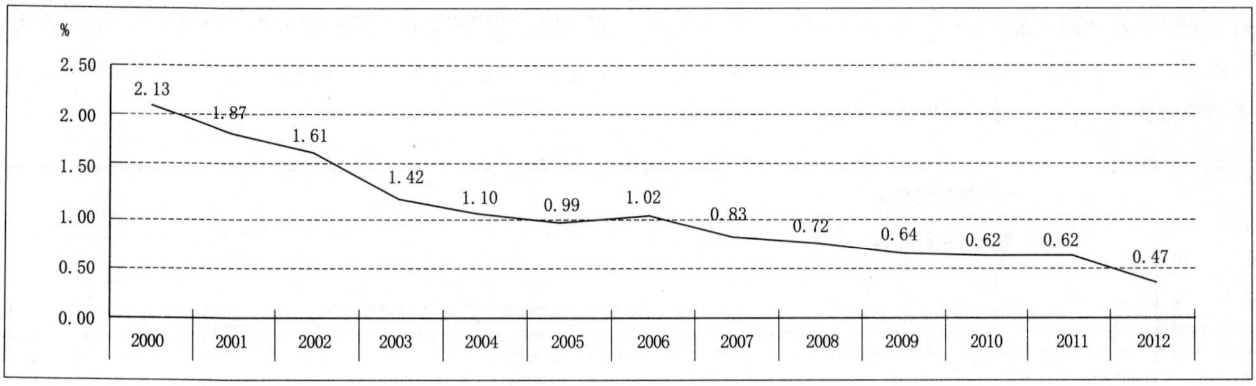

图 1 2000 ～ 2012 年亿元固定资产投资水泥消费量曲线图

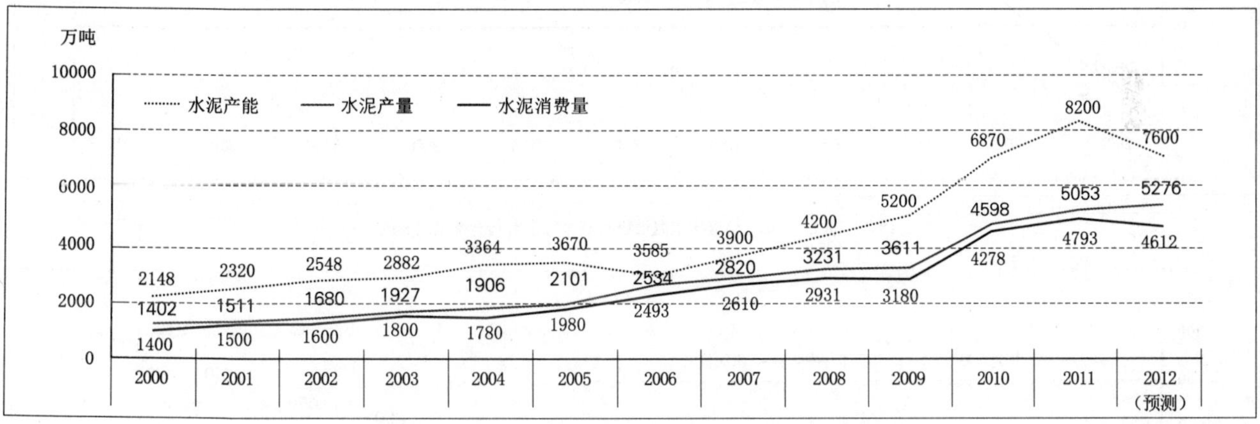

图 2 2000 ～ 2012 年我市水泥产能、产量和本地消费量曲线图

3、水泥大企业多，但集中度低

这点与我国水泥行业相似，目前国际上前 10 家水泥企业占全球产量的 60% ～ 70%，而我国前 10 家企业仅占全国产量的 10% ～ 20%。重庆最大的西南水泥，也只占全市产量的近 20%（详见表 4）。集中度低，导致企业协同议价能力低，市场控制力减弱。规律表明，集中度较高行业的平均毛利率普遍高于集中度低的行业，突破的关键在提高效率，优化资源配置，提升行业集中度是最简单最直接的手段。

表 4 重庆大企业熟料产能及分布情况

企业简称	熟料产能（万吨）	占全市 (%)	生产线（条）	平均规模 (t/d)	大企业水泥熟料区域分布及区域占比					
					一圈（万吨）	占比 (%)	北翼（万吨）	占比 (%)	南翼（万吨）	占比 (%)
全市	5345	100.00	57	3025	3124	100.00	1584	100.00	637	100.00
重庆西南水泥	1030	19.27	11	3018	589	18.85	233	14.71	208	32.65
重庆拉瑞	471	8.81	5	3040	471	15.08				
重庆冀东	508	9.50	4	4100	508	16.26				
重庆海螺	465	8.70	3	5000			465	29.36		
重庆台泥	310	5.80	2	5000	310	9.87				
重庆东方希望	853	15.96	6	4583			775	48.93	78	12.24
合计	3637	68.04	31	3784	1878	60.12	1473	93.00	286	44.90

说明：① 水泥熟料产能中含今年 3 条投产线的熟料产能；②近 10 余年统计资料分析表明，重庆“一小时经济圈”中 GDP、固定资产投资、水泥消费量都占全市三大指标总量的 70% 左右。

4、重庆水泥长期低价销售

我们可以从 2001 ～ 2011 年重庆水泥销售利润率与全国利润率比较曲线图（图 3）看出，对比全国，重庆的利润率一直呈长期背离状态。而 2007 ～ 2009 年重庆销售利润率高于全国平均水平的原因，一是 2007 年 4 季度成都集中淘汰 400 余万吨的立窑产能；二是 2008 年 5.12 四川汶川大地震，从而形成了供给小于需求的市场局面。由产大于需而导致的恶性竞争，使水泥价格一路走低，与此同时，煤炭价格的持续上扬，却使得水泥成本大幅增加，水泥企业愈发不堪重负。煤炭价格在吨水泥生产成本中一般占 40% 左右，原重庆市场卖 1 吨水泥可买 2 ～ 3 吨煤炭，现在卖 1 吨水泥仅可买 300 公斤左右煤炭（详见图 4）。1996 至 2011 年，重庆商品房造价上涨 3.7 倍，而商品房造价中水泥占比不但没有上升，反而由 9.2% 下降至 3.7%；商品房售价上涨 4 倍多，而水泥占比却下降了近 3 倍（详见图 5、6）。

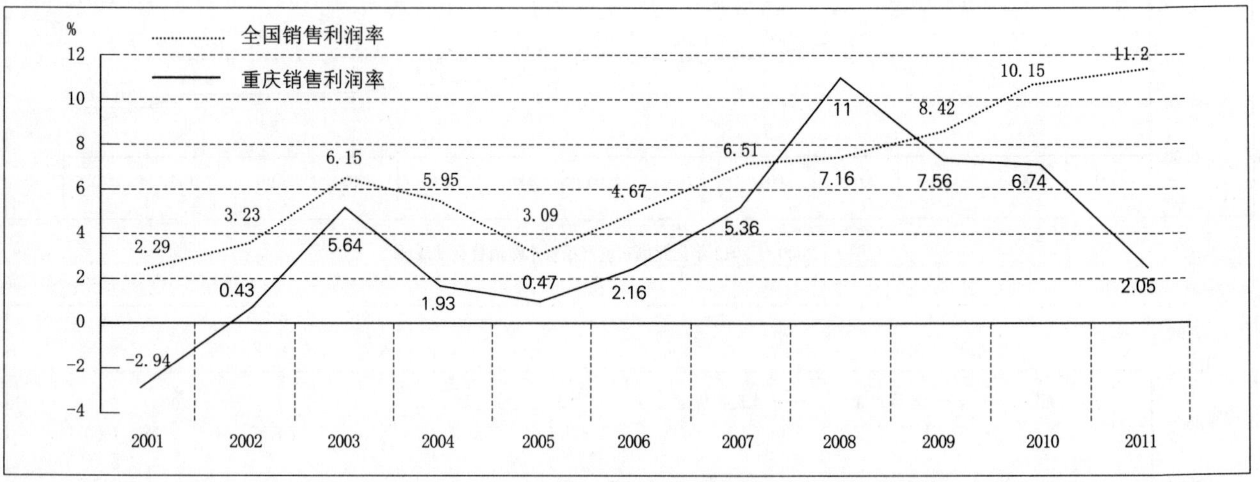

图 3　2001 ～ 2011 年重庆水泥销售利润率与全国利润率比较曲线

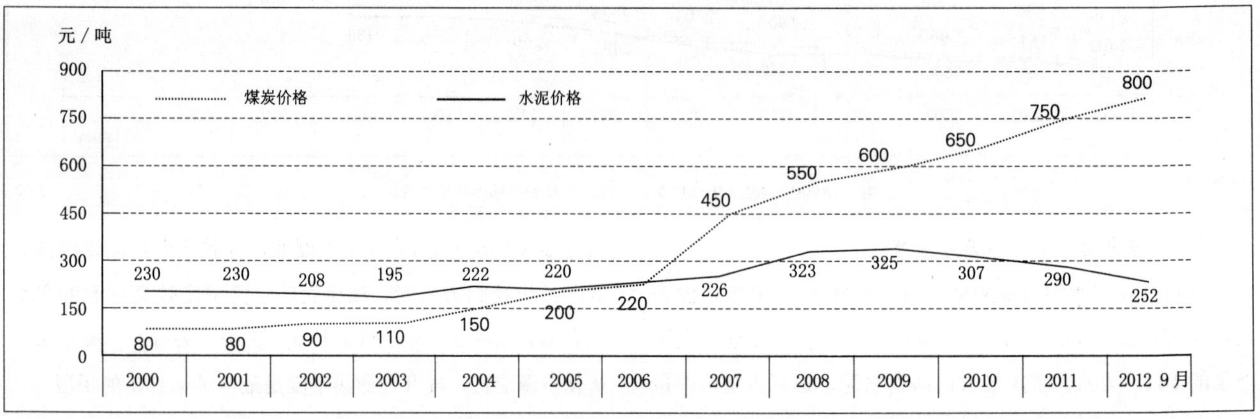

图 4　2000 ～ 2012 年重庆水泥售价与上游产品煤炭价格比较曲线图

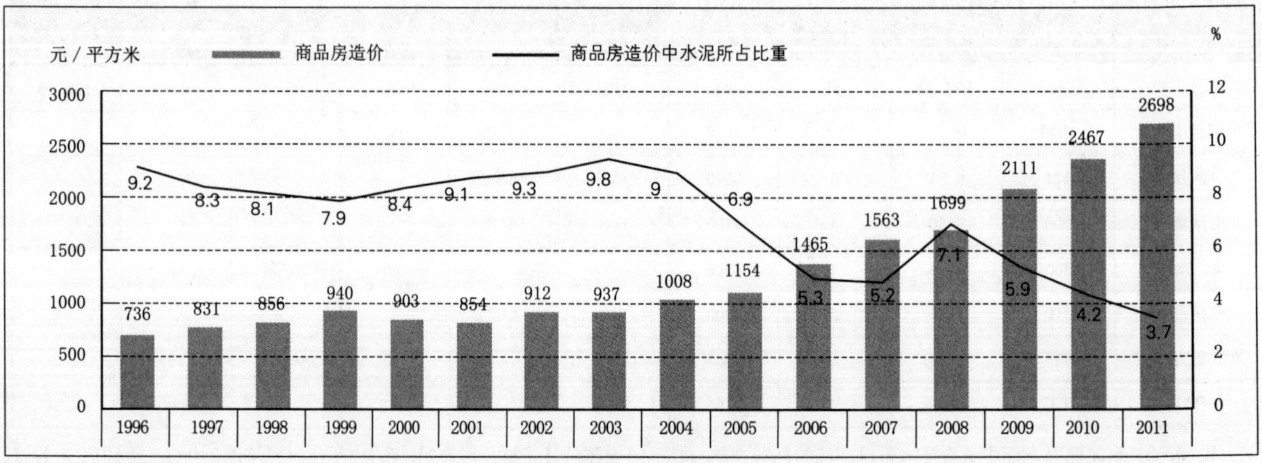

图 5　1996 ～ 2011 年水泥在商品房造价中所占比重比较曲线图

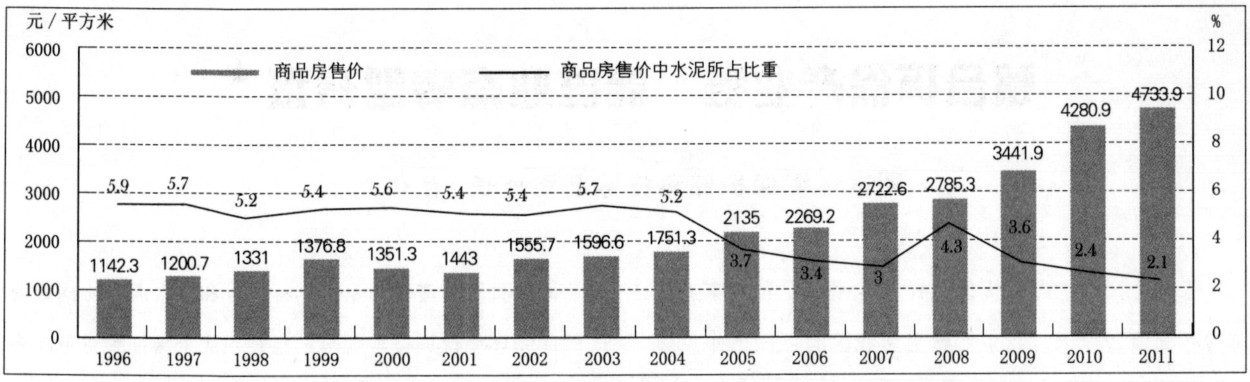

图 6　1996 ～ 2011 年水泥在商品房售价中在所占比重比较曲线图

三、重庆水泥面临生存发展四大困局

总体看，遏制新增产能政府已经发挥了决定性的作用，停止了核准新建和技改项目；以市场、行政和经济手段淘汰落后总体任务已基本完成，当前重庆水泥工业的主要矛盾是：供给过剩，价格低迷。

第一，商品市场面临卖方市场过度竞争。过去价格战发生在中、小企业之间，现在蔓延到大企业之间。让利不让市，现金流问题已成企业生命线。

第二，资产市场面临买方市场过度竞争。重组面临激烈竞争，重组目的争地盘、争市场区域控制权。大企业同抢区域内水泥企业，不仅增加重组成本，而且成功概率在降低。

第三，需求有度，抑制供给过剩并非易事。2013 年，我市将有 3 条生产线（熟料产能 410 万吨）建成投产，必然增加新的产量过剩。

我市去年自愿停窑的 2500t/d 及以上大线（熟料产能 564 万吨），重新点火投料生产随时都可发生。必然增加市场供给过剩。

第四，企业生产成本刚性上扬已成定局。首先，煤电价格占水泥生产成本 70% 左右，企业必须接受这个现实；2012 年最后一周，国家宣布一项影响深远的价格改革：自 2013 年起取消电煤价格双轨制，取消重点电煤合同，发改委不再下达年度跨省区煤炭铁路运力配置意向框架。强调继续实施煤电价格联动机制，当电煤价格波动幅度超过 5%，以年度为周期，相应调整上网电价，同时将电力企业消纳煤价波动的比例由 30% 调整为 10%。因此，对煤电价格改革难免增加企业生产成本；其次，增投资、扩内需、惠民生促经济增长的模式，企业用工必须增加工资、福利等方面支出，同样增加企业成本；再次，国家推进生态文明建设，水泥企业治理粉尘、脱硝和减排的投资及运行费用，必然增加企业成本；最后，产能过剩和供给过剩的条件下，为开拓和占领市场，企业必然增加物流成本。

四、效益至上凝聚共识

重庆市水泥工业较长时间是以调结构、汰落后、上规模、治污染为主的发展模式。多年来调整结构、技术进步的红利却被产能过剩、供给过剩、竞争过度和“量本利”的营销理念吃掉了，水泥行业并未获得到调整结构、技术进步、环保担当之后的经济效益。

2012 年，是重庆市水泥历史上最困难的一年，亏损额之大始料未及，行业内外压力非同一般。把压力变成动力正在达成共识。

一靠行业团结努力，寻求苦中有乐的日子。结束过度竞争，加强行业自律，实施节能减排、抑制供给过剩的战术合作措施，努力把经营考核模式从“量本利”转为“利本量”，经济效益才能至上。

二靠政府出手，为企业过好苦中有乐的日子创造环境。坚决不予核准以任何借口新建或技改的新增水泥熟料产能的项目，并打好淘汰落后机立窑产能的歼灭战。对超过水泥单位产品能源消耗限额的新型干法生产线要坚决采取限制用电量、降低万元 GDP 能源消耗量的措施；加强环保执法和对污染物排放监测力度，严格执行新颁布的《重庆市大气污染物综合标准》，不达标的限期整改，整改仍不达标的，收回排污许可证；加快推进兼并重组，进一步提高水泥产业集中度，减少恶性竞争。

近几年，重庆水泥行业在生态文明的建设上已经做了很大努力，仅利用废热发电一项，年发电 10 亿千瓦时以上，减少了大电网供电压力；节约标煤 42 万吨；分别减少 CO_2、SO_2、NO_X 温室气体排放各为 10 万吨、1.6 万吨和 3 万吨（见表 5）。

表 5　生态文明建设数据预统计

资源综合利用各种废弃物		治理废气建设脱硝装置（套）	协同处置废物（万吨）		废热发电年节约标煤（万吨）	年减少污染物排放量（万吨）			
						仅废热发电一项			仅脱硝一项
固体废物（万吨）	废热发电（万千瓦）		生产污水厂污泥	工业污染土壤		CO_2	SO_2	NO_X	NO_X
1580	107300	17.00	10.50	0.40	42.00	10.34	1.60	3.11	4.05

面对重庆水泥发展困局，转变观念，转变发展方式无疑成为顺应时代发展的正确选择。可以相信，重庆水泥行业拨云见日的时候终会到来！

★该篇文章发表于 2013 年 2 期《中国水泥》杂志。

整合环保产业链 促进业态转型升级★

国家环境保护部科技标准司处长 张化天

感谢会议的主办方提供这样一个平台，和大家进行沟通和交流。今天，我主要就当前我国的环保工作总体战略以及环保产业发展给水泥行业带来的挑战和机遇谈几点意见。

当前我国环境保护的总体战略是要以环境保护优化经济发展，坚持在发展中保护、在保护中发展，积极探索代价小、效益好、排放低、可持续的环境保护新道路。环境保护与经济建设日益融合，逐渐贯穿于生产、流通、分配和消费的各个环节；环境管理将从以污染防治为中心到以环境质量管理及环境风险防控为中心的战略转型。

十二五期间，除二氧化硫和COD外，氮氧化物和氨氮也被列为约束性指标。同时，颗粒物污染防治也已被纳入议事日程。这些，都将对污染排放行业的发展产生深远影响，也给相关行业的环保技术及产业的发展带来更多机遇和挑战。

同时，近年来， 我国环保产业迅速发展，已被确立为战略性新兴产业。环保产业发展将为环境保护工作提供充分的技术依托和物质基础。当前，我国环保产业正在努力超越以制造业为核心的传统产业阶段，将经历由制造业向服务业的升级转型，同时，市场对环保产业的供给能力和品质也提出了更高的要求。下一步，环境保护部将在环保服务方面采取进一步的举措，着力于通过环境服务业来整合环保产业链的各个环节，促进环保产业的业态转型和升级，推动环保产业走向市场化、专业化、多元化和国际化。

一是强化需求侧管理，把环保产业潜在市场转化为现实需求。环保部门充分结合自身职能，对环境保护工程进行全过程、全方位管理；把环境保护设施的连续、稳定、有效、达标运行纳入环境监管范畴；以六厂（场）一车（即：污水处理厂、造纸厂、畜禽养殖场、火电厂、钢铁厂、水泥厂和机动车）为重点，推动环境保护设施运营服务市场全面开放和规范管理。同时，在标准等方面也要日益加严，近期《水泥工业大气污染排放标准》（GB 4915）、《水泥窑协同处置固体废物污染控制标准》和《水泥窑协同处置固体废物环境保护技术规范》已经完成全国征求意见，将在完成下一步的审查后尽快发布。通过加强需求侧管理，充分激发环保产业市场需求、扩大市场规模。

二是完善政策措施，为环保产业健康发展提供有力保障。不断完善各项税收优惠政策，深化绿色信贷、绿色供应链、绿色采购等。近年来，环保部依托环境标志产品推动生产行业的绿色化，已经发布了环境标志产品标准-水泥。同时，我们也推动应用灵活的金融手段和投资杠杆，加大对环保企业的支持力度。

三是深化科技创新，为环保产业发展提升竞争力。积极引导、推动和参与产学研用合作，推动和依托重大科技专项等，加快关键核心环保技术和设备的研发、引进、消化、集成和创新。为了推动技术发展，我部推动编制重点行业的污染防治技术政策和最佳可行技术指南，目前水泥行业的上述文件已经进入审议阶段。同时，我部和有关部门正在积极推动设立环保先进技术示范推广专项，拟首先支持水泥行业氮氧化物减排、挥发性有机物污染防治、PM2.5控制等重点领域环保先进技术的示范，推广以及相关服务业的发展。

四是推动机制和模式创新，为环保产业升级转型提供强大动力。今后一段时期，将推动环保产业链上下游整合，形成包括咨询、土建、金融、环保设备、工程设计等环保产业链各个环节在内，能够开展全方位、大规模作战的企业集团；同时推动生产性行业例如水泥生产企业与环保产业之间的横向联合。同时，环保部也在大力推动环境服务业试点，推动中外环保产业论坛，为生产企业和环保企业搭建平台，欢迎大家积极参与。

水泥行业的环境保护是水泥行业健康，可持续发展的基础性工作，愿各界携手，共同推动。

★该篇文章是国家环境保护部科技标准司处长张化天在4月25日召开的2013年中国国际水泥峰会上的致辞。

圆梦六十年★

中国水泥协会高级顾问 高长明

听到国家主席习近平发出“中华民族伟大复兴的梦想一定能实现”的铿锵誓言，我心中激起了强烈的共鸣。这是13亿人的中国梦，作为一位从事水泥行业60年的老科技工程人员，我心里的确埋藏着一个中国梦，这就是中国要成为世界水泥强国的梦！在党和政府的正确引导下，乘着改革开放和国民经济大发展的东风，我国全体水泥行业从业人员，经历了60年曲折和艰苦的奋斗，现在看来实现我的这个中国梦已经不遥远了，美梦成真已无悬念，只是一个时间长短的问题。本人预测，今后15年左右我国将跻身国际公认的世界水泥强国！

我的世界水泥强国梦历经播种、骚动、蛰伏、发芽、生长、渴求、践行、壮大、开花， 直到现今进入最后冲刺，即将付诸实现，其结出硕果的心路过程难以尽述， 在此请容我诉说，并与业界同好共享，欢迎赐教。

我在大学三、四年级时（1953～1955年）开始接触到国际上最主要的几种欧美水泥专业期刊和文献，那是在当时的南京工学院化工系教师专用图书室看到的。得益于从小学到中学12年打下的英语基础，我被两位教授“看中”，教我从这些文献中搜集翻译整理资料，作为他们编写《水泥工艺学》等教材讲义的素材，使我开始对欧美水泥工业的概况略有所知。

1955年8月，我们班级共60人作为新中国自己培养的第一届水泥工艺专业毕业生，其中大部分被分配到了北京管庄的水泥研究院或设计院，我是分在水泥设计院的。可能是因为那时管庄有不少早年留学欧美，全国解放初期回国效力的水泥专家分别在两院担任技术领导职务，例如王涛、冯修吉、吴中伟、刘公诚、黄大能、陆宗贤、张大埜、朱祖培、周德章等前辈，两院科技图书馆收藏订阅的欧美水泥专业期刊文献较齐全。虽然读者很少，但这对我却是一个知识宝库，使我逐渐养成了长期全面地阅览欧美水泥期刊文献的习惯，对重点内容还做成卡片或笔记，建立了一套对国际水泥工业进行全面系统的跟踪式的分析研究方法，不断加深理解，从而对发达国家水泥工业的现状及其发展趋势始终保持着与日俱进的分析和认识。即使在“文化大革命”的动乱时期，这些欧美期刊文献基本上也没有中断，所以我的这个跟踪分析掌握动向的进程未受到太多影响。

应该说，从投身水泥行业的第一年，我就发现我国水泥工业与国际水平之间差距不小。那时初出茅庐头脑单纯，以为只要大家刻苦钻研大干巧干，力争早日迎头赶上还是有信心的。这个朴实敬业的梦想的种子很自然地播撒在我年轻的心田里了。

但是到了1958年“大跃进”时期，基于我对当时国际水泥工业发展情况的了解，对比我国当时却因陋就简走回头路，大搞小立窑全（农）民造水泥的情况，我着急地自问，这样干我国水泥工业何时才能达到国际水平？老实说，当时感觉十分迷茫。尽管这样，但是那个早就深埋在我心中的梦想却因逆向的强烈刺激而反弹骚动起来。迫于当时的“大气候”我不得不极力把这种骚动抑制到最小，但是梦想的念头却从未停息过。之后约有20年，这个梦想在我心中基本处于蛰伏状态，一直到1978年我国开始拨乱反正，实行改革开放，这个梦终于迎来了可以发芽生长的大好机遇。

1978年5月，英国蓝圈水泥公司应邀派出一个8人代表团来我国长沙市举办为期一周的新型干法水泥技术培训班，我国建材部派出副部长和司局长等全面领导这项活动，由全国选派了百余名中青年技术骨干参加，抽调了5位英语翻译，会务事宜均由湖南省建材局全面安排，可谓阵容不凡，部领导很重视。这项培训内容是现代水泥生产技术与装备，从矿山开采一直到水泥发运，以及自动化和环境保护等，重点是预分解窑水泥熟料烧成系统。实际上是对我国新型干法水泥生产技术的“启蒙”。但是，当时我国长期对外界先进技术发展的信息知之甚少，因而一开班大家就发现，对许多新型干法水泥技术词汇和术语的准确翻译和讲解成为培训班能否顺利进行的关键。临场急需，基于我的英语基础和对欧美水泥技术的了解与积累，很自然地我就变成了培训班的“主译讲”。同时在这一周的实践中，也将我那沉睡了28年的英语听说技能唤醒，找回了少年时代的记忆，英语会话能力较快复苏。蓝圈培训班使我预感到，我国水泥工业的“气候”将有方向性的转变，我那个发展新型干法水泥赶上国际水平的梦想似乎可以不必再小心翼翼地珍藏在心里了。这也算是一个解脱吧。我20年默默蛰伏的梦想和追求终于可以在阳光下发芽生长了，好不痛快！

1979年，联合国工发组织给我国每个部委一个名额，经其严格的英语考试合格后即可获得继续深造，借以帮助我国培养高端人才。建材部指派我去应试，经过连续7小时的考试，我有幸成为联合国第一批合格的两人中之一，获得25万美元的资助，有效期5年（最后延到8年），专门用于对诸多水泥工业较发达的世界各国进行深入考察，并对各著名的水泥及装备公司进行系统调研。这使我有机会亲临现场，面对面地深入了解并切身感受所谓世界水泥强国、跨国水泥公司和著名水泥装备供应商，以及水泥工业较发达的那些国家到底是什么模样。每次考察调研结束都向联合国工发组织提交详尽的考察报告，多次受到嘉奖。

1980年初，系列考察的第一站是日本。当时的日本可谓"如日中天"，许多世界最先进的大型水泥厂都是崭新的，厂区内建筑装备与中控室以及树木花草鱼池等一片光亮翠绿，令人羡慕。我在技术上对其心服之余，却从内心讨厌他们那种对中国同行尤显"得意"的表情。于是每当他们吹得兴高采烈之际，我就会用熟练快速的英语扯到别的话题，有意打断其"得意"并使其"结巴"一下。因为我的英语比日本工程师强得多，算是在心理上弥补一点水泥技术的差距吧。其实更重要的是，每当这种场合在我心中就会泛起一个强烈尖锐的问题，什么时候我们中国能发展到像他们那样先进？中国水泥工业什么时候能达到国际水平？对于这个问题我当时的感觉是，虽然可能还很遥远，但是已经不再迷茫了。

之后，在相继陆续进行的对美国、西德、丹麦、瑞士、巴西、英国、法国、西班牙、比利时、泰国、印尼、土耳其、加拿大、奥地利等诸国的考察调研过程中，我心中对我国何时才能跻身世界水泥强国的追问日益迫切，渴求寻找到能实现我的中国梦的方法和途径。通过相当一段时间（1985～1995年）的艰难探索与刻苦实践，我国水泥科技工程终于走上了一条正确快速发展的道路，成效初显。这使我逐渐感觉，我国从水泥大国转型提升为水泥强国已经不再是很遥远的了，主要目标和实现途径也逐步清晰起来。显然，这与我国整体经济实力的发展，各行各业现代化程度的提高，综合国力的增强是密切相关的，这些都是不可或缺的有力支撑。

从上世纪80年代后期开始，我国成套水泥技术装备产业经历了引进、消化、吸收、转化、试制、改进、创新、出口的艰辛过程，直到21世纪初期，我国终于由成套水泥技术装备的进口国提升为出口大国，国际市场份额多年维持在36%以上（按水泥产能计）。我国水泥生产的主要技术指标——熟料热耗、水泥综合电耗、劳动生产率、粉尘排放等已达到国际先进水平，水泥窑余热发电技术装备的采用率国际领先，我国新型干法水泥已达总产量的90%以上，我国水泥产量已占全球总量的58%，全世界27条已投产的日产熟料万吨级生产线我国拥有18条之多，而且都是近年新建成的；等等。这些成绩大大地缩小了我国水泥工业与世界水泥强国之间的差距。虽然我国现今还有一些短板有待克服改进，但是只要我们戒骄戒躁，再接再厉，放眼世界，知己知彼，锐意改革创新，我深信，深藏在我心中60年的水泥强国梦，再经历我国全体水泥同仁15年左右的奋斗与创新一定能够马到成功，好梦成真！我的中国梦一定能实现！

★该篇文章发表于2013年5期《中国水泥》杂志。

跻身世界水泥强国之梦★

中国水泥协会高级顾问　高长明

中国水泥人的梦

2013年流行语"中国梦"。"中国梦"具有最大限度为实现国家富强、民族复兴、人民幸福而凝聚人心的伟力，无论面对多少挑战、多大困难，始终以中华民族深厚的文化积淀和历史智慧为底蕴，给人以希望、给人以信心、给人以力量。习近平总书记近日指出，"每个人都有理想和追求，都有自己的梦想。现在，大家都在讨论中国梦，我以为，实现中华民族伟大复兴，就是中华民族近代以来最伟大的梦想。实现中华民族伟大复兴是一项光荣而艰巨的事业，需要一代又一代中国人共同为之努力。空谈误国，实干兴邦。"

对水泥行业而言，跻身世界水泥强国就是中国水泥人一直追求的梦想。

改革开放之初，我国水泥工业基础十分薄弱，立窑水泥竟仍占有全国水泥总量的80%左右，干法中法窑和湿法长窑水泥约分别占7%和13%。国际先进水平的预分解窑（我国称其为新型干法窑）在我国还是一片空白。

1990年我国水泥产量为2.1亿吨，而2012年水泥产量已达22亿吨以上，约占全球总产量的60%，更重要的是新型干法水泥的比例上升到93%。全国平均的水泥生产技术指标，主要是熟料热耗、水泥综合电耗大幅下降，而劳动生产率大幅提升，达到了国际先进水平。在成套水泥装备的设计制造供销领域，不但可以满足我国自身发展的需求，过去7～8年之内，我国已向世界50多个国家和地区成套出口了约150条新型干法水泥生产线，水泥年产能近2.7亿吨，平均约占国际成套水泥装备市场（除中国外）的36%。这些水泥生产线均运行良好，用户满意，为我国水泥工业赢得了国际声誉。同时也树立了一些中国企业的品牌，中国水泥行业国际竞争力日益增长，凸显了由水泥大国转型提升为水泥强国的发展趋势。

经过了数年来的努力，我国水泥技术装备实现了全面性的突破，极大提升了我国水泥技术装备的竞争力。与此同时，越来越多的企业成为了科技创新的主体，并在市场中培育积累了一批又一批的优秀科研人才。科技创新加速的基础已然奠定，我国水泥行业完全有能力在“十二”五期间进一步释放科技创新红利，克服转型期对传统行业带来的冲击，努力抢占未来世界水泥的制高点。

何谓世界水泥强国？其衡量标准是什么？中国水泥人要通过研讨达成共识，明确目标，共同努力。所谓世界水泥强国，国际上并没有明确的标准。这只是一个笼统的概念或是一种世界各国都公认的称谓而已。水泥强国在国际条文上并没有任何义务和权利，一切都基于该国本身的实力与水平、行动与效果，以及世人心目中对他们的形象评价；而且始终是动态的，随着时空的变化而变化。例如当今世界一般公认的水泥强国大致为德国、法国、瑞士、丹麦、美国、日本等。

梦想是我们对自己的期许，梦想是我们对应然之事的承诺，我们跻身世界水泥强国的梦想越来越近。

对标找差距 奋起学赶超

水泥生产最主要的技术经济指标在5年内要有显著提高，总体上升到一个新水平。通过对较老（2004年以前投产的）生产线的技改升级，更新换代，使其各项指标由全国平均水平提升到现今的全国先进水平；通过对较新投产生产线的科技创新、完善优化、组合集成、更新升级，使其各项指标进一步提高，创出更新更高的水平。表1列举了我国2012年水泥工业生产18项主要技经指标及其2016年的预期目标。

从下表中数据可以看出，我国现今水泥工业生产技经指标与世界水泥强国之间尚有一定差距。首先，水泥总体品质不高，32.5级水泥比例太大，混合材掺入量太多，熟料系数太低，我国实物水泥1.36吨才相当于国际平均品质水泥1吨。这些都应予改正。然而所谓取消32.5级水泥的说法，显然是不现实、不科学的，矫枉过正未免太极端化了；其次，大型水泥公司应该向社会公众提交的年度社会责任报告、环境报告和能源消耗报告严重缺失，至今只有中建材、中材、华新等几家提交了年度社会责任报告，这是很不够的；第三，对污染物排放的控制种类不齐全，缺少了27项，亟须补充制定国家标准。同样水泥企业原料矿山复垦制度也有待国家标准的出台，水泥生产操作与管理方面的自动化和智能化尚须提升到一个新的台阶；第四，产业集中度太低，水泥窑协同处置可燃废弃物——替代燃料的替代率几乎为零，基层员工完全没有带薪年假，工伤事故不透明等等，都是需要大力改进的方面。

表1 我国现今（2012）年水泥工业生产技术经济主要指标及2016年的预期目标

序号	项目及其指标	2012年		2016年		2011年国际参照值
		平均值	先进值	平均值	先进值	
1	水泥等级结构（总体品质）32.5 : 42.5 : 52.5 (%)	75 : 20 : 5		(30～35) : (60～50) : (10～15)		发达国家25 : 60 : 15
2	水泥产能利用率 (%)	72.8		76～78		德国71，美国75，日本79，墨西哥74，全球平均73
3	熟料热耗 (KJ / kg)	3400	2970	～3050	～2800	*3448；先进2950～2990
4	水泥综合电耗 (KW h / t)	～90■	83～86	～85	80～82	*96；先进82～85
5	单位污染物排放					
	粉尘 (mg / Nm^3)	100～200	20～50	50～100	＜20	*71；先进10～30
	SO_2 (mg / Nm^3)	200～250	100～150	100～150	＜50	*240；先进～80
	NO_x (mg / Nm^3)	800～1300	＜320▲	320～450	＜300	*640；先进～300▲
	TOC (mg / Nm^3)	有国家标准我国尚且没		有待制定国家标准		德国、瑞士、丹麦、荷兰、意大利1994年已有国标美国2010年大幅降低了Hg的排放标准
	HCL, HF, NH_3 (mg / Nm^3)					
	Hg (mg / Nm^3)					
	20种重金属 (mg / Nm^3)					
	呋喃和二噁英 (ng / Nm^3)					

接上表

序号	项目及其指标	2012年 平均值	2012年 先进值	2016年 平均值	2016年 先进值	2011年 国际参照值
6	散装水泥比例（%）	～53		～70		发达国家＞90
7	科研经费／销售额比例（%）	～1.0		＞1.5		丹麦、德国2～3
8	研发／工程或生产人均收入比	0.80～0.95		1.0～1.2		丹麦、德国2.0～2.5
9	全员劳动生产率（t／人.a）	～2500	～8000	＞4000	～10000	*2700；先进～10000
10	前10家产业集中度（%）	～28		＞60		发达国家60～90
11	余热发电					
	水泥窑采用率（%）	75	～90	日本～90		
	吨熟料发电量（kWh／t）	～30	34～37	～35	～40	～28kWh／t. cl. Kalina循环正准备工业验证中
12	替代燃料替代率（%）	＜0.1	3～4	＞10	≥30	*15；德国75；日本31；挪威96
13	熟料系数（%）	63.5		＞70		*72～79；德国80.2；日本82.5；美国89.1
14	单位水泥利废总量（kg／t）	385；主要是混合材；点水泥总量1/3		430；应增加替代原料和替代燃料用量		日本460；德国436；美国260；*332
15	原料矿山复垦比例（%）	～2		＞30		*70～90
16	工伤事故	我国至今仍未公开披露		这种情况应该改变		
	百万工时工伤人数					*3.74
	万名直接雇员工伤死亡人数					*1.44（每年）
17	员工带薪年假	绝大部分员工没有		逐步普及		发达国家15～30天
18	年度三大报告（社会责任、环境、能耗）的提交	仅有几家公司开始提交社会责任报告		普及到前30～60家公司		全部大型水泥公司和装备厂商都必须提交，不得有误

注：* 这些数值为世界6强跨国水泥公司的平均值或范围；■ 该值已换算为P·042.5水泥的电耗；▲ 已采用SNCR脱硝措施。

必须强调，现今我国最重要的应该是水泥等级（品质）结构的大调整，因其涉及水泥—混凝土—建筑行业之间的利益分配、国家土建标准修订等一系列问题，如何科学地确定一个兼顾历史、现实与未来，以及国家与各有关行业利益的最佳平衡点，政府的决策和引导是关键，估计完成这项大调整可能需要5年或更多时日。

但是在熟料热耗、水泥综合电耗、粉尘、SO_2、NO_X排放控制和全员劳动生产率等方面我国已达到了国际先进水平，尤其是余热发电，我国的采用率和吨熟料发电量已超越发达国家，而且在国际市场上已显露了实力。不过由丹麦史密斯公司提供的6000t/d水泥窑的卡琳娜（Kalina）循环余热发电系统正在巴基斯坦和阿联酋的两家水泥厂安装之中，该系统是否能后来居上，将余热发电提升到一个更新的水平，尚须拭目以待。

创新加大BAT项目权重

德国和欧盟的权威机构每隔一定时间就会公布一批经审核认可的水泥BAT（最佳实用技术）项目，进入BAT目录的项目大都具有不同程度的知识产权属性，是经过生产实践检验后，公正地推荐给用户的经济、先进又十分实用的技术。因此该BAT权重实质上就是原创性科技创新能力的量化指标。

有朝一日，我国的水泥技术项目能在该BAT目录中享有一定的权重，就可以从这一个侧面证明我国不愧为世界水泥强国。或许有人会问，我国不是也有专利、鉴定、评选、授奖等，为什么拿外国的BAT为准？这里并非笔者妄自菲薄，实在是苦于我国当今的实际情况，良莠不齐，鱼目混珠，诚信不足，有时使人不知所从，难以准确判断。例如某些首长工程项目，学术不端，捧场式或兼绑架式鉴定，商业性评选，授奖等，在潜规则的作用下获取“殊荣”；加之可以任意自封的“独立自主研发创新”，“完整独家知识产权”，“国内国际领先”等桂冠，疏于监管。这种知识产权在国内的诚信度和公信力本身就不高。我们怎能把他们拿到国际台面上去呢？这里提出暂且以德国BAT目录为准，实属无奈之举。更是期盼我国真正拥有自主知识产权的项目能早日进入德国BAT目录，而且日益增长其权重。当我国的BAT目录享有世界公认的权威性与公信力时，我们进一步的任务才是超越和引领世界水泥工业。显然，这项任务比前一项提高国际市场净利润份额的难度要大得多，须要倍加努力。

从薄利多销到优质优价

近年来，我国在国际市场成套水泥装备生产线销售份额已达36%～38%，这是按水泥产能计的。如果按EP（工艺设计、全套装备供应和技术服务）的合同金额计，我国的份额就将下降到20%多一点，有的业主还规定部分关键设备要从欧洲转口。如果按净利润计，恐怕就会降到10%以下了（尚未扣除各种风险损失）。因为我国打进这个市场的营销策略原本就是“多供价廉、薄利多销”。其他老牌的水泥装备供应商只提供EP，而我国大都是提供EPC，多了一项水泥厂的全部土建工程设计与施工，是一套完整的“交钥匙”工程。所以，我国在国际市场上所赚取的这点利润是十分辛苦的。干了很多EPC项目，付出了大量人力、物力、财力、环境、能源、资源等代价换回的只是一份辛苦钱。

如果说“薄利多销”是我国打进国际市场所必须经历的一个过程，那么今后我们应该可以而且必须转向市场经济所推崇的“优质优价， 利益最大化”经营理念，优质优价是品牌和信心的表现。相反地，中国产品如果物美而价太廉则是一种自我贬值，得不偿失。笔者相信，我国成套水泥装备即使以后不再那么便宜，仍然会有一定的国际市场份额，这样才能逐步地提高利润率，巩固市场地位，才是世界一流水泥装备供应商应有的风范。

其实逐步转向“优质优价”的问题，中材国际前几年已经意识到了，而且正在改进之中，须要审时度势，把握好时机和分寸，不能操之过急。我国真正能够像老牌供应商那样实现利益最大化（少干而纯利不减多少）那样，恐怕尚需时日。

走出国门赢得话语权

我国海螺集团和中国建材集团，虽然在国内水泥年产量已分别接近2～3亿吨，但在海外的产量仍有待开拓扩大，才能跻身世界跨国水泥巨头。这与我国当今“走出去”的战略是一致的。我国一些大型水泥集团已经开展了这方面的工作，取得了较好的效果和经验。现今的任务就是在掌握好投资环境和投资效益的前提下，采取各种投融资方式，尽可能地规避风险，较快地扩大海外水泥产能和产量。相对而言，这项工作我国可能还比较熟悉，具有一定经验，成效也可能会稍快一些。

不言而喻，为了开拓做好、做实、做优上述国内外的各项工作，我国急需一大批高素质有经验的专业人才队伍，要从高等教育开始，建立实践锻炼和继续深造相辅相成的人才培训机制，造就可持续发展的人才梯队，适应我国提升为世界水泥强国以及不断发展之需。没有相当数量的合格人才这项系统工程是难以办成办好的。

我国应该在水泥行业主要国际机构或组织中占有有一定的席位，参与各种工作及其活动，讨论协商或拟定政策，甚至决策，逐渐赢得话语权，发挥影响力。

水泥行业主要国际机构或组织一直都是由欧洲主导（或垄断）的。联合国世界企业可持续发展理事会（WBCSD）所属的水泥可持续发展倡议组织（CSI）的历届负责人全都是欧美人士担任。当前我国首先要处理好与实为辖及世界水泥，但又名为欧洲水泥统计局（Cembureau）之间的互相接触交往与交流合作关系。或许可以通过CSI来启动这一工作。但是从长计议，当条件成熟时，我国是否要考虑发起成立世界水泥工业协会这样名正言顺的国际机构，犹如世界玻璃工业协会那样。这些都是须要有一个通盘的思考与谋划。

当今世界上有两个十分重要的国际水泥技术大会，一是美国电气与电子工程师学会（IEEE）所属的水泥专业委员会和美国波特兰水泥协会（PCA）共同主办的，每年在美国举办一次，2012年为第54届，参会人数一般约800人，提交论文约30篇，大会内容涉及水泥生产过程的各个领域，以水泥工艺、 机械装备和自动化、智能化为主。另一是德国水泥工厂联合会（VDZ）和《国际水泥—石灰—石膏》（International ZKG）杂志社联合主办的，每10年左右召开一次，预计2020年前后将举办第7届大会，每届大会的主题报告（1人）和专题报告（5人）均邀请世界级专家学者撰写宣讲，对各议题回顾过去10年的成果，展望未来10年的发展，指导价值高，时效性长，尤其是对许多新兴国家的引领作用更显著、更实用。审评入选的论文约50篇，参会人数超过1000人。这是当今世界最权威最高水平的水泥生产技术大会，已有60年的历史，每届都在VDZ和ZKG所在地，德国水泥科技圣地——杜塞多夫市举行。“两会”是我国进入和了解国际水泥技术及其高级专家的重要窗口，然而30多年来却极少在“两会”上见到我国水泥界人士的身影。这种情况应该抓紧改变。

在媒体方面，我国至少要筹备创办1～2份英文版水泥期刊和网站，重点报道我国和世界水泥工业的现状和发展、重大新闻、科技成果、国际会议等，广泛开展国际交流与合作，建立人脉网络，提升国际影响力。

梦在前方 路在脚下

为了早日实现我国跻身世界水泥强国的目标，以上所阐述的各项工作内容可能比较广泛，要求也比较高。很明显这些并非所有的世界水泥强国都必须达到或能够做到的，只要大部分做到了也就可以获得世人的公认。

应该指出，在世界水泥强国中唯独德国已经基本上全面达到了上述各项“标准”。实践表明，半个世纪以来，在水泥工业许多重要领域中，德国经常是先行者。假如一定要有一位“领头羊”的话，人们都会很自然地把德国视为诸强之首，仅此而已。事实上国际水泥界对这一“领头羊”的称号并不太在意，行胜于言嘛。我们要向德国看齐，主要目的是树立一个具体的标杆，构筑一个总体框架，以利全盘部署，有效推进。

现今老牌的世界水泥强国的确感到了来自中国的竞争压力，他们的应对策略之一，就是投我所好，夸大吹捧我们的“功绩”和“强大”，企望多少可以对我们起到一些自满麻痹作用。与之同时，在他们心里却另有一番盘算，那就是我国花了很大力气和代价，干了不少工程项目，但是最后从他们那里分享到的纯利份额却很少（<10%）。这种竞争方式是难以持久的。更重要的是我国自主研发、创新的机制亟待根本性改革，研发投入偏少，原创性的科技创新能力的成长壮大尚须一定时日。加之我国至今基本上仍在国际重要机构和组织的门槛之外……所以他们似乎还可以不必真的那么“紧张”。不管他们的真实意图如何，其实这种流露对我国确是一个很好的提醒：我国跻身世界水泥强国是一项十分艰巨的综合性的系统工程，是在一个全世界时空范围内的质的飞跃，需要更大的智慧和更坚韧的毅力，难度不可低估，实属任重道远！我们充满信心，一定能完成这一光荣艰巨的历史使命。

中国作为一个新崛起的世界人口与经济大国，许多第二产业都面临由大变强的转型。通过全国约100万全体水泥行业员工的创新拼搏与努力工作，在我国重化工行业中率先5～6年跻身世界水泥强国是很有可能的，但是想象水泥行业会一枝独秀遥遥领先于其他重化工行业的概率不会太高。毕竟每一行业的由大变强最主要的都必须依赖于国家综合实力、绿色GDP、公民福利与生活水平等方面的强盛作为支撑的，这是一个整体的国家效应的体现，并非某一个行业单独奋斗所能胜任的。

跻身世界水泥强国不是梦，但需要我们全体水泥人不懈地努力。

★该篇文章发表于2013年2期《中国水泥》杂志。

关于《反垄断法》的合规应用★

中国水泥协会法律专务 罗颖娴

今年正值《反垄断法》施行五周年，有关《反垄断法》的执法工作都在如火如荼地进行。从LCD液晶面板案到茅台五粮液案再到对合生元等六家乳企的天价罚款单，如此令人关注的反垄断执法工作也让人深刻感受到《反垄断法》正在经济生活中发挥着越来越重要的作用。为提高水泥行业的法律合规意识，进一步规范企业经营行为，现就《反垄断法》合规应用问题与大家进行探讨。

2008年8月1日《反垄断法》正式施行，作为一部制止垄断的专门法律，它与《价格法》共同构成价格主管部门行政执法的基本依据。在这些法律层级之下，国务院发布了与反垄断相关的行政法规《国务院关于经营者集中申报标准的规定》。另外还有一系列反垄断的配套部门规章，如国家发改委先后制定了《反价格垄断行政执法程序规定》和《反价格垄断规定》两部规章；商务部也制定了《经营者集中申报办法》、《经营者集中审查办法》等六个部门规章；国家工商总局制定了两部程序规章与三部实体规章，分别为《查处垄断协议、滥用市场支配地位案件程序规定》、《禁止垄断协议行为的规定》等。这些部门规章极大地提升了《反垄断法》的可操作性，对于有效地实施《反垄断法》起到了举足轻重的作用。

《反垄断法》的主要内容可以分为四个部分，宗旨、垄断行为界定、执法机构、调查及处罚。

《反垄断法》的宗旨，体现在《反垄断法》的第一条：为了预防和制止垄断行为，保护市场公平竞争，提高经济运行效率，维护消费者利益和社会公共利益，促进社会主义市场经济健康发展，制定本法。这里可以看出，《反垄断法》保护的核心利益是消费者和社会公共利益，目标在于维护市场公平竞争。

《反垄断法》中关于垄断行为分为三类，即《反垄断法》第三条：本法规定的垄断行为包括：（一）经营者达成垄断协议；（二）经营者滥用市场支配地位；（三）具有或者可能具有排除、限制竞争效果的经营者集中。学术界还将《反垄断法》第五章滥用行政权力排除、限制竞争作为垄断行为的一种，即行政垄断。其中，最需要注意的是第一种垄断行为，《反垄断法》第十三条所列举的垄断协议。垄断协议，是指排除、限制竞争的协议、决定或者其他协同行为。《反垄断法》第十三条规定：禁止具有竞争关系的经营者达成下列垄断协议：其中一是固定或者变更商品价格；二是限制商品的生产数量或者销售数量。此条规定即为禁止有关价格的横向垄断协议。反垄断第十四条规定：禁止经营者与交易相对人达成固定向第三人转售价格或限定向第三人转售最低价格的纵向垄断协议。第二种垄断行为，经营者滥用市场支配地位，包括两方面主要内容，市场支配地位的推定及滥用市场支配行为。有下列情形之一的，可以推定经营者具有市场支配地位：（一）一个经营者在相关市场的市场份额达到二分之一的；（二）两个经营者在相关市场的市场份额合计达到三分之二的；（三）三个经营者在相关市场的市场份额合计达到四分之三的。以此类推，有前款情形，其中有的经营者市场份额不足十分之一的，不应当推定具有市场支配地位。具备市场支配地位并不为《反垄断法》所禁止，《反垄断法》禁止的是滥用支配地位的行为，即以不公平的高价销售商品或者以不公平的低价购买商品，没有正当理由，拒绝与交易相对人进行交易等行为。第三种垄断行为，即具有或者可能具有排除、限制竞争效果的经营者集中，经营者集中达到国务院规定的申报标准的，经营者应当事先向商务部申报，未申报的不得实施集中。商务部对经营者集中申报的审查结果有三种，不予禁止、附限制条件批准及禁止。经营者集中具有或者可能具有排除、限制竞争效果的，商务部应当作出禁止经营者集中的决定。但是，经营者能够证明该集中对竞争产生的有利影响明显大于不利影响，或者符合社会公共利益的，商务部可以作出对经营者集中不予禁止的决定，对不予禁止的经营者集中，商务部可以决定附加减少集中对竞争产生不利影响的限制性条件。最后一种是行政垄断，行政垄断在《反垄断法》第五章做出了具体规定，行政机关和法律、法规授权的具有管理公共事务职能的组织不得滥用行政权力实施限制、排除竞争的行为。

《反垄断法》中关于反垄断机构的规定比较原则化，《反垄断法》第九条规定：国务院设立反垄断委员会，负责组织、协调、指导反垄断工作。第十条规定：国务院规定的承担反垄断执法职责的机构负责反垄断执法工作。反垄断委员会主要负责的是研究拟定有关竞争政策，组织调查、评估市场总体竞争状况，发布评估报告等组织、指导性的工作，并不直接参与反垄断执法，具体的反垄断执法由以下三个部委的专设部门完成，一个是发改委的价格监督与反垄断局，即本次展开对水泥行业反垄断调研的机构，它负责调查与价格有关的垄断行为；一个是工商总局的反垄断和反不正当竞争执法局，负责除价格垄断行为以外的垄断协议、滥用市场支配地位的具体反垄断执法；还有一个是商务部的反垄断局，专门负责审查经营者集中这一块。对于滥用行政权力排除、限制竞争的行为，反垄断执法机关可以向有关主管机关提出依法处理的建议。

《反垄断法》关于反垄断执法机构的调查权可见第三十九条规定。反垄断执法机构调查涉嫌垄断行为，可以采取下列措施，归结起来为：检查场所；询问被调查的经营者；查阅、复制文件、资料；查封、扣押相关证据；查询银行账户。在处罚方面，有关达成反垄断协议的处罚可见《反垄断法》第四十六条规定，经营者达成并实施垄断协议的，由反垄断执法机构责令停止违法行为，没收违法所得，并处上一年度销售额百分之一以上百分之十以下的罚款；行业协会组织本行业的经营者达成垄断协议的，反垄断执法机构可以处五十万元以下的罚款；情节严重的，社会团体登记管理机关可以依法撤销登记。

针对正式立案调查的反垄断案件，有以下反垄断调查救济措施：一般来说，被调查的经营者在被调查期间可以积极向执法机关就企业行为正当性抗辩。《反垄断法》第十五条规定，经营者能够证明所达成的协议属于下列情形之一的，不适用本法第十三条、第十四条的规定：其中（四）为实现节约能源、保护环境、救灾救助等社会公共利益的；（五）因经济不景气，为缓解销售量严重下降或者生产明显过剩的。属于前款情形，不认定为垄断，但经营者还应当证明所达成的协议不会严重限制相关市场的竞争，并且能够使消费者分享由此产生的利益。一般来说，反垄断执法机构对于豁免的适用是非常审慎的，对于垄断协议如何适用正当性豁免，业内尚未达成共识。

同时，被调查经营者也可以根据案情向反垄断执法机关“自首”或者“申请中止调查”。反垄断调查中的“自首”指的是被调查的经营者主动向执法机关报告案情，并提供重要证据，并依据主动交代的态度和提供证据的立功表现获得执法机关减免其处罚的行为。我国反垄断法律法规都规定了实施垄断协议的经营者的“宽恕”制度。根据《反垄断法》第四十六条的规定，经营者“主动向反垄断执法机构报告达成垄断协议的有关情况并提供重要证据的，可以酌情减轻或者免除对该经营者的处罚。”对于价格垄断协议行为，发改委在2010年颁布的《反价格垄断行政执法程序规定》第十四条中规定“经营者主动向政府价格主管部门报告达成价格垄断协议的有关情况并提供重要证据的，政府价格主管部门可以酌情减轻或者免除对该经营者的处罚。第一个主动报告达成价格垄断协议的有关情况并提供重要证据的，可以免除处罚；第二个主动报告达成价格垄断协议的有关情况并提供重要证据的，可以按照不低于50%的幅度减轻处罚；其他主动报告达成价格垄断协议的有关情况并提供重要证据的，可以按照不高于50%的幅度减轻处罚。”《反垄断法》中的申请中止调查是根据《反垄断法》第四十五条的规定，对反垄断执法机构调查的涉嫌垄断行为，被调查的经营者承诺在反垄断执法机构认可的期限内采取具体措施消除该行为后果的，反垄断机构可以决定中止调查，并应当对经营者履行承诺的情况进行监督。如果经营者履行承诺的，反垄断法执法机构可以决定终止调查，如果经营者有未履行承诺等情形，执法机构应当恢复调查。

如果反垄断执法机关已经作出行政处罚决定，被处罚经营者可以根据《反垄断法》第五十三条的规定就该行政处罚决定提起行政复议或者提起行政诉讼。受理行政复议的机构要视作出行政处罚决定的主体而定。对于反垄断执法机构作出的行政处罚决定不服的，被罚经营者也可以直接向法院就该行政处罚决定提起行政诉讼。

联系水泥行业的发展来看《反垄断法》合规问题。2012年底全国水泥生产能力已达30.7亿吨，水泥产量22.1亿吨，产能利用率仅有72%，而正常值在79%～83%之间，可见水泥行业产能已是严重过剩。在这一背景下我们来看企业限产的自律行为，一是要明白这一行为从表面上看与《反垄断法》第十三条的规定存在冲突之处，倡导各协会、企业提高法律意识，避免价格协同、联合限制产量的行为，通过促进联合重组、推进节能减排、提高行业准入门槛等工作，创建一个健康的市场竞争环境。二是希望有关政府部门在强调市场竞争的同时，也要看到水泥行业高度分散，低价倾销的现象长期存在，行业盈利能力低，需要给予水泥行业适应经济转型和调整产业结构的时间，各方共同努力谋求水泥行业进一步的健康发展。

★该篇文章发表于2013年9期《中国水泥》杂志。

水泥工业应对排放新标准的技术探讨★

合肥水泥研究设计院环保工程公司　郑青／何宏涛

《水泥工业大气污染物排放标准》（GB4915-2004）是我国水泥工业环境管理的重要依据，在“十一五”污染减排工作中发挥了重要作用。为适应“十二五”环境管理需求，加强对颗粒物、SO_2、NO_x等的排放控制，国家环境保护部将其列为2012年标准制修订计划重点项目，已由中国环境科学研究院牵头，合肥水泥研究设计院作为主要参加单位开展了标准修订的工作。目前已完成标准送审稿的专家审议工作。水泥工业如何应对即将颁布的排放新标准是我们无法回避的现实问题，从科研设计单位，到装备制造单位，尤其是水泥生产企业都应该做好应对准备。

一、标准修订的主要内容

（一）标准修订的主要内容

1．进一步降低颗粒物排放水平

现行标准颗粒物排放控制要求为：回转窑等热力设备50mg/m^3，水泥磨等冷态操作30mg/m^3，达到了国际较先进的控制水平。但也应看到，目前除尘技术发展很快，采用高效静电或布袋除尘技术可进一步降低颗粒物排放至20～30mg/m^3，甚至10mg/m^{3}以下，且技术已相当成熟，为标准提高颗粒物排放控制要求创造了条件。

2．严格水泥工业NO_x控制

目前我国水泥工业的NO_x排放约占全国总排放量的10%～12%，按全国抽样调查的统计平均结果以及污染源普查的排污系数计算，每吨熟料排放约1.6kgNO_x，按2011年14亿吨新型干法熟料产能计算，满负荷生产可排放NO_x224万吨（2011年实际排放NO_x约190万吨），是继火电厂、机动车之后的第三大排放源。随着“十二五”期间我国对NO_x实施总量控制，水泥行业的脱硝要求成为大势所趋。为此，有必要在现行标准基础上提高NO_x排放控制要求，促进水泥行业采取有效的NO_x控制措施。

现行标准NO_x排放浓度为800mg/m^3，这是基于水泥窑良好运行控制的通常排放水平。按照规划要求，新建生产线要求综合脱硝60%以上，排放浓度应限制在300～400mg/m^3，达到美国、欧洲的先进控制水平。

3．水泥窑协同处置固体废物执行统一的标准

现行标准对水泥窑焚烧处置危险废物有明确排放限制要求，但不完整，也不包括利用水泥生产设施（水泥窑、水泥磨等）协同处置一般工业固体废物、城市垃圾、污泥、受污染土壤等内容，而后者日益受到重视，相关污染控制标准、规范正在制订完善中。

本标准规定：“利用水泥生产设施协同处置危险废物、城市污水处理厂污泥、生活垃圾等，除执行本标准外，还

应同时执行国家相应的污染控制标准、规范的规定。”

（二）送审稿确定的大气污染物排放限值

以下排放标准的时段是按初定颁布实施日2013年7月1日为基准进行确定的。

1. 现有企业在2014年7月1日前仍执行GB 4915-2004。自2014年7月1日起至2016年6月30日止，现有企业执行表1规定的大气污染物排放限值。

2. 自2016年7月1日起，现有企业执行表2规定的大气污染物排放限值。

3. 自2013年7月1日起，新建企业执行表2规定的大气污染物排放限值。

4. 重点地区企业执行表3规定的大气污染物特别排放限值。执行特别排放限值的时间和地域范围由国务院环境保护行政主管部门或省级人民政府规定。

表1 现有企业大气污染物排放限值 单位：mg/m^3

生产过程	生产设备	颗粒物	二氧化硫	氮氧化物（以NO_2计）	氟化物（以总F计）	氨
矿山开采	破碎机及其他通风生产设备	30	—	—	—	—
水泥制造	水泥窑及窑磨一体机	50	200	500	5	10⁽¹⁾
	烘干机、烘干磨、煤磨及冷却机	50	850⁽²⁾	400⁽²⁾	—	—
	破碎机、磨机、包装机及其他通风生产设备	30	—	—	—	—
散装水泥中转站及水泥制品生产	水泥仓及其他通风生产设备	30	—	—	—	—

注：(1) 适用于使用含氨还原剂用于烟气脱硝。
(2) 适用于采用独立热源的烘干设备。

表2 现有企业大气污染物排放限值 单位：mg/m^3

生产过程	生产设备	颗粒物	二氧化硫	氮氧化物（以NO_2计）	氟化物（以总F计）	氨
矿山开采	破碎机及其他通风生产设备	20	—	—	—	—
水泥制造	水泥窑及窑磨一体机	30	100	现有400 新建320	5	10⁽¹⁾
	烘干机、烘干磨、煤磨及冷却机	30	600⁽²⁾	400⁽²⁾	—	—
	破碎机、磨机、包装机及其他通风生产设备	20	—	—	—	—
散装水泥中转站及水泥制品生产	水泥仓及其他通风生产设备	20	—	—	—	—

注：(1) 适用于使用含氨还原剂用于烟气脱硝。
(2) 适用于采用独立热源的烘干设备。

表3 大气污染物特别排放限值 单位：mg/m^3

生产过程	生产设备	颗粒物	二氧化硫	氮氧化物（以NO_2计）	氟化物（以总F计）	氨
矿山开采	破碎机及其他通风生产设备	10	—	—	—	—
水泥制造	水泥窑及窑磨一体机	20	50	200	3	8⁽¹⁾
	烘干机、烘干磨、煤磨及冷却机	20	400⁽²⁾	300⁽²⁾	—	—
	破碎机、磨机、包装机及其他通风生产设备	10	—	—	—	—
散装水泥中转站及水泥制品生产	水泥仓及其他通风生产设备	10	—	—	—	—

注：(1) 适用于使用含氨还原剂用于烟气脱硝。
(2) 适用于采用独立热源的烘干设备。

二、应对即将颁布的排放新标准的技术探讨

（一）颗粒物治理方面应对技术措施

1. 对于新建水泥生产线的技术措施

拟颁布的新标准要求，热力设备排放限值为$30mg/Nm^3$，通风设备排放限值$20mg/Nm^3$，为达到新标准排放限值要求，水泥厂只能采用高效袋除尘器和高效电除尘器作为终处理设备。根据新型干法水泥生产工艺情况和袋、电除尘器的各自性能特点，对各除尘设备进行优化选型，下面对各工艺设备的除尘技术措施进行分析。

（1）水泥窑尾及窑尾余热利用系统的除尘技术措施

新型干法水泥窑的颗粒物初始浓度约30～$80mg/m^3$，根据窑尾含尘废气特性，需要采取“烟气调质（或余热利用）＋袋

除尘器或静电除尘器”方案，排放浓度可低于 30mg/Nm^3，除尘效率大于 99.9%。

窑尾袋除尘器目前有反吹风型袋除尘器、在线脉冲喷吹袋除尘器和低压长袋脉冲袋除尘器三种类型，由于低压长袋脉冲袋除尘器具有除尘效率高、节约能耗、占地面积小、运行稳定、性能可靠等特点，已成为水泥窑尾除尘的首选类型。国内以合肥院、天津院和河南中材环保为代表的研究制造单位对此做了大量工作。

窑尾还可以选用静电除尘器，通常为四级电场以上，主要有 BS 系列电除尘器或 CDPK-E 系列电除尘器。

（2）烘干机、烘干磨、煤磨、冷却机的除尘技术措施

熟料冷却机（窑头）、烘干机（磨）、煤磨对物料进行冷却或烘干操作，属一般热力过程。

对于窑头冷却机除尘，需要采取“烟气调质降温（或余热利用）＋袋除尘器或静电除尘器”方案。袋除尘器通常选用低压长袋脉冲袋除尘器，滤料选用诺梅克斯（Nomex）或诺梅克斯渗膜滤料，建议净过滤风速分别取≤ 1.0m/min。

对于烘干机除尘，可选用在线高压脉喷袋除尘器、气箱脉冲袋除尘器和低压长袋脉冲喷吹袋除尘器，根据烘干物料和含尘废气特性选择合适的耐高温耐腐蚀滤料，如玻纤膨体纱、亚克力（丙烯腈均聚体）、P84（聚亚酰胺）或防油防水涤纶针刺毡滤料，最好选用以上滤料的覆膜滤料。当选用玻纤膨体纱滤料、P84 滤料、玻纤覆膜滤料、P84 覆膜滤料时，过滤风速建议取值依次分别为：≤ 0.5m/min、≤ 1.0m/min、≤ 1.0m/min、≤ 1.0 m/min。值得提醒的是，在设计选型时建议不再选用以往经常用的反吹风型烘干机袋除尘器，因为其结构特点和清灰方式，很难确保排放浓度能低于 30mg/Nm^3。

对于煤粉制备系统，可采用气箱脉冲煤磨袋除尘器、在线高压脉喷煤磨袋除尘器或低压长袋脉喷防爆袋除尘器，滤料建议选用抗静电涤纶针刺毡覆膜滤料，净过滤风速建议取值为≤ 1.0m/min。

（3）其他通风生产设备的除尘技术措施

水泥厂其他通风生产设备，如矿山开采的破碎机；水泥厂的破碎机、磨机、包装机、储库库顶和库底、输送转运点；散装水泥中转站、水泥制品厂的水泥仓，均属于冷态操作过程。除水泥磨外，一般风量较小、废气性质稳定、易于处理，采用袋除尘是最佳选择。

对于处理风量小于 10000m^3/h 的除尘点建议选用单机袋式除尘器，滤料选用普通涤纶针刺毡滤料或涤纶针刺毡覆膜滤料。脉喷单机袋式除尘器，其具有体积小、设备结构紧凑、工艺布置方便、可动部件少、控制简单、故障率低等特点。

对于水泥磨、破碎机、包装机除尘，可选用气箱脉冲袋除尘器或在线高压脉喷袋除尘器，推荐选用气箱脉冲袋除尘器。气箱脉冲袋除尘器是在引进美国 Fuler 公司袋收尘器技术的基础上研制的，它集分室反吹和喷吹脉冲等收尘器的优点，克服了分室反吹时动能强度不够和喷吹脉冲清灰过滤同时进行的缺点，具有处理风量范围广、能处理高浓度含尘气体、工艺流程简单、清灰动能大、清灰彻底、除尘效率高等突出优点，出口排放可确保 20mg/Nm^3 以下，采用覆膜滤料可实现低于 10mg/Nm^3。在用于水泥磨等高浓度含尘废气除尘时，选用涤纶针刺毡和涤纶针刺毡覆膜滤料的净过滤风速建议取值分别为≤ 0.90m/min、≤ 1.0m/min，其他可根据含尘浓度、除尘器类型、滤料材质等不同选取不同的过滤风速。

2. 对于现有企业的技术措施

对于现有水泥企业，有一小部分企业和项目，当初在工程设计选型时在环保技术和装备上要求较高，选用了高效的袋、电除尘器，能满足新标准要求，但现有大部分生产企业，特别是早期兴建的一些水泥厂，由于当时保投控制等原因，往往存在环保投入亏欠、环保设施不完善等问题，再加之早期的排放标准要求较低，所选用的除尘设施也是按照过去的标准设计的产品和方案，因此难以满足目前标准的要求。为了使现有水泥厂满足新的排放标准要求，必须从两个方面加强工作，一是非技术层面，加强管理，树立环保意识。二是技术层面，采用新技术、新材料，对主要排放污染物和主要排放点进行改造治理，使之达到排放要求。

水泥生产线的各个环节，可以分为无组织排放粉尘的治理和有组织排放粉尘的治理。无组织排放主要是指原燃料堆场堆棚等场所产生的粉尘，粉尘的发生有偶然性和不可控制性，要治理该粉尘，许多厂短期的权宜之计多采用喷水法使之减少扬尘，但该方法不能从根本上解决，且在实际操作中亦不好控制，效果不太理想。因此要彻底解决，采取的主要方法多为对无组织排放加以控制，使之变为有组织排放，然后加以治理，如密闭储存场所、改变工艺取消堆场等方法。

水泥厂生产工艺设备排放的粉尘，多为有组织排放，因此对其治理的方法就是采取根据不同的工况选用相应的除尘设施进行治理。其主要难点主要为水泥回转窑窑头窑尾废气的治理。

按照拟颁布的新标准要求，自 2016 年 7 月 1 日起，现有企业执行与新建企业同样的排放限值，热力设备排放限值为 30mg/Nm^3，通风设备排放限值 20mg/Nm^3。

除尘改造技术主要有四种方式：（1）“袋改袋”即袋除尘器升级优化改造；（2）“电改电”即电除尘器升级优化改造；（3）“电改袋”即电除尘器改造为袋除尘器；（4）电改“电一袋”即电除尘器改造为“电一袋”复合除尘器。

●“袋改袋”技术

改造的技术手段如下：

（1）更换过滤材料

对于热力设备用袋除尘器，按照排放限值30mg/Nm^3要求，更换方案如下：

①水泥窑尾用低压长袋脉冲袋除尘器的滤料更换为玻纤覆膜、P84和P84纤维复合针刺毡覆膜等滤料；

②水泥窑头用低压长袋脉冲袋除尘器的滤料更换为诺梅克斯（Nomex）或诺梅克斯渗膜滤料；

③烘干机用袋除尘器的滤料更换为玻纤覆膜；

④煤粉袋除尘器滤料更换为抗静电涤纶针刺毡覆膜滤料。

对于通风设备用袋除尘器，按照拟定排放限值20mg/Nm^3要求，综合达标可靠性和成本经济性两方面，水泥粉磨、破碎、包装等通风设备用袋除尘器的滤料更换为涤纶针刺毡覆膜。

采用覆膜滤料取代普通滤料，覆膜滤料属表面过滤，过滤风速高、阻力低、使用寿命长、收尘效率很高。采用热压合（定压、定温条件下）工艺的国产覆膜滤料能满足标准要求。

（2）更换（强化）清灰方式

用高能型脉冲清灰取代中能型机械摇动及低能型反吹清灰，提高处理能力和除尘效率。根据原来除尘器的壳体结构和清灰方式，将清灰系统改造更换为气箱脉冲或在线高压脉冲清灰方式，除尘器结构做相应局部改造。

（3）用新型结构取代老式结构

老式的机械回转反吹袋收尘器和反吹风袋收尘器存在清灰强度弱、除尘效率低、不能达标排放等诸多缺点。可采用新型气箱脉冲袋除尘器或新型高压脉冲喷吹袋除尘器来进行改造，该除尘器能直接处理较高含尘浓度和高黏度的粉尘，特别适用生料磨和水泥磨采用回转反吹收尘器或反吹风收尘器的改造。

●“电改电”技术

“电改为电”有三种改造途径：

（1）在原有电除尘器仍有使用价值的情况下，串联或并联一台新的电除尘器；

（2）在原有电除尘器基础上增大电除尘器（包括加长，加宽和加高）；

（3）保留原电除尘器外壳，利用先进技术对内部核心部件改造，提高收尘效果。

●“电改袋”技术

考虑到原有的电除尘器壳体、灰斗、管道、承重基础、物料输送系统都可以保留、沿用，从确保双目标、工期及综合效益考虑，“留壳改仁”，其内设置技术成熟、性能先进的低压长袋脉冲袋式除尘器的方案是最佳选择。

对于现有窑尾电收尘器，可直接将电收尘器改为低压长袋脉冲袋收尘器，滤料可选用P84、玻纤覆膜和复合毡覆膜滤料等。

对于现有窑头电收尘器，为了排放达标，需将窑头现有电收尘器改为低压长袋脉冲袋收尘器，即拆除现有电除尘器的上壳体及内部构件，增加袋式收尘系统、清灰系统、净气室等必备部件和控制系统，改造为布袋除尘器，其中滤料选用诺梅克斯（Nomex）或诺梅克斯渗膜滤料。因篦冷机余风工况不稳定等特点，致使袋收尘器入口温度波动大，为了保护滤袋使袋收尘器正常运行，须在袋收尘器前增设多管冷却器或余热发电系统，原有风机须进行改造。

●电改“电一袋”复合技术

“电一袋”收尘器，就是在收尘器的前部设置一个收尘电场，发挥电收尘器在第一电场能收集80%～90%粉尘的优点，收集烟尘中的大部分粉尘，而在收尘器的后部装设滤袋，使含尘浓度低的烟气通过滤袋，这样可以大大降低滤袋的阻力，延长喷吹周期，缩短脉冲宽度，降低喷吹压力，从而大大延长滤袋的寿命。

在保持原壳体不变的情况下进行改造，包括保留第一电场和进、出气喇叭口、气体分布板、下灰斗、排灰拉链机等。其他电场改为袋室，在此顶上安装上部箱体。该设备可以采用在线清灰，也可以采用离线清灰。

将电收尘器改造为“电一袋”收尘器后，由于滤袋阻力较电收尘高，所以原有尾部风机的风压需提高。此外，为满足增产的需要，风机风量也需提高。风机改造有两种方式：一是更换风机或加长风叶；另一方法是适当提高转速，以满足新的风压、风量要求。

（二）氮氧化物治理技术措施探讨

NO和NO_2是水泥窑NO_x排放的主要成分（NO约占95%），主要有两种形成机理：（1）热力型NO_x；（2）燃料型NO_x。水泥生产中，热力型NO_x的排放是主要的。因水泥窑内的烧结温度高、过剩空气量大，NO_x排放会很多。调查统计的初始浓度范围大多在800～1200mg/m^3（80%都在1000mg/m^3以下）。一些新型干法窑采取了低NO_x燃烧器，控制分解炉燃烧产生还原性气氛，使NO_x部分被还原，排放浓度可降低到500～800mg/m^3。

目前开发的NO_x控制技术有低NO_x燃烧器、分级燃烧、添加矿化剂、工艺优化控制（系统均衡稳定运行）等一次措施，以及选择性非催化还原技术（SNCR）、选择性催化还原技术（SCR）等二次措施。欧洲技术表明，综合使用这些技术措施后（SCR除外），排放控制水平应达到200～500mg/m^3，若使用SCR技术，则可进一步控制在100～200mg/m^3。水泥窑NO_x控制措施的效果及大致的排放浓度范围见表4。

表4 水泥窑NO_x控制措施效果

措施分类		消减效率(%)	排放浓度(mg/m^3)
一次措施	低NO_x燃烧器	5～30	500～800
	分级燃烧	10～30	
	添加矿化剂	10～15	
	工艺优化控制	10～20	
二次措施	SNCR	40～60	400～500
	SCR	70～90	100～200

根据标准排放限值要求，建议企业采取以下达标策略和措施：

（1）对于现有企业

自2014年7月1日起至2016年6月30日止，现有企业执行NO_x限值为500mg/m^3，与欧洲国家限值（如德国）基本相同。对于工艺改造难度大或不具备改造条件的企业，可采取SNCR（选择性非催化还原）末端治理技术，要求40%～50%左右的脱硝效率，可确保达标。按照新标准要求，需要在标准发布后的一年过渡期内，即在2014年6月30日前，这些水泥企业可以按此措施进行脱硝设施建设。据环保统计，全国已有120多条水泥窑进行了脱硝设施建设，对于这些企业，能满足标准该时段的要求。

自2016年7月1日起，现有企业执行NO_x限值为400mg/m^3，企业可采取工艺改进（低氮燃烧器、分解炉分级燃烧、燃料替代等）和末端治理（SNCR技术）相结合的措施，可达到NOx400mg/m^{3}的限值要求。如不具备工艺改造条件，也可以通过单纯加大喷氨量，提高脱硝效率来实现（脱硝效率50%～60%）。按照新标准要求，在原一年过渡期的基础上，再给予两年的改造期，即在2016年6月30日前，这些水泥企业必须按此措施进行脱硝设施建设。

对于有条件的企业，为减少重复投资和二次改造，可以采取一步到位的组合措施，赶在2014年6月30日前，采取工艺改进（低氮燃烧器、分解炉分级燃烧、燃料替代等）和末端治理（SNCR技术）相结合的组合措施。为节约运行费用，可在2014年7月1日至2016年6月30日期间，通过减少喷氨量，适当控制脱硝效率，保证排放小于500mg/m^{3}即可。

（2）对于新建企业

自标准颁布之日起（现初定2013年7月1日），新建企业执行NO_x限值为320mg/m^3。新建企业要采取目前最好的组合降氮技术（低氮燃烧器＋分解炉分级燃烧＋SNCR），综合脱硝效率60%～70%，可将NO_x排放控制在320mg/m^{3}以下。

（3）对于重点地区企业

坚持环境保护优先，要求采用最高效的控制技术（SCR技术、SNCR-SCR复合技术），NO_x排放浓度控制在200mg/m^{3}以下。在这些地区新建水泥企业，按照《关于执行大气污染物特别排放限值的公告》（环境保护部公告 2013年第14号）要求，自标准发布之日起执行特别排放限值。

三、迎接排放新标准的颁布，各方应积极做好准备

排放新标准的即将颁布实施，水泥行业各方面均有贯彻落实新标准的义务，新标准的有效实施主要应做好以下五个方面的工作：

1. 工程设计单位做好设计规范修订和工艺设计工作

按照新标准拟定的限值，对现存的工程设计规范进行修订，在工程设计和改造设计时，注重对新工艺、新技术、新装备的采用，对设计方案和重要参数选型需要结合新标准，并考虑后续标准的再加严，避免短期改造、重复建设、增加投资的现象。尤其是对于控制NO_x排放，工艺设计和设备选型至关重要，应积极采用先进清洁生产工艺和工艺控制措施，采用新型干法工艺和优化设计，实现NO_x排放量控制在1.6kgNO_x/t熟料的指标，另外，积极应用低NO_x燃烧器、分解炉分级燃烧等工艺控制措施，实现水泥窑系统NO_x减排。

2. 研发和生产先进成熟的治理技术及装备

按照新标准拟定的限值，环保研究和装备制造企业，应提供先进成熟的治理技术及装备，为设计院和水泥企业提供先进可靠达标的治理技术和装备，提供所供环保设备的准确选型参数，例如，对于袋除尘器，要提供合适的除尘器类型、滤料材质和准确的过滤风速值等。另外，考虑到我国水泥脱硝刚刚起步，建成运行的脱硝示范项目均采用SNCR技术，SCR（选择性催化还原）技术在国内尚无成功应用案例。国外也是应用SNCR技术较多，SCR仅有2～3套装置在示范运行。为实现日益严格的排放控制要求，国内环保研究单位和企业，应加大力度对SCR技术、SNCR-SCR复合技术进行研究，研究开发实用的催化剂，形成产、学、研科研创新机制，尽快研制适合国情的高效脱硝技术。

3. 现有水泥企业，根据企业自己的实际情况选取经济实用达标方案

在除尘方面，应对全厂运行的除尘设备、运行数据和排放数据进行收集整理，再请设计院或环保企业到现场查看后进行环保改造设计，并提供可行的改造方案、施工方案和应零配件，水泥企业应组织对方案进行技术经济比较，最终确定一个技术可靠、经济合理的方案。

4. 加强政府、部门和行业监管力度

我国党和政府对环境保护工作十分重视，实行“国家监察、地方监管、单位负责”的环境监察政策。尤其要加大环境监测和执法力度，尽量做到对水泥企业的公平合理。在政府的监督下、在环保部门的监管下、在行业协会的指导下，水泥企业按照新标准的要求寻求更好的生存和发展方式。

5. 重视其他大气污染物控制问题

我国水泥行业从20世纪90年代后期，开始了水泥窑系统“协同处置”工业危险废物、生活垃圾及污泥的应用研究及工业试验工作，同时加强了与国外合作，在实用技术方面取得了很大进展，建成了一批典型的示范生产线并实现了安全生产。国内开发的污泥处置技术及有毒有害工业废弃物的处置技术已基本成熟，生活垃圾的几种处置方式也获得了成功并在逐步完善中，我国社会民众已提高了对“协同处置”废弃物的认识，许多水泥企业都比过去提高了认知度和积极性。与此同时，以往水泥窑排放量很少的一些SO_2、卤化物、重金属等有可能产生新的污染物排放源，因此应重视并进行研究可开发相关配套技术和装备。对于水泥窑协同处置固体废物时，为减少重金属、二噁英等大气污染物的排放，提高其脱除效率，水泥窑尾建议选用高效袋式除尘器。

★该篇文章发表于2013年6期《中国水泥》杂志。

促进水泥工业温室气体减排的政策建议★

建筑材料工业技术情报研究所 王新春／胡如进／史伟／梁广／徐洛屹

水泥工业是我国温室气体减排的重点行业之一，传统的减排措施边际效益收窄，协同处置可燃废物的巨大潜力亟待发挥。

一、排放特征、发展现状和趋势

（一）排放特征

二氧化碳是水泥工业核心温室气体种类，约占99. 98%。吨水泥产品的二氧化碳排放量在600～900kg/t，其中，工业过程碳酸钙分解所占比例高达50%，化石燃料燃烧占三分之一，用电产生的间接排放占六分之一。

减排的主要途径有减少石灰石使用、提高能效、使用可燃废物替代一次能源和减少水泥中的熟料含量等。

水泥工业温室气体减排的潜力大，在《联合国气候变化框架公约》CDM执行理事会注册的水泥厂余热利用、替代原燃料和复合水泥项目共95项，居工业制造领域第一位。我国水泥节能和提高能效CDM项目共31项获得联合国有关机构CER（经核证的减排量）签发，占我国同类总量的44%。

（二）我国吨水泥排放量指标处全球先进水平

2011年世界水泥产量约36亿吨，二氧化碳排放占全球排放总量的5%～6%。我国水泥产量达到20.9亿吨，占全球总产量的58%；排放二氧化碳12.7亿吨，约占全国总排放量的六分之一，约占全球的3.1%。

尽管我国水泥工业二氧化碳总排放量全球第一，然而，吨水泥排放量指标处于全球先进行列，2011年吨水泥总排放量和直接排放量分别是605kg和515kg，比世界领先的德国分别高5.2%和2.6%。我国吨水泥排放量低，主要原因有三点：

首先，国家把水泥列入全国重点调控的产业，出台一系列政策措施，水泥产业结构得到迅速调整。在“十一五”期间，用先进的新型干法水泥生产工艺淘汰落后产能4.34亿吨，节约2200万吨标煤，减排CO_2约5400万吨。

第二，技术创新为节能起到支撑作用，熟料热耗指标进入全球三甲，与世界领先的日本相比能效水平仅有10%的差距。节能粉磨工艺、余热发电等技术的推广普及，大幅提高新型干法水泥生产线能效。其中，余热发电技术水平和普及率处于国际领先地位。烟气余热发电技术可满足全线三分之一的用电需求，2011年全年发电量超过300亿kWh，相当于三峡大坝全年发电量的三分之一。全国共861条新型干法水泥生产线安装了余热发电装置，普及率达75%。

第三，通过使用粉煤灰、矿渣等碳中性大宗工业固体废物，水泥中熟料的比例下降10个百分点，2011年为61.2%，节约熟料1.28亿吨，节约1500万吨标煤，减排CO_2约3800万吨。

（三）发达国家水泥窑协同处置可燃废物仍是热点

水泥工业是使用可燃废物最大的行业。水泥窑使用可燃废物替代一次能源，无外排残渣，材料效率高，在发达国家已经有 30 多年的实践，三分之二的水泥厂使用可燃废物，例如，在欧盟 50% 的可燃废物被水泥窑利用，年用量超过 600 万吨。

水泥工业用的可燃废物主要有三大类，生物质和石油衍生品类各占 30%，此外，化学危险品废物占 15%。欧盟和美国水泥行业每年都处置 100 万吨以上的危险废物，美国采用焚烧炉和水泥窑处置危险废物的量基本相同。污泥作为生物质燃料，在日本、荷兰和瑞士，被水泥窑处置量占产生量的三分之一。

除生物质燃料属于碳中性外，英国、瑞士和德国等有意将所有的可燃废物作为碳中性对待。

使用可燃废物燃料是国际能源署《水泥行业 2050 年温室气体减排路线图》中的重要途径，2030 年和 2050 年将分别替代 24% 和 37% 的一次能源。英国水泥行业提出 2050 年可燃废物替代 80% 传统化石燃料的目标。各大水泥公司在燃料替代方面制定了提升计划，例如，世界最大的水泥企业拉法基公司计划把非化石能源比例从 2011 年的 13% 提高到 2020 年的 50%，其中生物质能达 30%。

（四）加大低碳水泥和混凝土的研发力度和新产品投放

重点开发的产品和技术包括石灰石用量低、能源消耗少的水泥，致力于提高碳中性工业副产品的添加量、可燃废物利用量、生物质利用量技术和降低混凝土的碳足迹等技术和措施的开发研究，在生命周期内降低碳排放。近年来投放的低碳水泥和混凝土包括碳足迹减少 40% 的自密实混凝土、碳排放减少 30% 的水泥、长使用寿命低维护的混凝土制品等，另外还启动了二氧化碳捕获与利用研究和探索性实验。

（五）排放数据标准和减排指南

世界可持续发展工商理事会水泥可持续发展倡议活动（CSI）发布的《水泥行业二氧化碳排放量的审计和报告标准》得到全球 24 个重要的水泥生产企业集团的支持，涉及 100 多个国家的 800 多条生产线，水泥产量占全球 30%。

然而，各国和各大公司在排放数据的边界范围方面存在较大差异。

2009 年 12 月，国际能源署（IEA）与 CSI 联合发布的《水泥行业 2050 年碳减排技术路线图》，描绘出 2050 年全球水泥行业温室气体减排的宏伟目标，吨水泥 CO_2 排放量 420 千克。欧洲水泥行业正制定《2050 年及以后水泥工业低碳经济远景规划》，初步的目标包括 2050 年实现水泥工业碳中性。

2013 年 2 月，代表英国水泥行业的英国矿物协会（Mineral Products Association，MPA）发布了全球第一个国家级行业组织 2050 年减排目标，水泥行业温室气体排放量将比 1990 年基准年减少 81%，超过全国减排 80% 的目标。

（六）行业减排

欧洲、日本和韩国水泥协会共同发起水泥工业行业减排，核心目标包括四个方面。一是，反对排放量封顶，主张在经济合理的前提下开展温室气体减排；二是，传播最佳实践，促进国际对标，便捷节能方法和技术转让；三是，治理商业环境，避免工厂迁建这种恶性竞争；四是，加快空白技术的联合开发、推广和资助。

二、我国面临的挑战和机遇

（一）面临的主要挑战

我国水泥需求仍有上升空间，将会在人均年消费量超过 1000 千克的高需求平台上持续 10 ～ 20 年，相应的减排压力将长期存在，迫切需要进一步降低排放强度。

然而，传统减排手段的边际效益降低。一是，2011 年落后产能生产的水泥熟料只有 1.5 亿吨，结构节能只有 450 万吨标准煤的节能空间；二是，余热发电目前只有 25% 的市场普及空间，2012 年投运余热发电的生产线近 200 条，则仅剩 80 条生产线可实施余热发电；三是，吨水泥中的熟料用量已居全球最低之列，并且引起水泥早期强度下降等质量问题，水泥实物质量与发达国家存在明显差距，长期来看不利于建筑物使用寿命的提高。

我国只有新北水、上海万安、广州越秀等屈指可数的企业使用可燃废物，年替代燃料总量小于 10 万吨，从行业平均看，燃料替代率远不足 1%，明显落后于发达国家，工程实践少，尚未建立市场机制，关键原因是缺乏配套的政策与法规，突出表现为废物管理体系欠缺，现有法规的可操作性差，标准滞后，没有落实“谁排废谁付费、谁处理谁受益”原则。

（二）主要减排潜力

（1）落后产能

我国仍有约1.7亿吨立窑产能，已纳入“十二五”期间的淘汰计划。另外，在20世纪90年代建设的2000t/d及以下规模的新型干法水泥窑生产线286条，年产能约0.95亿吨，存在热耗高等问题，有必要纳入“十三五”期间的淘汰计划。节能潜力约660万吨标煤，减排CO_2共1600万吨。

（2）普及先进节能技术

普及余热发电、节能粉磨、高压变频、高效篦冷机等先进适用技术，将使水泥行业能效提高约10%，达到国际领先水平，节能潜力约1500万吨标煤，减排CO_2共3700万吨。

（3）燃料替代

我国水泥窑协同处置可燃废物的潜力大，如果达到欧盟平均水平，即替代率达到20%，则每年可节能3000万吨标煤，减排CO_2共7400万吨。生物质燃料替代煤是低碳发展的重点之一。

三、政策建议

（一）继续加快行业结构调整步伐，加快淘汰落后生产能力，是水泥工业低碳发展的阶段性任务。2015年以前完成对立窑等落后工艺技术的淘汰，2020年以前完成2000t/d以下新型干法水泥生产线的淘汰工作。

（二）建立长效机制，发挥水泥窑处置可燃废物的巨大潜能

第一，把利用水泥窑处置工业废物、生活垃圾与污泥纳入有关的废物战略发展规划，建立以执行国家法律规定与市场化运作结合的长效机制和政策支撑体系，促进水泥工业成为污泥、城市垃圾和危险废物处置的主力军，促进水泥工业转型升级为集制造、环保和资源循环利用为一体的低碳产业。

第二，完善鼓励水泥行业利用废物的经济政策。完善现有的资源综合利用政策，建议财政部、国家税务总局扩大享受优惠税收政策的废物种类，明确把处理、处置工业废物、生活垃圾、垃圾焚烧飞灰和底渣列入水泥窑利用废物的税收优惠范围。可燃废物享受节能奖励政策，可燃废物归属碳中性燃料。激励手段重点考虑项目投资补贴、设备投资款抵税、进口设备税费减免、废物处置费。形成污染者付费机制，促进市场机制形成。

第三，加快配套法规建设，抓紧完善有关危险废物管理制度，主要有危险废物跨区就近处置制度，协同处置许可制度、长期供应保证制度和污染物排放监控制度；把垃圾衍生燃料作为列入国家资源综合利用目录，允许跨地区利用。加快配套体系建设，例如，全社会循环经济体系、生活垃圾分类收集和处理体系、废物预处理专业化体系、废物合理管理体系。

（三）开展综合示范工程。结合新型城镇化建设和生态文明建设，开展跨部门的综合示范工程，包括地方法规和制度建设，废物管理体系改革，工程技术开发，监测监管能力建设，重点推动城市周边100家水泥厂率先成为废物利用和处置的典范。

（四）建议国家加快公共低碳技术和装备的开发与推广应用，降低水泥和混凝土的碳足迹。主要技术有：

（1）低能耗水泥和用于生产高性能混凝土的专用水泥；

（2）熟料低温煅烧技术；

（3）先进粉磨技术；

（4）烟气余热梯级利用和烟气综合治理技术；

（5）超低温余热发电技术；

（6）水泥厂节电技术，可再生能源发电应用和智能微电网；

（7）污泥处置技术；

（8）生活垃圾处置技术；

（9）小批量、多品种的废物快速分析和预处理技术、生产线控制技术；

（10）生物质燃料和可燃废物利用技术；

（11）适应废物处置和利用的生产线改造技术；

（12）废旧混凝土和建筑垃圾在水泥工业再利用；

（13）碳捕捉、储存和利用技术。

（五）积极参与国际水泥行业减排手段

我国在水泥行业减排手段中可发挥更大作用。首先，我国水泥装备工程技术服务水平居全球先进水平，在国际市场中的占有率约达到50%，余热发电技术处于国际先进水平，我国已经成为提高国际水泥能效的主要技术提供者，参加水泥行业减排手段对增加我国水泥成套装备出口有利。其次，通过参与国际对标，加强国际同行交流，增加我国的话语权。

注：国家重点基础研究发展计划（973计划）项目《水泥行业减排方案及其机制研究》（编号：2010CB955903-5）课题

★该篇文章发表于2013年6期《中国水泥》杂志。

水泥窑协同处置危险废物管理制度现状分析和建议★

国家环保公益性行业科研专项（201209023）

天津中材工程研究中心有限公司 水泥节能环保国家工程研究中心

范辉／胡芝娟／李惠／董涛／赵春芳／李勇

随着我国现代工业的持续发展，危险废物产生量逐年递增。据统计，2010年全国许可证中批准的危险废物处理能力合计1587万吨，仅有60%左右综合利用，大量危险废物无法得到有效处置。水泥窑协同处置危险废物不仅能够有效地避免二次污染，节约土地资源，还能为企业带来经济效益，被许多发达国家认为是处理废弃物的最佳方式，越来越受到社会各界的广泛关注。随着水泥窑协同处置危险废物的理论与实践的发展，以及相关法律法规的健全，该项技术所具有环境性、社会性和经济性等方面的优势日益明显。许多发达国已经形成了一定的产业规模，我国很多水泥生产企业也在不断地摸索中积累了丰富的经验。但是，由于我国关于水泥窑协同处置危险废物相关的管理制度与政策相对滞后，废物来源、处置费用等均在一定程度上缺乏相应的管理保障体系，严重地影响了水泥生产企业投资建设的积极性。因此，迫切需要在我国现有的危险废物管理系统的基础上，不断地对水泥窑协同处置危险废物管理制度与政策进行补充完善，同时制定更为合理的协同处置标准和技术规范，实现危险废物的资源化利用。

一、水泥窑协同处置危险废物管理制度现状

目前，我国对于危险废物管理体系主要以国内立法和国际公约为主，包括法律法规和标准规范两个方面的内容。我国危险废物具有来源复杂、产量分布不均衡、废物种类繁杂多样性等特点，相关的法律法规体系也在不断地修订和完善，为无害化的管理提供良好环境。我国危险废物管理体系对废物的整个生命周期进行了非常详尽的规定。为大力支持水泥窑协同处置危险废物的推广和运行，我国相继颁布一系列的法律法规、标准和技术规范，极大地促进了危险废物合理有效地处置利用。

2010年发布的《水泥窑协同处置工业废物设计规范》（GB 50634-2010）对水泥窑可处置的工业废物种类进行了规定，其中涉及了危险废物名录中的木屑、废油墨、废油漆、废油、石化废物、油泥、工业污泥、多氯联苯、过期医药产品等危险废物。该设计规范的发布和实施，极大地提高了我国水泥窑协同处置危险废物的安全性和有效性。2012年发布的《水泥窑协同处置污泥工程设计规范》（GB 50757-2012）针对污泥处置过程中污泥的接收和分析鉴别、预处理系统、协同处置系统、烟气净化系统、污水处理系统进行了详尽的规范，对水泥厂协同处置危险废物中的污泥废物有了突破性的进展。而即将颁布的《水泥窑协同处置危险废物环境保护技术规范》（2012征求意见稿）、《水泥窑协同处置危险废物污染控制标准》（2012征求意见稿）和《固体废物生产水泥污染控制标准》（征求意见稿）是专门针对水泥窑协同处置危险废物的技术规范和标准，从环境保护、污染物排放等角度对危险废物的协同处置进行了更为详尽的规定。其中《水泥窑协同处置危险废物污染控制标准》则是根据协同处置设施、运行技术要求、大气污染物排放限值、监测要求等，对危险废物协同处置过程中可能产生的污染物（大气污染物排放为主）进行了针对性的控制，进一步修订和完善了《水泥工业大气污染物排放标准》（GB 4915-2004）中的相关内容。

二、存在的问题

相关技术规范和污染控制标准颁布，在一定程度对水泥窑协同处置危险废物提供了技术规范和管理方面的参考。但是与部分发达国家相比，我国水泥窑协同处置危险废物方面还有相当差距。

1.缺乏水泥窑协同处置危险废物的参考名录

目前，我国针对入窑危险废物仅从其特性和有害物质的含量、污染物排放等方面进行了规定，对不能进行协同处置的废物仅规定为放射性废物、爆炸物及反应性废物、未经拆解的废电池、废家用电器和电子产品、含汞的温度计、血压计、荧光灯管和开关等，并没有一个较为详细的清单对可能被处理的废物进行参考和比对。目前我国执行的《国家危险废物名录》主要应用于危险废物产生企业，便于环保机构对企业对所产生的危险废物进行分类和管理，与水泥窑协同处置的实际情况所需要的信息不对称。另外，目前实行的危险废物鉴别标准主要是针对危险废物的腐蚀性、急性毒性、浸出毒性、易燃性、反应性等标准项目，不足

以满足水泥窑协同处置的鉴别要求，针对危险废物的参考热值、含水率、粒度等与协同处置相关的信息则明显不足。

2. 相关设计规范和技术标准尚不完善

目前，在我国水泥窑协同处置危险废物的技术规范中，针对某些特殊危险废物和具有原料、燃料替代性的危险废物的协同处置相关设计规范和技术标准尚不完善，危险废物的工程设计规范仅有《水泥窑协同处置工业废物设计规范》和《水泥窑协同处置污泥工程设计规范》两个工程设计规范。鉴于危险废物的复杂性、腐蚀性、毒性、易燃性、反应性等特点，不足以满足协同处置的需求，例如对于难处置和有一定的处置危险化学品的废物就缺乏一个明确的技术规范；而对于危险废物产生企业，同样缺乏相关的技术指导和管理规范，这将无形中增加下游协同处置过程中筛选、贮存、预处理的难度和处置风险。在《水泥窑协同处置危险废物环境保护技术规范》中对医疗废物、铬渣、污染土壤、事故应急废物、不明性质废物均作出了相关的规定，但是仍有许多能用于处置，却由于缺乏相应的协同处置设计规范的危险废物被拒之门外。随着协同处置技术的不断完善，这些问题也变得更为突出，亟待解决。就目前而言，对于替代原料、燃料专门的设计规范尚没有建立，而许多发达国家，针对这些方面均有非常详尽的规范，不仅对废物类型、替代原料的重量、热值等进行了研究，而且其二次燃料的使用，在很大程度上节约了煤炭资源。由于危险废物的产生量并不稳定，水泥生产企业也必须及时对其协同处置方案做出调整，以避免对正常生产造成冲击，但是，至今仍没有一个完善的预处理控制体系是针对水泥窑协同处置危险废物所设立。

3. 缺乏水泥窑协同处置危险废物的风险评价体系

目前，水泥窑协同处置危险废物风险评价在我国还没有相应的标准和规范，大部分风险控制包含于固体废物体系和环境评价以及风险评价之中。在《水泥窑协同处置工业废物设计规范》、《水泥窑协同处置污泥工程设计规范》、《水泥窑协同处置危险废物环境保护技术规范》等规范中均提到关于安全生产、劳动保护、环境保护、安全卫生以及事故应急管理等，这些内容均属于风险控制的范畴。我国目前针对危险废物的风险评价研究主要集中在鉴别危险废物所带来的环境风险、危险废物风险鉴别的方法、评价内容、危险废物风险评估体系等，而将风险分析应用于危险废物协同处置设施的研究则鲜见报道，大部分研究仅限于协同处置技术、迁移转化规律和污染物的排放等。

三、完善水泥窑协同处置危险废物管理体系

1. 完善水泥窑协同处置危险废物的参考目录

从我国危险废物的管理系统可以看出，目前危险废物主要按照《国家危险废物名录》进行分类，并按相关鉴别标准对其腐蚀性、急性毒性、浸出毒性、易燃性、反应性等进行鉴别和判断，这就造成危险废物应用于水泥窑协同处置方面存在一定的局限性。因此，建立一个以水泥窑协同处置为目的的危险废物参考目录十分重要。由于水泥窑处置危险废物是在水泥生产过程中进行的，对所处置的废物具有一定的选择性，参考目录可以按照《国家危险废物名录》和相关鉴别标准为依据进行筛选，主要体现在水泥窑协同处置过程对危险废物物理性状、热值、含水率、灰分、熔点、化学成分，以及重金属、硫、氯、钾、钠、磷等元素含量的参考值。这些数据的提供，不仅能够为处置前预处理工艺设计提供参考，而且能够实现协同处置前对危险废物种类的初步判定，有利于相关部门对危险废物集中管理、调配和资源化利用。

2. 完善水泥窑协同处置设计规范和技术标准

针对某些能用于协同处置的特殊危险废物的接收、贮存、分析鉴别、预处理、协同处置系统、污染物排放、环境安全等方面进行详尽的规范，能够避免在处置过程中对水泥正常生产、周边环境以及人身安全等造成影响。同时，对具有替代性燃料、原料特性危险废物的来源可仿照我国现行的《危险废物转移联单管理办法》制定相应的管理办法并建立长期跟踪记录，这将在很大程度上保障其对水泥生产企业协同处置的供应。在水泥窑协同处置过程中，大部分危险废物必须进行相关的预处理，以降低其在协同处置过程对水泥窑生产设备的损害，同时能够改善废物的性质，减少二次污染的排放。完善贮存管理制度和贮存设施建设技术规范既有利于集中管理又便于预处置的进行，这将极大地降低水泥生产企业预处理设施的重复建设，同时，降低危险废物贮存和预处理过程中的风险。水泥窑协同处置综合预处理控制体系的完善，不仅能够对有害成分含量超标的危险废物进行重新调配，而且有利于快速筛选出具有替代原料、燃料替代特性的危险废物，将在实现资源有效利用的同时使水泥窑协同处置危险废物的功能发挥到最大。

3. 风险评价体系的健全

我国水泥窑协同处置危险废物风险评价体系的健全，应在针对我国水泥窑和危险废物的主要特点，并结合目前危险废物焚烧设施的环境风险评价内容对其进行完善。目前，我国风险评价的一般程序主要包括风险识别、风险评价和风险控制三个方面的内容，其风险评价中事故频率及源项的确定是进行风险评价的难点和重点。由于水泥窑协同处置危险废物工艺、设备非常复杂且存在多种潜在事故，其评价的范围不仅应包括普通危险废物焚烧处置过程中的

进料、焚烧、燃烧空气、热能利用、烟气净化、残渣处理等系统具有的风险，还应重点对协同处置过程中可能对水泥窑正常生产所造成的影响进行评价。风险评价系统的建立应该在资料收集的基础上，从危险废物协同处置角度结合水泥生产企业厂区特征，建立相关的风险评价模型，并严格限制于我国相关法律、法规等制度下。通过对协同处置过程中不确定问题的探讨，使风险评价结果更接近于实际。

四、结语

通过以上的研究内容可以看出，利用水泥窑协同处置危险废物不仅是实现危险废物无害化、减量化和资源化利用的重要技术途径，也是实现危险废物低成本、大规模处置的重要措施。但是，目前我国对于水泥窑协同处置危险废物的管理制度与政策尚且处于起步阶段，相关技术标准和设计规范尚未完善，在协同处置参考目录、工程设计规范、预处理控制、风险评价等方面存在较大的不足，在很大程度上限制了该项技术的推广应用。因此，应在不断建立高质量、社会化的危险废物水泥窑协同处置设施的同时，完善管理体系，有效发挥水泥窑协同处置危险废物的优势，逐步提高危险废物综合利用的技术水平。

★该篇文章发表于2013年8期《中国水泥》杂志。

加强水泥工业应用基础研究　提高自主创新水平★

天津水泥工业设计研究院有限公司　韩仲琦

一、前言

我国水泥工业现在已进入 “创新提升、超越引领”的新阶段，“第二代新型干法水泥技术的研发”工作引起了全行业共鸣，水泥界各部门都积极主动地投入到这一议题中来，形势令人振奋和倍感鼓舞。

“第二代”的关键点之一是要提高我国自主创新能力和水平，为此必须加强应用基础理论研究。应用基础研究是对未知领域的探索，本身是一项创造性、探索性很强的活动，是较高层面的科研工作。水泥产品加工制造的主要应用基础研究包括颗粒流体系统、热力学理论、低维材料的特点和水泥粉体技术、料床粉碎理论、机械力化学效应、纳米技术、CO_2捕集储存和新能源研究等。

水泥主要由石灰石等散体物料通过热工工程和粉体工程加工后，生成的一种高比表面积且具有胶凝性的粉体材料，其热工工程是在热力学第一定律和第二定律以及三传一反理论指导下进行的。另一方面，水泥的生产制造又是典型的粉体工程，由矿山开采的石灰石到水泥成品出厂破碎比可达10万比1。水泥的改性以及功能水泥的开发也要在颗粒学理论指导下进行，因此研究散体物料的规律性，研究颗粒学的应用基础理论，是自主创新的必需过程。

近年来，机械力化学及纳米技术的发展引起了许多人的注意，其科学技术在水泥工业的应用也取得了一些进展，例如若将水泥原料经过机械力活性化的前处理，使其获得最佳的机械力活性效果，则在高温下煅烧时烧结时间可能缩短；又如水泥基材料中约有70%纳米级的C-S-H凝胶，因此对水泥基材料进行纳米改性存在客观的可能性。

此外，我国水泥工业发展循环经济势在必行，水泥工业正在努力实现与资源、环境、经济和社会的全面协调发展，即从不可持续发展的传统工业向可持续发展的生态工业过渡。开发新的低碳技术和低碳产品是我们当前的重要工作，因此要加深研究CO_2减排与利用技术，例如非波特兰水泥体系的开发、利用藻类吸纳CO_2生产轻质碳酸钙，以及研发新能源等，人们期待着水泥工业为全社会减排CO_2作出更大的贡献。

为了提高水泥工业的自主创新能力和水平，本文拟对水泥技术相关领域的应用基础研究现状作一简要介绍，以供水泥行业科技人员参考，不妥之处望给予指正。

二、颗粒流体系统与热力学理论

目前颗粒学研究中探讨了颗粒流体系统的复杂性，其观点对于水泥颗粒流体系统的研究可能具有指导意义，因为固气二相流是水泥工艺中常见到的颗粒流体系统，如水泥生料的悬浮预热、流态化均化、气力输送等现象主要表现为非均匀的多尺度结构、状态多值性及突变等，传统的平均方法无法实现这类系统的量化，多尺度方法和单颗粒跟踪被认为是有前景的方法，但多尺度方法必然遇到极值判断难以确定和动态变化很难表达的问题。探索用简单方法描述复杂的现象是当前最重要的颗粒学研究课题。

颗粒流体系统具有复杂性，颗粒流体系统中的所有现象都是流体和颗粒这两种独立介质相互作用的结果，两介质必然各有其独立的运动趋势，直接用统一的规律来描述两种不同的趋势是很难的；另一方面，耗散结构中存在多尺度相互作用和多种过程的耦合，用平均参数也难以反映系统的内在机理。可行的途径是先分析各过程和某一尺度的独立变化规律，然后综合考虑不同过程之间的耦合和不同尺度之间的关联，构成对系统的总的认识。

概括起来，研究颗粒流体系统主要有三种方法：

——简单平均　该体积内没有结构形成，与流体作用均等；

——多尺度分析　体积内存在非均匀结构几多尺度特征，但由于结构的多态性必须考虑选择稳定结构的问题，从而需要极值判断；

——单颗粒跟踪　跟踪每一颗粒与流体作用的细节，形成对某一体积内发生的现象完整的描述。

简单平均是最常用的方法，处理非均匀结构，控制体积越小精度越高。但是水泥粉体现象使用的平均体积都很大，平均后结构信息丢失，这是规格放大效应的原因。多尺度分析考虑了结构属性，是真实系统的一个简单又有一定精度的方法，但极值判断是一个困难问题。单颗粒跟踪是最理想的方法，目前由于计算和测量技术的限制，实行起来也有一定难度。

根据上述理论，探讨水泥悬浮预热器的气—固、固—固两相流中“三传一反”过程及其交互影响关系，并结合具体的工艺过程，建立起其产生交互影响的条件和判断依据，是目前的研究方法。“三传一反”概括了热工过程的全部特征，“三传”为动量传递、热量传递和质量传递，“一反”为化学反应过程。“三传一反”的概念是水泥熟料烧成系统研究的基础。现在已开始对以往的简单考虑方法进行深入的探讨。例如以往惯用的忽视非均匀多尺度结构和界面存在的平均方法，可能是造成预测偏差和调控、放大困难的主要原因，因此必须关注结构、界面和多尺度问题，研究多尺度结构、界面的量化预测理论和优化调控方法，建立多尺度结构、界面与“三传一反”的关系模型，与当代先进的计算方法、计算流体力学和计算机模拟相结合，这样有望解决水泥化工过程与设备的优化调控与放大的难题，成为热工工程发展的新里程。

另一方面，“三传一反”的热量传递是不可逆过程，“能”也分为不同的能级，不管水泥产品在制造过程中消耗了多少能量，单纯的只用“量”的概念去评价能的使用价值是不够准确的，必须用一个既包括能的质量又能反映能的数量的数学参数去表达，例如可用 exergy（有效能）和 anergy（无效能）来表达，从而研究提高热效率的方法。

以下是水泥烧成系统的几个热点问题。

1. 悬浮预热器

充分利用窑尾排出废气中大量热能将生料粉末预热后送入窑内煅烧，以降低烧成系统的热耗是预热器的作用，因此最大限度的换热、最小的流动阻力和安全稳定的运转是对预热器的基本要求，但对最上一级预热器来说，最好的分离效果是更主要的，因为在此处废气要与物料分离以进入收尘系统，或排入大气或对废气进行余热利用。

但是，旋风筒之间的连接管路是更重要的换热地区，物料与具有热能的气体同流或逆流接触，进行了传热工作。

预热器中气固系统的浓度一般在 0.2kg/m^3 ～ 1.0kg/m^3 气体，因此固体所占体积百分比很小，仅 0.01% ～ 0.04%，属稀相悬浮。在生产条件下，影响气固换热的最敏感因素是换热面积，平均粒径为 30μm 的生料，在气流中若能充分分散，其换热速度很快，大约只需 0.01s ～ 0.02s。对于浓相的换热研究也在探讨中。

要充分利用窑尾废气余热，必须进行多级预热器串联，每个预热单元必须具备气固混合、换热、分离三个功能，以上这些观点是以往开发与改进预热器的指导思想。国内在此方面进行了较多的研究，开发了优化组合的低阻高效预热器系统，在常用的五级旋风预热系统中，最上一级通常采用长柱长锥内筒形，以保证较高的分离效果，最末一级旋风筒也注重分离效率，而中间级则偏重于一定的分离效率，同时能较大的降低压损。

2. 分解炉

目前世界各国使用的各类分解炉达 30 种以上，虽各具特色，但功能是相同的，即分解炉是高温气固多相反应器，主要作用是使生料的碳酸钙分解。在分解炉内气固分散的要求是充分、迅速、均匀，依据流体力学方法，利用旋流效应、喷腾效应、流态化效应，湍流效应等理论指导。有的观点认为喷—旋或湍（流）旋叠加的流动方式效果较好。

煤粉在炉内燃烧是个复杂的化学反应，一般情况下，其反应速率比 $CaCO_3$ 分解反应慢，因此是控制因素，分解炉内所能达到的分解率首先取决于炉温，在 850℃左右，生料在炉内约需停留 3s ～ 5s。

国内为适应燃料煤的低品位化及使用无烟煤，而对分解炉进行了深入研究，如增加预燃室，前置离线炉或炉后加延管道等方法。现在“协同处置”废弃物技术得到了重视，因此某些适合在分解炉内使用的代用燃料，也正在探讨中。

3. 热工系统的数学模型与仿真技术

随着科学技术的发展，水泥领域中已有了利用数学模型来全面描述过程实质的可能，通过改变变量求解的方法进行数学模拟试验以取代实物模型试验。悬浮预热器、分解炉、回转窑和冷却机作为全系统建立半经验半理论模型，以系统热效率为目标函数，利用数学模型进行若干工况条件为变量的计算机模拟试验。

以窑尾预热器、管道和分解炉子系统为研究对象，利用物料平衡和热平衡及各种辅助关联式建立子系统之间的组合矩阵$\vec{A}\cdot\vec{B}=\vec{X}$，以易求和易得参数为已知量，组成系数矩阵$\vec{A}$和常数矩阵$\vec{B}$，求解子系统各相应点处的难测参数$\vec{X}$。

对水泥窑系统来说，系统数学模型是建立在现代化工理论（传递工程、反应工程、化工热力学和工业反应动力学）的指导下，水泥工业窑炉系统还未建立起完备的能实际应用的理论模型，大多还需要辅以实物模型实验或给出若干约束性条件来推导出半理论数学模型。

4. 对新型烧成法的探索和研究

流化床水泥烧成法在国内已有40多年的研究历史，美国、日本也都作过许多研究工作，但由于操作不易稳定和工业化的困难而进展缓慢，但最近日本开发的技术和设备，已在试验生产线上获得进展。开发流化床烧成试验的目的是：减少NO_x、SO_x、SO_2的排放量，建立环境适应型水泥生产技术和提高水泥烧成效率，日本在200t/d熟料试验装置上取得的结果是：热效率比回转窑提高20%，热耗为2512kJ/kg熟料，生产出的熟料质地均匀，粒径为2mm～3mm，在各龄期强度方面都优越于回转窑水泥熟料，NO_x、SO_2排放量比回转窑排放量大大减少。

虽经过长期探索，在小型热态试验装置及中等规模生产过程中均取得了一定的进展，但至今尚未能投入大规模连续性工业生产，这是因为流态化技术还有另一方面特点，即操作敏感性高，状态控制要求高，因此对化学反应复杂、操作条件要求苛刻的工艺，应用起来难度较大。流化床烧成除固相反应外，还有相当数量的液相生成。而其熔点和液相量往往受许多不确定因素的影响，在流化床操作时，容易形成黏结、堵塞，破坏沸腾状态，这也是其无法长期运转的主要原因，而且规模越大，问题越严重。笔者曾经做过凝聚颗粒对流态化的影响试验，初步领略了流态化稳定性的重要性。流化床烧成法从机理上、烧成效率上及产品质量上都是非常好的方法，但要在操作稳定和在工业规模上取得令人满意的成绩后才能取得成功。

根据最近文献报道，美国乔治·华盛顿大学的研究人员利用大型菲涅尔透镜聚焦太阳光，把石灰石加热到900℃，分解石灰石形成石灰制备水泥，这样做不排放CO_2。

人类长期以来，不断地探索和研究新的水泥烧成法，虽然许多成果还不能实现工业生产的水平，但可启发科技人员的发明创新思路，使相关领域的科学研究取得进展，因此仍具有很重要的实际意义。

三、低维材料的特点和水泥粉体技术

水泥、生料、煤粉等物料是粉体，粉体与气体、液体、固体有着不同的概念，可以把粉体看做是零维的材料，它的空间自由度大，能以3、2、1维自由度配置，具有易变的性格和能力：粉体若弥散于气体中则呈现具有Aerosol那样的气体性质，较大的粉体颗粒具有固体性，但较细的颗粒充以气体又呈现液体性。我们在处理低维材料时会感到困难，因为低维材料有如下特点：

——因次数越低空间自由度越大，所以粉体的空间自由度大，它可以有3维、2维和1维状态，故而粉体有易变性格；

——规格（尺度）效果可以产生新的现象，如飞散性、固结性等；

——粉体是反空间材料，所谓反空间，是指应该有原子的地方而原子欠缺。

考虑低维材料的特点进行水泥粉体技术开发的一些实例如下：

1. 预均化堆场、生料均化库及料仓设计

预均化堆场、粉体物料均化与料仓设计等，是粉体技术在工业应用的典范，是粉体应用基础理论指导下的技术成果。在现代水泥生产中，要求生料$CaCO_3$标准偏差≤±0.2%，所以必须从原料预均化开始抓紧均化工作，但原料的偏差总是存在的，这一偏差受堆场布置及机械设备的影响，并被带到下一道的处理工序中，这些偏差最终通过生料的均化减少或消除，所以在工艺设计时必须将预均化堆场和生料均化系统作为一个整体考虑，采用概率论的观点是重要途径之一。

实际的生料均化库的设计都是根据粉体力学理论，巧妙利用粉体的重力流动规律“整体流”或“漏斗流”。利用压缩空气的流化卸料作用，再利用粉体的重力流动的漏斗流，使之产生混合效应，既增加了混合效果又减少了电耗，如：混合室均化库、带中心锥的均化库（IBAU库）、可控流均化库（CF库）等。现代生料均化库已成为新型干法水泥技术的最具有支撑作用的关键技术。

在贮仓的散体力学方面，经典理论中有近似理论的Janssen方法、Rankine方法，数值方法中有差分法等。经典理论认为散体物料在仓内的状态分为主动状态和被动状态，散体物料装入料仓内的静止状态为主动状态，此时散体内某一点的水平正应力小于铅直正应力，而料仓打开排料口进行排料时，散体物料处于流动或有流动趋势的状态称为被动状态，此时仓内某一点水平正应力大于铅直正应力，这个结论指导了料仓安全设计。

在二相流的清堵方面，减少粉体故障和在粉体输送中

实现有效控制技术，是近年来人们努力工作的成果，上述的料仓设计就是重要的一方面。另外，最近根据流体力学和计算机仿真技术，改进空气炮内部结构提高空气炮清堵器的喷爆力，是提高清堵装置水平的新进展。

2. 固气分离与软分级技术

20 世纪 90 年代以后，袋式收尘器进入复合性能时代，二噁英的捕获和防止就是有代表性的一例。从焚烧炉排出的气体有多种固体和气体物质，此外还含有水分，所以要求过滤介质在其表面对二噁英类物质也能捕集。可以在过滤介质表面预涂上石灰或粉状活性炭，然而随着过滤量的增加，捕获成本就要增加，所以为了用过滤介质直接分解二噁英，可在滤布表面预涂催化剂，这种过滤介质既可以捕获颗粒状物质也可以分解气体状物质。此外，恶臭问题可以用活性炭或沸石等作为预涂层来解决。

要适应不同产业废弃物的分级分离特性，利用散体物料的特性而出现了各种分选设备。利用比重、色彩、成分等特性把固体颗粒分离分选的技术，一般称为软分级技术，虽然是早期的选矿方法，但随着废弃物再循环利用技术的发展而得到了重视和进一步开发，在废弃物利用的前处理中回收有用的资源起着重要的作用。在国内外已出现用于汽车拆分、废家电和电子零部件、废塑料、城市垃圾、粉煤灰、建筑废弃物等的分级机，在废弃物的分离分选上表现得非常活跃。

四、关于料床粉碎理论

众所周知，粉碎能耗理论有经典三理论，即表面积理论、体积理论和 Bond 第三理论。近年来，人们发现在现代工业中众多的粉碎实践都含有料层粉碎（或称料床粉碎）的因素，如颚式破碎机、辊压机、冲击磨机、振动磨等，它们的粉碎机理已超过单颗粒粉碎的性质，加深研究料层粉碎机理，对于改造旧有的粉碎设备和粉碎工艺、设计新型节能粉碎机械具有很大的意义。一般来说目前对辊压机的料层粉碎研究较多，实践证明，在能够实现 2μm～3μm 粒度分级的条件下、在多次挤压料层粉碎条件下，生产微细产品的能耗远远低于通常的粉磨工艺。现在辊磨、辊压机等在水泥工业的应用取得了很大进展，如生料辊磨在世界范围内的采用率已达 90% 以上，水泥终粉磨的辊磨约达 30% 以上。

我国粉碎理论的研究最近几年有了一定进展，我国学者早在 20 世纪 90 年代初提出的“关于粉碎能耗与能量效率”论文中，认为粉碎能耗浪费很大，工业上的粉碎设备几乎都是借助接触力作用的，即通过给固体颗粒输入机械能来实现，实际上粉碎机的能耗除了用于颗粒破裂外，还包含许多与粉碎本身无关的消耗，如颗粒之间的摩擦损失、颗粒与机件之间的摩擦损失、介质中的能量损失等等，对于处理量大的粉碎作业，即在水泥工业中，若能提高能量效率所带来的经济效益是相当可观的。

这方面研究对水泥厂的节能来说相当重要，粉磨工序的耗电量约为水泥制备全部耗电量的 70%，为了最大限度节能和加工出符合要求的产品，必须研究粉磨节能的机理，开发更有效的粉磨技术和设备。粉碎技术的研究内容有三：颗粒的粉碎物理学、粉碎工艺的系统工程以及粉碎的机械力化学。关于粉碎与粉磨的应用基础研究可能有如下几方面：

——更深入研究辊磨的粉碎机理，如料床粉碎随供能水平的提高，粉碎效率降低的幅度比球磨机小，因此成品越细料床粉磨的节能越多；施力体形状对粉碎效率有较大影响，即磨辊与磨盘的组合形式应加强重视；循环再压将改变原有料床堆砌结构组成新的排列，有利于提高能量利用率，要研究辊压和循环负荷的合理搭配及机内循环和机外循环的适当组合。

——水泥工业参与协同处置废弃物的工作是水泥工业的发展趋势，被粉碎和分解的废弃物种类将会增加，预计预处理技术会有较大进展，故今后要加强粉碎产品的颗粒组成及颗粒形貌的研究。

——今后对粉碎机理的探讨可能更加活跃，例如混合粉碎与单独粉碎的深入研究，如何计算粉碎效率以及研究各种粉碎设备的节能潜力，如何更有效的利用挤压能和冲击能等。

五、机械力化学效应

所谓机械力化学是指通过压缩、剪切、摩擦、延伸、弯曲、冲击等方法对固体、液体等物质施加机械能而诱发这些物质的物理化学性质变化，以促进其与周围的气体、液体、固体的相互作用。机械力化学同热力学、电化学、光化学等一样是化学领域的一个分支，作为一门新的学科，目前在材料科学和水泥技术等领域也有了一些探讨和研究。近年来采用机械力化学法，使用粉体工业原料，可以将“无机物—有机物”、“无机物—金属”、“有机物—金属”等组合而成精细复合材料。

机械力化学在水泥技术中的应用可举例如下：水泥生料需经烧结工艺才能发生物理化学变化，生成熟料，因此熟料的烧结性能直接影响到熟料的物性，所以可利用机械力活性化进行前处理，使之易于烧结。我们若将水泥原料经超细粉磨等处理，使其获得最佳的机械力活性化效果，在高温下煅烧时烧结时间可能缩短、或使烧成温度从 1480℃降低。

将预备添加到水泥浆体中的砂子或拟作为混凝土骨材的高炉矿渣，经粉碎而细化或无定形化，可使水泥砂浆或混凝土的压缩强度大大提高。

若从节能角度将水泥熟料微细化，使其活性化，可能强度效果更好。水泥熟料机械力活性能提高质量的原因是：水泥熟料中硅酸二钙、硅钙三钙水化反应的活化能降低使水化速度加快。

此外，褐煤的粉煤灰、矿渣等采用机械力活性化，使其各氧化物参与水化，可作为新资源，在水泥粉磨时作为掺合料使用。将工业废渣的利用提升到工业废渣资源化的高度，就是细掺合料技术，可成为水泥性能调节型材料。开发细掺合物，能大量代替水泥熟料，也就减少了石灰石的用量，不单不降低水泥强度，还能增强水泥后期强度，国内外已有成功事例的报导。

用作磨细活性掺合料的，除矿渣外，还有粉煤灰、硅灰、石灰石粉、石英砂粉等，在超细粉磨时必须解决粉磨设备、细粉分级、贮存和输送问题，在解决技术问题时，还要充分考虑经济的合理性。

六、纳米技术在水泥制造方面的应用研究

1. 燃烧催化技术

在水泥厂内的熟料煅烧及烘干机烘干物料时，一般采用煤粉作为燃料，随着能量的日益紧张，燃煤价格在不断上升，但煤炭质量却在下降，为了保证煅烧的熟料质量，设计人员生产人员都在努力进行技术创新，采用先进的新型干法工艺和提高窑炉的热效率。降低热耗和电耗是水泥厂的主要问题，现在国内外水泥熟料热耗最先进指标已达到2700kJ/kg～2800kJ/kg熟料，距理论热耗2000kJ/kg熟料已很接近，因此水泥科技工作者又在努力开发低钙水泥或生态水泥等。如此说来在燃烧过程中采用纳米技术，提高燃烧效率、降低水泥熟料热耗是水泥工业节能研究领域中重要的一个方面。

正在研究提高燃烧效率的纳米技术，是将纳米微粒燃烧催化剂添加到燃料中去，利用纳米微粒高比表面积与高活性的催化作用，提高燃烧效率，并且还能减少CO_2的排放量。Fe_2O_3超细颗粒可将CO_2分解成C和H_2O，这对于减少温室气体排放量来说意义更为重要。

2. 关于纳米技术在水泥领域应用的可能性

纳米技术的出现标志着人类科学技术进入了新时代，人们认识自然和改造自然的能力已延伸到纳米尺度，纳米技术得到了世界各国的高度重视，它将促使工业领域产生一场新的革命性变化，纳米技术正在向化工、信息、生物、环保、建材等各领域扩展。纳米功能材料在声、光、电、磁、医、军、催化、储氢等方面取得了很大成功，纳米结构材料已由纯金属向多元合金及纳米复合材料发展。

水泥及混凝土等水泥基材料，是国民经济基础原材料，其用量大用途广使得在相当长时间内还不会有别的材料可以代替它，但是水泥工业的可持续发展及水泥混凝土的高性能化、多功能化已成为社会进步和技术发展的必然趋势，水泥混凝土的生产、改性、应用都要依赖创新的粉体技术和材料科学的发展。

随着纳米技术和产品向着工业领域的渗透和发展，人们也开始了探索纳米技术在水泥领域应用的可能性，并在水泥水化、混凝土结构、功能水泥、功能混凝土以及水泥生产的热工、机械等领域取得了许多应用研究成果，有些功能纳米材料已应用在实际混凝土制备中。水泥基材料中约有70%纳米级的C-S-H凝胶，因此对水泥基材料进行纳米改性存在客观上可能，但是现在还只是应用研究的初始阶段，有待人们深入研究和探索。

纳米材料的制备技术具有一定的难度，并在产品规模和成本上都影响着工业部门实际采用。此外，纳米颗粒一旦产生就很容易团聚成二次颗粒，所以实际上很难得到真正的纳米颗粒，也很难贮存和运输，又由于超细颗粒具有很大的表面积，在大气中极易急剧氧化而生热，所以在处理纳米材料时还要考虑慢氧化措施，这些都是纳米技术应用的难题，然而科学技术的发展从来都不是困难所能阻挡的。

在水泥混凝土系材料中，作为特质对象的结构组织分为三级，即100μm以上的结构组织尺度、10nm～100μm的颗粒尺度和10nm以下的原子尺度。支配水泥、混凝土性能的尺度范围在10nm～100μm，从材料科学与材料设计观点出发，需要用粉体技术和纳米技术提升产品性能。

七、CO_2捕集储存及新能源开发

藻类物质在吸收CO_2的同时，又可吸收NO_x，有的物种还可吸收SO_2。在水泥生产过程中以CO_2和藻类物质为载体充分利用太阳能，既解决水泥生产过程中对能源的需求，又可达到CO_2减排的控制目的。本世纪初油藻类炼油技术的开发引起国内外的极大关注，开展了一些研究工作，目前已取得相当成果，这些油品已成功用于汽车、航空等工业。预计2015年后将有工业化规模投入使用。目前存在的主要问题是，高效光生物反应器的设计与应用尚待完善，且反应器占地面积大，总成本还偏高。

对水泥行业来说，微藻制油技术成熟后，不仅可以全部吸纳CO_2，解决水泥工厂排放的难题，而且可以产能节能，对行业发展将会产生很大的作用。但是当前微藻制油工艺尚待研究开发，或有些水泥厂还不具备超大规模养殖藻类的条件，但可考虑利用微藻养殖的研究成果，将部分CO_2

先供藻种制成一定数量的干油藻作为水泥回转窑的燃料，这一技术的开发将涉及农业和生物工程等领域，对水泥行业还有很大的难度，水泥行业可探索与能源等其他部门的合作问题。

另外，利用电石渣及水泥厂废气中 CO_2 合成纳米级轻质碳酸钙的新工艺，开发制造纯度高、白度好及粒径小的产品，是水泥工业消纳 CO_2 的一种新技术。超细轻质碳酸钙作为一种新型的功能填料，广泛应用于橡胶、塑料、涂料、油墨、造纸、牙膏、食品以及电子工业等行业中。

八、结言

“十八大报告”指出，以科学发展为主题，以加快转变经济发展方式为主线，是关系我国发展全局的战略抉择。为实现民族复兴的“中国梦”，促进经济发展方式转变的重要动力就是“创新”，必须把提高自主创新能力作为实现第二代水泥新型干法技术研发目标的核心要素，才能推动研发工作的进行。

现代水泥生产技术，是指以悬浮预热和预分解技术为核心，利用现代流体力学、燃烧动力学、热工学、计算流体力学、粉体工学等现代科学理论和技术，并采用计算机及其网络化信息技术进行水泥工业生产的综合技术，同时具有“协同处置”废弃物、高效防治污染物排放、减少 CO_2 排放和逐步利用 CO_2 的功能。水泥工业正在逐步发展成具有循环经济特征的产业。为此，水泥工业要努力进行自主创新，加强应用基础理论研究，将现代科学技术和工业生产的最新成果深入用于水泥绿色制造过程中，推进技术进步，使我国水泥工业由大变得更强，在引领和超越世界水泥发展的征途中快速前进。

★该篇文章发表于 2013 年 2、3 期《中国水泥》杂志。

我国特种水泥发展历程、现状及发展趋势★

中国建筑材料科学研究总院 文寨军

我国是水泥工业大国，水泥工业作为我国基础性原材料的支柱产业之一，在国民经济建设中具有举足轻重的地位。特种水泥作为我国水泥工业的重要组成部分，经过几代人的努力，创造发明了 60 余个品种，不仅很好地满足了我国国防、石油、水电、冶金、化工、建筑、机械、交通等工程建设的迫切需要，同时，也使我国在特种水泥的理论研究、品种数量及应用等方面跨入了世界先进行列。

一、特种水泥的发展历程

我国特种水泥的发展大致经历了仿造、自主研究开发、创新提升三个阶段。

仿造阶段：解放初期，我国的特种水泥仅有白色硅酸盐水泥，特种水泥的研究、生产和产品几乎空白。为了尽快满足国民经济恢复时期经济建设的迫切需要，我国科技人员在短短几年内仿照前苏联的产品研制了一批特种水泥，其中大批量投入生产并得到推广应用的主要有快硬硅酸盐水泥、冷堵和热堵油井水泥以及符合前苏联技术条件的大坝水泥。

自主开发研究阶段：为了改变我国水泥科学领域既没有科研机构也没有专业队伍的状况，我国于 1954 年成立了重工业部建筑材料工业管理局建筑材料工业试验所，自此我国开始了玻璃、陶瓷、水泥及耐火材料等方面的系统研究，水泥品种的研究也逐步从仿制阶段进入了自主开发研究阶段，结合我国原料和使用特点，在仿造中进行独立开发，从而使一批新品种水泥脱颖而出。其间，研究开发的主要新品种水泥有：以回转窑烧结法生产的矾土水泥、耐高温铝酸盐水泥、快硬高强铝酸盐水泥、自应力硅酸盐水泥、硅酸盐膨胀水泥、石膏矾土膨胀水泥、浇筑水泥（1988 年制定专业技术标准时改名为无收缩快硬硅酸盐水泥）、明矾石膨胀水泥和 45℃、75℃、95℃油井水泥系列等，这些新品种水泥在国民经济建设中得到了广泛应用。

创新提升阶段：经过 20 世纪 50 ～ 60 年代丰富的科研实践和基础研究，我国水泥品种的研究工作从 1970 年以后进入了研究创新提升阶段。随着我国水泥界在熟料化学、水化化学及水泥石结构等方面有所突破，在理论的指导下创造发明了多种新品种水泥，并广泛应用于国家各类重点工程及特殊工程的建设，满足了国民经济建设的需要。在此期间研究开发的主要新品种水泥有：第三系列水泥（主要包括硫铝酸盐水泥和铁铝酸盐水泥两大类），油田固井工程用 API 油井水泥系列及适用于深井固井工程的 120℃油井水泥，用于抢修、抢建、堵漏止水和低温施工的快凝快硬氟铝酸盐水泥（简称双快氟铝酸盐水泥），适合于各种军事工程抢修抢建的快凝快硬硅酸盐水泥（简称双快硅酸盐水泥，也称双快抢修水泥），以及达到国际领先水平、具有低资源能源消耗、低环境负荷和高性能的低热硅酸盐水泥（也称高贝利特水泥）等品种。

二、我国特种水泥的现状

1. 水泥的种类

目前，我国已经拥有60余种水泥，这些水泥按其主要水硬性矿物可分为：硅酸盐水泥、铝酸盐水泥、硫铝酸盐（铁铝酸盐）水泥、磷酸盐水泥、氟铝酸盐水泥、少熟料水泥以及无熟料水泥；按其主要技术特性分为：快凝快硬水泥、抗侵蚀水泥、中热、低热水泥、低碱度水泥、膨胀（自应力）水泥、砌筑水泥、油井水泥、装饰水泥、耐高温水泥以及防辐射水泥。

2. 特种水泥的生产和应用

特种水泥在我国应用非常广泛，涉及我国国防、石油、水电、冶金、化工、建筑、机械、交通等各行业。国内众多的重点工程中均采用了特种水泥，如举世瞩目的三峡工程建设过程中使用了500多万吨中低热硅酸盐水泥，成昆铁路工程中采用了大量的抗硫硅酸盐水泥，南极长城科考站采用硫铝酸盐水泥建成，胜利油田7000m超深井固井工程中采用了油井水泥等等。

我国在特种水泥的研究和应用方面取得了较大的成绩，但与国外发达国家相比，仍存在一些差距和不足。

一是产量低，与我国国民经济建设规模不相适应。目前我国特种水泥年产量仅有1000多万吨，与国外先进国家的5%～10%有较大差距。目前，由于我国对特种水泥一些特性及混凝土耐久性还缺乏充分的认识和了解，相应的工程设计和施工规范（标准）尚待完善以及特种水泥产品价格偏高等原因，致使很多该使用特种水泥的工程尚未得到应用，如高速公路、道 路、机场跑道等工程大多未采用抗冲磨性能好的道路水泥；在海港、水利、 地下、隧道、桥梁基础等工程大多未采用抗侵蚀性能好的抗硫水泥。

二是集中度低、生产规模小、工艺落后、能耗高。由于我国特种水泥的使用量上不去，特种水泥大多是由数量众多的中小型企业生产，如硫铝酸盐水泥年需求量为150万吨，生产企业就达近30家。另外，从生产工艺装备来看，虽目前用于水工大坝建设的中热、低热水泥的生产已基本实现了落后工艺向新型干法工艺的转变和过渡，但用量较大的水泥品种如硫铝酸盐水泥、白水泥、油井水泥等仍是采用生产工艺及装备相对落后的中空窑、小型立筒（旋风）预热窑、小型分解窑生产，不仅生产规模小、能耗高、环境污染较严重，而且在生产控制和质量管理中也存在一些问题，致使特种水泥性能不够稳定，也影响了特种水泥的推广应用。

3. 特种水泥的标准

经过几十年的发展，我国针对大部分特种水泥都已经制定了相关行业或国家标准，部分标准达到了国际先进水平。这些国家或者行业标准规范了特种水泥的质量和性能，对于特种水泥的生产 、 应用起到了重要的指导作用，促进了特种水泥行业的健康发展。然而，部分特种水泥品种至今尚无国家或行业标准，如磷酸盐水泥、核电工程用水泥等，由此也造成了水泥的质量水平参差不齐，制约了这些品种水泥的推广和发展。

三、我国特种水泥的发展趋势

十二五期间我国仍将处于工业化、城镇化快速发展阶段，特别是实施区域化发展战略，深入西部大开发、全面振兴东北、实行兴边富民行动，加快延边地区开发开放，加强国防通道、边境城市和口岸的建设，推动城镇化和新农村建设，加强基础设施建设，加快国家从政策和财政上支持高速铁路的发展，改善民生、大规模保障性安居工程、学前教育工程、提高居民幸福指数的公共服务设施的建设等等都会拉动水泥的需求，我国特种水泥的发展也将迎来一个新的快速发展的战略机遇期。在十二五期间乃至之后相当长的一段时间之内，我国特种水泥产业将迅速发展，为国民经济建设做出更大的贡献。我国特种水泥的发展趋势如下：

1. 集约化规模化发展

在国家淘汰水泥行业落后产能政策的指引下，特种水泥行业也将逐步淘汰装备落后、规模小的企业，逐步发展形成一些生产规模较大、技术装备和生产水平较高的企业。随着特种水泥集约化规模化的发展逐步上升，其产量、性能及稳定性也会随之提高，在实际建设工程中将会发挥着更加巨大的作用。

2. 在基础理论的指导下开发新品种

近年来，我国科研技术人员在水泥熟料矿物及其匹配理论研究的基础上，开发了以 β-C_2S-$C_{11}A_7$.CaF_2，β-C_2S-C_4A_3-C_4AF 和 β-C_2S-C_3S 等矿物体系的特种水泥 ，其性能各具特色，均已投入生产和使用，尤其是硅酸盐体系的低热硅酸盐水泥（也称高贝利特水泥），是制备高性能混凝土、大体积混凝土、道路混凝土的优质胶凝材料。今后在进一步完善上述各矿物体系性能的同时，应积极研究开发新的胶凝体系，开发在原料来源、性能和成本等综合性能与硅酸盐通用水泥相匹敌或者是具有某方面突出性能的特种水泥新品种。

3. 节能利废

特种水泥中某些品种的烧成温度较普通硅酸盐水泥低，如硫铝酸盐和铁铝酸盐水泥烧成温度较普通硅酸盐水泥低约150℃，低热硅酸盐水泥烧成温度较普通硅酸盐水泥低100℃左右，这些特种水泥生产和应用过程中均较普通水泥节约资源和能源，符合国家节能减排的政策需求，是特种水泥发展的重要方向。另外，随着天然资源如石灰石、铁矿石、铝矾土等不断的消耗，这些不可再生的资源越来越少，而某些工业废渣如电石渣、钢渣、硫酸渣、赤泥等也能提供特种水泥生产中所需的主要组分，这些废渣将会在特种水泥生产中应用越来越广泛。

四、结语

我国特种水泥的发展，要在国家政策指导下，一方面进一步加强基础理论研究和理论创新，开发出更多实用型的特种水泥品种；另一方面要加强生产规模化发展和装备技术水平的提高，形成现代化的特种水泥工业体系，更好地发挥其在国民经济中的重要作用，从而推动特种水泥行业的可持续发展。

★该篇文章发表于2013年2期《中国水泥》杂志。

和谐水泥 美好明天★

中国建筑材料工业规划研究院 高智

党的十六大提出全面构建社会主义和谐社会，将其作为加强党的执政能力建设的重要内容，可见其重要性。那么，先来看一下“和谐”定义，“和谐”是指对立事物之间在一定的条件下、具体、动态、相对、辩证的统一，是不同事物之间相辅相成、互助合作、互利互惠、共同发展的关系。十六大描述了和谐社会的六大特征是民主法治、公平正义、诚信友爱、充满活力、安定有序、人与自然和谐相处。十八大又把和谐社会的目标具体化、丰富化。我们崇尚和谐，国家要和谐，社会要和谐，水泥行业也要和谐。以下谈谈本人的粗浅认识，偏颇和不妥之处请谅解。

行业发展呼唤和谐

有一篇文章这样描述到：“回首过去30年，真是一段疯狂的岁月，中国经济的一骑绝尘不但让全世界看得目瞪口呆，连中国人自己都hold不住了。几乎所有的中国企业都练就了一整套‘不刹车换轮胎’的旷世绝技，前赴后继的创业大军们，即使奔跑的到筋疲力尽也绝不能放慢脚步，因为在这个汹涌混沌的发展大潮中，似乎理性比疯癫更危险。”

近几年水泥行业也愈加“疯癫”了，这期间国家控制产能过快增长的政策发了一道又一道，道道“红灯”不但没有让快行的车辆停下来，反而加速疾驰了。有人统计，10年内国家出台抑制产能过剩行业过度增长的文件多达38个，特别是国发〔2009〕38号文，以严厉政策试图抑制住水泥产能过快增长的苗头，但是从文件下发到目前，在短短的几年间，水泥产能由相对过剩转为全面过剩。时至今日，所有人都见证了高速无序发展带来的后遗症，看到了市场过渡竞争的残酷。该建的不该建的，如此多的生产线已经建成投产，一切都已既成事实，就像一个个生命已经存在，在没有触犯法律的前提下无理由剥夺他们的生存权，也毫无意义再讨论其出生的合理合法性，现在能做的只能是培育其健康成长，给行业营造一个和谐发展的新局面。我认为将和谐社会的六大特征用于引领和谐水泥的发展再贴切不过了。

民主法治——不以规矩不成方圆

对于国家“依法治国”、“依法办事”非常重要。对于水泥行业也同样重要，水泥行业的健康发展必须通过各种制度来约束，需要有一个规范有序的运行机制，大到国家针对行业发展的各项方针政策，小到企业的各项管理制度，依法办事至上。没有规矩不成方圆，有了规矩错位执行也不能成方圆。这几年，水泥行业不可畏无规矩，事实上的有法不依，有法无天的恶劣后果足以让行业消化10年、20年，甚至更长时间。这不是耸人听闻，严重过剩的产能给行业背上了沉重的枷锁，矿产资源乱采滥挖破坏了青山绿水，假冒伪劣产品给工程带来隐患，随意排放对环境带来恶劣影响。行业需要一个和谐的氛围、共荣的环境，不但要有制度来规范，还要有健全的约束、监督机制，一个国家尚且如此，一个行业、企业乃至个人理应如此，都要按照规则行事。所以，未来水泥行业的健康发展还要依赖于构建完善的法律法规体系，尽快填补法规、条例，包括标准、规范的空白及修编，形成类别齐全、措施有力的政策法制体系保障。针对法规多执行力弱的现状，进一步加大力度，制定切实可行的监督机制。除了加强对各行业现有的规范的管制外，特别要加强与关联产业的联合联动，形成相互监督、相互制约的行业规则。同时增强企业的法律意识和法制观念，构建符合法律、法规的一整套规章制度，切实把行业管理、企业管理纳入法制化轨道。依法治国的核心内容是依照体现人民意志和社会发展规律的法律治理国家，而不是依照个人意志、主张治理国家，一切活动统统依照法律进行，而不受任何个人意志的干预、阻碍或破坏，这即是治理国家的基本方略，也是规范行业和企业发展的基本方略。所以，上到行业管理者，下到企业和个人都要遵守法律、遵循规则。社会文明来自于社会每个成员的行为约束，要通过提升行业的整体素质，规范行业行为，彻底改变在利益面前，不受法律制约的、无社会道德的行为。

公平正义——企业利益溶于行业

公平正义的内涵是社会各方面的利益关系得到妥善协调。社会主义社会的最终目标不是共同贫穷，而是共同富裕，是让全体人民共享改革和建设的成果。用在水泥行业发展上，我理解为，应当是行业与行业间，国家与企业、企业与企业、企业与员工、企业与社会间的利益得以公平公正取得，形成公平享受社会成果的社会基础和氛围。所有企业都是“水泥行业”这个集体中的一分子，大家都有共享社会基础的权利。我个人认为，行业的发展不应带有任何歧视，只要它符合国家的各项法律法规，就要给它一个生存和发展的空间。这些年，许多中小企业在夹缝中生存，许多诸如融资、行政审批、扶持政策等方面都难以惠及到他们，发展难度很大。在此我们必须承认大企业集团对整个行业发展的带动与提升作用非常重要，但社会是由每个个体组成的，就像一个生命是由每个细胞组成的，一个机体由每个部分组成的，只有每个部分都是健康，这个生命才是健康的。我认为下一步行业的发展要转向关注、关心中小企业的发展，而对待这些弱小的企业，不是“消灭”它们，而是要帮助其尽快成长起来。一句特别通俗的话用在这里很贴切：“大家好才是真的好”。

诚信友爱——和谐社会的道德土壤

诚信友爱是指全社会互帮互助、诚实守信，全体人民平等友爱、融洽相处。古人云“诚为本，术为末；诚则人多自附，术则物终不亲”，解释为只有以诚待人，你才会得到很多，而以各种手段去算计，连物最终都会离你而去。诚实守信是“立人之道”、“进德修业之本”。十八大报告把诚信纳入到社会主义核心价值体系的重要内容，倡导诚实守信。

诚实守信是企业发展的根本，最近潘石屹微博中有一句话特别经典，他说：“所有的错都可以犯，所有的事情都可以做得不好，但千万不能骗。无商不奸的年代已经过去了，心里一定要有一个底线，要有原则，不能有一丝一毫的欺骗。有了一丝一毫的欺骗，做过的所有努力都是零。”更有商务部的统计，我国企业每年因信用缺失导致的直接和间接经济损失高达6000亿元，可见在几乎零成本的失信面前，背后的代价是巨大的。

信用缺失并不单指制假售假，还包括商业欺诈、合同违约、信息造假、学术不端、技术剽窃、非法竞争等一切影响市场秩序的行为。现在全社会都在倡导诚实守信，在水泥行业内，也要加强诚信体系建设，弘扬诚实守信的道德风尚，营造人人讲诚信、户户讲诚信的良好环境，这对整个行业的健康发展很重要。企业要将诚信理念渗透到运营管理的全过程，融入到企业制度建设、文化建设的全方位，使正确的社会主义价值观、道德观、荣辱观在行业、企业间得以弘扬，使整个行业和企业的诚信水平不断提升，和谐的市场秩序不断建立起来。

充满活力——动力来源管理创新

充满活力，就是发展先进生产力，使一切有利于社会进步的创造愿望得到尊重，创造活动得到支持，创造才能得到发挥，创造成果得到肯定。党的十八大提出实施创新驱动发展战略，把创新驱动放在加快转变经济发展方式部署的突出位置。水泥行业的“活力”来源于不断创新，创新是行业应对新时期新挑战的唯一选择和发展引擎。水泥行业单纯产能扩张型的发展方式已一去不复返，必须依靠自主创新和科技进步，通过发展模式创新，通过技术、管理、制度创新，实现转型提升和可持续发展。目前，虽然我国现有水泥技术部分已经达到国际领先水平，但由于现有体制机制的问题，行业关键共性技术的创新能力仍显不足。共性技术是指对整个行业技术水平、产业质量和生产效率都会发挥迅速的带动作用，具有巨大的经济和社会效益的一类技术。我认为，目前水泥行业的共性、关键性技术重点包括信息化、智能化技术，流程再造技术，水泥使用的减量化技术，水泥深加工制造技术，高效综合利用技术，高效节能减排技术等用以解决未来产业发展瓶颈的高新技术。在水泥行业实施创新驱动战略，是构建“和谐水泥”的关键环节。未来行业技术创新的总体目标应该是在完善的创新体系支持下，具有自主知识产权的核心技术和关键技术不断突破和涌现，行业主要经济技术指标领先世界水平，引领世界水泥工业的发展。

行业持续发展的动力还来源于管理创新，要构建行之有效的现代化管理体系，形成政策引导、机制推动、制度保障的运行机制。在企业全面推进现代化管理模式，推进体制机制、战略文化、组织结构、人力资源、生产运作、采购物流、市场营销、财务管理、信息化等方面的管理创新。着眼于企业的长远发展，高度重视企业战略和商业模式创新。使全行业管理水平有明显提升。

安定有序——和谐水泥重要保障

安定有序，就是社会组织机制健全，社会管理完善，社会秩序良好，人民群众安居乐业，社会保持安定团结。对水泥行业“有序”很重要，特别在行业竞争愈加激烈的今天，科学的、规范的、理性的、有序的发展更为关键。这几年我国水泥工业的发展客观地讲不能称之为“有序发展”。举一个真实的案例，笔者是四川灾后重建水泥规划的撰稿人，受灾之前四川省水泥规模不大，新型干法水泥比重较低，在编制规划时，我详细计算了灾后重建和之后建设对水泥的需求，结合产业布局，规划了若干个水泥项目，一方面满足重建的需要，另一方面可以加快推进产业结构的调整。我在规划中特别强调，一定要以规划为指导，合理控制产能规模的增长。事实上，“领导项目”、“背景项目”、集团项目，各方豪杰尽显其能，超规划建设了一批生产线，结果大家都见到了，产能严重过剩、价格效益严重下滑，行业发展陷入困境。另外，2012 年全国绝大多数地区都体验到了产能过剩带来的市场“寒冬”，但即便在这样严峻的竞争环境下，还有一些企业或投资者千方百计地上马新水泥项目。

安定有序是需要建立一个良好的政策环境和有效的运行机制，使政府、行业主管部门、企业都在其中发挥重要作用。政府提供平台和政策保障，行业主管部门、行业协会发挥服务、引导和协调功能，企业自觉履行维护秩序责任，多位一体齐抓共建，才能有效地推进行业有序发展。

人与自然和谐相处——生态兴业利国利民

人与自然和谐相处就是生产发展，生活富裕，生态良好。水泥生产使用大量的一次能源，加上多种污染物的排放，给环境带来负面影响。岁末年初，华北、华中和华东十几个省份的连续多日的雾霾天气，被称为“有记录以来最差的空气”，为了应对最差空气，北京市政府启动紧急应对方案，包括要求冶金、建材和化工行业减排 30% 等，北京水泥厂则立即停产一条水泥窑。其实这几年随着新型干法水泥生产技术和各项节能减排技术的推广和普及，水泥行业污染问题得到全面改善。但随着全面建成小康社会目标的临近，特别是《国民经济和社会发展第十二个五年规划纲要》中把降低主要污染物的排放确定为约束性指标，其中包括二氧化碳、氮氧化物排放量降低指标等都提出了明确的目标。“十八大”更是将生态文明写入党章，强调要把生态文明建设纳入社会主义现代化建设总体布局，对水泥生产和管理提出了更高的要求。水泥行业是工业领域节能减排的重点和难点，其节能减排效果对完成我国能源消耗目标、工业可持续发展起着举足轻重的作用。之前，水泥工业的快速发展让社会付出了自然资源、环境等方面的代价，现在需要对社会有所回报。水泥行业除了进一步调整结构，研发新的节能减排技术之外，还应当向生态化工厂转型，形成合理利用自然，有效保护自然的产业。

畅想未来美好明天

水泥是截至目前还无法替代的大宗基础原材料，是经济建设重要的基础物资。党的十八大开启了中国特色社会主义的新征程，也开启了水泥工业实现现代化的新征程，和谐水泥应当是与和谐社会和美丽中国同生。我在畅想未来的水泥企业会是怎样的景象，那一定是一个在蓝天白云绿树鲜花的映衬下，完全智能化的工厂，也许是这样的：

——信息化技术应用于企业所有生产、管理、经营环节。云计算使企业运行环节和流程管理更加精准，不仅是工艺过程，甚至精确到对每个设备乃至于设备上的每个零件的管理，它们的运行状态随时随地被电脑所掌握，各项数据信息，都通过模型计算，由电脑程序管理，并随时提出解决方案和自动再修复，形成不折不扣的数字化工厂。

——设备小型轻型化。更多的更纤巧、更精准、更灵活的设备应用在生产线上，水泥装备不再用又大又笨来形容，工厂占地面积大幅度缩减，也许看起来就像现在的一个大车间。即利于智能化，又节约能源。

——智能化控制系统使企业达到最高效的资源配置和最合理的高效运营。

——与自然环境的高度融合。不但厂容厂貌美如花园，而且只用清洁能源就能保证生产；不但工厂废物废水乃至废气零排放（现在有企业已经做到了废物废水零排放），而且通过协同处置和资源综合利用保证周边一定范围内废弃物最低量排放。

——产品满足用户菜单式需求。为用户和工程的各环节各部位提供多样化、个性化的解决方案及产品的智能化配送和服务。

——高度智能化和高度信息化让未来水泥企业实现无人化生产，也许未来全国的水泥企业就由几十人或几百人来管理。

……

也许比我想象的还要好上一万倍，不要笑我太缺乏想象力。

★该篇文章发表于 2013 年 2 期《中国水泥》杂志。

水泥业：产能扩张必须急刹车★

人民日报记者 左娅

新建产能屡禁不止，而未来市场消化能力却不容乐观

“眼下，水泥产能是从东到西、从南到北无处不过剩。就算未来三五年不再新增产能，恐怕也还是缓解不过来。”跟水泥打了几十年交道的中国建筑材料联合会副会长、中国水泥协会名誉会长雷前治说，产能过剩问题从未如此令他担心。

水泥行业的第一次产能过剩发生在1994年。雷前治称其为非常积极的一次过剩：“那次是立窑过剩，立窑是落后产能，借助那次过剩，先进技术新型干法水泥很快取代了立窑，行业完成了一次漂亮的化危为机、转型升级。”

第二次产能过剩出现在2004年。当时是区域性产能过剩，主要爆发在长三角地区。依靠大企业的兼并重组，部分落后产能被关停，产业集中度得以提高，经济秩序逐渐恢复，加之山东福建等地还在高速发展，产能过剩压力暂时得到了缓解。

但眼下这轮产能过剩，可不像前两轮那么好“应付”。

首先，这次是全面过剩，除西藏外的所有省份都存在产能过剩问题。“如果不赶紧刹车，西藏马上也要过剩了。”华新水泥股份有限公司总裁李叶青告诉记者。

其次，落后水泥生产技术已经基本被淘汰，这次连新型干法水泥产能都过剩了。“2012年全国新型干法水泥的实际产能已达30亿吨，产能富余程度超过30%。”中国联合水泥集团有限公司董事长崔星太说，“从欧美发达国家的经验看，水泥行业产能利用率控制在85%左右是合理的，低于80%就不正常了。”

更让人担忧的是，未来市场消化能力已经不容乐观。伴随中国经济进入中速发展阶段，高投资拉动下的水泥需求高增长时代一去不复返了。“我们已经不敢指望靠未来发展消化产能。”李叶青说，中国水泥消费量30多年来一直在增长，产能过剩往往可以依靠时间来化解。但增长不可能永远持续，从发达国家的经验看，受经济增速影响，水泥需求是有拐点的，亚洲地区国家拐点值偏高，大都发生在人均累计水泥消费量在20吨左右的时候。目前我国人均累计水泥消费量接近18吨，今年预计要再增加1.6吨左右，离拐点已经很近了。

然而，在这样的情况下，水泥产能扩张仍然如火如荼。早在2009年，国务院第三十八号文就明确要求严格控制新增水泥产能。然而，一纸禁令反而引发了扩张热潮。为赶上“最后一班车”突击建水泥厂的情况比比皆是，截至2012年底全国共新建了623条生产线，新增熟料产能7.07亿吨。比38号文出台时核定的418条在建生产线多建了205条，多增熟料产能近3亿吨。

行业发布产能过剩预警信息，说明投资回报率难保，论理投资当应声下降，为什么水泥产能反而加速扩张呢？

“很多投机性资本进入是一个原因。水泥消费量波动很大，高的时候建一个水泥厂1年就能收回自投资金，很多进入者是想赚一笔就走。”一家水泥企业负责人告诉记者，“此外，由于地方政府部门不严格执行38号文，不断批新线，一些投机者打起了歪主意，干脆‘种’起水泥厂来——建水泥厂坐等大企业收购。”

缓解产能过剩，就要排除非市场因素的干扰，鼓励市场公平竞争

在我国，水泥是完全市场竞争行业，水泥产能过剩问题应当放手交由市场去解决。可现实情况是，通过市场竞争抑制产能过剩的效果并不理想。原因在于非市场因素的干扰——政府不该出手的地方手伸得太长，该出手的地方却没有出手。

首先，有些新增产能完全是地方政府造成的。一家水泥企业负责人告诉记者：“有的地方政府为了招商引资，给土地给优惠，甚至以给煤矿为诱饵吸引企业建水泥厂。有的地方政府则以处理城市垃圾为名建水泥厂，但批建的水泥厂却并不具备垃圾处理技术。而不管出于什么目的，政府找到我们投资建水泥厂，虽然我们明知道产能已经过剩，也还是得建。不然指标被别人抢了，打起价格战来我们伤得更重。”

其次，由于有关部门监管不够严格，市场的优胜劣汰作用并没有得到充分发挥。

水泥价值低，长途运输划不来，是卖不远的“短腿”产品，靠“走出去”消化产能的路走不通。“而且我国水泥价格太低，国外一吨至少卖100多欧元，而我国只能卖两三百元人民币，出口到哪里都会有倾销嫌疑，所以水泥实际出口量很小。而且世界一半以上的水泥消费量都在中国，其他国家水泥年消费量多的也就几千万吨，对我国近10亿吨的过剩产能而言不过是九牛一毛。”雷前治说。

而下游建筑标准比较低，高标号水泥和特种水泥等高端产品的市场接受度并不高，靠技术创新实现优胜劣汰的路也举步维艰。

这样一来，水泥行业只有通过成本竞争实现优胜劣汰。但市场优胜劣汰的基础是公平竞争，这一点恰恰是我国水泥市场欠缺的。比如一些小水泥厂无序开垦矿山、不按规定复垦、粉尘直接排空，基本没有环保投入，其生产成本反而低于正规大企业，政府部门监管又不够严厉，致使行业处于劣币驱逐良币的风险中。

此外，行业还鼓励企业靠兼并重组关停部分产能。雷前治说：“除了可以减产能外，兼并重组还可以提高产业集中度，构建大中小相结合的产业结构，有利于形成良性竞争。”国外水泥企业总共不到1000家，前十强能占六七成市场，而我国水泥企业超过3000家，前十家只能占1/3左右市场份额，提高产业集中度还有很大空间。

然而，这条路同样受到了非市场因素的干扰。一家水泥企业负责人告诉记者，关停落后产能会影响当地政府税收，常常遇到来自地方政府的阻力。

因此，更多的企业还是通过限产来暂时缓解产能过剩压力。“2010年长三角减排限电，当地水泥厂被迫减产，没想到产量下降使利润有了保障，企业效益反而提高了。之后，市场如果不好，一些大企业就会主动限产保价，以防止价格战导致全行业亏损的尴尬局面。”雷前治说。

但企业自发限产保价最怕有人搅局。如果有企业趁机降价扩产，那自觉限产保价的企业就吃了亏，价格战随时一触即发。因此，日本水泥行业是通过行业协会组织限产的，即行业协会组织企业协商进行“末位淘汰”，谁的窑落后就淘汰谁，然后由未被淘汰的企业补贴被淘汰企业的员工。“但中国目前不太能借鉴这个办法，因为相关法规还不健全，这样做可能会涉嫌垄断。”雷前治说。

要坚决遏制新增产能，同时强化节能环保、产品质量、安全生产等方面监管

产能过剩问题，归根到底还是要靠市场而不是政府来解决。但目前水泥产能过剩有地方政府推波助澜的因素，也有职能部门执法不严的因素。因此，要想建立解决产能过剩问题的市场长效机制，关键还在政府部门。

“首先，要坚决遏制新增产能。”中国水泥协会刘作毅说，“水泥现在是全面性过剩，完全可以一刀切，彻底禁止新增产能。各级政府一定不能再为招商引资而催生水泥厂了。也只有政府部门严格把关，才能消除‘种’水泥厂这种造成巨大浪费的投机行为。”崔星太也表示：“希望各级政府加大对国发〔2009〕38号文的执行、监督、检查力度，不以任何理由审批新的生产能力，对已批未建的水泥生产线收回批文，不允许再建。”

对既有产能，政府部门则要转变监管方式，尽量避免行政干涉，而是采用市场化手段，通过加强节能环保、产品质量、安全生产等方面监管来保障公平竞争，为市场优胜劣汰建立制度环境。

李叶青建议，应及时调整落后产能标准：“落后产能不能完全以生产线大小或新旧为标准，而是要以生产线的技术工艺水平、运行效率和管理水平为标准。以往用大小作为落后产能的标准，企业为了摘掉落后产能帽子而不断扩张规模，产能反而越淘汰越多。”

刘作毅则建议政府部门要严格执法，坚决关停不合规企业。“政府部门要坚决依法惩处节能环保、产品质量和安全生产不达标，或者偷税漏税、违法用工的企业，这样才能保障公平竞争。”刘作毅说，“把那些不符合产业政策的生产能力都淘汰掉，水泥产能也就不过剩了。”

崔星太还建议适当提高建筑质量标准，引导水泥行业加快转型升级：“希望能鼓励社会使用高性能、高标号混凝土，逐步增加特种水泥和制品使用量，以鼓励水泥企业发展高端产品，令落后产能失去市场。这样还可以延长建筑寿命，利国利民。”

“总之，化解产能过剩，关键在于要真正下决心遏制新增产能，而不要等到全行业亏损、大伤元气了才如梦初醒。”雷前治说，“各水泥企业也要意识到，我们离水泥市场消费量拐点越来越近，如果不抓紧提高技术和管理水平，而为追求眼前利益打价格战，企业终将自食其果！”

★该篇文章发表于2013年7期《中国水泥》杂志。

加快推进水泥行业兼并重组实施方案★

中国水泥协会“企业兼并重组课题组”

“十一五”中期以来，中国水泥行业项目投资增速加快，在2009年国办〔2009〕38号文件之后新建水泥项目有增无减，重复建设导致产能严重过剩。2012年行业效益出现大幅下滑。水泥行业的产能过剩已引起党中央、国务院领导的高度关注，如何化解产能过剩，关键还是要加快推进企业兼并重组。如何引导、鼓励、支持水泥企业通过兼并重组，提高市场集中度，促进资源的合理配置，推动行业结构调整，带动产业转型升级，有效化解产能过剩，实现水泥工业可持续发展是行业今后发展的主要任务。根据国发〔2010〕27号《国务院关于促进企业兼并重组的意见》和工信部联产业〔2013〕16号《关于加快推进重点行业企业兼并重组的指导意见》的精神，结合水泥行业实际情况，就加快水泥企业调整优化结构、促进企业兼并重组，中国水泥协会“企业兼并重组课题组”提出以下实施方案，希望得到大企业和行业人士的补充完善意见。

一、兼并重组的指导思想

产能过剩和落后产能是行业结构调整的当前主要障碍。以科学发展观为指导，以加快行业转型升级为主线，以市场主导和政府引导相结合，快速提升市场集中度、加快淘汰落后产能，实现资源优化配置和产业升级，增强行业的竞争力是推进行业兼并重组的指导思想。

二、兼并重组的原则

1. 坚持优化存量的发展原则。在现有存量基础上，企业通过兼并重组扩大产能规模，提高市场集中度。以产能规模求企业效益，以市场集中度求行业稳定发展。坚决遏制新增产能盲目扩张，加快淘汰落后产能。

2. 发挥市场运作机制与政策引导相结合的原则。充分发挥市场机制的基础性作用和企业的主体作用，尊重企业的意愿，在自愿、平等、互惠的基础上，以资产为纽带、以市场为导向，开展企业间兼并重组。政府应在政策层面给出一系列鼓励、支持的优惠条件，积极引导企业进行兼并重组。

3. 坚持资源优化配置的原则。鼓励优势企业兼并落后企业和困难企业；鼓励优势企业之间的强强联合、跨区域的联合；鼓励上下游关联企业的联合重组，延伸水泥产业链，有效促进资源优化配置。

4. 坚持不损害社会共同利益的原则。在国家有关法律、法规及产业政策，行业准入条件等指导下，积极稳妥推进水泥行业兼并重组，兼顾国家、地方、企业和职工的利益，不得形成垄断和妨碍公平竞争。依法维护债权人、债务人和企业职工等利益主体的合法权益，促进企业、社会和谐稳定。

三、兼并重组的目标

1. 总体目标是

提高市场集中度，加快淘汰落后产能，坚决遏制产能过剩，建立有序规范市场。

促进企业节能减排，发展循环经济，加快推进技术创新和产业转型升级。

推进产业链延伸，增强市场竞争能力，融合先进管理文化，注重企业社会责任，实现可持续发展。

2. 市场集中度目标

根据我国水泥产业组织结构现实情况，我国水泥行业市场集中度指标应达到中等水平。“十二五”末，国内前十大水泥生产企业（集团）的水泥产品的市场集中度应达到35%以上；20个省市自治区内的前4家大水企业市场集中度应达到60%以上。“十二五”末，培育出5家产能过亿吨，矿山、骨料、商品混凝土、水泥基材料制品等产业链完整，核心竞争力和国际影响力强的企业集团。到2020年国内前十家企业（集团）的水泥产品市场集中度应达到60%以上。

3. 企业数量和淘汰落后目标

企业数量在2010年基础上有较大幅度的下降，至“十二五”末，水泥熟料生产企业数量控制在1000家之内，年产规模60万吨及以上大型水泥粉磨站控制在2000家以内。2014年全面完成淘汰落后水泥产能任务。

4. 节能减排和技术创新目标

“十二五”末，80%以上生产线达到GB 16780-2012《水泥产品能耗限额标准》所要求的指标；全国有120条生产线投入水泥窑协同处置运行；平均每年保持水泥技术专利

100 项；可实现余热发电改造的水泥窑 90% 实现余热发电；全国 1/4 水泥窑（约 450 条生产线）完成氮氧化物减排改造。

5. 产业链延伸和社会责任目标

鼓励水泥企业兼并重组上下游关联企业，鼓励具有科技研发优势的企业集团，以并购、产业联盟等多种方式整合资源，融合咨询、测试、科研、技术开发、工程设计、安装调试、工程承包等业务，促进运营服务及生产一体化发展。“十二五”末，前 10 家水泥企业年销售收入中非水泥产品比重达到 20% 以上。前 60 家大企业（含上市公司）中 80% 的企业能发布《年度企业社会责任报告》。

四、兼并重组的实施

（一）大企业是兼并重组的主体

凡具有独立法人资格和符合国家法律、法规及有关产业政策和行业准入条件的企业，在规模扩张的时候应将投资转向企业兼并重组。重点支持优势大企业（集团）开展兼并重组工作。应坚持市场主导，鼓励多种形式的兼并重组方案。

（二）发挥政府部门的引导作用

制定国家和省市级水泥行业兼并重组发展规划。明确推进水泥行业兼并重组的政府主管和协调部门。政府有关部门应尽快出台鼓励企业兼并重组的相关政策，从矿山资源、土地、金融、税费、权证手续变更、下岗人员的经济补偿、再就业等方面给予优惠政策。

（三）明确金融和税收支持政策

企业进行兼并重组也是一种投资行为。银行应加大对对整合过剩产能的企业定向开展并购贷款，财政部门应对被并购重组后的企业适当给予减免税赋的优惠政策，对并购的企业技术改造给予信贷支持。

（四）支持行业协会开展行业自律

支持行业协会加强行业统计、市场行情、产业预警等信息服务；支持行业协会开展行业自律，抵制和曝光违规扩建新产能的行为；支持行业协会为企业兼并重组提供咨询服务，为推进企业兼并重组提供有力支撑。

（五）做好舆论宣传，推动兼并重组工作

不断总结和推广企业兼并重组的先进经验和成果，认真做好典型经验的总结与推广工作，加强舆论宣传引导。

五、兼并重组的政策措施

（一）落实税收优惠政策

1. 对企业兼并重组涉及的资产评估增值、债务重组收益、土地房屋权属转移等给予税收优惠，具体按照财政部、税务总局《关于企业兼并重组业务企业所得税处理若干问题的通知》（财税〔2009〕59 号）、《关于企业改制重组若干契税政策的通知》（财税 〔2008〕175 号）等规定执行。

2. 地区间可根据企业资产规模和盈利能力等因素，签订企业兼并重组后的财税利益分成协议，促进企业兼并重组成果共享。

（二）加大财政资金支持

以工信部为主，牵头组织相关部委联合制定或修订对兼并重组的相关财政支持政策。

1. 设立专项资金支持被收购企业开展的以节能减排为目的的技术改造项目，以提高被收购企业的技术和环保水平。

2. 对有利于资源利用、有利于发展循环经济、有利于水泥产业结构调整升级的企业在兼并重组中应给予政策、资金、税收上给予倾斜和优惠（办法有待制定）。

3. 加大金融机构对大企业的并购行为提供相应的授信支持和配套金融服务，平等对待各种所有制性质企业，加大并购贷款的发放力度并简化审批程序。

4. 优先支持符合国家产业政策并购行为的优势主体企业上市融资和已上市企业开展再融资，简化监管核查流程；支持兼并重组主体企业通过发行债券、股权转让等融资方式筹集发展资金。

（三）兼并重组后的相关政策支持

1. 兼并重组后的新企业与原企业在主要生产线设备、生产地等均没有发生变化的情况下，新企业可以使用原企业的项目审批手续、经营资质等，享受原企业依法依规享有的各项优惠政策。

2. 根据区域产业合理规划布局，支持大企业在完成区域多家符合产业政策的新型干法中、小型企业兼并重组后，按产能减量替代原则新建大型水泥生产线（4000t/d 以上）和年产 100 万吨及以上的水泥粉磨站，加快该区域内的产业结构调整和市场布局。经核查后，对置换产能新建的生产线要允许发放生产许可证。

3. 重组后企业涉及项目包括余热发电项目、协同处置项目、落后产能淘汰等仍依法享有相关国家政策资金支持。对重组后企业进行节能、环保、资源利用、协同处置技术改造（新建）项目，政府和金融机构应给予积极支持，以加快企业技术升级。

4. 兼并重组涉及的划拨土地符合划拨用地条件的，经所在地县级以上人民政府批准可继续以划拨方式使用；不符合划拨用地条件的，依法实行有偿使用，划拨土地使用权价格可依法作为土地使用权人的权益。

（四）妥善解决债权债务和职工安置问题 维护社会稳定

1. 兼并重组要严格依照有关法律规定和政策妥善分类处置债权债务关系，落实清偿责任，确保债权人、债务人的合法利益。研究债务重组政策措施，支持资产管理公司、创业投资企业、股权投资基金、产业投资基金等机构参与被兼并企业的债务处置。

2. 采取有效措施，协助企业理顺下岗职工社会保险关系接续和再就业等问题，积极稳妥解决职工劳动关系、社会保险关系接续以及企业拖欠职工工资、欠缴社会保险费等问题。做好稳定工作，妥善安置下岗职工；为剥离非主业和分流非主业员工提供政策支持，补贴部分冗余职工的安置费用；认真落实积极的就业政策，促进下岗失业人员再就业，所需资金从就业专项资金中列支。

六、兼并重组组织保障措施

（一）建立政府部门协调体系，细化配套措施

由工信部牵头建立健全组织协调机制，统筹协调企业兼并重组工作，研究解决推进企业兼并重组工作中的重大问题，细化有关政策和配套措施，落实水泥行业兼并重组的相关要求，协调各省、直辖市、自治区等有关地区和企业做好组织实施，加强对企业兼并重组工作的领导。

（二）协调政府部门关系，推进兼并重组实施

创造科学有序、切实可行的政策大环境，协调周边政府关系。特别是央企并购国企，国企并购国企牵扯到中央政府与地方政府、地方政府与地方政府之间的利益，要加快水泥产业的并购联合、资产重组，政府要发挥好导向和服务功能。

（三）充分发挥协会作用 引导兼并重组的健康发展

协会要充分利用自身建立的行业平台，加强信息披露，加强区域发展指导，在鼓励大企业发展的同时，尽可能避免大企业在一个区域扎堆、恶性竞争，避免并购竞争激烈导致的收购成本的不经济和企业资源的浪费。

（四）做好服务管理

各地区有关部门要督促企业严格执行兼并重组的有关法律法规和国家产业政策，规范操作程序，加强信息披露，防范道德风险。推动企业兼并重组中介服务专业化、规范化发展，积极为企业提供市场信息、战略咨询、法律顾问、财务顾问、土地估价、资产评估、产权交易、融资中介、独立审计和企业管理等中介服务。

★该篇文章发表于2013年7期《中国水泥》杂志。

我国水泥消费峰值再探★

中国建材规划研究院（原院长） 吴向禎

我国未来水泥消费峰值究竟有多大？何时到来？始终是业界人士关注的话题。诸多专家和学者在不同时期从不同角度提出了各自的见解和判断。然而这些见解和判断，却总是被后来势态的发展和实际统计数据所推倒，大大突破了人们的预期。笔者曾在2009年5月《中国水泥》上发表过“关于中国水泥消费峰值的探讨”一文，然而4万亿的投资促使水泥工业出现非常规“井喷”般地发展，原来预测的数字被冲刷得黯然失色了。去年11月建材规划院孔安副院长发表的“我国水泥消费峰值”一文，提出了一些探索“峰值”的很好思路，然而其预测的“峰值”，现在看来似乎也显得有些保守了。因此，笔者对这个扑朔迷离的“峰值”课题，斗胆再试探一次，抛出一点拙见，仍作“引玉之砖”。

一、探索水泥消费峰值的意义

众所周知，水泥消费量＝产量＋上年库存量＋进口量－当年库存量－出口量。上年与当年的库存量可以抵消；我国水泥进口很少，可以忽略不计；出口占的比例现已降至0.5%以下，也可忽略不计。因此，我国水泥产量可视为水泥的消费量。

研究水泥消费量变化规律，具有很深刻的经济学含义。水泥使用量的多少及使用的特点，在很大程度上可以反映国民经济所处的发展阶段和一个国家的经济发展特征。发达国家的经验表明，在经济高速发展过程中，由于城市化、工业化水平迅速提高，水泥消费会快速增长。当城市化、工业化达到一定程度后，随着产业重心的转移和经济结构的调整，经济发展对水泥需求逐步减弱。这种水泥消费与经济发展的内在关系，决定了一个国家水泥消费将迎来峰值的必然发展规律。

如果我们对水泥消费峰值的大小和出现的时间预先做出比较准确的判断，至少有如下几点意义：

第一，有利于宏观调控。如上所述，我国历年的水泥产量大致反映出水泥消费量，如果预先知道水泥消费峰值出现的时间和大小，在宏观管理上就可以做到“心中有数”，避免盲目发展，总量控制就能适时地做到 “恰到好处”。

第二，有利于分类指导。由于我国地区发展差异较大，水泥消费峰值出现的时间不同步，可以根据不同地区的经济发展水平和建设强度，分别在布局结构、规模结构、技术结构等方面进行分类指导、区别对待，避免政策上的“一刀切”。适时、适度地科学配置产能，是宏观调控布局的重要原则，过分超前或滞后配置产能都是不科学的。前者造成资金积压浪费，后者影响建设需求。

第三，有利于防止峰后资产存量过大。水泥峰值出现之后，逐渐进入动态平衡期，消费需求与峰值相比，在国外下降 20% 左右，在我国可能下降 30% 左右，届时必然有相当一部分过剩产能被关闭。20 世纪 80 年代，日本相继关闭了二千多万吨产能。所以，预先知道峰值后，就能避免非理性重复建设，以防峰后资产存量过大。

二、国际水泥消费峰值分析

（一）发达国家水泥消费峰值出现的规律性

由于世界各国的国情不同，峰值出现的时间和水泥消费量的关系也不尽相同。但有一条共同规律，那就是峰值出现的时间大多在城市化率达到 70% 以后。表 1 反映了部分先行实现城市化、工业化国家（地区）峰值出现的情况。

表 1 部分国家（地区）水泥消费峰值出现的时间与城市化率对照

国家或地区	峰值出现的年份	人均水泥消费量（千克 / 人）	城市化率（%）
美国	不明显	300 ～ 400	73.6（1970）
德国	1972	680	80.0（1970）
法国	1972	566	70.4（1970）
日本	1973	715	72.1（1970）
韩国	1997	～ 1000	79.6（2000）
台湾地区	1993	1332	78.0（1993）

资料来源：“关于中国水泥消费峰值的探讨”昃向祯《中国水泥》2009 年 5 月

（二）水泥消费峰值出现的条件分析

1. 峰值与城市化率的关系

如表 1 所示，达到水泥消费峰值时，城市化率一般由较低水平提高到 70% ～ 80% 左右。

2. 峰值与人均水泥累积消费量的关系

人均水泥累积消费量代表一个国家和地区在一段时期内人均水泥消费总量，也代表着人均拥有的社会基础设施和住房等的总量，在很大程度上反映出一个国家和地区的工业化和城市化水平。有研究表明，城市化率每上升 1%，至少需要增加人均累积 0.32 吨水泥作支撑。发达国家水泥消费峰值出现时，人均水泥累积消费量一般在 20 吨上下。

3. 峰值与人均 GDP 的关系

国际统计资料表明，当人均 GDP 达到 2000 美元以上时，是进入工业化和城市化加速推进的阶段，也是单位 GDP 消费水泥增长较快的阶段。法国、英国、德国、日本、韩国等五国水泥消费峰值出现时，1 万美元 GDP 水泥消费量分别为 1.24 吨、1.10 吨、1.27 吨、1.65 吨、1.90 吨，平均为 1.43 吨。但水泥消费峰值出现之后，单位 GDP 水泥消费量不再随人均 GDP 的增长而增长，相反却逐步下降。这是因为不同阶段 GDP 的构成不同，前者主要靠投资拉动，第二产业所占比重较大；后者是第三产业所占比重大幅提高了的缘故。

水泥消费达到峰值时，各国人均 GDP 差别不太大，多数在 10000 ～ 13000 美元之间。

4. 峰值与人均水泥消费量的关系

达到峰值时人均水泥消费量差别很大，美国、法国、原西德、日本在 360 ～ 715 千克 / 人之间，而韩国和台湾地区则达到 1000 ～ 1332 千克 / 人左右。

三、我国水泥消费峰值预测

（一）预测基本思路

水泥消费峰值的出现，是诸多因素发展到一定阶段的集中体现，它与人口变化、经济发展速度、经济结构变化、城市化率、水泥消费结构及政策导向等诸多因素密切相关，而影响程度又错综复杂。因此，预测水泥消峰值出现的时间和大小，很难用一个简单的数学模型来表达。笔者试用以 2012 年的统计数据为基础，结合以往历史发展规律，借鉴国际水泥消费峰值出现的边际条件，采用诸因素动态发展综合平衡法对未来加以探求，以期尽可能取得与实际发展相贴近的结果。

（二）我国水泥消费峰值

采用可量化的诸因素如人口、城市化率、经济发展速度、人均 GDP、人均水泥消费量、人均水泥累积消费量等动态发展变化，辅以当前不可量化的因素如政策导向、诸因素影响的权重等加以修正，得出表 2 的预测结果。

表2 2013～2030年我国经济社会发展及水泥消费量测

年份	人口（亿人）[1]	城市化率(%)[2]	经济发展速度（%）[2]		GDP（亿美元）[3]		人均GDP（美元）[3]		水泥产量（亿吨）[4]	人均水泥（千克）[4]	人均水泥累积消费（吨）[4]
	中值	中值	低值	高值	低值	高值	低值	高值	中值	中值	中值
2012	13.54	52.6	7.8		82622		6102		22.1	1632	17.1
2013	13.58	53.45	7.85	9.50	89 108	90 471	6 562	6 662	23.4	1723	18.8
2014	13.64	55.60	7.57	9.22	96 587	98 068	7 081	7 190	24.6	1804	20.6
2015	13.68	57.59	7.24	8.89	104 375	105 980	7 630	7 747	25.6	1871	22.5
2016	13.72	59.57	6.96	8.61	112 498	114 234	8 200	8 326	26.4	1924	24.4
2017	13.76	61.55	6.76	8.41	121 030	122 900	8 730	8 932	26.9	1955	26.4
2018	13.79	63.51	6.50	8.15	129 893	131 905	9 419	9 565	27.2	1972	28.4
2019	13.81	65.46	6.22	7.87	139 041	141 201	10 068	10 225	27.3	1977	30.3
2020	13.83	66.40	6.02	7.67	148 556	150 868	10 742	10 909	27.5	1988	32.3
2021	13.84	67.31	5.60	7.25	158 096	160 566	11 423	11 602	27.5	1987	
2022	13.85	68.21	5.44	7.09	167 999	170 628	12 130	12 320	27.4	1978	
2023	13.85	69.70	5.21	6.86	178 134	180 928	12 862	13 063	27.1	1957	
2024	13.84	69.95	5.15	6.80	188 777	191 739	13 640	13 854	26.6	1922	
2025	13.83	70.84	5.15	6.80	200 056	203 196	14 465	14 692	25.5	1844	
2026	13.82	71.68	4.77	6.42	211 244	214 570	15 285	15 526	24.2	1751	
2027	13.79	72.53	4.76	6.41	223 041	226 554	16 174	16 429	22.7	1646	
2028	13.76	73.29	4.16	5.81	234 150	237 859	17 017	17 286	20.9	1518	
2029	13.73	74.00	3.69	5.34	244 713	248 607	17 823	18 107	19.5	1420	
2030	13.69	74.70	3.60	5.25	255 540	259 610	18 666	18 963	19.0	1388	

注：（1）“我国人口发展趋势、预测及想法”李若宁《百度网》2009.5.28。

（2）“中国中长期经济社会发展展望2012-2030”苏剑等2013年6月。

（3）以国家统计局2012年数据位基数，按人民币／美元汇率中间价（6.2855）测算。

（4）以国家统计局2012年数据为基数，结合水泥工业发展现状和趋势测算。

由表2可知，我国水泥消费峰值出现的时间大约在2019～2020年，峰值27～28亿吨。此时的城市化率65%～66%，人均GDP10 000美元以上，人均水泥消费量约1980公斤，人均水泥累积消费量30～32吨。由图1水泥消费峰值曲线可知，峰值以倒“U”型呈现，持续5年左右后，开始下降至2030年出现“平衡点”，此时水泥总消费量、人均消费量分别为19亿吨、1390千克左右，比峰值下降了约30%。

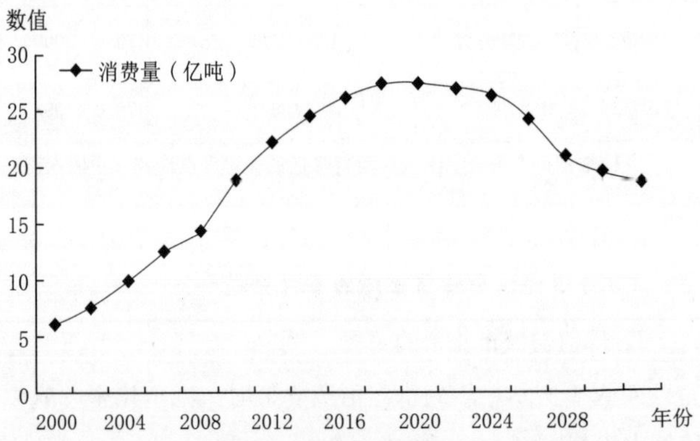

图1 水泥消费峰值曲线

（三）各时段水泥消费量

各时段水泥消费量可由表2、表3得知，统见表4。

表3 我国历年水泥需求预测（2000～2030年）

年份	2000	2002	2004	2006	2008	2010	2012	2014	2016	2018	2020	2022	2024	2026	2028	2030
需求	6.0	7.3	9.7	12.4	14.0	18.8	22.1	24.6	26.4	27.2	27.5	27.4	26.6	24.2	20.9	19.0

表4 各时段水泥消费量

时段	2015年		2020年		2025年		2030年	
	低值	高值	低值	高值	低值	高值	低值	高值
水泥消费量（亿吨）	25	26	27	28	25	26	18.5	19.5

由表4可知，2015年、2020年、2025年、2030年四个时段的水泥消费量分别为：25～26亿吨、27～28亿吨、25～26亿吨、18.5～19.5亿吨，峰值大约在2020年前出现。

四、讨论

（一）中外峰值出现条件的差异性

我国水泥消费峰值与国际水泥消费峰值出现的边际条件都遵循共同的规律，但具体数值又有较大的差异，这些差异主要表现在：到达峰值时，我国的人均水泥消费量、人均水泥累积消费量偏高，而城市化率偏低。究其原因，可能有以下因素所致。

1. 建筑结构不同，水泥用量差别较大

美国的水泥消费峰值为何不明显？是因为它的城市建筑钢结构和其他非钢筋混凝土结构占有相当大比重，致使美国的水泥消费水平较低。“9.11”事件顷刻间将纽约世贸大厦化为灰烬，源于其轻钢结构所致。欧洲除了有钢结构、砖石结构外，还有木结构，另外，许多中世纪建筑基本都是花岗石、砂岩、大理石和石灰石建成的。我国解放以前也很少用水泥盖房子，砖石结构、土坯、木结构相当普遍，胶凝材料也多以石灰为主，所以到1949年全国解放时水泥产量仅有66万吨。可是到后来尤其改革开放以来，水泥用量越来越大，钢筋混凝土结构几乎成为青一色的主流建筑模式。

2. 水泥标准和品种结构不同

我国现行采用的国标（GB）是《通用硅酸盐水泥》标准，与欧洲水泥标准的一致性程度为“非等效”。我国水泥中混合材的掺加量一般比国外多，国外以波特兰水泥为主，混合材掺加量较少。据有关专家介绍，2007年德国、日本和美国生产的水泥中，混合材的平均掺加量分别为14.1%、13.3%和6.0%。而同期我国混合材的掺加量平均为27.5%。现在利用工业废渣（如矿渣、粉煤灰等）作原料的水泥掺入量则更多，熟料比例越来越低。

3. 建筑物新建比重和更新周期不同

我国由于房屋建设历史欠账较多，百废待兴，新建房屋比重较大，建筑物、构筑物更新周期较短，道路路面寿命更是短得惊人！所以人均水泥消费量大大高于国外。在欧洲很少看到建筑工地，十八世纪以来的建筑物巍然屹立，甚至许多中世纪建筑还保留完好。

4. 建筑物存量基础不同，导致峰值城市化率的较大差异

欧美国家工业化、城市化进程同步，进入快速发展期后，城市化率已有较高存量做基础。而我国则是先工业化，后城市化，不同步进行造成城市建筑物存量小，加之受户籍制度的制约，致使当水泥消费峰值到来时，城市化率显得不像欧美国家那么高。

（二）地区差异造成峰值出现时间差

我国东、中、西三大区域，由于经济发展水平存在较大差异，工业化、城市化发展进程也不相同。东部地区包括京、津、沪、辽、冀、鲁、苏、浙、闽、粤及琼11省市；中部地区包括黑、吉、晋、皖、赣、豫、鄂及湘8省；西部地区包括内蒙、桂、川、渝、黔、滇、藏、陕、甘、宁、青及新12省市区。以2011年统计数据为例，东、中、西部人口分别占41%、32%、27%，经济总量（GDP）分别占62%、27%、21%，城市化率分别为56%、43%、38%。就城市化水平而言，东部地区的水泥消费峰值会提前到来，而西部地区的水泥消费峰值则大大迟后，西部与东部峰值出现的时间差至少10年。

东、中、西部峰值出现的时间差，客观上起到“削峰”的作用，使全国的峰值曲线变得不是那么锐利，看起来比较平缓。尽管如此，东、中、西部三条峰值曲线的叠加总有一个最高点，这个最高点即标志着全国的水泥消费峰值。

（三）如何看待当前的“产能过剩”

当前困扰水泥行业的首要问题是“产能过剩”。2012

年我国水泥产量达到22.1亿吨，预计2013年水泥产量将达到23.4亿吨左右，我国水泥产量连续几年占世界同期水泥总产量的60%以上。据《数字水泥网》报道，2012年底我国拥有新型干法生产线1637条，设计熟料产能达16亿吨，实际产能达17.6亿吨，折算为水泥实际产能28.9亿吨，加上尚未退出市场的落后产能1亿吨，水泥产能总量约30亿吨。预计2013年新点火水泥项目1.2亿吨，水泥总产能将增至31亿吨以上。从现象观之，与目前水泥实际消费水平相比，产能过剩近8亿吨，水泥市场面临供过于求、经济效益严重下滑的困境。

造成目前产能过剩有多方面的原因，归结起来不外有三：一是利益驱动，盲目跟风；二是行政干预，政绩工程；三是经济转型，需求下降。

如何看待产能过剩？笔者认为，可概括为三句话：即用“时空观”分析；用“峰值观”对照；用“市场观”解决。

1. 用“时空观”分析

对产能过剩，要做具体情况具体分析，不能笼而统之，脱离开时间、空间概念，泛谈产能过剩毫无指导意义。例如前些年“浙江现象”出现时，东部地区当时似乎出现产能过剩，但后来随着结构调整和战略布局的西移，现在东部地区情况相对较好，西部地区产能过剩比较严重。从2012年各行政区水泥产量、利润变化情况看，东北产量控制情况最好，利润空间最大；其次是华东和中南；西南和西北效益最差（详见表5）。

表5 2012年各地区产量及利润总额

地区	产量（亿吨）	增速（%）	利润（亿元）	增速（%）	吨利润（元）
东北	1.26	-5.90	89.53	6.66	76.06
华北	2.62	-2.40	46.65	-50.47	17.81
西北	1.86	23.00	30.28	-44.11	16.28
华东	7.12	6.00	258.47	-42.31	36.30
中南	5.95	5.50	192.37	-23.27	32.33
西南	3.30	7.20	40.12	-15.32	12.16

2. 用“峰值观”对照

如前所述，预计到2013年底，我国的水泥产能总量将达31亿吨，淘汰1亿吨落后产能尚有30亿吨的存量。如果用静态观点来衡量，确实与目前的实际需求存在比较大的产能过剩，过剩量约占实际需求的35%。如果用动态的未来“峰值观”来对照，目前的产能过剩就不那么大惊小怪了，因为与峰值需求（27～28亿吨）相比，过剩量尚在合理范围内。缺憾的是这部分“过剩产能”超前问世，造成一定的资金积压和浪费。“亡羊补牢”，从现在起必须严加控制，防止继续新增产能。

3. 用“市场观”解决

如何解决当前产能过剩？诸多专家见仁见智，提出了不少建议和看法。笔者认为最好的办法还是靠市场的力量来解决。因为这部分过剩产能是在市场需求“热态”下，“投资冲动”的惯性造成的，当然要靠市场机制通过竞争来解决，通过竞争优胜劣汰是一条不变的自然法则。每种资源，表现于市场上的供需平衡是相对的，而随时出现的供需不平衡则是绝对的。既然市场发挥着资源配置的基础作用，那么靠市场调节来解决平衡与不平衡的问题是很自然的事。当然也不否认在特定情况下，行政干预的必要性，但不能过多使用行政干预！

从某种意义上讲，适度的产能过剩是件好事而不是坏事。因为只有过剩，才能激发市场竞争，只有竞争才能推动技术进步和创新，只有竞争才能淘汰落后产能，只有竞争才利于重组提高集中度，只有竞争才能朝着“绿色化”路径发展。

就全国总体而言，水泥消费的峰值尚未到来，新一届政府力推城镇化加快，户籍制度改革将有序地进行。这些政策上的变化，对水泥行业来说都是利好的消息，在“消化”产能过剩问题上应该充满信心！

★该篇文章发表于2013年8期《中国水泥》杂志。

第二篇 综述

各省水泥工业概况

各省水泥工业概况

Cementindustryprofileineachprovince

北京市

【概况】

国家及环渤海地区水泥产业相关政策

全国水泥行业从国家“十二五”规划时期就出台的《水泥工业“十二五”发展规划》、《北京“十二五”城市发展规划》、《北京市“十二五”时期散装水泥、预制品和预制构件发展规划》都对不适宜北京“世界城市”发展的传统行业和“三高”企业提出了严格的限制。2013年京津冀及山西、山东、辽宁等环渤海地区又根据 国家环保总局印发《京津冀及周边地区落实大气污染防治行动计划实施细则》的通知（环发〔2013〕104号）和《国务院关于化解产能严重过剩矛盾的指导意见》国发〔2013〕41号等文件精神，相继出台了一系列大气污染防治行动计划和产能压缩方案，部分水泥生产企业面临巨大的环保压力，乃至生存挑战。

北京房地产市场供给情况

2013年全市建筑企业房屋施工面积为48791.3万平方米，比上年同期增长17.1%。其中，新开工面积16572.4万平方米；比上年同期增长20.5%．竣工面积8212.7万平方米，比上年同期下降2.4%

2013年全市商品房施工面积为13886.9万平方米，比上年同期增长5.8%；其中：住宅7406.9万平方米，比上年同期下降1.4%；写字楼为2114.1万平方米，增长23.5%；商业及服务业等经营性用房为4365.9万平方米，增长11.9%。水泥需求量在2500万吨以上。商混使用量在7000万立方米。

北京水泥市场情况

2013年全市水泥生产企业共8家（其中金隅平二、金隅顺发两企业10月份后停产），全年生产水泥熟料655.6万吨，生产水泥900.1万吨，销售水泥902.7万吨。

北京金隅水泥经贸公司在京销售水泥740万吨、北京立马水泥有限公司在京销售水泥128万吨、冀东水泥北京销售公司进京销售近500万吨、三河燕新建材有限公司进京销售100万吨、北京金隅混凝土有限公司在京销售商混450万立方米，分别创出了销售历史最好水平。确保了首都建设所需水泥的质量和市场的稳定。

一、做好基础管理 开展工作创新

1、完成换届后的税务、法人登记证书、法人代码的更换及社团年检工作，保证协会日常工作的顺利进行。

2、建立周学习例会制度，补充、完善了信息公开制度、优质服务奖惩、紧急情况应急预案、工作人员守则，并按北京市民政局转发民政部《关于开展行业协会行业自律与诚信创建活动》的要求是修改了协会《章程》，积极开展创建活动，强化了协会工作制度化管理体系，及时开展了《北京水泥行业协会自律与诚信创建活动》自觉接受会员单位和社会监督。

3、2013年积极发展会员，不断增强、壮大协会力量。根据协会发展的需要，2013年共新发展会员7家，新增补副理事长单位5家。使会员企业达到了59家；副理事长单位达到28家。充分体现了协会的凝聚力。

4、继续开展与企业有偿服务的活动，今午利用水泥协会的平台，完成了建材联合会与北京水泥厂20万元，琉璃河水泥厂15万余，通达公司10万元的经济技术合作。完成了建材联合会交办的工作。

5、在金隅集团与金隅鹿泉鼎鑫水泥有限公司支持下，于8月2-3日在河北石家庄市植物园会议中心召开了北京水泥行业协会2013年会员大会。

6、积极开展走群众路线下基层活动，在段会长的带领下，走访了北水、金隅砂浆、生态岛；河北鼎鑫、邯郸、涉县；河南沁阳、博爱；山西广灵、左权等企业，行程3000多公里，深入了解企业需求，介绍推广企业成功先进经验，共谋行业发展之路。

通过走访调研地方协会和企业，发展了新会员7家（涉县、邯郸、和益、广灵、博爱，金隅砂浆、旭成），并根据《章程》的有关规定，及时以信息通信的方式完善了增选副理事长选举和会员入会手续。

7、利用多种宣传形式扩大协会的影响力和知名度。现已完成向《中国水泥年鉴》《北京工业年鉴》《北京建材》和《中国水泥》四大杂志提供预约稿件；通过数字水泥网和北京水泥信息向外界协会新一届领导集体所开展的工作，通过参加各种活动，扩大协会的知名度和影响力。经协会推荐《中国建材报》对金隅鼎鑫水泥有限公司进行了专访，用整版的篇幅进行了宣传。

二、认真做好行业协调工作 发挥协会行业管理职能

1、完成2012年组织开展《水泥行业准入条件》工作，2013年北京琉璃河水泥有限公司、北京水泥厂有限责任公司、北京太行前景水泥有限公司、北京立马水泥有限公司，4家水泥企业完成了工信部《水泥行业准入申请》第二批年度公示。

2、在今年已完成组织企业对越南、柬埔寨考察所取得经验的基础上，再次组织金隅、冀东等大型企业集团参加中国建材联合会组织的去欧洲进行的考察；参观学习了欧洲水泥企业在节能减排、利用水泥窑处置废弃物和城市生活垃圾的做法和经验，受到考察队员的好评，也为协会继续组织企业“走出去”奠定了基础。

3、参与了北京市发改委组织的对北京市57家重点耗能企业“十二五”节能指标完成情况的评审工作。通过协会的努力及会员单位的密切配合，在京水泥企业全部通过市发改委节能环保中心能耗专项审核。

三、推动科技成果转换 促进行业节能减排

1、开展对商品混凝土、外加剂、粉体工程技术（超细粉工艺）、水泥制品等行业的深入调研，就替代能源、使用清洁能源、利用水泥窑集中焚烧垃圾和用水泥窑生产多种产品等问题进行调研，为水泥生产技术在新的领域发展寻找机遇。

2、积极宣传推广会员企业的节能减排科技成果（二代新型干法水泥工艺）和优质产品（耐火技术）及脱硝减排以及能源控制管理技术，积极安排会员单位在中国水泥协会等专业会议上进行经验介绍和发言，使国内同行业及时了解协会会员单位在节能减排、绿色环保等方面做出的成绩，同时也提高了企业对协会的信任程度和互利互惠的认知度。

四、加强行业自律 稳定水泥市场良好秩序

1、水泥协会会员已由过去单一的水泥企业发展、延伸到了混凝土、干混砂浆、外加剂、矿山、砂石骨料、建材基地等行业，也由北京地区扩展到天津、河北、河南、山西等地区。为了加强区域间的水泥市场秩序，协会积极与京津冀地区建材协会联系，加强区域间水泥企业的协同与合作，共同维护水泥市场的相关秩序 。

2、协会主动参与中国工经联和北京市工经联开展的《企业社会责任报告》、中国水泥协会开展的《行业自律和诚信公约》、《发展绿色建材推进节能减排倡议书》活动，并在此基础上，根据民政部《关于开展行业协会行业自律与诚信创建活动的通知》（民函〔2013〕111号）和北京市民政局转发民政部《关于开展行业协会行业自律与诚信创建活动的通知》（京民社发〔2013〕308号文件精神，积极开展北京水泥行业协会自律与诚信创建活动。补充完善协会自身制度管理体系， 主动与会员单位联系对接，全面了解北京水泥市场情况，为建立水泥市场自律诚信行为打下了基础。不断提高协会自律和诚信的自觉性。

3、积极了解与水泥行业相关的市场信息和相关产业动态，组织水泥企业参加了2013年水泥国际峰会、中国工经联组织的2013年中国经贸形势报告会、中国水泥协会环资委员会2013年峰会等多种大型会议，及时将会议的精神、有关政策信息、国家标准反馈该给企业，使企业了解国际水泥行业先进水平和国内经济发展形势。

五、坚持协会办会宗旨 提高“两个服务”质量

1、建立畅通的多层次、相互的信息沟通渠道。在互利互惠的基础上，开展高标准的有偿服务。

2、配合北京建材联合会开展2013年“质量登录”、“绿色建材产品”、“ 诚信企业”“六省市最具影响力企业”“科技成果评选”组织评选推荐工作。使23家会员企业分别获得称号五类13项荣誉（部分企业获得多项荣誉）；同时完成了全国水泥企业优秀总工推荐工作。由过去一名指标争取到三名，协会推荐的金隅红树林的田薇、天津金隅混凝土的张哲明二同志，被评为2013年全国水泥企业优秀总工，为企业赢得了荣誉。

3、积极做好为会员服务工作，协会多次向市经信委推介金隅兴发、顺发、平二3家企业利用水泥窑处置城市废弃物的应用，实现水泥企业向环保产业转型；利用组织开展《水泥行业准入条件》工作和审查北京市企业节能指标的时机与其他相关政府部门的有关人员建立良好的关系，争得市经信委等部门对协会工作的认可和政策支持。在顺发、平二两企业退出后出现债务纠纷时，及时为企业查询证据，出具行业证明，维护企业合法权益。根据多年的水泥市场调研，事实为金隅水泥经贸公司市场占有率开具评选证明；积极协调中国水泥协会帮助金隅鼎鑫水泥有限公司开具中国驰名商标评选证明。

4、及时解答政府有关职能部门对水泥工艺等提出的各种疑问，帮助政府和社会了解水泥企业已成为城市发展不可缺少的“净化器”等一系列观念，努力争取社会舆论对行业发展的支持。利用中国水泥网、中国水泥协会、中国建材报等组织、媒体及时正面宣传水泥企业，同时呼吁会员中大型企业集团自觉开展自律和诚信活动，主动承担社会责任也为水泥企业获得政府和社会的认可奠定了良好的基础。

5、协会直接参与社团办组织会员单位参加第二届京交会活动；对北京市政府部门在出台政策前向协会征求意见时，协会都会征求企业意见，认真回复，为维护行业合法权益争夺话语权。如在市环保局编制《水泥行业大气污染物排放标准》的征求意见、中国水泥协会对水泥行业十二五规划中期评估意见、北京是工经联开展《北京工业能耗水耗指导指标》修订说明（送审稿）的征求意见时，协会根据实际情况提出了对行业的补充、修改意见等；坚决执行北京市人民政府发布公告《关于印发北京市2013-2017年清洁空气行动计划的通知》精神，在年初北京遭到严重污染的情况下，协会主动号召会员企业停窑停产，为维护首都一片蓝天尽到了一份责任。

相关单位简介：

北京市散装水泥办公室

受市住建委委托，贯彻落实商务部发展散装水泥有关政策规定，负责全市散装水泥、预拌混凝土、预拌砂浆相关政策制定和具体实施；负责散装水泥统计报表、行政基础数据上报工作；散装水泥专项资金征收、返退管理工作；发展散装水泥监督管理工作；

地址：海淀区西四环中路16号院3号楼9层

邮编：100039

北京市水泥质量监督检验站

北京市水泥质量监督检验站依法设置和依法授权的为社会提供科学、公正数据的第三方的产品质量检验实验室。1989年北京市水泥质量监督检验站由北京市标准计量局审查验收合格，获得《北京市产品质量监督检验站认可证书》和《计量合格证书》。1993年经北京市技术监督局审查验收合格，并获得了《产品质量监督检验站授权证书》、《计量认证合格证》和符号章。1995年北京市机构编制委员会批准北京市水泥质量监督检验站为全民所有制事业单位，编制为1 4人。并颁发了《北京市事业单位法人证书》，具有独立法人资格。2011年10月通过了计量认证和资质认定（授权）的复评审，2012年3月通过了CNAS的复评审。

我站的业务主管单位是北京市质量技术监督局，行政主管单位是北京金隅集团有限责任公司。我站占地面积770多平方米，并且按照北京金隅集团有限责任公司提出 “国内一流、国际先进”的建站方针要求，现在我站已初步建设成为办公自动化、仪器设备和工作环境先进的现代化实验室。配有各种大型、精密的专业仪器设备120多 台（套），在用设备均在有效期内，且标识清晰。仪器设备维护完好率100%、周检及时率为100%，确保检验工作正常进行。我站出具的检验量值均可以溯源到国家基准。

目前我站职工总数15人，现有工作人员15名，其中管理人员5名，检测人员9名。其中高级工程师2人，高级技师1人；工程师职称的2人，技师2人，其他检验员均为中专以上毕业，而且都经过培训后持证上岗。

我站的检验类别涉及委托检验、仲裁检验、监督检验、鉴定检验、生产许可证检验等等。由北京市质量技术监督局授权检验和监督的产品和项目有：通用硅酸盐水泥（GB175-2007）、通用硅酸盐水泥熟料；钢渣水泥；砌筑水泥；建筑材料放射性核素限量；水泥包装袋及与以上标准相关联的产品和单项检验（例如：用于水泥和混凝土的粉煤灰、Cl-和碱含量的检测，石灰石的全分析等）。建筑用砂、石、混凝土外加剂和防冻剂、混凝土、建筑砂浆、外加剂氨释放量、建筑材料放射性核素限量等检测试验相关项目的检测。

地址：北京市房山区琉璃河镇站前街1号

邮编：102403

大事记

1、1月9-16日组织会员单位赴越、柬考察水泥企业及市场需求进行国际交流。

2、2月1-4日编写上报《北京工业年鉴协会栏目》工作。

3、北京、天津建材业协会联合给海螺和山水企业发函，开展行业自律，严禁在京津地区低价倾销水泥。

4、3月12日段建国和姚立伟参加在上园饭店市工经联召开的5届3次理事会。

5、3月6日将中国水泥年鉴2011年和2012年北京水泥行业组稿报送中国水泥协会

6、4月19日办理更换法人登记证、社团年检

7、4月20日参加中国工经联2013年经贸形式报告会

8、4月4-25日参加水泥国际峰会、参观水泥设备展

9、4月26日办理完成组织机构代码年检

10、5月8日参加社团办举办的京交会动员大会，协助组织30个企业参会。

11、5月15日参加商务部组织2013年礼品交易会

12、6月1-3日参加中国水泥协会在银川召开的2013年秘书长联席会，内容政策引领、协会协调、技术超越、企业提升

13、6月11-12日参加北京矿业协会在密云召开的矿业综合利用研讨会

14、8月1-3日北京水泥行业协会在石家庄召开会员大会

15、10月28-29日参加中国工经联国际论坛。

16、11月14日参加工经联组织的参观复兴之路，进行传统教育

17、12月17日参加工经联在上园饭店召开的座谈会，内容：各协会汇报工作总结、北京退出指导目录、通报单位能耗标准制定情况。

18、12月18-26日参加中国水泥协会在西安召开的优秀总工表彰大会。

天津市

【概况】

天津市现有水泥企业21家，除振兴一家有窑企业外其它均为粉磨站，产能2200万吨左右，2013年全年产量818.33万吨，同比增长10.23%，散装水泥供应量达到792.89万吨，同比增长10.23%，水泥散装率约96.89%。预拌混凝土生产量3060万立方米，同比增长4.78。截至2013年底，天津市淘汰水泥落后产能229万吨，天津将严格环境准入，不再审批水泥等新增产能项目。在治理雾霾问题上，京津冀地区无法做到独善其身，建立大气污染防治协作机制对于京津冀及周边地区治理大气污染至关重要。

河北、山东、辽宁等省市的水泥纷纷挤占天津市场，由于恶性竞争、价格竞拼导致天津市水泥行业大部分企业处于不盈利甚至亏损状态。水泥企业实施行业自律一年多来，严把质量关，抓质量不辞辛苦，不择手段，规范市场竞争行为，引导市场价格进入良性区域。

大事记

1月21日 为增进互信，加强协作，维护共同利益，实现合作共赢。天津市建材业协会与天津市混凝土协会召集各自行业内的骨干企业于年在光合谷温泉度假村共同主办了主题为“融通、携手、合作、共赢”高峰论坛。水泥、混凝土行业20余家骨干企业代表参加了会议。各与会企业代表纷纷发言表示，感谢两个协会领导为行业搭建的交流平台，两个行业在今后的发展中由关注各自企业的发展提升到关注行业产业链的发展，加强沟通交流机制，将两行业终融为一体，真正形成合作伙伴关系，一致协商，最终达到双赢的目的。

2月28日 金隅、冀东及混凝土行业几大骨干企业于混凝土协会召开会议，双方坚定信心，双利双赢，共同做好2013水泥及混凝土事业。

3月12日 在建材集团会议室召开题为“水泥协同自律及质量管理”的会议，旋窑名录水泥企业纷纷到会。会议首先由建材业协会李红忠秘书长介绍了当前水泥市场的大环境，介绍了限产保价的必要性和为限产保价所做的一系列努力，随后散办耿科长强调了质量管理的重要性并部署了下一步工作的要求。

6月7～8日 为保证建设工程质量安全，天津市建材业协会会同质检二十一站对各旋窑水泥企业上报用户情况，选取8家搅拌站进行水泥样品抽检。

7月26日 在天津市建材业协会召开水泥自律会议，李秘书长宣读乔隆德会长讲话，传达会议精神。介绍6月初对8家水泥企业提供的8个搅拌站的抽检情况，并于近期组织新一轮产品抽样。

为了保证水泥产品质量，保证建筑工程安全，协会及21站组织对旋窑名录中未进行产品抽样的企业进行抽检，此次抽检与以往不同，不针对水泥企业，而是对其提供的用户进行取样，此次抽检于9月23日至29日并分为2组，抽检过程比较顺利，各单位积极配合。

10月10日 在天津市建材业协会召开水泥自律会议，会上首先由李秘书长向各企业介绍了水泥行业目前的主要任务及中国水泥行业自律与协调公约，其次经各企业商议后草拟申请《天津市旋窑水泥生产企业名录》条件并上报散办，最后鉴于袋装水泥假冒伪劣及不合格情况严重，建议进行专项检查。

为满足中华人民共和国工业和信息化部下发的《水泥企业质量管理规程》规定：“化验室应配备主任、工艺、质量调度、统计及检验等人员。”“检验人员人数应能满足检验工作需要，一般不得低于全厂生产职工总数的4%，或不得少于12人。”的要求，天津市建材业协会受市经济和信息化委员会委托，对全市水泥企业化验室检化验人员进行培训工作，10月11-13日天津市建材业协会与质检21站在天津大学国际交流中心酒店联合举办第一期水泥“建材物理检验工”中、高级工培训，本次培训共培训学员中级工12人、高级工19人，通过笔试及实际操作考核共有25人顺利通过考核，其余6人也与本月21日参加了补考工作，补考成绩优良。

11月5日～15日 水泥专委会协同质检二十一站对外地进津的91家，唐山84家，山东7家及本市20家水泥企业进行一年一度统一产品抽检，此次抽检分2小组，每组4人，分别由协会及21站组成，此次结果作为2013年度会员证书年检的依据。

上海市

【概况】

2013年上海GDP完成21602.12亿元，比上年增长7.7%。其中第一产业增加值129.28亿元，下降2.9%；第二产业增加值8027.77亿元，增长6.1%；第三产业增加值13445.07亿元，增长8.8%。全社会固定资产投资5647.79亿元，比上年增长7.5%，其中非国有经济投资3720.9亿元，增长9.5%；工业投资1236.35亿元，下降4.4%；房地产开发投资2819.59亿元，比上年同期增长18.4%。本市2013年CPI比上年上涨2.3%。

2013年上海水泥生产厂家（有生产许可证的）有9家，共生产水泥760.08万吨，同比下降4.19%。其中全能型水泥生产厂1家，生产熟料40.35万吨，同比下降3.77%，生产水泥75.45万吨；水泥粉磨企业7家，共生产水泥602.6万吨；配制水泥1家，配制水泥82.02万吨。

2013年上海中转水泥企业12家，中转水泥238.71万吨，同比上升23.41%。

2013年外省市进沪水泥1739.79万吨，同比上升11.01%。使用掺合料713.58万吨，同比上升46.61%。

2013年上海水泥总用量2499.87万吨，同比上升5.90%。

2013年上海市持证搅拌站共210家，生产混凝土总量为5829.87万立方米，同比上升4.14%，带动了水泥的需求。

表1 2013年上海市水泥总用量（分省）统计表

（单位：吨）

省份	1月	2月	3月	4月	5月	6月	7月	8月	9月	10月	11月	12月	年累计
上海	683900	145100	578000	774300	718400	565300	608400	604300	681800	683200	786100	772000	7600800
安徽省	172096	65832	185187	219943	220249	203998	236526	290296	271781	268314	315885	331582	2781689
江苏省	888885	229771	812759	958784	875356	755908	838664	801950	841776	823234	885156	862087	9574330
江西省	69694	41416	70782	79478	66688	60344	46000	54600	59901	54400	75500	70811	749614
浙江省	352477	48561	308448	405683	372472	307748	325545	287317	306751	394111	351610	309118	3769841
湖北省	30000	31000	50000	45000	55000	50000	45000	50000	40000	45000	40000	55000	536000
总量	2197052	561680	2005176	2483188	2308165	1943298	2100135	2088463	2202009	2268259	2454251	2400598	25012274
其中：外省进沪量	1513152	416580	1427176	1708888	1589765	1377998	1491735	1484163	1520209	1585059	1668151	1628598	17411474

2013年上海市水泥总用量曲线图

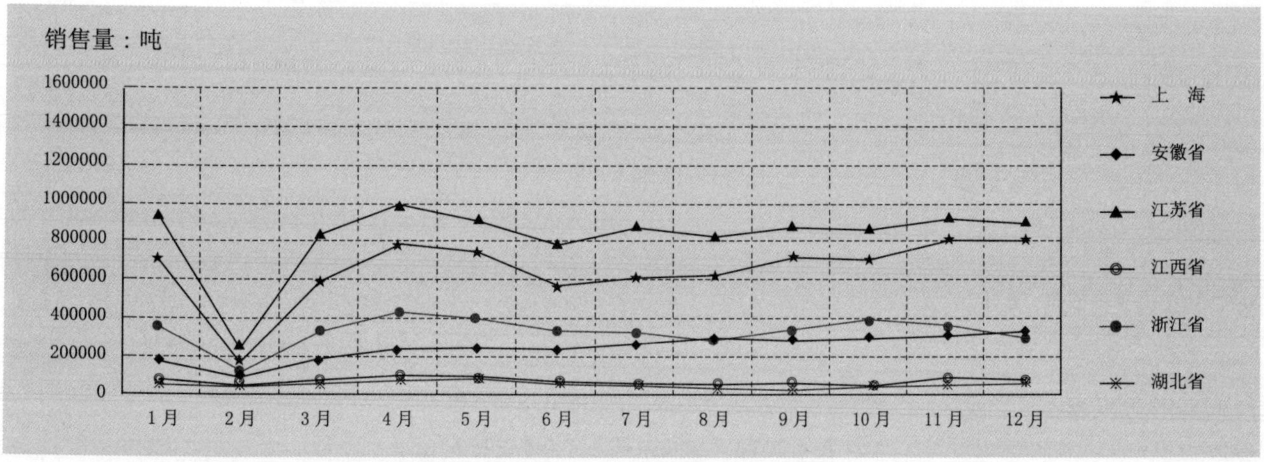

表2 2013年上海市水泥企业销售量统计表

（单位：吨）

时间	1月	2月	3月	4月	5月	6月	7月	8月	9月	10月	11月	12月	年累计
2013年	683900	145100	578000	774300	718400	565300	608400	604300	681800	683200	786100	772000	7600800
2012年	421600	349600	631600	712100	739800	642900	707300	715900	746600	808900	729200	728000	7933500
2011年	619200	213400	688100	793400	748100	576600	766700	624300	715100	764600	785900	817300	8112700

2013 年上海市水泥销售量曲线图

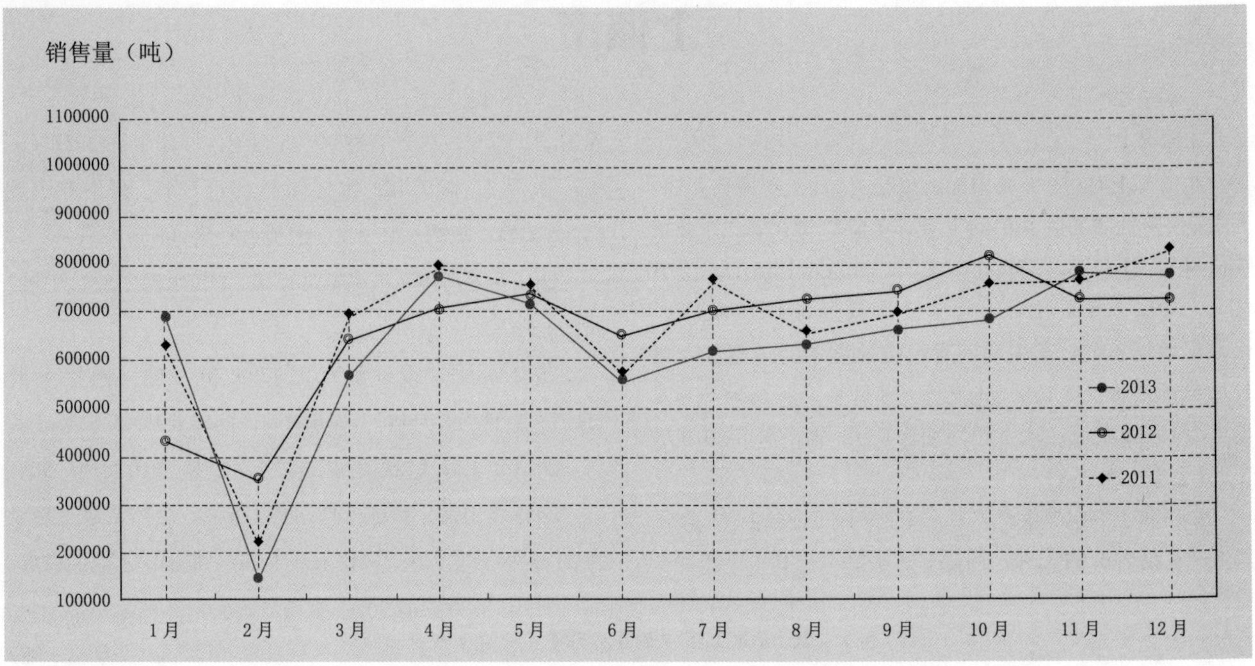

表 3　2013 年外省市水泥进沪量统计表

时 间	1月	2月	3月	4月	5月	6月	7月	8月	9月	10月	11月	12月	年累计
2013 年	1513152	416580	1427176	1708888	1589765	1377998	1491735	1484163	1520209	1585059	1668151	1628598	7600800
2012 年	644034	597954	1163168	1306964	1375671	1311759	1511060	1151181	1405086	1448329	1471744	1372488	7933500
2011 年	952561	423050	1269981	1445515	1258419	989385	1236233	1049813	1173856	1208759	1169684	1202235	8112700

2013 年上海市水泥进沪量曲线图

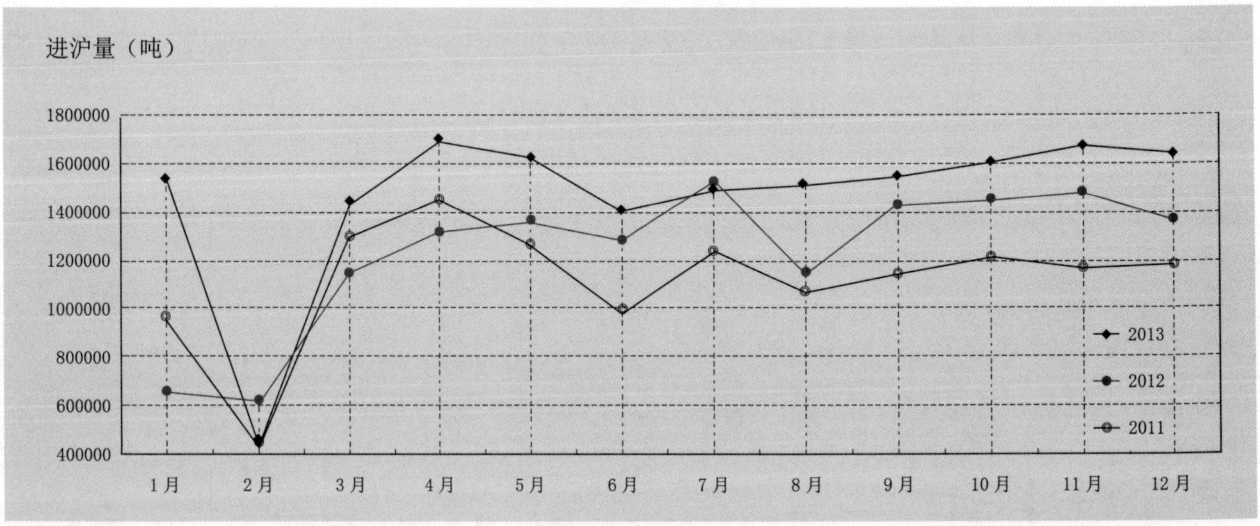

表 4 2013 年上海市水泥总用量统计表

时 间	1月	2月	3月	4月	5月	6月	7月	8月	9月	10月	11月	12月	年累计
2013 年	2197052	561680	2005176	2483188	2308165	1943298	2100135	2088463	2202009	2268259	2454251	2400598	25012274
2012 年	1065634	947554	1794768	2019064	2115471	1954659	2218360	1867081	2151686	2257229	2200944	2100488	22692938
2011 年	1571761	636450	1958081	2238915	2006519	1565985	2002933	1674113	1888956	1973359	1955584	2019535	21492191

2013年上海市水泥用量曲线图

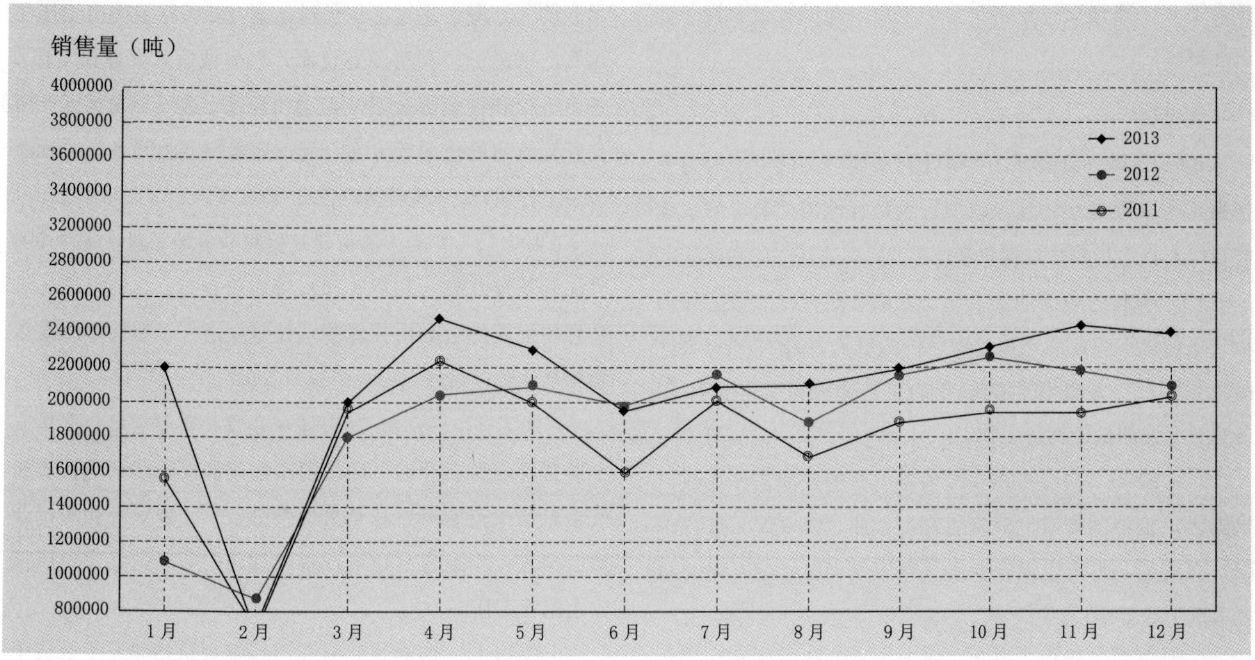

一、坚持“质量第一”，确保建设工程质量安全

1、贯彻落实《上海市建设工程质量和安全管理条例》，确保上海市建设工程质量安全。协会配合上海市建设工程安全质量监督总站（简称市安质监总站）等管理部门通过考核，做好相关企业列入短名单（优胜企业推荐）和黑名单（禁止其产品在本市建设工程中使用）的工作，并会同市八家相关行业协会联合颁发了《关于公布2012年度在沪建筑材料生产企业质量诚信考核结果的通知(沪建材协〔2013〕001号文)。该文经市安质监总站以“沪建安质监〔2013〕25号”文转发并予公布；2013年市水泥行业通过综合考评，共有28家企业被评为“年度水泥类企业质量诚信考核优胜企业”，其中：15家水泥生产企业、5家散装水泥中转企业、8家掺合料（矿粉、粉煤灰）企业；但也有3家水泥生产企业、3家掺合料企业被列入黑名单。

2、为落实上海市建筑建材业市场管理总站（简称：市市场管理总站）印发的《关于进一步加强本市粉煤灰综合利用管理工作的通知》（沪建市管〔2013〕84号），协会秘书处会同市市场管理总站组织市建科院相关专家，对取得本市建设工程材料《备案证明》的15家商品粉煤灰生产企业进行了动态检查，并对该企业销售的商品粉煤灰产品进行抽样检测，动态检查和抽样检测结果记入该企业的《上海市建筑工程材料供应企业质量诚信手册》，并作为市相关建设行政管理部门对企业进行年度质量诚信考核的依据之一。

二、规范“统一质保书”，促行业的良性发展

自2010年7月起，上海市建设工程使用的水泥产品和用于混凝土中的粒化高炉矿渣粉，已实行了内容和格式统一的产品出厂质量检验报告（简称“统一质保书”），从2013年7月1日起在本市销售的商品粉煤灰，销售企业应当向购货单位提供由市市场管理总站编制，市水泥行业协会统一印制、管理的2013制式的新版《上海市商品粉煤灰质量检验合格证》和《上海市商品粉煤灰产品出厂质量跟踪单》。至此，上海市水泥类行业（水泥、水泥中转、矿粉、粉煤灰）已全部执行印有“防伪标记”并进行统一管理的“统一质保书”。

三、开展“合格供应商优先推荐”，促水泥类企业管理工作上等级

为规范和健全上海水泥类企业质量诚信管理体系建设，从而提高诚信意识和服务意识，提升创优争先的品牌意识，切实保证上海水泥类企业产品质量，引导上海市水泥行业健康有序发展。协会在市安质监总站和相关管理部门的支持和指导下，结合上海水泥类企业的实际情况，组织了本协会会员单位开展《合格供应商优先推荐》星级考评管理工作。在会员单位自查、协会组织现场专家核查、评审委员会专家进行综合考评及网上公示后，确定50家水泥类企业（其中水泥生产企业41家、水泥中转企业6家、矿粉生产企业3家）为首批（2011～2012年度）《上海市水泥类企业合格供应商优先推荐》星级企业，并向星级企业授予证书和铜牌。

根据本协会六届三次会员代表大会通过的《上海市水泥类企业合格供应商优先推荐考核评审办法》（修改稿）的有关规定，协会秘书处已组织专家完成2013～2014年度《上海市水泥类企业合格供应商优先推荐》星级企业的核查工作，将递交评审委员会评审后，向星级企业授予证书和铜牌。

大事记

1月18日　协会参加上海建材集团召开的“上海万安华新水泥有限公司环保技改项目预可行性研究及1号水泥磨技改工程”预可行性研讨会。

1月22日　市安质监总站召开的各建材行业协会秘书长会议，市安质监总站质量安全科通报了2012年建材类产品监管情况，并提出了2013年的工作要求和布置2012年各建材企业的诚信考评工作。

1月23日　协会参加市经信委召开的产能工作会议，根据国家工信部要求，对产能过剩企业（含水泥）进行产能情况调查，本市水泥行业仅上海万安华新水泥有限公司属本次调查范围。

1月25日　协会召开本市水泥类企业化验室主任、统计员会议，会议上协会和市建科院通报了2012年本市水泥类产品的生产及质量情况，并提出了2013年要求。

2月7日　配合市安质监总站，做好水泥类相关企业2012年质量诚信考评的工作，并将考核结果报总站审核。

2月17日　协会参加市经信委召开的“环境质量重污染应急方案落实情况”专题研究会议，并于会后结合本水泥行业实际，上报了“市水泥行业应对环境质量污染应采取的措施”。

3月14日　协会秘书处印发了“关于开展2013～2014年度《上海市水泥类企业合格供应商优先推荐》星级企业申报和年度核查的通知”。

3月27日　协会参加由上海市建筑建材业市场管理总站召开的“贯彻市统计局沪统审字〔2013〕3号文件精神工作会议”. 会议明确：从2013年起，本市矿粉、粉煤灰、脱硫废渣、钢渣的统计工作，由市市场管理总站委托上海市水泥行业协会承担。

3月29日　市建筑建材业市场管理总站、市水泥行业协会联合印发　“关于贯彻市统计局沪统审字〔2013〕3号文件精神的通知”，希望本市燃煤电厂，商品粉煤灰及矿渣粉、钢渣粉产品的生产企业和在本市销售的外省市生产企业指定专人负责，抓好矿粉、粉煤灰、脱硫废渣、钢渣的统计和上报工作。

4月10日　协会参加“ 2013年度上海市建材行业技术革新奖评选委员会主任会议”。会议要求在“技术改造类”、“技术开发类”、“技艺工法类”三项中有技术革新成果并取得应用效果的企业，可向归口行业协会申报，由行业协会向上海市建材行业技术革新奖励委员会推荐。

4月19日　协会参加市城乡建交委业务受理服务中心召开的“上海市建设工程材料备案及相关行业协会工作会议”，就进一步利用现有资源，做好诚信体系建设工作；备案机构和行业协会要做到定期沟通；进一步发挥行业协会和检测站的作用等方面，受理服务中心将到各相关行业协会进行调研，争取优势互补、形成合力。

6月5日　协会参加市建筑建材业市场管理总站召开的“加强粉煤灰综合利用管理政策调研会”。会议就进一步加强粉煤灰综合利用管理的具体事宜进行了研讨，并在落实到具体管理措施上形成了统一意见。

6月17日　协会参加市城乡建设和交通委员会质量安全监督管理处召开的“迎接国家住建部保障房和地铁质量安全执法检查暨百日安全大检查会议”。要求各相关行业协会要进一步配合市建设行政管理部门共同做好建材质量安全监管工作。

6月14日　市建筑建材业市场管理总站印发了《关于进一步加强本市粉煤灰综合利用管理工作的通知》（沪建市管〔2013〕84号）文。该文再次明确本市资源综合利用（粉煤灰、脱硫废渣、矿渣粉、钢渣粉）统计报表，规定的报送单位为上海市水泥行业协会；从2013年7月1日起，在本市销售的商品粉煤灰，销售企业应当向购货单位提供由市建筑建材业市场管理总站编制，市水泥行业协会统一印制、管理的2013制式的新版«上海市商品粉煤灰质量检验合格证»和«上海市商品粉煤灰产品出厂质量跟踪单»；市建筑建材业市场管理总站每年将会同市水泥协会，做好商品粉煤灰生产企业强化质量管理和建立诚信体系的工作。（详文登载在“上海建筑建材网”　www.ciac.sh.cn、“上海混凝土网　”www.shanghaiconcrete.com和“上海水泥网”www.shcement.com上）。

6月24日　协会参加了“上海市建材行业技术革新奖奖励委员会会议”。讨论通过了30个获奖项目，其中市水泥协会所属会员单位申报的项目中共有三个项目获奖，获奖项目中：上海宝田新型建材有限公司“电厂干法脱硫灰应用技术研究”获得一等奖。

6月28日　市建筑建材业市场管理总站召开“2013年度上海市建筑废弃物、粉煤灰、脱硫石膏综合利用工作会议”。市重大办、市城乡建交委、市建设行政管理部门、市水泥行业协会、市建科院等有关领导出席会议并作了重要讲话。

8月1日　市建筑建材业市场管理总站在市建科院召开“脱硫脱硝粉煤灰材性调查与资源化应用探索研究”课题立项预备会，并会同市水泥协会和市建科院、市城建物资、市有关电厂、粉煤灰销售利用公司组成课题组，委托市建科院为课题完成单位，明确2014年上半年完成课题验收。

8月5日 协会完成《上海市水泥行业分析报告》和“上海市水泥行业协会秘书处管理制度（修改稿）”，报市城乡建交委政策研究室。

10月15日～24日 市建筑建材业市场管理总站会同本协会组织市建科院专家，对取得《备案证明》的商品粉煤灰生产企业进行动态检查，并对被查公司的商品粉煤灰产品进行抽样检测，该检测结果将按规定记入《上海市建筑工程材料供应企业质量诚信手册》。此项工作得到了各被查公司领导的大力支持和积极配合。

11月5日 “上海市水泥行业协会掺合料专业委员会”召开2013年下半年工作会议，就专业委员会2013年下半年的工作进行了小结；市市场管理总站的领导和市安质监总站就本市掺合料产品的市场监管等问题做了重要讲话。

11月7日 “上海市水泥行业协会中转专业委员会”在上海福强仓储有限公司召开2013年下半年工作会议。会议上协会秘书处向各与会代表提交了“关于对上海市散装水泥中转（库）站情况的调查报告”，并征求修改意见。

11月12日 协会参加了市安质监总站召开的各建材行业协会秘书长会议，市安质监总站质量安全科通报了2013年上海建材类产品质量监管情况；布置2013年各建材企业的质量诚信考核和各相关建材质量管理年报工作；提出了2014年的工作思路和建议。

12月5日 协会假座上海世贸商城会议室，召开六届四次会员代表大会，市社团局、市城乡建交委质量监管处和市建设行政管理部门的领导出席会议并就水泥类企业管理和质量监管作重要讲话；会议审议通过了协会六届四次理事会已通过的相关议程；最后诸葛培智会长做了《长三角水泥市场发展探讨》的报告。会议后，协会与博威展览公司共同召开了“水泥行业袋滤技术新挑战”交流座谈会。

12月19日 协会领导和日本太平洋水泥（中国）投资有限公司上海分公司的领导就中国水泥市场，上海建设前景、协同处置工业废气物及治理PM2.5工业废气物及治理PM2.5问题进行了广泛深入的探讨。

重庆市

【概况】

重庆是我国最年轻的直辖市，在投资给力、经济高速发展期，水泥作为基础原材料，井喷式发展在所难免，水泥产能严重过剩是必然的，2012年全行业亏损并不为奇；2013年，行业企娲始料未及，据统计资料分析，行业盈利8.35亿，创四川汶川地震灾后重建和产能过剩以来新高。

一、重庆经济稳中求进——投资拉动水泥需求依旧

1、重庆GDP和固定资产投资与全国比较（详见表1）

表1：2013年重庆和全国GDP与固定资产投资表

项 目		GDP	固定资产投资
全 国	单位（亿元）	568845	436528
	同比增长（%）	7.7	19.6
重庆市	单位（亿元）	12656	11205
	同比增长（%）	12.3	19.5

2、水泥产销基本正常，产能利用率有所提高。

据统计资料分析：重庆水泥企业69户。其中，新型干法水泥36户、立窑水泥7户、粉磨站26户，水泥产能8600万吨，全年水泥产量6110万吨，同比增长11.6%，产能利用率70.5%；其中：新型干法水泥产量6008万吨，占总产量的98.3%；立窑产量98万吨，占总产量的1.7%。重庆水泥工业技术结构调整已基本完成，组织结构、区域布局结构、品种结构调整、节能减排和提质增效将成为今后的主要任务。

我们已经看到：在重庆经济稳中求进的同时，水泥消费量仍小于产量增长。据协会调研：去年我市水泥实际消费量约5350万吨，同比增长16%。净输出水泥约650万吨（输出市外水泥约880万吨，输入市内水泥约230万吨），占总产量的10.8%。

二、产能刚性释放减少——全年行业扭亏为盈

2013年，1条5000t/d生产线投产。从统计资料分析：有3户企业实现设计生产能力；6户企业超设计生产；12户企业远远低于设计能力生产。重庆水泥熟料产量前五名的企业是：西南水泥、东方希望水泥、拉瑞水泥、忠县海螺和台泥水泥。同时，在加强行业自律的呼声中，市场出现了理性竞争局面。

水泥全年价格走势呈现“微笑曲线”（详见图1），P.C 32.5级水泥出厂均价279元/吨，P.O 42.5级水泥出厂均价285元/吨，略好于去年。我市水泥高低品种价差只有6元/吨，一些区域甚至出现了低标号价格高于高标号价格的“倒挂”现象，这是我市水泥利润率低于全国平均水平的主要原因之一。

图 1：2013 年重庆水泥价格走势图

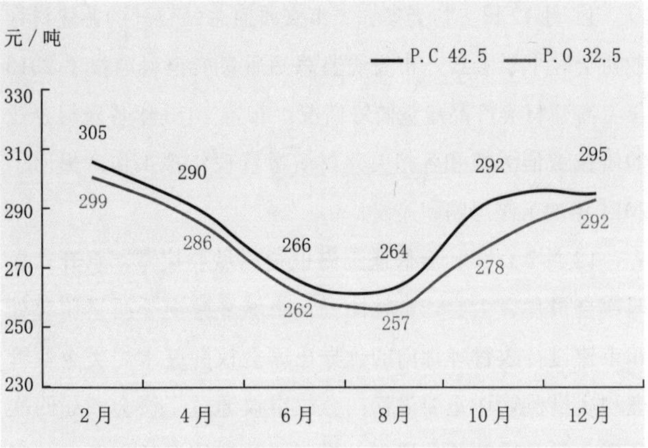

从图中看出：我市水泥价格从春节后就逐渐下滑，进入 7 月、8 月，水泥价格触底，个别区域和企业出厂价 190 元 / 吨。进入 9 月，市场需求开始回升，水泥价格也随之回升，到 12 月水泥出厂均价回升了 43 元 / 吨。其中，8 月至 10 月，P.O 42.5 水泥出厂价格快速回升。但 10 月后，P.O 42.5 水泥出厂价格回升乏力，在 P.C 32.5 水泥价格稳步回升中，高低品种出厂价差缩小至全年最小的 3 元 / 吨。

2013 年煤价比 2012 年下降 15% 左右，以及在市场刚需增长、企业竞合增强等因素的推动下，全年行业实现利润 8.35 亿元左右，同比增长 895%，完全出乎人们上半年预料。

主营业务收入利润排名前五的企业是：西南水泥公司、合川台泥水泥公司、忠县海螺水泥公司、重庆小南海水泥厂、重庆富皇水泥公司。

三、区域市场差异较大——盈利水平各不相同

（一）、从多年重庆各区域 GDP、固定资产投资（房地产）、城镇化率和公路里程等分析，看水泥市场规模，深度解析市场容量（详见图 2、图 3、图 4、图 5、图 6）。

图 2：2006-2012 年重庆各功能区 GDP 对比图（单位：亿元）

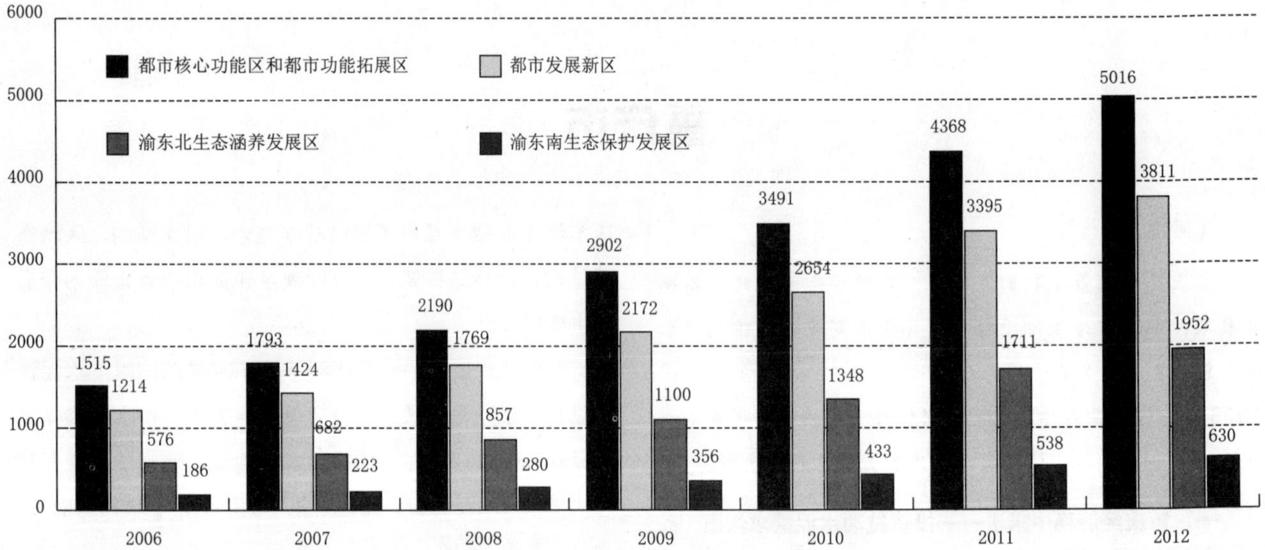

图 3：2006-2012 年重庆各功能区固定资产投资对比图（单位：亿元）

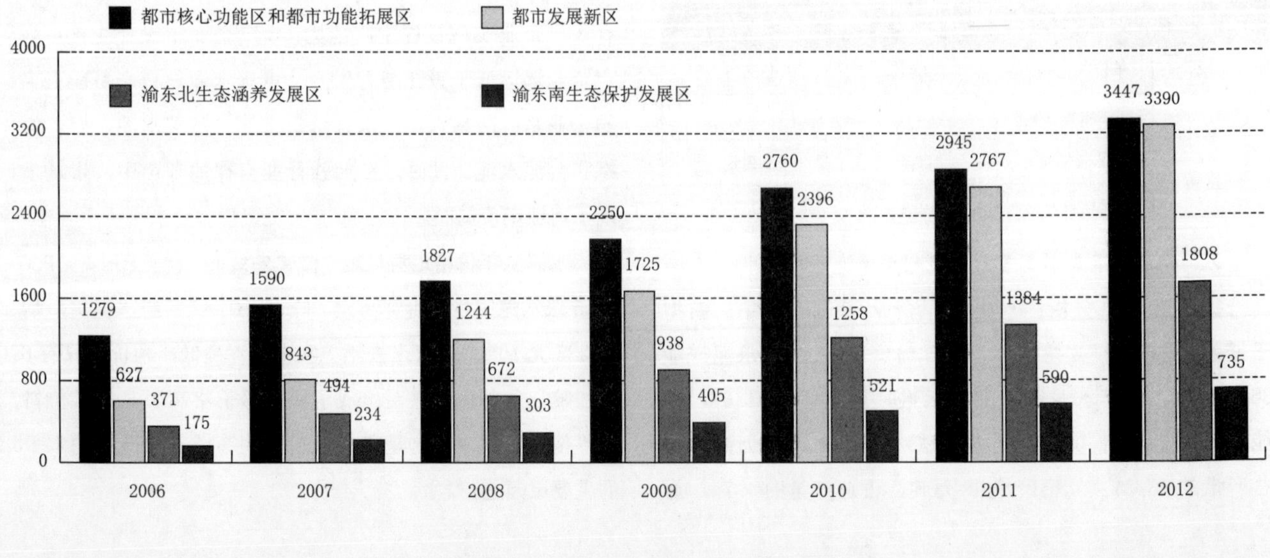

图 4：2006-2012 年重庆各区域房地产开发对比图（单位：亿元）

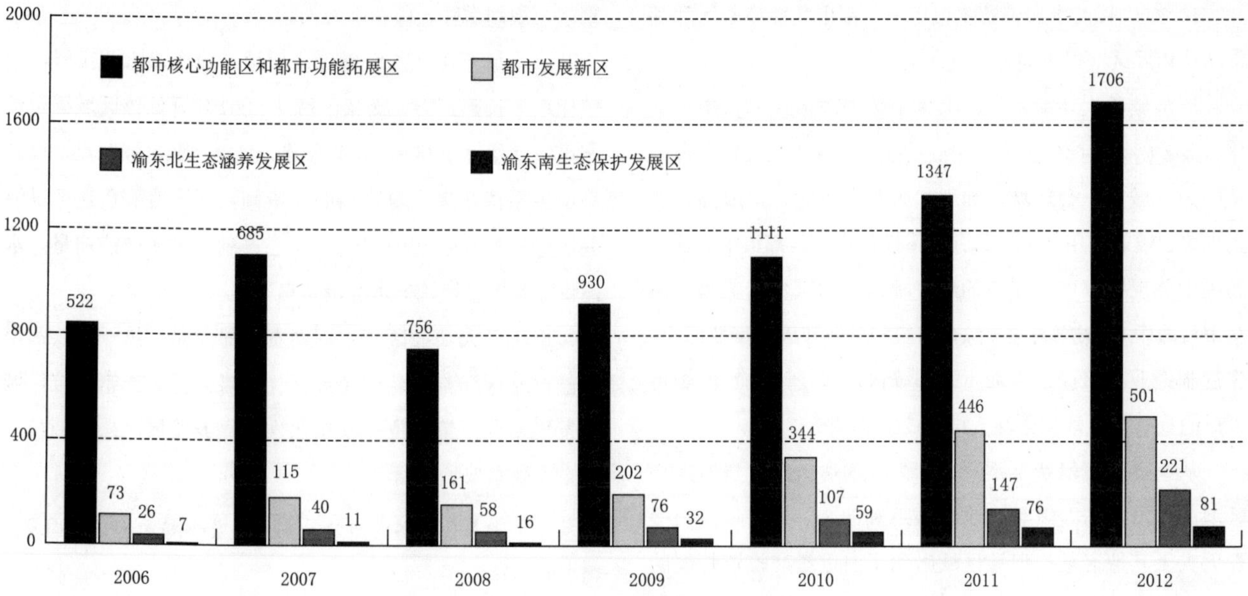

图 5：2006-2012 年重庆各区域公路里程对比图（单位：公里）

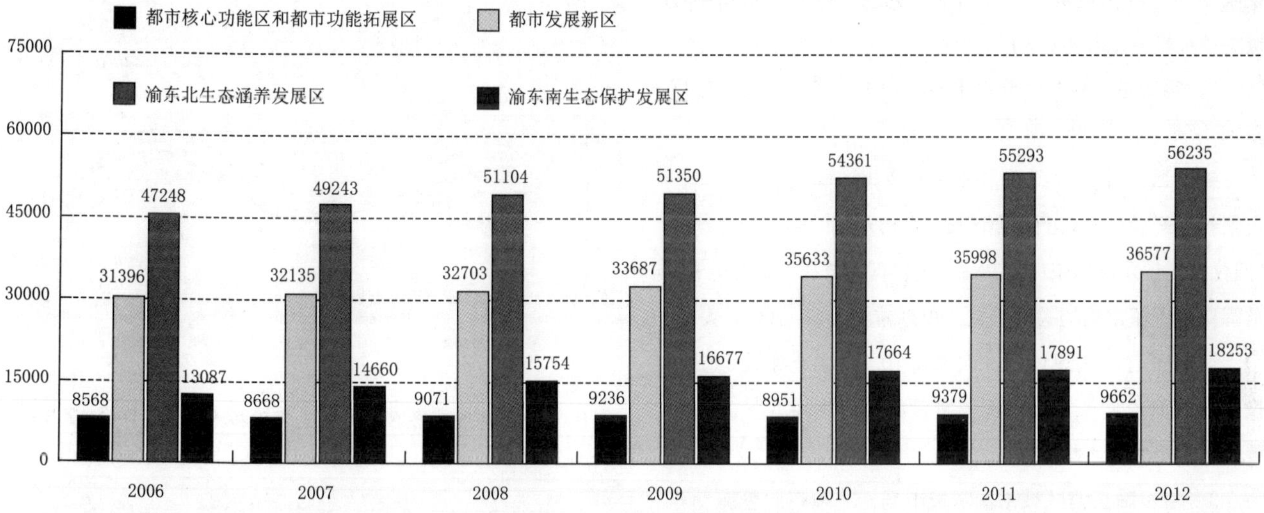

图 6：2006-2012 年重庆各区域城镇化率对比图（单位：%）

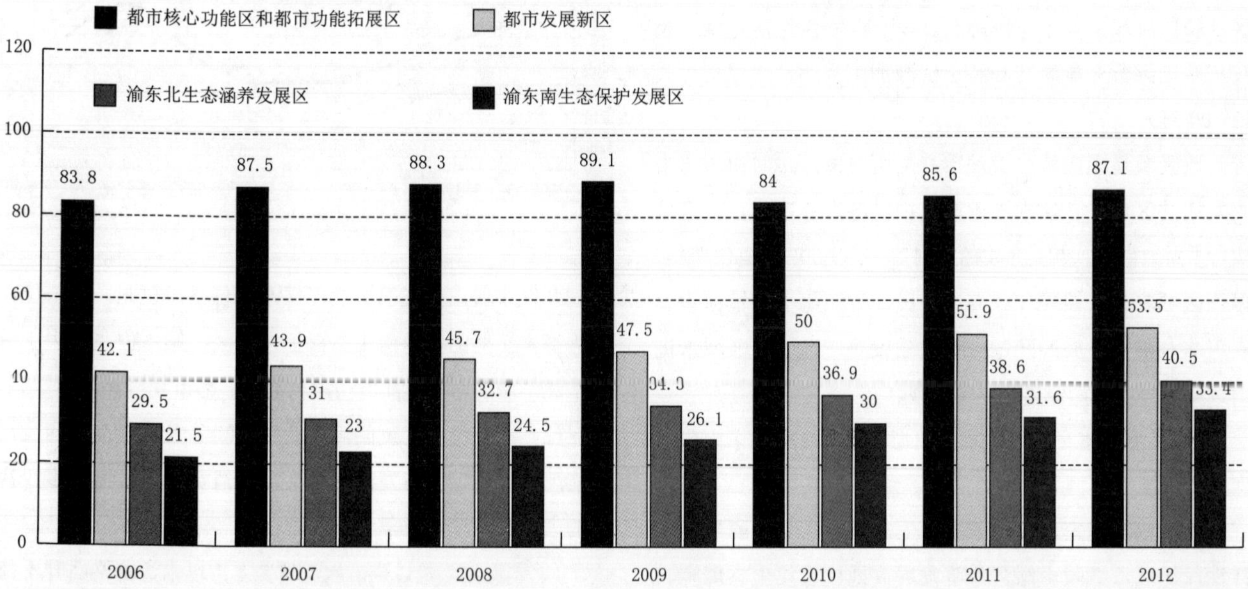

从上述图2至图6分析如下:

1、重庆目前水泥消费主市场——都市功能核心区和都市功能拓展区(以下简称主城九区)

该区域两大功能定位:①集中体现政治经济、历史文化、金融创新、现代服务业中心功能，展现历史文化名城、美丽山水城市、智慧城市和现代大都市风貌，建成高端要素集聚、辐射作用强大、具有全国性影响的大都市中心区;②集中体现国家中心城市的经济辐射力和服务影响力，是全市科教中心、物流中心、综合枢纽和对外开放的重要门户，先进制造业集聚区，主城生态屏障区，以及未来新增城市人口的宜居区。规划常驻人口:1200万人。

从衡量水泥消费量重要指标之一的房地产投资看，该区域房地产投资是其他3个区域总和的2.1倍，水泥消费量远大于其他区域。但该区域出现了固定资产投资趋缓的态势，且基础设施建设投资比例小，GDP增速逐年高于固定资产投资增速，而其他区域是固定资产增速大于GDP增速，反映出该区域拓投资主要以房地产为主，增长方式正由投资型拉动转向消费型拉动。

2、重庆正在崛起的新兴水泥消费大市场——城市发展新区

该区域功能定位:全市未来工业化城镇化的主战场，集聚新增产业和人口的重要区域，全市重要的制造业基地，“四化”同步发展示范区和川渝、渝黔区域合作共赢先行区，是解决好大城市病的关键区域。规划常驻人口1200万人。

可以预言，从规划看，未来5-10年，GDP和固定资产投资将是高速增长区，水泥消费量将超过主城九区，成为重庆水泥消费主市场。

3、稳步增长的区域水泥消费市场——渝东北生态涵养发展区

该区域功能定位:国家重点生态功能区和农产品主产区，长江流域重要生态屏障和长江上游特色经济走廊，长江三峡国际黄金旅游带和特色资源加工基地。规划常驻人口700万人。

该区域是重庆第二大城市万州所在地，路网和水运最为发达的区域，三峡水库水源保护任务十分艰巨。该区域实行“面上保护，点上开发的原则”，不以GDP增速作考核。但该区域农村公路硬化、高山移民、智能化小城镇建设、农田水利建设、旅游开发与保护建设等，推动该区域水泥消费量平稳增长，但市场容量有限。

4、供需基本平衡的区域水泥消费市场——渝东南生态保护发展区

该区域功能定位:国家重点生态功能区与重要生物多样性保护区，武陵山绿色经济发展高地、重要生态屏障、生态民俗文化旅游带和扶贫开发示范区，全市少数民族集聚区。规划常驻人口200万人。

该区域不考核GDP增速，房地产投资、工业投资、城镇化率增长都乏力。而该区域从2007年开始该区域固定资产投资就超过了GDP，高速公路、铁路在此区域穿过，以及高山生态扶贫集中安置点的政策倾斜和当地群众建房以混凝土砌块取代红砖的习俗，加之遏制了水泥产能增量，水泥供需基本平衡，但水泥消费量有限。

重庆五大功能区其水泥消费量排位是:第一位，都市功能核心区和都市功能拓展区(主城九区);第二位，城市发展新区;第三位，渝东北生态涵养发展区;第四位，渝东南生态保护发展区。

(二)各区域水泥市场盈利水平各不相同(详见图7、图8)

图7:2013年重庆各区域水泥出厂价格走势图(P.C 32.5)

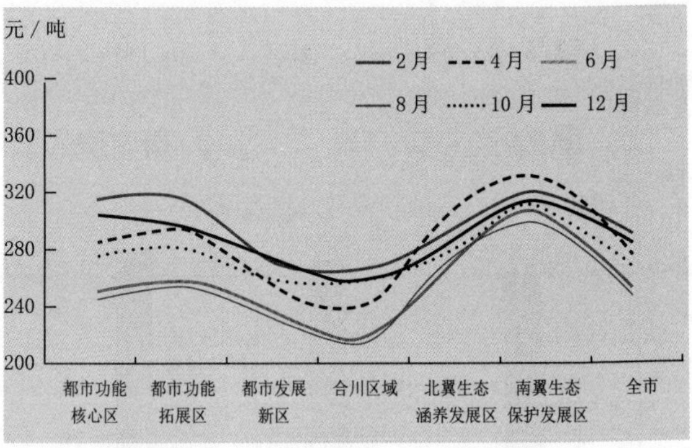

图8:2013年重庆各区域水泥出厂价格走势图(P.O 42.5)

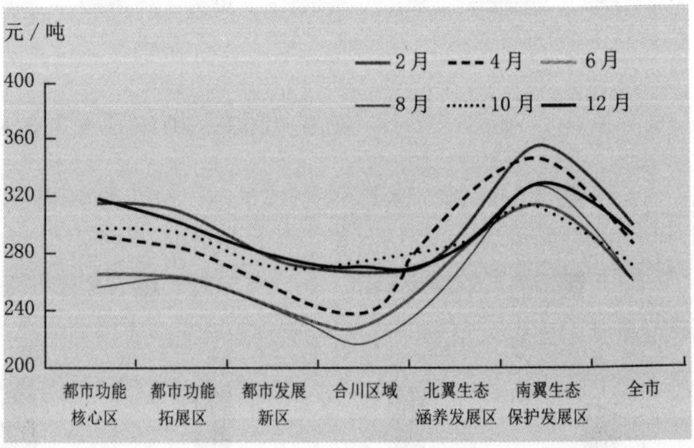

从图中看出重庆五大功能区水泥价格排位是:第一位，供需基本平衡的渝东南生态保护发展区;第二位，供大于求的水泥消费主市场(都市功能核心区、都市功能拓展区、);第三位，产能严重过剩的渝东北生态涵养发展区;第四位，产能严重过剩的城市发展新区。水泥消费量是由投资多少决定的，盈利水平是供需矛盾决定的。

1、水泥流入量过剩，水泥消费主市场水泥价格回升不稳

图 9：2013 年都市功能核心区和都市功能拓展区
水泥价格走势图

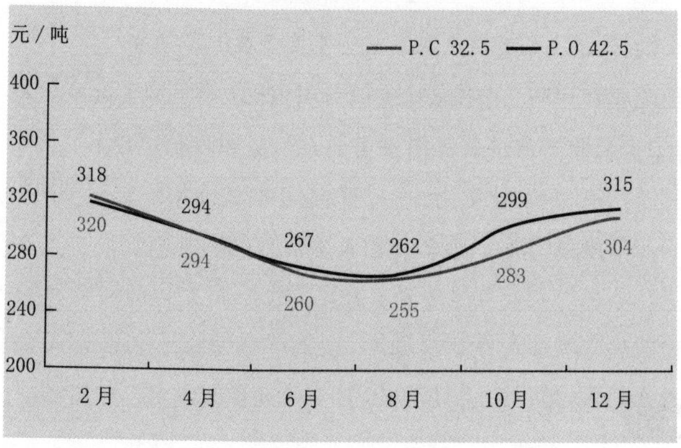

都市功能核心区和都市功能拓展区（主城九区）目前是重庆水泥消费主市场无容置疑。高端水泥消费市场主要集中地。该区域水泥产能虽不过剩，但周边水泥必流入该市场，流入量过剩，供需失衡，致使该区域水泥价格处于重庆平均水平，全年P.C 32.5水泥出厂均价285元/吨，P.O 水泥出厂42.5均价296元/吨。但该区域的水泥企业由于靠近市场，且品牌口碑较好，都有较好盈利。

2、产能严重过剩的城市发展区，水泥价格回升待力

图 10：2013 年城市发展区水泥价格走势图

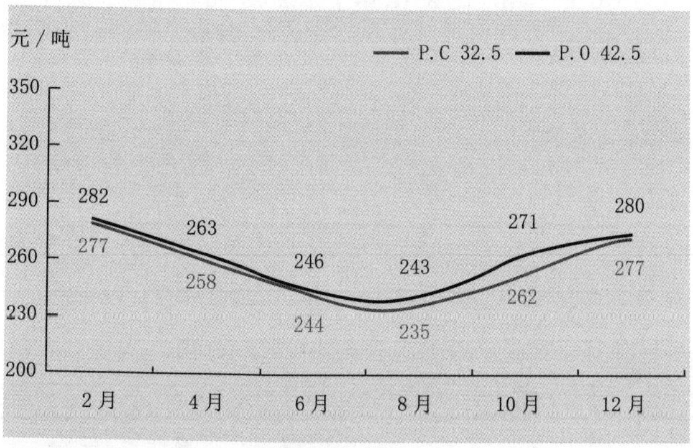

城市发展新区固定资产投资呈现高速增长态势，水泥需求呈现刚性增长。但由于该区域水泥企业有11户大企业，产能3490万吨，产能严重过剩，且集中度不高。该区域水泥进入主城市场和市外市场量大（输出市外水泥量为435万吨，占该区域水泥总产量的13%），企业间竞争与合作交替上演，产品运输距离远，出厂价格低，全年P.C 32.5水泥出厂均价259元/吨，P.O 42.5水泥出厂均价264元/吨。该区域水泥价格过低，严重影响了全市整体盈利水平。

3、产能严重过剩的渝东北生态涵养发展区，水泥价格回升乏力

该区域长江流经6个区县，丰富的石灰石资源，驻扎了5户水泥大企业，水泥产能2349万吨（含在建产能），产能严重过剩，供给远大于需求。但企业有规模、成本优势和长江水运物流优势，水泥已销售到武汉、上海等地（输出市外水泥量为320万吨，占该区域水泥总产量的30%）。水泥价格处于我市平均水平，全年P.C 32.5 出厂价较为平稳，P.O 42.5出厂价格波动大，出现了高低水泥品种出厂价格“倒挂”现象，全年P.C 32.5水泥出厂均价287元/吨，P.O 42.5水泥出厂均价283元/吨。2013年虽一定盈利，但与其规模和生产成本低的优势相比，盈利水平太低。

图 11：2013 年渝东北生态涵养发展区水泥价格走势图

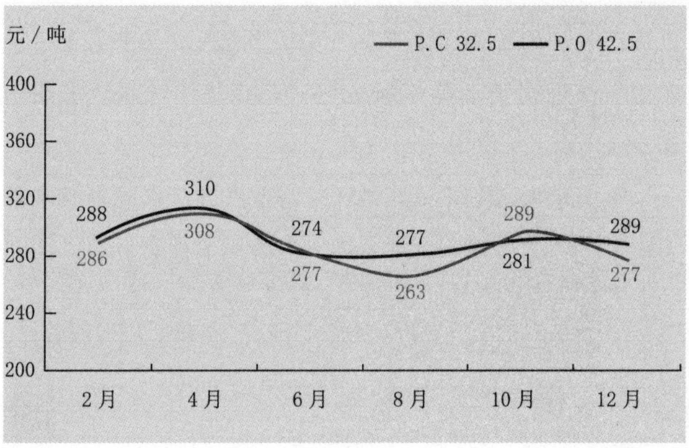

4、供需基本平衡的水泥消费市场，水泥价格回升合理

图 12：2013 年渝东南生态保护发展区水泥价格走势图

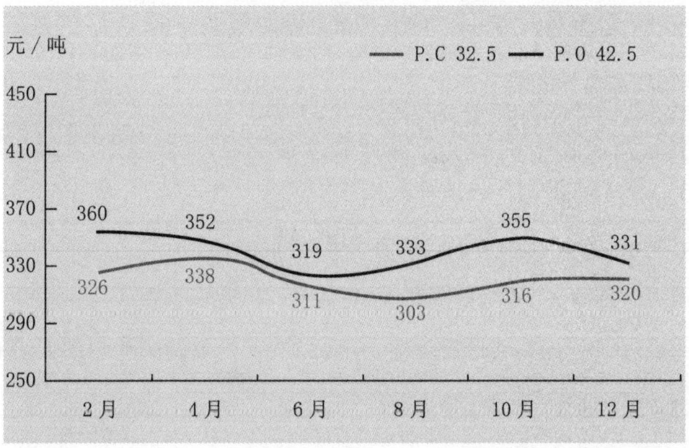

渝东南生态保护发展区有6户新型干法水泥企业，水泥产能834万吨，集中度低。但该区域全年P.C 32.5水泥出厂均价319元/吨，P.O 42.5水泥出厂均价341元/吨。在该区域穿越的基础建设项目投资多、高山移民搬迁、小城镇建设、农村公路硬化等带动水泥市场消费增长，且与周边三省交界，拓展了水泥市场（全年输出市外水泥量为108万吨，占该区域水泥总产量的16%），加之遏制住了新增水泥产能，水泥集中度较虽低，但运输半径合理，各企业区域市场较为固定，企业间合作大于竞争，才推动了该区水泥市场平衡与价格合理。

四、水泥工业保护环境——节能减排继续前进

2013年，重庆水泥行业共有44条新型干法线安装了余热发电机组，装机容量284兆瓦。余热发电量约为

117604.6 万 Kwh，节约标煤约 14.5 万吨，分别减少 CO_2、SO_2、NO_x 排放为 112.5 万吨、3.5 万吨和 1.8 万吨；同时，资源综合利用各种固体废物约 870.3 万吨，其中水泥窑协同处置工业污染土壤 1000 余吨和城市生活污水厂污泥约 20 万吨。

重庆水泥工业正处在循环经济节点上，水泥企业本身无固废、废水排放，利用余热发电节约了社会资源；消纳工业固体废物资源综合利用，为社会节约了大量土地，并减少了二次污染；参与城市生活垃圾、污泥等协同处置，既保护了生态环境，又实现了水泥工业生态学。

2013 年，是水泥行业值得庆贺的一年，难忘之年。经受了产能严重过剩等诸多考验，但党和政府领导下、协会引导下、各企业努力下，仍取得了骄人成绩，实现了扭亏为盈的既定目标，我们相信重庆水泥明天会更好。

河北省

一、2013 年河北省水泥工业主要指标完成情况

2013 年，河北省水泥产量 12676 万吨，同比下降 1.5%；水泥熟料产量 5775 万吨，同比下降 4.0%；窑外分解窑水泥熟料产量 5472 万吨，同比下降 0.75%，占全部水泥熟料的比重达到 94.8%，同比微降 0.5 个百分点。水泥总产量居全国第五位，占全国比重 5.3%。

2013 年，河北省水泥行业入统企业共 231 家，其中有 71 家亏损，相比 2012 年上升 10.9%。资产合计 994 亿元，同比上升 6.4%；主营业务收入 565 亿元，同比微升 0.9%；利润总额 22.7 亿元，同比下降 8.4%；税金总额 25.7 亿元，同比增长 15.8%。

二、2013 年河北省水泥工业经济运行特点

（一）固定资产投资回升

2013 年，河北省水泥行业完成投资 88.4 亿元，同比上升 5.2%。

（二）水泥价格继续下滑

由于市场总体供大于求，产能过剩依旧没有得到缓解，企业间竞争激烈，2013 年河北省水泥价格延续下滑的趋势，企业经营难度较大。2013 年，全省水泥平均售价（含税）为 276.6 元 / 吨，比 2012 年下滑 20.4 元 / 吨。水泥价格走势见下图。

2013 年河北省水泥价格走势图

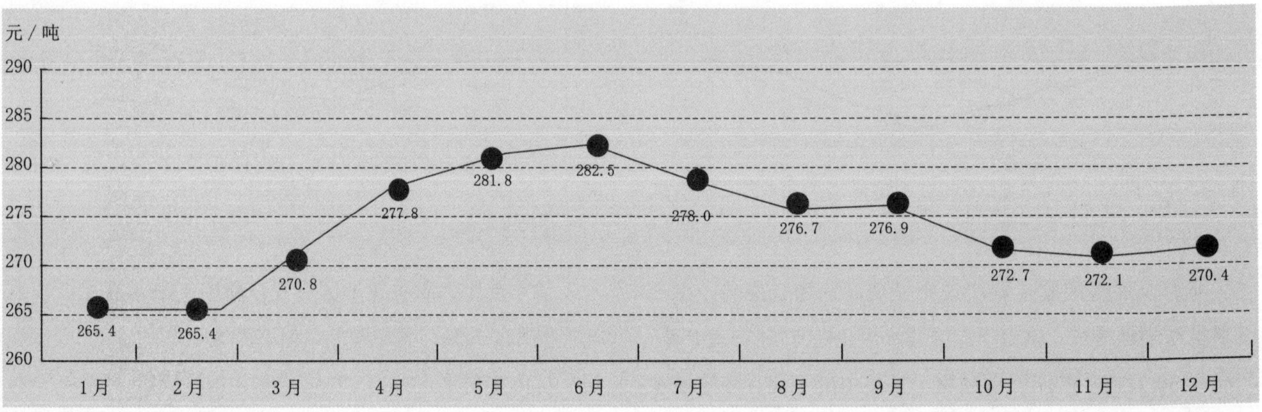

（三）燃煤价格继续回落

2013 年，全省水泥企业燃煤全年平均购进价格为 537 元 / 吨，同比下降 104 元 / 吨，下降幅度为 16.2%。

三、大事记

1、2 月 20 日，中国水泥协会下发了《关于开展‘2012 年度全国水泥企业优秀总工程师’评选活动的通知》（中水协字〔2013〕007 号）。经推荐评选，王新英（冀东发展集团）、温平（河北省建筑材料工业设计研究院）等二位同志获得“全国水泥企业优秀总工程师”荣誉称号。

2、3 月 4 日，中国建筑材料联合会、中国机冶建材工会全国委员会联合下发了《关于申报和推荐 2013 年度建材行业技术革新奖奖励项目的通知》（中建材联科发〔2013〕26 号）。经申报、推荐和评审，邯郸金隅太行水泥有限责任公司的《4500t/d 水泥窑烟气脱硝工程》获 A 类（技术改造类）三等奖；武安市新峰水泥有限责任公司的《水泥工业节能减排全范围数字化管控技术》获 B 类（技术开发类）一等奖，邢台中联水泥有限公司的《脱硫石膏代替硬石膏粉磨特种水泥技术》 获 B 类（技术开发类）三等奖；

邢台中联水泥有限公司的《一种改进的水泥熟料箅冷机的热风管道》和《利用窑头余热烘干湿粉煤灰技术》、鹿泉金隅鼎鑫水泥有限公司的《生料立磨采用石粉替代石灰石进行配料改造》获C类（技艺工法类）三等奖。

3、3月15日，河北省建筑材料工业协会（以下简称“省建材协会”）第一次会长会议在石家庄市召开。会议传达学习了国家工信部等十二部委《关于加快推进重点行业企业兼并重组的指导意见》（工信部联产业〔2013〕16号），讨论和提出了我省建材行业兼并重组的具体意见。

4、4月8日，中国建筑材料联合会下发了《关于发布2013年度建筑材料行业科技创新计划项目申请指南的通知》（中建材联科发〔2013〕51号），经推荐、评审，奎山冀东水泥有限公司的《水泥企业数字化能源管控中心建设》、武安市新峰水泥有限责任公司的《水泥行业节能减排综合性仿真技术服务平台建设》等项目批准立项。

5、6月28日，省工信厅下发了《关于开展2013年全省水泥企业化验室年度审核工作的通知》（冀工信原〔2013〕272号），对全省获得化验室合格证的水泥企业化验室进行年度审核。省建材协会收到各市工信局报来的企业申请材料共301份，其中河北省发证企业279份，国家发证企业22份。省建材协会组织评审员对68个企业化验室进行了现场评审考核，对其它企业进行了材料审核。现场评审考核结果为：28家企业通过，40家企业基本通过。

6、6月20日，厦门艾思欧标准砂有限公司下发文件（厦标砂[2013]26号），撤销河北艾思欧建材有限公司作为原河北（除唐山、承德、秦皇岛外）省级定点经销资格，撤销河北冀东建材贸易有限公司作为原唐山（含承德、秦皇岛）省级定点经销资格，授权河北美莎商贸有限公司为河北省定点经销单位，负责河北全省中国ISO标准砂市场经销和维护管理工作。

7、7月20日，2013年河北百强企业及河北重点行业排头兵企业排序结果出炉。冀东发展集团有限公司（31位）和河北曲寨集团有限公司（77位）入选河北百强企业名单。冀东发展集团有限公司（18位）、河北曲寨集团有限公司（51位）、鹿泉金隅鼎鑫水泥有限公司（82位）、邯郸金隅太行水泥有限责任公司（95位）等4家企业入选河北制造业百强企业名单。

8、7月30日，省建材协会召开水泥能源、环保新标准宣贯会议，来自全省重点水泥企业共80余人参加了会议。会议讲解了能源管理体系在水泥行业的应用，以及对《水泥单位产品能源消耗限额》、《水泥工业污染防治技术政策》等标准进行了宣贯。

9、12月12日，省建材协会第二次会长会议在石家庄市召开。会议对2013年工作进行了总结，研究讨论了2014年工作要点。会议还研究确定了年会表彰等有关事项。

10、中材装备集团有限公司、河北矿峰水泥有限公司的《TRMR60.4生料立式辊磨设备开发及应用》获2013年度中国建筑材料联合会·中国硅酸盐学会建筑材料科学技术奖（科技进步类二等奖）。

11、2014年1月8日，省建材协会年会在石家庄召开。会议听取和讨论了葛旭东会长所作的河北省建筑材料工业协会工作报告，对获得“河北省重点工程推荐建材产品（33种）”、“河北省建材行业杰出人物（62名）”、“河北省建材行业质量技术标兵（61名）”等荣誉称号的单位和个人进行了表彰。会议取得圆满成功。

四、河北省建筑材料工业协会简介

河北省建筑材料工业协会成立于1989年7月。协会坚持为河北省建材工业发展服务，为会员单位服务，为政府服务，充分发挥政府与企业之间的桥梁和纽带作用。积极开展全省建材行业的调查研究，撰写行业发展报告和政策建议报告；指导各专业协会、各市协会、分会开展工作；开展行业统计和经济运行分析；出版《河北建材会讯》和河北建材行业网的维护更新，提供多方面信息服务；负责全省建材企业化验室管理以及全省建材行业重点岗位人员培训和上岗证的发证和管理；开展建材行业的行检、行评；加强行业自律，建立行业自律性管理约束机制，维护公平竞争和市场秩序；制定本行业质量规范、服务标准；为会员单位出具公信证明；组织会员企业开拓国内外市场相关工作；向政府及有关部门反映行业诉求，提出有关行业发展和立法等方面的意见或建议；参与行业规划、行业标准、产业政策的研究制定，组织贯彻实施并进行监督；对行业内重大项目投资、技术改造、产业布局、结构调整进行前期论证；参与行业资质认证、事故认定等相关工作；行业驰名商标、著名商标、名牌产品等培育与推荐；建材产品进入建筑市场备案申请材料的审核；环渤海五省市诚信企业、知名品牌的评审工作等。

会长：葛旭东

副会长：张增光、曹田平、王长林、陈鹰、李竹林、李延明、王树林、宋社平、胡玉振、赵卷英、申庆山、江俊永、梁占绪、蔡汝强、武增海、田文、陈增现、田海奎、连杰、赵士军、闫国建、贾增军、王彦庆、杨拥民、周成耀、李怀江、宋建国、赵启刚、王季文、张振秋、张生运

秘书长：武增海（兼）

副秘书长：陈新顺 彭拥军 王铁军 孙建勋

监事会主席：冯志宏

地址：河北省石家庄市合作路129号

邮政编码：050051

电话：(0311)87042331（兼传真）/85020038/85020039

山西省

【概况】

2013 年是贯彻落实党的“十八大”精神的开局之年，也是贯彻执行《山西省新材料“十二五”规划》和《山西省建材工业“十二五”发展规划》，全面实现行业“十二五”发展目标的承上启下之年。全年我们面临宏观经济下行压力加大，全社会固定资产投资增速减缓的严峻形势，全省水泥工业企业努力攻坚克难，坚持稳中求进，大力转变发展方式，努力化解产业产能过剩带来的不利影响，全行业经济运行呈现平稳发展的态势。

2013 年全省水泥行业规模以上工业企业共统计 113 户，水泥产量完成 4984.8 万吨，同比增长 1.36%；水泥熟料完成 2809.9 万吨，同比下降 14.05%，其中预分解窑熟料完成 2538.3 万吨，同比下降 15%。

2013 年全省水泥行业销售利润率为 -1.72%，而上年同期为 2.82%；总资产报酬率和总资产贡献率分别为 1.6% 和 3.5%，均低于上年同期水平，并均明显低于全省建材行业 2.8% 和 5.2% 的平均水平。反映出 2013 年度我省水泥行业经济运行质量不高，形势严峻。全年全省水泥工业企业亏损企业亏损面达 54.3%，亏损企业亏损总额达 8.74 亿元，占全省建材行业的 88%，比去年同期增亏 3.6 亿元，全年水泥工业实现利润为 -2.13 亿元（而上年同期为盈利 4 亿元）。

2013 年全省水泥制造业的固定资产投资完成仍高达 61.9 亿元，占全省建材行业投资完成总额的 18.6%，同比增长 7.38%，反映出虽已出现产能严重过剩局面，但其仍在持续新增产能的无序发展的势头仍未得到有效遏制。

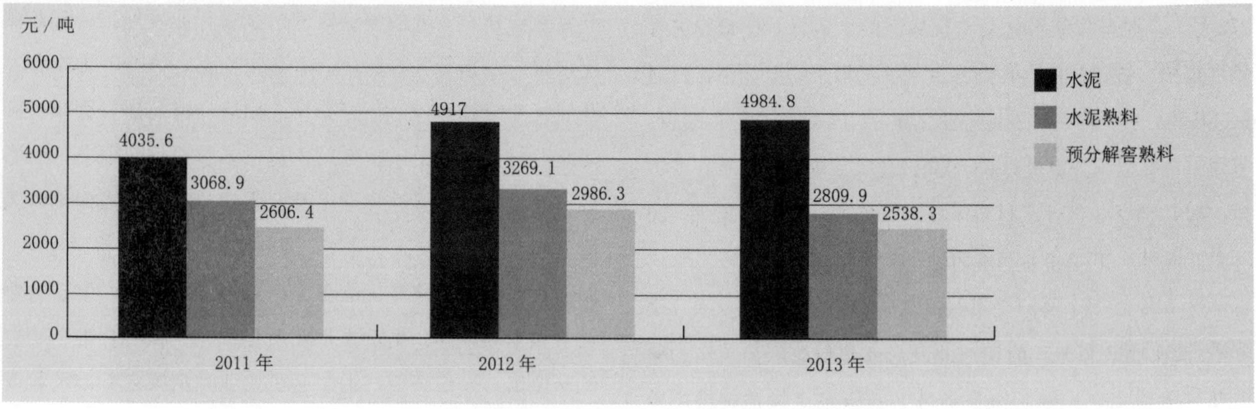

2013 年我省紧紧抓住产业结构调整的有利时机，认真贯彻落实国家及我省建材工业产业发展政策和新材料及建材各产业的“十二五”规划，积极采取措施，推动建材各产业的产品结构、技术结构、组织结构和产业链结构的优化调整和转型升级。2013 年全省建成投产新型干法水泥生产线 7 条，新增水泥产能 1150 万吨，水泥总产能达到 8250 万吨。新型干法水泥占有率接近 100%，已基本完成“十二五”目标。我办配合省经信委开展了 2013 年度水泥行业淘汰落后产能相关企业的预审查等项工作。2013 年全省淘汰落后水泥产能 350 万吨，完成目标任务的 140%。

我们凭借协会平台牵线搭桥，积极推动省内外优势企业的产业投资和企业间的兼并联合重组。省建材行办向省经信委提交了《关于推进全生活上水泥工业兼并重组的调研报告》，积极扶持和推动河北冀东、山东山水、华润集团、北京金隅、吉港水泥、浙江金圆、中国建材集团等几个大企业大集团的兼并重组和发展。目前这几大集团的水泥总产能已占到全省总量一半的份额。

大事记

1、协会理事会召开

3 月 15 日，全省建材工业座谈会暨省建材工业协会第五届四次理事会和省硅酸盐学会第七次会员代表大会在太原召开。总结回顾了 2012 年主要工作，分析研究当前面临形势和任务，提出了 2013 年度全省建材工业发展的任务目标及工作重点。审议通过了 2012 年度协会财务工作报告，并审议表决通过了刑军利等 15 人分别增补为协会理事、常务理事、副会长的提案报告。大会进行了山西省硅酸盐学会第七届理事会的换届工作。会议同时安排了大会典型经验交流，并进行了全省建材行业先进集体、劳动模范、先进工作者和全省行业“最具影响力”和“知名品牌企业”的表彰奖励活动。

2、中国建筑材料联合会乔龙德会长一行到山西调研

7 月 15-16 日，中国建筑材料联合会乔龙德会长一行就当前建材产业产能过剩、企业生产经营兼并联合重组、以及固废综合利用、节能减排等方面情况在山西进行了调研。主要开展了调研座谈会及现场参加企业等多项调研活动。我省建材行办主任、建材工业协会会长郭世刚在座谈会上汇报了我省建材工业发展状况，以及主要工作措施和建议。乔龙德会长对山西建材工业这些年的快速发展给予了肯定，同时，对山西省建材工业下一下的发展提出了建议和要求。

3、召开会长办公会议

10月份，在朔州市组织召开了全省建材工业协会会长办公会议。会议传达了中国建材联合会乔龙德会长来山西调研时的讲话精神和中国水泥协会第七届二次常务理事会精神，布置了国家“遏制水泥新增产能、加快第二代新型干法水泥技术装备研发”万里行活动安排并讨论实施《中国水泥行业自律与协调公约》、通报了全省建材工业前三季度经济运行情况、讨论了明年的工作思路。会议安排朔州市润臻新技术开发有限公司等4户企业进行了大会经验交流，并现场参观了朔州润臻新技术开发有限公司和朔州金圆水泥有限公司。

4、培训、竞赛及评选表彰

2013年共对1654名水泥中央控制室操作员、化学分析、物理检验、质量控制4个工种岗位人员进行了理论知识及操作技能培训，经考试合格颁发了相应岗位资格证书。另有458人通过技能鉴定考核，获得国家人力资源和社会保障部颁发的技术等级资格证书。

2013年6月14-16日由省经信委、省人力资源和社会保障厅、省总工会、共青团省委共同举办，省建材行办具体承办了全省建材行业“山水杯”建材质量控制工岗位职业技能竞赛。来自全省水泥企业的30余名参赛选手，经过紧张的比赛，最终决出6名优秀选手，评选出6个优秀组织奖单位，按文件规定程序为优秀选手申报了“山西省五一劳动奖章”、“三晋技术能手”和“山西省青年岗位能手”和记功表彰等荣誉。

2013年，行办、协会承担了人力资源和社会保障部和中国建材联合会评选“全国建材行业先进集体、劳动模范和先进工作者”的推荐评选的具体工作，我省共被评选出3个全国建材行业先进集体、7名全国建材行业劳动模范和1名全国建材行业先进工作者，其中，大同冀东水泥有限责任公司和威顿集团有限责任公司2户水泥企业和6名来自水泥企业的行业劳动模范荣获此嘉奖。

2013年我协会会同北京、天津、河北、辽宁、山东六省市建材协会联合举办了环渤海地区建材行业最具影响力企业、知名品牌企业和诚信企业的评选推荐工作，我省有3户企业获评为环渤海地区建材行业知名品牌企业，4户企业获评为环渤海地区建材行业诚信企业称号，均在11月份分别进行了表彰奖励，其中，威顿水泥集团有限责任公司和山西吉港冠宇水泥有限公司2户水泥企业均获评为环渤海地区建材行业知名品牌企业和诚信企业。

5、学术交流

2013年4月，由国家建材工业技术监督研究中心等部门主办，山西、山东等五省市行业协会协办的第二届水泥工业节能减排及清洁生产技术高峰论坛脱硝专题会议在济南市召开。山西建材协会组织省内相关单位和企业10多人参加了会议，这次会议旨在不断促进我国水泥工业脱硝技术途径的研究与开发，帮助水泥企业及时深入了解脱硝及除尘技术，降低水泥厂脱硝系统建设与维护成本，以有效推动水泥工业氮氧化物的减排与清洁生产。

6、水泥企业化验室质量管理

2013年底，全省取得水泥企业化验室合格证（章）的企业191户（包括持有中国建材联合会颁发合格证企业），其中162户企业提出年度考核申请，29户企业未申报。经过各市建材主管部门的材料审查和现场考核，其中149户企业合格；13户企业基本合格；不合格企业9户。注销化验室合格证（章）的企业20户。12月召开化验室年度工作总结会议，对部分年度考核不合格的企业和国家明令关闭淘汰的企业将注销其化验室合格证和检验报告专用章，并在媒体上对全社会公告。同时对全省涌现出的一批水泥企业化验室优秀工作者进行评选、表彰。

内蒙古自治区

【概况】

2013年，按照自治区政府以调结构、转方式的要求，内蒙古自治区水泥工业继续优化结构，调整布局，化解过剩产能，加大淘汰落后产能力度。总体行业运行平稳、正常。

2013年内蒙古自治区水泥工业全年水泥产量为6395.72万吨，增速8.6%，产量居全国第17位，2013年全年自治区水泥工业实现利润11.87亿元，产品结构调整取得明显成效。2013年内蒙古自治区在近几年淘汰落后产能的基础上，又完成淘汰落后产能411万吨，新型干法水泥生产能力的比重进一步提高，达到了98%以上。2013年全区水泥行业企业兼并、重组步伐加快，企业组织结构得到逐步改善，目前有内蒙古蒙西水泥集团、冀东水泥集团，中国建材集团、山水集团、中材集团等国内大型水泥企业（集团）占主导地位，使自治区水泥工业集中度进一步提高，促进了自治区水泥行业节能减排工作取得明显成效，使自治区水泥工业向着良性的方向不断发展。

2013年内蒙古自治区为遏制新增产能和行业效益下滑，由内蒙古自治区水泥协会组织召开了“2013年内蒙古自治区水泥峰会。为促进行业内企业之间信任关系和诚信建设，建立企业市场行为的管理约束机制，加强自治区水泥市场的自律规范，维护公平有序的市场环境，自治区水泥协会组织多次及时召开了蒙东、蒙中、蒙西分区域的水泥市场协调会议，做了大量协调工作。大多数企业积极响应协会“两个遏制”的号召，按照“自律与协调”的精神，维护市场正常秩序，基本保证经济平稳运行。经过广大水泥企业的努力，经济效益快速下滑得到一定程度的遏制，取得了较好的经济效益。

大事记

6月20日 在呼和浩特召开了“内蒙古自治区水泥峰会”暨2013年内蒙古自治区水泥行业“合作与发展”主题论坛。会议传达了有关“国家发改委、工信部关于坚决遏制产能过剩、行业盲目扩张的通知”；同时自治区经信委领导结合自治区水泥行业的现状、存在问题、发展目标等实际情况发表了重要讲话并提出了建议要求，特别是根据产能过剩、市场竞争激烈等突出问题区内重点水泥企业（集团）围绕“合作与发展”之主题进行了发言；会议还围绕“创新、提升、转变发展方式”的发展战略，邀请了中国建材联合会领导做了主题演讲。还邀请国内知名专家做了“2013年中国西部、东北部地区水泥市场分析及企业应对策略与方法”的演讲。

根据水泥峰会的会议精神及安排，协会根据自治区水泥企业分布特点，组织了分东部、中部、西部重点水泥企业发挥自律协同作用，提升行业经济效益活动，经过后半年的实际工作，东、中部效果较好，基本扭转了市场无序竞争，价格下滑不稳定的状况，企业的效益得到了好转。

5月1日 化德县弟兄建材有限公司年产120万吨水泥生产线投产

5月19日 乌兰察布市蒙福苑建材有限责任公司年产60万吨水泥生产线投产

8月27日 内蒙古世纪恒生矿业有限公司日产4800吨熟料生产线投产。

9月1日 参加了中国水泥协会组织的“2013年各省市水泥协会会长、秘书长联席会议，会上就我区水泥行业开展自律协同情况作了交流。

辽宁省

【概况】

截止到2013年末，全省水泥企业198户，其中规模以上企业144户，水泥产能8500多万吨，其中新型干法企业37户，生产线53条，熟料产能4859万吨；2013年辽宁省规模以上水泥企业产量为6005万吨，同比下降0.3%；占全国总产量的2.49%，在全国各省区水泥行业中产量位居到第18位。

2013年辽宁省规模以上水泥企业硅酸盐水泥熟料产量为3117万吨，同比下降15.3%，其中新型干法水泥熟料产量为3031万吨，同比下降15.6%，占水泥熟料总产量的97.24%。在建生产线3条（3户企业），熟料产能450万吨。

2013年辽宁省规模以上水泥企业完成销售收入350亿元，同比增长9.1%；实现利润22.9亿元，同比增长1.7%。固定资产投资完成53.2亿元，同比增长43.7%。

国内前15位大型水泥集团有6户在辽宁投资建厂。全省前10位重点企业产能超过全省产能60%以上。大连、本溪、辽阳、铁岭和朝阳5市为全省主要水泥生产区域，水泥产量占全省水泥产量60%以上。

【结构调整】全省水泥工业“总量控制，上大压小，等量淘汰”的基本思路，大力发展新型干法水泥，通过产业政策扶持及辅以相应的经济和法律手段，加速落后产能的退出。全行业结构调整步伐加快，产业、产品和组织结构进一步优化。

淘汰落后产能获得新突破，2013年我省淘汰水泥落后产能任务为195万吨，涉及企业10户，目前拆除工作已经完毕，全面完成了今年的淘汰任务指标。新型干法熟料产量比重达到97%，高于全国平均水平。

辽宁省2010-2012年淘汰落后产能任务共涉及水泥企

业117户，共淘汰落后产能2700万吨，安排财政专项资金16619万元，其中职工安置专项资金2673万元，安置职工4252人，化解企业债务8653万元。

2013年全省水泥行业由高耗能型结构正逐步向节能型转变。全省新型干法水泥比重超过90%，山水、天瑞、冀东、亚泰和中建材北方水泥已完成在辽宁的布点建线，以大鹰水泥为代表的辽宁水泥企业近几年也得到了快速发展，大连、辽阳、本溪、铁岭等地已成为全省重要的水泥熟料生产基地，占全省新型干法水泥熟料总产量的70%，企业生产集中度进一步提高。在不断提高工艺技术装备水平的同时，企业规模化、集团化进一步提升。大型企业集团竞争格局已现雏型，形成了一批知名的如大鹰水泥、山水工源等一批具有一定竞争能力的大型企业集团。同时这些大企业集团也在不断发挥自身优势，实施跨地区的企业兼并和重组，进一步推动全行业集约化程度的提高。

产业链延伸迈出新步伐：近几年，水泥制品业是辽宁省建材工业增长较快的行业。2013年销售收入完成473亿元，同比增长15.1%；实现利润25.3亿元，同比增长22.7%。 近年来，山东省水泥行业大企业、大集团积极发挥优势，引领行业向上下游延伸产业链。采取经营性资产收购的并购方式，商品混凝土业务整合。砂石骨料生产线，矿渣粉，成为辽宁省水泥生产企业向上 游延伸产业链的典范，以促进商品混凝土及水泥制品等产业的发展。

【节能减排】2013年全省新型干法水泥企业积极采用纯低温余热利用技术进行余热发电，有3条余热发电生产线投入运行，年可节约煤耗30万吨标煤，也大幅度减少氮氧化物的排放。同时采用变频、辊压机等节能技术和设备，节能效果和效率得到大幅度提高。全省水泥行业有100多户企业享受固体废弃物综合利用免税政策，共利用各种工业固体废弃物1000多万吨；水泥行业利废占全省工业固体废弃物消纳量的30%以上。大幅度减少CO2、 SO2的排放，对水泥行业实现节能减排意义重大。

大事记

1、辽宁省委副书记许卫国一行到铜陵海螺考察垃圾处理项目

2013年5月7日下午，辽宁省委副书记许卫国一行到铜陵海螺考察垃圾处理项目，海螺集团公司董事、副总经理齐生立率铜陵海螺总经理李群峰、党委书记刘宏春、副总会计师刘剣等热情接待了许副书记一行。

2、2月7日，昌兴国际宣布，向台泥国际悉数出售辽宁台泥间接股权。

3、6月，辽宁朝阳山水东鑫水泥有限公司根据本公司的具体情况，并对国内现有的资源综合利用电站系统进行了详细调研的基础上，为了实施可持续发展战略和执行资源综合利用政策，同时保证水泥生产线的正常运行，建设一套纯低温余热电站。至此，山水东鑫水泥余热发电项目全面启动。

4、6月5日，中信重工机械股份有限公司与锦州三鸽水泥制造有限公司签订了“综合处理锦州市城市生活垃圾项目工程”总承包合同。锦州市人民政府市长刘凤海、中信重工总经理徐风岐出席了签约仪式并发表讲话。 该项目分二期建设，一期建成后将实现日处理城市陈化生活垃圾200吨，二期处理能力达到400t/d，能够满足城市生活垃圾处理的“减量化、资源化、无害化”的要求，为解决锦州城市生活垃圾问题、建设环境友好型城市做出贡献，促进锦州经济社会和谐、快速发展。

5、6月19日，辽宁省环保厅日前向社会通报了26家污染企业：这些企业的新增授信支持将被金融部门暂停，直至其整改到位。中国已推出多年的“绿色信贷”政策正在发力，让环境违法企业的处境越来越艰难，政府也希望此举能够推动经济结构调整和产业升级。这次辽宁省通报的26家环境违法企业中包括2家水泥企业。

6、6月，为进一步推进全省水泥脱硝工程建设，按期完成污染减排治理任务， 日前，辽宁省环保厅召开全省水泥企业脱硝工作推进会，确保实现今年氮氧化物减排目标和我省“蓝天工程”目标的实现。此次会议要求，国家与省政府、省政府和各市政府签订的污染减排目标责任书中，水泥脱硝工程是要求的重点项目。完不成任务的市、县将会被“一票否决”，被限批和通报，相关企业也难逃责任。同时，明确了水泥脱硝工程的时限要求。按照省政府水泥脱硝治理计划和责任书要求，今年辽宁省还需要完成30条水泥脱硝工程，10月底前完成工程建设，12月底前实现稳定运行；7条1000吨以下规模的生产线，明年10月底前完成工程建设，明年12月底前实现稳定运行。

7、2013年7月26日，中国水泥协会常务副会长兼秘书长孔祥忠前往大连小野田水泥有限公司调研水泥窑协同处置城市废弃物情况。大连小野田水泥有限公司总经理板屋敦首先对协会领导的到访表示欢迎，并介绍了公司成立的历史背景和基本生产情况。随后，公司董事、副总经理津田稔向协会领导介绍了公司配合国家产业政策，利用水泥窑协同处置城市废弃物的情况。孔秘书长听取报告后，肯定了大连小野田公司在水泥窑处理城市废弃物，特别是2010年大连“7.16”石油泄漏污染海砂处理工作中的突出成绩。介绍了国家发展和改革委员会、工业和信息化部《关于坚决遏制产能严重过剩行业盲目扩张的通知》（发改产业〔2013〕892号文）精神。孔秘书长认为，打造“都市水泥厂”的概念很好，希望小野田公司探索实践。

8、 8月，昌兴国际宣布，其持有64.07%权益之附属PMHL已完成向台泥国际出售所持有之台泥（辽宁）水泥16.11 %间接股权PMHL已获付1.156亿元人民币（1.457亿港元），而于完成交易后之5个工作日内，公司将获付2170万元人民币（2730万港元）。台泥国际将保留代价结余720万元人民币（910万港元），作为完成交易起计一年之中国资本利得税拨备。出售事项代表除税前溢利4450万元人民币（5610万港元）。

9、辽阳市全部水泥生产线完成脱硝工程建设。

10月，在实施"蓝天工程"中，辽阳市共确定7家水泥企业、9条生产线的脱硝项目。目前，9个脱硝工程已经全部完成，并投入运行。9条生产线的自动监控平台已建成，该市所有水泥生产线污染物实现稳定达标排放，脱硝率达到70%以上；烟粉尘排放量由原来的每年1.2万吨下降到1000吨，二氧化硫由原来的每年5600吨下降到480吨。

10、11月13日，据辽宁省交通厅召开的银团贷款融资再安排推进会上获悉，作为银团贷款牵头行，辽宁国开行将联合工、农、中、建、交等14家银行，对交通厅现有存量债务进行融资再安排，涉及融资规模623.4亿元。该项目的实施将有助于优化交通厅偿债结构，加快辽宁省公路建设步伐。

11、12月，本溪市相继顺利完成了辽宁交通水泥有限责任公司5000吨/日熟料生产线、辽宁山水工源水泥有限公司2500吨/日和5000吨/日熟料生产线脱硝工程建设。

12、12月30日，辽宁省政府30日上午召开"京沈高铁项目启动暨征地动迁工作动员会"，京沈高铁辽宁公司总经理田利民说，京沈高铁近日已获发展改革委批复，中国铁路总公司将启动京沈高铁施工准备工作。京沈高铁将于2014年上半年全线开工建设。这条全长709公里的高铁将实现京沈两地"半日交通圈"。京沈高铁估算总投资1245亿元，按照时速350公里设计建设，建设工期5年。其中辽宁段全长406．8公里，占线路总长的近6成。

13、7月29日，国家工商总局发布竞争执法公告，2010年11月30日，辽宁省建筑材料工业协会组织辽宁10余家水泥生产企业召开会议，以"节能减排、产能过剩"为由签订了自律公约，内容主要涉及两个方面的协议垄断条款。第一，冬季限产。按照协议要求，所有参与企业要在2010年12月15日至2011年2月28日停产，进行设备检修和维护。跨省集团限产时间内如不停窑，继续生产熟料运往省外本集团其他企业使用，要确保所生产熟料全年全部销往省外内部企业，限产期间不准转供省内内部粉磨站，熟料基地不准有熟料落地储存。为保证停产约定能实际履行，约定"以窑为单位交纳违约保证金，若违背约定，按严重违约处罚，全额没收保证金，转为停窑企业的补偿"。第二，价格自律。2011年3月1日开工生产后，熟料每吨最低价260元。处理结果： 国家工商总局于2011年7月授权辽宁省工商局对该协会及有关企业正式进行立案调查。辽宁省工商局认为，在辽宁水泥市场，水泥熟料生产企业处于市场优势地位。本案当事人正是凭借这种市场优势地位，为了避免竞争者之间"相互压价"，通过限制熟料生产、减少对粉磨企业的熟料供应来限制或排除竞争。2012年3月至8月，辽宁省工商局对涉案当事人分别作出行政处罚决定，共罚款1637万元。

14、大连地区淘汰全部立窑。按照大连市政府统一部署，2008年大连市淘汰了几乎全部立窑，受各种因素影响，大连东海水泥厂的立窑未能如期拆除，2013年在省市区三级政府的共同努力下东海水泥厂的立窑顺利拆除。

地址：辽宁省沈阳市北陵大街45-2号519房间辽宁省经济和信息化委员会建材处　邮编：110032

联系人：孟宪红

电话：024-86896280　　手机：13066681658

黑龙江省

【概况】

（一）2013年经济运行指标

1、熟料水泥产量。1）熟料产量1581.72万吨同比下降11.57%，其中预分解窑熟料产量1270.16万吨同比下降12.08%。2）水泥产量4028.48万吨同比增长1.95%。

2、主要经济指标。1）产品销售收入183.21亿元同比下降3.4%。2）利润总额13.48亿元同比下降58.8%（利润减少19.24亿元）。3）财务费用5.71亿元同比增长51.2%。4）亏损企业亏损额4.83亿元同比增长179.7%（亏损企业35户、亏损面36.5%）。5）应收账款净额32.06亿元同比增长37.83%（增加8.8亿元）。6）资产负债率70.8%（去年70.1%）同比增长0.7%。具体指标完成情况见附表一。

3、经济运行中的问题

1）经济运行的质量和效益明显下降。利润总额下降

58.8%，同比减少 19.24 亿元；亏损企业亏损额同比增加 179.7%，亏损额净增 3.1 亿元。

2）成本上升。主营业务成本同比增加 5.1%，其中财务成本上升 51.2%。

3）市场竞争激烈，价格下降，不正当竞争加剧。主营业务收入下降（产量相同）6.4 亿元，下降 3.4%。应收账款净额增加 8.8 亿元同比增加 40.15%，赊销水泥数量增加，少数企业赊销水泥金额高达 1 亿元以上。

4）存货及产成品占用资金增加。存货和产成品占用资金 36.58 亿元，流动资金周转率仅为 1.29 次（全国平均 2.06 次）。

5）资产负债率高达 70.8%，全国平均 60.0%。

6）行业和企业深层次的问题和矛盾显现。（1）消耗高、成本高、价格竞争力低的问题突出显现。（2）熟料产能不足，新型干法熟料产能发挥率只有 63%。产量 1270.2 万吨同比下降 12.08%。熟料竞争能力差，辽宁、河北省有竞争力的企业，熟料出厂价 200-210 元 / 吨，运到我省各地均仍有 20-30 元 /t 竞争力。（3）吉林、辽宁省水泥企业争夺我省水泥市场力度不减，2013 年进省水泥量约 300 万吨、熟料约 400 万吨。

7）水泥布局不合理，盲目投资，低水平重复建设问题更加突出。

8）能耗、环保达标率低。一些企业达不到国家水泥能耗限额指标、大气污染物排放标准。国家新发布的节能、清洁生产、污染物排放标准，对企业提出更高要求，企业达标压力大，技术改造的任务重。

附表一

2013 年黑龙江省水泥工业主要经济指标完成情况表

	本期累计	去年同期	±%
企业户数（户）	96	86	11.6
亏损户数（户）	35	21	66.7
亏损面（%）	36.5	24.4	
销售收入（亿元）	183.2	189.6	-3.4
主营业务成本（亿元）	149.0	141.8	5.1
主营业务利润（亿元）	32.83	45.18	-27.3
主营业务利润率（%）	17.9	23.8	-5.9
营业费用（亿元）	5.27	5.39	-2.4
管理费用（亿元）	12.63	13.73	-8.0
财务费用（亿元）	5.71	3.78	51.2
费用总额（亿元）	23.61	22.90	3.1
利润总额（亿元）	13.48	32.72	-58.8
亏损企业亏损额（亿元）	4.83	1.73	179.7
销售利润率（%）	7.36	17.26	-9.9
存货（亿元）	30.10	34.66	-13.2
产成品（亿元）	6.48	7.50	-13.6
应收账款净额（亿元）	32.06	23.26	37.83
流动资金（亿元）	142.10	140.03	1.48
流动资产周转率（次）	1.29	1.35	-0.06
资产总额（亿元）	331.55	326.45	1.6
负债总额（亿元）	234.73	228.78	2.6
净资产（亿元）	96.82	97.67	-0.9
资产负债率（%）	70.8	70.1	0.7

水泥工业结构

1、水泥企业数量

2013 年末全省有生产许可证企业 127 户，其中新型干法窑水泥企业 19 户，机立窑、干法中空窑企业 14 户，粉磨站企业 94 户。列入省统计口径的规模以上企业 96 户，其中：新型干法窑企业 17 户，机立窑、中空窑企业 14 户，粉磨站 56 户。

2、新型干法窑规模数量及生产能力

1）规模数量。全省共有新型干法熟料生产线 30 条。其中：5000t/d 生产线 5 条，4000t/d 生产线 1 条，2500t/d 生产线 6 条（不含北疆集团扎兰屯线），2200t/d 生产线 2 条，2000t/d 生产线 4 条，1200t/d 生产线 4 条，1000t/d 生产线 5 条，600t/d 生产线 3 条。

2）生产能力。30 条新型干法熟料生产线年设计能力 2108 万吨，其中日产 2000t/d 及以上生产线（18 条）年熟料生产能力 1748 万吨，占总产能的 82.9%。

3、水泥磨机规模数量及生产能力

1）规模数量。全省 127 家水泥企业共有水泥粉磨生产线 208 条，其中：立式辊磨 2 条，∮4.2×13m 磨机 13 条，∮3.8×13m 磨机 9 条，∮3.5-3.6×13m 磨机 14 条，∮3.2×13m 磨机 71 条，∮3.0×13m 磨机 30 条，直径∮3.0m 以下水泥磨机 69 条。

2）生产能力。全省 127 家水泥企业，208 条水泥粉磨生产线，水泥总生产能力 8350 万吨。其中：2 条立式辊磨产能 250 万吨，137 条直径∮3.0m 及以上水泥磨产能 7310 万吨，69 条∮3.0 以下水泥磨产能 1040 万吨（占总产能的 12.5%）。

4、水泥工业结构分析

1）水泥集中度提高。北方及亚泰水泥熟料产能 1716 万吨。占全省的 81.4%。北方、亚泰、蒙西三家水泥磨产能 4770 万吨，占全省的 57.1%。

2）生产工艺技术装备水平提高。新型干法熟料产能占比重达 91%。2014-2015 年淘汰直径∮3.0 米以上立窑、中空窑后有望达 100%。直径∮3.0 米以上磨机达 139 条，产能达 7310 万吨，占总产能的 87.5%，结构进一步优化。但应看到相当一部分小粉磨站改造成∮3.2×13m 磨机后，前后不配套，收尘等环保设施不足，自动控制水平低，少数企业除磨机直径达标外，其它指标几乎均难达到水泥准入条件要求。

3）水泥粉磨生产能力剧增。水泥粉磨产能同比增加 1650 万吨，增长 24.6%，新型干法熟料产能新增 124 万吨。

企业兼并重组

经过多年的企业兼并整合，黑龙江省水泥工业基本形成北方水泥和亚泰集团二大水泥集团为主的格局。二大水

泥集团发展情况如下：

1、北方水泥

1）新型干法窑企业

北方水泥在黑龙江省共有新型干法窑企业10家、熟料生产线18条，其中5000t/d线4条，2500t/d线4条、2200t/d线2条、2000t/d线4条、1200t/d线1条、1000t/d线3条。熟料设计产能1446万吨，占全省产能的66.4%。10家企业水泥粉磨生产线24条，其中∮4.2×13m线5条、∮3.8×13m线4条、∮3.2×13m线6条、∮3.0×9-11m线6条。水泥粉磨产能约1640万吨。

北方水泥新型干法窑企业熟料水泥产能表

企业名称	水泥窑规模、数量	年熟料产能	水泥磨规模数量	水泥磨年产能
黑龙江宾州水泥	5000t/d×2	155×2	∮4.2×13m ∮3.2×13m	500
佳木斯北方水泥	5000t/d 2500t/d 1000t/d×2	295	∮3.5×13m×2	140
伊春北方水泥	5000t/d 2000t/d	217	∮4.2×13m ∮3.8×13m	200
牡丹江北方水泥	2000t/d×2	124	∮3.0×11m×4 ∮3.8×13m	200
牡丹江天马水泥	2500t/d	78	∮3.2×13m	60
黑河北方水泥	2500t/d	78	∮3.2×13m×2	120
齐市北方水泥	2500t/d 2200t/d 1000t/d	177	∮3.2×13m×2	120
齐市浩源水泥	2200t/d	68	∮3.8×13m	80
鸡西城海水泥	2000t/d	62	∮3.5×13m ∮3.0×11m×2	140
黑河恒基水泥	1200t/d	37	∮3.8×13m	80
合计		1446		1640

2）水泥粉磨站企业

北方水泥所属粉磨站企业已发展到31家（包括租赁），共有生产线46条，水泥粉磨产能约1930万吨。

3）北方水泥黑龙江企业熟料、水泥总产能

（1）熟料总产能1446万吨，占全省的66.4%。

（2）水泥粉磨能力：有窑企业1650万吨，粉磨站企业1930万吨，合计水泥磨机产能3580万吨，占全省的比重约43%。

2、亚泰集团水泥

亚泰集团水泥在黑龙江企业共有5家：亚泰集团哈尔滨水泥、亚泰集团阿城水泥、哈尔滨三岭水泥、亚泰集团安达水泥和亚泰集团海伦水泥。其中：新型干法熟料生产企业3家，粉磨站企业2家（亚泰集团安达水泥、亚泰集团海伦水泥）。

新型干法熟料企业产能

1）亚泰哈尔滨水泥有日产2500t/d、1200t/d线各一条，熟料产能115万吨。2）亚泰集团阿城水泥，日产5000t/d线一条，熟料产能155万吨。3）哈尔滨三岭水泥，日产1200t/d线1条、熟料产能37万吨。合计熟料产能344万吨，占全省的16.3%。

水泥粉磨产能。亚泰集团所属5家企业水泥磨机粉磨年产能760万吨，其中：亚泰哈尔滨水泥380万吨，亚泰集团安达水泥120万吨，亚泰集团海伦水泥70万吨，哈尔滨三岭水泥产能100万吨。

3、北方水泥、亚泰水泥合计产能

1、熟料产能：北方＋亚泰=1446+344=1789万吨，占全省的84.9%。

2、水泥磨机粉磨产能：北方＋亚泰=3580+760=4590万吨，约占全省的54.9%。

水泥市场

1）市场需求减少与产能过剩的矛盾更加突出

水泥市场需求量减少，水泥产能大幅增长。据统计到2013年末，全省127家水泥企业水泥粉磨产能约8350万吨，过剩产能比例达53.5%。在直径3.0米以下水泥磨机产能1040万吨，其中还有31家粉磨站还未经等量置换落后产能项目核准（或核准后尚未施工）。若核准后，全省水泥粉磨产能过剩比例还将增加。

2）市场格局变化竞争更加激烈

水泥行业结构性产能过剩更加突出。2013年粉磨站产能占66.5%，2014年还将上升。随着企业和市场格局的变化，市场竞争将更加严酷。一是省外企业争夺我省水泥市场的力度有增无减。在经济发展放缓的大背景下，有竞争力的吉林、内蒙、辽宁等省水泥企业，特别是与我省交界处的大中型水泥企业，争夺我黑龙江市场的势头有增无减。二是省内大中型企业布局发生变化，市场交错，争夺将更加激烈。三是新一轮技术改造后的小企业，技术装备水平和粉磨能力提高，争夺市场的能力增强。在这种市场格局和企业格局大变化的形势下，市场竞争更加激烈，恶性竞争，不正当竞争态势加剧。

散装水泥

2013年全省建设项目开工总量低于往年，水泥市场需求不足，但全省散装水泥仍然保持健康发展态势。2013全省实现散装水泥供应量1767.09万吨，同比增加76.95万吨，增长4.5%。水泥散装率达43.86%，同比增长0.22个百分点。预拌混凝土供应量2424.55万立方米，同比增长376.2立方米，增长率18.37%。预拌砂浆供应量56.69万吨，同比增加5.69万吨，增长11.2%。全省实现入库专项资金4251万元，增收1051万元。散装水泥设施设备综合配套能力达5700万吨，占水泥总产能的68.3%。

全省全面实施散装水泥省、市、县三级目标责任管理，2013年年初省散装办与市地签订了《黑龙江省散装水泥2013年目标责任状》，严格按照“十二五”规划逐项分解发展目标，并要求市地与县级组织机构签订目标责任状。年底开展目标责任检查工作，做到工作有部署，有检查，有评比。

全省散装水泥供应量前三地市：哈尔滨市、齐齐哈尔市和大庆市，分别为629.50万吨、321.04万吨和215.38万吨，三市散装水泥供应量占全省总量的65.98%。

全省水泥散装率前三地市：大庆市、齐齐哈尔市和伊春市，分别为72.85%、70.27%和70.24%。

加快推进预拌混凝土和预拌砂浆推广应用工作。按照国家散装水泥“三位一体”协调发展的总体要求，积极落实稳步推进。截止到2013年，全省预拌混凝土生产企业发展到210家，预拌混凝土生产能力达8156万立方米；预拌砂浆企业8家，年生产能力460万吨。

其它

水泥工业投资。2013年全省水泥工业累计完成投资37.99亿元，同比增长16.33%。

水泥进出口。2013年水泥出口俄罗斯3.1万吨，同比增长7.72%，出口金额253.32美元，同比下降0.76%，出口价格下降。

江苏省

【概况】

2013年，全省有水泥企业数218家，其中新型干法企业数27家，JT窑企业3家，粉磨站企业185家，特种水泥企业3家。全省水泥企业数有所减少，水泥和熟料产量继续增长，经济运行出现恢复性增长。

1、产能及产量

全年水泥产能约23800万吨，水泥产量17991万吨，比上年增长8.69%，产量居全国第一，占全国总量的7.45%。全省有新型干法水泥熟料生产线49条，其中5000t/d及以上熟料生产线31条，水泥熟料产能6600万吨，水泥熟料产量5293万吨，其中新型干法水泥熟料产量大约占99.38%。江苏省水泥熟料产能主要分布见下表：

水泥熟料产能按地区分布表

（万吨）

市别	南京	镇江	常州	无锡	苏州	盐城	徐州	合计
产能	1014	1056	2171	855	78	155	1234	6563
占比%	15.45	16.09	33.08	13.03	1.19	2.36	18.80	100

全省出口水泥310.83万吨，累计增长23.83%。

2、经济运行情况

全行业完成投资额56.55亿元，累计增长36.62%。产品销售收入713.32亿元，累计增长9.7%；毛利润总额109.05亿元，累计增长24.6%，毛利润率15.35%，比去年增长1.8%；利润总额62.58亿元，累计增长24.5%，销售利润率8.77%，比上年增长1.04%。全行业企业亏损额2.09亿元，累计增长-54.0%，企业亏损面18.1%。

3、全行业特点

水泥粉磨产能过剩，产能利用率75.6%。水泥熟料前10位企业产能集中度69.2%，产能利用率80.2%，熟料自给率45%，大部分熟料由安徽、山东地区熟料生产企业供给。水泥粉磨企业低运转率、高成本、低效益，由熟料供求关系和熟料价格决定全省水泥市场经济运行。

大事记

1月24日　为了治理该地区持续出现的雾霾问题，南京市将控制能源和煤炭消耗量作为抓手，出台了较强硬的控制措施。中共南京市委办公厅、南京市人民政府办公厅发出关于印发《南京市“十二五”期间开展能耗和煤炭消耗总量实施方案》的通知（宁委办发〔2013〕7号 ）。其中：江南小野田水泥有限公司、中国水泥厂有限公司、南京板桥水泥有限公司、南京官塘水泥有限公司限期关闭所有水泥窑，南京中联水泥有限公司、南京银佳白水泥有限公司、南京昆元白水泥有限公司关闭2000t/d以下的水泥窑。该方案的实施，涉及水泥熟料产能约600万吨，在水泥行业引起了巨大反省。

3月20日　为配合水泥企业做好2012年化验室合格证监督检查的整改和2014年水泥企业化验室合格证换证，江苏省建材行业协会下发“关于举办水泥企业化验室主任及生产技术人员专业培训班的通知”（苏材协〔2013〕5号）。在4月23～26日，举办了两期培训班，有254名专业技术人员参加了培训。

3月20日　为加强在水泥产业结构调整过程中水泥企业质量的管理，江苏省建材行业协会下发“关于开展2013年水泥企业质量自律检查的通知”（苏材协〔2013〕6号），继续开展全省水泥企业质量自律检查工作，有200多家水泥企业接受了检查。通过质量自律检查工作，促进企业认真贯彻实施《水泥企业质量管理规程》，及时了解企业产品质量状况。

3月26日　江苏省建材行业协会召开全省水泥工业经济运行分析会议，通报2012年全省水泥行业经济运行、水泥企业化验室合格证监督和质量自律检查情况，部署2013年水泥质量自律工作。全省180多家水泥企业负责人、化验室主任、各市水泥（建材）协会秘书长等200余人参加了会议，省及各市经信委有关处室负责人应邀参加会议。

5月30日　国务院参事室副主任蒋明麟一行四人在江苏进行水泥行业情况调研。江苏省建材行业协会理事长聂长兰以及淮海中联水泥有限公司、江苏金峰水泥集团有限公司、江苏天山集团有限公司、中国水泥厂有限公司、江苏磊达股份有限公司等企业的主要负责人参加了调研座谈会。

6月18日　省经信委下文了《关于组织申报水泥粉磨节能示范生产线建设项目的通知》（苏经信投资〔2013〕485号），在江苏建设1～2条100万吨水泥粉磨节能示范生产线。通知明确了示范生产线建设项目的申报条件、工艺技术路线、技术指标和认定程序。

9月10日　江苏省建材行业协会召开2013年重点水泥企业座谈会，江苏金峰、中联、南方、海螺、天山等12家骨干集团（企业）参加了会议。会上通报了1～7月份江苏省水泥行业运行情况，传达了中国水泥协会第七届二次常务理事会会议情况，交流和分析了江苏及周边水泥市场情况，研究了水泥市场自律有关工作。

11月　江苏鹤林水泥有限公司三期5000t/d新型干法及带9MW预热发电技术改造项目投产运行，试运行产量达6500t/d。该公司已形成450万吨水泥熟料和1000万吨水泥生产能力，是江苏省较大的水泥企业。

12月26日　为深入贯彻落实《国务院关于化解产能严重过剩矛盾的指导意见》（国发〔2013〕41号）精神，积极有效化解水泥等行业产能过剩矛盾，实现江苏工业经济有质量、有效益、可持续发展，江苏省人民政府出台了《江苏省工业化解产能过剩矛盾的实施意见》（苏政发〔2013〕162号）。提出了《江苏省水泥行业化解水泥产能过剩方案》和清理违规项目工作计划。

浙江省

【概况】

2013年浙江省水泥企业积极应对经济增长速度回落、水泥需求增速趋缓，产能过剩进一步加剧的不利形势，在政府有关部门的关怀、领导下，在各级行业协会的引导、协调下，认真贯彻落实科学发展观和中央经济工作会议提出的“稳中求进、改革创新”的方针，在技术进步、兼并重组、优化存量、节能减排等方面做了大量的工作，全省水泥行业经济运行呈现前低后高、稳步向上的良好发展态势，行业经济效益指标取得了仅次于2011年的历史较好水平。

一、经济指标

2013年列入浙江省水泥协会统计的水泥企业175家，其中新型干法窑企业59家，水泥粉磨企业114家，其他回转窑企业2家。列入协会统计水泥企业产量12309.77万吨（约占浙江省2013年水泥总量12462.87万吨的99%），同比增长7.75%；水泥熟料5605万吨，同比下降2.76%；销售收入407.21亿元，同比增长5.99%；利税64.01亿元，同比增长14.8%；其中利润42.05亿元　，同比增长21.4%。

2013年浙江省散装水泥供应量9641.71万吨，同比增长8.41%；水泥散装率77.53%，同比提高0.29个百分点；预拌混凝土产量15054.99万立方米，同比增长8.04%；预拌干混砂浆236.56万吨，同比增长81.59%。

二、生产能力

截至2013年底，浙江省水泥粉磨生产能力约1.68亿吨，水泥熟料生产能力约0.87亿吨。全省拥有水泥熟料生产线87条，其中日产5000t/d生产线22条，2500t/d生产线34条，2000t/d以下生产线31条。企业平均规模70万吨，新型干法窑企业平均规模113万吨，粉磨企业平均规模50万吨。

2013年新型干法窑企业水泥产量6640.08万吨，占水泥总产量的53.94%；水泥粉磨企业水泥产量5647.07万吨，占45.88%；其他回转窑水泥22.62万吨，占0.18%。

各地区的水泥产量为：杭州2052.56万吨，湖州1376.37万吨，嘉兴1625.56万吨，宁波地区1605.85万吨，绍兴1242.41万吨，金华1734.53万吨，衢州1903.44万吨，台州、丽水及舟山三地区共769.07万吨。

各水泥品种中，普通硅酸盐水泥5861.51万吨，占水泥总量的47.62%；复合硅酸盐水泥6300.47万吨，占水泥总量的51.18%，其中32.5复合硅酸盐水泥5730.45万吨；其他品种水泥产量147.79万吨，占水泥总量的1.2%其中硅酸盐水泥87.06万吨、海工水泥26.36万吨、白水泥18.75万吨、砌筑水泥11.74万吨、装饰水泥3.87万吨。

三、节能减排

2013年，浙江省水泥窑企业积极推进脱硝技术，至年底已投运和在建的脱硝项目48条，占全省正常运转窑的80%以上，有望提前达到省环保厅要求在2014年全部完成脱硝项目的目标。

水泥行业是综合利用各类废弃物的大户，许多工业废弃物都可作为水泥生产的替代原料。浙江省不少企业在利用水泥窑处置水厂污泥、造纸污泥、电镀污泥方面已取得了成功经验，如“宁波科环”、“绍兴南方”、“山亚南方”、“富阳南方”、“富阳钱潮”、“桐庐红狮”等企业。

2013年浙江省凡具备条件的新型干法生产线已全部配有纯低温余热发电装置。各企业继续推广节能技术，节能降耗成效显著。在窑磨运转率较低的情况下，全省水泥、熟料能耗指标仍较稳定并略有下降，多数企业达到或低于新标准的限额值。

熟料标准煤耗全省平均为108.1kg/t（上年为109.0kg/t），其中新型干法窑熟料为107.9kg/t。熟料综合电耗全省平均为62.9kwh/t（上年为63.4kwh/t）；熟料综合能耗平均为112.4kg/t，（上年为113.9kg/t），其中新型干法窑112.2kg/t。

水泥综合电耗，新型干法窑企业为78.7kwh/t（上年为79.2kwh/t），水泥粉磨企业为33.8kwh/t（上年为34.5kwh/t）。

水泥综合能耗，新型干法窑企业为83.3kg/t（上年为82.8kg/t），粉磨企业为4.3kg/t（上年为4.4kg/t）。

四、产品质量

2013年浙江省通用水泥各强度等级中，32.5强度等级水泥共有5749.38万吨，占出厂水泥总量的46.71%，上年为50.88%；42.5强度等级的水泥为6293.96万吨，占51.13%，上年为47.10%；52.5强度等级的水泥为250.81万吨，占2.04%，上年为1.70%，高强度水泥的比例有所增加，42.5强度等级及以上水泥的比例已达53.17%。

2013年水泥质量稳定，自检出厂水泥合格率、富裕强度合格率、自检袋重合格率均为100%。出厂水泥优等品率为46.87%，一等品率为47.96%。出厂水泥各品种平均强度保持稳定，PC32.5为39.3MPa（上年为39.5MPa），PC42.5为50.7MPa、P042.5均为51.0MPa（上年均为50.9MPa），P052.5为59.3MPa（上年为59.4MPa）。

浙江省熟料质量情况也较稳定，新型干法窑企业生产的熟料3天抗压强度为32.2MPa，上年为32.5MPa，28天抗压强度为60.4MPa，与上年持平。水泥粉磨企业的熟料均为外购熟料，由于熟料存放及运输途中强度有所下降，其28天抗压强度为58.4MPa。

五、其他工作

1、继续开展“节能限产”工作。2013年浙江省水泥行业自律工作领导小组共召开了7次会议，全行业统一节能限产69天，各企业又按各地区节能要求和其他情况安排节能限产平均35天以上，基本达到年初制定的不少于90天的计划。节能限产有效地缓解了浙江省水泥产能严重过剩的矛盾。

2、进行大小窑对接，支持小窑企业停产。2013年协会提出大小窑对接方案，即小窑企业主动关停日产2000吨以下小窑，由大窑企业以低于小窑熟料成本价供应熟料。浙江南方、红狮水泥在这项工作中表现出大企业的风范，担负起社会责任，牺牲自身部分利润，成功对接小窑5条，减少小窑熟料产能175万吨。

3、向政府有关部门提交化解产能过剩建议。为贯彻国家下发的《关于坚决遏制产能过剩行业盲目扩张的通知》精神，2013年7月协会向省经信委提交了《关于化解浙江省水泥行业产能过剩的建议》，同时提出了提高水泥产品生产许可证发放门槛、加强环保审查、重点工程项目提高水泥强度等级等建议。

4、配合宣贯“水泥能耗限额标准”的新标准。积极配合浙江省经信委2013年11月29日召开的新标准宣贯会。

5、健全水泥企业质量台帐。2013年组织并邀请了质量管理经验丰富的化验室主任对质量台帐统一表式进行了逐项讨论和分析，对22项内容作了修改和完善，使质量统一表式能更好地与《水泥企业质量管理规程》相适应，为加强质量管理提供了一定的保证。

6、加强统计培训。2013年，由浙江省经信委建冶煤行业办，省统计局工交处和省水泥协会联合编制了《浙江省水泥行业统计员培训教材》，并进行了统计员培训考试换发新上岗证工作，参加培训的统计人员涉及工业统计、质量统计和能源统计。在11月全国建材工业统计工作会议上，浙江省水泥协会再次被中国建材联合会评为“2013年度建材工业统计工作先进集体”。

7、加强行业调查研究。浙江省水泥协会每年调查编制的《浙江省水泥行业调查资料》为管理部门提供了所需的基础数据，为水泥行业积累了统计资料，也有利于水泥企业的相互交流。

8、配合进行生产许可证培训并推荐相关企业。按国家质检总局《工业企业产品质量分类监管试行办法》和《关于工业产品生产许可证企业实施分类监管有关工作的通知》（国质检监〔2012〕246号）的要求，今后对获证企业将进行分类监管，根据企业履行产品质量主体责任的保障能力和实现程度分为：AA、A、B、C四个类别。协会向省许可办推荐宁波科环、宁波海螺、浙江新都等三家企业为AA类企业。并配合省许可办在衢州和余姚两地举办生产许可证理论知识培训考试。

浙江省水泥行业主管部门简介

机构名称：浙江省经济信息委员会建材冶金煤炭行业管理办公室

工作职责：组织拟订并实施建材、钢铁、有色金属、黄金、稀土、煤炭行业产业政策、发展规划和技术规范；做好本行业经济运行分析和产业信息发布，协调行业发展中的重大问题和事项；组织实施行业准入；落实本行业淘汰落后生产能力工作；协同培育本行业企业大集团、行业龙头和重点骨干企业，参与本行业重大工业建设项目投资的有关工作；负责煤炭生产、经营企业资质管理。

主　任：戴迪荣

地　址：浙江省杭州市体育场路479号

邮　编：310007

电　话：0571—87058259

传　真：0571—87058139

安徽省

【概况】

2013年，国家全面加速建设资源节约型和环境友好型社会，面对机遇和挑战，安徽省水泥工业确立实施加快“转型升级”战略——全行业以“推进两化深度融合、化解产能过剩矛盾、优化升级产业结构、营造良好发展环境”为工作重心，坚持科学发展观，严格执行国家产业政策，实现经济效益稳中有增。2013年，全省水泥行业实现利润65亿元，同比增长37%，在全国居第二位；水泥产量12131万吨，同比增长12.3%；水泥熟料产量12255万吨，同比增长10%，其中新型干法旋窑熟料产量11534万吨，同比增长7.8%；水泥产量在全国居第九位，新型干法水泥孰料产量居全国第一位；散装水泥7816.2万吨，同比增长14.9%，散装率64.4%，比上年增长0.8个百分点；商品混凝土7760万m^3，同比增长30.3%；水泥混凝土桩2249万米，同比增长8.7%；水泥电杆17.8万根，同比下降5.4%；水泥排水管1452千米，同比增长2.7%；水泥压力管165千米，同比增长238%；水泥专用设备制造91061吨，同比下降1.8%；混凝土机械536台，同比增长206%。出口商品金额：水泥熟料10538万美元，同比增长9.9%；水泥4988万美元，同比增长19%。

【与江苏大学开展专项课题研究】受国家自然科学基金委员会和有关政府部门委托，江苏大学管理学院与我省水泥协会联合共同开展了《水泥企业低碳战略与低碳发展》课题研究。6月份启动为期三个月的安徽水泥企业问卷调查，针对水泥企业低碳战略形成的影响因素、低碳战略目标和低碳管理实践构成要素、企业经济绩效和环境绩效结构要素，以及培育具有现代管理意识的企业家与经理人、加强内部管理等方面，对水泥企业管理状况进行了调研，以准确核实企业生产中碳排放及废水、废气、废渣、余热等数据，为安徽水泥在“低碳经济”发展道路上，走出一条低消耗、低排放、高效益、高产出的新型工业化道路提供理论依据；同时，也为政府部门制定有效的管制政策以转变企业低碳行为模式提供具体政策思路和实施路径。

【全国建材行业先进集体、劳动模范和先进工作者】国家人力资源和社会保障部、中国建筑材料联合会（人社部〔2013〕56号文）表彰决定：安徽省墙体材料革新建筑节能办公室、安徽巢东水泥股份有限公司制造分厂、马鞍山石溪野水泥有限责任公司、芜湖海螺水泥有限公司制造二分厂荣获全国建材行业先进集体称号；王和平（宿州海螺水泥有限责任公司）、沈庆华（安徽珍珠水泥集团股份有限公司）、王玉瑶（安庆吉港白鳍豚水泥有限公司）、马昌友（安徽六安皖振新型建材有限公司）、阮运武（铜陵市商砼有限公司车）、刘章斌（安徽皖宝矿业股份有限公司）、杨立志（淮海集团相山水泥公司）、孔维华（安徽皖维集团有限责任公司）、贺应涛（华菱星马汽车（集团）股份有限公司）、陶定保（安徽六安海螺水泥有限公司）、汪敏（龙元建设安徽水泥公司）荣获全国建材行业劳动模范称号；汪洋（宣城市墙体材料改革和建筑节能办公室）荣获全国建材行业先进工作者称号。

【海螺水泥排名港股第77位】2013年度香港上市公司“港股100强”评选结果于11月18日在香港揭晓。安徽海螺水泥股份有限公司入选百强位居第77位。腾讯网与财华社集团根据所有在香港联交所主板上市公司的市值、净利润、股息回报率、营业额及股东回报率五大指标加权复合计算得分，最终通过专家评审团认证评选出榜。2013年，海螺水泥共生产熟料1.83亿吨，同比增长16%；生产水泥1.89亿吨，同比增长 25%；水泥及熟料销量2.28亿吨，同比增长21.95%，远高于全国平均9.57%的增长水平；实现营业收入552.61亿元，同比上升20.75%；营业利润117.42亿元，同比上升67.38%。

【大事记】

1月5日 中国水泥协会常务副会长兼秘书长孔祥忠，在中国水泥协会副秘书长、技术中心主任王郁涛等陪同下，到安徽省阿尔博波特兰（安庆）有限公司考察调研。阿尔博波特兰（安庆）有限公司年产白水泥熟料40万吨、白水泥72万吨，已成为中国乃至亚洲地区最大的白水泥生产商。

1月17日 中材集团与安徽海螺集团在安徽芜湖签署了战略合作协议。双方约定将进一步拓宽合作领域，丰富合作方式，充分发挥各自优势，共同开拓海外市场，推动中国水泥技术装备及技术标准出口及应用，助力我国建材行业的结构调整和转型升级。

2月27日 工信部原材料司建材处陈恺民处长率专家组来我省复核水泥行业准入公告工作，现场复核了怀宁海螺和铜陵上峰两户水泥企业5条生产线，并对我省水泥行业发展情况进行调研。

3月20日 安徽省副省长花建慧率省出入境检验检疫局局长姜宗亮、省商务厅副厅长张丹宁、省外办副主任陆友勤、中国进出口银行安徽省分行行长冯郁川、中国进出口信用保险安徽分公司总经理马卫星等负责人，到海螺集团调研，协调帮助解决海螺“走出去”过程中遇到的困难和问题。花副省长表示，努力为海螺提供最大的便捷和最好的服务，促使海螺更好更快地发展。

3月20日 原国家建材局局长王燕谋到芜湖海螺考察调研。王局长对芜湖海螺提出期望，希望公司再接再厉，充分发挥好各项优势，把世界最大的水泥熟料基地这个标杆树立好，进一步提升中国水泥企业在国际上的美誉度。

4月13日 安徽省委副书记、省长王学军在副省长杨振超，省政府秘书长邵国荷，省经信委主任牛弩涛等领导陪同下到海螺集团视察。王省长对集团自主研发属世界首创技术《利用水泥窑无害化处理生活垃圾项目》给予充分肯定。该项目处理垃圾无需分拣、特别是可以有效降解二恶英排放，这为中国城镇化建设进程中的垃圾处理和资源循环利用探索了一条新路，应该大力推广。

5月3日 花建慧副省长一行到合肥水泥研究设计院就“走出去”情况进行专项考察调研。花副省长对合肥水泥研究设计院提出希望，要继续抢抓机遇，乘势而行，深化强强合作，要从技术和产品高端向服务高端迈进，在更广泛的领域开拓国际市场。

5月10日 合肥水泥研究院为江西亚东水泥有限公司（台资企业）设计改造采用国际上最先进的WHEC步进式高效冷却机系统成功投产。江西亚东水泥有限公司在规划设计#1生产线冷却机系统改造时，曾邀请德国、丹麦等多家国际知名冷却机设备供应厂商进行洽谈。经过大量的技术交流和实绩考察，最终，合肥水泥研究设计院以先进合理的设计方案、优质的设备保障获得认可。

5月28日 国务院参事室参事蒋明麟、徐锭明、保育钧一行赴合肥水泥研究设计院调研考察，着重了解水泥行业加快调整产业结构、化解产能过剩的有关情况。合肥水泥研究设计院副院长、党委副书记张永龙、安徽省水泥协会副秘书长、省建材设计院副院长徐明侠等参加了座谈。

7月12日 中国水泥协会常务副会长、秘书长孔祥忠在合肥水泥研究设计院热工装备科技有限公司张自力总经理等陪同下，到滁州中联水泥有限公司调研、座谈。

8月1日 安徽缓征新型墙材和散装水泥专项资金。安徽省人民政府《关于进一步规范涉企收费的通知》（皖政办〔2013〕29号文），取消、调整、下放、缓征28项行政事业性收费，安徽省新型墙体材料专项基金和发展散装水泥专项资金在缓征之列。据悉，缓征新型墙材和散装水泥专项资金从全国来说，安徽是第一家。

8月2日 安徽省十二届人大常委会第四次会议审议通过《安徽省促进散装水泥发展和应用条例》，自2013年11月1日起施行。此举为加快“两个禁现”（禁止现场搅拌混凝土和现场搅拌砂浆），促进散装水泥、预拌混凝土和预拌砂浆三位一体协同健康发展。

9月5日 金寨县人民政府、芜湖海创实业有限责任公司在安徽省金寨县正式签署了《金寨县关于城市生活垃圾发电项目合作框架协议》。

10月18日 芜湖山猫特种工程机械公司开发的山猫滑移S160多功能打砖机在海螺集团海昌水泥公司日产5000吨水泥熟料回转窑内进行测试，获得成功。其设备可在新型干法水泥回转窑维修过程中同时完成窑内拆砖、清灰、清渣、运砖等作业，是人工清灰速度的10倍，运砖采用机械倒运，整箱砖在砌砖机旁拆封，耐火砖破损率为0，比人工节约耐火砖材料成本800元－900元/m；驾驶室采用防砸结构，彻底将过去的人工作业改为机械化操作。

11月1日　中共中央办公厅、国务院办公厅、发改委、国家信息中心和安徽省信息中心领导一行30余人在铜陵市委秘书长袁心玲、市发改委主任刘亚东陪同下，到铜陵海螺参观考察。

12月4日　安徽省政府以皖政〔2013〕84号颁布了《安徽省人民政府关于化解产能严重过剩矛盾的实施意见》。

12月30日　根据巢湖市经济和信息化委员会《关于兑现企业扶持发展专项资金有关事项的通知》，安徽巢东水泥股份有限公司收到该项奖励资金3724.93万元，列入营业外收入计入2013年度损益。

【安徽省水泥工业主管部门机构情况简介】

机构名称：安徽省建材工业协会。

安徽省建材工业协会，是2000年10月在原省建材工业局的基础上，经省编委皖编（2000）20号文件批准成立。主要职责：开展行业统计调查，提供统计信息；参与行业规划、重大技术改造、技术引进、投资与开发项目的前期咨询论证；配合有关部门参与质量管理与质量监督；承担制定本行业贯彻国家行业标准的具体实施办法，报政府有关部门批准后组织实施；受有关部门委托，参与本行业新产品鉴定、产品认证和质量体系认证；受有关部门委托，参与行业生产、经营许可证发放，行业职业技能鉴定及专业资质评定等有关工作；承担省经信委和有关部门委托的其它工作和任务。

负责人：申晓林（副会长、主持工作）
地址：安徽省合肥市益民街17号富华大厦5楼
邮政编码：230001
电话：0551-62621787　62621516
传真：0551-62621482

江西省

【概况】

2013年，全省水泥行业积极应对宏观政策调整、产品价格下降、市场不振等不利形势，在省委、省政府的正确领导下，深入贯彻落实科学发展观，通过优化产业结构、节能减排、联合重组，整个行业经济运行状态呈现企稳向上的发展势头，主要经济指标稳定增长。

一、全年水泥行业经济运行各项指标完成情况

全省水泥产量9204.2万吨，同比增长19.8%，产量居全国第12位，占全国总产量的3.7%；实现主营业务收入400.3亿元，同比增长20.6%，占全国比重4.1%；实现利润47.5亿元，同比增长31.9%，占全国比重6.2%。

二、全年水泥行业经济运行特点

水泥工业重组联合成效明显，产业集中度列全国前列；水泥行业主营业务收入占建材行业主营业务收入的比重从2005年的62.1%，下降到2013年的24.7%；

1、全年水泥产量走势前降后升，同比呈现明显“v”字形。上半年水泥产业效益下滑的主要原因：一是1-5月份持续阴雨天气造成市场疲软，企业效益大幅度下降；二是受房地产宏观政策调整影响，水泥产量锐减。最高值为3月份同比下降9.47%，6月份拐点出现，6－12月份同比全线拉升，最高值为12月份同比增长19.95%。

2、淘汰落后产能与加强技术改造手段并用，节能减排的成效明显。新型干法水泥快速发展。到2013年底为止全省共有新型干法水泥生产线60条，新型干法水泥生产能力占全省总水泥产能的96%，熟料总产能5874万吨，水泥总产能8392万吨（具体见表二）。日产4000吨及以上规模生产线的产能占全部新型干法水泥产能的61.8%。

表二、全省新型干法水泥生产线基本情况一栏表

生产线规模	数量（条）	熟料产能（万吨）	水泥产能（万吨）	备注
小于2000t/d	15	547	781	1、年生产天数为320天；2、水泥熟料比例为70%
2000-3000t/d	21	1584	2263	
3000-4000t/d	1	112	160	
4000t/d及以上	23	3631.6	5188	
合　计	59	5874	8392	

随着新型干法水泥比重的提高及高效节能管磨等节能技术的推广，水泥行业的单位能耗进一步降低。全省水泥行业平均水泥综合能耗93.6公斤/吨，同比降低9.0%；万元产值能耗2.17吨标煤，同比降低8.1%。我省2000t/d以上水泥生产线全部配备了纯低温余热发电设备，余热发电站40个，装机容量突破300兆瓦，每年可发电23亿度，节约能源85万吨标煤。

四、经济运行中存在的主要问题

水泥产业发展后劲不足，生产增量空间严重不足

根据一年运行情况分析，我省水泥行业发展潜在两个危机：一是2013年水泥总产量为9204万吨，已超过新型干法水泥总生产能力8392万吨；水泥和熟料产量首次在江西出现背离现象，水泥产量增长19.8%，而熟料产量增长8.5%。这说明外省熟料产品大量进入我省，熟料产量与水泥发展不同步，出现不支撑水泥发展的苗头。二是2009年9月以来我省没有新核准的水泥建设项目。

大事记

3月16日在南昌召开2012年度全省水泥企业对比验证检验工作总结座谈会，对2012年对比验证检验工作进行了总结并对2013年对比验证检验工作进行了部署；表彰了按制对比综合评定合格率85%以上的先进单位；通报了全省水泥产品混合材掺加量等项目检查的情况；布置了全省水泥企业化验室合格证换证工作。

下半年对全省水泥企业化验室按照水泥规程要求进行了评审。

山东省

【概况】

2013年，山东省规模以上水泥企业255家，水泥产量1.62亿吨，比上年增长5.3%；熟料产量8896万吨，比上年增长1.55%；销售收入878亿元，比上年增长5.79%；利润80亿元，比上年下降2.8%；利税合计125亿元，比上年增长0.58%；出口水泥374万吨，比上年增长29.99%，创汇2亿美元，比上年增长19.73%；固定资产投资93.5亿元，比上年增长13.14%。

一、结构调整持续推进

2013年，山东省最后66条立窑水泥生产线（产能681万吨）淘汰完毕，结束了水泥机立窑时代，提前两年完成国家下达的立窑生产线淘汰任务。新型干法水泥熟料产量7656万吨，比上年增长12.1%，新型干法熟料比重进一步提高到86%。截至2013年底，全省共建成投产水泥熟料生产线116条，年产能1.1亿吨，其中日产4000吨以上生产线48条，产能7329万吨，占全省总产能的67%。山水集团在山东省内拥有熟料生产线22条、熟料产能2826万吨；中联水泥在山东省内拥有新型干法水泥熟料生产线31条，熟料产能3945万吨。山水和中联两大集团熟料产能占山东新型干法水泥熟料总产能的63%，市场集中度较高。

二、节能减排工作扎实有效

2013年，随着山东水泥产业技术装备的提升和节能减排技术的推广，新型干法水泥企业吨熟料综合煤耗下降到110千克标准煤/吨，水泥窑颗粒物排放下降到30mg/m^3。规模以上熟料生产企业的脱硝装置基本安装完成，并陆续投入运行，氮氧化物排放浓度大大降低。新型干法水泥熟料生产线全部配套余热发电装置，吨熟料发电量达到32千瓦时，年发电量23亿千瓦时，相当于年节约标准煤28万吨。年内，全省水泥行业利用粉煤灰、煤矸石、化工废渣和冶炼废渣等工业固体废弃物约3200万吨，占全省工业综合利用固体废弃物总量的1/2以上。部分企业开始探索利用水泥窑炉处置城市生活垃圾、掺烧污泥等新工艺，枣庄中联水泥建成投产的城市生活污泥处理线日处理量达到50吨。2013年山东推广散装水泥首次突破亿吨大关，达到1.01亿吨，散装率达到62.28%。全年使用散装水泥折算节约标煤232万吨，减少粉尘排放101万吨，减少二氧化碳排放603万吨，减少二氧化硫排放1.97万吨，创综合经济效益45亿元。

三、行业管理工作规范展开

2013年，山东通过召开水泥质检工作会议以及做好水泥企业化验室评审考核、开展化验室主任资格证书换发等不断强化水泥质量管理。积极督促未取得化验室合格证的企业加强化验室工作，着手布置对已取证企业的监督检查。年内全省取得化验室合格证的水泥企业达到308家，数量自2006年以来逐年增加。组织制定了《山东省水泥企业化验室主任资格证书管理办法》，开展化验室主任资格证换发培训，加强全省水泥企业化验室主任管理，提高化验室主任业务素质。行业准入得以有序推进，年内新公告准入水泥企业22家31条生产线，累计44条生产线进入国家准入公告。

大事记

3月27日，山东省水泥质检工作会暨全省建材行业高技能人才表彰会在潍坊市召开。会议通报了2012年度全省水泥工业基本情况，分析了2013年水泥工业发展趋势，总结了全省水泥行业质量状况，表彰了行业高技能人才和先进单位、个人，安排部署了下一阶段的工作。

3月28日，山东省散装水泥工作会议在济宁市召开。会议总结了2012年工作，部署2013年任务，表彰先进，交流经验，不断推进全省散装水泥工作健康有序发展。

5月5日－6日，华东区第二十二次散装水泥工作联席会议在济南市召开。会议交流了发展散装水泥工作经验和保留专项资金政策的重要性和必要性，山东省建筑材料工业协会副会长胡伟到会致辞。

5月12日，山东泉兴中联水泥有限公司30亿元收购山东申丰水泥集团有限公司，枣庄水泥业界的“航母”基本成型。收购完成后，泉兴中联在枣庄的市场占有率由原来的27%提升至47%。

6月19日－21日，第五届国内外水泥粉磨新技术交流大会暨展览会在枣庄市召开。中国水泥协会原副会长、中国工程建设标准化协会建材分会会长曾学敏，山东省建筑材料工业协会会长王福江等出席会议并讲话。会议不仅是产学研结合的典范，更是水泥企业、科研院所、装备厂商进行经验交流、技术推广、产品展示、合作洽谈的良好平台。

8月10日，烟台山水水泥有限公司以6.5亿的价格并购山东栖霞市兴昊水泥有限公司。

8月29日，中国水泥行业设备管理模式创新技术交流会在青岛市召开。中国水泥协会副会长、秘书长孔祥忠，建筑材料信息中心主任、中国建筑材料工业规划研究院院长刘长发，山东省建筑材料工业协会会长王福江等领导到会并发言。

10月9日－10日，山东省水泥制品专业委员会2013年年会暨水泥制品质量检验工作会议在莱西市召开。会议总结省建材协会水泥制品专业委员会前一阶段的主要工作，分析当前行业发展情况，介绍推广行业先进产品和应用技术，安排部署下一步的工作任务。大会还邀请了中国混凝土与水泥制品协会、山东省建筑材料工业协会和省质监局的领导到会讲话。

10月18日，鲁中耐火材料有限公司“镁铁铝尖晶石砖生产基地落成及水泥生产用耐火材料成套节能环保新技术新闻发布会”在淄博市召开。基地的落成标志着我国水泥生产用耐火材料在节能环保方向迈出了坚实的一步，将全面推动我国水泥行业的绿色发展。

10月31日，山东能源淄矿集团东华水泥公司成功收购淄博瀚森水泥公司。

11月1日，山东交通水泥厂淘汰的2条立窑水泥生产线通过了省经信委组织的现场检查验收，山东省水泥行业立窑生产线时代宣告结束。

河南省

【概况】

河南省是水泥生产大省，水泥工业发展迅猛，产品结构明显改善。2013年全省水泥生产企业237家，完成产量1.68亿吨（位居全国第二），同比增长9.3%，产品销售收入673.71亿元，同比增长5.5%；利润总额58.28亿元，同比降低9.2%；企业亏损28家，企业亏损额2.19亿元，同比增长63.9%。全省水泥产量、产品销售、利润总额分别占全国8%、7%、8%。2013年水泥需求之所以能够保持9.3%的较快增长与基础设施建设和房地产表现密切相关。

1. 存在问题

截止到2013年，全省共有新型干法水泥熟料生产线80条，其中1000～2000t/d 12条、2500～3000t/d 18条、4500～5000t/d 48条、6000t/d 1条、12000t/d 1条，熟料合计设计产能9836万吨，由于技术不断进步，工人操作水平的大幅度提升，全省新型干法生产线实际产量较设计产能提高20%左右，熟料实际设计产能达可到11803万吨，而2013年全省水泥企业的实际熟料产量为7450万吨，产能利用率仅63.12为%，远低于75%的警戒线，产能严重过剩。

2. 发展方向

(1) 加快联合重组

支持同力、天瑞、中联等大型水泥企业，以技术、管理、资源、资本、品牌为纽带，实施横向产业联合、跨所有制兼并重组，壮大企业规模，提高产业集中度和资源配置效率。

(2) 限制新增产能，淘汰落后产能

要贯彻执行《国务院关于化解产业严重过剩矛盾的指导意见》（国发[2013]41号）的文件精神，加强行业管理，建立和完善落后产能退出机制，彻底淘汰落后水泥产能。停止水泥企业任何增加产量的新建、扩建和改建项目的核准备案及建设，坚决杜绝用新增来弥补被淘汰的量，走水泥行业减量化发展之路。

(3) 加强行业自律，创新发展模式

水泥企业要承担起环境社会责任，自觉履行节能减排职责，转变企业经济发展方式，创新企业发展模式。要充分发挥行业协会的桥梁纽带作用，加强行业自律，加强行业协同，走合作共赢的健康可持续发展道路。

(4) 向生态产业转型

传统水泥工业向生态化转型既是新的形势下水泥行业社会责任的体现，也是中原经济区发展的迫切要求。积极推广水泥窑协同处置技术和氮氧化物治理是水泥行业转型的关键，城市周边水泥企业要积极承担因城市发展而产生的废物处置任务，成为政府分忧解愁低碳环保型企业。

(5) 延伸产业链

受产能过剩和节能减排的双重压力，水泥企业自身的发展空间极为有限，向全产业链发展成为必然选择。

一方面，要进军石灰石矿山开采和骨料开采上游产业。省内大型水泥企业要充分发挥资金、资源、规模、技术等优势，以集约规模化开采、保护生态环境为原则，对石灰石矿山开采和骨料开采上游产业进行整合，促进行业有序健康发展。

另一方面，要进军商品混凝土和建材制品等下游产业。一般情况下，水泥－混凝土一体化的水泥混凝土企业盈利要好于单一的预拌混凝土企业。水泥制品构件化是水泥企业延伸产业链的方向，水泥产品大型构件化、集成化、模式化，可以极大提高水泥产品的附加值。管桩由于进入市场较晚，目前正处于发展上升阶段，管桩作为新型绿色环保材料，有良好的发展前景。因此，产业链向商品混凝土、水泥制品和建筑部品延伸，应成为河南水泥企业发展的共识和主要着力点。

【重点工程】

方城县宛北水泥有限公司 3200t/d 生产线点火投产

5 月 22 日，由中信重工总承包建设的方城宛北水泥公司日产 3200 吨水泥熟料生产线竣工投产。 该水泥熟料生产线从设计施工到竣工投产，中信重工通过金融服务加成套服务，仅用不到 10 个月时间建成，它集聚了中信重工核心技术、核心装备、品牌实力、项目管理和金融服务五大功能，是一个商业模式的创新。

该项目建成投产后，生产的特种水泥可满足南水北调、高铁等大型工程建设需要。

济源中联水泥有限公司 4500t/d 生产线点火投产

7 月 27 日， 济源中联水泥有限公司 4500t/d 水泥熟料生产线点火成功。该项目由合肥水泥设计研究院设计，概算静态总投资约 6.13 亿元，建成投产后，可年产水泥熟料 124 万吨，水泥 100 万吨。并配套建设装机容量 7.5 兆瓦的纯低温余热发电系统，利用窑尾余热年发电量 4536 万 kwh，每年可节约 2 万吨标准煤。

济源中联是中国联合水泥集团有限公司旗下一家国有全资子公司，公司以综合利用工业废渣，保护环境为立项宗旨；以低消耗、低排放、高效率生产为基本特征；计划建设一条利用电石渣 4500t/d 水泥熟料生产线。年处理电石渣等工业废渣约 102 万吨。主导产品 P.O 42.5 水泥，广泛应用于基础设施建设和民用建筑领域。

济源中联的建成投产，为中国联合水泥注入新的血液，刷新济源水泥熟料生产线最大日产的记录，对整合焦作地区市场具有有重要的现实意义。

安阳市湖波熟料有限公司 4500t/d 生产线点火投产

8 月 6 日，河南省湖波水泥集团安阳市湖波熟料有限公司马家乡顺利点火。

湖波集团马家熟料生产线是安阳市重点项目，也是安西循环经济集聚区重要项目。总投资 7.6 亿元。从 2012 年 6 月开始施工，经过紧张的 1 年多时间，主要基建工程全面建成。公司将以创新的思维，开放的姿态，务实的作风，进一步创新机制、科学管理、团结拼搏，乘势而上，使项目全面尽快达产达标。同时，加快配套工程建设步伐，全力推进工程进度，早日完成后续工程，努力把湖波熟料公司打造成水泥行业的标杆企业。

辉县山水水泥有限公司 4500t/d 生产线点火试生产

12 月 25 日，辉县山水水泥有限公司 4500t/d 水泥熟料生产线项目点火试生产。该项目是山水水泥在河南的第一个水泥项目，也是山水水泥进驻河南的第一站。两年来，广大工程建设者们斗严寒、战酷暑，栉风沐雨，日夜奋战，克服了重重困难，终于圆满完成了建设任务。

辉县山水水泥有限公司是山水集团的全资子公司，公司位于河南省新乡市境内的辉县市常村镇申屯村西南，占地 23.2 公顷，总投资 6.5 亿元，其 4500t/d 熟料带纯低温余热发电水泥生产线是山水集团落实“做大水泥主业”“东扩西进，南北辐射”发展战略，在河南省投资建设的首条大型新型干法水泥生产线。生产工艺采用目前最先进的新型干法窑外分解技术，煅烧设备采用 Φ4.8×70m 回转窑，窑尾采用带五级旋风预热器和山水型分解炉组成的预分解系统，并同步配套建设 7.5MW 纯低温余热发电系统，采用集散式自动化控制系统及一流的质量检测，环保设备配置先进，环保指标、生产技术指标优越，形成年产水泥熟料约 165 万吨、年产水泥 240 多万吨、年发电量达 7000 万千瓦时的新型干法水泥生产规模，可满足河南省特别是豫北地区的高速公路、南北水调、旧城改造、新型城镇化建设等对高标号水泥的需求。

【重要活动】

1、组织了 2012 年度全国水泥企业优秀总工程师评选活动

为了贯彻落实科学发展观，大力推进水泥工业“生态文明”建设，促进水泥行业的科技创新、推进企业的节能减排，实现水泥行业的永续发展。中国水泥协会开展“2012

业水泥有限责任公司的孙俊杰，河南省安阳湖波水泥有限责任公司的董安平，荣获了2012年全国水泥企业优秀总工程师称号。

2、组织推荐人力资源社会保障部、中国建筑材料联合会联合举办的全国建材行业先进集体、先进工作者和劳动模范的评选活动

全国建材行业广大干部职工坚持以马列主义毛泽东思想、邓小平理论、“三个代表”重要思想、科学发展观为指导，勇于创新，开拓进取，在加快转变发展方式、优化产业结构、节能减排、坚持科技进步、增强自主创新能力等工作中，涌现出一批先进集体和先进个人，他们为推动我国建材行业科学发展作出了突出贡献。

为表彰先进、弘扬正气，激发全国建材行业广大干部职工的积极性和创造性，推动建材行业又好又快发展，人力资源社会保障部、中国建筑材料联合会决定表彰一批先进集体、先进工作者和劳动模范。协会积极组织、推荐，最终我省河南省豫鹤同力水泥有限公司、天瑞集团郑州水泥有限公司、河南孟电集团水泥有限公司、春江集团有限公司获得了先进集体；河南同力水泥股份有限公司总经理助理任永刚等13人获得了全国建材行业劳动模范。

3、全面开展全省建材行业企业安全生产标准化咨询和组织评审工作

开展企业安全生产标准化建设是国务院和省政府加强安全生产工作的重要部署，是全面贯彻安全生产法律法规，落实企业安全生产主体责任的必然要求；是强化企业安全生产基础工作，建立安全生产长效机制的根本途径。协会通过达标方案制定、前期安全培训、各项规章制度整理落实、现场危险源排查治理等方式，先后对天瑞集团所属15家水泥企业、同力水泥所属4家水泥企业、泰隆集团所属3家企业、焦作坚固水泥有限公司、方城县宛北水泥有限责任公司、沁阳市金隅水泥有限公司、河南大地水泥有限公司的安全生产标准化达标工作进行了辅导，目前已有17家水泥企业通过了省安全监督管理局的审核验收，取得了二级安全标准化资格证书及牌匾，其他多家企业也已到了最后验收冲刺阶段。

4、联合省机械冶金建材工会开展技术革新奖评选活动

根据豫机冶建工协〔2013〕1号文件要求和《“建材行业技术革新奖”管理办法》等有关规定，全省建材企业经过认真评审、层层筛选，共申报了152个在节能降耗、减排增产、提质增效、优化管理等方面具有显著效果的技术革新项目。经河南省建材行业技术革新奖评审会评审，共有152个项目获奖，其中技术改造类一等奖18项，二等奖36项，三等奖12项；技术开发类一等奖21项，二等奖10项，三等奖3项；技艺工法类一等奖14项，二等奖17项，三等奖21项。省机械冶金建材工会、省建材工业协会联合对以上项目进行表彰并颁发证书。

5、开展了“康晖杯”河南省建材行业水泥生产巡检工、混凝土检验员职业技能竞赛活动

为推动河南建材行业技能人才队伍建设，激发广大建材行业操作人员学习技术、提高技能的积极性，促进水泥企业职工技能水平的提高和加强。协会和省机械冶金建材工会于2013年11月12日～14日在新密市联合举办了河南省建材行业水泥生产巡检工、混凝土检验员职业技能竞赛活动，共有39家企业115名选手参加了决赛。登封中联登电水泥有限公司李占立获得了水泥生产巡检工岗位职业技能竞赛第一名的好成绩，该同志拟将被授予河南省“五一”劳动奖章荣誉称号。卧龙中联水泥有限公司柴俊卿获得了水泥生产巡检工岗位职业技能竞赛第二名、郏县中联天广水泥有限公司郭少果获得了水泥生产巡检工岗位职业技能竞赛第三名，竞赛前三名选手拟将获得河南省技术能手称号。

6、继续开展职工技术培训与职业技能鉴定工作

职业技术培训及技能鉴定工作是协会的一项长期工作，培训部因地制宜，结合企业实际，及时调整全省建材行业职业技术培训计划、培训教材及培训模式，在职业技术培训及技能鉴定工作中，始终坚持专业化、专家化、实用化方式，保证质量，宁缺毋滥，严格把关。

2013年先后对天瑞集团禹州水泥有限公司、天瑞集团南召水泥有限公司、新乡平原同力水泥有限公司、洛阳黄河同力水泥有限公司、三门峡腾跃同力水泥有限公司、豫鹤同力水泥有限公司、濮阳同力水泥有限公司、驻马店豫龙同力水泥有限公司等多家单位进行了技术培训及职业技能鉴定。

大事记

5月9日、6月22日，协会召开了全省重点水泥企业节能减排工作座谈会，会议旨在构建企业与政府、企业与行业、企业与企业之间节能减排工作的合作与交流平台。天瑞集团、中联水泥河南运营管理区、同力水泥、孟电水泥、焦作千业、大地水泥、湖波水泥、登封嵩基、国投新登、登封宏昌等三十多家重点水泥企业领导每次就我省水泥工业目前遇到的新问题进行认真、热烈、坦率的发言和讨论，倡导加强企业节能减排工作宣传和员工教育，建立节能减排长效工作机制，建立健全节能减排责任制，促进节能减排工作规范化、制度化。

7月17日-19日，协会在洛阳市召开了全省水泥企业节能降耗新技术交流会暨《水泥单位产品能源消耗限额》标准宣贯会，共有160多名企业代表参加了会议。省发改委环资处董巨威主任首先解读了国家建材行业节能减排、循环经济的有关政策。河南省同力水泥股份有限公司技术专家任永刚介绍了GB 16780-2012《水泥单位产品能源消耗限额》标准起草的背景、内容、主要指标的确定方法，与上一版标准技术内容的差异，水泥企业产品能耗计算方法，新标准实施给水泥企业带来的影响和应对措施等。

9月7日，为加强与外省经验交流，协会组织省内重点水泥企业参观考察团一行20多人，到西藏高争建材股份有限公司考察。考察团一行参观了生产线、中央控制室及余热电站，企业良好的经营业绩和干净整洁的厂容厂貌给考察团留下了深刻的印象。高争建材在产量、销量和效益方面处于全区领先水平，在企业理念、技术水平和竞争力方面处于一流水准，产销同步提高，做到了创新发展、和谐发展。

11月22日，协会会长工作扩大会议在登封禅武大酒店隆重召开。天瑞水泥、中联水泥、河南同力水泥、河南孟电水泥、安阳湖波水泥、河南康辉制品、洛阳理工学院等协会会长、重点企业领导参加了会议。中国联合水泥集团水泥有限公司总经理张金栋、运营总监刘尊科应邀参加了会议。

协会常务副会长兼秘书长王爱贞就2013年1-10月份我省建材行业经济运行情况做了概括总结，并分析预测了2014年发展趋势。常务副秘书长王庆荣向各位会长总结了协会2013年1-11月的工作，向各位领导征求了2014年协会拟将开展的工作计划意见，并通报了协会第四届理事会换届事宜。与会会长、领导共同研讨了“十二五”建材行业健康发展、节能减排等热点、难点问题。

中国联合水泥集团水泥有限公司总经理张金栋、河南同力水泥股份有限公司总经理张伟、中联水泥河南省运营管理区总裁任振河、天瑞集团水泥公司总经理杨勇正等企业领导纷纷就各自企业的经营情况以及对未来行业和企业的可持续发展前景作了重要发言。与会领导一致认为：协会是政府与企业的桥梁、是企业间紧密合作的平台、是行业自律的倡导者和监督者，各大建材企业要紧密和协会联系在一起，积极响应执行国家产业政策，节能减排，淘汰落后，化解产能严重过剩，积极环保达标，使我省建材工业实现绿色、健康、持续发展。

湖北省

【概况】

2013年，湖北水泥工业规模以上企业151家，资产总额619.7亿元，水泥产能1.35亿吨，水泥熟料产能6 800万吨。共有新型干法水泥生产企业44家，新型干法水泥熟料生产线63条，产能6600万吨；其他窑型水泥生产企业10家，非新型干法水泥熟料生产线19条，产能209.6万吨；当年在产的水泥粉磨企业82家，粉磨企业水泥产能3000万吨。

【经济运行】2013年，是湖北水泥工业经济运行质量较好的一年，面临宏观经济下行压力和周边省市及长江流域复杂的行业发展环境，全行业积极应对产能过剩，坚持稳中求进、有序竞争、理性发展，在总体产能发挥不足和产量增速减缓的情况下，实现水泥产销基本平衡，经济规模保持增长，经济效益有较大提高，节能减排成效显著，主要表现为五大特点：

1. 经济增长较快。全年水泥工业共实现产品销售收入570.52亿元，比上年增长16.3%，超过全国水泥工业平均增长率7.7个百分点。自2010年以来，湖北水泥工业销售收入持续增长，其中2011年增速达到峰值，年增长47.96%；2012年增速有较大幅度回落，减至4.33%；2013年恢复增长势头，增速提高到16.3%。

2010-2013年湖北省水泥工业产品销售收入增长趋势图（增长率%）

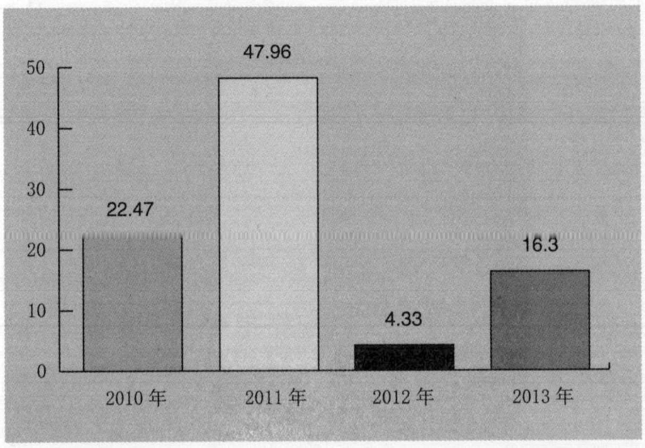

湖北水泥工业恢复较高增速主要有两方面因素：一是工业化、城镇化进程加快，全省房地产开发和基础建设规模宏大，拉动了建材市场需求。湖北省全年共完成房地产业投资4707.83亿元，同比增长31.7%；公共设施及水利、环境投资1853.06亿元，同比增长37.1%；交通运输及仓储等投资1733.95亿元，同比增长32.8%，并分别超过全国投资增速11.9、10.2、15.6个百分点。二是混凝土与水泥制品、墙材等产业链下游行业增势强劲，其中混凝土与水泥制品行业实现销售收入391.63亿元，同比增长35%，净增101亿元；墙材行业实现销售收入360.75亿元，同比增长30.6%，净增84亿元；仅全省商品混凝土企业年水泥用量就达到1763万吨，同比增长11.17%。

2. 产量增速减缓。湖北水泥总产量11054万吨，居全国第10位；同比增长5.22%，低于全国水泥产量增长率3.94个百分点，增速创近10年新低。全省水泥熟料产量6144万吨，居全国第7位，同比增长3.16%；低于全国水泥熟料产量增长率1.34个百分点。自2009年国务院以国发〔2009〕38号文批转了国家发展改革委等十部门《关于抑制部分行业产能过剩和重复建设引导产业健康发展若干意见的通知》后，湖北省政府工业主管部门及水泥行业努力抑制水泥产能过快增长，通过推进兼并重组、淘汰落后产能、清理水泥粉磨站以及实施差别电价等多项举措，使水泥产量增长率由高于全国增长速度转为低于全国增长速度。2013年《国务院关于化解产能严重过剩矛盾的指导意见》(国发〔2013〕41号）文件发布后，全省水泥行业进一步加大了产业结构调整力度，严格控制新增产能苗头。2010年以来，湖北水泥产量增长率年平均降幅7.57个百分点。

2010—2013年湖北省水泥产量增长率与全国水泥产量增长率对比图

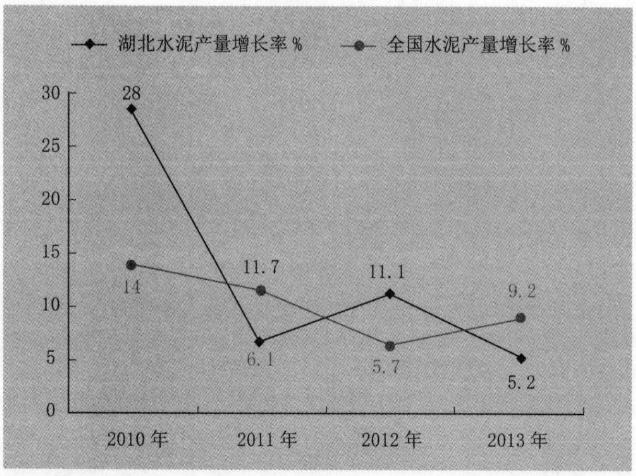

由于受季节、天气、建筑施工开工率等因素影响，湖北水泥月产量低谷出现在2月份，为417万吨；峰值出现在10月份，为1081万吨；水泥平均月产量为921万吨。

新型干法水泥生产线比例进一步提高。当年全省关停6条机立窑生产线和5套水泥粉磨生产线，共淘汰落后水泥产能134万吨；机立窑水泥熟料全年产量已不足百万吨，新型干法水泥熟料产量占水泥熟料总产量的98.6%。

水泥产业集中度稳步提高。大型水泥企业集团通过不断兼并重组，及向上下游延伸水泥产业链，扩大了水泥生产能力和市场占有率。2013年，华新水泥、葛洲坝水泥、亚东水泥3家大型企业集团水泥熟料产量已占全省水泥熟料总产量的73%。

2013年湖北重点水泥企业水泥熟料产量占全省比重

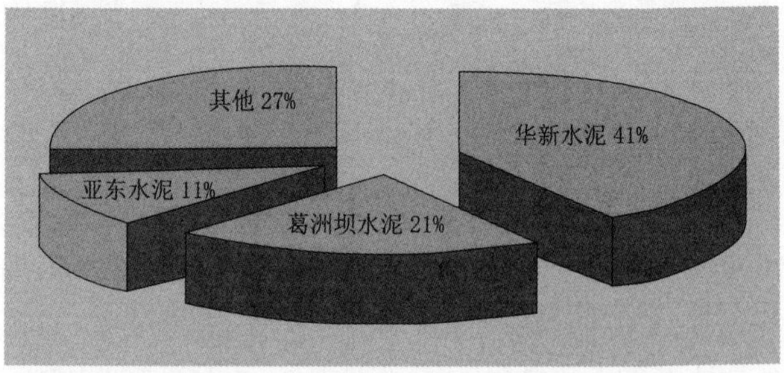

全年散装水泥供应量6241万吨，占全省水泥总产量的56.45%，同比增长9.82%。

3. 效益大幅提升。湖北水泥工业通过节能减排、抑制过剩产能和淘汰落后，克服长江流域水泥市场竞争激烈、周边省份水泥熟料低价倾销、及水泥价格不断走低的不利因素，紧紧把握住“金九银十”水泥旺销的有利时机，使水泥工业经济效益明显好于往年。全年共实现销售收入570.52亿元，增长16.3%；实现利润49.11亿元，增长38.6%；年终存货28.57亿元，低于上年3.52亿元。全省水泥价格变化基本沿袭多年形成的U形走势，即年初开始下降、年中跌入谷底、9月开始拉升、年底在高位运行。其中，以鄂州为代表的鄂东地区水泥价格震幅较大，32.5强度普通硅酸盐水泥最低价出现在6月，平均出厂价220元/吨；最高价出现在12月，平均出厂价360元，吨价差140元。以荆门为代表的鄂西地区水泥价格走势相对平稳，32.5强度普通硅酸盐水泥最低价出现在7月，平均出厂价330元/吨；最高价出现在12月，平均出厂价361元/吨，吨价差31元。

2013年湖北省鄂州市水泥价格走势图

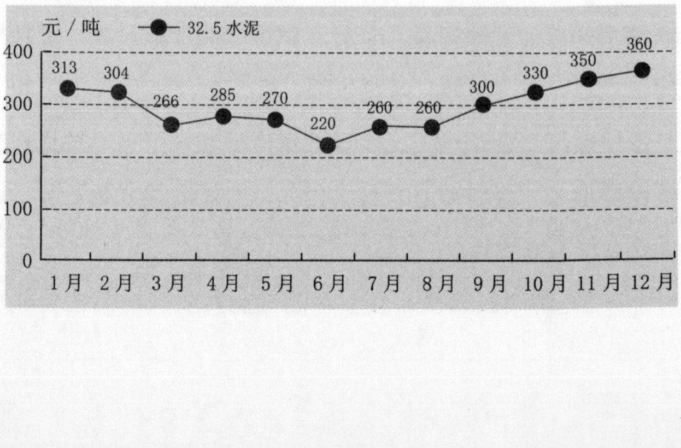

湖北水泥工业从两方面降低了生产成本，也是效益提升的重要因素。一是4000t/d及以上大型干法窑运转率较高，2000t/d及以下中小型干法窑运转率较低，使水泥单位生产成本降低；二是水泥企业煤碳采购平均成本低于上年。正如华新水泥2013年业绩预增公告所说，“2013 年公司经营效益增幅在 105—125%，主要得益于：（1）坚持维持较高设备运转率的生产方针，同时，通过实施渠道变革、提高直销比例等措施，实现了水泥产品产销量增幅 20%以上。（2）切实降低采购、物流、工厂维修成本和生产消耗，公司产品成本同比显著下降。”

2010-2013年湖北省水泥工业利润增长趋势图（亿元）

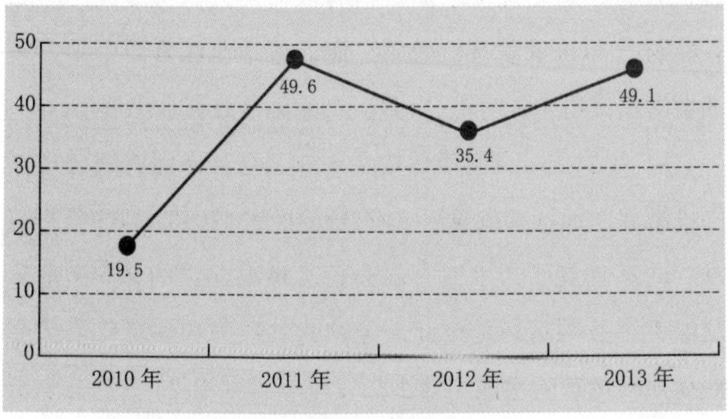

4. 节能减排成果显著。一是大面积普及了新型干法水泥窑余热发电，全省已运营的水泥窑余热发电机组57台（套），总装机358MW，年余热发电量21.5亿千瓦时，相当于年节约标煤85万吨。二是全省水泥工业大量利用煤矸石、工业废料、生物质废料等替代燃料，降低了能源消耗。有59家水泥企业被省发改委认定为资源综合利用企业。三是为降低氮氧化物排放量，水泥企业大力推进脱硝项目。目前，全省已有武汉亚鑫、阳新娲石等20条生产线完成脱硝设施建设。四是华新水泥水泥窑协同处置城市生活垃圾进一步得到各级政府支持和推广，截止2013年底，华新水泥已投入运营及在建拟建水泥窑协同生态处置项目32个，全部建成后，可年处置生活垃圾350万吨、市政污泥55万吨、三峡漂浮物20万立方、污染土20万吨、危险废物5万吨；可节约原煤30万吨，并可减少二氧化碳排放量500万吨。

5. 投资总额持续降低。湖北水泥工业全年完成投资34.21亿元，同比-34.39%；水泥工业投资占全省建材工业投资比重逐年走低，由2011年的9.24%、2012年的8.06%降至2013年的4.41%。水泥工业全年无新增扩能项目，主要投资方向有葛洲坝荆门水泥厂异地技改工程；华新襄阳公司氮氧化物减排工程及葛洲坝当阳等分公司脱硝项目；华新水泥水泥窑协同处置城市生活垃圾、市政污泥项目等，湖北水泥工业投资方向已由扩大产能为主转变为节能环保和资源综合利用为主。

【兼并重组】1月23日，华新水泥股份有限公司发布公告，以4.2亿元的总价收购湖北华祥水泥有限公司70%的股权；以1亿元的总价收购湖北华祥水泥鄂州有限公司70%的股权。

【科技创新】2013年12月13日，《湖北省人民政府关于2013年度科学技术奖励的决定》（鄂政发〔2013〕59号）发布，由华新水泥股份有限公司、武汉理工大学共同完成的“水泥窑协同处置市政垃圾综合利用技术”；由武汉大学、武汉理工大学共同完成的“磷酸钙复合骨水泥研制及在牙根管充填根尖周骨缺损修复的研究”分获湖北省科技进步三等奖。

【行业劳模】4月23日，全国总工会发布2013年全国五一劳动奖状、奖章和全国工人先锋号评选结果，湖北省崇阳县昌华实业有限公司会计师龙天华荣获全国五一劳动奖章；葛洲坝嘉鱼水泥有限公司烧成车间预热器班荣获全国工人先锋号。4月26日，湖北省总工会发布《关于表彰湖北五一劳动奖状、湖北五一劳动奖章和 湖北省工人先锋号的决定》，华新水泥（襄阳）有限公司、葛洲坝当阳水泥有限公司、湖北京兰水泥集团有限公司、恩施州腾龙水泥有限责任公司等4家水泥企业荣获 湖北五一劳动奖状；华新水泥（宜昌）有限公司采石车间/铲运班、华新水泥（秭归）有限公司质量控制部化验室荣获湖北省工人先锋号。8月20日，人力资源社会保障部、中国建筑材料联合会发布《关于表彰全国建材行业先进集体先进工作者和劳动模范的决定》（人社部发〔2013〕56号），华新水泥股份有限公司、大冶尖峰水泥有限公司制成车间、葛洲坝荆门水泥有限公司中央控制室荣获全国建材行业先进集体；华新水泥（阳新）有限公司生产经理江大才、葛洲坝老河口水泥有限公司工人彭明亮荣获全国建材行业劳动模范。

大事记

2月28日 《省人民政府办公厅关于印发湖北省碳排放权交易试点工作实施方案的通知》（鄂政办发〔2013〕9号）发布，明确提出要充分发挥市场机制对资源配置的基础性作用，逐步建立要素明晰、制度健全、交易规范、监管严格的区域性碳排放权交易市场体系。

3月13日 湖北省水泥工业协会及部分水泥企业收到《国家发展和改革委员会调查通知书》（价监通〔2013〕55号），要求按照《中华人民共和国反垄断法》等法律的有关规定，如实提供有关材料、信息。

3月15日 湖北省环境保护厅印发《关于推进水泥行业氮氧化物污染减排工作的通知》（鄂环办〔2013〕71号），并附《4000吨/日以上水泥熟料生产线烟气脱硝设施完成时限表》，全省 28 条 4000 吨 / 日及以上水泥熟料生产线已全部实施脱硝工程建设，其中 17 条生产线已于年底前完工。

6 月 26 日 世界品牌实验室在北京发布 2013 年（第十届）《中国 500 最具价值品牌排行榜》，华新水泥以 152.96 亿元人民币的品牌价值首次荣登“中国 500 最具价值品牌”榜单，位居 118 位。

7 月 4 日 《湖北省人民政府关于加快推进冶金等四个优势传统产业调整改造转型升级的意见》（鄂政发〔2013〕29 号）发布，并附《加快全省建材工业调整改造升级行动方案》，明确提出 2013—2017 年湖北建材工业发展的总体要求、行动目标、主要任务、保障措施。

8 月 26 日 湖北省水泥工业协会与武汉市混凝土协会召集华新、亚东、娲石等水泥企业负责人及区域销售总监与中建商混、武汉海剑、广厦地产、武汉明华、武汉鑫正等商品混凝土企业负责人座谈。就“加强行业自律，规范武汉区域市场，建立水泥与商混产销对接的良好环境，提高水泥产业链经济效益等共同关心的议题”广泛交换意见。

8 月 29 日 华新水泥股份有限公司第一个海外投资项目——华新亚湾水泥有限公司在塔吉克斯坦哈特隆州亚湾市隆重举行水泥面市庆典仪式。塔吉克斯坦总统拉赫蒙、中国驻塔大使范先荣、华新水泥总裁李叶青及来自塔吉克斯塔的知名人士和政府官员等 500 余人出席了庆典仪式。华新亚湾水泥有限公司由中塔合资建设，总投资 1 亿美元，年水泥产能 100 万吨。

8 月 29 日 湖北省经济和信息化委员会党组印发《关于李燕萍等同志任职的通知》（鄂经信发〔2013〕69 号），“经省委组织部审核同意：李燕萍同志任湖北省建材行业协会秘书处秘书长”。（根据鄂编办发〔2009〕58 号文，湖北省建材行业协会秘书处按事业单位登记管理，由省经济和信息化委员会代管。）

9 月 3 日 华新水泥生活垃圾预处理工厂武汉陈家冲项目正式投产，该项目由华新水泥投资 1.5 亿元建设，生活垃圾日处理能力 1000 吨，约占武汉市生活垃圾的七分之一。

9 月 24 日 湖北省散装水泥办公室召开职工大会，湖北省住房和城乡建设厅党组在会上宣布：石中林任湖北省散装水泥办公室主任、党支部书记；原主任、党支部书记赵建平退休。

10 月 31 日 2013 年“格雷斯”杯第 14 次全国水泥品质指标检验大对比获奖单位名单发布，华新水泥（阳新）有限公司、湖北钟厦水泥股份有限公司分获特等奖；湖北省建材产品质量监督检验站、湖北亚东水泥有限公司、葛洲坝汉川汉电水泥有限公司等 17 家企业分获全优单位。

11 月 21 日 《省经信委关于宜昌弘洋水泥有限公司发电机组并网运行的批复》（鄂经信电力〔2013〕385 号）印发，同意宜昌弘洋水泥有限公司经核准建设的 2.5MW 余热发电机组并网运行。至此，经湖北省经济和信息化委员会批复并网运行的水泥企业余热发电项目共有 26 个，总装机规模 237.1MW。

11 月 28 日 受省经信委委托，由省水泥工业协会主持的湖北省水泥工业节能工作会暨《水泥单位产品能源消耗限制》新标准宣贯会在武汉召开。

12 月 31 日 湖北省淘汰落后产能工作领导小组办公室发布《湖北省 2013 年淘汰落后产能检查验收公告》，湖北荆工水泥股份有限公司、湖北省京山新生水泥厂、天门五华建材有限公司等 3 家水泥企业共淘汰机立窑生产线 6 条、水泥粉磨机组 5 台（套），共淘汰落后水泥产能 134 万吨。

湖南省

【概况】

2013 年 3 月 13 日，国家发改委到湖南省水泥协会、常德重点水泥企业进行反垄断调查。湖南省水泥协会积极应对国家发改委反垄断调查，向国家发改委价格监督检查小组和反垄断局汇报了我省水泥协会在开展“节能减排、有序用电”活动中开展的工作，根据国家《反垄断》法省水泥协会自查、自纠情况汇报，反映了省水泥协会在全省水泥产能严重过剩情况下开展的“节能减排、有序用电”工作情况，得到了上级有关部门的理解和支持。

2013 年 6 月 6 ～ 8 日中国建筑材料联合会会长、中国水泥协会会长乔龙德一行在湖南考察调研时，了解到湖南省水泥行业经济运行下滑状况，召开了湖南省水泥协会会长和副会长单位代表座谈会。座谈会上乔龙德着重阐述了在当前产能严重过剩的形势下，水泥行业、水泥企业应有的作为与举措，并发表《竞争和协调都是手段 '行业发展进步才是目的》的文章。

2013 年 9 月 16 日，湖南首个生活固废生态处置项目——华新株洲生态环境工程及协同窑处理城市垃圾一体化项目建成投产。该项目是华新在湖南省建设的首个生态环保项目，分为生活垃圾预处理和水泥窑协同处置两大部分，总投资9700万元，垃圾日处理能力达450吨，每年可处置生活垃圾16万吨，节约原煤近2万吨，具有良好的环境、社会和经济效益。

2013年11月7～9日在中国水泥协会的指导下，湖南、广东、海南、四川、广西、福建、江西、贵州、云南、重庆等十个省市水泥协会、在长沙成功举办了第四届泛珠三角水泥峰会。广东、海南、四川、广西、福建、江西、贵州、云南、重庆、湖南等十个省市水泥协会和重点企业的代表150多人参加了会议。会议以责任、自律、合作、共进为主题，以转变发展方式，加快结构调整、提高企业经济效益，强化区域合作为行业发展的主旋律，交流泛珠三角区域水泥企业发展情况，开展区域内各企业间的合作。中国水泥协会副会长、秘书长孔祥忠同志作了题为“学习《国务院关于化解产能严重过剩矛盾的指导意见》文件的思考”主题发言，省经信委副主任刘平凡同志到会并作重要讲话，省水泥协会作主题演讲。

2013年，全省水泥产量11264.7万吨，同比增长9.2%，水泥熟料产量5819.6万吨，同比增长4.9%，新型干法熟料产量5006.5万吨，同比增长10.1%；新型干法水泥熟料产量占全部水泥熟料产量的比例为86%，同比增加4个百分点，仍与全国平均水平相比差1.7个百分点，但差距在逐年缩小。2013年全省水泥行业实现主营业收入343亿元，利税总额56亿元，利润总额33.6亿元。2013年全省水泥工业完成固定资产投资80.8亿元，同比略有下降，截止2013年年底，全省已投产新型干法水泥生产线 66条，新型干法熟料产能达到8251万吨，折合水泥产能约1.16亿吨。

2013年全省共完成散装水泥供应量6431.13万吨，全国排名由第10位上升至第9位；与上年同期相比增长1014万吨（全国排名第4位），增速为18.72%，高于全国增速4.53个百分点；水泥散装率为57.09%，全国排名由第16位上升至第11位，同比提高5.23个百分点（全国排名第5位）。

2013年我省已建成5条普通干混砂浆生产线，年产能130万吨，另有8条生产线在建或即将投产。2013年全省共推广应用预拌砂浆69.1万吨（含湿拌砂浆）。

2013年全省预拌混凝土持续发展，全年新增规模预拌混凝土生产企业87家，总数达386家；年搅拌生产能力为21222万立方米，同比增加5077万立方米；2013年实际生产预拌混凝土6087万立方米，同比增加1054万立方米，增速达20.96%。

2013年全省新增散装水泥发放库26座，中转库6座，固定接收库20座，新增散装水泥专用汽车203辆，流动罐653个，混凝土搅拌车514辆，混凝土泵车112辆，干混砂浆运输车4辆，干混砂浆移动筒仓30个，全省拥有散装水泥铁路专用车辆633节，年综合发散能力达8000万吨。

2013年湖南省水泥协会为了遏制水泥行业产能过剩、经济效益严重下滑局势，下大气力组织开展了多种形式的协调和行业自律工作。每月召开水泥协会会长会议，协调大企业间的矛盾和问题。组织郴州、常德、衡阳、永州、长株潭等区域重点水泥企业和与广东、贵州、广西等跨省际座谈会，针对水泥市场需求变化研究对策，提出产能控制实施方案，并对实施情况组织检查和监督，较好地维护了全省水泥价格稳定，2013年全省水泥行业实现利润总额仅次于2011年创下了历史第二个高水平。

广东省

【概况】

（一）生产规模

到2013年12月底止，全省共有水泥生产企业179家（含粉磨站），水泥生产能力约15000万吨；目前，全省共有全省共有水泥熟料生产企业74家，熟料生产能力8144万吨。其中，新型干法水泥生产企业42家，64条生产线，熟料生产能力7640万吨，占熟料总生产能力的93.81%；立窑生产企业23家，熟料生产能力405万吨，占4.98 %。水泥粉磨站105家，水泥粉磨设计能力9350万吨。

（二）实际产量

1. 水泥熟料

2013年广东省水泥熟料产量为7099万吨，居全国第六位。其中新型干法水泥熟料的实际产量6363万吨，占全省熟料总产量的89.63%。

2. 水泥产量

2013年，水泥产量为13395万吨，居全国第五位。

（三）水泥销售

2013年广东水泥消费量约为14300-14500万吨。其中：

广东本省熟料生产的水泥约 11100 万吨；省外熟料在广东磨制水泥约 1950 万吨；省外直接输入水泥量约 1300-1400 万吨。外地水泥主要来源于广西和福建。

（四）落后水泥产能基本淘汰。

2013 年共淘汰落后水泥熟料生产能力约 1547 万吨。

（五）经济效益

2013 年，广东水泥主营业务收入为 474.3 元，增长率为 20.0%，主营业务利润和利润总额分别为 72.33 亿元和 40.46 亿元，比去年同期增加 30.8% 和 58.1%。

（六）水泥企业兼并重组。华润水泥控股与广东清远广英水泥有限公司签署战略合作框架协议。

大事记

1 月 11 日，广东省水泥行业协会在四会召开五届理事会四次会长办公会议。省经信委孙鮀生副巡视员、省经信委原材料处梁荣英调研员出席了会议并作重要讲话。协会正（副）会长、监事、正（副）秘书长和有关代表 35 人参加了会议。会议通过了 2012 年协会工作总结和 2013 年协会工作计划、2012 年财务报告及 2013 年财务预算草案、协会第六届理事会换届工作方案和《章程》修改方案等事项。

2 月 7 日，广东省人民政府办公厅关于印发广东省企业投资管理体制改革方案的通知（粤府办〔2013〕5 号）明确水泥项目按照全省水泥行业发展规划以及国家分配给我省新上水泥项目规模，确定区域项目布局及建设总量。新建水泥项目必须与能源消费等量置换、淘汰落后产能以及碳排放权交易等相结合，通过公开招标确定新建水泥项目业主。

2013 年 3 月 4 日广东省人民政府办公厅关于印发广东省企业投资项目管理分类改革目录（暂行）的通知（粤府办〔2013〕6 号）规定除禁止类项目外，在获得国家分配给我省新上水泥项目规模的情况下，采用竞争性配置，由省政府投资主管部门核准项目竞争性配置方案。

3 月 12 日，青洲水泥（云浮）有限公司日产 4500 吨熟料水泥生产线投产。

5 月 7 日协会在广州举办了《水泥单位产品能源消耗限额》（GB16780 － 2012）标准宣贯培训会，全省水泥企业、粉磨站的领导和节能技术负责人近 150 人参加会议。

5 月 7 日协会在广州举办了能源管理体系建设及认证培训班。

5 月 8 日，协会在广州举办了广东省水泥行业循环经济技术研讨会。全省水泥企业、粉磨站的节能技术负责人约 140 人参加会议。

5 月 8 日，协会在广州举办了广东水泥行业降氮脱硝培训会，省环保厅黄惠副处长介绍了全省水泥脱硝专项核查的基本情况，指出了需要注意的问题。李亦群科长结合工作办理程序和审核相关材料过程中审核发现的问题，介绍了水泥降氮脱硝专项核查要注意的有关问题。省环保厅应急办肖文博士在会上介绍了环境应急预案管理的相关法规和环境应急预案编制工作。

5 月 24 日广东省经信委确定水泥、玻璃、造纸等 3 个行业作为我省 2013 年能效对标试点行业。

8 月 20 日我会被国家人力资源和社会保障部、中国建材联合会被授予“全国建材行业先进集体”荣誉称号。

8 月 20 日组织华润水泥、广州越堡等会员单位的代表及协会秘书处人员共 27 人赴安徽铜陵海螺公司实地考察学习。该公司在利用水泥窑协同处置城市垃圾，进一步提高能源资源利用率，努力推进水泥窑无害化、减量化、资源化协同处置各类废弃物，履行建设资源节约型和环境友好型社会的责任，给我省水泥企业代表留下深刻印象。

8 月 21 日，协会组织惠州光大、中材天山等会员单位的代表 15 人赴合肥水泥研究设计院考察学习，了解行业节能和循环经济技术和装备的新进展。

9 月 8 日广东省水泥行业协会在东莞召开五届四次暨六届一次会员代表大会。会议对五届理事会期间协会工作进行总结，对表现突出的会员单位和个人进行表彰，选举产生了以华润水泥控股有限公司为会长单位、潘永红总经理为会长的协会新的一届理事会，选举产生了监事，聘任协会秘书长、副秘书长，表决通过了《广东省水泥行业协会章程》等。

10 月 29 日，协会在清远佛冈组织召开了“广东省水泥行业 2013 年能效对标阶段工作暨水泥对标管理平台实操培训会议”。 为方便企业对标，协会与广州接点企业管理咨询有限公司合作，利用网站平台开发广东省水泥行业对标管理平台，主要功能包括能效对标、基础数据、初始管理三个模块和主界面。全省 32 家重点水泥企业能源管理负责人和统计员 50 人参加了培训。

11 月 7 日下午，我会组织华润水泥、台泥、海螺、中材亨达、惠州光大、广州越德、罗浮山水泥、广州石井、广信青州等企业的 13 位代表赴湖南省，与湖南省水泥协会领导和会员单位的代表进行交流座谈，学习湖南省水泥协会在区域水泥市场的合作与自律的经验和做法，并就密切湘粤两省水泥市场的合作与共赢达成共识。中国水泥协会副会长兼秘书长孔祥忠、副秘书长张建新、范永斌主任和数字水泥网总裁陈柏林一行等应邀到会指导。

11 月 8 日，每两年举办一次的泛珠三角水泥峰会在长沙隆重召开，本届峰会的主题是：责任 自律 合作 共进。来自泛珠三角地区的省市行业主管部门领导、水泥（建材）

协会领导、水泥企业代表、设备服务厂商和相关媒体等单位共150多位代表参加了会议。我会李黎常务副会长、许日昌秘书长率华润水泥控股有限公司等15个单位的22位代表出席了会议。

11月12日我会被中国建材联合会评为年度建材统计工作先进集体。

12月6日，协会在湛江举办全省水泥行业循环经济技术培训会。来自全省水泥企业从事节能和循环经济工作负责人和技术人员等220多人参加了培训会。

12月6日，协会在湛江举办全省水泥企业化验室主任继续教育培训会。来自全省水泥企业化验室主任195人参加了培训。

12月5-6日，与广东省预拌混凝土行业协会、广东省硅酸盐学会水泥与混凝土专业委员会、广东省水泥技术情报网、广东省土木建筑学会建材专业委员会和广州市建材行业协会在湛江共同主办“2013，广东省水泥与混凝土行业联合年会”。会上请国内知名专家、教授作《助磨剂作用效果的评价方法》、《水泥熟料和辅助性胶凝材料优化匹配理论和技术》、《砂石品质对混凝土性能的影响》、《我国混凝土产业可持续发展的基本问题》、《浅析机制砂在预拌混凝土中的应用》、《预拌干混砂浆生产和使用探索》、《超缓凝预拌湿混砂浆及其改性要求》等的报告，内容丰富，技术性强。来自省内外从事水泥和预拌混凝土（砂浆）生产、流通、科研、教学、服务机构的领导和技术人员约380人出席了会议。

12月10日华新水泥（恩平）有限公司日产4000吨熟料水泥生产线投产。

12月31日河源市金杰环保建材有限公司日产4500吨水泥熟料生产线投产。

水泥工业统计资料

（一）2013年度华润水泥投资有限公司（金羊牌）、惠州市罗浮山水泥集团有限公司（罗浮山牌）和惠州市宝湖建材制造有限公司（红荔牌）被认定为广东省著名商标称号。广州市珠江水泥有限公司YUEXIU、广州石井水泥公司石井、英德市英马水泥有限公司英马、韶关昌山水泥厂有限公司的粤海牌等商标得到延续广东省著名商标称号。

（二）2013年塔牌、粤秀、石井、罗浮山牌、英洲牌、固力、骏马牌、中材牌、润丰水泥、皇馬等产品荣获广东省名牌产品称号。

（三）广州石井水泥公司“搅拌除尘防离析干混砂浆散装筒仓关键制造技术”和“将矿渣与熟料分开粉磨再计量混合复配核废料封存专用水泥”获2013年度“晶牛微晶杯”全国建材行业技术革新奖技术开发类三等奖；广州石井德庆水泥厂有限公司“水泥熟料烧成系统节能技改”获2013年度“晶牛微晶杯”全国建材行业技术革新奖技艺工法类三等奖。

（四）广州越德的赵思源董事长、湛江海螺的方清副总经理、广州石井的蔡明家主任获得了“全国建材行业劳动模范”荣誉称号。

目前，广东省水泥行业主管部门为广东省经济和信息化委员会产业发展处

联系人：梁荣英 调研员

联系地址：广州市吉祥路100号，邮编：510030，

电话：020-83133292，传真：020-83135886。

海南省

【概况】

2013年，海南省主要水泥生产企业有海南华盛天涯水泥有限公司、华润水泥（昌江）有限公司、海南昌江鸿启实业有限公司叉河水泥分公司。2013年全省生产水泥1988万吨。

【重要事件】

2013年3月26日，海南省9条新型干法水泥熟料生产线被列入工信部2013年第16号公告。

2013年8月，海南华盛天涯水泥有限公司成功并购海南金路水泥集团有限公司。

【海南华盛天涯水泥有限公司】2013年，华盛水泥拥有5条新型干法水泥熟料生产线及配套粉磨站，水泥产能达到1100万吨/年，是海南省最大的水泥生产企业。

【华润水泥（昌江）有限公司】华润水泥（昌江）有限公司的前身为国投海南水泥有限公司。2013年，华润水泥（昌江）有限公司有3条新型干法水泥熟料生产线及配套设施，水泥产能达到400万吨/年，是海南省第二大的水泥生产企业。

【海南昌江鸿启实业有限公司叉河水泥分公司】2013年，海南昌江鸿启实业有限公司叉河水泥分公司有2条新型干法水泥熟料生产线及配套粉磨站，水泥产能达到200万吨/年，是海南省第三大的水泥生产企业。

广西壮族自治区

【概况】

一、2013年广西水泥工业运行情况

1、2013年1-12月全区主要经济指标数据

（来源于广西区统计信息网）

指标	总量（亿元）	增速（%）
广西生产总值	14378.00	10.2
第一产业	2343.57	4.3
第二产业	6863.04	11.9
第三产业	5171.39	10.2
财政收入	2000.51	10.5
规模以上工业增加值	-	12.9
固定资产投资	11383.93	21.8
社会消费品零售总额	5083.08	13.6
外贸进出口总额（亿美元）	328.37	11.4
城镇居民人均可支配收入（元）	23305	9.7
农民人均纯收入（元）	6791	13.0
居民消费价格指数（上年=100）	102.2	2.2

2、水泥产量

2013年全区生产水泥10707.48万吨，增长9.5%；（区统计局数据）

2013年全区水泥产量

月份	产量	同比%	累计	同比%
1	776.33	82	776.33	82
2	471.28	11.4	1247.61	47.3
3	850.91	13	2130.25	28.9
4	847.00	8.7	2977.33	20.8
5	925.52	11.5	3904.78	18.6
6	956.34	12	4861.12	17.4
7	902.68	14.3	5763.80	16.9
8	864.76	7.5	6624.75	15.5
9	928.26	1.6	7552.97	13.4
10	1072.81	6.9	8664.55	13.2
11	1079.91	10.1	9702.21	12.3
12	1126.69	-2.3	10707.48	9.5

3、2014年行检数据

水泥：2013年全区水泥总产量8883.07万吨。其中32家旋窑企业产量7493.07万吨，39家中小企业（含立窑企业及粉磨站）产量740+650=1390万吨，（加650是考虑到本次有50家中小企业未按规定上报产量， 按平均每家企业13万吨/年计，故增加650万吨。），总产量与上年相比有较大的提高。其中旋窑水泥产量8410.47万吨（含买旋窑熟料粉磨的企业产量917.40万吨），比上年增长17%，占2013年水泥总产量的94.67%（旋窑水泥产量占水泥总量比例再创新高）；比例比上年提高1.70%，立窑水泥产量472.60万吨，比上年下降9%，占2013年水泥总产量的5.30%。

水泥区外销量1471.67万吨，（水泥区外销量协会认为有些企业填报不完整，估计外销可达2000万吨左右）。出口销量6.84万吨。

熟料：2013年全区熟料总产量7704.8万吨，比上年增加4.42%，其中旋窑熟料产量7587万吨，比上年增加8.8%，占2013年熟料总产量的98.48%；立窑熟料产量367.8万吨（其中加190万吨是考虑到本次有20家中小企业未按规定上报熟料产量， 按平均每家企业9.5万吨/年计，故增加190万吨。），比上年下降9.1%，占2013年熟料总产量的4.62%。

出厂水泥质量

随着新型干法水泥生产线的投产和立窑水泥生产新技术的不断推广和应用，我区出厂水泥质量保持稳定提高。企业抓管理、重质量，按照《水泥企业质量管理规程》及GB175－2007要求，严格控制水泥的各项质量指标，从而确保了出厂水泥的实物质量。2012年，全区出厂水泥质量合格率和28天抗压强度合格率均达到了100%；强度等级42.5以上高标号水泥产量为5052.11万吨，占全年出厂水泥总量的56.87%。

能源消耗及废料综合利用

水泥企业是能源消耗大户之一，国家提出“节能减排”的工作要求，使我区水泥企业，尤其是立窑水泥企业面临着较为严峻的形势。面对这种情况，我区水泥企业采取了设备技术改造和掺入外加剂等应对措施来提高产量、质量和降低能耗，并取得了一定成效。今年的能耗统计，要求按照GB16780－2012标准统计，从统计结果看， 2013年，全区水泥四巨头企业能耗较低，达到GB16780－2012标准先进值．立窑企业平均也达到限定值，具体见下表

序号	集团名称	可比熟料综合煤耗 kgce/t	可比水泥综合电耗 kwh/t	可比熟料综合能耗 kgce/t,	可比水泥综合能耗 kgce/t。
1	华润水泥广西区域	93.55	68.7	106.67	79.63
2	海螺水泥广西区域	97.03	81.93	103.91	85.67
3	台泥（贵港）水泥有限公司	95.84	84.42	102.60	89.15
4	立窑企业平均	111.17	78	117	90
5	GB16780-2012 能耗先进值	≤ 103	≤ 85	≤ 110	≤ 88
6	GB16780-2012 能耗限定值	≤ 112	≤ 90	≤ 120	≤ 98

在工业废料综合利用方面，我区水泥企业严格按国家政策和标准要求，在保证产品质量的前提下，合理利用工业废料，全年共计使用各种废料 1470.25 万吨，占全年水泥掺量的 16.55%。用量比上年增加 398.81 万吨，比例比上年提高了 1.55%。极大缓解了我区工业废料排放带来的压力，为社会环境治理做出了应有的贡献。

经营状况

2013 年，全区水泥企业总体实现销售收入 238.2540 亿元，比上年提高 9.22%；利润总额 40.769236 亿元，比上年提高 71.23%；利税总额 52.9688 亿元，比上年提高 92.05%，各项指标均比上年明显提高。这主要得益于广西加快了基础建设的步伐（固定资产投资比上年同比增长 21.8%），使水泥需求量有一个快速的增长。从检查结果看，各市之间、各企业之间还存在着较大的差异，大型旋窑企业（4000-6000t/d）普遍经营情况良好，利润高。而小型旋窑企业（2500t/d 以下）及中小企业（含立窑企业及粉磨站）经营状况较差，利润滑较少，甚至还有亏损的现象，如全区中小企业中有 5 个市（南宁市、崇左市、桂林市、河池市、百色市、）亏损，亏损总额－ 2766.95 万元。全区上报材料 71 家企业，有 17 家企业亏损，总亏损－ 10971.72 万元。

二、新型干法水泥新增产能

2013 年新增新型干法水泥生产线仅一条，即广西马山集新实业有限公司的 2500t/d 的水泥熟料生产线。

三、新型干法水泥产量

新型干法水泥产量由 2006 年 1723 万吨 / 年增至 8410.47 万吨 / 年，占水泥总产量由 53.06% 增至 94.67%。

四、新型干法水泥在建产能

在建新型干法生产线 4 条，产能 800 万吨 / 年 .

五、落后水泥产能淘汰情况

2013 年，我区淘汰落后水泥生产能力达到 450 万吨。

六、［2013 年广西水泥行业大事记］

★ 2013 年度广西企业 100 强名单（其中如下水泥企业名列榜中）

2013 年度广西企业 100 强名单

排名	企业名称	营业收入（万元）
56	华润水泥（平南）有限公司	243051
63	台泥（贵港）水泥有限公司	188137
77	广西登高集团有限公司	151670
85	广西鱼峰水泥股份有限公司	127864
100	北流海螺水泥有限责任公司	103144

★ 2013 年 2 月

广西马山集新实业有限公司的 2500t/d 的水泥熟料生产线投产。

★ 2013 年 11 月

广西水泥协会会长韦亮光带领刘品洪（柳州鱼峰水泥公司副总）、刘世文（登高水泥公司副总）等十一人参加在湖南省长沙市召开的第四届泛珠三角水泥峰会。

★ 2013 年 12 月

2013 年全区水泥产量首次超过亿吨，达到 10707.48 万吨

四川省

四川省认真贯彻省委稳中求进工作总基调，坚持加快发展工作总体取向，统筹稳增长、调结构、促改革、惠民生、奋力推进“两个跨越”，全省经济稳中有进、稳中向好，各项社会事业全面发展。2013 年全省地区生产总值 26206.8 亿元，比上年增长 10.0%；全省社会固定资产投资 21049.2 亿元，比上年增长 16.7%。2013 年全省生产水泥 13897.1 万吨，同比增长 7.2%；196 户规模以上企业实现销售收入 465.24 亿元，同比增长 1.14%；盈亏相抵后的利润总额 37.11 亿元，同比增长 36.46%；利税总额 61.91 亿元，同比增长 36.74%。在省委、省政府的坚强领导下，省水泥行业坚持联合重组、行业自律、优化企业存量，盈亏相抵后利润总额和利税总额实现二位数增长，切实提高了省水泥工业发展的质量和效益。

1 在调整结构、转变发展方式上取得了实质性进展

2013 年，四川省水泥企业个数 196 户，同比减少 37 户，企业集中度得到进一步提高。2013 年没有一条新型干法生产线投产，淘汰了落后产能 746.6 万吨，新增产能得到有效遏制。2013 年末全省有新型干法水泥生产线 113 条，其中 4000t/d 及以上生产线 39 条，新型干法熟料年产能 11000.5 万吨，其中 4000t/d 及以上生产线产能占 50.25%，水泥年产能 14300.7 万吨。

由于新型水泥产能能满足市场需求，其产品以优质、低耗、低排放、低成本进入水泥市场，市场倒逼机制迫使落后产能退出水泥市场。2013 年，据抽样调查，新型干法水泥产量占总产量比重超过 95%，落后产能的水泥产量占总产量比重不足 5%。

2 遏制了新增产能，加快淘汰落后产能，切实提高了省水泥工业运行效益和质量

四川省认真贯彻落实国发〔2009〕38 号文，2009 年 9 月 28 日以后四川省只核准了一条 4500t/d、一条 1000t/d 白水泥熟料及藏区二条 2500t/d 生产线，四条生产线均在建未投产。同时对省水泥市场预期宣传适度，“十二五”期间省水泥产品需求年均增长在 3% 左右；又广泛宣传省水泥产能严重过剩。这样有利于政府及政府有关部门对新上生产线从严把关，有利于业主对新上生产线持谨慎态度。2013 年没有一条新型干法水泥生产线投产，使新增水泥产能得到有效遏制。

到 2013 年末四川省机立窑、湿法窑、中空窑在生产的窑数不足十台，水泥产量不足 200 万吨。省内 5376 万吨落后产能被逐年淘汰，市、州、县财政没有拿一分钱补偿，也没有发生一起社会不稳定事件。落后产能淘汰主要靠前几年大力发展代表当代水泥工业科技进步的新型干法水泥，靠市场倒逼机制迫使落后产能退出水泥市场。据省经信委提供的数据，2013 年全省生产水泥 13897 万吨，产能利用率达 91.43%，产能利用率处在相对正常状态。

2013 年省水泥行业实现利润 37.11 亿元，同比增长 36.46%，利税实现 61.9 亿元，同比增长 36.74%，切实提高了我省水泥工业经济运行的质量和效益。取得这一成绩一靠联合重组，中国建材集团在我省兼并重组了 46 户企业，涉及产能 6320 万吨；四川省星船城水泥股份有限公司兼并重组了 5 户企业，涉及产能 850 万吨。我省六户水泥企业，即中建材西南公司、四川峨胜、海螺、四川星船城、红狮、拉法基在我省水泥总产能已达 10050 万吨，占全省水泥产能 66%。二靠行业自律，省协会起好了行业自律平台的作用，在水泥市场上企业间在避免恶性竞争、开展健康、有序竞争的理念取得了普遍共识。三靠广大水泥企业通过优化存量，精细化管理，挖掘企业内部潜力，在降本降耗方面做了大量工作，并取得了实效。

3 产量

2013 年，全省水泥产量 13897.1 万吨，同比增长 7.2%。四川省 2013 年 1-12 月水泥产量情况如下表：

2013 年 1~12 月各市（州）水泥产量

单位：吨

企业名称	12 月	比去年同期增长（%）	1~12 月累计	比去年同期增长（%）	企业数（个）
全省	11985116	4.04	138971065	7.2	196
巴中	188264	-32.66	2315042	-15.21	5
成都	1463020	-1.80	14885088	1.39	7
达州	1226451	41.50	12014668	30.09	20
德阳	646574	-18.28	11367245	4.96	15
甘孜	10844	29.42	1090486	39.59	4
广安	1203025	18.64	11345497	6.37	8
广元	880618	40.63	9372047	4.19	8
乐山	1945990	6.41	18715678	2.21	17
凉山州	339024	2.48	4399971	3.68	11
泸州	310744	-13.45	3256928	2.36	10
眉山	625760	31.25	8888576	25.42	18
绵阳	844031	11.45	9144059	4.24	16
内江	331249	-42.68	6372166	-14.38	10
南充	62618	0.76	685892	-2.24	4
攀枝花	207267	18.59	1703129	-0.80	3
遂宁	190287	33.22	1774600	3.38	4
雅安	330819	30.24	3221629	1.30	5
宜宾	952687	4.88	10102193	25.75	14
资阳	139640	-61.32	3083646	-6.40	6
自贡	86206	-59.00	1906126	9.71	3

大事记

2013 年 1 月 9 日　西南水泥有限公司 2013 年工作会议在成都举行，来自西南公司各成员单位近 450 人参加了会议。中国建材集团领导宋志平、曹江林，西南公司领导赵静涧等出席会议，会议由西南公司党委书记田野主持。

自 2011 年 12 月正式挂牌以来，西南公司在一年多的时间与 98 家企业签署正式联合重组协议，合计熟料产能 1.1 亿吨，水泥产能 1.5 亿吨。宋志平在会上表示，西南公司在短短一年的时间里，就收购完成了 1.5 亿吨产能的规模，这在中国水泥史上是一个奇迹，在世界水泥行业也是一个奇迹。

在会上西南水泥公司总裁赵静涧作了工作报告。

1月12日　四川省甘孜州泸定县与中国建材集团西南水泥有限公司康巴水泥项目在泸定县举行签约仪式。该项目是年产能100万吨新型干法水泥项目，总投资约4亿。

1月12日　国家环保部总量减排核查组在环保部污染物排放总量控制司刘炳江司长的带领下，赴四川亚东水泥有限公司进行工厂脱硝项目的核查工作。该公司脱硝项目顺利通过严格验收并作为四川省标准示范项目供其余脱硝项目学习参考。

1月15日　四川省水泥协会在峨眉山市召开2013年会员大会。会长熊建华主持年会，71户水泥企业的代表参加会员大会。会员大会审议并通过了四川省水泥协会2012年度工作总结的报告，审议并通过了四川省水泥协会2012年度财务收支情况的报告。会员大会组织到会代表讨论了四川省水泥企业加强行业自律，沟通协调的具体措施，代表纷纷发言表示要加强行业自律，通过沟通、协调解决企业间不同意见。

3月27日　四川省环境保护厅、四川省辐射环境管理监测中心及广元市环境保护局到“四川省广宏建材有限责任公司”现场回收处置了3枚铯-137废旧放射源。至此，广元市小型水泥企业共计11枚废旧放射源全部成功处置。

4月20日　雅安市芦山县发生7级地震，雅安市主要4户水泥企业都是中建材西南公司旗下企业，其中3户企业在雅安市天全县，距震中30公里。

20日上午中国水泥协会孔祥忠秘书长、四川省水泥协会熊建华会长都十分关心地震对震区内水泥企业影响，通过电联，了解到影响不是很大，暂时没有发现人员伤亡，四家企业已经全部停产，但企业主要设备损坏不大。

4月21日　早上8:30西南公司赵静涧总裁在灾区组织西南公司、川渝管委会、受灾企业相关人员召开了现场办公会。各受灾企业汇报了受损情况及灾后的工作进展，会上西南公司田野书记传达了各级领导对受灾企业及员工关怀，白彦执行副总裁对天全3家企业的安全、生产恢复、对外联系等灾后工作进行全面部署。会后，田野书记到相关受灾员工家里进行慰问。

4月25日　地震第六天，雅安地震灾区四川始阳西南水泥公司召开整合会议，要求公司各级干部抓住电力供应机遇，采取倒计时，落实责任，制定计划，尽快进行窑系统检修。

由于协调得力，电力公司同意增加电力负荷，经过紧张检查，始阳西南水泥1#、2#磨已经恢复生产，3#磨检修轴瓦，制造分厂设备检修完成；进行了预热器、窑系统工艺检查，处理窑尾收尘袋和3.4米生料磨漏油，开展场地清理工作。在销售方面，由于库存量不足，暂时满足不了市场需求，但公司办公已恢复正常，职工食堂也恢复正常。

5月17日　四川与中央企业深化合作座谈会在成都举行。四川省委书记王东明出席座谈会并讲话，省委副书记、省长魏宏主持座谈会。国资委副主任黄丹华出席座谈会。宋志平董事长在会上发言。

座谈会举行了重大项目集中签约仪式，中国建材集团西南水泥与雅安市人民政府签署合作协议书，北新集团与四川峨胜集团石膏矿业，新型房屋与乐山市人民政府，四川华构住宅工业、衡阳中耀陶板与夹江县人民政府签署合作协议书。座谈会后，中国建材集团与峨眉山市人民政府签署合作意向协议书。

5月20日　中国建材集团西南水泥公司再下一城，成功收购国大水泥。5月20日上午，江油市人民政府就四川国大水泥有限公司股权转让西南水泥有限公司举行三方签约仪式。江油市委书记宋开慧出席签约仪式并讲话。

7月30日　资阳市环保局副局长都杰带领市环保局相关人员现场检查了四川资阳西南水泥有限公司环保工作。对企业提出了加快脱硝工程建设，如实上报产值产量等四点要求。

9月5日－7日　中国建材检验认证集团股份有限公司安全生产标准化评审专家组一行五人对四川南威水泥公司创建国家安全生产标准化一级企业进行了现场评审。经过3天的全面评审，南威水泥公司一次性通过现场评审，成为巴中市第一家通过国家一级安全生产标准化评审的企业。

10月10日　四川峨胜水泥集团股份有限公司通过薄记建档的方式在全国银行间债市公开发行面值3亿元人民币短期融资券，期限365天。

该期债无担保，采用固定利率，到期一次性还本付息。公司拟将募集资金用于补充生产经营活动所需运营资金和置换银行借款。

10月16日　四川广元市全国人大代表调研组在全国人大代表、广元市委副书市长王菲的带领下到广元海螺调研。调研中王市长对调研组人员说：“广元海螺是广元市灾后重建引进的最成功的工业企业，我来了多次，每次都感触很大，企业要学习海螺的管理模式、经营思路”。

11月23日　四川峨胜水泥公司制造一厂3×4600t/d生产线窑烟气脱硝工程顺利通过环保验收。

该项目总投资1100余万元，采用国际知名环保机构丹麦弗洛微升公司提供的SNCR脱硝技术，由浙江洁华公司承建，其脱硝工艺和装备处于国内先进水平。项目投运后，窑系统氮氧化物排放浓度将由800mg/m^3，降低至320mg/m^3，脱硝效率达到61.9%以上。每年将削减氮氧化物5360.62吨。据测算，项目综合运行成本为每吨熟料2元至2.6元，3条生产线每年脱硝费用将超过1050万元。

贵州省

【概况】得益于贵州经济建设的高速发展，水泥需求旺盛，全省水泥工业运行良好，余热发电、协同处置生活垃圾、脱硝减排，紧锣密鼓；结构调整、步伐加快；兼并收购，消息频传。

【结构调整】

1. 2013 年，全省共淘汰机立窑企业 53 户，66 条生产线，产能合计 701 万吨。淘汰规模大，涉及面广，过去很有影响的机立窑企业退出了历史舞台。

2. 全年共有 11 条新型干法水泥生产线投产，合计产能 1 675 万吨。

3. 截止 2013 年底，全省新型干法水泥生产线共计 72 条，产能合计 8620 万吨，占全省水泥总产能的 95% 以上，提前二年完成《贵州省“十二五”水泥工业发展规划》中，“十二五”期末，贵州省新型干法水泥产能占总产能的比重力争达到 90% 以上的目标。

【产量及市场】

1. 2013 年全省水泥产量 8140 万吨，较上年增长 20.86%。

2. 贵州经济建设的高速发展，特别是连接周边省（市、区）的快速铁路、县县通高速公路，村村通公路，支线机场，大、中、小型水利配套工程，旅游景区开发，生态移民，农村危房改造，城市棚户区改造，房地产开发等需求，使全省水泥市场良好。

遵义、黔西南和六盘水，新增产能多，价格有所波动；贵阳、安顺、黔南和黔东南价格稳定；毕节、铜仁，价格较高。

云南、重庆、四川、湖南、广西，均有数量不等的水泥进入贵州，以湖南的量最大，公路、铁路并进，大量涌入铜仁。

【协同处置生活垃圾】

鉴于贵州喀斯特地貌占全省总面积 73%，地表水和地下水相互连通，已建成的垃圾填埋场防渗层破损普遍，而生活垃圾产生量快速增长，贵州省人民政府办公厅印发了《贵州省推行水泥窑协同处置生活垃圾实施方案》，以全面提高全省城镇生活垃圾处理减量化、资源化和无害化水平。

按照方案，贵州推行水泥窑协同处置生活垃圾将坚持政府主导与市场运作相结合，注重城乡统筹、区域规划与分步实施相结合，生活垃圾处置与污泥处置相结合，社会效益与经济效益相结合的原则，力求设施共享，合理确定服务覆盖面。

积极推进生活垃圾资源化、无害化处理技术的创新与产业化应用。

以日产 2000 吨熟料以上的新型干法水泥生产线为依托，将水泥厂周边 50 公里半径内城市、乡镇及沿线农村生活垃圾收集至水泥厂处置。

2015 年底前完成全省 47 个水泥窑协同处置生活垃圾建设项目，基本建成覆盖全省的生活垃圾多元化处理体系，城市生活垃圾资源化综合利用比例达到 30%。方案要求各地各部门要加强组织领导，强化政府责任，各市（州）、县（市、区、特区）政府是水泥窑协同处置生活垃圾项目建设及运营的责任主体。

【兼并收购】

1. 2013 年中国建材集团在贵州共收购 8 家水泥企业：遵义赛德水泥有限公司、毕节赛德水泥有限公司、习水赛德水泥有限公司、贵州省松桃高力水泥实业有限公司、大方永贵建材有限责任公司、贵州森垚水泥有限公司、贵州德隆水泥有限公司和安龙县金宏新型建筑材料有限公司，合计水泥产能 815 万吨。

2. 贵州西南水泥有限公司、贵州海螺盘江水泥有限公司、台湾水泥股份公司、贵州黔桂集团、浙江豪龙水泥集团和贵州拉法基瑞安水泥公司，六家集团和大公司，在黔水泥产能共计 5820 万吨，占全省水泥总产能 64.70%。

大事记

1 月 18 日　贵州六盘水豪龙水泥有限公司日产 5000 吨熟料新型干法水泥生产线投产。

5 月 16 日　第二届中国水泥环资论坛暨 2013 年中国水泥协会环资委员会年会在贵阳召开，会议主题词为：用新标准新技术圆水泥环资绿色梦。

5 月 30 日　贵定海螺盘江水泥有限责任公司日产 5000 吨熟料新型干法水泥生产线（二期）点火。

9 月 22 日　贵州省人民政府印发《贵州省推行水泥窑协同处置生活垃圾实施方案》。

10 月 23 日　遵义海螺盘江水泥有限责任公司 5000t/d 熟料（二期）新型干法水泥生产线点火。

12 月 14 日　贵州荣盛集团建材产业园日产 7 500 吨熟料新型干法水泥生产线点火。

贵州省水泥工业主管部门

2013 年，贵州省水泥工业主管部门是贵州省经济和信息化委员会。

水泥工业的方方面面，由省经信委相关处室（规划与投资处，资源综合利用处，产业政策处，节约能源处等）管理，日常工作由省经信委原材料工业处管理。

地址：贵州省贵阳市中华北路 187 号。邮编：550004。

西藏自治区

一、基本概况

2013年，西藏水泥工业按照建设资源节约型和环境友好型社会的总体要求，合理开发、注重保护，抓住水泥生产工艺改造，整合资源，加快淘汰落后产能，着力调整结构，加大产品研发与市场开拓力度。中热、低碱等高标号水泥的成功研发并投产，不但填补了区内高标号水泥市场的空白，提高了全区水泥的市场竞争力，还满足了铁路、水电站等重点项目对高标号水泥的需求，为全区经济和社会发展对水泥产品的需求提供可靠保障。

2013年全区水泥产量295.82万吨，同比增长3.2%。其中：新型干法水泥产量228.24万吨，占全区水泥产量的77.2%，实现产值13.92亿元。淘汰立窑落后产能25万吨，新型干法水泥熟料产能占比达到61%。余热发电、辊压机、变频技术改造、袋除尘、烟气脱硝等新技术在新型干法水泥生产线得到大力推广应用，节能减排效果明显。

2013年全区商品混凝土的生产处于快速发展阶段，规模以上商品混凝土生产企业有5家，年生产量110万立方米，实现产值4.75亿元。混凝土制品以加气混凝土砌块为主，年生产量约3000万立方米，同比增长约25%。

二、产业结构调整

目前，全区共有水泥生产企业8家，水泥设计产能共计343万吨，其中新型干法水泥产能210万吨。

为贯彻落实好《国务院关于化解产能严重过剩矛盾指导意见》（国发〔2013〕41号），针对目前全区水泥行业现状和发展需要，继续加大产业结构调整工作力度，根据《西藏自治区“十二五”时期建材业发展规划》（藏政发〔2011〕129号），拟在拉萨、日喀则、昌都等地布局新建5条新型干法水泥熟料生产线共计360万吨产能，并逐步淘汰133万吨落后产能，待新线全部建成、落后产能全部淘汰，全区水泥产能将达到570万吨。目前已有2条生产线开工建设，预计年底点火试生产，其余3条生产线均在进行前期工作。

三、大事记

1.2013年2月25日，西藏日喀则高新雪莲水泥有限公司2000T / D新型干法熟料水泥生产线技改搬迁项目经国家发改委（发改〔2013〕383号）核准批复，于2013年5月正式开工建设。

2.2013年8月20日，西藏高争建材股份有限公司、华新水泥（西藏）有限责任公司荣获全国建材行业先进集体称号；西藏高争（集团）有限责任公司唐广顺、西藏日喀则地区雪莲工业贸易公司边巴顿珠荣获全国建材行业劳动模范称号。

3.2013年10月25日，经西藏自治区工业和信息化厅、民政厅批准，成立了西藏自治区水泥电杆行业协会。

4.2013年11月26日，按照自治区淘汰落后产能工作安排，由自治区工业和信息化厅牵头，组织有关部门现场拆除日喀则地区雪莲工贸有限公司三条立窑水泥生产线及相关设备，淘汰落后产能25万吨，落实中央财政奖励资金306万元。

陕西省

2013年，在国内外经济形势错综复杂、国内宏观经济下行压力不断加大的总体形势下，我省建材工业依然保持了快速发展的态势，产业结构得到进一步优化，取得了较好的成绩。

一、产业概况

1、综合指标

据省统计局初步统计，2013年我省非金属矿制造业和非金属矿采选业工业总产值突破千亿元大关，全年共计完成工业总产值1023.47亿元，同比增长32.6%，增速仅次于轻工行业，居全省12大类工业行业第二。

根据行业统计数据，在建材及其相关行业产品门类中，水泥、混凝土与水泥制品业、砖瓦及建筑砌块制造、建筑用石开采与加工、建筑陶瓷制品制造等5大行业占比较大。全省建材工业部分行业销售收入排名见表1所示。

序号	行业名称	销售收入（万元）
1	水泥制造	2532212
2	混凝土与水泥制品业	2516678
3	砖瓦及建筑砌块制造	594507
4	建筑用石开采与加工业	487502
5	建筑陶瓷制品制造	405383

2、主要产品产量

据省统计局初步统计，2013年全省水泥产量8545.52万吨，同比增长13.6%。平板玻璃产量1837.85重量箱，同比增长35.1%。全省主要建材产品产量见表2。

2013年全省主要建材产品产量　表2

产品名称	单 位	累计产量	累计增长率（%）
石灰石	吨	15184860	2492.41
硅酸盐水泥熟料	吨	50824467.7	23.33
其中：窑外分解窑水泥熟料	吨	39231715.1	27.49
水泥	吨	85455170.7	13.61
商品混凝土	立方米	51922914.5	34.9
水泥混凝土排水管	千米	2209.34	22.89
水泥混凝土压力管	千米	169.24	-13.88
水泥混凝土电杆	根	135773	3.85
预应力混凝土桩	米	2426814	5.53
石膏板	万平方米	3680	-36.21
砖	万块	1407004.39	51.61
瓦	万片	9176.31	37.53
瓷质砖	平方米	48277949.9	-20.79
陶质砖	平方米	219403903	37.81
天然大理石建筑板材	平方米	3699199.32	62.97
天然花岗石建筑板材	平方米	825967	4.39
沥青和改性沥青防水卷材	平方米	21558218	-1.89
平板玻璃	重量箱	18378526	35.05
钢化玻璃	平方米	237500	-13.76
玻璃纤维纱	吨	10998.52	-16.02
纤维增强塑料制品	吨	449.89	-52.54
混凝土机械	台	612	-27.32

3、主要产品在全国建材行业中的地位

2013年全省水泥产量排全国第14位，与2012年持平；水泥熟料产量排全国第15位，较2011年的第16名提前一位；全省商品混凝土产量5192.2万立方，排全国第9位，较2012年下降一位。

4、行业投资

据统计，2013年我省建材行业全年完成投资230.58亿元，同比下降0.95%，与全国建材行业投资平均增长13.81%相比，投资增速明显降低。其中：投资额较大的行业分别为：砖瓦及建筑砌块制造、粘土及其它土砂石开采、云母制品制造；投资增速较快的行业分别为：隔热和隔音材料制造、宝石、玉石开采、轻质建筑材料制造等。全省建材工业部分行业投资完成额及投资增速见表3、表4。

2013年陕西建材投资额排名（万元）　表3

序号	全省建材工业	2385803
1	砖瓦及建筑砌块制造	245294
2	粘土及其他土砂石开采	53351
3	云母制品制造	2300
4	砼结构构件制造	125024
5	水泥制造	362610
6	水泥制品制造	390600
7	石墨、滑石采选	21280
8	石棉制品制造	8000
9	石棉水泥制品制造	0
10	石灰石、石膏开采	61281

2013年 陕西建材投资增长率排名（%）　表4

序号	全省建材工业	-0.95
1	隔热和隔音材料制造	481.82
2	宝石、玉石开采	367.50
3	轻质建筑材料制造	87.72
4	砼结构构件制造	81.30
5	其他非金属矿物制品制造	80.98
6	玻璃纤维及制品制造	63.53
7	建筑用石加工	48.11
8	其他建筑材料制造	37.84
9	平板玻璃制造	31.97
10	石灰石、石膏开采	21.59

二、产业发展特点

1．行业保持持续高速发展

2013年全省建材工业增速虽有回落，但仍高于全省工业总产值增速19.5个百分点，增速居全省12大类工业行业第二。2011年全省建材工业总产值增长41.4%，2012年增长39.3%，2013年增长32.6%，增速逐年回落，趋于合理。

2．混凝土与水泥制品业行业快速发展，推动行业经济增长

2013年，全省混凝土与水泥制品业行业销售收入251.6亿元，同比增长35.5%，销售收入和水泥行业进一步拉近，成为我省建材行业经济总量的重要组成部分。我省建材行业销售收入前五位见表5。

我省建材工业主要行业销售收入　表5

行业名称	产品销售收入 万元		
	本期累计	去年同期	增长率%
水泥制造	2532212	2231352	13.5
混凝土与水泥制品业	2516678	1857098	35.5
砖瓦及建筑砌块制造	594507	397967	49.4
建筑用石开采与加工业	487502	316081	54.2
建筑陶瓷制品制造	405383	314651	28.8

3. 淘汰落后水泥产能工作效果显著

2013 年，全省淘汰水泥落后产能 212 万吨。2007-2010 年全省实际淘汰落后产能 2224.5 万吨；2011-2012 年全省淘汰落后产能合计 547.2 万吨，截止 2013 年，全省累计淘汰水泥后产能 2983.7 万吨，水泥行业已经形成了以新型干法水泥为主的产业体系。

4. 水泥行业兼并重组效果显著，产业集中度进一步提高

截止 2013 年底，全省已有尧柏水泥、冀东水泥、海螺水泥三个年产能超过千万吨的大型水泥企业集团；尧柏水泥、冀东水泥、海螺水泥、声威建材四大水泥企业产能占全省新型干法水泥总产能 72%，为我省水泥产业发展起到了积极的带动作用。

三、存在的主要问题

我省建材行业总体产业结构仍然以水泥、商品混凝土和水泥制品、砖瓦、建筑陶瓷等传统建材产业为主，近年来，新型建材产业虽有一定发展，特别是建筑塑料管材、型材业发展较快，但在全省建材行业占比仍然较小；在建材行业子行业中，多数企业规模小，具有产业带动作用的企业少；产品中初级产品、低附加值产品占比较大；生产技术、发展方式和产品等方面同质化现象比较严重，产业结构性矛盾仍然比较突出。

四、2014 年发展思路和目标

1、发展思路

2014 年我省建材工业发展的总体思路是：在传统建材产业方面，进一步推进企业兼并重组，优化产业结构；推广新技术、新工艺、新装备，进一步提升产业技术装备水平、资源和能源利用率以及清洁生产水平，使产业整体结构水平进一步提高。同时，在建材子行业中，着力培育和发展大型企业集团，发掘新的经济增长点，寻求新的突破口，推动建材行业发展。

2、发展目标

2014 年，全省建材工业预计完成工业总产值 1280 亿元，增长 25%。主要产品产量：水泥 9340 万吨，增长 9.3%。

3、主要工作

1）传统产业。在新型干法水泥行业推进对标工作，重点推广高效节能、环保、资源综合利用、工业弃物处理和提高安全生产的新技术新装备，使新型干法水泥生产运行水平进一步提高。规范发展预拌混凝土、预拌砂浆、水泥建筑构件等，延长水泥产业链；进一步加强产品质量监督与管理，提高企业管理水平，保证产品质量。玻璃行业重点支持发展玻璃深加工产品、电子玻璃产品，光伏玻璃以及建筑节能用超白、超薄玻璃、LOW—E 玻璃等特种玻璃及玻璃深加工行业发展。

2）进一步推进无机非金属材料产业发展。开展全省无机非金属材料产业调研工作。通过调研，准确掌握我省无机非金属矿资源情况，摸清非金属矿加工利用水平和现状，规划全省非金属矿资源开发思路，研究制定非金属矿资源发展战略和产业发展规划，发掘和形成新的增长点，促进行业发展。同时，为合理布局、重点扶持、促进形成一批具有一定规模的非金属矿企业发展成为行业龙头企业提供政策引导。

甘肃省

2013 年，水泥工业在全社会固定资产投资拉动下，经过全行业职工的努力，继续保持了良好发展态势，完成销售收入 124.3 亿元，同比增长 25.4%。水泥制造业形势趋好，价格恢复性上涨，经济效益逐步提高，水泥工业结构得到进一步调整，平均利润率稳中有升，新型干法水泥生产线建设经过 3 年快速发展后开始减速。全年生产水泥 4413 万吨，比去年增加 898 万吨，增长 25.55%。水泥项目投资 49.5 亿元，比同期减少 13.2%；水泥制品制造投资 13.57 亿元，增加 20.64%；砼结构构件制造投资 12.28 亿元，增长 18.2%；其它水泥制品制造投资 7.48 亿元，增长 41.87%。水泥工业投资出现下降，这与市场供求关系有关，水泥产品已经供需平衡或供过于求，因此投资力度减小。水泥工业主营业务成本同比增长 17.7%；主营业务利润增长 55.9%；实现利润总额 13.25 亿元，同比增长 173.8%；销售利润率 10.66%，提高 5.78 个百分点；资产总额 213 亿元，增长 15.3%；资产负债率 59.5%，上升 2.4 个百分点。

2013 年我省及西部地区固定资产投资依然强劲，基础设施建设稳中加快，铁路、高速公路、机场、新农村建设、兰州新区、兰州轻轨等加速建设，水泥产品需求加大，产量强劲上涨，比上年增加近 900 万吨。但亏损企业占 30.9%，亏损企业亏损额 8795 万元。总资产贡献率 12.7%，比全国水泥工业总资产贡献率 11.8% 高 0.9 个百分点；流动资产周转率 2.01 次比全国水泥工业低 0.02 次、应收账款周转率 8.09 次比全国水泥工业低 5.83 次、存货周转率 5.53 次比

全国水泥工业低 4.34 次。流动资产、应收账款、存货周转率都明显低于全国平均水平。整个建材工业经济运行质量和效益有待继续提高，建材工业转型升级任重道远。

【水泥产能及其发展状况】截止 2013 年底甘肃省建成新型干法水泥生产线 44 条，形成新型干法水泥熟料产能 3260 万吨，新型干法水泥生产线建设停了 3 年又经过 3 年多快速发展后开始减速。甘肃省水泥工业在控制总量、淘汰落后、产业升级方面保持了较好的发展态势，生产集中度和生产线规模大幅提高，全省水泥供需保持基本平衡。2013 年以来，在全社会固定资产投资拉动下，甘肃省水泥市场需求旺盛，出现了水泥供不应求，大部分水泥企业无库存或有少量库存，水泥产能利用率达到 80% 以上，水泥价格恢复性上涨，水泥行业经济效益逐步提高。祁连山、平凉海螺、中材甘肃、甘肃京兰、寿鹿山等水泥企业发展壮大，成为甘肃水泥工业的主力军。目前在建项目 5 条，预计 2015 年前陆续投产。随着机立窑等落后产能全部淘汰，还寄希望于 700 － 1000t/d 的 16 条新型干法水泥生产线计 460 万吨水泥熟料产能因成本、能耗高等也将逐步淘汰，这样“十二五”期间全省水泥产能总量仍能保持现有水泥熟料产能 3260 万吨规模基本不变，届时我省水泥工业将步入依据市场状况和国家产业政策稳步进行产业结构的进一步调整、完善和优化阶段。但已核准的项目较多，潜在的产能过剩问题依然存在，必须引起政府、行业、企业高度重视。

新型干法投产项目

序号	企业名称	设计生产线规模（吨/日）	设计熟料产能（万吨）	投产日期
1	金城水泥有限责任公司	1000	30	1991.12
2	祁连山永登水泥股份有限公司一线	2500	75	2001.04
3	兰州大通河水泥股份有限公司二线	1000	30	2001.05
4	金昌市水泥集团有限责任公司	1000	30	2001.12
5	甘肃山丹水泥集团	1000	30	2001.12
6	兰州大通河水泥股份有限公司三线	1000	30	2002.04
7	兰州甘草水泥集团公司公司一线	1000	30	2002.12
8	酒泉宏达建材有限公司	1000	30	2003
9	祁连山永登水泥股份有限公司二线	2500	75	2003.01
10	甘谷祁连山水泥股份公司一线	700	21	2003.04
11	甘肃天水祁连山水泥有限公司	1500	45	2003.06
12	甘肃景泰寿鹿山水泥有限责任公司	1000	30	2003.07
13	甘肃省华亭陇东建材集团陇东水泥公司	700	21	2004.08
14	兰州贡马水泥有限公司	700	21	2004.1
15	祁连山平凉水泥股份有限公司	2500	75	2005.01
16	甘肃酒泉西部水泥有限公司	1000	30	2005.08
17	甘肃夏河安多水泥有限公司一线	1000	30	2005.08
18	酒泉宏达建材有限公司	2000	60	2007.12
19	金昌金泥集团水泥有限公司	2500	75	2009.04
20	陇南润基水泥公司	2500	75	2009.06
21	平凉海螺水泥有限公司一线	5000	150	2009.10
22	中材天水水泥有限责任公司	2500	75	2009.12
23	甘谷祁连山水泥股份公司二线	3000	90	2010.03
24	成县祁连山水泥有限公司	3000	90	2010.03
25	兰州甘草水泥集团公司公司	1000	30	2010
26	甘肃夏河安多水泥有限公司二线	2500	75	2010.05
27	白银王岘水泥公司（火焰山水泥）	2000	60	2010.08
28	中材甘肃（白银）水泥有限责任公司	5000	150	2010.11
29	张掖巨龙建材有限责任公司	2500	75	2010.07
30	祁连山永登水泥股份有限公司三线	5000	150	2010.10
31	甘肃三易水泥有限责任公司	3000	90	2011.01
32	中材天水水泥有限责任公司	2500	75	2011.03
33	甘谷祁连山漳县水泥有限公司	3000	90	2011.03
34	兰州甘草水泥集团公司公司二线	2500	75	2011.05
35	甘肃省临夏州金德公司太子山水泥厂	2500	75	2011.05
36	甘肃京兰水泥有限公司	5000	150	2011.05
37	平凉海螺水泥有限公司二线	5000	150	2011.06
38	甘肃文县玉丰水泥厂（祁连山）	2000	60	2012.01
39	酒钢宏达（祁连山）	4500	135	2012.09.09
40	祁连山古浪峡水泥有限责任公司	4500	135	2013.04.28
41	漳县祁连山二线	4500	135	2013.04.28
42	山丹水泥化工集团	2500	78	2013.08
43	甘肃寿鹿山水泥有限公司	4500	140	2013.10.19
44	甘肃恒亚水泥有限公司（阿克塞）	2000	62	2013.12
45	永登永固	2500	78	2013.10

【乘国家化解产能严重过剩之机，促行业健康发展】化解产能严重过剩是政府、行业和企业必须正视和面对的现实问题，在促进转型升级、保持经济协调健康发展过程中，努力防止并化解产能过剩仍然是保持甘肃建材行业持续健康发展的重要问题。我们要认真贯彻国务院 41 号文件精神，把化解产能过剩，实施“六位一体”，继续遏制新增产能作为促进经济继续健康发展的有效手段。认真贯彻落实中国建材联合会关于建材行业实施“两个遏制”、“三个加快”和“两个加强”的工作思路与举措。遏制新增产能，遏制经济效益下滑，加快发展新兴产业、无机非金属新材料、

加快兼并重组和淘汰落后产能步伐。坚持稳中求进，着力改造提升传统产业、培育壮大无机非金属新材料产业和大力发展生产性服务业“三位一体”协同推进的发展战略。水泥工业要坚决宣传贯彻遏制水泥产能盲目扩张，清理整顿建成违规产能，淘汰和退出落后产能，严格控制甘肃省水泥总量，严禁2015年前新开工建设水泥项目，调整优化水泥产业结构，保持产能基本平衡，严防水泥产能严重过剩。加快实施淘汰落后产能工作进度，对列入国家2013年度淘汰的26户水泥企业447万吨落后水泥产能要加强淘汰监督，保证全部淘汰。对现有700－1000t/d的16条新型干法水泥生产线460万吨产能，通过制订优惠政策、应用高新技术改造传统产业、等量置换等措施鼓励企业提前淘汰。推进祁连山、中材、海螺集团对区域内水泥企业实施兼并重组和对小规模新型干法生产线的淘汰，提高水泥产业集中度，做大做强甘肃水泥产业。加快行业产业转型升级步伐，提高行业技术利用水平和核心竞争能力。加快推广利用高固气比工艺技术实施改造和提升我省水泥工业制造水平。继续加强行业自律、协调、服务工作，维护行业和企业的合法利益，维护市场公开、公平、合理的竞争秩序，引导建材行业健康、持续、绿色发展。

甘肃省建材工业协会联系方式

地址：甘肃省兰州市广场南路51号统办一号楼10层

邮编：730000

邮箱：gsjcxbb@126.com

办公室电话

丁小平 副会长（0931）8850517

秘 书 处 （0931）8960233

行业工作处 （0931）8960235 8850622

综 合 处 （0931）8850541

青海省

【概况】2013年青海省建材行业认真贯彻省政府各项调控政策，在困境中稳健运行，工业产值有序增长。截止2013年底，我省建材行业水泥企业17家、产能2100万吨，已建水泥生产线27条，新型干法生产线有17条，安装余热发电11台、安装脱硫脱硝设备有11台。2013年，水泥产量 1786万吨。其中，复合水泥32.5生产比重为25%。

【目前的状况】我省水泥行业的主要状况：一是受全国水泥产能过剩的影响，水泥销售价格偏低。二是全省企业规模偏小，产业集中度不高。三是产能比重失衡，不利于长期发展。

【大事】

1、 青海省建材工业协会选举新一任会长：李良会长

2、 8月青海省、甘肃省大部分水泥企业聚集甘肃召开企业联盟会议，共同商榷如何让水泥销售市场走出困境的可行性办法。

3、 10月青海省建材工业协会组织，省经信委行业处、电力处、资源处、省发改为及青海省水泥企业召开会议，主题如何《遏制新增产能、化解过剩产能》。

4、 12月配合省经信委起草青海省《青海省水泥行业对标实施细则》。

2013年消耗和工业污染排放，开展了一些列工作，通过采取惩罚性电价，控制高载能项目建设，将节能考核责任纳入各地区及省属企业业绩考核目标体系等配套措施。积极推进节能技术改造，组织实施了62个节能、节水、资源综合利用以及清洁生产等项目，通过召开现场会等形式，强化余热发电、烟气回收等节能技术推广应用。并结合青海省自己的情况因地制宜的出台了《青海省水泥行业对标细则》。2013年青海将通过严格源头控制、加大示范推广、落实奖惩措施等，大力加强工业节能降耗，无害化综合利用，脱硫技术改造加快推进工业绿色转型。除了不再审批新建高载能项目之外，还将从项目建设源头遏制能源浪费和低水平重复建设。多措并举推动遏制新增产能工作。

协会在面临产能过剩，根据国发〔2013〕41号文件，省政府出台了青政办〔2013〕76号文件，省建材协会先后出了《青海省水泥行业自律方案》、《遏制新建产能和化解产能过剩实施方案》等多措并举，进一步推动化解产能过剩工作开展。

青海省建材主要经济指标

指标名称	本月止累计（千元）	去年同月止累计（千元）
流动资产合计	8.71	51.80
资产合计	39.51	105.21
负债合计	152.72	160.33
主营业务收入	123.11	15.56
主营业务成本	44.45	2.05
主营业务税金及附加	33.6	20.22
管理费用	2.88	525.51
利润总额	2.98	408
应交增值税	-809.00	-408.00
在职员工	在职5550人（水泥企业）	

宁夏回族自治区

行业概况：2013年，我区水泥行业在国家经济政策宏观调控、经济运行下行风险加大、产能严重过剩的三重压力下，克服了重重困难，较好地完成了预期目标和任务。全年生产水泥累计达1914.28万吨，增长20.3%，实现销售收入45亿元，同比增长21.6%，实现利润3.6亿元。

化解过剩产能：我区继续把加快化解过剩产能作为促进水泥行业节能减排、调整优化产业结构、提高经济增长质量和效益的一项重要手段。根据国家《关于化解产能严重过剩矛盾的指导意见》（国发〔2013〕41号）要求，对全区现有水泥生产线和在建、拟建项目进行了调研摸底，并由自治区人民政府印发了《宁夏回族自治区化解产能过剩矛盾实施方案（2013年－2017年）的通知》（宁政发〔2014〕27号），力争在2017年将水泥产能控制在2860万吨，产能利用率达到80%以上。

全面完成国家下达的2013年度淘汰落后产能工作任务，淘汰拆除机立窑生产线2条，产能22.53万吨，回转窑生产线1条，产能4.13万吨，奖励资金达422.5万元。

能效对标：宁夏水泥行业能效对标活动自开展以来，整体工作有序推进。2013年初组织区内水泥企业到宁夏建材集团进行了10天的驻厂学习，汲取该集团在节能减排工作上的先进经验和先进技术。大部分企业按照要求启动了能效对标活动，呈现出了良好的发展态势，在年度节能考核工作中所有熟料生产线全部由于国家限额标准，节能效果明显。

协会工作：宁夏水泥工业协会以积极探索、求真务实的工作态度，为政府和企业服务，充分发挥了“维权、自律、服务”的功能作用。2013年1月18日、9月6日分别召开了协会第八届理事会第二次和第三次会议，总结了2012年行业生产经营工作、明确了2013年主要工作任务；传达学习了中国水泥协会七届二次常务理事会会议精神。深入企业化解产能过剩矛盾、节能减排等问题进行调查研究。2013年8月，协会常务副会长范海龙参加了再甘肃敦煌召开的十省区建材行业协会会长联席会议；11月，宁夏建材集团和宁夏瀛海建材有限公司分别参加了在陕西西安举行的“遏制水泥新增产能，加快第二代新型干法水泥技术装备研发的万里行西北站”活动。

大事记

5月8日，国家工信部原材料工业司潘爱华副司长一行对宁夏石嘴山惠磊建材有限公司JT窑协同处置工业废弃物情况进行调研。

8月30日，全国水泥协会会长、秘书长联系会议在银川召开，中国建材联合会会长、中国水泥协会会长乔龙德亲自到会并做了重要讲话，并对宁夏建材集团和宁夏瀛海建材集团进行了参观调研。通过此次会议，扩大了对宁夏和宁夏水泥工业的了解，提高了宁夏水泥工业的影响力。

11月27日，自治区第十一届人民代表大会常务委员会第七次会议审议通过了《自治区散装水泥促进条例》，并予以公布，自2014年1月1日起执行。

12月18日，宁夏天元锰业建材有限公司利用金属锰渣制水泥4500t/d新型干法水泥熟料生产线点火试产。

宁夏水泥主管部门机构情况简介

宁夏回族自治区水泥行业主管部门为宁夏经济和信息化委员会原材料工业处。

机构职责：承担全区钢铁、有色、石化（不含炼油）、化工（不含煤制燃料和燃料乙醇）、建材、稀土、贵金属等行业管理工作；研究拟定行业发展规划并组织实施，促进行业结构优化和产品升级工作；协调解决行业发展的重大问题，提出政策建议；组织实施行业准入和技术规范标准；承担农业化学物质行政保护有关工作；承担农药产品生产批准证书换证评审工作，对农药产品生产过程和产品质量、安全实施监督；承担履行《禁止化学武器公约》的组织协调工作；承担工业应急管理，指导工业行业安全生产监督管理工作；指导重点行业排查治理隐患，参与重特大安全生产事故调查和处理；承担煤炭企业的运行监测与服务。

处长：朱洪军，副处长：董云峰

地址：宁夏银川市解放西街361号，邮编：750001

联系电话：0951-6038241（含传真）

新疆维吾尔自治区

——水泥概况

2013年我区新型干法水泥比重94%。水泥产量5410万吨，同比增长25%；商品混凝土5000万立方米，同比增长23%。在落实国家差别化产业政策的同时，我们坚持以规划为导向，把握产业布局，严禁低水平生产线建设。2013年，新增水泥熟料生产线11条，产能近1400万吨，淘汰水泥熟料生产线21条，产能250多万吨。截止2013年底，形成8600多万吨生产能力，新型干法水泥比重由2009年的61%提高到94%，达到全国平均水平。

——技术装备

推广电石渣、脱硫石膏及脱销、窑炉余热利用先进适用技术应用，加大科技成果转化力度，为产业升级和结构调整提供了有力支撑。引导发展第二代新型干法水泥工艺、纯低温余热发电系统、电石渣水泥等技术得到全面推广和应用，主动化、智能化和信息化融合能力不断增强，全行业技术装备水平明显提升。7500t/d熟料及以上新型干法水泥，国统管道预应力钢桶混凝土管等生产技术装备处于国内先进水平。新疆建筑材料研究院“煤电脱硫石膏在建材产品中的研究与应用”荣获2013年度自治区科技进步二等奖。

——兼并重组

2013年，新疆青松建材化工（集团）股份有限公司对伊犁南岗建材集团所持有的水泥生产企业资产进行收购整合，开启我区水泥行业重组新篇章。在企业做大做强方面迈出了坚实的一步。借此拉开新疆水泥行业兼并重组的大幕，将缓解新疆水泥产能过剩压力，稳定区域水泥价格，避免市场恶性竞争。

——节能减排资源综合利用

中央新疆工作座谈会以后，新疆煤电煤化工、PVC等行业快速发展，与此同时，产生了大量的工业固体废弃物。建材行业作为利废大户，充分发挥行业特点，积极开发拓展废渣利用空间。由新疆凯盛建材设计研究院自行开发研制的用电石渣生产水泥技术水平在国内处于领先地位。目前全区已建成PVC配套100%电石渣水泥生产线11条，总产能810万吨。2009年至2013年，建材行业共利用各类工业固体废弃物达7300万吨。固体废物利用率由2009年55%提高到2013的60%。经能效对标考核，2012年吨水泥熟料综合煤耗114.6公斤标煤，同比下降11.4公斤，降幅9.1%；吨水泥综合能耗100.4公斤标煤，较2011年下降8.3公斤，降幅7.6%。

——记事

2月28日，新疆建材行业工作座谈会在乌鲁木齐召开，新疆建材行办党委书记、主任、新疆建材工业协会会长吕志坚作了题为《抓住机遇转型升级全力推动建材工业持续快速健康发展》的工作报告，各地州经信委、有关厅局、金融机构代表参加会议并进行了座谈交流、征询意见建议活动。

4月15日，依据国家工业和信息化部颁布的《水泥企业质量管理规程》和《水泥企业化验室评审考核管理办法》，行办组织相关人员对2012年相继投产的吉木萨尔县天宇华鑫水泥开发有限公司、库车天山水泥有限责任公司、哈密天山水泥有限责任公司、新疆蒙鑫水泥有限公司奇台分公司4家水泥企业进行了化验室现场评审考核，4家水泥企业化验室全部符合评审要求，并顺利通过评审考核。目前，全区已有91家水泥企业化验室通过了评审考核，其中一级化验室12家，占已评审水泥企业数的12.8%；二级化验室31家，占已评审水泥企业数的33%；三级化验室48家，占已评审水泥企业数的51%。

4月24日，行办组织召开了新疆建材工程设计所利用风积沙生产水泥熟料的技术开发与应用重点技术创新财政补助资金项目验收会。经与会专家评审，项目顺利通过验收。项目实施后，不但能帮助企业提高核心关键技术水平，降低生产成本，提高产品市场竞争力，而且减少了天然矿产资源的开采，有效节约和保护自然资源。

5月23日，由新疆建材行办、自治区散办（墙改办）主办，新疆建筑材料研究院承办的2013年“新疆银河培训工程”建材行业蒸压加气混凝土砌块工艺技术质量管理培训班在新疆煤炭宾馆开班。各地州市墙改办工作人员、蒸压加气混凝土砌块企业生产、技术、质量管理人员共100余人参加了培训。

5月29-30日，我办在乌鲁木齐组织召开了新疆水泥行业能效对标活动推进会。自治区经信委、财政厅、环保厅、质量技术监督局及兵团发改委的有关领导，自治区建材节能服务机构、新闻媒体和80余家水泥企业的代表近160人参加了会议。

6月18日，自治区建材行办和中国建材规划研究院共同组织召开了“新疆建材部品化座谈会”。参加此次会议的有自治区经信委、住建厅、发改委、兵团工信委等10多个相关部门，20多家建材、建筑、房地产企业及科研设计、学校、产业协会、新闻媒体等的代表共计100余人。在“新疆建材部品化座谈会”上，自治区建材行办与中国建筑材料工业规划研究院签署了《长期战略合作框架协议》。

6月24，建材行业战略性新兴产业发展研讨会暨《中国建材工业“创新提升、超越引领”发展战略》发布会在京举行，近200人出席本次会议。会议介绍了《2030年中国建材工业“创新提升、超越引领”发展战略》编制情况及主要内容。南京玻纤院、中复集团、北新集团、哈玻所、清华大学、浙江大学、山东建材协会、广东建材协会等多位代表围绕着建材行业战略性新兴产业发展进行了发言。中国建材联合会会长乔龙德作了总结性讲话。新疆建材行业管理办公室主任、新疆建材工业协会会长吕志坚同志结合新疆实际作了重点发言。

6月30日，自治区科技厅聘请有关行业专家对新疆建筑材料研究院完成的“煤电脱硫石膏在建材产品中的研究与应用”项目进行科技成果鉴定。通过审阅相关技术资料，听取项目主要完成人工作汇报，对相关问题进行质询，经充分讨论，结合现场勘验意见，一致同意通过自治区科技成果鉴定。

10月31日，由中国建筑材料联合会会同中国水泥协会、中国水泥网联合主办，自治区建材行办承办的“遏制水泥新增产能，加快第二代新型干法水泥技术装备研发万里行”新疆站活动（以下简称万里行活动）在乌鲁木齐举行。本次活动由讲座、座谈、现场调研三部分组成。会议由自治区建材行办党委书记、主任吕志坚主持，中国建筑材料联合会党委书记、常务副会长孙向远，自治区经信委党组成员、副主任斯拉因·司马义出席会议并讲话。

11月20日，中国建筑材料联合会第五次会员代表大会暨全国建材行业先进集体、先进工作者和劳动模范表彰大会在北京召开，新疆建材工业协会当选副会长单位，吕志坚同志当选副会长。乌鲁木齐市建筑节能墙体材料革新办公室（散装水泥办公室）、新疆奇台闽奇石材产业园区管委会、新疆金龙水泥有限公司、新疆建材非金属产品质量监督检验站被表彰为先进集体。和田鲁新建材有限责任公司党理文、库尔勒鲁岳三川建材有限公司刘少银、哈巴河县阿山水泥有限公司黄跃先、新疆天盾特种水泥有限公司董继明、新疆建筑材料研究院办公室主任陈艳艳、伊宁市华强新型建材有限责任公司王强、潞安新疆煤化工（集团）建材有限责任公司赵永新等8名同志被表彰为全国建材行业劳动模范。新疆建材环保站高级工程师吕瑞喜被表彰为全国建材行业先进工作者。

12月2日-10日，行办组织举办了全区建材专业少数民族专业技术人才知识更新培训班，全区建材企事业单位中从事建材工程及相关专业并具有高级、中级、初级职称的少数民族专业技术人员共30人参加培训。此次培训主要是宣贯国家和自治区建材工业十二五规划；传授新能源、新材料和建材工业的新技术、新工艺以及企业经营管理、财务与资本运营管理、人力资源管理等方面知识；宣讲自治区职称评定相关政策。

12月13日，行办在乌鲁木齐组织召开新疆建材部品化课题研究评审会，对中国建材规划研究院编制的《新疆维吾尔自治区建材部品化研究》（以下简称《课题研究》）进行评审，参加会议的有自治区经信委、自治区住建厅、新疆建筑业协会、乌市建委、乌市墙改办、新疆建筑设计研究院、新疆建材研究院、新疆宝钢集团八一钢铁有限公司、新疆德坤建材有限责任公司、新疆七星建设科技股份有限公司等单位的领导及专家，共20多人。会议由自治区建材行副主任孙存稳主持，与会专家听取了课题研究承担单位中国建材工业规划研究院对《新疆维吾尔自治区建材部品化课题研究》成果的介绍，并进行了认真讨论，最后，行办党委书记、主任吕志坚作了总结性发言。

新疆维吾尔自治区建筑材料行业管理办公室简介

主要职责：

（一）研究拟定自治区建材工业发展战略和行业规划，提出发展自治区建材行业的方针、政策；推进行业结构调整，引导行业合理布局。

（二）研究提出自治区建材工业的行业法规，组织制定行业管理规章、技术标准；汇集、分析和发布行业经济技术信息，提供信息咨询服务。

（三）协调行业内部关系，维护公平竞争秩序；掌握、分析自治区建材行业生产动态，向有关部门提出政策建议；促进建材资源综合利用，推进新型建材及制品的开发的推广应用；组织有关的自治区建材行业经济技术合作与交流。

（四）指导直属国有建材企事业改革和结构调整，指导自治区国有建材企业扭亏解困、减员增效和实施再就业工程。

（五）负责自治区发展散装水泥、新型墙材和建筑节能工作；协助有关部门做好自治区非金属矿资源勘察、开采的监督管理工作。

（六）承办自治区人民政府和自治区经济贸易委员会交办的其他事项。

地址：新疆乌鲁木齐市光明路26号建设广场写字楼11楼

邮编：830002

电话：0991-8860708　　传真：0991-8860713

新疆天山水泥股份有限公司

新疆天山水泥股份有限公司（简称：天山股份，证券代码000877.sz）是1998在原新疆水泥厂的基础上改制设立，1999年在深圳证券交易所上市的股份制企业。是国家重点支持结构调整的12家大型水泥企业集团之一，隶属于国务院国资委所属的大 型企业中国中材集团有限公司。

天山股份是西北地区最大的水泥生产厂家，全国重要的油井水泥生产基地和特种水泥生产基地，公司积极实施“水泥主业做优做强”的发展战略，通过新建、购并、整合，企业水泥生产规模由上市初期的45万吨发展到总能力3846余万吨，其中新疆区域产能3146万吨，占新疆区域水泥行业总产能的33.3%，混凝土产能1490万方，居新疆区域第二大混凝土企业。截止目前公司资产达221亿元。

天山股份在疆内12个地州分布有40余家水泥生产企业、在8个地州有商砼企业、在2个地州有电石渣制水泥生产线。疆外辐射到江苏无锡、苏州、宜兴、傈阳、溧水5个地市县布局水泥和商混企业。公司已发展成为以水泥、商混为主体，积极实施循环经济的跨地区企业集团，一直走在新疆区域水泥行业龙头的企业。

天山股份拥有新疆自治区水泥行业唯一的博士后工作站，公司依靠技术优势，先后研制开发了六大系列30多个水泥品种，其中18个品种填补了新疆区内水泥产品的空白，是国内拥有水泥品种最多的企业之一。公司拥有全国第一条烧煤窑外分解窑；第一条“干磨干烧”工艺的电石渣水泥熟料生产线；新疆第一条日产2000吨、2500吨、4000吨、5000吨熟料生产线，规模最大的矿渣微粉生产线。

天山股份是新疆自治区首家“一控双达标”的水泥企业，被中国质量协会用户委员会评为“全国用户满意企业”，也是新疆水泥行业唯一被中国质量协会和中国建筑材料协会授予“质量满意产品”称号的企业。天山股份拥有的“天山”牌、“屯河”牌、“多浪”牌产品连续多年获得自治区名牌产品称号，“天山”商标在水泥、混凝土两类产品均为新疆著名商标，是新疆首家混凝土产品获得著名商标的企业。公司水泥、混凝土产品广泛应用于铁路、机场、水利、交通、石油等国家和自治区的重点工程。

天山股份牢固树立“和谐发展，创建绿色产业”的环保理念。确立了“保护环境、节能减排、污染预防、遵守法规、持续发展”的环保方针，确定了企业的“低碳”发展轨迹，“十一五”以来，公司加大了在疆内优势资源转换区域、循环经济发展区域的投资布局。在公司所有2000吨生产线实施低温余热发电资源综合利用项目，实现余热发电14280KWH/窑，对于节约资源、改善环境状况、实现资源优化配置和可持续发展做出努力。天山股份加大废渣综合利用，降低生产成本，提高企业核心竞争力。2013年消耗工业废渣800万吨。 加入循环经济和节能减排实践，在江苏溧阳、乌鲁木齐开展水泥窑协同处置城市污泥、垃圾项目。十二五末期，天山股份结合自身结构调整与搬迁淘汰，水泥产能将达到4300万吨，实现商混产能1500万方。

秉承中央新疆工作座谈会的东风，承载自治区党政的厚重期望，奋进中的天山股份正牢牢抓住新疆跨越式发展和长治久安历史机遇，坚守“凝聚坚强、创造卓越”的企业精神和“责任、和谐、创新”的管理理念，始终坚持诚信为本，以最优质的产品、服务和最大的回报奉献给社会、追求和谐发展、互利共赢，为新疆的经济建设和社会进步做出更大的贡献。

1. 2014年国务院参事蒋明麟先生（中）赴天山股份华东事业部，参观考察溧阳天山利用5000 t/d 水泥窑无害化协同处置450 t/d 城市生活垃圾示范

2. 2013年11日国务院安委会安全生产第十综合督察组、国家安监总局职业健康司周永平副司长带队来南疆事业部多浪公司视察工作，重点调研企业“职业健康规范企业”建设情况

3. 天山股份华东事业部溧水天山厂区全貌

4. 天山股份获得2013年度新疆维吾尔自治区质量管理小组活动优秀企业

5. 2013年天山股份获得国家总工会五一劳动奖章

6. 2013年10月天山股份获得新疆新疆著名商标

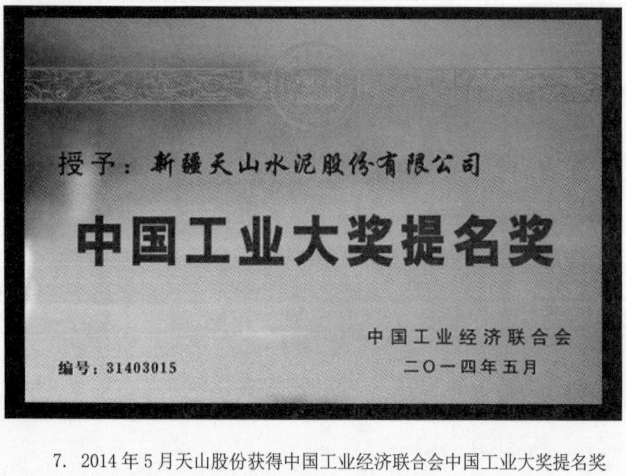

7. 2014年5月天山股份获得中国工业经济联合会中国工业大奖提名奖

8. 2014年6月16日由阿克苏市委、市政府主办，天山股份南疆事业部多浪公司协办的阿克苏市2014年安全生产月“宣传咨询日”

9. 2013年天山股份第二次党代会

10. 天山股份南疆事业部叶城天山公司厂区全貌

11. 2013年重点工程兰新铁路第二双线工程无砟道床采购天山股份“天山”牌优质专供水泥

第三篇 标准、专利、科技成果

水泥标准

Cementstandard

水泥行业标准

标准编号	标准名称	标准主要内容	代替标准	采标情况	实施日期
JB/T 11986-2014	混凝土制品机械 混凝土砌块生产线	本标准规定了混凝土砌块生产线的分类、技术要求、试验方法、检验规则、标志、包装、运输和贮存等。 本标准适用于以水泥为主要胶凝材料，以砂、石及固体废弃物为主要原料的混凝土砌块及混凝土砖生产线。			2014-10-01
JB/T 11987-2014	道路施工与养护机械设备 轨模式水泥混凝土摊铺机	本标准规定了道路施工与养护机械设备轨模式水泥混凝土摊铺机的术语和定义、型号及基本参数、技术要求、试验方法、检验规则、使用说明书与标志和包装、运输和贮存等。 本标准适用于以发动机为动力的轨模摊铺机，电动机为动力的轨模摊铺机亦可参照使用。			2014-10-01
YB/T 5011-2014	镁铬砖	本标准规定了镁铬砖的分类、技术要求、试验方法、质量评定程序、包装、标志、运输、储存及质量证明书。 本标准适用于有色冶炼炉、炼钢精炼炉、水泥回转窑等工业窑炉用烧成镁铬砖。	YB/T 5011-1997		2014-10-01
JC/T 2231-2014	水泥窑用镁铁铝尖晶石耐火砖	本标准规定了水泥窑用镁铁铝尖晶石耐火砖的术语和定义、分类和标记、技术要求、试验方法、检验规则、包装、标志、运输、储存和质量证明书。 本标准适用于以镁砂和预合成铁铝尖晶石（化学式为 $FeO \cdot Al_2O_3$）为主要原料经压制、烧成用于水泥窑烧成带和过渡带的耐火制品。			2014-10-01
QB/T 4688-2014	家用和类似用途搅拌机	本标准规定了家用和类似用途搅拌机的术语和定义、分类和型号命名、要求、试验方法、检验规则、标志、包装、运输与贮存等。 本标准适用于额定电压不超过 250 V、在家庭和类似场所使用的、对砂石、水泥、水等多种物料进行混合搅拌制成砂浆的搅拌机。 本标准不适用于搅拌食物和药品等物料的器具。			2014-11-01
JC/T 2234-2014	水泥早期抗裂性试验方法	本标准规定了水泥早期抗裂性试验方法的名词、术语、方法原理、仪器设备、试验步骤、数据处理、结果表示等。 本标准适用于水泥早期抗裂性试验。			2015-04-01
JC/T 2236-2014	预应力高强混凝土桩用硅砂粉应用技术规程	本标准规定了硅砂粉在预应力高强混凝土桩生产中作为混凝土掺合料替代部分水泥使用时的进货要求、运输和储存要求、工艺技术要求。 本标准适用于采用蒸压养护工艺时硅砂粉在预应力高强混凝土桩生产中使用的技术规定。硅砂粉在其它混凝土制品生产中使用时也可参照执行。			2015-04-01

标准编号	标准名称	标准主要内容	代替标准	采标情况	实施日期
JC/T 2237-2014	无震动防滑车道用聚合物水泥基材料	本标准规定了无震动防滑车道用聚合物水泥基材料（简称防滑车道用材料）的术语和定义、分类和标记、一般要求、技术要求、试验方法、检验规则、标志、包装、贮存与运输。 本标准适用于无震动防滑车道用聚合物水泥基材料。			2015-04-01
JC/T 2238-2014	水泥制品用矿渣粉应用技术规程	本标准规定了矿渣粉在水泥制品生产中作为混凝土掺合料替代部分水泥使用时的进货要求、运输和储存要求、工艺技术要求。 本标准适用于矿渣粉在钢筋混凝土排水管、预应力混凝土管、预应力钢筒混凝土管、环形混凝土电杆、先张法预应力混凝土管桩等水泥制品生产中使用的技术规定。矿渣粉在其它水泥制品生产中使用时也可参照执行。			2015-04-01
JC/T 2242-2014	外墙外保温系统用水泥基界面剂和填缝剂	本标准规定了外墙外保温系统用水泥基界面剂和填缝剂的术语和定义、分类和标记、一般要求、技术要求、试验方法、检验规则、标志、包装、贮存及运输等。 本标准适用于建筑外墙外保温系统用水泥基界面剂和填缝剂。			2015-04-01
JC/T 2252-2014	喷涂聚脲用底涂和腻子	本标准规定了喷涂聚脲用底涂和腻子的标记、一般要求、技术要求、试验方法、检验规则和标志、包装、运输与贮存。 本标准适用于喷涂聚脲防水工程中水泥砂浆和混凝土基面用底涂和腻子。			2015-04-01
JC/T 2258-2014	水泥窑余热利用装备技术条件	本标准规定了水泥窑余热利用装备的术语和定义、要求、检验方法的技术条件。 本标准适用于水泥窑系统烟气余热利用装备。			2015-04-01
JC/T 336-2014	水泥工业用推动篦式冷却机	本标准规定了水泥工业用推动篦式冷却机的产品分类、技术要求、试验方法、检验规则和标志、包装、运输及贮存。 本标准适用于生产能力为800t/d至10000t/d的篦冷机（含漏料拉链机）。其他行业用篦冷机也可参照使用。	JC/T 336-2006		2015-04-01
JC/T 465-2014	水泥工业用预热器分解炉系统装备技术条件	本标准规定了水泥工业用预热器分解炉系统的要求、试验方法、检验规则、标志、包装、运输与贮存。 本标准适用于水泥工业用预热器分解炉系统。其他行业的预热器分解炉也可参照使用。	JC/T 465-2006		2015-04-01
JC/T 2259-2014	立式煤磨用主减速器	本标准规定了水泥工业立式煤磨用主减速器的型式、型号、基本参数、要求、试验方法、检验规则及标志、包装、运输和贮存。 本标准适用于水泥工业立式煤磨用主减速器。其他行业亦可参照执行。			2015-04-01
JC/T 2272-2014	水泥窑用白云石砖	本标准规定了水泥窑用白云石砖的分类、技术要求、试验方法、检验规则、包装、标志、运输、储存和质量证明书。 本标准适用于由煅烧过的白云石或煅烧白云石和氧化镁为主要原料制成的水泥窑用白云石砖。			2015-04-01

水泥专利
Cement Patent

水泥专利

CN201320751399 FA干燥粉磨煅烧系统
CN201310358041 RDF离线燃烧工艺及系统
CN201320501671 RDF离线燃烧系统
CN201310426700 α型高强石膏粉的制备方法
CN201310703190 白色硫铝酸盐水泥及其制备方法
CN201310189605 半终粉磨工艺及其设备
CN201320064963 箅板及箅式冷却机
CN201320370890 篦冷机的组合式篦板
CN201310178115 篦冷机物料推送装置
CN201310227051 不锈钢污泥制水泥熟料添加剂的方法
CN201320153566 采用脱硝工艺的新型干法水泥窑熟料生产线
CN201320147791 除尘机粉尘回收装置
CN201310661660 吹风速度自动控制的水泥回转窑余热利用换热器
CN201320423839 带除尘系统的水泥筒仓
CN201310316002 带有外置分解炉的水泥熟料烧成装置的投料方法
CN201320151390 电石渣制水泥生产线中的高温烟气分流装置
CN201310678975 粉料定量上料系统
CN201310678940 粉料上料过渡仓
CN201320820313 粉料上料系统
CN201310652807 粉煤灰聚合型胶凝材料及其制备方法和应用
CN201320088670 风扫式布料箱
CN201320529371 干法水泥生产线低温余热发电系统热力循环控制装置
CN201310381505 干法水泥生产线组合式低温余热发电系统
CN201320367165 干法水泥窑三次风管用耐火预制件
CN201320367296 干法水泥窑三次风管用耐火预制件的模具
CN201310255490 干法水泥窑三次风管用耐火预制件及其制作方法
CN201320287608 干法水泥窑窑尾烟室下料舌板总成
CN201310402159 干法旋窑回灰作为替代性渣粉生产水泥的方法
CN201310630261 干粉状磷石膏基胶凝材料的制备方法
CN201310096194 高活性赤泥基混凝土掺合料制备方法
CN201310677600 工业副产石膏直接蒸压生产α-半水石膏的装置和方法
CN201310659344 管束间距及凸起密度不同的水泥回转窑余热利用换热器
CN201310411688 化学副产石膏微波技术生产建筑石膏粉的方法和装置
CN201310164930 化学石膏干法生产高强α石膏的工艺
CN201310278567 节能环保水泥熟料制备系统
CN201320394955 节能环保水泥熟料制备系统
CN201310659333 具有多吹灰口的水泥回转窑余热利用换热器及其吹灰方法
CN201320394674 具有二次均化功能的水泥生料均化库
CN201320388056 离散-连续混合型水泥生产过程运行控制系统
CN201320292849 利用城市生活污水污泥生产水泥的系统
CN201310411112 利用钢渣水洗球磨泥生产地质聚合物的方法
CN201310234766 利用花岗岩沉淀池废渣粉再生的硅酸盐原料及其生产方法和应用
CN201310517346 利用黄磷渣代替部分粘土生产硅酸盐熟料的方法
CN201310153579 利用钾长石生产钾肥联产特种水泥的方法
CN201310484584 利用石材业废弃石粉生产水泥的方法
CN201310262583 利用疏浚淤泥制备无机胶凝材料的方法
CN201320394718 利用熟料烧成系统的窑头余热生产煤粉的系统
CN201310160326 利用水泥厂JT窑处理废水废液工艺及设备
CN201320235328 利用水泥厂JT窑处理废水废液设备
CN201320885019 利用水泥回转窑辐射热提高余热发电量装置
CN201310093500 利用酸性锆硅渣制备的水泥混凝土掺合料及其制备方法
CN201310456664 铝酸钙水泥的制造方法
CN201310335179 镁水泥组合粉料及其制备工艺
CN201310098481 内嵌槽道热管的水泥转窑余热回收器
CN201320140420 内嵌槽道热管的水泥转窑余热回收器

CN201310066906 镍渣复合硅酸盐水泥的生产方法
CN201310002794 清水混凝土胶凝材料及应用该材料的抗腐蚀清水混凝土
CN201320351861 入库生料直接入窑装置
CN201320395216 入窑生料再均化系统
CN201310731736 烧结脱硫灰渣替代石膏的铁矿全尾砂充填胶凝材料
CN201310056728 生产G级高抗油井水泥熟料的方法及该方法所生产的水泥熟料
CN201310056663 生产G级中抗油井水泥熟料的方法及该方法所生产的水泥熟料
CN201320157137 生料均化供气系统
CN201310185116 水泥
CN201310110236 水泥厂PM10排放的在线全方位监控方法
CN201310136251 水泥的生产方法
CN201320724528 水泥回转窑篦冷机余热发电系统
CN201320348109 水泥回转窑喷煤管油枪喷嘴
CN201320059645 水泥回转窑前窑口结构
CN201320724150 水泥回转窑热量综合利用系统
CN201310475924 水泥回转窑外壁余热回收装置
CN201320277661 水泥回转窑窑衬清理机
CN201320379008 水泥回转窑窑门和窑头罩喷煤管的密封结构
CN201320723881 水泥回转窑窑体余热发电系统
CN201310189049 水泥回转窑窑头余热再利用技术
CN201320100770 水泥回转窑窑头罩顶部结构
CN201320768225 水泥回转窑窑尾旁路放风余热锅炉
CN201320723932 水泥回转窑窑尾余热发电系统
CN201310422814 水泥回转窑液压挡轮在线磨削方法
CN201320350451 水泥回转窑用三次风管闸板
CN201320718311 水泥回转窑余热发电机构
CN201320069981 水泥回转窑装置
CN201320820256 水泥混合物生产系统
CN201310678981 水泥混合物生产线
CN201320327507 水泥冷却器
CN201320394717 水泥煤粉制备系统
CN201310198832 水泥生产及余热发电系统烟尘排放的监测方法
CN201320197289 水泥生产设备
CN201310414612 水泥生产线带有篦床输送速度自动调控装置的篦冷机
CN201320565905 水泥生产线带有篦床输送速度自动调控装置的篦冷机
CN201320486388 水泥生产线生料自动配料装置
CN201320486383 水泥生产线水泥自动配料装置
CN201320724529 水泥生产窑头余热发电系统
CN201310006842 水泥生产与优化系统
CN201320394716 水泥生料粉磨系统
CN201320394720 水泥生料均化系统
CN201310278568 水泥生料输送系统
CN201320394762 水泥生料输送系统
CN201320394761 水泥生料制备及均化系统
CN201320394764 水泥生料制备系统
CN201320394719 水泥生料自动粉磨系统
CN201320265298 水泥熟料箅冷机废气余热循环利用及配套余热发电系统
CN201310526807 水泥熟料烧成系统控制方法
CN201310679326 水泥添加剂称量装置
CN201320445253 水泥喂料机的刮板机构
CN201320445235 水泥喂料机的活动套筒控制机构
CN201320445248 水泥喂料机的盘托
CN201320529444 水泥窑低温余热发电系统循环冷却水装置
CN201310554954 水泥窑顶盖用挂砖
CN201320703812 水泥窑顶盖用挂砖
CN201310357893 水泥窑旁路放风工艺及系统
CN201320501389 水泥窑旁路放风系统
CN201320056428 水泥窑筒体辐射热与窑尾烟气余热联合利用装置
CN201320017735 水泥窑镶砖顶压装置
CN201320430211 水泥窑协同处置中一种机械弹射物料装置
CN201310303781 水泥窑协同处置中一种机械弹射物料装置及其进窑方法
CN201310535611 水泥窑窑头新型余热锅炉
CN201320198006 水泥窑窑头一次风供给装置
CN201310517128 水泥窑窑头余热锅炉
CN201320717601 水泥窑余热发电系统
CN201320490800 水泥窑预热器系统下料管结皮清理装置
CN201310580143 水泥预分解窑
CN201320102250 水泥预热器陶瓷内筒
CN201320236719 脱硫石膏煅烧装置
CN201320721892 往复推动式篦冷机固定急冷床
CN201310172278 无熟料钢渣再生微粉复合水泥
CN201310112738 新型干法水泥窑焚烧生活垃圾的方法
CN201310569526 窑灰收集装置
CN201320721386 窑灰收集装置
CN201320029662 液体水泥助磨剂的自动加入系统
CN201310234608 一步法复式烘干煅烧脱硫石膏装备
CN201310129663 一种 $\alpha+\beta$ 混合型半水石膏粉制备工艺及设备

CN201320187736 一种 α+β 混合型半水石膏粉制备设备
CN201320188370 一种 β 型半水石膏粉煅烧设备
CN201310129662 一种 β 型半水石膏粉煅烧制备工艺及煅烧设备
CN201310693013 一种白水泥熟料篦冷机分料器
CN201310692724 一种白水泥熟料漂白机
CN201320621860 一种白水泥熟料漂白冷却装置
CN201310468349 一种白水泥熟料漂白冷却装置及漂白冷却工艺
CN201310558167 一种半水石膏加工系统
CN201320707838 一种半水石膏加工系统
CN201320194335 一种箅冷机设备用侧盲板安装结构
CN201320498088 一种篦冷机喷水装置
CN201320334719 一种篦冷机一室冷却结构
CN201320780944 一种篦式冷却机
CN201310507184 一种不外加缓凝剂的快凝早强磷酸镁水泥
CN201310514035 一种不外加缓凝剂的快凝早强磷酸镁水泥的制备方法
CN201310164913 一种采用 O_2/CO_2 燃烧技术富集 CO_2 的水泥熟料生产工艺
CN201310374788 一种掺钛矿渣超硫酸盐水泥及其制备方法
CN201310333511 一种超低温胶凝材料熟料及其制法
CN201310333510 一种超低温胶凝喷射材料
CN201310025285 一种超细微粉水泥掺合料及其制作方法
CN201310613947 一种赤泥负碳水泥及其制备方法
CN201310334574 一种赤泥深度还原提铁及二次尾渣制备胶凝材料的方法
CN201310613578 一种赤泥水泥及其制备方法
CN201310477026 一种大掺量粉煤灰水泥及其制备方法
CN201310731946 一种大掺量粉煤灰制备矿用早强充填胶凝材料
CN201320565907 一种带有沉降室的水泥生产线
CN201320571030 一种挡灰板托架组件
CN201310707594 一种低氮氧化物排放的分解炉结构
CN201320845795 一种低氮氧化物排放的分解炉结构
CN201310078714 一种低热抗裂型硅酸盐水泥
CN201310646203 一种低温煅烧插层高岭土制备碱激发胶凝材料的方法
CN201310110697 一种低温烧成水硬性胶凝材料的制备方法
CN201320567496 一种低温型有机朗肯循环水泥厂余热发电装置
CN201310382122 一种低重金属浸出生态水泥
CN201310381918 一种低重金属浸出生态水泥的制备方法
CN201310724047 一种地基注入用水泥组合物
CN201310143484 一种地质聚合物/乳化沥青复合材料及其制备方法
CN201310351050 一种地质聚合物干粉材料及制备方法
CN201310133749 一种电解锰渣综合利用的方法
CN201310294484 一种电石渣水泥
CN201320041966 一种钒渣焙烧熟料的冷却输送装置
CN201310444085 一种防辐射水泥
CN201310570208 一种防腐蚀水泥
CN201310443633 一种防酸碱腐蚀水泥
CN201310088484 一种废旧除尘布袋焚烧灰渣制造水泥混合材的方法
CN201310454732 一种废旧混凝土超细再生活性微粉及其制备方法
CN201310349041 一种废弃混凝土作为水泥生产中的活性掺合材的方法
CN201310665827 一种废弃陶瓷碎磨回收利用处理工艺、装置及预拌混凝土
CN201310172584 一种废弃造纸白泥的改性处理方法及一步法制备水泥混合材的工艺
CN201310692725 一种分料式白水泥熟料冷却工艺
CN201320820311 一种粉料定量上料系统
CN201320820250 一种粉料上料过渡仓
CN201310583843 一种粉煤灰的给料装置
CN201320734115 一种粉煤灰的给料装置
CN201310374647 一种粉煤灰基地质聚合物及其制备方法
CN201310732842 一种粉煤灰石灰石煅烧氧化铝自粉化熟料间接冷却设备
CN201310687028 一种粉煤灰水泥及其制备方法
CN201310743736 一种粉煤灰氧化铝熟料高温冷却设备
CN201310152536 一种风积沙水泥
CN201310151789 一种负碳节能水泥
CN201310182176 一种复合水泥及其制备方法
CN201310454624 一种复合型土壤固化剂及其制备和应用
CN201310449650 一种富氧强化褐煤煅烧水泥熟料的生产方法
CN201320343912 一种改进型水泥加工用窑口护板
CN201320344049 一种改进型水泥加工用窑尾护板
CN201310149185 一种改性复配粉煤灰用于水泥制备的方法
CN201310067205 一种干法回转窑高硫煤煅烧水泥熟料的方法
CN201320367128 一种干法水泥窑三次风管
CN201320449872 一种干法水泥窑筒体的移动冷却装置
CN201310261195 一种干法旋窑生产微膨胀早强硅酸盐水泥的方法
CN201310632025 一种钢渣粉磨预处理的方法
CN201310509737 一种高纯度无水石膏制取工艺
CN201310639607 一种高活性锰渣-矿渣复合微粉的制备方法

CN201310719086 一种高硫低硅铁尾矿的梯级利用方法
CN201310155623 一种高镁硫铝酸钙改性硅酸盐水泥熟料及其生产方法
CN201310173134 一种高浓度回收水泥生产过程中 CO_2 气体的方法
CN201310626707 一种高强度复合水泥及其制备方法
CN201310138543 一种高强度硅酸盐水泥熟料及其制备方法
CN201310044081 一种高强度煤矸石粉及其制备方法
CN201310443824 一种高强度水泥
CN201310598594 一种高水硬活性高炉渣处理方法
CN201310358857 一种高性能水泥混合材的制备方法
CN201310443010 一种高性能水泥及其制备方法
CN201310702580 一种隔热水泥
CN201310702602 一种隔热水泥
CN201310537946 一种工业废石膏处理联合零碳排放水泥生产的工艺
CN201310295907 一种工业副产石膏基复合胶凝材料及其制备方法
CN201310541461 一种硅钙渣烘干和降碱的方法及系统
CN201320694237 一种硅钙渣烘干和降碱系统
CN201310289251 一种硅酸盐熟料及其制备的水泥
CN201310383840 一种硅酸盐水泥的配方
CN201310059691 一种含镁铝尖晶石的铝酸盐水泥及其制备方法
CN201310315939 一种含水污泥资源化利用的方法
CN201310443906 一种环保水泥
CN201310324146 一种活性无水硫酸钙的制备工艺
CN201310278530 一种碱激发胶凝材料及其制备方法
CN201310200364 一种浆纸污泥的分支处理方法及其各分支处理产物的应用
CN201310272745 一种洁净钢渣集料的生产方法
CN201310008204 一种金属镁冶炼渣的处理方法
CN201310008554 一种具有温度调节功能的水泥回转窑表面热量回收装置
CN201320011840 一种具有温度调节功能的水泥回转窑表面热量回收装置
CN201310626600 一种具有增强水泥强度的添加剂
CN201310702386 一种抗冻水泥
CN201310383454 一种抗硫酸盐腐蚀性水泥
CN201310382983 一种抗硫酸盐腐蚀性水泥的制备方法
CN201310256870 一种抗收缩低铁高镁硅酸盐熟料
CN201310400695 一种可变气氛水泥熟料煅烧回转窑试验设备
CN201310423709 一种可胶结多种物质的新型无机胶凝材料及其制备方法
CN201310186175 一种可使用海水海砂拌合的无机聚合物胶凝材料及混凝土
CN201310558180 一种利用电解锰渣作缓凝剂制备水泥的方法
CN201320651819 一种利用废漆渣作为辅助燃料的水泥生产设备
CN201310035722 一种利用含重金属湖泊底泥制备硅酸盐水泥的方法
CN201310153390 一种利用钾岩石制造硫酸钾肥联产特种水泥的方法
CN201310009386 一种利用轮窑余热生产 β－半水石膏的方法
CN201310430189 一种利用水泥生产工艺分类处置有机污染土壤的方法
CN201310538924 一种利用铜铅尾矿和硫酸渣生产的水泥熟料及其生产方法
CN201310308218 一种利用油页岩灰制备水泥的方法
CN201310317411 一种廉价单组分碱激发水泥的制备与使用方法
CN201320650559 一种列进式篦冷机出料端篦板
CN201310071784 一种磷石膏的预处理方法
CN201310733822 一种磷石膏的预处理工艺
CN201310384778 一种磷石膏胶凝材料的制备方法
CN201310341830 一种磷石膏矿物胶凝剂
CN201310043067 一种绿辉石地质聚合物材料的制备方法
CN201310546751 一种绿色高性能水泥及其生产方法
CN201310546752 一种绿色水泥及其生产方法
CN201310154733 一种煤矸石高活性胶凝材料的制备方法
CN201310483084 一种迷宫密封型熟料冷却篦板
CN201320636017 一种迷宫密封型熟料冷却篦板
CN201310315493 一种轻质热风炉管道喷涂料及其使用方法
CN201410162992 一种设置凸起的水泥回转窑余热利用换热器
CN201310661805 一种设置凸起的水泥回转窑余热利用换热器及其吹灰方法
CN201310266350 一种生产硫铝酸盐水泥的方法
CN201310556437 一种生石膏加工系统
CN201320709429 一种生石膏加工系统
CN201310215307 一种生态防渗水泥渠
CN201310684859 一种生态型高强改性白水泥及其制备方法
CN201320172279 一种湿电石渣下料溜子
CN201310435478 一种石材加工废粉处理再利用装置
CN201320588042 一种石材加工废粉处理再利用装置
CN201320080760 一种石膏煅烧设备
CN201320569476 一种石膏煅烧设备
CN201310579902 一种石膏干燥煅烧机
CN201320730833 一种石膏干燥煅烧机出料机构
CN201320730866 一种石膏干燥煅烧机出料装置的出料机构

CN201320730669 一种石膏干燥煅烧机出料装置的接渣机构
CN201310437466 一种石膏生产水泥联产硫酸的生产方法
CN201310157200 一种石膏制硫酸联产水泥的烘干煅烧工艺及装置
CN201320230302 一种石膏制硫酸联产水泥的烘干煅烧装置
CN201320279222 一种实现半终粉磨工艺的设备
CN201320811223 一种适用于推动式篦冷机的篦床
CN201310346463 一种适用于植生混凝土的低碱度胶凝材料
CN201310035703 一种适于全尾矿充填用的胶凝剂
CN201320819848 一种熟料窑下料室的观察装置
CN201310613025 一种水电工程用高镁微膨胀中热水泥及其制备方法
CN201310444035 一种水泥
CN201310491162 一种水泥
CN201310742195 一种水泥厂热功联产方法
CN201320879878 一种水泥厂热功联产系统
CN201320498571 一种水泥回转窑的分体大齿圈
CN201310306270 一种水泥回转窑炉的低氮燃烧系统
CN201310734327 一种水泥回转窑外壳的热量回收系统
CN201320808605 一种水泥回转窑窑门装置
CN201320812049 一种水泥回转窑窑尾烟气烘干电石渣装置
CN201320182747 一种水泥回转窑用硅莫砖
CN201310734000 一种水泥回转窑余热回收方法
CN201320820306 一种水泥混合物生产线
CN201310675363 一种水泥基复合材料及其制备方法
CN201310070801 一种水泥及其制备方法
CN201320787321 一种水泥搅拌桨
CN201310703082 一种水泥快速冷却器
CN201320842296 一种水泥快速冷却器
CN201310297398 一种水泥生产结皮清理方法
CN201320421612 一种水泥生产结皮清理水枪
CN201310288267 一种水泥生产设备结皮水汽清除方法及其所使用的设备
CN201320408864 一种水泥生产设备结皮水汽清理器
CN201320736400 一种水泥生料浆搅拌筒
CN201320646615 一种水泥生料预热预分解装置
CN201310489297 一种水泥生料预热预分解装置及其使用方法
CN201310707715 一种水泥熟化催化剂
CN201310707716 一种水泥熟化催化剂
CN201310707747 一种水泥熟化催化剂
CN201310707911 一种水泥熟化催化剂
CN201310707966 一种水泥熟化催化剂
CN201310708011 一种水泥熟化催化剂
CN201310708036 一种水泥熟化催化剂
CN201310708068 一种水泥熟化催化剂
CN201310708218 一种水泥熟化催化剂
CN201310708306 一种水泥熟化催化剂
CN201310708307 一种水泥熟化催化剂
CN201310626596 一种水泥熟化料及其制备方法
CN201310277878 一种水泥熟料篦冷机控制方法
CN201320761328 一种水泥熟料高温导料机
CN201310355408 一种水泥熟料及其制备工艺
CN201320299824 一种水泥熟料冷却系统
CN201310204616 一种水泥熟料冷却系统及冷却方法
CN201310393528 一种水泥替代原料的制备方法
CN201320889574 一种水泥窑分解炉装置
CN201320094212 一种水泥窑富氧助燃系统
CN201310610237 一种水泥窑生活垃圾三路入窑处置方法和装置
CN201320755873 一种水泥窑生活垃圾三路入窑处置装置
CN201320854626 一种水泥窑头余热锅炉窑体
CN201320690143 一种水泥窑窑头新型余热锅炉
CN201320664455 一种水泥窑窑头余热锅炉
CN201310065577 一种水泥窑综合节能减排一体化系统
CN201320094277 一种水泥窑综合节能减排一体化系统
CN201310674808 一种水泥预热器内筒挂片
CN201320787142 一种水泥匀料料仓
CN201310324919 一种水泥制备方法
CN201320460267 一种水泥制备系统
CN201310555609 一种水泥助磨剂的配制及使用方法
CN201320706873 一种水泥助磨剂的配制与加料装置
CN201320809635 一种水泥助磨剂的雾化装置
CN201310098425 一种水泥转窑余热回收循环热风装置
CN201320140057 一种水泥转窑余热回收循环热风装置
CN201310144502 一种水热法 α-半水石膏生产方法
CN201310443967 一种速干水泥
CN201310010703 一种钛石膏复合胶凝材料及其制备方法
CN201310299049 一种提高钢渣水化活性的方法
CN201310615097 一种铜渣赤泥负碳水泥及其制备方法
CN201310519851 一种脱硫粉煤灰的改性方法
CN201320312332 一种脱硫石膏烘干煅烧设备
CN201310214297 一种脱硫石膏烘干煅烧设备及生产工艺
CN201310556110 种脱硫石膏加工系统
CN201320706444 一种脱硫石膏加工系统
CN201310571233 一种外抛高钙粒状渣煅烧分相熟料工艺
CN201310325375 一种外循环水泥立磨终粉磨系统
CN201320460364 一种外循环水泥立磨终粉磨系统

CN201310169248　一种微膨胀高镁中热水泥及其生产方法与应用
CN201310719182　一种污泥深度脱水与水泥窑综合利用方法
CN201310180286　一种无煅烧渣材基水泥
CN201310271128　一种无机防水胶凝材料及其制造方法
CN201310392260　一种无熟料水泥
CN201310035710　一种细粒尾矿充填用的胶凝材料
CN201320575348　一种新型的水泥熟料生产线的窑尾分解炉装置
CN201320461532　一种新型动力外置列进式冷却机
CN201310621914　一种新型复合水泥的制备方法
CN201310461719　一种新型干法水泥工艺
CN201320421662　一种新型干法水泥生产系统
CN201310168498　一种新型干法水泥生产系统的脱硫固硫燃烧方法
CN201310210467　一种新型干法水泥熟料生产全流程优化方法
CN201310251343　一种新型硅酸盐 P·I52.5 水泥
CN201310251342　一种新型硅酸盐 P·II52.5 水泥
CN201310254702　一种新型硅酸盐 P·052.5 水泥
CN201310251512　一种新型矿渣硅酸盐 P·SA32.5 水泥
CN201310253390　一种新型矿渣硅酸盐 P·SA42.5 水泥
CN201310251344　一种新型矿渣硅酸盐 P·SB32.5 水泥
CN201310253104　一种新型矿渣硅酸盐 P·SB42.5 水泥
CN201310251150　一种新型普通硅酸盐 P·042.5R 水泥
CN201310253389　一种新型普通硅酸盐 P·042.5 水泥
CN201310253694　一种新型普通硅酸盐 P·052.5R 水泥
CN201310419618　一种新型水泥混合材
CN201310113596　一种新型水泥组合物
CN201320293684　一种窑尾排烟温度可调的水泥窑余热发电系统
CN201310199794　一种窑尾排烟温度可调的水泥窑余热发电系统及控制方法
CN201320809819　一种液体水泥助磨剂加料设备
CN201310409887　一种以石煤提钒尾渣为主要原料制备地聚合物的方法
CN201310263667　一种用干法预分解窑生产水泥熟料的方法
CN201310421265　一种用磷矿石、石灰石和硅石生产磷酸联产水泥、合成氨的方法
CN201310360910　一种用磷石膏制备硬石膏胶结浆料的方法
CN201310399181　一种用生活垃圾焚烧飞灰直接磨制的水泥及制备方法
CN201320327808　一种用于篦冷机的篦板
CN201320790678　一种用于粉磨系统的专用热风发生装置
CN201320097985　一种用于干法水泥生产线的 SNCR 脱硝系统
CN201310164074　一种用于降低燃料用量的水泥添加剂
CN201320575001　一种用于生料入窑计量设备的控制装置
CN201310629141　一种用于输电杆塔基础的无水泥尾矿混凝土灌浆料
CN201320602002　一种用于水泥厂高温炉体的余热回收装置
CN201310726016　一种用于水泥和混凝土中的改性脱硫灰及其制备方法
CN201310732103　一种由水泥回转窑处理含砷废渣的方法
CN201310550856　一种有源煤气化生产水泥的方法和回转窑装置
CN201310308172　一种圆盘式脱水机的刮刀系统
CN201320234337　一种圆盘式脱水机的刮刀系统
CN201310070164　一种再生活性超细粉体及其制备方法
CN201310359927　一种早强复合硅酸盐水泥
CN201310359926　一种早强砌筑水泥
CN201310382953　一种增强型复合水泥及其制备方法
CN201310664557　一种重金属石膏制备地质聚合物胶凝材料的方法
CN201310462070　一种资源化利用锡矿尾矿为原料制备低能耗水泥的方法
CN201310611657　一种综合利用反浮选磷矿尾矿的方法
CN201310152772　一种组合物及其应用
CN201310605459　以低铝石煤提钒渣和硝酸磷肥渣为主要原料制备抗硫酸盐硅酸盐水泥熟料的方法
CN201310488080　用烟气脱硫石膏制备高强度 α-半水石膏的方法
CN201320328786　用于水泥加工的冷却装置
CN201320723573　用于水泥生产余热发电的窑头取风风道结构
CN201310065548　用于水泥窑节能减排的局部增氧助燃装置
CN201320094333　用于水泥窑节能减排的局部增氧助燃装置
CN201320583205　用于水泥窑窑尾分级燃烧脱氮系统的煤粉分散器
CN201310545570　用于新型干法水泥窑余热电站的旁路放风余热回收系统
CN201320697115　用于新型干法水泥窑余热电站的旁路放风余热回收系统
CN201310069758　余热粉磨工艺及设备
CN201310229948　再生硬化水泥浆体胶凝材料及其制备方法
CN201310241787　再生硬化水泥砂浆粉胶凝材料及其制备方法
CN201310098821　正六边形水泥回转窑表面热量回收装置
CN201320140056　正六边形水泥回转窑表面热量回收装置
CN201320586026　中空冷却式三次风闸板

科技成果

Technical achievement

2013年度中国建筑材料联合会·中国硅酸盐学会建筑材料科学技术获奖项目（节选水泥部分）

科技进步类

序号	项目名称	主要创新点	建议等级	主要完成单位	主要完成人
5	助磨剂分子/官能团组合设计及功能型液体水泥助磨剂的研究与应用	1. 建立了助磨剂分子构效关系；提出了助磨极限和特征掺量的概念，发现助磨剂掺量与其助磨性能的关系符合Boltzmann方程，并确定了方程的参数取值，实现了定量计算； 2. 提出助磨剂化学新的“氢键成膜理论”，分析了助磨剂在水泥表面的吸附分散形式，解释了不同结构助磨剂分子的作用机理，并以“氢键成膜理论”为基础设计了“理想”助磨剂的分子结构； 3. 在分子设计基础上，采用端基改性、自由基聚合分别研制成功醇胺-羧酸系、醇胺酯系和聚醇胺-羧酸系聚合物三种系列的合成高效助磨剂，替代传统的三乙醇胺，效果独到； 4. 提出基于醇胺酯系合成物的助磨剂分子多元组合设计方法，据此研制成功系列功能复合型水泥助磨剂，并针对不同水泥工业生产要求，开发出提产型、改善相容性型以及各种混合材水泥专用型等水泥助磨剂。	二等	中国矿业大学(北京)、山东宏艺科技股份有限公司	王栋民、赵计辉、赵洪义、王剑锋、朱化雨、李端乐、王振华、唐官保、袁 振、宋南京
6	水泥窑协同处置危险废物关键技术及应用	1. 发明了多种危废均质化预处理技术，保证了窑工况的稳定；发明了多级逆流循环漂洗去除垃圾焚烧飞灰中氯、钾、钠等有害元素的技术与工艺，解决了水泥窑炉结皮堵塞等问题，提高了废物处置量； 2. 发明了分温区处置工艺与装置，有效地防止二恶英挥发，无害处置有毒废液，高效固化了重金属； 3. 集成创新建成了利用水泥窑焚烧危险废物示范线和水泥窑共处置飞灰生产线； 4. 建立了利用水泥窑焚烧废物技术规范，形成了危废管理信息系统。	二等	北京水泥厂有限责任公司、北京市琉璃河水泥有限公司、北京金隅红树林环保技术有限责任公司、北京建筑材料科学研究总院有限公司	田 巍、周治平、顾 军、熊运贵、赵向东、赵启刚、王肇嘉、赵 雍、刘 科、张 觊
7	高强增韧水泥混凝土路面材料制备关键技术及应用开发	1. 根据现行规范对极重、特重、重交通荷载等级路面用水泥混凝土弯拉强度标准值大于等于5.0MPa的实际需求，通过活化和激发钢渣粉活性，利用研发的聚羧酸减水剂、重矿渣骨料和混杂纤维等材料，制备出弯拉强度达到8.0MPa的高强增韧水泥混凝土路面材料； 2. 研发出可提升界面粘结强度的橡胶微粒表面处理剂，并开发了用于评定粘结效果的活性指数测试仪，解决了橡胶微粒混凝土含气量高、收缩大的难题； 3. 提出了由高强增韧水泥混凝土上面层加橡胶微粒水泥混凝土下面层组成的新型复合式混凝土路面结构； 4. 研发出新型路面抗滑测试仪和实时噪声检测设备及相应的评价软件，具有抗干扰能力强、数据自动采集分析、性价比高和操作便捷等特点，并完善了水泥混凝土路面防滑降噪的综合评价体系。	二等	中国建筑材料科学研究总院、江苏省建筑科学研究院有限公司、长安大学、北京工业大学、南京工业大学	王 玲、姚 燕、刘加平、陈拴发、李 悦、林 晖、邓 敏、李海清、张海波、白 杰

9	高承载系列新型预制桩研制与静钻根植施工技术开发	1. 研制的先张法预应力高强混凝土竹节桩（PHDC 桩），通过桩侧与水泥土可靠结合增大桩侧阻力，通过扩大桩端面积增强桩端阻力，提高了桩的承载能力；研制的复合配筋先张法预应力混凝土管桩（PRHC 桩），提高了桩身的抗弯、抗拉性能，这些技术的综合应用可以改善桩的抗压、抗拔、抗水平承载能力，提高地震作用下桩身的变形性能； 2. 研发了静钻根植施工技术，通过桩端和桩周水泥土固化及各种桩型的优化组合，能更好地承受竖向抗压、抗拔、抗水平荷载，解决了施工挤土效应对周边环境影响的问题； 3. 开发并改进了管桩生产工艺及设备，包括双循环自动化生产线、内外模双层壁式钢模、免压蒸工艺等；大幅提高了自动化程度、文明生产程度和劳动生产率。	二等	中淳高科桩业股份有限公司、浙江大学建筑设计研究院	张日红、王树峰、严天龙、陈洪雨、向安乐、陈永和、孙小雨、章　耀、干　钢、陈　刚
10	年产 40 万吨白水泥熟料关键技术及装备的研发及应用	1. 石灰石两段破碎、一次水洗除铁工艺，有效降低了原料中 Fe_2O_3 及杂质含量； 2. 硅质原料单独湿磨后与钙质原料干法混磨工艺，保证了硅质原料的反应活性，提高了粉磨效率，有效防止了矽肺职业病； 3. 采用五级旋风，实现了充分的热交换和对分解炉的稳定和有效控制； 4. 熟料分段冷却、漂白机水冷和篦冷机风冷相结合，确保了熟料白度，大量回收了热量，大大降低了熟料烧成热耗。	二等	天津水泥工业设计研究院有限公司、中材装备集团有限公司	徐培涛、俞为民、彭学平、陶从喜、刘继开、聂文海、李　波、卢华武、曾　荣、刘保良
13	TRMR60.4 生料立式辊磨设备开发及应用	1. 通过 CFD 计算机模拟和有限元分析，研制成国内最大型生料立式辊磨，单台立式辊磨可满足日产 6000 ～ 7000 吨级生产线生料制备的需要； 2. 开发了新型 FEY 型迷宫式轴承密封技术，提高了大型化磨辊轴承密封的可靠性； 3. 开发了新型选粉机转子密封间隙可调装置，保证了大型化选粉机转子密封加工、装配及安装精度，提高产品合格率； 4. 研发了自吸式轴承冷却装置，改善了选粉机下轴承工作环境，有利于延长轴承的使用寿命，降低维修成本。	二等	中材装备集团有限公司、河北矿峰水泥有限公司	宋寿顺、刘　箴、刘子河、柴星腾、申占民、聂文海、容　红、牛振地、杨天喜、赵剑波
15	含可燃物生料的预分解系统技术及装备的研发与应用	针对石灰石可燃物含量高（热值达 310kJ/kg）的特点，通过原料分析试验、计算机模拟研究及工程实践，研究了生料燃烧放热特性，开发设计了生料预燃烧炉，建立了处置含可燃物生料的新型干法预热预分解新系统，并获国家发明专利，已获国际 PCT 专利授权保护。	二等	天津水泥工业设计研究院有限公司、中材装备集团有限公司	俞为民、陶从喜、彭学平、赵永刚、陈海平、陈昌华、陈志辉、武晓萍、董　蕊、陈邓归
16	城市污泥深度脱水和水泥窑协同处置技术的应用	1. 开发的无氯污泥深度脱水调理剂，可减少污泥压滤液重金属含量及滤饼恶臭。通过化学调理和机械压滤结合，将含水率 80% ～ 95% 的污泥脱水控制在 50% ～ 55% 的经济合理水平，满足污泥的减量化脱水处理要求及水泥窑协同处置要求； 2. 脱水后污泥经破碎、计量和输送至分解炉，在保证水泥生产线稳定运行的情况下，实现了污泥的无害化处置。	三等	上海建筑材料集团水泥有限公司	匡　鸿、戴民华、马　勇、张　永、项朝壁

第四篇 记事

中国水泥大事记

环球信息

中国水泥大事记

Memorabilia of China Cement

2013年大事记

一月

3日 中国建材集团和台泥集团在香港签署战略合作协议。双方展开全方位战略合作，构建资源共享、优势互补的发展平台，实现合作共赢，共同推动水泥行业健康发展。中国建材集团董事长、中国建材股份董事局主席宋志平与台泥集团董事长辜成允出席签字仪式，中国建材集团、中国建材总裁曹江林和台泥集团资深副总经理黄健强代表双方签署战略合作协议。

三月

3～13日 “两会”在北京胜利召开，水泥行业共产生4位人大代表，他们是：中国工程院院士、西安建筑科技大学校长徐德龙，安徽海螺集团董事长郭文叁，山水集团原董事长、执行董事张才奎，中国建材北方水泥有限公司副总裁赵君。代表们就水泥行业产能过剩、科技创新、“走出去”战略等提出各自的建议。

四月

9日 2013年度的中国大型水泥企业领导人圆桌会议（C12+3峰会）在南宁举行。本次会议的主题是：推进企业兼并重组，加快行业转型升级。会议由中国水泥协会主办，华润水泥控股有限公司承办。中国建材联合会、中国水泥协会会长乔龙德任会议主席，中国水泥协会名誉会长雷前治任会议副主席，会议由本次会议秘书长、中国水泥协会常务副会长、秘书长孔祥忠主持，出席会议的包括中国水泥行业前15家大型企业领导人。

20日 北京时间8点02分，四川省雅安地区发生7.0级地震。地震发生后，中国水泥协会领导非常关注灾情，立即通过多种方式，询问工作在震区的水泥企业及员工情况。中国水泥协会副会长兼秘书长孔祥忠专门致电四川省水泥协会秘书长成学军，询问详细灾情和震后水泥市场需求情况。随后，中国水泥协会向灾区的水泥企业发去了慰问信。中国建材集团、台泥、北京金隅、西南水泥等企业也迅速行动起来，向灾区伸出援助之手。

24日 由中国水泥协会主办的，中国水泥协会信息和传媒中心承办的“中国水泥市场论坛”在北京召开。本次论坛邀请到了宏观经济、投资、上下游基建等行业领域的专家，不仅吸引了广大水泥及其相关企业的参加，同时也吸引了资本市场和各大媒体的高度关注。

24日 由中国建筑材料联合会、中国水泥协会和中国贸促会建材分会共同主办，北京建展科技发展有限公司承办的第14届中国国际水泥技术及装备展览会在北京展览馆开幕。本届展会展览面积达到22000平方米，国际化明显扩大，有来自40多个国家和地区的200余家装备企业参展，共同交流探讨水泥技术装备发展趋势和策略。

25日 由中国建材联合会、中国水泥协会、中国国际贸易促进委员会建材分会联合主办的“2013’中国国际水泥峰会”在北京隆重召开。峰会的主题是以“绿色水泥工业 建设美丽中国”，来自世界40多个国家和地区的400多名代表共同出席了本次大会，就践行水泥工业绿色发展进行了广泛深入的交流和探讨。

五月

28日 “2013年世界绿色设计峰会”在江苏省扬州市召开。中材国际申报的水泥窑协同处置废弃物项目，荣获国际绿色设计能源环保类金奖。

六月

18～20日 受联合国环境规划署（UNEP）和世界水泥可持续发展倡议组织（CSI）邀请，中国水泥协会和CSI中国办公室组织中国水泥行业汞排放专家代表团参加了在日内瓦召开的“全球水泥行业汞合作伙伴关系”成立大会和技术研讨会。来自欧盟、美国、日本、印度、巴西、韩国、意大利、埃及、墨西哥、欧洲水泥协会、拉美水泥联合会等全球20多个国家的政府、协会、非政府组织和研究机构的50余名成员参加了此次会议。中国代表团由中国水泥协会副会长兼秘书长孔祥忠担任团长，中国代表团在此次会议上介绍了中国水泥行业关于汞排放方面的政策、技术及所开展项目概况。

24日 《2030年中国建材工业“创新提升、超越引领”发展战略》在北京发布。

26日 由中国水泥协会举办、云贵川渝三省一市水泥协会协办的西南水泥高峰论坛在重庆召开。重庆市委副秘书长郤展，重庆市经信委副主任杨丽琼到会祝贺。中国水泥协会名誉会长雷前治、秘书长孔祥忠、副秘书长齐欣等出席会议。论坛的主题是：分析形势求共识，行业自律谋发展。

27日 第二代新型干法水泥技术装备研发领导小组扩大会议在北京召开。中国建筑材料联合会会长、中国水泥协会会长乔龙德，中国建筑材料联合会副会长徐永模、中国建筑材料集团总经理姚燕，中国水泥协会秘书长孔祥忠及联合会相关部门负责人，部分企业、科研院所、大专院校相关领导和专家出席了本次会议。徐永模副会长介绍了“第二代新型干法水泥技术装备研发方案”；中国建材联合会科技工作部主任潘东晖汇报了第二代新型干法水泥技术装备研发课题及分工建议。会议期间，全体参会代表讨论了研发任务及分工建议。

28日 唐山任氏水泥设备股份有限公司等六家企业天津股权交易所企业挂牌仪式举行。来自山东、吉林、河北、江苏、浙江、新疆的领导，各地优秀中小企业、知名投资机构、银行、新闻媒体共400余人参加。

七月

7日 由中国建筑材料联合会、中国机冶建材工会全国委员会、中国水泥协会联合举办的“锦诚耐火·2012年全国水泥行业中控操作技能竞赛活动”在京举行颁奖仪式。全国29个省、市、自治区有366家水泥企业的1619名选手报名参赛，最终获得窑系统操作和磨机操作铜牌的选手有164名，银牌选手70名，金牌选手20名。中国机冶建材工会全国委员会建材工作部毛迎春部长宣读了表彰决定，对竞赛活动中成绩优异的杨林山、蒋文伟等278名选手进行公开表彰。

8日 美国《财富》杂志正式公布2013年世界500强企业排行榜，中国建筑材料集团有限公司以344.6亿美元的营业收入第三次进入世界500强，位列第319名，比上年排名提升46个位次，居全球建材企业第2位。

22日 由中材装备集团研发的国内最大规格的TkPC22D25双转子单段锤式破碎机在广东新丰越堡水泥公司成功运行。其主要设计指标是破碎物料为石灰石，最大进料粒度1000mm×1100mm×1500mm，出料粒度小于50mm（占90%），设计产量1400t/h，MAX1600。现场板喂机设定48Hz，根据皮带秤读数破碎机的瞬时产量可达2300t/h，估算平均产量>1800t/h。对出料进行筛分实验，小于50mm的约占98%，小于20mm的约占65%，超越设计指标，满足入辊压机要求，投产后性能稳定。

25日 工信部将今年第一批19个工业行业淘汰落后产能的企业名单予以正式公告，并要求有关方面要采取有效措施，力争在2013年9月底前关停列入公告名单内企业的落后产能，确保在2013年年底前彻底拆除淘汰，不得向其他地区转移，并做好对淘汰落后产能企业的现场检查验收和发布任务完成公告工作。此次需淘汰的水泥落后产能共计9297.4万吨，涉及天山股份等527家企业，相对于4月份工信部公布的年度淘汰目标，将超额完成26.6%。

八月

12日 “遏制水泥新增产能，加快第二代新型干法水泥技术装备研发”万里行活动的启动会在北京召开。中国建材联合会会同中国水泥协会作为发起单位，分别在东北地区、中原地区、西北地区进行了万里行活动。活动的指导思想是动员全行业群策群力共同化解水泥产能过剩矛盾，加快提升我国水泥工业的整体技术装备水平，提高行业整体效益，促进水泥产业健康有序发展。

13日 中国水泥协会七届二次常务理事会在北京召开。中国建材联合会、中国水泥协会会长乔龙德、工业与信息化部产业政策司袁克兰、中国水泥协会名誉会长雷前治、中国水泥协会常务副会长、秘书长孔祥忠，中国水泥协会70多家常务理事代表参加了本次会议。会议审议通过了《中国水泥协会2013年上半年工作报告》、《中国水泥行业自律和协调公约》、《关于申请补领特种水泥分会证书及恢复年检事项》的提案。

22日 为贯彻落实中央经济工作会议关于化解产能过剩矛盾和国务院大气污染防治十条措施的有关要求，原材料工业司在河北组织召开环京津地区部分重点行业结构调整座谈会。会上原材料司和环保部污防司介绍了国家对化解产能过剩矛盾、大气污染防治的有关工作要求，与会代表就环京津地区钢铁、水泥等行业化解产能过剩、强化节能环保指标约束等工作进行了研讨，并结合近期中央领导在有关报告上的批示精神，讨论了重化工行业结构调整事宜。

22日 国家发改委批准，煤炭、电力、建筑、建材行业低碳技术创新及产业化示范工程项目启动，并列入国家高技术产业发展项目计划及投资计划。建材行业水泥、玻璃、陶瓷、墙材、玻纤等领域8个项目获准实施，共得到国家1.225亿元补助资金支持。

31日 各省市区水泥协会会长、秘书长联席会议在宁夏银川召开，来自全国各省份区水泥协会会长、秘书长30余人参加了本次会议。本次会议由中国水泥协会和宁夏自治区水泥工业协会共同主办，会中，各省市水泥协会会长、秘书长积极探讨在开展协会工作中的经验和遇到的问题，重点围绕许可证、市场、环保脱销等问题。

九月

10日 国务院发布《大气污染防治行动计划》，提出严格控制水泥等产能严重过剩行业。京津冀、长三角、珠三角作为重点防治区域煤炭消费总量到2017年力争实现负增长。国务院与京津冀地区签订的大气污染防治首批“责任状”，涉及煤炭总量控制、淘汰落后、环保准入标准等多方面内容，多地水泥企业因政府要求停产、限产，以缓解环保压力。由于水泥企业的停产、限产改善了市场供需关系，水泥价格出现上扬。

17日 国家环境保护部、发展和改革委员会、工业和信息化部、财政部、住房和城乡建设部、能源局联合下发《京津冀及周边地区落实大气污染防治行动实施细则》（以下简称《实施细则》）。根据《实施细则》，今后，京津冀及周边地区不得审批钢铁、水泥、平板玻璃等产能严重过剩行业新增产能项目。《实施细则》明确规定，京津冀及周边地区要提前一年完成国家下达的“十二五”落后产能淘汰任务。

30日 世界水泥可持续发展倡议组织（CSI）2013年年会在加拿大温哥华召开，与CSI建立合作伙伴关系的23个国家水泥协会组织当日在CSI组织下召开合作伙伴会议。会议由CSI主任方达飞主持，会议围绕行业协会在政府和市场中的作用，以及各国节能减排重点技术进行了探讨。

各国水泥协会和组织共24家单位参会，10家国家水泥协会代表发言。各国水泥协会分别就协会概况、本国水泥行业发展机遇及挑战、协会与政府间合作、协会与CSI合作等方面做了发言介绍。中国水泥协会常务副会长兼秘书长孔祥忠发言，并回答了参会代表对中国余热发电、水泥窑协同处置废弃物等进展情况的问题。

十月

17日 工信部就国务院近日发布的《关于化解产能严重过剩矛盾的指导意见》召开新闻媒体通气会，介绍《指导意见》的相关情况，并对水泥等具体行业分业施策意见进行详细解读。

此次出台的《指导意见》突出了用发展的思路、市场的手段和改革的措施，多管齐下，多措并举，疏堵结合，标本兼治。《指导意见》更加注重采取市场手段，更加注重建立长效机制，更加注重运用发展的办法化解过剩产能，更加注重发挥地方政府作用，更加注重加强监督检查，更加注重发挥社会监督作用。

29日 2013年中国水泥矿山年会暨生物多样性矿山恢复论坛在杭州召开。

矿山资源是经济社会发展的重要物质基础，矿业是国民经济重要组成部分。传统的矿产资源开发利用模式，已不适用经济社会发展建设。本次会议，旨在进一步推动矿业走节约、清洁、安全的绿色发展道路。

十一月

8日 国土资源部召开第16次部长办公会，会议明确，认真做好化解产能严重过剩矛盾的相关工作。加强国土资源开发利用的统筹管控，对钢铁、水泥、电解铝、平板玻璃、船舶等产能严重过剩行业项目，一律不安排新增建设用地计划指标。

8日 第四届泛珠三角水泥峰会在长沙召开，参加峰会的泛珠三角九省区的水泥协会代表分别介绍了各自地区的水泥行业发展状况以及一些好的经验和做法。代表们纷纷表示，泛珠三角水泥峰会为中国南方和西南地区水泥企业和行业协会搭建了一个很好的相互沟通和交流的平台，对促进区域内大企业间的合作和共识具有积极的推动作用，有利于泛珠三角地区水泥行业的持续、健康、长期发展。

15日 为做好《建材行业加快与推进节能减排的实施方案》的贯彻落实，指导和推动各专业协会、地方建材行业协会和行业重点企业深入推进节能减工作。中国建筑材料联合会主办的《建材行业加快与推进节能减排的实施方案》宣贯会在京隆重召开。

18日 为遏制产能过剩项目建设，推动产业结构优化升级，国土资源部通知要求严禁为钢铁、水泥、电解铝、平板玻璃、船舶等产能严重过剩行业新增产能项目提供用地空间和配置矿产资源。

18日 2013年度香港上市公司“港股100强”评选结果在香港揭晓。安徽海螺水泥股份有限公司位列第77位。

18日 第四届泛珠三角水泥峰会在长沙召开，参加本次峰会的有泛珠三角地区各省市水泥（建材）协会会长、秘书长及水泥企业代表等。本届峰会的主题是：责任 自律 合作 共进。

18日 《内蒙古自治区贯彻〈大气污染防治行动计划〉实施意见》（以下简称《意见》）下发实施。《意见》明确指出，全区不再审批钢铁、水泥、平板玻璃等产能严重过剩行业新增产能项目，新改扩建项目必须等量或减量置换。

19日 产业政策司组织相关行业协会、咨询机构和重点企业在京召开研讨会。产业政策司郑立新司长出席会议并讲话，苗长兴副司长主持会议并就制定产能置换实施办法作出相关说明。郑立新指出，在当前钢铁、水泥、电解铝、平板玻璃行业产能严重过剩的情况下，必须实施产能等量或减量置换，坚决控制新增产能，遏制行业无序扩张。同时，也要考虑地方产业升级、布局调整的需要，构建淘汰落后产能与发展先进产能相结合的良性互动机制，最大限度调动地方和企业积极性，用发展先进产能促进淘汰落后产能，用淘汰落后产能支持发展先进产能。

29～30日　由中国水泥协会主办的2013年中国水泥矿山年会和CSI生物多样性矿山恢复论坛在杭州召开。CSI主席方达飞、中国水泥协会常务副会长兼秘书长孔祥忠在大会上分别致辞。

十二月

2日　国务院发布国发〔2013〕47号文《关于政府核准的投资项目目录（2013年本）的通知》，其中明确提出，水泥投资项目核准由省级政府核准。而为了与国务院关于化解部分行业严重产能过剩矛盾政策要求相配合，发改委表示暂时对此类核准项目做了保留。

7日　中国建材集团董事长、中国医药集团董事长宋志平荣获“2013年度最具影响力的25位企业领袖”奖。

12日　国务院发布国发〔2013〕47号文《关于政府核准的投资项目目录（2013年本）的通知》，其中明确提出，水泥投资项目核准由省级政府核准。文件中同时强调，对于水泥等产能严重过剩行业的项目，国务院有关部门和地方政府要按照国务院关于化解产能严重过剩矛盾指导意见的要求，严格控制新增产能。

行政审批权的下放，是有利于中央政府把主要精力放在对地方政府新上项目的产业布局和行业规划的宏观管理上。水泥投资核准权的下放是对省级政府践行科学发展观的考验。

19日　工业和信息化部部长苗圩表示，化解产能过剩痼疾必须破除的三道坎：厘清政府和市场的边界，强化环保、安全等标准的硬约束，增强企业技术创新和管理创新能力。

20日　由中国水泥协会主办的“全国第六届水泥企业总工程师论坛”在西安隆重举行。本届论坛以“提升企业创新能力，促进行业转型升级”为主题，宣传、推广水泥行业最新研发的节能减排技术、装备，并表彰了为企业的技术创新和节能减排做出突出贡献的优秀总工程师。论坛致力于推广节能减排技术，促进行业技术创新，推动水泥工业的可持续发展。

27日　国家环保部发布了最新《水泥工业大气污染物排放标准》，其中对水泥行业最新标准是要求窑尾的氮氧化物达到400毫克／立方米。新标准出台后，一般地区的水泥行业生产线执行400毫克／立方米，重点地区执行320毫克／立方米。新建生产线自标准发布之日起实施新标准，原有生产线自2015年7月1日起执行新标准。水泥行业将迎来史上最严环保标准，该标准的出台将有利于加快淘汰落后产能和化解产能过剩问题，促进行业的转型升级。

环球信息
Global Information

2013年环球信息

天津院签南美洲5480万美元项目

天津水泥工业设计研究院有限公司在巴西圣保罗与VotorantimCimentos、CementosMolins签署中标协议。协议包括一个位于玻利维亚的日产2000吨熟料的水泥厂，一个位于乌拉圭的日产2000吨熟料的熟料线及与乌拉圭熟料线配套的位于巴西的粉磨站。合同金额5480万美元。该项目是中材国际第四代冷却机首次应用于南美市场。天津院代表国际市场部副部长孙海泉、业主方代表EdvaldoAraujo和SandiagoCalvo分别在协议书上签字。

据悉，VotorantimCimentos是南美洲最大的水泥制造商，总部设在巴西，2012年收购了葡萄牙水泥（Cimpor）的部分资产，资产结构和财务状况良好。自第一次合作巴西Salto日产4000吨项目以来，两家公司的高层互访不断，签约了多个项目，这次签约是双方第一次在巴西以外的国家合作，为双方进一步创新合作方式奠定了基础。

中国建材工程签蒙古100万吨/年水泥项目总承包合同

2013年元旦刚过，中国建材国际工程和中国联合水泥集团的合作传来捷报。为满足蒙古国日益增长的经济发展需要，进一步增进两国的传统友谊，中国联合水泥集团、中国建材国际工程集团有限公司积极落实中国建材集团“走出去”的战略号召，经过前期的细致准备和市场调研，以中国联合水泥集团旗下的乌兰察布市蒙中水泥有限公司为平台，在蒙古国注册成立蒙欣巴音嘎拉有限责任公司，兴建100万吨/年水泥生产线。

1月8日，中国建材国际工程集团有限公司在上海和中联水泥集团旗下的乌兰察布市蒙中水泥有限公司签署了蒙古国建设100万吨/年水泥项目的EPC总承包合同。该项目将由中国建材国际工程集团总承包，北京凯盛建材工程有限公司负责技术和设备成套。项目的建设，将极大地缓解蒙古国水泥价格较高、品质不稳、市场紧缺的现状，有力地促进蒙古国基础建设的发展。该项目的正式启动，同时标志着中国建材集团“走出去”战略——在境外投资建设水泥生产线迈出了坚实的步伐。

驻阿联酋大使考察中材国际海外公司ABMC现场

1月30日，中国驻阿联酋大使黄杰民一行在ABMC日产万吨水泥生产线项目现场部总经理徐油田的陪同下，到ABMC项目现场考察，受到了业主和项目部人员的热烈欢迎。

座谈会上，徐油田和业主为黄杰民简明扼要地介绍了项目执行概况。随后，黄杰民一行从破碎受料平台沿生产线来到中控室、化验室，在考察的同时也不断为操作员、化验人员鼓劲加油，体现了强烈的亲和力及个人魅力。最后，业主总经理Abdulaziz Asad和黄杰民进行了深入的交谈，对海外公司给予了充分的肯定，黄杰民也欣然接受了业主拟定于4月举行的开业典礼的邀请。

黄杰民大使的到访充分体现了中国政府对境外ABMC项目的重视。项目部表示，本次考察，无论对中方还是业主方都起到强有力的鼓劲作用，在鼓足干劲的同时也对ABMC项目的考核移交和保产运营充满信心。

北京凯盛乌兹别克斯坦设计的水泥生产线成功点火投料

2月3日16时，由北京凯盛建材工程有限公司承担工程设计、设备供货及调试技术服务的乌兹别克斯坦别卡巴德水泥厂日产2500吨水泥熟料生产线，经过一周的窑炉烘烧后开始投料，并成功生产出熟料成品。该项目的投产，将使乌兹别克斯坦水泥的总产量提高15%。

该项目是北京凯盛相继实施阿塞拜疆日产5000吨水泥熟料生产线、俄罗斯洁雅日产5000吨水泥熟料生产线、哈萨克日产3300吨水泥熟料生产线、吉尔吉斯斯坦日产2500吨水泥熟料生产线项目后，在中亚地区投入运行的又一条水泥生产线。项目位于乌兹别克斯坦别卡巴德市，与塔吉克斯坦隔河相望，战略位置十分重要。

2012年伊朗水泥产量排名全球第五

伊朗媒体2月4日报道，据美国国家地质学会统计数据，2012年，伊朗全年水泥产量为6500万吨，占全球水泥总产量的1.7%，排名全球第五名。

中国商界将在吉尔吉斯坦境内建水泥厂

据俄媒体2月5日报道，吉尔吉斯斯坦副总理泰厄尔别克萨尔帕舍夫5日在结束访华之后举行了新闻发布会。会上，萨尔帕舍夫称，中国商界打算近期在吉尔吉斯斯坦境内投资约1.2亿美元（约合人民币7.5亿元）建设多家现代化企业。

萨尔帕舍夫表示，目前，中国商界已达成了在吉尔吉斯斯坦北部建设年产120万吨水泥厂的协议，项目价值大约5000万美元。此外，中国还将在吉境内建设一个瓷砖生产厂，该厂年产量将达到300万平方米成品瓷砖。

对于中国商界加大对吉尔吉斯的投资，萨尔帕舍夫表示："这将有助于降低吉尔吉斯斯坦北部地区复建住宅的成本。"

2013年越南水泥价格将稳中趋降

越南媒体2月18日报道，受经济不景气和公共投资缩减的影响，2010年以来越南水泥需求量逐年下降。2010年需求量为5020万吨，2011年为4930万吨，2012年为4550万吨。与此同时，2012年越南水泥生产能力已达7200万吨，大部分工厂开工不足，运营压力大。2013年，越南预计将有6家新的水泥厂投产，设计年产量680万吨。在此背景下，2013年越南水泥预计仍供大于求，水泥价格稳中趋降。

天津院签加纳CM5水泥磨系统总包合同

天津水泥工业设计研究院与海德堡水泥集团旗下GHACEM LTD公司在比利时布鲁塞尔技术中心正式签署了加纳GHACEM LTD水泥公司（加纳水泥公司）CM5 120T/H水泥磨系统EPC总承包合同。

该项目在GHACEM现有老厂区内新建第五条水泥磨系统，范围从熟料进厂开始至水泥成品出厂为止，包括设计、采购、土建、安装和调试等所有的工作。合同签字后生效，工期为21个月。

海德堡水泥集团SCANCEM国际公司首席运营官Mr Jean Marc Junon，天津院国际业务部副部长崔兆君分别代表业主和总承包商在合同上签字。

此次签约项目是天津院与海德堡水泥集团近期继布基纳法索粉磨站、坦桑尼亚粉磨站项目后的又一合作项目，充分显示了业主对天津院的信赖，对推动双方长期的合作具有非常重要的意义。

税费增长 拉法基毛里求斯公司提高水泥价格

拉法基毛里求斯公司宣布从2013年起，将跟随Holcim公司的举动，50公斤以下袋装水泥价格提高6%。水泥价格将从170毛里求斯卢比/袋（约5.55美元）涨至182毛里求斯卢比/袋（约5.94美元）。

该公司表示，这次水泥涨价的原因主要在于：毛里求斯政府在决定放开国内的水泥市场之后，紧接着又做出了另一个决定，让国营的国家贸易有限公司（STC）从水泥进口市场中撤下来。这是主要原因之一；另外一个原因是，印度洋海域海盗袭击的频次越来越高；第三个主要原因，世界市场上的水泥价格居高不下。由于多方面因素，导致价格最终上涨，拉法基集团经过多方面因素考虑及核算后，进口、保险、运输成本等其他费用受到通货膨胀率的增加，已经上升了约6.7%。此外，由于各方面税费的上涨，与毛里求斯卢比相比美元升值了约5.5%。

合肥院印尼泛亚项目正式启动

泛亚集团是印尼纺织行业的龙头企业，近年来业务范围不断拓展，涉足电力、矿山、建材等行业。本次签约的项目位于印尼中爪哇岛巴由马士县，项目工期为24个月。合同金额约为1.4亿美元，合同范围包括部分设备供货、土建、安装及技术服务等。此外，2011年10月15日，合肥院已与泛亚集团另行签订了该项目的工程设计合同。

2013年2月，该项目首批预付款已到位，双方的项目部也已经正式成立，标志着该项目已经正式启动。合肥院将依托该项目，继续开拓新兴的印尼市场，并与泛亚集团开展更广泛、深入地合作。

葛洲坝水泥与俄斯摩棱斯克水泥签《谅解备忘录》

2月25日，俄罗斯斯摩棱斯克水泥公司总经理马尔哈斯·阿拉佐夫一行到葛洲坝水泥公司考察，集团水泥公司总经理、副董事长、党委副书记郭成洲，副总经理黎明，总经理助理黎锦清亲切会见了考察团一行。会上，郭成洲与马尔哈斯·阿拉佐夫代表双方共同签署了《水泥项目合作谅解备忘录》。

斯摩棱斯克水泥公司是俄罗斯水泥行业领先企业，在建筑、水泥及水泥制品等领域具有较强的竞争实力。在实地考察荆门公司和水泥厂后，双方就水泥合作项目进行了深入会谈。经协商，双方达成了初步的投资合作共识，提出了结合双方优势，在斯摩棱斯克洲共同开发水泥项目，实现互利双赢的合作思路。

集团水泥公司继今年1月24日与莫桑比克矿业勘测公司和DDS公司共同签署《三方水泥合作项目谅解备忘录》后，此次与俄罗斯斯摩棱斯克水泥公司的接洽是葛洲坝水泥板块“走出去”战略迈出的又一重要步伐。

海德堡水泥代表团访问中材装备集团望深化合作

2月27日，由全球采购负责人HenkSijbring率领海德堡水泥公司的全球采购高级代表团一行7人访问了中材装备集团，总经理吴选民、副总经理隋明洁、总工程师许芬在天津热情地接待了远道而来的客人。

吴选民首先简要回顾了集团和海德堡的合作历史，并向客人介绍了中材装备的历史沿革和组织结构，详细介绍了中材装备的主要业务和典型业绩。Sijbring先生表示，双方在过去有很成功的合作历史，希望能够进一步深化合作，尤其是在技术改造、备品备件的合作上取得新发展。代表团其他成员也详细介绍自己所负责的采购区域和关注重点。

集团国际市场部副部长、备件公司副总经理徐立新向客人们全面地介绍了集团的研发、制造能力和在售后服务、备品备件供应网络方面的计划和具体做法。随后，粉体公司副总工程师聂文海、科力公司总经理边汉民和徐立新分别介绍了集团的立磨、辊压机、破碎机、选粉机及环保收尘设备等。海德堡各区域的采购负责人还就各自所关心的问题进行了提问，双方针对这些问题进行了颇有成效地交流。

会前，海德堡一行参观了集团天津备件仓储库和天津重机。

2013年俄罗斯水泥预计生产1亿吨

据俄罗斯新闻网3月4日报道，俄水泥生产者协会统计数据显示，2012年，俄对水泥总需求为6380万吨，同比增长13%，生产水泥6160万吨，同比增长10%，同期俄水泥进口增长81%，主要自土耳其、伊朗和中国等国进口。据预测，2013年俄对水泥总需求将保持在7000万吨左右，预计将生产1亿吨水泥。俄水泥生产者协会秘书长吉谢列夫指出，由于俄气候条件独特，俄水泥生产国家标准与其他国家差异较大，而目前俄进口水泥产品质量认证体系尚不规范，进口水泥的质量存在较大安全风险。

中国中工国际为乌兹别克斯坦承建水泥生产线投产

3月23日，在乌兹别克斯坦塔什干州别卡巴德市举行了水泥熟料生产线建成投产仪式。乌塔什干州州长胡尔玛托夫、乌国家建材公司总经理、中国驻乌使馆商务参赞王开轩以及别卡巴德水泥厂的职工代表等近百人参加了仪式。

该项目由中国中工国际工程有限公司承建。据中方李总工介绍，该项目2007年10月签署协议，投资额6200多万美元，实际施工期3年，采用“交钥匙”方式。项目日产水泥熟料2500吨，年产75万吨。按照中国标准设计完成，生产线使用干法处理方式，加工熟料，是乌兹别克目前唯一的干法熟料加工方式，与原有的湿法相比较，干法生产可大幅提高产量、降低原料用量、节约能源和清洁环保。

乌水泥厂负责人介绍说，别卡巴德水泥厂现有3条老式熟料生产线，新建生产线的产量是3条老式生产线总产量的1.3倍。项目建成投产后，该生产线产量约占乌总产量的15%。

阿尔及利亚来川推介商机签下40亿水泥生产线大单

3月24日，阿尔及利亚国民议会副议长阿里先生一行来蓉，推介该国贸易投资机会，并现场与四川省一家中小企业签下了2500吨/天熟料新型干法水泥生产线项目，该项目总投资达40亿元。

据阿里副议长介绍，该国政府正逐步实施2010～2014年“五年经济建设计划”，拟斥资2860亿美元用于国家建设。阿尔及利亚有关部门已经或正准备就总投资额高达几十亿美元的铁路、高速公路、地铁和机场等重大项目进行国内和国际招标。“这些项目的实施，需要大量的优质水泥，我们很欢迎川企到阿投资水泥工业。”

随着经济全球化所带来的企业经营活动的全球化，川企更需要积极加入到国际市场。省贸促会相关负责人表示，凭借川企在基建、国际工程承包、技术贸易出口、生物医药、软件和信息服务等方面的优势，四川省将打造更多这样的经贸投资交流平台，加强与阿尔及利亚等国家和地区的合作。

天津院签印尼16亿元日产万吨水泥线合同

3月25日，中材集团所属天津水泥工业设计研究院有限公司与PT INDOCEMENT TUNGGAL PRAKARSA Tbk公司在印度尼西亚雅加达正式签署了日产10000吨规模的熟料整条水泥生产线项目合同。合同额为107295000欧元加117355899美元，约合人民币16.08亿元。这是天津院在印尼水泥市场获得的又一重大成果，将对中国水泥技术和装备出口印尼产生重要的历史意义。据悉，该线也是INDOCEMENT公司大股东——德国海德堡水泥集团成立140年以来投资的单线生产能力最大的水泥生产线。

冀东发展南非曼巴项目签融资协议得到习主席祝贺

3月26日，在中国国家主席习近平对南非进行正式国事访问期间，两国元首在南非国宾馆见证了中、南两国政府间合作协议和经贸合作协定的签字。冀东发展集团董事长、党委书记张增光代表冀东发展在南非投资并控股的曼巴水泥有限公司与南非莱利银行及中国银行组成的银团签署了项目融资主协议。合同签字后，习主席、祖玛总统与张增光亲切握手祝贺签约成功。出席签约仪式其间，张增光还向陪同习主席出访的中共中央政治局委员、书记处书记、中央办公厅主任栗战书同志简要汇报了冀东发展集团近几年发展情况，得到了栗战书同志的肯定。

曼巴水泥项目融资签约在南非引起很大反响，南非外长当场表示南非政府就是要支持这样的项目促进南非经济发展，南非政府、执政党国大党高层人物及南非金融界工商界也对签约成功表示祝贺，南非主要媒体也在第一时间播发了相关消息。

安哥拉水泥厂产量提高

安哥拉政府2013年第一季度表现备忘录显示，安哥拉最大水泥企业Nova Cimangola水泥公司已投资超过500万美元，增加年产量及完善公司销售网络，其年产量由120万吨增加至160万吨。

Nova Cimangola公司是一家公私合营公司，安哥拉政府、Ciminvest公司、国有银行Banco Africano de Investimentos分别拥有40.2%、49%和9.52%的股份，其余1.28%的股份由安哥拉个人股东持有。

天津院签沙特UACC总承包合同

天津水泥工业设计研究院有限公司与沙特UMM AL-QURA CEMENT COMPANY（以下简称UACC）在巴林正式签署了规模为6000t/d熟料水泥生产线总承包合同。合同范围从原料破碎输送直到水泥包装发运整条生产线。合同内容包括工程设计、设备供货、土建施工、设备安装和调试及人员培训等技术服务，合同总工期为30个月。

天津院副总经理石稳龙与UACC公司董事长AlOmran代表双方在合同协议书上签字。本项目谈判历时一年而竞标成功，共有十余家国内外知名企业参与竞标。

中国建材上海凯盛签土耳其水泥余热发电项目

中国建材集团所属上海凯盛节能工程技术有限公司与土耳其OYAK集团签订Bolu和Aslan两个水泥余热发电项目。两个项目的签署不仅开启了上海凯盛与OYAK集团合作的篇章，也为土耳其水泥行业节能减排、环境保护做出了积极贡献。

Aslan和Bolu项目分别位于伊斯坦布尔市及博卢市，余热发电装机分别为7.5兆瓦和7兆瓦。两项目计划于2014年8月建成投产，届时将成为OYAK集团节能减排升级改造的示范。

中冶华天签印尼5000t/d水泥工程总承包管理合同

4月1日，中冶华天旗下马鞍山迈世纪工程咨询公司正式与印尼PT.SEMEN INDONESIA REMBANG签订日产5000吨熟料生产线工程总承包管理合同，合同额超2000万元。该公司和国内水泥设计院的第一批人员已开赴现场开展工作。迈世纪公司的服务内容为设计管理、招标采购管理、投资计划管理、现场施工管理等。

印尼水泥项目总承包管理，是迈世纪公司迄今承接的首个具有真正意义的总承包管理项目，也是该公司建司以来单项合同额最大的项目，同样也是公司有史以来承接的最大的海外总包管理项目。这个项目的获得，对进一步拓展公司项目管理业务，尤其是海外工程的项目管理业务产生深远的影响和积极意义。

天津院与哈萨克斯坦标准水泥签生产管理服务合同

4月6日至8日，应哈萨克斯坦南方石油公司董事长SEITZHANOV邀请，天津水泥工业设计研究院有限公司总经理徐培涛赴哈拜访了哈萨克斯坦标准水泥有限公司，并与标准水泥总经理鲍尔章正式签订了为期一年的生产管理服务合同，此合同还包含为业主提供生产油井水泥相关的技术服务。

该合同是天津院与标准水泥有限公司继一线、矿渣磨及二线总承包项目之后的再次合作，充分说明了业主对天津院的信任和对天津院前面项目执行效果的充分肯定，为天津院正在执行的二线项目打下了坚实的基础，同时也对天津院在中亚及俄罗斯国家开拓生产运营管理业务具有重要的意义。

中材集团与拉法基集团法国签署战略合作框架协议

4月8日，中材集团与拉法基集团在法国巴黎签署了战略合作框架协议。双方表示将本着互利互惠、共谋发展的愿望，进一步深化合作，在新技术的创新、国际化品牌建设、国际融资、资源配置全球化、国际化管理、国际人才建设等多个领域，共同开拓市场，实现互惠双赢，从市场分工型向资本配置型方向转变。

集团董事长刘志江、拉法基集团董事长兼首席执行官乐峰（Bruno Lafont）代表双方签署战略合作框架协议。

按照国务院国资委的要求，近年来，集团全方位加快了主营业务的国际化发展步伐，进一步开拓和扩大了国际业务范围，在实施“走出去”的国际化战略上取得了新突破，致力成为非金属材料领域内国际知名的工程服务商、产品供应商和资源开发商。

中材国际（香港）收购印度与增资LNVT完成股权交割

中国中材国际工程股份有限公司通过全资子公司中材国际（香港）以股权收购与增资方式取得印度LNVT公司的绝对控股权并顺利完成股权交割。本次交易在增强LNVT行业竞争力的同时，将帮助中材国际有效进入印度市场。

4月11日，股权交接仪式在印度第四大城市金奈隆重举行，集团董事长刘志江，中材股份副总裁、中材国际董事长王伟，中材国际副总裁、中材装备集团董事长宋寿顺等出席，与LNVT原股东代表H.J.Nielsen和V.C.Rao、LNVT核心管理团队和全体员工，以及印度国内知名媒体记者、金融机构及会计师事务所和业界嘉宾等150人共同见证了这一历史时刻。

本次交易价款总额约为13亿卢比（约1.5亿人民币）。交易完成后，中材国际（香港）持有LNVT68%股权，LNVT原控股股东V.C.Rao和LNVT公司各持有16%股权，新合资公司正式成为中材集团成员企业。

海德堡宣布将与豪瑞共同管理澳大利亚的水泥市场

海德堡水泥宣布将计划与豪瑞水泥公司联合管理澳大利亚的水泥市场。

据悉，豪瑞在欧洲与非洲的业务并非理想，因此拖累了豪瑞在2012年整体的业绩收入。在这一情况下，豪瑞的削减成本计划一直延续到了2013年。而澳大利亚市场，也是豪瑞2012年在亚太地区为数不多的业绩败笔。相比之下，海德堡水泥的报告中指出，公司在澳大利亚地区的营业收入较2012年同期相比有所增长。

豪瑞水泥在澳大利亚地区的竞争对手Boral水泥公司和Adelaide Brighton公司，都对公司在澳大利亚地区未来的发展表示担忧。Boral水泥公司希望在水泥价格受到澳币汇率及海运费的影响之后，在2013年前6个月的销售量仍然能够保持稳定；Adelaide Brighton公司则表示2013年水泥行业高昂的碳排放税仍然会影响到公司的利润。不过，对于豪瑞而言，与海德堡水泥合作之后，虽然澳大利亚市场份额减少，利润降低，但也把风险降到了最低。这也是豪瑞水泥与海德堡水泥合作的关键因素。

中材国际（南京）在伊拉克签下第7条水泥生产线

4月21日，中材国际南京公司与伊拉克FARUK集团(Faruk Investment Group Company Ltd）合作的5300t/d水泥熟料生产线总承包（EPC）项目签约仪式在伊拉克苏莱曼尼亚市举行。该项目是中材国际（南京）在伊拉克签约的第七条水泥生产线，标志着中国中材在伊拉克牢固树立了品牌形象，与当地大型集团公司的战略合作迈上了新台阶。

Faruk集团董事长Faruk、中材国际（南京）副总经理林忠分别代表投资方和承建方共同签署总承包合同。

GCC项目是继Faruk集团参与投资当地水泥工业后，独立控股建设的一条新型干法水泥熟料生产线，项目位于伊拉克苏莱曼尼亚市以西20公里处。项目合同范围是从厂区内石灰石破碎到水泥包装一条完整的水泥生产线，工程实施采用中国标准。合同工期为熟料线26个月，水泥生产线27个月。

菲律宾一季度水泥销量增长3.4%

据菲律宾《商业世界报》4月22日报道，菲水泥生产商协会（CeMAP）称，今年一季度，菲水泥销售量达到478.7万公吨，同比增长3.4%，环比增长8.6%。菲国家数据办公室数据显示，由于经济高速发展带来增长的居住和办公用房需求，去年4季度菲有27931个建筑项目获得批准，同比增长13.5%，这带动了今年一季度水泥销量的增长。据预测，今年菲建筑潮将继续存在。

中材国际将在坦桑尼亚设立项目分公司

中国中材国际工程股份有限公司4月25日发布了《中国中材国际工程股份有限公司第四届董事会第十四次会议决议的公告》（下简称《公告》）。

《公告》显示：中国中材国际工程股份有限公司（以下简称“中材国际”、“公司”）第四届董事会第十四次会议于2013年4月14日以书面形式发出会议通知，于2013年4月24日以通讯方式召开，会议由董事长王伟先生主持，与会董事经过认真审议，经记名投票表决，形成如下决议：

一、审议通过了《公司2013年第一季度报告全文和正文》。

二、审议通过了《关于开立BAYAH PROJECT水泥生产线总承包项目银行保函的议案》。同意公司根据与PT Cemindo Gemilang签订的BAYAH CEMENT PLANT PROJECT工程总承包合同的约定，开立六份总金额为4268万美元的履约保函，开立三份总金额为6402万美元的预付款保函。具体保函开立事宜授权中材国际（南京）负责人办理。

三、审议通过了《关于设立中国中材国际工程股份有限公司坦桑尼亚项目分公司的议案》。批准公司在坦桑尼亚设立项目分公司。

分公司名称为“中国中材国际工程股份有限公司坦桑尼亚分公司”，英文名称为“Tanzania Branch of Sinoma International Engineering Co.,Ltd.”（暂定名，以实际注册登记名称为准），注册地址：Kinondoni Area,Near Stanbic Bank（T）Ltd Head Office,Holiday Homes Apartment No.12.P.O.Box 23205,Dar es Salaam,Tanzania.，分公司负责人为张宗峰，注册期限为三年，分公司主要负责坦桑尼亚项目6000t/d项目合同的onshore的现场实施和服务工作。

1～4月份哈萨克斯坦水泥产量同比增加18.4%

哈统计署称，2013年1～4月份哈萨克斯坦水泥产量为164.79万吨，同比增长18.4%；硅酸盐砖和炉渣产量37.7746万吨，同比增长52%。

成都院总承包沙特HCC5000t/d水泥熟料项目竣工投产

5月5日，由成都建筑材料工业设计研究院有限公司总承包的沙特阿拉伯HCC5000t/d水泥熟料生产线竣工。沙特王子兼哈伊勒省省长Saud Bin Abdulmohsen、中国驻沙特大使李成文、中国驻沙特经济商务参赞王友、成都院董事长焦烽出席竣工庆典仪式，成都院获得沙特王子授予的特别贡献奖。

HCC项目顺利建成投产并且各项技术指标处于国际先进水平，标志着成都院的合同履约能力又跨上了一个新的台阶。

瑞士Holcim16.1亿美元收购Cemex澳大利亚公司

世界第三大水泥公司Cemex5月5日宣布以20.2亿澳元（16.1亿美元）的价格将公司在澳大利亚的业务出售给瑞士的Holcim。Holcim当天发布通告，承认将收购Cemex澳大利亚公司（Cemex Australia）。

据悉，Cemex在澳大利亚的业务包括骨料，预拌混凝土和混凝土制品。共有83个骨料生产基地，249个预拌混凝土搅拌站和16个水泥管和水泥制品厂。其2008年销售额约为18.6亿澳元，息税折旧摊销前利润额约为3.13亿澳元，共有雇员2800人。Cemex澳大利亚还持有澳大利亚水泥公司（Cement Australia）25%的股份，而Holcim在澳大利亚水泥所占股份为50%。

通告中表示，“此次战略性并购使集团进入了极具吸引力的、成熟的骨料和混凝土市场。”通过此次交易，Holcim扫平了进入澳大利亚人口最密集、发展最快的混凝土和碎石骨料市场的道路。

伊2012年水泥产量超过8000万吨 完全满足本国需求

5月9日报道，据伊朗贸促会（TPOI）主席哈米德（Hamid Safdel）称，伊朗2012年的水泥产量超过8000万吨，完全可以满足伊朗本国需求。

阿尔及利亚计划2017年前新建四座水泥厂

据阿尔及利亚通讯社5月14日报道，阿水泥工业集团表示将于2017年前新建四座水泥厂，以应对国内迅速增长的水泥需求。

集团总裁叶海亚·巴希尔称，四座水泥厂位于贝沙尔、乌姆至瓦吉、埃利赞和因萨拉赫，总产量将达到每年500万吨。其中乌姆至瓦吉水泥厂拟于今年6月份招标，计划于2017年一季度建成投产，年产量200万吨。同时，集团还计划对现有的6座水泥厂进行扩建。

阿尔及利亚政府近些年大力发展基础设施建设，推出2004年至2013年3860亿美元的公共领域投资计划，主要涉及房建、公共工程与水利领域，因此水泥需求量巨大。据官方统计，阿目前每年进口水泥价值高达3亿欧元。为缓解国内需求，阿政府推出水泥增产计划，力争至2017年，阿水泥工业集团实现年产2570万吨，私营领域实现年产1700万吨。

Holcim在菲律宾新建最大水泥厂获首阶段批准

Holcim公司计划在菲律宾布拉干省新建一个水泥厂，公司已获得第一阶段的批准，建成后该厂将可能是菲律宾最大的水泥厂。在获得第一阶段批准后，公司将获得报价，组建项目团队，并寻求安全许可证，预计在9月份获得最终批准。

公司首席执行官Ed Sahagu在新闻发布会上指出，“新工厂预计将拥有250万吨的水泥年产能，为此公司将耗资4～5.5亿美元，计划于2016年底投入运营。”他还表示，“建设新厂房的时机很好，因为菲律宾国内经济环境正在逐步改善。”

Holcim公司的官员表示，由于菲律宾国内经济逐渐走强，基础设施项目投资的增加，这将推动建筑业的向好，预计未来对于水泥的需求量也将随之上涨。

日前Holcim菲律宾公司报告了2013年第一季度的业绩情况，受益于需求的增长和水泥价格的飙升，公司第一季度净利润达14.3亿比索，较2012年同期增长77.2%。Ed Sahagu称，工厂效率的提高和公司良好的成本控制也是业绩大涨的主要因素。

印度尼西亚中长期经济发展规划促进水泥销量增加

综合印尼媒体5月15日报道，据印尼水泥协会统计，今年1～4月印尼水泥销量达1812万吨，同比增长8.6%。按地区销量统计，爪哇地区销量990万吨，占全国的54.7%；其次是苏门答腊地区，销量390万吨，占全国的21.5%。按地区销量增幅统计，除苏拉威西地区以外销量均有增长，增幅前三位分别是努沙登加拉地区（23.1%）、马露姑、巴布亚地区（14%）和加里曼丹地区（11.4%）。按企业统计，国企印尼水泥集团在水泥销售市场仍据支配地位，1～4月销售791万吨，同比增长19%，占全国总销量的43.7%。分析称，水泥销量增长主要受印尼近年稳定的经济增长，特别是国家中长期经济发展规划下的基础设施建设以及逐渐升温的房地产投资带动。

乌兹别克斯坦年产42万吨水泥生产线年底建成

据乌当地媒体报道，乌计划在2013年运营投产独立以来第一家水泥厂，该厂位于苏尔汉河州扎库尔干地区，由俄企“苏尔汉河水泥投资公司”承建，造价4370万美元，预计2013年12月建成，年产水泥42万吨。该厂将成为乌南部唯一的水泥厂，所生产水泥将出口房屋重建任务繁重的阿富汗。

据乌建材公司统计数据，2012年公司下属企业总计生产水泥680万吨，较2011年增长10万吨。乌建材市场70%以上的产品和75%以上出口的建材均为水泥。乌国内目前有6家水泥厂，总生产能力近700万吨。其中最大的水泥厂为克孜库姆水泥厂（年产315万吨），阿汗加兰水泥厂（年产174万吨），库瓦赛水泥厂（92万吨）。

坦桑尼亚总理出席中材国际总承包项目奠基仪式

5月27日，由中国中材国际工程股份有限公司总承包的坦桑尼亚丹高特（DANGOTE）项目举行了奠基仪式。坦桑尼亚总理PITER PINDA在业主Aliko DANGOTE、执行总裁Dvg EDWIN等人的陪同下，到项目现场出席了盛大的奠基典礼仪式。

丹高特集团是尼日利亚最大的集团公司之一，总部位于拉各斯，在尼日利亚具有较高的知名度。2005年，丹高特集团作出了自主生产水泥的战略决策，计划新建11条日产6000t/d水泥生产线，3条3000t/d水泥生产线，到2010年达到年产4000万吨水泥的水平。2011年4月11日，中材国际与丹高特集团旗下多家附属公司分别签订了尼日利亚3条6000t/d水泥生产线、刚果（布）、加蓬、坦桑尼亚3条3000t/d水泥生产线（2012年，坦桑尼亚水泥生产线合同变更为6000t/d）和喀麦隆1条3000t/d熟料线加配套粉磨站，目前大部分项目已进入实施阶段。

挪威公司AkerSolutions尝试捕捉水泥厂碳排放

挪威公司AkerSolutions宣布，他们将在全世界率先尝试捕捉水泥厂排放的二氧化碳。

AkerSolutions与欧洲水泥研究学会合作，共同赢得了海德堡水泥公司设立在挪威的分公司Norcem的这份订单。但AkerSolutions没有公布订单的具体金额。

AkerSolutions将对Norcem公司位于挪威南部布雷维克的水泥厂排放的二氧化碳进行大量试验，以找到能最好捕捉二氧化碳的化学溶剂。

目前煤炭发电厂是大部分二氧化碳捕捉和存储研究的主要关注对象。但据美国哥伦比亚大学地球研究所的报告，水泥制造过程中产生的二氧化碳占全世界二氧化碳总量的5%。

AkerSolutions表示，这一项目将为Norcem公司提供“极具价值的信息……并且帮助欧洲的水泥工业理解如何运用科技最大程度地捕捉水泥厂排放出的二氧化碳。”

中材国际天津公司承建贝宁日产3600吨最大水泥项目

贝宁总统博尼·亚伊到中材国际天津公司（由原天津水泥院有限公司和中材建设有限公司重组整合而成，简称“天津公司”）以EPC工程总承包方式承建的日产3600吨NOCIBE水泥项目视察，对现场施工和进展情况表示满意。这是亚伊总统首次视察水泥厂项目，NOCIBE水泥项目不仅创下了贝宁国内规模最大水泥生产线的纪录，也是近几年贝宁国内最大的投资项目。

中信重工签订柬埔寨水泥项目合同

5月29日，中信重工机械股份有限公司和泰国第一大水泥生产企业SCG水泥建材公司，就SCG在柬埔寨投资新建的KCC二线日产2500吨水泥生产线项目签订EPC总包合同。

豪瑞集团在罗马尼亚地区亏损850万欧元

据罗马尼亚媒体报道称，2012年水泥企业龙头豪瑞集团十年以来，第一次在罗马尼亚地区亏损了850万欧元。据悉，豪瑞集团罗马尼亚公司拥有两座水泥厂，分别位于坎普隆和Alesd，还有一座研磨站位于图尔达。另外，公司还在布加勒斯特拥有19座环保型混凝土搅拌站，5家集料厂和一个水泥中转站。

由于公司业务亏损，将在该地区关闭一部分工厂，豪瑞集团罗马尼亚公司总经理Daniel Bach先生表示，“虽然我们设法想将营业额与2011年持平，但是面临着成本增大，利润率降低等问题，公司亏损严重。因此我们不得不停止一部分业务运作，从而减少公司因成本增加所带来的资金亏损。”

成都院与沙特塔布克水泥公司签5000t/d熟料生产线总承包合同

6月3日，成都建筑材料工业设计研究院有限公司与沙特Tabuk Cement Company（塔布克水泥公司）在利雅得签署合同，由成都院以工程总承包模式为Tabuk Cement Company在沙特Duba North地区建设一条日产5000吨熟料生产线。工作范围为从石灰石破碎到熟料库的完整熟料生产线，工作内容包括设计、供货、运输、施工、安装、调试、试运转、性能考核和技术培训。

塔布克水泥公司董事长Mr. Khaled Al Shathry和成都院副总经理陈涛出席了签字仪式并代表双方签署了合同。

前5个月越南水泥产量约2380万吨同比增长19%

越南一家网媒6月4日报道，越南建设部消息，2013年前5个月水泥产量约2380万吨，同比增长19%。水泥销售量已完成全年计划的41%。其中国内销售1915万吨，同比增长9%。由于国内水泥需求增加，几乎所有大型企业水泥生产和销售势头均好。部分企业已经开始调整出口计划。预计2013年越南水泥产量有望达7945万吨，2014年有望达8156万吨，2015年达8386万吨。

墨西哥水泥巨头扩大在菲律宾投资

据菲律宾《商业世界报》6月6日报道，为了满足菲因加大基础设施投入而不断增长的水泥需求，墨西哥西麦斯集团菲律宾分公司今年将投资25亿比索以扩大其在宿务的水泥工厂的产能，这将使该厂的产能从每年250万公吨提升至400万公吨。

加蓬非洲水泥公司奠基仪式在奥文多举行

6月13日，加蓬非洲水泥公司（SociétéCiments de l’ Afrique Gabon,CIMAF Gabon）奠基仪式在奥文多举行，加蓬总统阿里·邦戈·翁丁巴参加仪式。

新工厂建设投资为190亿非郎（约合3000万欧元），年产水泥50万吨，在建设期间可创造1000个就业岗位，在运营期间可创造200个工作说岗位。

近年来，加蓬水泥市场需求年均增长达9%，仅有的一家水泥厂供不应求，造成水泥价格高达每吨10万非郎，远高于周边国家。新的水泥厂的建成将可提高加蓬全国水泥产量，促进经济的发展。

沙特大规模发展基础设施建设 水泥需求量大增

由于近年沙特大规模发展基础设施建设，对水泥的需求量大幅增长。2013年，全国水泥总需求量约5500万吨，其中计划进口水泥1000万吨。

未来3年，将再建设3～4个水泥厂以扩大产量。预计到2017年，沙特全国水泥年产量可达8000万吨，年增长9.4%。目前，沙特水泥定价在全球处于低位，每标准包装袋约20里亚尔（约合5美元）。

中材节能签海德堡印度公司余热发电合同

6月18日，中材节能股份有限公司在天津成功签约德国海德堡（Heidelberg）集团印度Damoh水泥公司装机15MW余热发电承包合同。这是中材节能在承揽豪瑞集团印度ACC（Holcim）Ambuja水泥公司余热发电总承包工程之后，在印度市场上获得的另一个重要订单。

该项目是利用海德堡（Heidelberg）集团印度Damoh水泥有限公司1700t/d、2350t/d、6000t/d三条水泥生产线废热建设的余热发电项目，装机规模为15MW。中材节能与海德堡（Heidelberg）集团印度Damoh水泥有限公司的牵手合作，为中材节能进一步打开印度市场奠定了基础。

上半年越南水泥出口增长170%

6月26日，据越南建设部数据显示，2013年上半年，越南全国出口水泥近520万吨，远高于去年同期的320万吨，增长170%。

越南建设部表示，国内水泥销售市场仍然低迷，因此企业推动对外出口。预计2013年全年可出口1000万吨，占总产量的15%。主要出口市场包括新加坡、印尼和柬埔寨等。每吨出口价格约40～42美元，比国际均价低8～10美元。

俄罗斯欧洲水泥集团与合肥院签署合作意向书

6月27日，俄罗斯欧洲水泥集团总裁M.A.Skorokhod一行访问了中国质量检验协会团体会员单位合肥水泥研究设计院，受到合肥院院长周云峰，副院长陈章水、朱兵等的热情接待。

6月28日，M.A.Skorokhod总裁一行赴北京中国建材集团总部，就欧洲水泥集团水泥生产线改造项目进行深入探讨，受到了中国建材集团董事长宋志平、副总经理黄安中的热情接待。

在京期间，欧洲水泥集团与中国建材集团签署了合作框架协议，并与合肥院就欧洲水泥集团十五条水泥生产线的技术改造签署了合作意向书。

意大利水泥集团上半年水泥与预拌混凝土总体业绩不理想

意大利水泥集团2013年上半年报中说，上半年，集团预拌混凝土销量减少是由于去年同期欧洲中西部地区市场供应量减少，同时在北非、中东和亚洲等地区预拌混凝土供应量也相应下降所造成的。

另外，由于一些地区恶劣的天气，使预拌混凝土市场销量受到影响，同时影响到了水泥市场，也因此2013年第一季度市场波动较为严重；此外，加上财政和货币上同时收紧，一方面信贷紧缩，一方面压缩基建和调控房地产，使企业和个人贷款受到重大限制。

年报中指出，公司第二季度水泥及熟料销量达1190万吨，同比增长4.9%；骨料销量达930万吨，同比增长1.3%；预拌混凝土销量达340万立方米，同比增长1%。

印度水泥公司第二季度净利润降73%

印度消息：印度南部销量最大的水泥生产商——印度水泥公司（India Cements）二季度销售额保持稳定，销售额共计2.01亿万美元（去年同期为1.96亿万美元）。此外，二季度熟料产量同比增长18%至208万吨。水泥和熟料总产量同比增长11%至265万吨。

利润方面，与去年同期1010万美元相比，2013年第二季度，公司净利润同比大幅下跌73%至274万美元。印度水泥生产商认为，造成利润下跌的原因主要有：印度南部地区的产能过剩，低迷的水泥需求，下跌的水泥价格，与日俱增的能源成本，以及卢比（印度货币）对美元的贬值等问题。

据悉，2013年7月，印度水泥公司在Vishnupuram的水泥工厂建成自备电厂，预计在2013年秋天投入运营。届时，或有效缓解公司部分成本压力。

伊朗重新向伊拉克出口水泥

据伊朗某水泥出口公司董事长称，自从伊拉克已经宣布自7月1日起不再向伊朗进口水泥，但随后伊朗就此问题与伊拉克举行了会谈，希望恢复两国之间的水泥进出口问题。另一方面，法尔斯通讯社也表示，伊朗目前以50美元/吨的价格向伊拉克出口水泥，价格较以往增加了5美元。

从历史记录来看，两伊之间的合作从未间断。

2013年4月，伊斯兰共和国通讯社（IRNA）报道了伊朗将在伊拉克建立一座年产能为200万吨的水泥厂的消息。据悉，该厂将完全应用伊朗的专业技术及经验，产品也将标上伊朗的商标。此外，还会有总投资为2.45亿美元的项目和工厂在两年内投产。

2013年1月，两伊联合商会秘书长JanhanbakhshSanjabi表示早在2011年3月至2012年3月，两伊之间的贸易往来达到了107亿美元。他还表示，伊拉克是伊朗在非石油商品方面最主要的贸易伙伴之一。

2012年8月，伊朗工业、矿业和贸易部部长TradeMinister表示，伊朗准备在贸易、运输和保险方面与伊拉克推出合资公司。而且伊朗还将在伊拉克投资基础设施项目，并一定程度上满足伊拉克邻近国家在工业、矿业和农业上的要求。

巴基斯坦2012～2013财年国内水泥销售量创历史新高

据巴基斯坦《国民报》、《商业记录报》报道，全巴基斯坦水泥生产商协会7月3日称，2012～2013财年，巴基斯坦水泥出库3343万吨，其中2506万吨用于内销，创历史新高，另外837万吨用于出口。

但巴基斯坦水泥发货总量仍低于2009～2010财年3422万吨的历史最高纪录，当年出口水泥1065万吨，国内销售2357万吨。由于新政府重视基础建设和经济增长，水泥业界对今后水泥产量普遍看好。

印度水泥产能年均增长率达10.4%

印度调查公司Care Research7月4日发布数据显示，印度水泥年产能从2009财年的2.19亿吨提高至2013财年的3.25亿吨，年均增长率达到10.4%。

Care Research表示，鉴于目前印度国内水泥业产能相对过剩，未来2014财年～2016财年新增水泥产能大约为6600万吨。

坦桑尼亚产业联合会呼吁政府对进口水泥增加税收

坦桑尼亚产业联合会（CTI）呼吁政府对进口水泥增加税收。对此，记者走访了联合会，对联合会会长Felix Mosha先生进行了采访。他告诉记者："目前，政府对进口水泥实行高补助政策。而这样的高补贴对于本土的水泥生产商而言是不公平的，甚至已经威胁到了本土水泥生产商，导致他们很难和外国同行进行竞争。"

同时，CTI的研究主任Hussein Kamote先生还表示，从国际市场角度而言，一吨水泥的参考价格大约在100美元。但是由于一些外国水泥生产商受到政策补助，这样使得他们可以将水泥价格控制在74～90美元之间。

巴西疯狂基建带动水泥销量增长

为了举办世界杯和奥运会这两大体育盛事，巴西国内目前正在进行大规模的基础设施建设，这使得该国的水泥等建筑材料销量不断走高。

从巴西《圣保罗页报》7月8日的报道中获悉，巴西国家水泥工业协会（SNIC）的有关负责人表示，6月份，巴西国内的水泥销售额达到550万吨，比去年同期相比增长了3%。

进入第二季度以来，巴西水泥销售额比去年同期增长了4.8%，达到1750万吨。

中材国际（天津）签沙特1.93亿美元合同

7月9日，中材国际天津公司与沙特United Cement Industrial Company（简称UCIC）公司在迪拜正式签署了日产5000吨熟料水泥生产线合同。合同总金额为1.9332亿美元，内容包括工程设计、设备供货、土建、安装、技术服务和调试，工期为28个月。

中材国际天津公司总经理徐培涛与沙特UCIC公司总裁Fahad A. Al—Harbi代表双方在合同书上签字。国际市场一部部长孙海泉、工程管理部项目经理汪代文、设计管理部副部长杜继平和国际市场一部专业经理樊波等参加了签字仪式。

United Cement Industrial Company隶属于沙特ALHarbi Holding Company，是沙特的一个家族企业，主要从事工程建设、玻璃、铝和陶瓷生产、大理石和花岗岩开采和加工等行业，这次是第一次投资水泥行业。本次合同的签署进一步扩大了天津公司在沙特市场的影响力，为稳固沙特市场打下了良好的基础。

CRH发展重心转向美洲、亚洲等市场

国际建筑材料集团CRH发表声明，公司在今年上半年用于水泥、混凝土等建材方面的花费总额约为4.7亿欧元。

CRH集团表示，公司近期将发展重心转向美洲、亚洲等市场，为扩大公司在该地区的市场份额，公司的材料、产品等分销部门投入较大，在美洲地区的12笔交易中共花费1.78亿欧元。其中公司三月份引进的一项新的装置，对于加拿大公司的业务扩张起到了重要的作用，北美建材市场销量迅速增长，销售额达到3.15亿欧元。

滇企携手缅甸企业 投资新建水泥生产线

云南省2个上亿美元对外投资项目成功签约，总成交额达2.4亿美元，这是该省今年迄今为止签约的最大2个对外投资项目。其中一个项目为云南建盛投资有限公司与缅甸THAN TAW MYAT有限公司合作，在缅甸曼德勒皎色投资新建一条日产5000吨熟料水泥生产线。项目计划总投资1.4亿美元，云南建盛投资有限公司占股51%。

俄水泥市场需求旺盛 2020年需求将达1.4亿吨

据俄公报7月16日报道，2020年前，俄水泥市场将以3%的速度增长，2020年俄罗斯水泥需求量将达1.4亿吨。未来几年，住宅和基础设施项目建设，包括筹备2018年世界杯足球赛和俄2020年前建造1.48亿平米住宅的政府规划，都为水泥市场提供了支持。国外水泥生产商市场占有份额增长更快：2012年进口份额增长为此前的1.5倍，从4.9%占到7.8%，主要从土耳其进口，占所有进口水泥的34%。俄最大的水泥生产商——欧洲水泥集团计划于2013～2020年将所有工厂改造成干法生产（目前干法生产仅占25%），成本将降低30%～40%。

俄罗斯水泥缺口大政府给建材商减税优待

从俄罗斯《莫斯科时报》7月29日的报道中获悉，俄罗斯制定发展计划，大力推动新房建设。建筑领域对水泥的需求在10年后将增加近1倍，达到每年9780万吨；而对非金属材料（沙砾和碎石）的需求将增加3倍，达到每年10.4亿立方米；为实现发展战略所需要的资金超过1.59万亿卢布，即每年需要近1500亿卢布，这相当于目前该行业投资总额的3倍多。业内人士认为，至少还需要新建20座水泥厂才能满足俄罗斯市场需求，但是水泥公司以缺乏投资潜力为由而不愿意继续新建水泥厂。

上半年 Dangote 水泥尼日利亚销售利润明显增长

非洲最大的建筑材料生产商 Dangote 水泥集团 7 月 29 日在拉各斯发表了一份声明。该声明指出 2013 年上半年，集团的税后利润实现 1985 亿奈拉（约等于 12.31 亿美元），较 2012 年同期增长了 28%。同时，声明中还指出集团在尼日利亚的销售利润较 2012 年同期增长了 52%；其中水泥销售量实现 676 万吨，较 2012 年同期增长了 29%。股票方面，今年 Dangote 水泥集团的股价较 2012 年同期上涨了 48%，超过了尼日利亚证券交易所的综合增长速度。目前，集团的股价保持在 190 奈拉。

据悉，Dangote 水泥集团在尼日利亚的水泥产能达 1930 万吨，有三座水泥厂分别位于非洲的第二大经济圈。不仅如此，集团还计划将业务延伸至欧洲的 13 个国家，并计划在 2016 年，水泥产能将达到 5500 万吨。

EMC 水泥与德州豪门合作 建设绿色水泥生产线

7 月 31 日上午，美国 EMC 水泥公司董事长 Atle Lygren 先生与德州豪门集团董事长朱昌和先生在德州豪门集团总部大楼四楼会议室，签订了中国第一条 EMC 绿色水泥生产线合作建设的合同文本——正式成立 EMC－Haomen 合资公司。

EMC 粉煤灰水泥制造技术，由德州学院粉煤灰研究所通过美国粉煤灰协会引进、由德州豪门集团投资 1 亿元人民币、在山东省德州市平原县循环经济工业园落地建设中国第一条 EMC 粉煤灰水泥生产线，年产 100 万吨 Cempozz 补充胶凝材料，主要用于商品混凝土生产，替代其中 70% 的水泥。目前工程进度已进入设备选型阶段，年内可正式投产。

EMC 水泥是由瑞典吕勒奥工业大学 Vladimir Ronin 教授发明的物理激发粉煤灰、掺量超过 70% 的新型环境友好水泥。2004 年开始在美国德州和加州建厂，经美国联邦公路管理局和德克萨斯州运输局等权威部门的八年认证使用，完全符合美国 ASTM 标准。德州学院粉煤灰研究所科研人员长期跟踪了这一环保技术发展的历程进程，认同此技术解决了“中国大宗利用粉煤灰技术的瓶颈问题”，该技术的推广将大规模地利用地球上的粉煤灰替代水泥、有效减排温室气体，并致力于引进美国 EMC 公司和吕勒奥工业大学的先进技术。

伊朗该伊历年前四个月水泥产量 2565 万吨

《德黑兰时报》报道，根据伊朗水泥产业雇主联合会的消息，该伊历年前四个月（2013 年 3 月 21 日～7 月 22 日），伊朗共生产水泥 2565 万吨，同比增长约 5%。2012 年年底时，伊朗工矿商业部副部长 Vajiollah Jafari 曾称，2013 年伊朗的水泥年产能将达到 1.15 亿吨，成为世界第三大水泥生产国。

二季度摩洛哥水泥销量下降速度放缓

摩洛哥经济与财政部金融研究预测司在发布的 7 月宏观经济运行情况中表示，2013 年第二季度水泥销量同比下降 4%，速度较第一季度下降的 20.8% 有所放缓。其中，6 月、5 月和 4 月的销量分别下降了 2.5％、6.6％和 2.6％。

1 ~ 7 月哈萨克斯坦生产水泥 392.39 万吨

国家统计署消息称，2013 年 1 ～ 7 月，哈萨克斯坦生产水泥 392.39 万吨，同比增长 9.3%；电力 534.67 亿千瓦时，同比增长 2.6%；硅酸盐砖和炉渣砖 73.86 万吨，同比增长 30%。

2013 年 7 月巴基斯坦水泥销量同比降 7.84%

巴基斯坦《新闻报》《每日时报》8 月 6 日报道，2013 年 7 月巴水泥销量 260 万吨，同比下降 7.84%，其中当地销量 185 万吨，同比下降 10.43%，出口 75 万吨，下降 0.75%。

全巴水泥制造商协会（APCMA）发言人表示，巴水泥销量下降是预算中的高税收以及限制水泥船重而增加的运输费用所致，希望斋月过后水泥销量逐步回升，并呼吁政府对水泥高运输成本采取有效措施。

肯尼亚水泥市场竞争加剧

肯第六大水泥生产商萨瓦那（Savannah）水泥厂表示，其将通过改进工艺、扩大产能和提高质量等措施，进一步扩大在肯水泥市场的份额。萨瓦那水泥厂于去年投产，年产能为 150 万吨。根据标准投资银行（Standard Investment Bank）的最新研究报告显示，随着业务不断扩张，肯水泥市场新进入企业的市场份额正不断扩大，传统跨国水泥企业在肯市场份额正逐步缩小。2005 年跨国水泥企业的产能占到肯水泥总产能的 86.5%，该比例在 2015 年前有望降至 52.2%。

欧洲水泥公司将增持阿汗加兰水泥股份至 100%

据乌兹别克斯坦当地媒体报道，俄罗斯“欧洲水泥”公司计划将自己所持有的乌兹别克斯坦“阿汗加兰水泥”公司 84% 的股份增加至 100%。

“阿汗加兰水泥”公司是乌兹别克斯坦第二大水泥公司，年产 198.6 万吨。2013 年上半年，该公司生产水泥熟料 56.5 万吨，同比增长 12.8%；水泥 74 万吨，同比增长 1.4%。

赞比亚：拉法基水泥削减出口量

近年来，随着许多基建项目的启动，赞比亚对水泥的需求剧增，该国建筑业繁荣促进上下游市场发展，当地建材市场景气度回升，拉法基集团为满足当地水泥、混凝土等市场需求，目前在赞比亚水泥出口已减少15%，水泥市场从而转向国内市场，满足国内建材市场需求。

拉法基公司表示，坦桑尼亚、布隆迪、马拉维、津巴布韦和刚果是赞比亚出口到非洲的五个国家，其中刚果民主共和国是拉法基水泥最大的出口市场。由于赞比亚共和国建筑行业正处于蓬勃发展时期，公司便专注于发展国内建筑行业。集团的Ndola和Chilanga两家工厂每月生产水泥9万吨，水泥年总产能约123万吨。在出口方面，公司出口量已经从35%降低到20%，每月仅20%出口到这些国家。

牙买加水泥公司2季度在连续12个季度亏损后开始盈利

加勒比水泥公司（CCC）2013年2季度销售额30亿牙元，增长25%，盈利3.595亿牙元（约合359.5万美元），这是公司2010年2季度至今首次实现盈利。而一年前同期损失接近5亿牙元。2010年1季度加勒比水泥公司盈利460万牙元。

公司表示，收入增长不是由于市场复苏，而是公司扩大了销售市场份额以及来自母公司——特立尼达水泥公司的有力支持。

2013年上半年，牙买加加勒比水泥公司当地市场销量30.2万吨，同比增加1.94万吨。2013年2季度，当地销售攀升至15万吨。同时，新的出口市场巴拿马实现盈利。公司希望继续保持出口销售的向好势头，随着扩大对圭亚那和苏里南出口，希望增加出口收入。

CRH集团将斥资1.75亿欧元收购印度水泥公司

据CRH集团在印度的公司称，他们将会出资1.75亿欧元用来收购位于印度南部的Sree Jayajothi水泥公司。通过此次收购，CRH将会拥有该公司的50%的股份，从而进一步提高了CRH在印度的水泥市场份额。

据悉，Sree Jayajothi水泥公司是由印度知名的Shriram集团投资建立。2013年1月，该集团便开始就出售Sree Jayajothi水泥公司股份，并与各大企业进行初步商讨。除了CRH集团以外，还包括Holcim集团、KKR集团以及百仕通集团。

白俄罗斯总统出席中国承建水泥厂投产仪式

白俄罗斯总统亚历山大·卢卡申科8月16日乘直升机抵达首都明斯克以东300多公里的克里切夫水泥厂视察，并参加在这里举行的日产5000吨水泥熟料生产线的投产仪式。

卢卡申科听取了有关这座现代化水泥厂的情况汇报，视察了主要生产车间，并与中国驻白俄罗斯大使宫建伟、白俄罗斯建筑部长尼奇卡索夫、承建方中信建设有限责任公司董事长洪波等人在工厂中控室共同按下启动生产的按钮。

克里切夫水泥厂采用先进的熟料干法水泥生产工艺，节能降耗和环保效果突出。这是中信建设在白俄罗斯承建的第3条日产5000吨水泥熟料生产线。这3条生产线自去年上半年相继投产后，白俄罗斯不仅结束了水泥需进口的历史，并已开始出口水泥。

巴基斯坦工业电价上调致使水泥厂成本分化

巴基斯坦《每日时报》8月25日报道，2012～13财年，巴水泥产量达3500万吨。目前，全巴共有水泥厂24座，其中9座拥有独立燃气电厂，产量占54%。

近期，巴上调工业用电价格至15.12卢比/度，接入国家电网的水泥厂生产每吨水泥用电成本达1500卢比。巴政府给予自备电厂天然气补贴，拥有独立电厂的水泥厂每吨水泥用电成本约800卢比，自备燃气电厂成为巴水泥厂市场价格竞争的必备利器。

巴基斯坦8月水泥销量环比下降17%

巴基斯坦《每日时报》9月4日报道，8月，巴水泥销量215万吨，同比下降7%，环比下降17%，其中当地销量150万吨，环比下降19%，出口65万吨，下降13%。分析人士指出，开斋节假日、雨季以及税收上调后对水泥价格上涨的预期是水泥销量下降的主要原因。

豪瑞与Cemex共同整合欧洲市场业务

世界两大水泥巨头——豪瑞集团和Cemex集团共同商议，两家公司计划共同重组他们在欧洲的企业，并已达成共识。消息指出，豪瑞集团将以7000万欧元外加其在捷克的全部资产，来换取Cemex集团在德国西部的全部资产。此外，两家公司还将整合西班牙的业务，并最后决定25%归豪瑞集团所有，75%归Cemex所有。

据豪瑞集团表示，此次转让，接管了Cemex集团一个水泥厂和22个采石场以及79个预拌混凝土厂，水泥产能可达250万吨。豪瑞集团打算将接管的这些设备与在德国北部的设施相结合，并陆续投入到公司在法国的业务中去。另一方面，Cemex 也表示他们仍然看好德国的市场，并计划对德国的北部、东部和南部地区进行开发。据悉，此次 Cemex 公司可获得豪瑞集团在捷克地区的所有资产，其中包括 1 个水泥厂、4 个采石场和 17 个预拌混凝土厂。

加勒比水泥进入委内瑞拉市场 发展潜力大

特多水泥有限公司透露，旗下位于牙买加的加勒比水泥公司将于未来 12 个月内向委内瑞拉供应 20 万吨水泥。贸易额虽然不大，但发展潜力巨大。

加勒比水泥公司总经理海恩斯表示公司很早就开始与委内瑞拉洽谈水泥出口，委内瑞拉市场有可能为公司增加 50% 的销售额。

加勒比水泥公司每年生产 80 万吨水泥，主要出口市场为海地、圭亚那、伯利兹、圣基茨和尼维斯、阿鲁巴、多米尼加共和国、开曼群岛、哥伦比亚、圣克罗伊、古巴、苏里南等。该公司年度报告显示，2012 年收入 90 亿牙元，出口占 20%，约 1600 万。

ASEC 水泥公司将在埃及明亚省开立分公司

ASEC 水泥公司宣布将在埃及的明亚省开立分公司，生产灰水泥。该公司投资成本为 3.6 亿美元，产量为每年 200 万吨。公司高层表示，有关项目将产生 400 个直接工作岗位和 800 个间接工作岗位。

大量进口水泥涌入坦桑尼亚 政府欲进行反补贴调查

外国进口水泥大量涌入坦桑尼亚，导致本国水泥产业的生存空间受到挤压，业绩下滑之际，水泥产业向政府缴纳的税收也跟着下降。坦桑尼亚水泥产业指责进口水泥利用海关和进口制度漏洞，不报或少报关税。坦桑尼亚政府成立了一个专门小组，调查进口水泥是否受到了出口国政府的违法补贴。

今年上半年，Tanga 水泥公司缴纳给国家财政的税金总额从去年同期的 78 亿先令下滑到 55 亿先令。而 Twiga 水泥公司缴纳的税金总额从 138.47 亿先令直线下滑到 85 亿先令。

业内人士声称，水泥进口商正利用坦桑尼亚现有的进口制度和海关系统的漏洞，少报或漏报进口关税。

进口水泥少报漏报关税税的行为致使坦桑尼亚每年损失 250 亿先令，这些损失还不包括国内水泥行业因进口水泥不正当竞争而少缴的税金。

缅甸的水泥年产量目前为 402 万吨

缅甸《妙瓦底》日报报道，缅甸工业部部长吴貌敏 9 月 24 日在仰光举行的第 15 届“亚洲水泥贸易特别会议”上说，缅甸的水泥年产量目前为 402 万吨。缅甸工业部管理的水泥厂有国营 3 家，私营 12 家，到 2015 年新建的 9 家投产后，年产量有望达到 1045 万吨。

沙特水泥产销量激增 销量达 440 万吨

据统计，9 月份沙特水泥产量和销售量增长迅速，其中销售量达到 440 万吨，环比增长超过 40%。

9 月秘鲁水泥消费同比下降 1.2%

据秘鲁《商报》报道，秘国家统计局（INEI）称，今年 9 月秘水泥消费较去年同比下降 1.2%，系 2011 年 7 月以来的首次下降。建筑公司的生产活动缩减导致水泥消费减少。据秘水泥生产商协会称，今年 1 至 9 月秘国内水泥产量同比增加 8.79%，低于 8 月 9.87% 的同比增加值，也远低于去年 9 月取得的 16.62% 的增长率。

此外，9 月能矿产量同比下降 2.08%，系 5 个月连续增长以来的首次下降，其中金属矿产品下降 2.52%。矿业生产下降的原因主要为秘传统出口产品黄金、锌和铁的产量大幅下降。另外，该月电力生产同比下降 6.37%，农业增长 1.72%，渔业下降 7.08%，外贸出口同比下降 16.23%。

肯尼亚建筑业繁荣带动水泥企业利润上升

今年 3 月大选过后，肯尼亚建筑市场回暖，房地产开发项目增多，水泥消费需求旺盛。

肯大型水泥厂之一的阿思河矿业（ARM）水泥公司前 9 月水泥销售额达 102 亿肯先令（约 1.2 亿美元），同比增长 32%，盈利 15.3 亿肯先令（约 1800 万美元），同比增长 28%；东非波特兰（EAP）水泥公司今年上半年盈利 17.7 亿肯先令（约 2100 万美元），扭转了去年亏损的局面。

沙特水泥公司三季度净利润同比增长 9.6%

沙特本土市值最大的水泥公司——沙特水泥公司，公布三季度净利润为 2.29 亿里亚尔（6110 万美元），较去年同期（2.09 亿里亚尔）增长 9.6%，并且高于此前分析关于三季度净利润的平均预测（2.239 亿里亚尔）。

驻拉各斯总领事刘显法走访中材国际尼日利亚 IBESE 项目部

10 月 4 日，驻拉各斯总领事刘显法走访中材国际尼日利亚 IBESE 水泥生产线项目部，了解生产经营和安全管理情况，并与项目负责人座谈。

刘总领事先后参观项目二期施工现场、钢结构加工生产车间、控制中心及中方员工生活区，并看望、慰问节日期间坚守工作岗位和生产一线员工。

在座谈中，刘总领事肯定中材国际尼日利亚项目部 7 年来发展取得的成绩，指出项目部在艰苦条件下建成了尼境内最大的现代化熟料水泥生产企业，满足尼日利亚各行业建设的需求，支持当地经济发展，为中尼经贸关系做出了重要贡献。刘总领事希望项目部始终将安全和员工健康放在首位，做好发展规划，充分利用尼日利亚市场和资源优势发展壮大。

宋志平应邀参加中泰两国战略合作协议签字仪式

10 月 11 日，中华人民共和国国务院总理李克强访问泰国期间与泰国总理英拉出席了中泰两国部长级战略框架合作协议签字仪式，中国建材集团董事长宋志平及一些中国金融和企业负责人应邀参加了签字仪式。

签字仪式上，宣布了中国建材联合 SOLARTRON 与泰石化签订的 50MW 太阳能电站项目。作为泰国最大的光伏太阳能新能源项目，全部由中国建材国际工程公司进行建设，该项目将成为中泰新能源工程技术合作的典范。

巴基斯坦水泥再度涨价

巴基斯坦水泥生产商再度上调水泥价格，信德省和俾路支省的价格每包（50 公斤）上涨 5 卢比，旁遮普省和开—普省的价格每包上涨 15 卢比。这是自今年 6 月以来水泥价格的第二次上涨，目前水泥价格已达每包 500 卢比左右。水泥生产商称，过去四个月内的柴油价格上涨、卢比贬值、电价上调等因素造成了水泥生产和运输成本增加。

中材国际（天津）签尼日利亚 2.77 亿美元大单

中材国际天津公司与尼日利亚联合水泥（United Cement Company of Nigeria Ltd）近日在瑞士苏黎世豪瑞集团（Holcim）总部正式签署了 UnicemMfamosing2 项目日产 6250 吨水泥熟料生产线总承包合同，合同金额为 2. 769 亿美元。这是中材国际天津公司截至目前在西非承建的最大规模水泥生产线总包项目，标志着天津公司进一步加强了在尼日利亚乃至西非市场承建大规模水泥生产线的竞争力，为天津公司在国际市场上继续开疆拓土奠定了坚实的基础。

Mfamosing2 项目由拉法基集团、豪瑞集团和当地业主 Flourmeal 共同投资，位于尼日利亚南部卡拉巴尔市，是一条全新的水泥生产线。Mfamosing2 线的合同范围为水泥线和熟料线的全部设计、供货、施工与调试等工作，以 EPC 模式操作。

10 月份巴西国内市场水泥销量达 650 万吨

巴西水泥工业公会的初步研究结果显示，10 月份巴西国内市场水泥销量达 650 万吨，同比增长 4.7 个百分点，去年同期销量为 620 万吨，2013 年 1 到 10 月总销量同比上升 2.4%，达 5890 万吨。

10 月份巴西中西部水泥生产实现了最大增长，同比上升 8.6%。除北方地区外，其余地区均经历了一轮上涨，北方地区水泥销量同比下降了 0.8%。

10 月份沙特水泥销量同比增长 2%

据《阿拉伯新闻》报道，10 月份，沙特水泥总产能达 423 万吨，高于去年同期的 422 万吨；国内总销量达 419 万吨，较于去年同期的 413 万吨增长 2%。

印尼水泥出口量剧升 与 2012 年同比提高 43.5%

2013 年首 10 个月，印尼水泥出口显著增长，因为最近数年来，印尼水泥制造业提高生产能量导致国内水泥供应量过剩。

根据印尼水泥业协会数据，今年 1 月至 10 月的水泥出口量达到 13 万 7804 吨，与去年同比提高 43.5%，熟料（klinker）出口也显著提高，今年首 10 个月的熟料出口量达到 39 万 6934 吨或同比增长 295.29%。

数家国营水泥公司已提高水泥出口，例如印尼水泥（Semen Indonesia）公司已通过属下的巴东水泥（Semen Padang）公司和多纳沙水泥（Semen Tonasa）公司来提高水泥出口量，今年 1 月至 10 月的水泥出口增长相当可观。

今年 1 月至 10 月，巴东水泥公司已出口 6 万 170 吨水泥，比去年落实的 3800 吨更大，而多纳沙水泥公司已出口 23 万 300 吨，同比提高 297.8%。预计印尼水泥出口数量提高仍将持续直至明年，甚至，明年的出口增长率比今年更高。

1 ~ 9 月份菲律宾水泥销量增长 7.1%

据菲律宾《商业世界报》11 月 1 日报道，菲律宾水泥生产商协会（CeMAP）称，由于公共建筑和基础设施领域支出增长，2013 年 1 ～ 9 月菲水泥销量同比增长 7.1%，达到 1490 万公吨。CeMAP 称，水泥企业目前正扩大产能，如拉法基已于 5 月宣布增加 85 万公吨的年产能，西麦斯亚洲于 6 月宣称将增加 150 万公吨的年产能。

东非水泥制造业陷入困局

据《东非人报》称，近年来水泥生产企业的盲目快速扩张，使得东非水泥制造业日益陷入困局。

主要体现在：

1、产能大幅提升，但消费需求增长缓慢。据东非水泥生产商协会（East Africa Cement Producers Association）数据，过去5年东非国家水泥产能提升了78%，而去年肯尼亚、乌干达和坦桑尼亚的水泥消费仅增长3.5%，远低于8%的年均增长率，为过去10年中的最低点；

2、未来需求前景看好，但当地生产成本高居不下。受货币政策和能源开发等因素影响，未来东非地区的房地产市场和基础设施建设将蓬勃发展，水泥需求前景看好，但电力和原材料等成本高昂，导致东非当地生产水泥价格和亚洲国家相比缺乏竞争力，消费者可选择进口水泥；

3、行业整体投资增加，但企业平均利润下滑。近年来大量投资进入东非水泥行业，但由于竞争加剧和能耗严重，企业平均利润下滑，去年肯水泥企业平均利润率创历史新低，仅为22.1%。

机械工程获伊拉克水泥厂项目 涉2.4亿美元

中国机械工程宣布，公司与卡尔工程总承包、咨询、电力承包有限公司，签署一份就伊拉克卡拉乔日产6000吨水泥厂项目合同。

根据合同，项目范围包括承建一座日产6000吨的水泥熟料生产线。公司作为总承包商，将以交钥匙的方式，负责设计、供货、土建施工、安装、培训、调试和质保等工作。合同金额约为2.36亿美元。按照合同规定，项目在达到一定条件后开始建设，建设工期约为24个月。

阿尔及利亚水泥工业集团下属三家水泥公司上市

据阿尔及利亚股市运营组织监督委员会消息，阿尔及利亚水泥工业集团下属三家水泥公司因实力强劲而被推选上市。这三家水泥公司均为国营独资，分别位于谢里夫省、特贝萨省和塞蒂夫省，其中位于谢里夫省的水泥公司生产能力最强。

2005～2008年期间，部分国营水泥公司向外资开放，外资占股比例最高达35%。这些国营水泥公司曾分别与意大利、沙特、埃及和法国公司合资。

阿尔及利亚水泥年产量1800万吨，其中1150万吨产量均由阿尔及利亚水泥工业集团下属的12家水泥公司完成。

莱索托计划投资4亿兰特建设年产20万吨水泥厂

莱索托计划投资4亿兰特（约4000万美元）建设年产20万吨水泥厂，以满足莱索托高水项目（LHWP）二期水坝建设工程之需。莱索托国家开发公司（LNDC）首席执行官表示、莱已开始与大型水泥厂商探讨建设水泥厂可行性研究，满足莱20万吨年需求量，从而不再依赖南非进口水泥。

前11个月越南出口水泥1250万吨 增长63%

《越南经济时报》12月5日报道，越南建设部建材司称，前11个月，全国销售水泥5520万吨，同比增长13%，其中，出口水泥1250万吨，增长63%。越南水泥出口主要市场是：马来西亚、印尼和中东。目前越南水泥库存约260万吨。预计今年全年水泥销量6050万吨，比计划超出450万吨。

中材国际（南京）再获境外工程鲁班奖

12月5日，中国建筑业协会在北京京召开2012～2013年度中国建设工程鲁班奖（国家优质工程）表彰大会，由中材国际（南京）苏州公司承建的伊拉克苏莱曼尼亚水泥厂（SCP）5300t/d水泥生产线二期EPC总承包项目获得了鲁班奖（境外工程），这是苏州公司继越南福山5000t/d水泥生产线总承包工程后再次获得该项荣誉。

获奖项目位于伊拉克北部库尔德自治区苏莱曼尼亚市以西36公里处，由伊拉克MASS投资公司出资建设，苏州公司总承包，合同总额为1.125亿美元，设计产能日产熟料5300吨，年产波特兰水泥180万吨，该生产线设计和建设均采用中国技术、中国标准，全厂装备均来自中国。合同内容包括矿山破碎至水泥包装整条生产线的设计、采购、土建施工、设备安装、调试、试生产并最终通过达标达产考核，合同工期25个月。项目于2009年12月25日开工，2011年11月20日完成全线性能考核，取得PAC临时接收证书，2013年6月20日获得FAC最终验收证书。

巴基斯坦水泥出口继续下滑

巴基斯坦水泥出口继续呈下降态势，今年11月的出口量为60万吨，同比下降13%，环比下降11%，今年7～11月的出口量为352万吨，同比下降3.4%。分析认为，出口下滑的主要原因是伊朗水泥的竞争，但近期至阿富汗的北约供给线的暂时封锁也对出口造成了不利影响。

11月沙特水泥销量为365万吨 下降17%

据《阿拉伯新闻》报道，沙年11月的水泥销量为365万吨，较去年同期的437万吨下降了17%，其主要原因在于清除非法劳工造成用工短缺所致。

中信重工获泰国 2 亿美元水泥生产线项目

中信重工 12 月 12 日晚间公告称，近日，公司与泰国暹罗水泥集团位于缅甸的下属子公司 MAWLAMYINE CEMENT LIMITED（简称“泰国暹罗水泥集团缅甸毛淡棉水泥有限公司”）在泰国曼谷签订了《日产 5000 吨水泥生产线项目 EPC 总包项目》，合同总金额为 1.97 亿美元，约合人民币 12.1 亿元。

据介绍，泰国暹罗水泥集团成立于 1913 年，是泰国第一大水泥生产企业、上市公司，该集团旗下主要有五项核心业务：化工、造纸、水泥、建材和贸易。其水泥业务遍布东南亚的泰国、老挝、柬埔寨、印尼和越南等国，在东南亚具有重要地位。

公司表示，该合同金额占公司 2012 年度经审计营业总收入超过 10%，合同签订及顺利实施将对公司未来的经营业绩产生积极的影响；同时，将为公司进一步拓展东南亚的水泥市场提供强大的业绩支撑。

几比将建设年产 50 万吨的水泥厂

据几比国家广播电台 12 月 12 日报道，几比过渡政府经济和地区一体化部长桑布与几比企业“卡多佐水泥公司”签署了一项关于在 2015 年建成年生产能力约 50 万吨的水泥厂的协议。

过渡总理巴罗斯出席了签署仪式，他称赞该项目将为几比青年带来更多的就业机会。水泥厂的建成，将结束几比水泥完全依靠进口的历史，为几比的国家基础设施建设奠定了坚实的基础。

印尼海螺孔雀港粉磨站项目土地协议成功签约

12 月 18 日上午，印尼海螺在雅加达公证处举行了孔雀港粉磨站项目土地大协议和第一批土地交易签约仪式，印尼海螺副总经理吴自龙、总经理助理赵创谋，股份公司财务部部长助理凡展，昌兴公司赖培才，项目土地主，双方律师，公证人员以及印尼海螺公司相关人员共 20 余人参加了签约仪式。

此次孔雀港粉磨站项目土地签约成功，意味着海螺水泥在印尼市场战略规划又迈出了重要一步，该项目土地区位优越，码头建设条件优良，项目建成后，将打通海螺水泥在印尼水泥消费大岛——爪哇岛的自有上岸通道，对进一步完善海螺水泥在印尼国的市场布局，具有十分重要的战略意义。

中材国际签 5.36 亿美元水泥生产线总包合同

中材国际公告，公司与 Dangote CementPLC 签订了两条 6000t/d 熟料的水泥生产线项目及配套工程总承包合同，合同金额为 536,000,000 美元。

公告显示，项目位于尼日利亚 Sagamu 镇。合同范围包括两条日产 6000 吨熟料的水泥生产线从矿山破碎到包装发运（袋装和散装）的工程设计、设备采购与供货、土建施工、机电设备安装、调试、性能考核及配套工程等。合同约定，熟料制成工期为合同生效后 24 个月，水泥制成工期为合同生效后 25 个月，合同生效后 28 个月临时验收。

尼日利亚超过南非成为撒哈拉以南非洲最大水泥生产国

据尼日利亚当地媒体报道，研究资料表明，2013 年，尼水泥产量超过南非成为撒哈拉以南非洲最大水泥生产国，在大中东地区（含中东和非洲）仅次于埃及和沙特阿拉伯，位于第三位。

尼目前的水泥产量已经超过 2000 万吨的标志线，达到了 2800 万吨，大大超过了南非的 1830 万吨。水泥消费也保持强劲增长，尽管有 2012 年水灾的影响，还是从 2009 年的 1480 万吨增长到了 2012 年的 1830 万吨。

这种强劲的增长态势已经从水泥公司的股价上得到反映，与尼股票市场所有股票指数 36.6% 的回报率相比，四个上市水泥公司年初至今的股票投资组合回报率达到了 50.2%。

实现这个成就归功于水泥生产商良好的运营环境，这是伴随着最近这个国家不断增长的经济活力而生的。

中材节能签约巴基斯坦 FAUJI 水泥公司余热发电项目

中材节能在巴基斯坦首都伊斯兰堡与该国著名的 FAUJI 军人基金会旗下的 FAUJI 水泥公司签署了余热发电项目总承包合同。该项目是利用 FAUJI 水泥公司现有 7200t/d 水泥生产线余热建设的装机 12MW 的余热电站。

中材节能自 2007 年进入巴基斯坦市场以来，已为巴基斯坦水泥行业成功建设了三个余热发电项目，项目至今运行良好，设备质量可靠，系统稳定，售后服务及时，获得了业主的高度赞誉和一致好评。

该项目的签订，标志着中材节能在巴基斯坦传统水泥市场进一步拓展。中材节能不仅在传统余热发电领域，甚至在新型可再生燃料电站，以及工业企业中小型自备电站等领域，全力拓展在巴业务，为巴基斯坦经济腾飞和中巴友谊之花再谱新篇。

第五篇 统计数据

水泥及相关产业主要统计指标

水泥及商品混凝土产量

固定资产投资和生产能力

能源消耗

进出口

主要经济指标

水泥上市公司主要财务指标

水泥及相关产业主要统计指标
Mainstatisticsandindexofcementandrelatedindustry

2013年水泥及相关产业主要统计指标

指标名称	计量单位	2012年	2013年	增长率（%）
主要产品产量				
水泥熟料	万吨	132785	139016	4.7
预分解窑熟料	万吨	122393	133785	9.3
其它窑型熟料	万吨	10392	5231	-49.7
水泥	万吨	221339	243476	10.0
商品混凝土（规模以上工业企业）	万立方米	89461	147538	64.9
水泥混凝土桩（规模以上工业企业）	万米	26292	39409	49.9
水泥排水管（规模以上工业企业）	千米	39016	148337	59.2
水泥压力管（规模以上工业企业）	千米	2755	68695	262.8
水泥电杆（规模以上工业企业）	万根	895	1369	53.1
水泥专用设备（规模以上工业企业）	万吨	83.6	92.9	11.1
主要出口商品				
水泥熟料	万吨	276	360	30.5
水泥	万吨	924	1094	18.4
水泥混凝土制品	万吨	252	276	9.8
纤维增强水泥制品	万吨	18.6	19.2	3.2
限额以上固定资产投资完成额				
水泥制造业	亿元	1379	1329	-3.9
混凝土与水泥制品业	亿元	1851	2085	12.4
规模以上企业能源消耗量				
水泥制造业	万吨标准煤	17563		
混凝土与水泥制品业	万吨标准煤	646		
规模以上水泥制造业主要经济指标				
企业单位数	个	3786	3840	0.3
资产总额	亿元	11896	12800	6.4
主营业务收入	亿元	8929	9696	7.4
利润总额	亿元	714	800	10.8
规模以上混凝土与水泥制品业主要经济指标				
企业单位数	个	6202	6672	6.4
资产总额	亿元	5616	6676	17.6
主营业务收入	亿元	7138	8705	20.6
利润总额	亿元	466	524	11.2

注释：

1. 规模以上工业企业统计范围从2011年开始为年主营业务收入2000万元及以上的工业企业。工业企业指独立核算法人工业企业，应同时具备以下条件：依法成立，有自己的名称、组织机构和场所，能够承担民事责任；独立拥有和使用资产，承担负债，有权与其他单位签订合同；独立核算盈亏，并能够编制资产负债表。

2. 按2011年版《国民经济行业分类》（GB/T 4754-2011）：

水泥制造业指从事水泥熟料和水泥生产活动的工业企业。

混凝土与水泥制品业包括水泥制品制造、砼结构构件制造、石棉水泥制品制造、其他水泥制品制造，主要生产活动产品包括：

商品混凝土；水泥混凝土排水管、压力管、电杆、砖、瓦；预应力混凝土桩；钢筋混凝土井管、烟道管、相关钢筋混凝土管；遁构法施工用钢筋混凝土管片；水泥混凝土轨枕及铁道用混凝土制品；钢丝网架水泥夹芯板；混凝土路缘石；混凝土界石、墓碑；其他水泥混凝土制砖、瓦。

普通水泥混凝土板；水泥预制桁条；钢筋混凝土柱；钢筋混凝土梁；钢筋混凝土预制结构件；钢筋混凝土预制框架；其他水泥混凝土预制构件。

石棉水泥板；石棉水泥瓦；石棉水泥管；其他石棉水泥制品；纤维增强硅酸钙板（包括石棉硅酸钙板、无石棉硅酸钙板、其他纤维增强硅酸钙板）；无石棉纤维水泥制品（包括无石棉纤维水泥平板、无石棉纤维水泥披迭板、无石棉纤维水泥板预制复合墙板、无石棉纤维水泥波瓦、无石棉纤维水泥管、其他无石棉纤维水泥制品）。

纤维增强水泥制品

3. 产品产量统计范围为工业企业

水泥熟料、水泥产量统计范围为全社会工业企业。

商品混凝土、水泥混凝土桩、水泥排水管、水泥压力管、水泥电杆和水泥专用设备产量统计范围为规模以上工业企业。

4. 出口为海关统计。海关统计范围为实际进出中华人民共和国关境的货物，包括保税仓库、保税区或经济特区进出境的货物、加工贸易进出口的货物、租赁期一年及以上的租赁贸易货物、外商投资企业进出口货物、国际间无偿援助的物资以及捐赠品。水泥进出口包括白色硅酸盐水泥、硅酸盐水泥、铝酸盐水泥及其它水泥。水泥混凝土制品进出口包括混凝土管、杆、板、桩，混凝土轨枕，混凝土预制结构件，水泥砖瓦及其它水泥混凝土制品。纤维增强水泥制品包括石棉水泥制品和无石棉纤维水泥制品。

5. 限额以上固定资产投资指城镇和农村各种登记注册类型的企业、事业、行政单位及城镇个体户进行的计划总投资500万元及500万元以上的建设项目投资。投资完成额年增长率为剔除投资价格变动因素后的实际增长率。

6. 2011年规模以上企业能源消耗量统计范围为年主营业务收入2000万元及以上工业企业和年能源消耗量1万吨标准煤及以上工业企业。从2012年开始，规模以上企业能源消耗量统计范围为年主营业务收入2000万元及以上工业企业。从2011年开始，主要经济指标统计范围为年主营业务收入2000万元及以上工业企业。

7. 主要经济指标解释：

资产总额：指企业过去的交易或者事项形成的、由企业拥有或者控制的、预期会给企业带来经济利益的资源。资产一般按流动性分为流动资产和非流动资产。其中流动资产可分为货币资金、交易性金融资产、应收票据、应收账款、预付款项、其他应收款、存货等；非流动资产可分为长期股权投资、固定资产、无形资产及其他非流动资产等。

主营业务收入：指企业确认的销售商品、提供劳务等主营业务的收入。

利润总额：指企业在一定会计期间的经营成果，是生产经营过程中各种收入扣除各种耗费后的盈余，反映企业在报告期内实现的亏盈总额。包括营业利润、补贴收入、投资净收益和营业外收支净额等。

水泥及商品混凝土产量

Cement and commercial concrete output

水泥产量

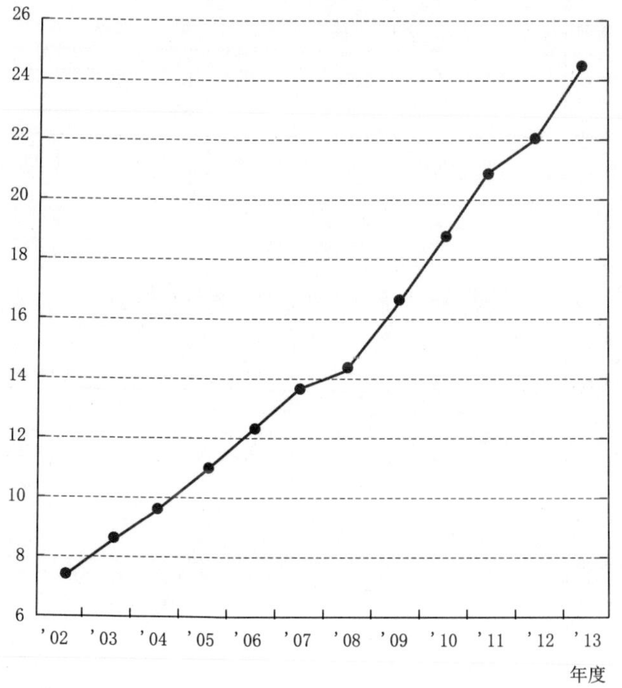

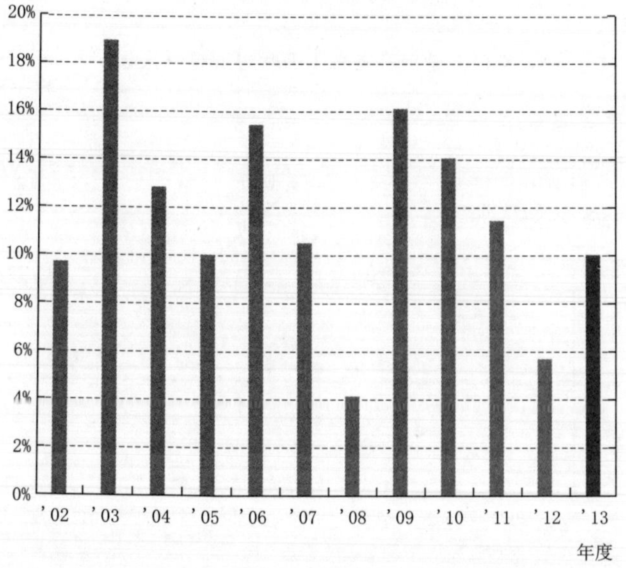

年度	产量	增长率（%）
1949	66	
1978	6524	17.2
1989	21029	0.1
1990	20971	-0.3
1991	25261	20.5
1992	30822	22.0
1993	36333	17.9
1995	47591	13.0
1996	49212	3.4
1997	51276	4.2
1998	52706	2.8
1999	56105	6.4
2000	59319	5.7
2001	66104	11.4
2002	72535	9.7
2003	86271	18.9
2004	97300	12.8
2005	106885	9.9
2006	123611	15.6
2007	136117	10.1
2008	142010	4.3
2009	164863	16.1
2010	187919	14.0
2011	209395	11.4
2012	221339	5.7
2013	243476	10.0
年平均增长率：		
1949～2013年		14.2
1978～2013年		10.9
2002～2013年		11.6
七五时期		10.1
八五时期		19.0
九五时期		4.1
十五时期		12.6
十一五时期		11.7
2011～2013年		9.0

注：本篇统计资料平均增长率均按累计平均法计算（以下各表同）。

水泥产量与全社会固定资产投资增长对比

水泥产量与全社会固定资产投资年增长率

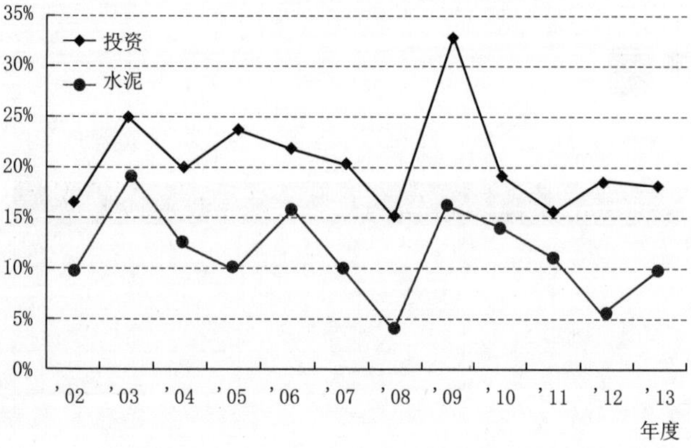

水泥与投资增长弹性系数

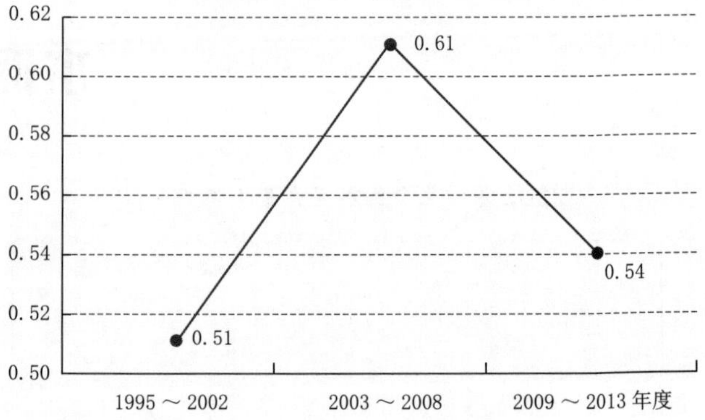

水泥产量与建筑安装工程年增长率

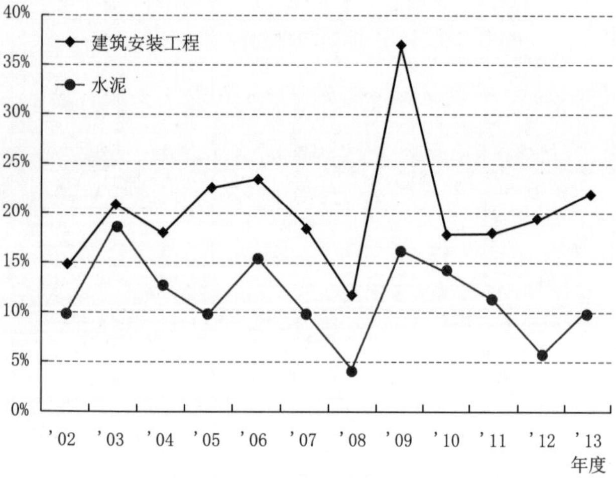

水泥与建筑安装工程增长弹性系数

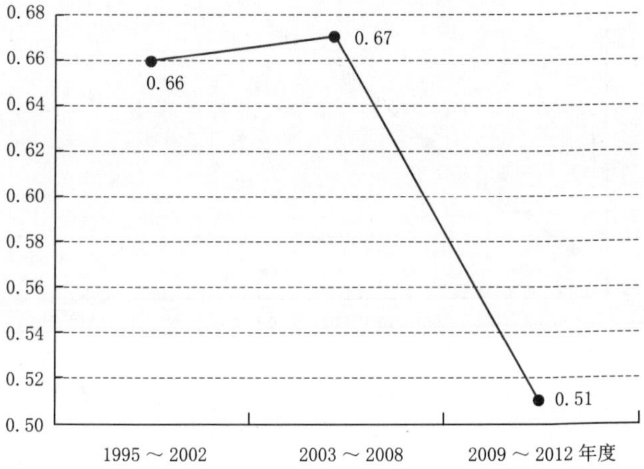

水泥产量与房屋施工面积年增长率

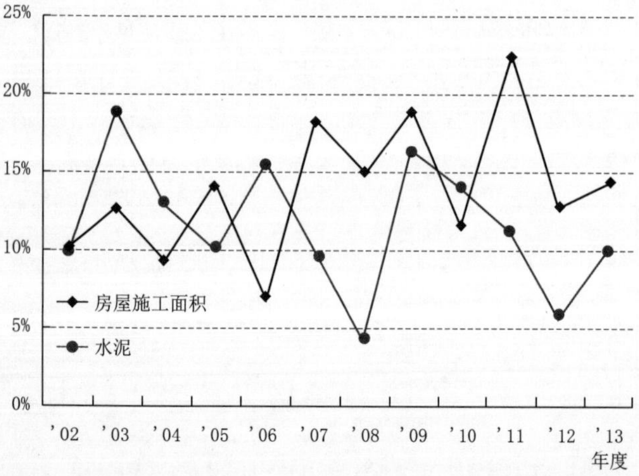

水泥产量与房屋施工面积增长弹性系数

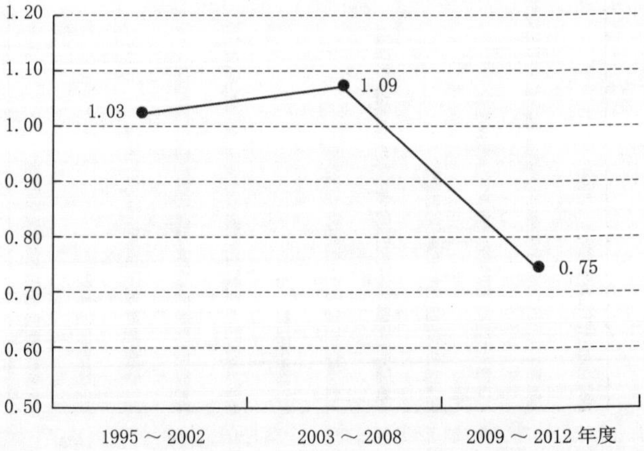

水泥产量与全社会固定资产投资增长对比

年度	全社会固定资产投资		其中建筑安装工程		房屋施工面积		水泥产量增长率%	水泥与投资增长弹性系数		
	完成额（亿元）	增长率%	完成额（亿元）	增长率%	完成（万平方米）	增长率%		投资总额	建筑安装工程	房屋施工面积
2002	43500	16.7	26579	14.6	304428	10.3	9.7	0.58	0.66	0.95
2003	55567	25.0	33447	20.7	343742	12.9	18.9	0.76	0.91	1.47
2004	70477	20.2	42804	18.2	376495	9.5	12.8	0.63	0.70	1.34
2005	88774	24.0	53383	22.5	431123	14.5	9.9	0.41	0.44	0.68
2006	109998	22.1	66776	23.5	462677	7.3	15.6	0.71	0.67	2.14
2007	137324	20.2	83518	19.0	548542	18.6	10.1	0.50	0.53	0.55
2008	172828	15.6	104959	11.3	632261	15.3	4.3	0.28	0.38	0.28
2009	224599	33.2	138758	37.3	754189	19.3	16.1	0.49	0.43	0.83
2010	(278122)	19.5	(171352)	17.7	(885173)	17.4	14.0	0.72	0.79	0.81
2010	251684		155581		844057					
2011	311485	16.2	200196	17.9	1035519	22.7	11.4	0.71	0.64	0.50
2012	374695	19.0	243618	19.7	1167238	12.7	5.7	0.30	0.29	0.45
2013	446294	18.8	298424	22.1	1336288	14.5	10.0	0.53	0.45	0.69
平均										
2002～2008		22.1		20.2		12.3	13.4	0.61	0.67	1.09
2009～2013		23.2		24.8		16.6	13.3	0.54	0.51	0.75

注释：

1. 全社会固定资产投资是以货币形式表现的在一定时期内全社会建造和购置固定资产的工作量以及与此有关的费用。按构成分为建筑安装工程、设备工具器具购置及其他费用。

建筑工程指各种房屋、建筑物的建造工程，又称建筑工作量。这部分投资额必须兴工动料，通过施工活动才能实现。

安装工程指各种设备、装置的安装工程，又称安装工作量。在安装工程中，不包括被安装设备本身价值。

2. 1997～2010年，除房地产投资、农村集体投资、个人投资以外，投资统计的起点为50万元；自2011年起，除房地产投资、农村个人投资外，固定资产投资的统计起点提高至500万元。本表2010年的两组数据括号内为原口径数，未加括号的为调整后的新口径数（以下各表同）。

3. 投资完成额增长速度均为扣除投资价格因素后的实际增长速度（以下各表同）。

4. 房屋施工面积指年内施工的全部房屋建筑面积。包括年内新开工的面积、上年跨入本年继续施工的房屋建筑面积、上年停缓建在本年恢复施工的房屋建筑面积、本年竣工的房屋建筑面积以及本年施工后又停缓建的房屋建筑面积。多层建筑包括各层建筑面积之和。

5. 水泥与投资增长弹性系数反映水泥产量增长速度与固定资产投资增长速度之间比例关系。如2009～2012年，全社会固定资产投资剔除价格变动因素的实际增长率每增长1个百分点，带动水泥产量增长0.54个百分点。

水泥与投资增长弹性系数计算方法为水泥产量增长速度与固定资产投资增长速度的比率。水泥与建筑安装工程增长弹性系数、水泥与房屋施工面积增长弹性系数计算方法相同。

全社会固定资产投资建设总规模

全社会固定资产投资建设规模和在建规模

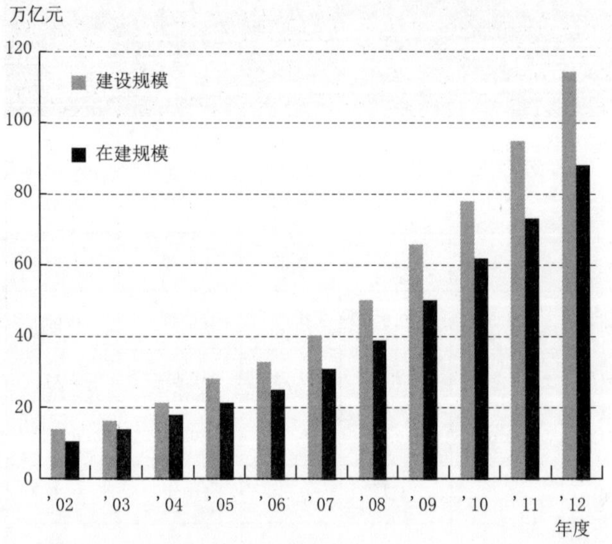

全社会固定资产投资建设规模和在建规模年增加额

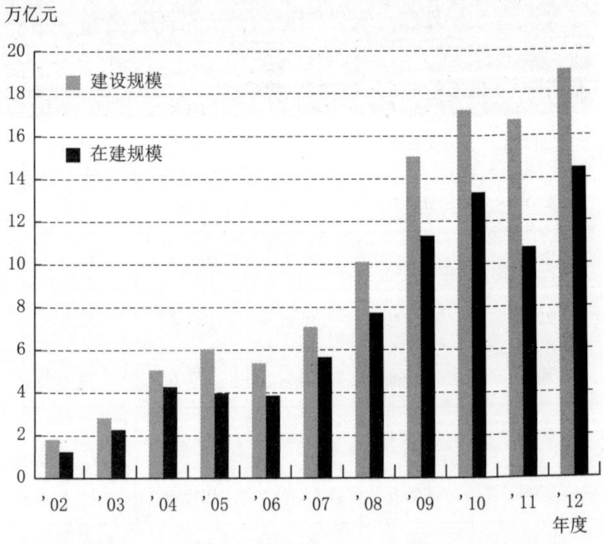

计量单位：亿元

年 度	建设总规模			在建总规模			在建净规模		
	建设规模	增长额	增长%	在建规模	增长额	增长%	净规模	增长额	增长%
2002	135313	17010	14.4	108684	13440	14.1	57506	8105	16.4
2003	163348	28035	20.7	131733	23049	21.2	69741	12235	21.3
2004	212275	48928	30.0	175653	43920	33.3	92728	22988	33.0
2005	270927	58652	27.6	215350	39697	22.6	116321	23592	25.4
2006	326298	55371	20.4	254062	38713	18.0	124873	8552	7.4
2007	396409	70111	21.5	310890	56828	22.4	150463	25590	20.5
2008	498441	102032	25.7	388122	77232	24.8	184517	34054	22.6
2009	647024	148583	29.8	500444	112322	28.9	246082	61566	33.4
2010	(819580)	172556	26.7	(634643)	134199	26.8	(309461)	63379	25.8
2010	777313			618982			301424		
2011	944675	167362	21.5	725708	106726	17.2	347241	45816	15.2
2012	1135913	191239	20.2	870229	144521	19.9	407020	59780	17.2

注释：

1. 建设总规模指年内所有施工项目的计划总投资。
2. 在建总规模指年末所有在建项目的计划总投资。
3. 在建净规模指年末所有在建项目建成投产尚需的投资总量，计算公式为在建总规模减法未投产项目（年末在建）累计完成投资。
4. 2013 年起，国家统计局固定资产投资统计取消建设总规模、在建总规模和在建净规模三项指标。

全社会固定资产投资主要行业

全社会固定资产投资主要行业比重

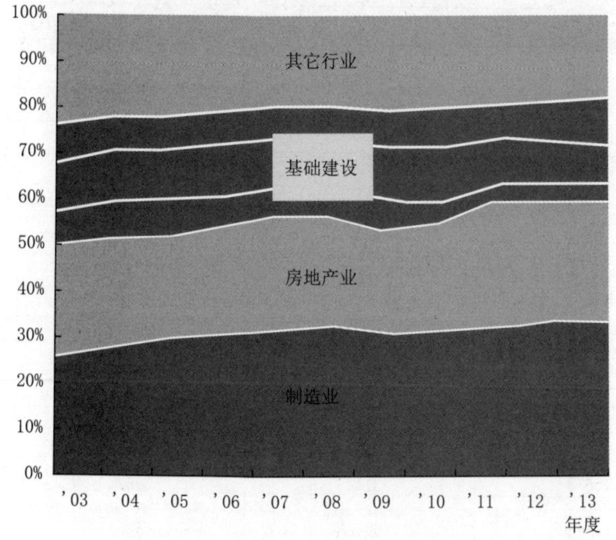

制造业固定资产投资年增长率

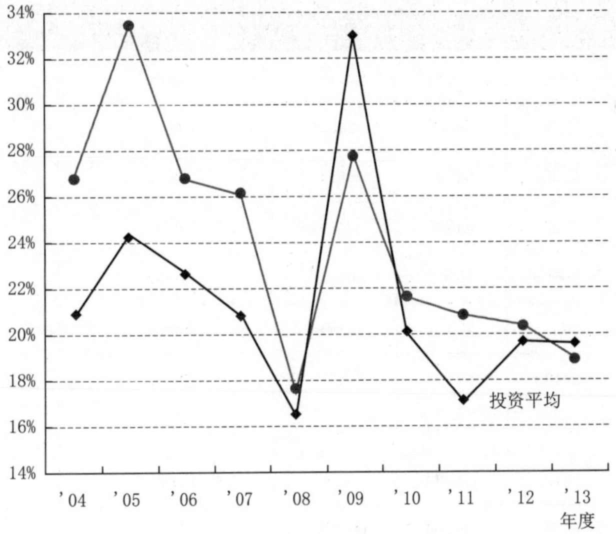

房地产业固定资产投资年增长率

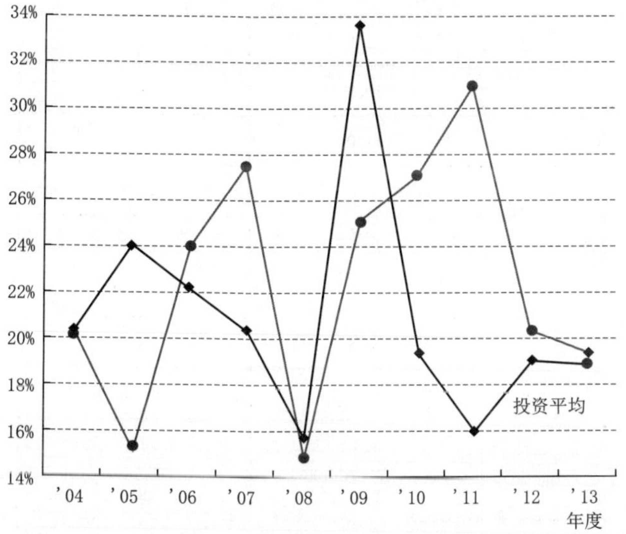

电力、热力、燃气及水生产和供应业固定资产投资年增长率

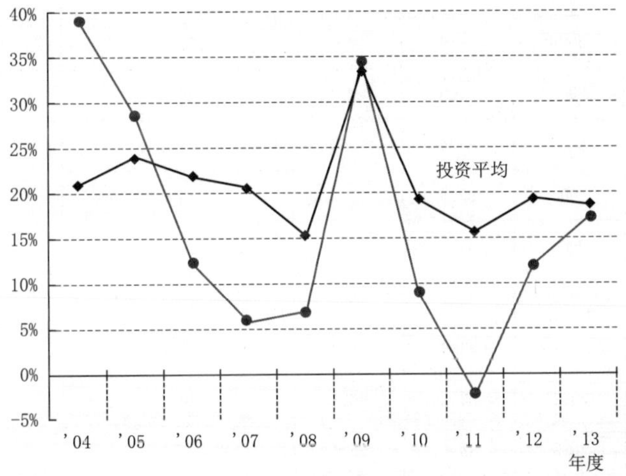

交通运输、仓储和邮政业固定资产投资年增长率

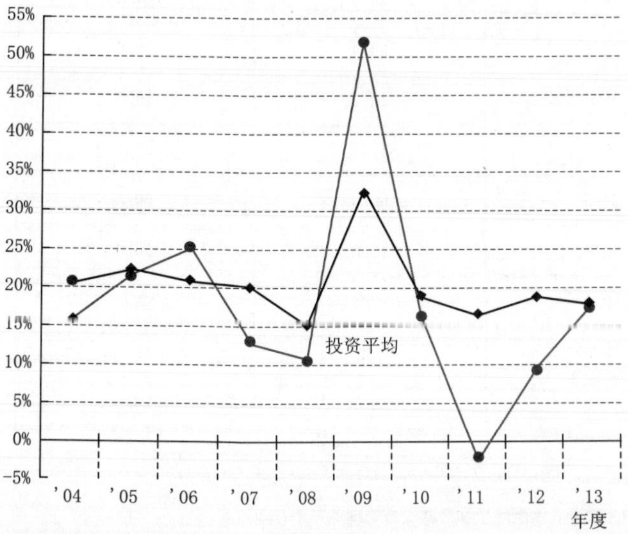

水利、环境和公共设施管理业固定资产投资年增长率

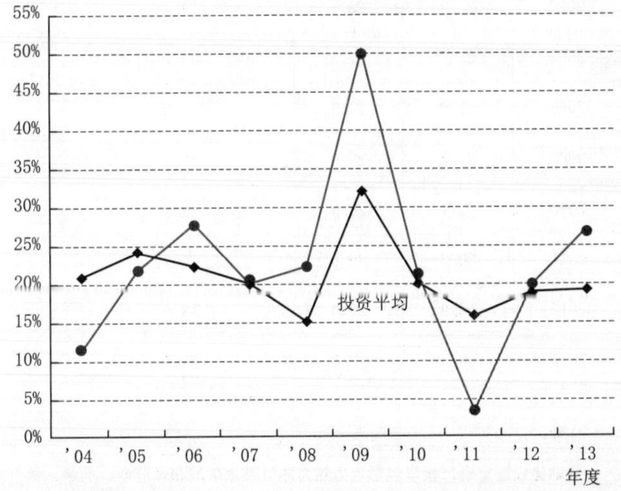

全社会固定资产投资主要行业

计量单位：亿元

年 度	制造业	房地产业	基础建设固定资产投资合计	电力、热力、燃气及水生产和供应业	交通运输、仓储和邮政业	水利、环境和公共设施管理业
2003	14690	13143	14618	3962	6289	4366
2005	26576	19505	23443	7554	9614	6274
2006	34090	24524	28876	8586	12138	8153
2007	44505	32439	33776	9468	14154	10154
2008	56702	40442	41556	10997	17024	13534
2009	70613	49359	59284	14435	24975	19874
2010	88619	64877	70582	15680	30074	24828
2011	102713	81686	67475	14660	28292	24523
2012	124550	99159	77739	16673	31445	29622
2013	147705	118809	94089	19635	36790	37664
比重%						
2003	26.4	23.7	26.3	7.1	11.3	7.9
2005	29.9	22.0	26.4	8.5	10.8	7.1
2006	31.0	22.3	26.3	7.8	11.0	7.4
2007	32.4	23.6	24.6	6.9	10.3	7.4
2008	32.8	23.4	24.0	6.4	9.9	7.8
2009	31.4	22.0	26.4	6.4	11.1	8.8
2010	31.9	23.3	25.4	5.6	10.8	8.9
2011	33.0	26.2	21.7	4.7	9.1	7.9
2012	33.2	26.5	20.7	4.4	8.4	7.9
2013	33.1	26.6	21.1	4.4	8.2	8.4
增长率%						
2005	33.6	15.1	24.6	28.3	23.8	21.8
2006	26.4	23.9	21.4	12.0	24.4	28.0
2007	25.7	27.3	12.6	6.1	12.2	19.9
2008	17.0	14.5	13.0	6.7	10.4	22.4
2009	27.6	25.0	46.2	34.5	50.3	50.5
2010	21.1	26.9	14.9	4.8	16.2	20.6
2011	20.2	30.6	-0.9	-3.0	-2.4	2.4
2012	19.9	20.0	13.9	12.5	9.9	19.5
2013	18.3	19.5	20.7	17.5	16.7	26.8

注释：

基础建设固定资产投资包括电力热力燃气及水生产和供应业、交通运输仓储和邮政业、水利环境和公共设施管理业三个行业。

全国人口构成和人均水泥消费量

全国人口城镇和乡村构成

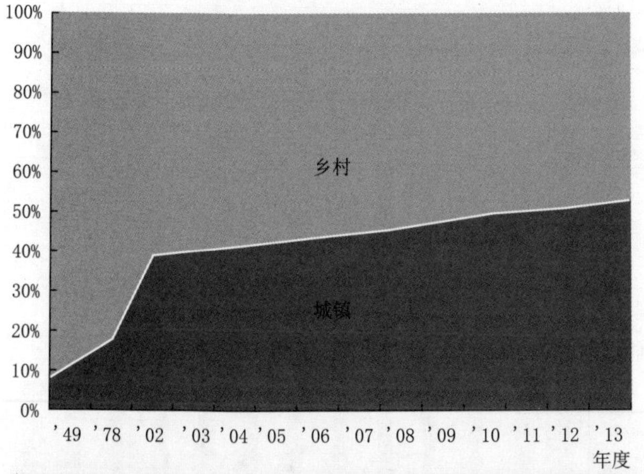

人均水泥消费量

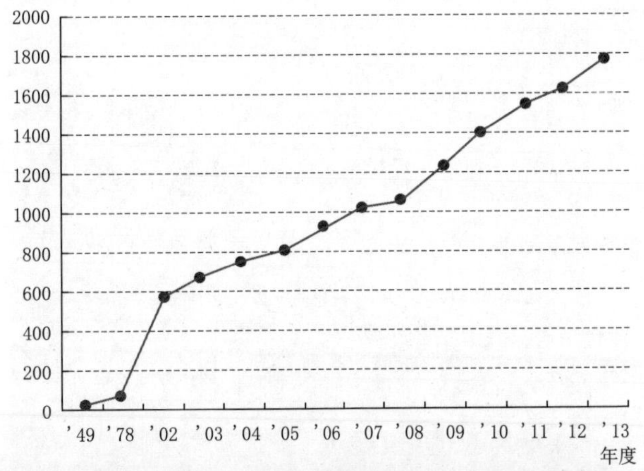

年度	年末总人口（万人）	城镇		乡村		人均水泥消费量（千克/人）
		人口数（万人）	比重（%）	人口数（万人）	比重（%）	
1949	54167	5765	10.6	48402	89.4	1
1978	96259	17245	17.9	79014	82.1	68
1980	98705	19140	19.4	79565	80.6	82
1985	105851	25094	23.7	80757	76.3	142
1990	114333	30195	26.4	84138	73.6	179
1995	121121	35174	29.0	85947	71.0	389
2000	126743	45906	36.2	80837	63.8	465
2003	129227	52376	40.5	76851	59.5	666
2004	129988	54283	41.8	75705	58.2	747
2005	130756	56212	43.0	74544	57.0	812
2006	131448	58288	44.3	73160	55.7	929
2007	132129	60633	45.9	71496	54.1	1022
2008	132802	62403	47.0	70399	53.0	1062
2009	133450	64512	48.3	68938	51.7	1233
2010	134091	66978	50.0	67113	50.1	1398
2011	134735	69079	51.3	65656	48.7	1552
2012	135404	71182	52.6	64222	47.4	1632
2013	136072	73111	53.7	62961	46.3	1786

注释：

1. 总人口中包括现役军人，按城乡分人口中现役军人计入城镇人口。2. 人均水泥消费量为当年水泥产量减净出口量除平均人口数。

水泥熟料产量

窑外分解窑水泥熟料产量比率

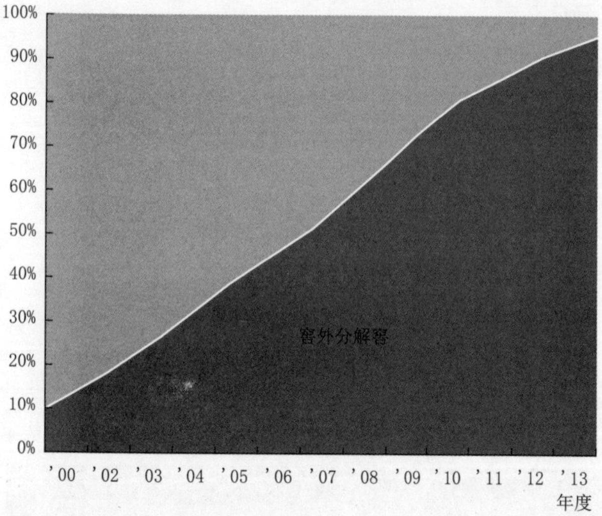

水泥熟料与水泥产量比率

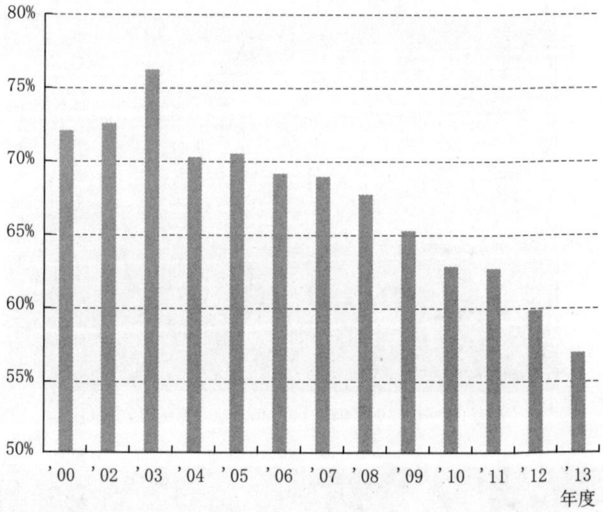

计量单位：万吨

年度	水泥熟料				水泥	增长率（%）	新型干法比率（%）	熟料与水泥比率（%）
	总计	增长率（%）	窑外分解窑	增长率（%）				
2002	52515	10.0	8580	43.2	72535	9.7	16.3	72.6
2003	65703	25.1	14944	74.2	86271	18.9	22.7	76.3
2004	68437	4.2	21019	40.7	97300	12.8	30.7	70.4
2005	76472	11.7	30201	43.7	106885	9.9	39.5	70.6
2006	87328	14.2	40181	33.0	123611	15.6	46.0	69.3
2007	95668	9.6	51462	28.1	136117	10.1	53.8	69.0
2008	97701	2.1	61836	20.2	142010	4.3	63.3	67.9
2009	108408	11.0	78835	27.5	164863	16.1	72.7	65.3
2010	118817	9.6	96688	22.6	187919	14.0	81.4	62.9
2011	131630	10.8	114306	18.2	209395	11.4	86.8	62.8
2012	132785	0.9	122393	7.1	221339	5.7	92.2	59.9
2013	139016	4.7	133785	9.3	243476	10.0	96.2	57.0

注释：

1. 窑外分解窑水泥熟料即新型干法水泥熟料，是由窑外分解窑煅烧而产生的水泥熟料。
2. 新型干法比例为窑外分解窑水泥熟料产量占水泥熟料产量的比重，是观察水泥生产工艺的重要指标。
3. 熟料与水泥比率为水泥熟料产量减水泥熟料净出口量与水泥产量的比率，是观察水泥混合材掺加率的重要指标。

水泥产量地区分布

水泥熟料产量地区构成

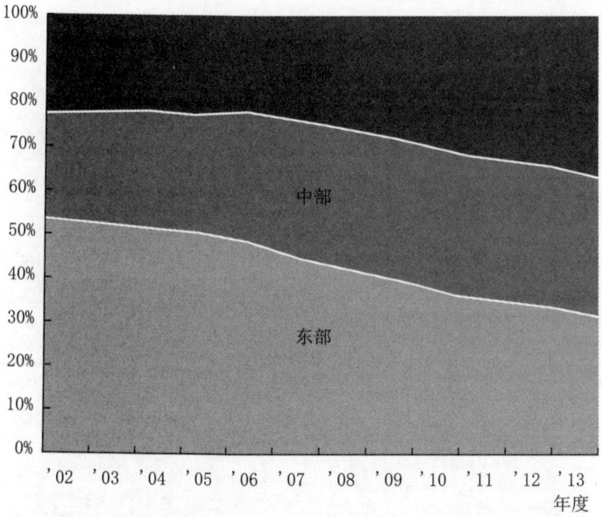

水泥产量地区构成

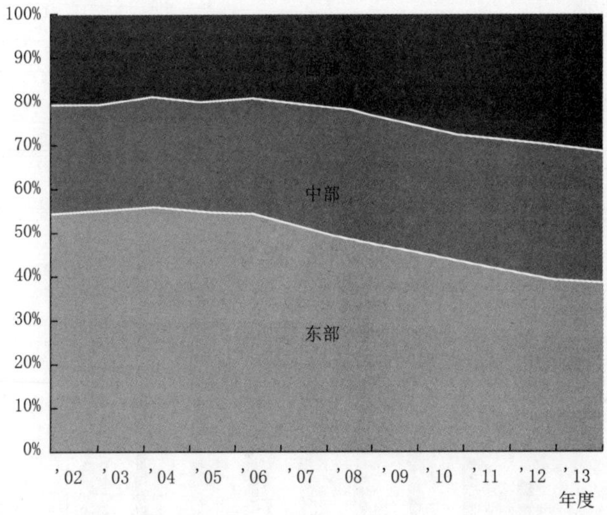

计量单位：万吨

年 度	水泥熟料			水 泥		
	东部地区	中部地区	西部地区	东部地区	中部地区	西部地区
2005	38501	20755	17217	58198	26631	22055
2007	43183	30219	22266	68408	37812	29897
2008	41730	31228	24743	68329	40903	32778
2009	43005	35346	30057	75075	48104	41684
2010	43354	38501	36962	80815	54156	52947
2011	46257	41856	43517	86219	61325	61851
2012	44863	42738	45183	86215	66908	68217
2013	44399	43764	50853	92837	73647	76991
比重%						
2005	50.3	27.1	22.5	54.45	24.92	20.63
2008	42.7	32.0	25.3	48.12	28.80	23.08
2010	36.5	32.4	31.1	43.01	28.82	28.18
2013	31.9	31.5	36.6	38.13	30.25	31.62
增长率%						
2009	3.1	13.2	21.5	9.9	17.6	27.2
2010	0.8	8.9	23.0	7.6	12.6	27.0
2011	6.7	8.7	17.7	6.7	13.2	16.8
2012	-3.0	2.1	3.8	0.0	9.1	10.3
2013	-1.0	2.4	12.5	7.7	10.1	12.9

注释：

东部地区包括北京市、天津市、河北省、辽宁省、上海市、江苏省、浙江省、福建省、山东省、广东省、海南省；中部地区包括山西省、吉林省、黑龙江省、安徽省、江西省、河南省、湖北省、湖南省；西部地区包括内蒙古自治区、广西壮族自治区、重庆市、四川省、贵州省、云南省、西藏自治区、陕西省、甘肃省、青海省、宁夏回族自治区、新疆维吾尔自治区。

商品混凝土生产企业和产量

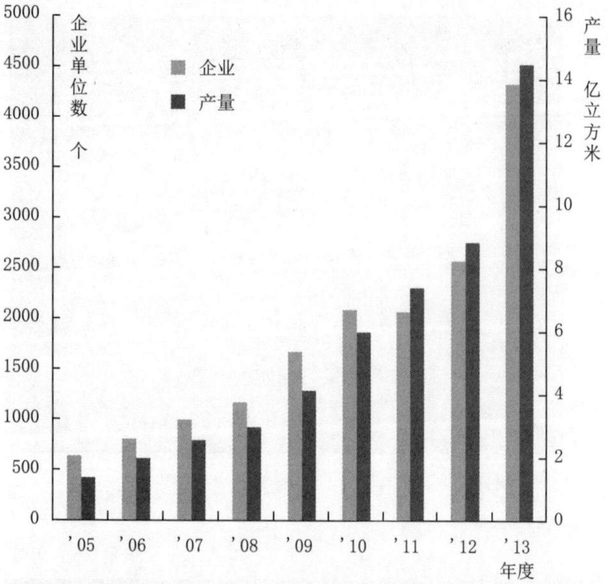

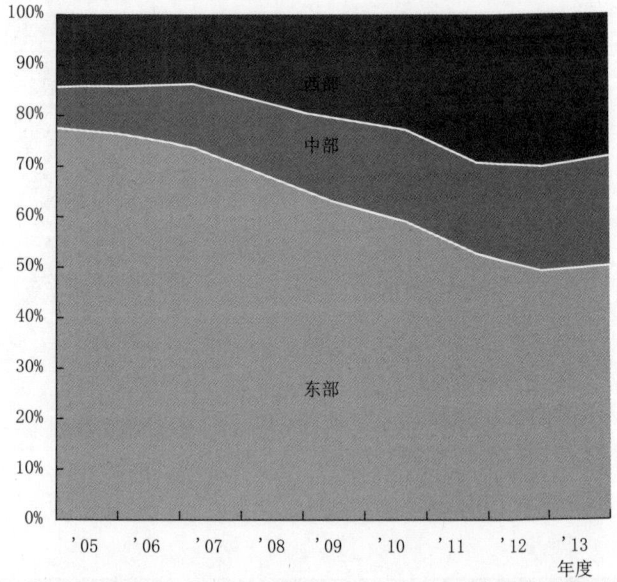

产量计量单位：万立方米

年度	全国			东部地区			中部地区			西部地区		
	企业	产量	增长（%）	企业	产量	增长（%）	企业	产量	增长（%）	企业	产量	增长（%）
2005	604	13529	23.3	407	10481	17.8	96	1143	49.4	101	1905	45.2
2006	771	19238	21.9	505	14778	18.5	129	1727	34.3	137	2733	35.5
2007	978	25142	23.5	617	18618	19.9	184	2880	38.2	177	3643	32.9
2008	1171	30179	14.7	702	20615	7.8	246	4215	34.0	223	5349	32.2
2009	1684	41690	21.6	978	26460	14.7	359	6482	27.3	347	8748	43.2
2010	(2113)	(60343)	32.3	(1120)	(36057)	23.0	(506)	(10327)	49.0	(487)	(13959)	49.0
2010	1887	58390		991	34538		424	9657		472	14195	
2011	2075	74271	27.2	1046	39634	14.8	493	13018	34.8	536	21620	52.3
2012	2603	89788	11.0	1258	44645	1.1	659	18248	23.7	686	26894	22.5
2013	4409	147538	65.0	2120	74153	67.8	1197	32428	79.2	1092	40957	50.8

注释：

1. 商品混凝土指工业企业生产的以商品形式供给工程使用的预拌混凝土。

2. 商品混凝土产量企业统计范围：2010年以前为年主营业务收入500万元以上工业企业。2011年以后为年主营业务收入2000万元以上工业企业。本表2010年的两组数据括号内为原统计范围，未加括号的为新统计范围。

2013 年省区市水泥及商品混凝土产量

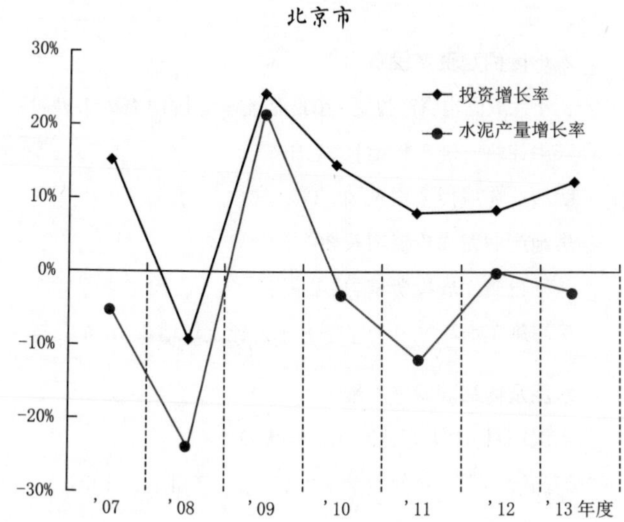

本地区固定资产投资

本年完成固定资产投资 6847 亿元，比上年增长 12.1%

其中建筑安装工程增长 21.1%

制造业完成投资增长 9.1%

房地产业完成投资增长 11.3%

基础设施完成投资增长 5.1%

房屋施工面积 2.1 万亿平方米，比上年增长 10%

水泥及商品混凝土产量

水泥产量 901 万吨，比上年下降 2.4%

商品混凝土：企业数量增加 4 家，产量增长 20.8%

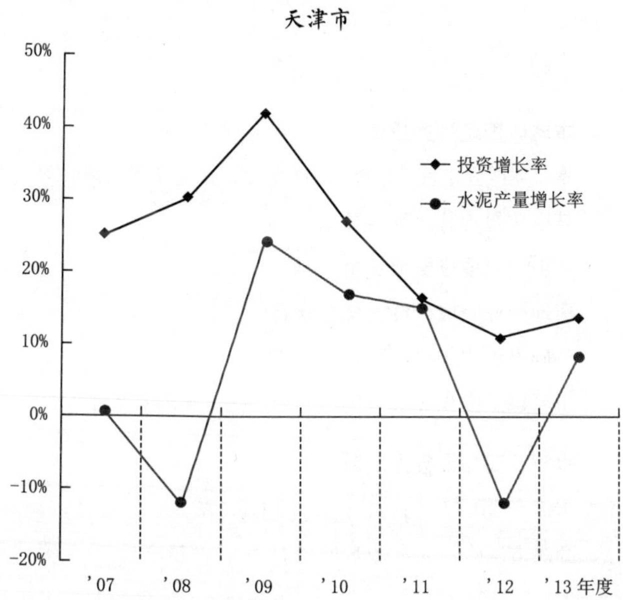

本地区固定资产投资

本年完成固定资产投资 9130 亿元，比上年增长 15.7%

其中建筑安装工程增长 20.8%

制造业完成投资增长 10.4%

房地产业完成投资增长 21.6%

基础设施完成投资增长 8%

房屋施工面积 2.2 万亿平方米，比上年增长 13.6%

水泥及商品混凝土产量

水泥产量 962 万吨，比上年增长 11.2%

商品混凝土：企业数量增加 17 家，产量增长 37.5%

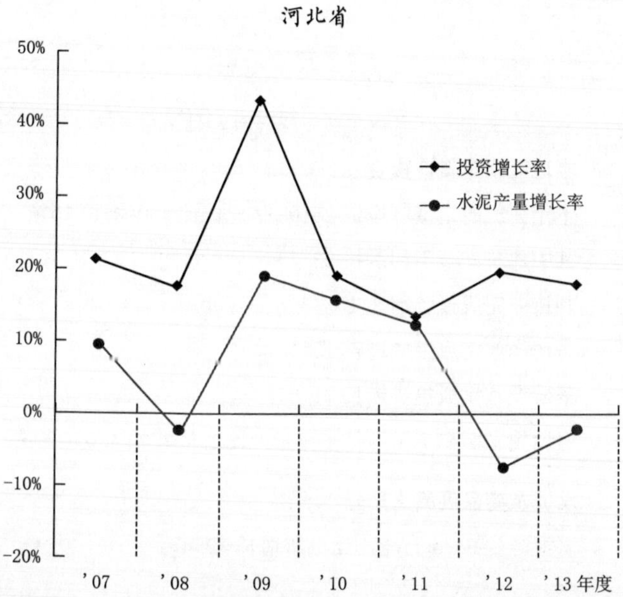

本地区固定资产投资

本年完成固定资产投资 23194 亿元，比上年增长 18.1%

其中建筑安装工程增长 18.5%

制造业完成投资增长 19.5%

房地产业完成投资增长 5.1%

基础设施完成投资增长 27.5%

房屋施工面积 7.8 万亿平方米，比上年增长 15.7%

水泥及商品混凝土产量

水泥产量 12932 万吨，比上年下降 1.8%

商品混凝土：企业数量增加 54 家，产量增长 102%

2013 年省区市水泥及商品混凝土产量

山西省

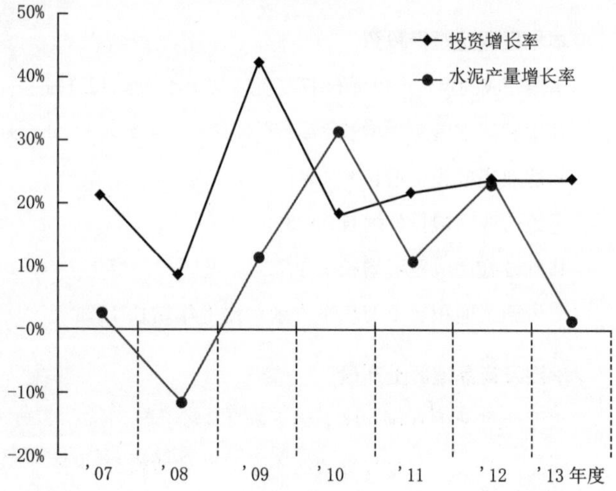

本地区固定资产投资

本年完成固定资产投资 11032 亿元，比上年增长 23.9%

其中建筑安装工程增长 27.3%

制造业完成投资增长 30.2%

房地产业完成投资增长 33%

基础设施完成投资增长 21.8%

房屋施工面积 2.9 万亿平方米，比上年增长 15.4%

水泥及商品混凝土产量

水泥产量 5131 万吨，比上年增长 1.8%

商品混凝土：企业数量增加 23 家，产量增长 100%

内蒙古自治区

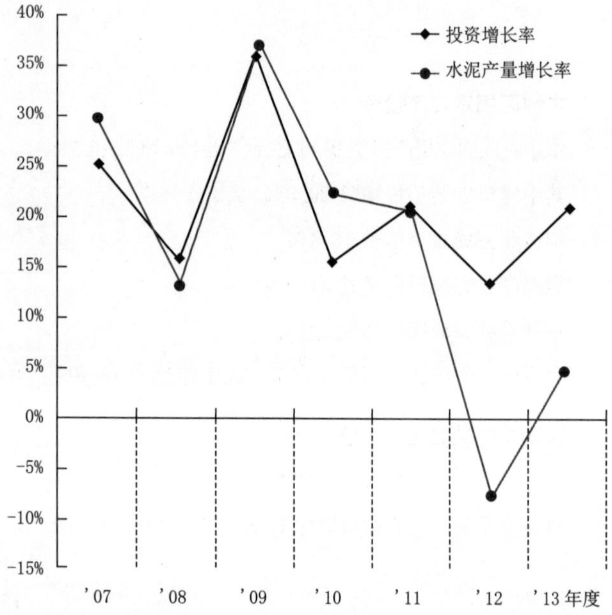

本地区固定资产投资

本年完成固定资产投资 14217 亿元，比上年增长 20.2%

其中建筑安装工程增长 17.3%

制造业完成投资增长 18.4%

房地产业完成投资增长 9.9%

基础设施完成投资增长 19.5%

房屋施工面积 2.7 万亿平方米，比上年增长 5.1%

水泥及商品混凝土产量

水泥产量 6371 万吨，比上年增长 5%

商品混凝土：企业数量增加 18 家，产量增长 29.6%

辽宁省

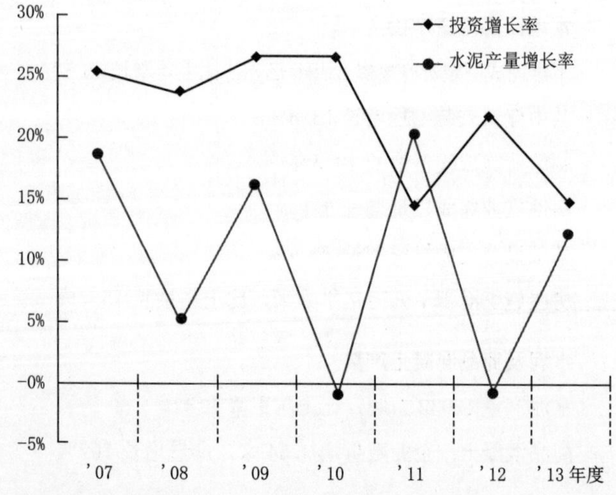

本地区固定资产投资

本年完成固定资产投资 25108 亿元，比上年增长 15%

其中建筑安装工程增长 23.7%

制造业完成投资增长 15.2%

房地产业完成投资增长 15%

基础设施完成投资增长 31.6%

房屋施工面积 7.1 万亿平方米，比上年增长 4.6%

水泥及商品混凝土产量

水泥产量 6444 万吨，比上年增长 12.6%

2013年省区市水泥及商品混凝土产量

吉林省

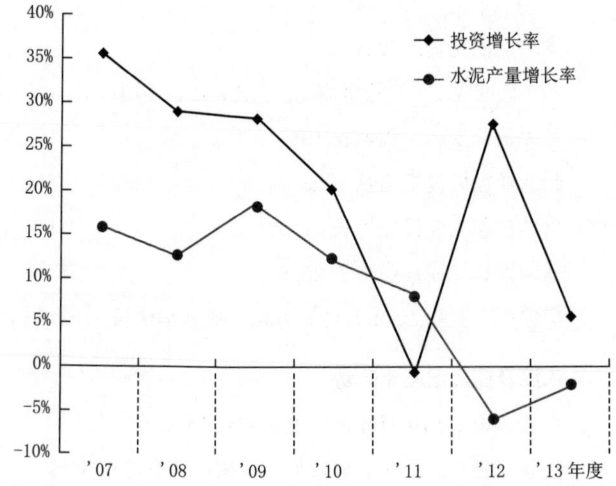

本地区固定资产投资

本年完成固定资产投资9979亿元，比上年增长4.9%

其中建筑安装工程增长8.3%

制造业完成投资增长6.3%

房地产业完成投资下降2.4%

基础设施完成投资增长8.1%

房屋施工面积2万亿平方米，比上年增长12.5%

水泥及商品混凝土产量

水泥产量3045万吨，比上年下降2.2%

商品混凝土：企业数量增加15家，产量增长48.3%

黑龙江省

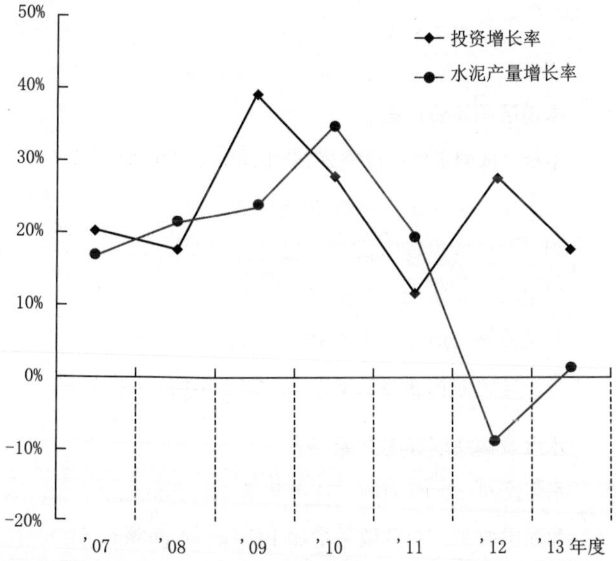

本地区固定资产投资

本年完成固定资产投资11453亿元，比上年增长18%

其中建筑安装工程增长20.6%

制造业完成投资增长16.1%

房地产业完成投资增长6.4%

基础设施完成投资增长6.4%

房屋施工面积2.9万亿平方米，比上年增长13.8%

水泥及商品混凝土产量

水泥产量4039万吨，比上年增长2.3%

商品混凝土：企业数量增加21家，产量增长57.4%

上海市

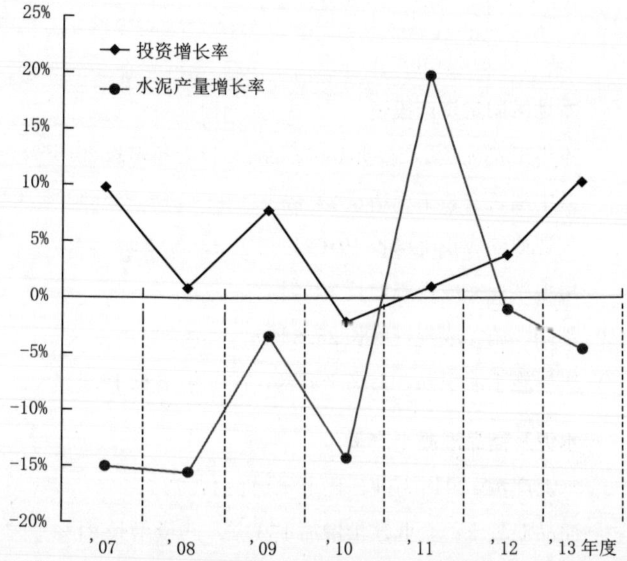

本地区固定资产投资

本年完成固定资产投资5648亿元，比上年增长10.2 %

其中建筑安装工程增长11.7%

制造业完成投资下降0.9%

房地产业完成投资增长17.8%

基础设施完成投资增长12.5%

房屋施工面积1.7万亿平方米，比上年增长1.7%

水泥及商品混凝土产量

水泥产量752万吨，比上年下降5.2%

商品混凝土：企业数量增加29家，产量增长27.1%

2013 年省区市水泥及商品混凝土产量

江苏省

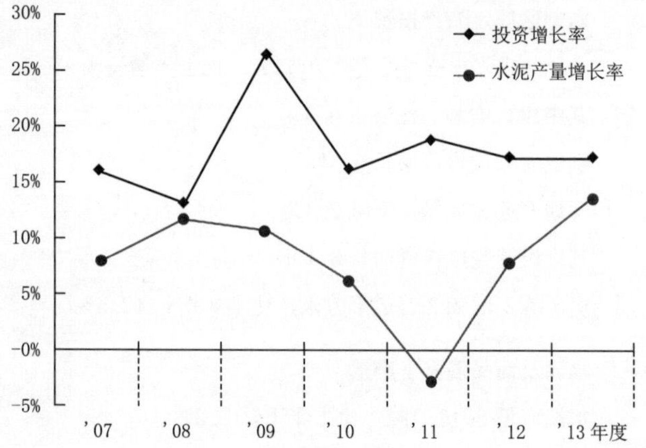

本地区固定资产投资

本年完成固定资产投资 36373 亿元，比上年增长 17.4%

其中建筑安装工程增长 19%

制造业完成投资增长 16.6%

房地产业完成投资增长 17.8%

基础设施完成投资增长 25.6%

房屋施工面积 10.4 万亿平方米，比上年增长 11.2%

水泥及商品混凝土产量

水泥产量 18878 万吨，比上年增长 14%

商品混凝土：企业数量增加 239 家，产量增长 88%

浙江省

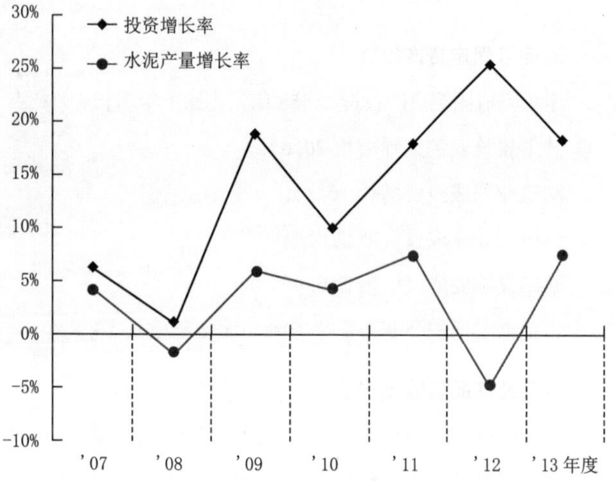

本地区固定资产投资

本年完成固定资产投资 20782 亿元，比上年增长 17.8%

其中建筑安装工程增长 20.6%

制造业完成投资增长 15.3%

房地产业完成投资增长 17.9%

基础设施完成投资增长 17.3%

房屋施工面积 9 万亿平方米，比上年增长 11.4%

水泥及商品混凝土产量

水泥产量 12515 万吨，比上年增长 7.7%

商品混凝土：企业数量增加 137 家，产量增长 51%

安徽省

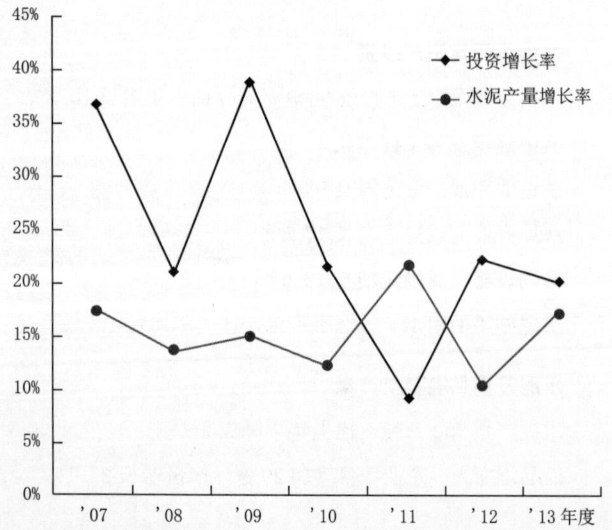

本地区固定资产投资

本年完成固定资产投资 18622 亿元，比上年增长 20.5 %

其中建筑安装工程增长 27%

制造业完成投资增长 19.6%

房地产业完成投资增长 20%

基础设施完成投资增长 25.8%

房屋施工面积 6.2 万亿平方米，比上年增长 14.5%

水泥及商品混凝土产量

水泥产量 12948 万吨，比上年增长 17.7%

商品混凝土：企业数量增加 159 家，产量增长 81%

2013年省区市水泥及商品混凝土产量

福建省

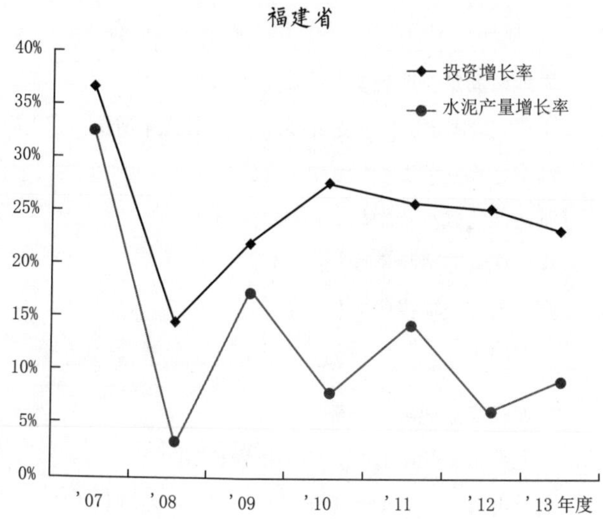

本地区固定资产投资

本年完成固定资产投资15327亿元，比上年增长23.1%

其中建筑安装工程增长27.1%

制造业完成投资增长23.4%

房地产业完成投资增长27.7%

基础设施完成投资增长17.1%

房屋施工面积5.2万亿平方米，比上年增长10.6%

水泥及商品混凝土产量

水泥产量7954万吨，比上年增长9.6%

商品混凝土：企业数量增加63家，产量增长60%

江西省

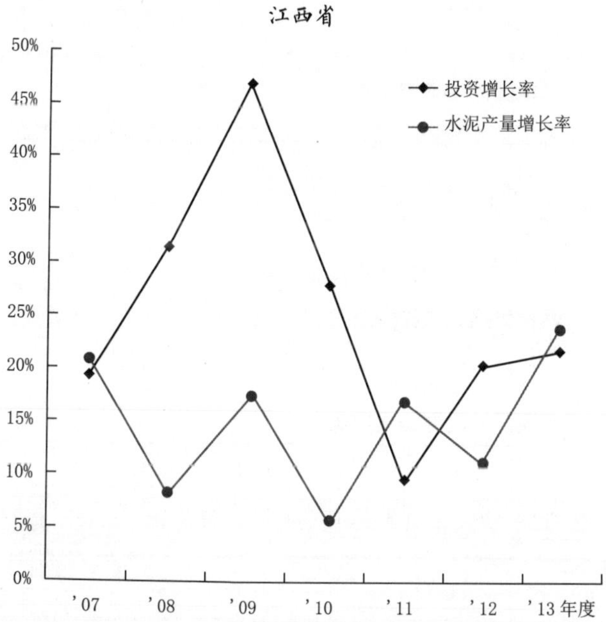

本地区固定资产投资

本年完成固定资产投资12850亿元，比上年增长18.8%

其中建筑安装工程增长24.1%

制造业完成投资增长21.8%

房地产业完成投资增长23.7%

基础设施完成投资增长15.1%

房屋施工面积3.6万亿平方米，比上年增长18.9%

水泥及商品混凝土产量

水泥产量9364万吨，比上年增长21.8%

商品混凝土：企业数量增加47家，产量增长57%

山东省

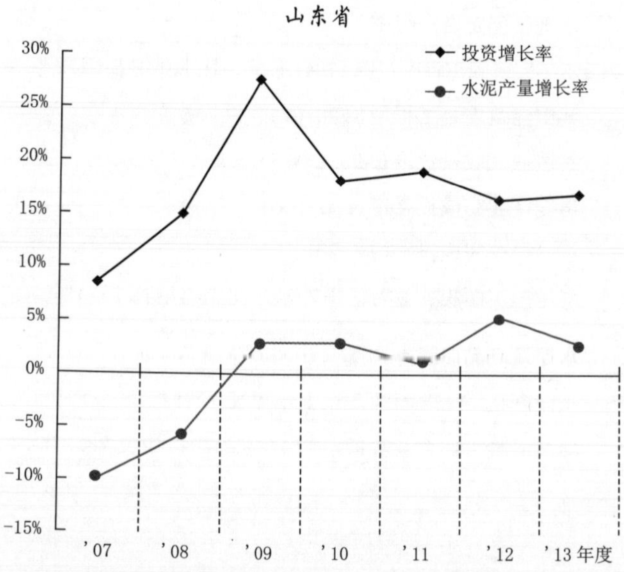

本地区固定资产投资

本年完成固定资产投资36789亿元，比上年增长17.2%

其中建筑安装工程增长20.8%

制造业完成投资增长19.9%

房地产业完成投资增长11%

基础设施完成投资增长26.7%

房屋施工面积10.7万亿平方米，比上年增长13.7%

水泥及商品混凝土产量

水泥产量16288万吨，比上年增长2.7%

商品混凝土：企业数量增加104家，产量增长45%

2013 年省区市水泥及商品混凝土产量

河南省

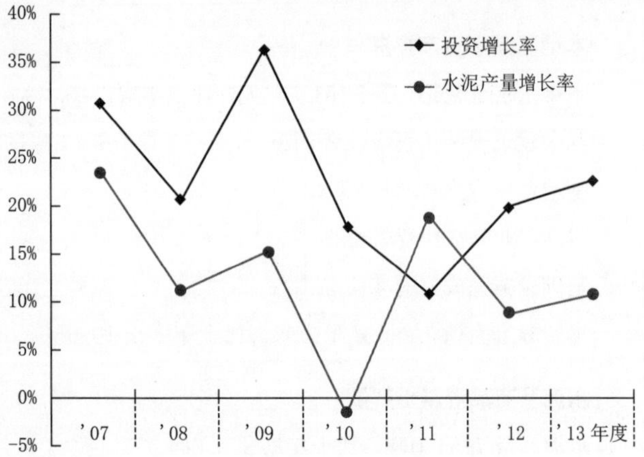

本地区固定资产投资

本年完成固定资产投资 26087 亿元，比上年增长 21.7 %

其中建筑安装工程增长 24.6%

制造业完成投资增长 20.9%

房地产业完成投资增长 25.4%

基础设施完成投资增长 21.4%

房屋施工面积 9.7 万亿平方米，比上年增长 19.5%

水泥及商品混凝土产量

水泥产量 16482 万吨，比上年增长 10.1 %

商品混凝土：企业数量增加 111 家，产量增长 104 %

湖北省

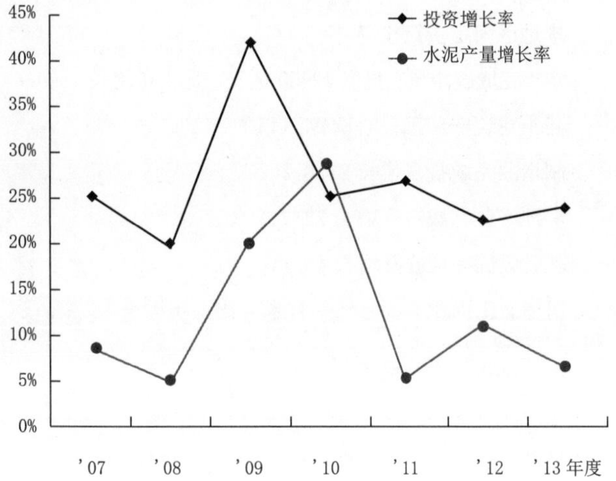

本地区固定资产投资

本年完成固定资产投资 19307 亿元，比上年增长 23.3%

其中建筑安装工程增长 26.8%

制造业完成投资增长 28.2%

房地产业完成投资增长 27.5%

基础设施完成投资增长 27.8%

房屋施工面积 5 万亿平方米，比上年增长 28%

水泥及商品混凝土产量

水泥产量 11182 万吨，比上年增长 6.4%

商品混凝土：企业数量增加 118 家，产量增长 106%

湖南省

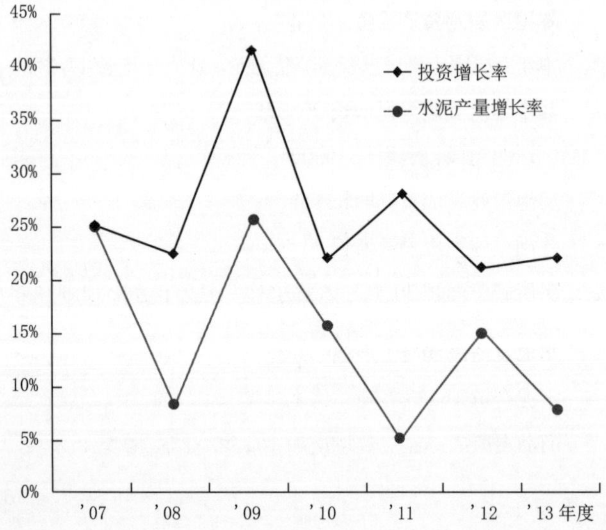

本地区固定资产投资

本年完成固定资产投资 17841 亿元，比上年增长 21.2%

其中建筑安装工程增长 26.6%

制造业完成投资增长 25.5 %

房地产业完成投资增长 12.9%

基础设施完成投资增长 25%

房屋施工面积 4.2 万亿平方米，比上年增长 15.4%

水泥及商品混凝土产量

水泥产量 11455 万吨，比上年增长 7.7%

商品混凝土：企业数量增加 44 家，产量增长 28.3%

2013 年省区市水泥及商品混凝土产量

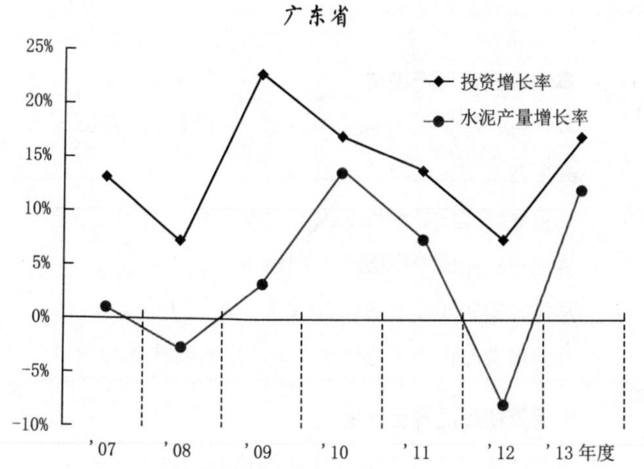

本地区固定资产投资

本年完成固定资产投资 22308 亿元，比上年增长 17.4%

其中建筑安装工程增长 18.1%

制造业完成投资增长 12.6%

房地产业完成投资增长 18.9%

基础设施完成投资增长 19.9%

房屋施工面积 7.7 万亿平方米，比上年增长 18.3 %

水泥及商品混凝土产量

水泥产量 13225 万吨，比上年增长 12.5%

商品混凝土：企业数量增加 96 家，产量增长 102%

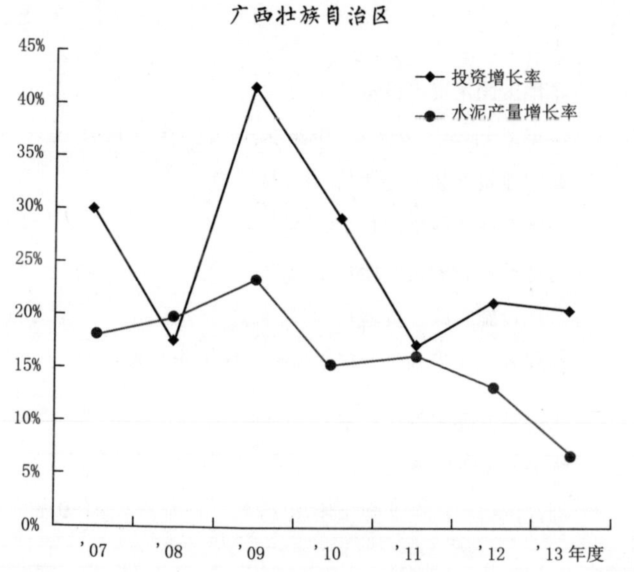

本地区固定资产投资

本年完成固定资产投资 11908 亿元，比上年增长 21.3%

其中建筑安装工程增长 26.8%

制造业完成投资增长 20%

房地产业完成投资增长 10.9%

基础设施完成投资增长 21.9%

房屋施工面积 3.5 万亿平方米，比上年增长 24.5%

水泥及商品混凝土产量

水泥产量 10725 万吨，比上年增长 7.2%

商品混凝土：企业数量增加 22 家，产量增长 27.9%

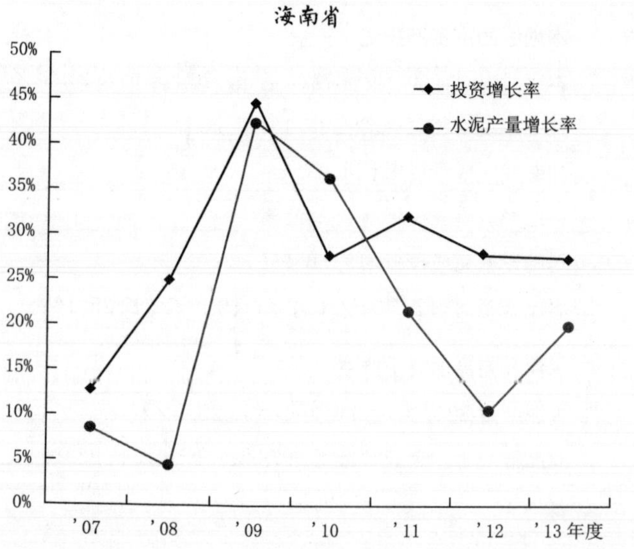

本地区固定资产投资

本年完成固定资产投资 2698 亿元，比上年增长 26.7 %

其中建筑安装工程增长 18.2%

制造业完成投资增长 18.4%

房地产业完成投资增长 37.4%

基础设施完成投资增长 39.9%

房屋施工面积 0.8 万亿平方米，比上年增长 0.2%

水泥及商品混凝土产量

水泥产量 1988 万吨，比上年增长 18.8%

商品混凝土：企业数量增加 10 家，产量增长 111%

2013年省区市水泥及商品混凝土产量

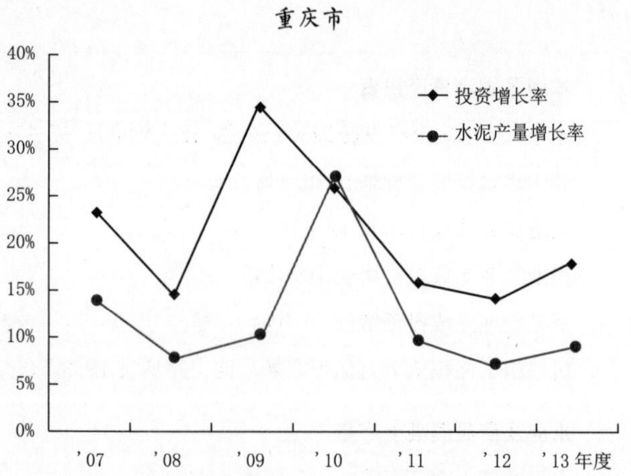

本地区固定资产投资

本年完成固定资产投资10435亿元，比上年增长18.8％

其中建筑安装工程增长21.7%

制造业完成投资增长17.1%

房地产业完成投资增长23.3%

基础设施完成投资增长20%

房屋施工面积3.6万亿平方米，比上年增长22.9%

水泥及商品混凝土产量

水泥产量6126万吨，比上年增长10.4%

商品混凝土：企业数量增加31家，产量增长39.6%

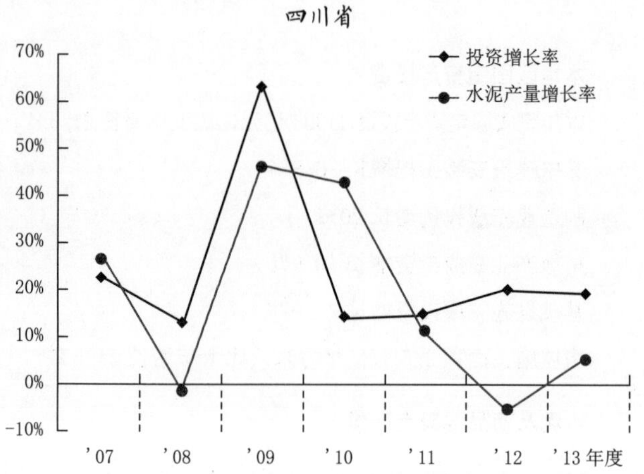

本地区固定资产投资

本年完成固定资产投资20326亿元，比上年增长18.8％

其中建筑安装工程增长20.1%

制造业完成投资增长13.7%

房地产业完成投资增长28.6%

基础设施完成投资增长13.2%

房屋施工面积6.7万亿平方米，比上年增长14%

水泥及商品混凝土产量

水泥产量14042万吨，比上年增长4.2%

商品混凝土：企业数量增加73家，产量增长41.9%

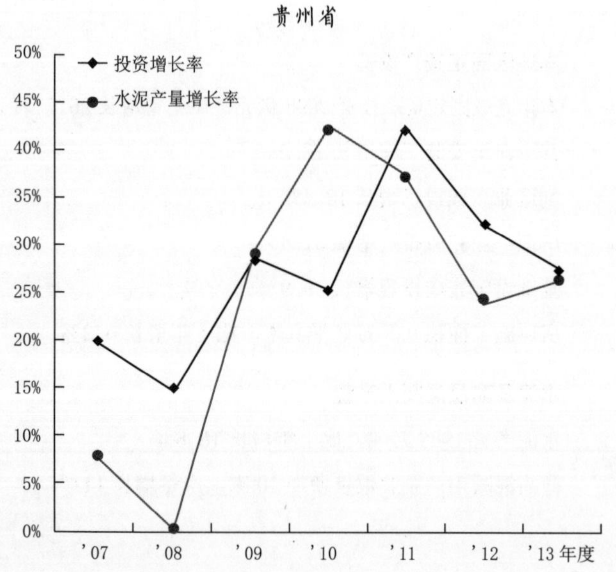

本地区固定资产投资

本年完成固定资产投资7374亿元，比上年增长27.8％

其中建筑安装工程增长38.1%

制造业完成投资增长4.6%

房地产业完成投资增长34.2%

基础设施完成投资增长36.7%

房屋施工面积2.7万亿平方米，比上年增长25.1%

水泥及商品混凝土产量

水泥产量8251万吨，比上年增长26.6%

商品混凝土：企业数量增加78家，产量增长253%

2013年省区市水泥及商品混凝土产量

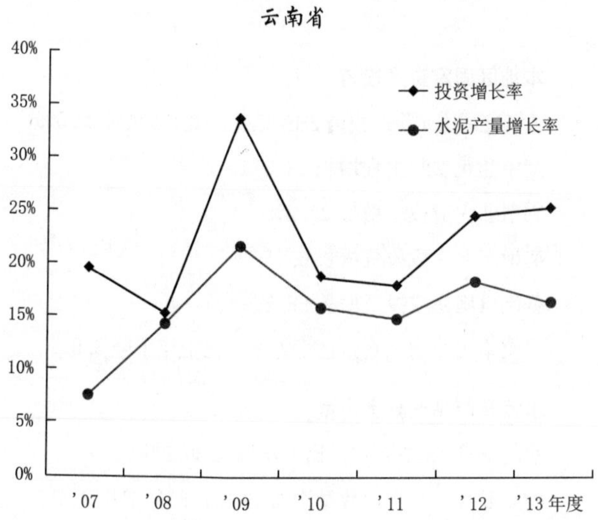

本地区固定资产投资

本年完成固定资产投资9968亿元，比上年增长26%

其中建筑安装工程增长30%

制造业完成投资增长17.7%

房地产业完成投资增长42.7%

基础设施完成投资增长15.3%

房屋施工面积3.6万亿平方米，比上年增长23.9%

水泥及商品混凝土产量

水泥产量9147万吨，比上年增长16.1%

商品混凝土：企业数量增加30家，产量增长50.7%

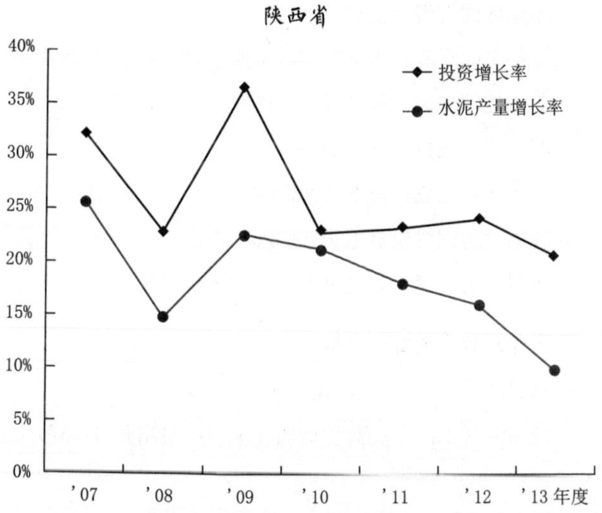

本地区固定资产投资

本年完成固定资产投资14884亿元，比上年增长21.1 %

其中建筑安装工程增长23.6%

制造业完成投资增长20.8%

房地产业完成投资增长22.2%

基础设施完成投资增长43.2%

房屋施工面积3.6万亿平方米，比上年增长0%

水泥及商品混凝土产量

水泥产量8475万吨，比上年增长10.9%

商品混凝土：企业数量增加44家，产量增长44%

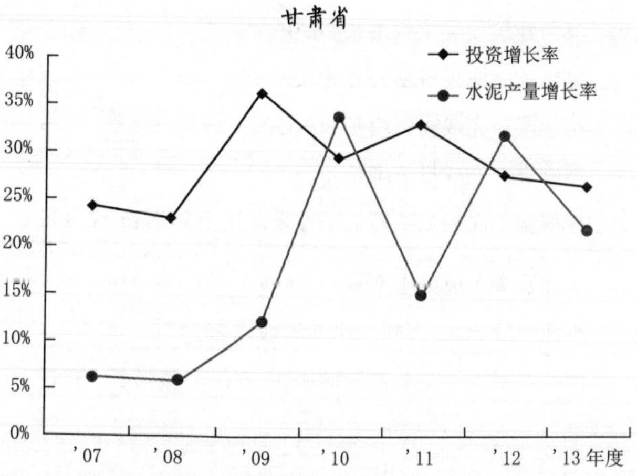

本地区固定资产投资

本年完成固定资产投资6528亿元，比上年增长26.4%

其中建筑安装工程增长33.8%

制造业完成投资增长14%

房地产业完成投资增长28.1%

基础设施完成投资增长28.4%

房屋施工面积1.5万亿平方米，比上年增长22.1%

水泥及商品混凝土产量

水泥产量4467万吨，比上年增长22.1%

商品混凝土：企业数量增加34家，产量增长136%

2013年省区市水泥及商品混凝土产量

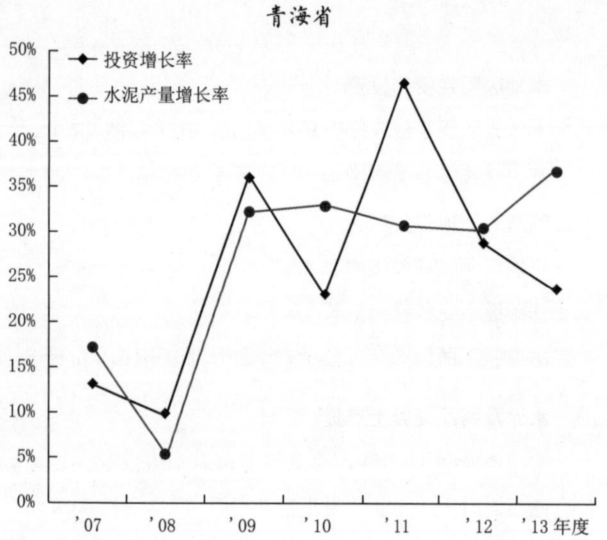

本地区固定资产投资

本年完成固定资产投资2361亿元，比上年增长23.5%

其中建筑安装工程增长18.6%

制造业完成投资增长23.2%

房地产业完成投资增长0.4%

基础设施完成投资增长28.5%

房屋施工面积0.6万亿平方米，比上年下降3.6%

水泥及商品混凝土产量

水泥产量1877万吨，比上年增长36.9%

商品混凝土：企业数量增加11家，产量增长213%

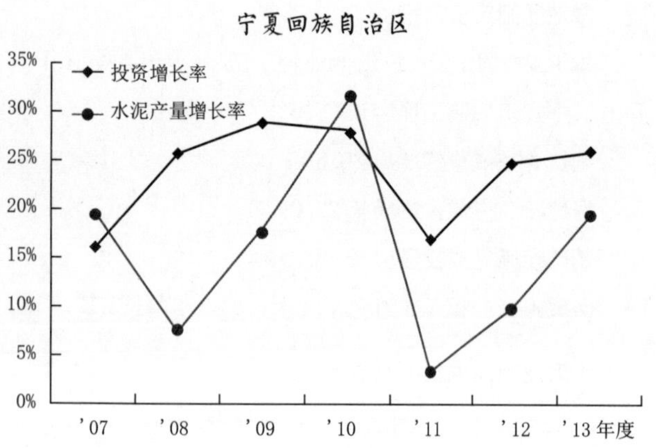

本地区固定资产投资

本年完成固定资产投资2651亿元，比上年增长26.7%

其中建筑安装工程增长26.6%

制造业完成投资增长26%

房地产业完成投资增长32.4%

基础设施完成投资增长29.6%

房屋施工面积1万亿平方米，比上年增长34%

水泥及商品混凝土产量

水泥产量1925万吨，比上年增长19.9%

商品混凝土：企业数量增加9家，产量增长34.8%

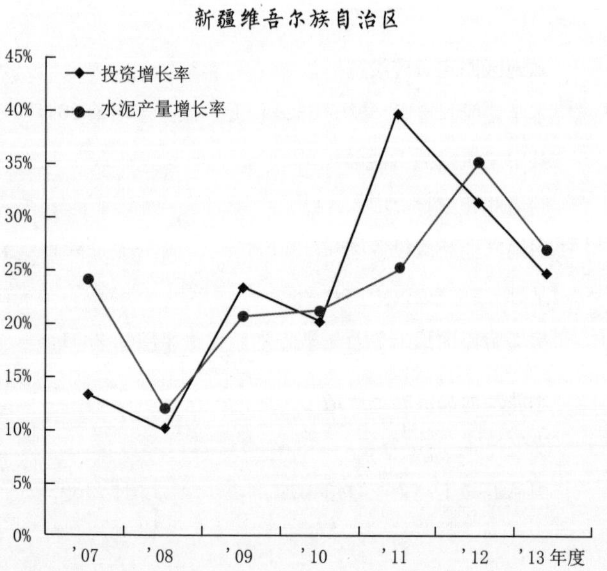

本地区固定资产投资

本年完成固定资产投资7732亿元，比上年增长24.9%

其中建筑安装工程增长26.9%

制造业完成投资增长6.6%

房地产业完成投资增长30.5%

基础设施完成投资增长48.6%

房屋施工面积2.7万亿平方米，比上年增长27.4%

水泥及商品混凝土产量

水泥产量5288万吨，比上年增长27.1%

商品混凝土：企业数量增加55家，产量增长79%

固定资产投资和生产能力

Fixedassetsinvestmentandproductioncapacity

水泥制造业固定资产投资

1953～1978年水泥制造业固定资产投资

（1966～1974年为空白）

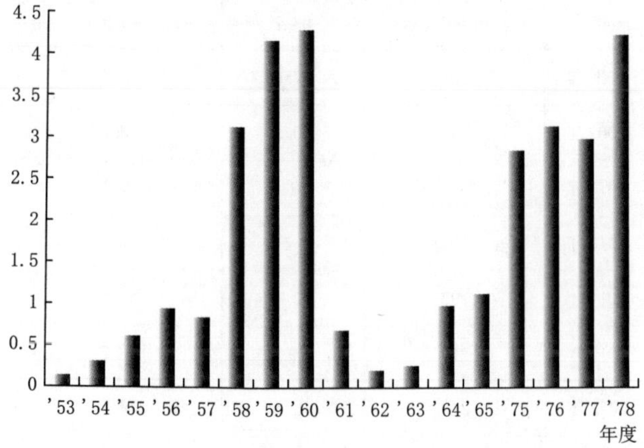

1979～2000年水泥制造业固定资产投资

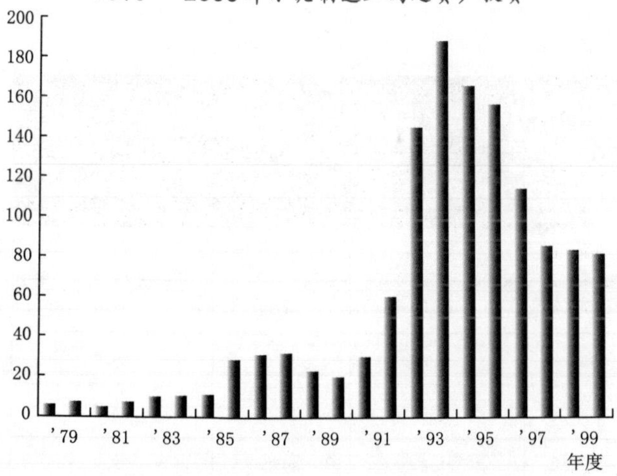

2001～2013年水泥制造业固定资产投资

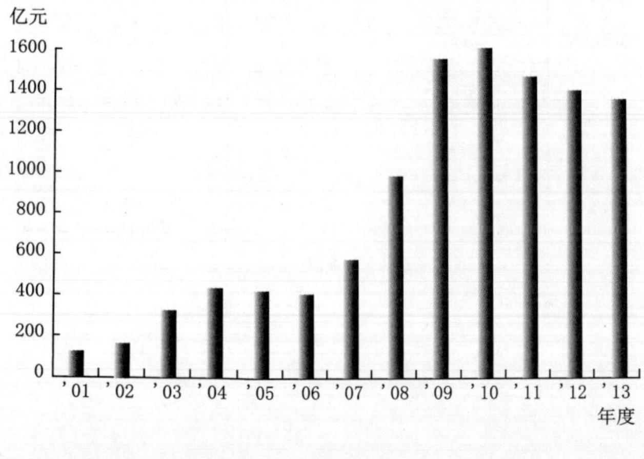

年度	固定资产投资完成额（亿元）	年增长率（%）
1953	0.12	
1978	4.22	
1981	4.67	
1983	9.90	
1995	166.65	-16.5
2000	81.68	-3.5
2001	113.97	39.0
2005	423.28	-3.9
2007	567.79	35.7
2008	964.35	56.0
2009	1520.97	61.6
2010	(1575.77)	-0.01
2010	1569.30	
2011	1439.26	-13.9
2012	1379.31	-5.2
2013	1328.60	-3.9
年平均增长率：		
九五时期		-16.6
十五时期		43.4
十一五时期		26.2
2011～2013年		-9.6
2000～2006年		37.6
2007～2013年		24.8

注释：

1. 水泥制造业固定资产投资范围：1953～1984年为基本建设，1980年起分基本建设、更新改造和其他投资。1995～1996年，投资项目统计起点为5万元；1997～2010年为50万元；自2011年起为500万元。本表2010年的两组数据括号内为原口径数，未加括号的为调整后的新口径数。

2. 增长率为剔除投资价格变动因素后的实际增长率，平均增长率按累计法计算（下同）。

水泥制造业国有控股和地区固定资产投资

水泥制造业国有控股企业固定资产投资比重

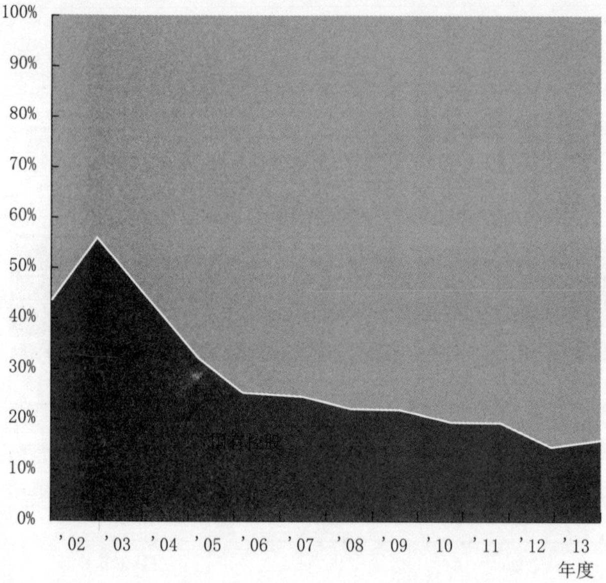

年 度	固定资产投资完成额(亿元)	年增长率(%)	占水泥制造业比重(%)
2002 年	72		45.4
2003 年	189	155.5	58.8
2004 年	197	-1.1	45.5
2005 年	142	-28.9	33.6
2007 年	147	33.7	25.9
2008 年	220	37.6	22.8
2009 年	345	60.5	22.7
2010 年	317	-11.2	20.1
2010 年	(301)		
2011 年	293	-9.0	20.3
2012 年	210	-29.2	15.2
2013 年	219	4.1	16.5

水泥制造业东中西部地区固定资产投资比重

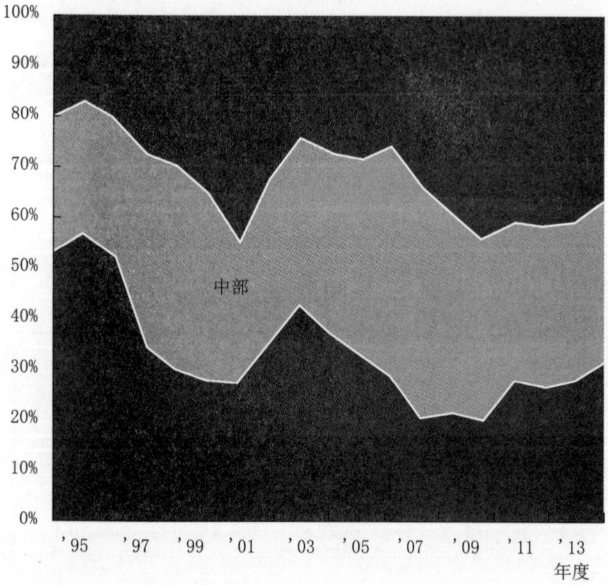

年 度	固定资产投资完成额比重(%)		
	东 部	中 部	西 部
1996 年	56.7	25.9	17.4
2001 年	27.5	27.5	45.0
2005 年	33.0	38.0	29.0
2007 年	20.9	44.5	34.6
2008 年	21.8	39.3	38.9
2009 年	20.2	34.7	45.1
2010 年	28.1	29.9	42.1
2011 年	26.5	31.4	42.2
2012 年	27.4	31.2	41.5
2013 年	31.9	30.9	37.3

历年投资新增预分解窑生产线和生产能力

1981～2000年水泥制造业固定资产投资
和当年新增预分解窑水泥熟料年设计能力

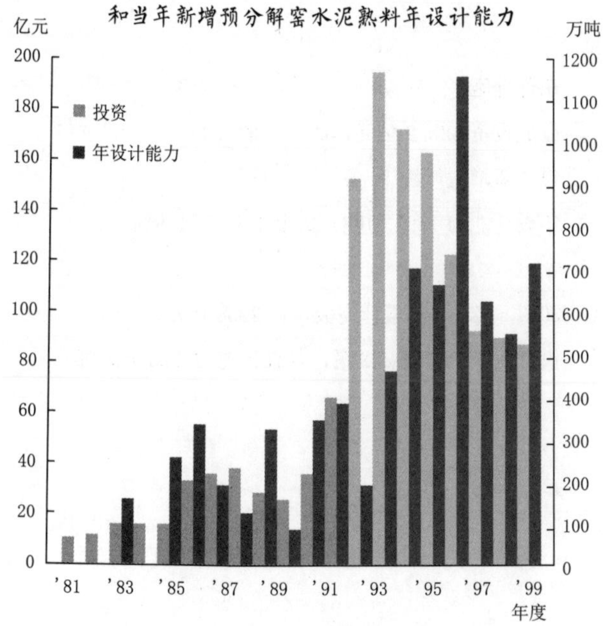

2001～2013年水泥制造业固定资产投资
和当年新增预分解窑水泥熟料年设计能力

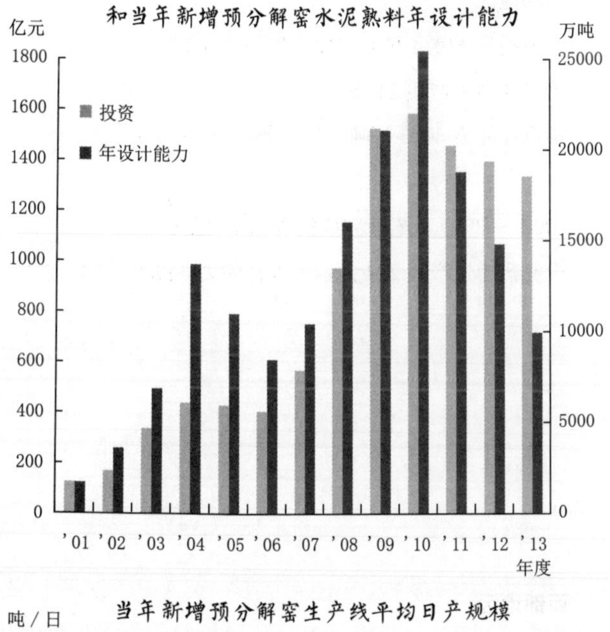

当年新增预分解窑生产线平均日产规模

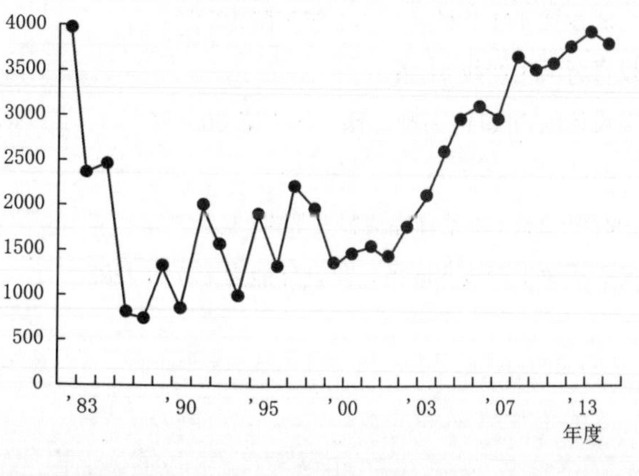

当年新增预分解窑生产线和水泥熟料年设计能力

年 度	生产线(条)	设计能力(万吨)	增长率(%)	平均规模(吨/日)
1983	1	124		4000
1985	3	217		2333
1990	2	53	-81.9	850
1995	16	674	58.8	1359
2000	14	685	34.8	1579
2005	118	10856	-19.8	2968
2007	113	10373	23.9	2961
2008	143	16033	54.6	3617
2009	195	21018	31.1	3477
2010	232	25467	21.2	3541
2011	162	18726	-26.5	3729
2012	121	14654	-21.7	3907
2013	85	9852	-32.8	3739

累计新增预分解窑生产线和水泥熟料年设计能力

年 度	投资(亿元)	生产线(条)	设计能力(万吨)
1981～2013	11929	1763	167601
1981～2000	1299	134	6685
2001～2006	1854	578	44793
2007～2013	8776	1051	11612

注释：

新增生产线指投资新建的预分解窑（即新型干法）生产线，年设计能力为水泥熟料生产能力，平均规模为日产水泥熟料能力。投资为水泥制造业固定资产资产投资完成额，包括水泥制造企业生产和非生产性投资。生产线包括水泥制造业以外投资兴建的生产线。下同。

2013 年主要地区投资新增预分解窑生产线

2007~2013 年水泥制造业固定资产投资

和当年新增预分解窑水泥熟料设计能力

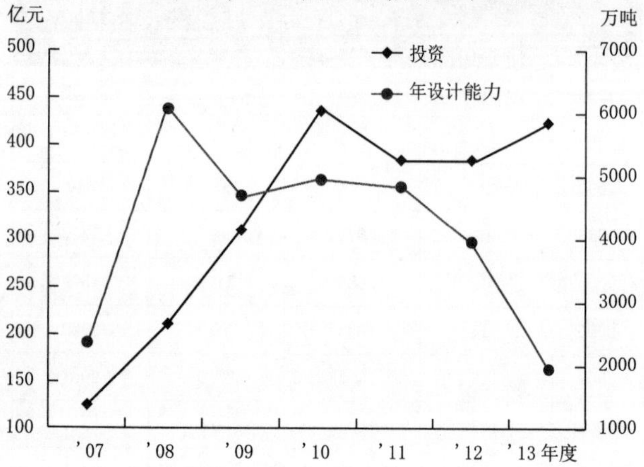

东部地区

完成投资 423.2 亿元，比上年增长 11.8%

投资新增生产线 14 条

年设计能力 1891 万吨，比上年下降 51.9%

2007 ～ 2013 年累计完成投资 2258 亿元

投资新增生产线 222 条，年设计能力 28526 万吨

2007~2013 年水泥制造业固定资产投资

和当年新增预分解窑水泥熟料设计能力

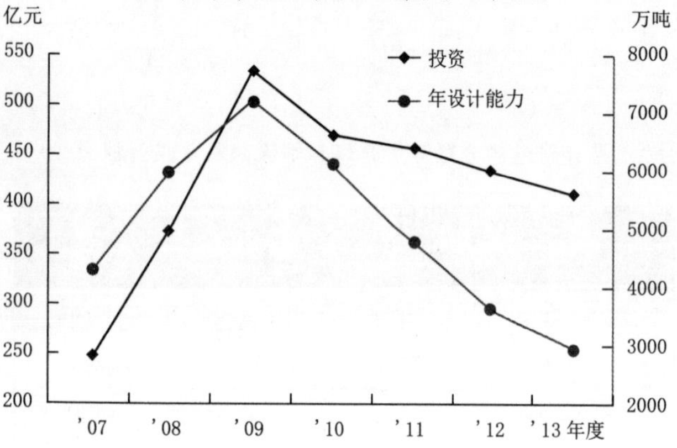

中部地区

完成投资 410.4 亿元，比上年下降 4.9%

投资新增生产线 24 条

年设计能力 3013 万吨，比上年下降 17.3%

2007 ～ 2013 年累计完成投资 2919 亿元

投资新增生产线 294 条，年设计能力 34856 万吨

2007~2013 年水泥制造业固定资产投资

和当年新增预分解窑水泥熟料设计能力

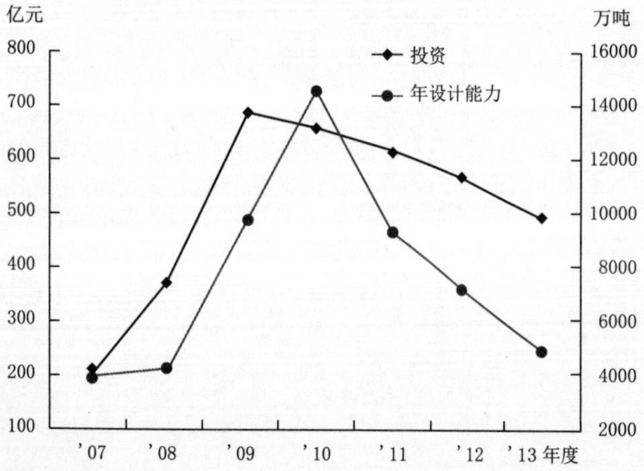

西部地区

完成投资 494.9 亿元，比上年下降 13.9%

投资新增生产线 47 条

年设计能力 4948 万吨，比上年下降 30.1%

2007 ～ 2013 年累计完成投资 3592 亿元

投资新增生产线 535 条，年设计能力 52740 万吨

2013年主要地区投资新增预分解窑生产线

2007～2013年水泥制造业固定资产投资

和当年新增预分解窑水泥熟料年设计能力

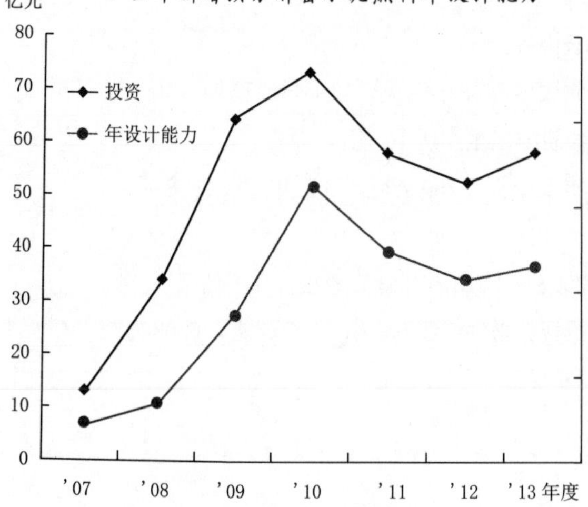

贵州省

完成投资58.3亿元，比上年增长10.3%

投资新增生产线 11 条

年设计能力1147万吨，比上年增长 8.8 %

2007～2013年累计完成投资353亿元

投资新增生产线68条，年设计能力6411万吨

2007～2013年水泥制造业固定资产投资

和当年新增预分解窑水泥熟料年设计能力

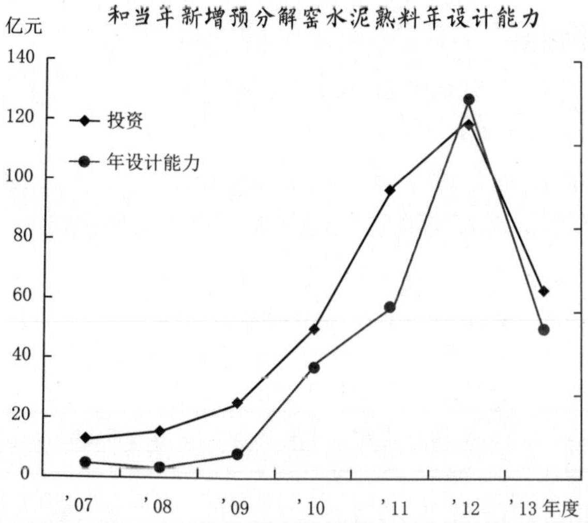

新疆维吾尔自治区

完成投资63.7亿元，比上年下降47.8%

投资新增生产线9条

年设计能力1054万吨，比上年下降57.6%

2007～2013年累计完成投资390亿元

投资新增生产线71条，年设计能力6603万吨

2007～2013年水泥制造业固定资产投资

和当年新增预分解窑水泥熟料年设计能力

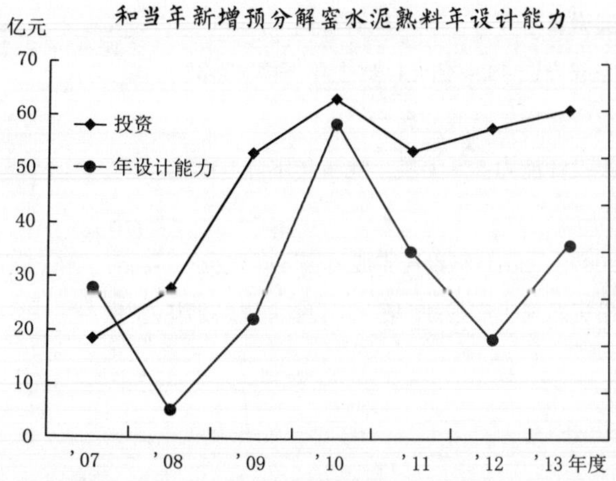

山西省

完成投资61.9亿元，比上年增长6.9%

投资新增生产线8条

年设计能力837万吨，比上年增长100%

2007～2013年累计完成投资336亿元

投资新增生产线51条，年设计能力4653万吨

2013年主要地区投资新增预分解窑生产线

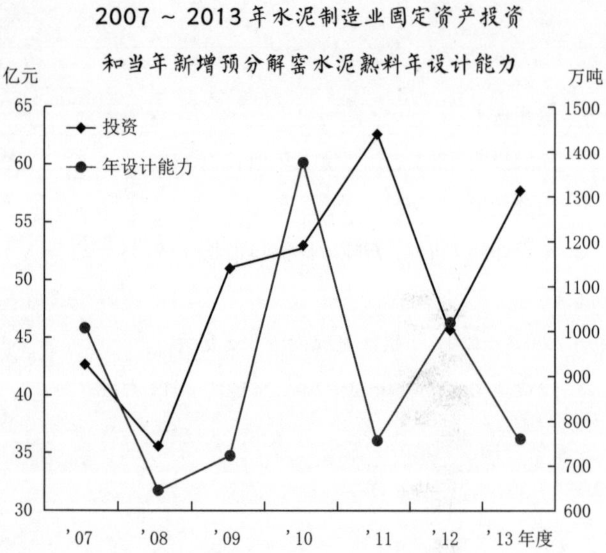

云南省

完成投资58.2亿元，比上年增长24.1%

投资新增生产线10条

年设计能力760万吨，比上年下降25.8%

2007～2013年累计完成投资351亿元

投资新增生产线83条，年设计能力6309万吨

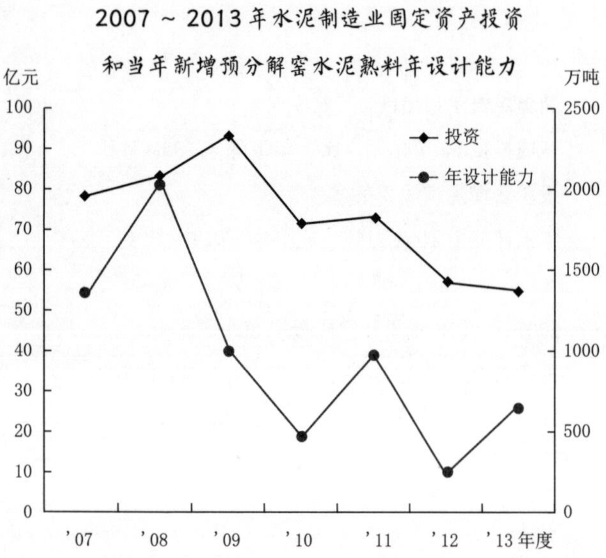

河南省

完成投资55.3亿元，比上年下降3.5%

投资新增生产线4条

年设计能力651万吨，比上年增长180%

2007～2013年累计完成投资517亿元

投资新增生产线49条，年设计能力6715万吨

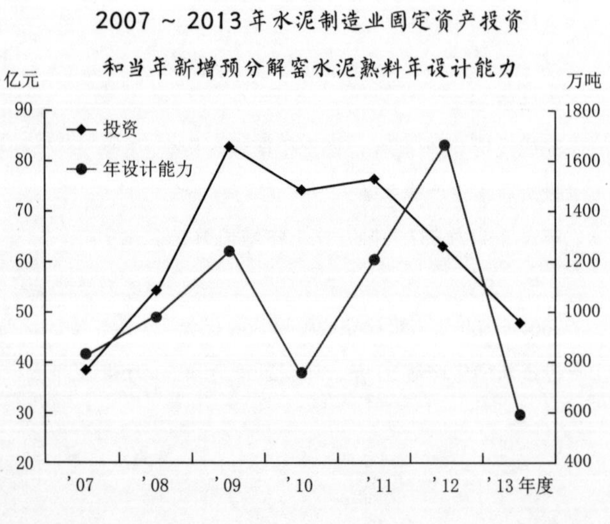

安徽省

完成投资49.4亿元，比上年下降22.2%

投资新增生产线4条

年设计能力589万吨，比上年下降64.8%

2007～2013年累计完成投资444亿元

投资新增生产线47条，年设计能力7270万吨

2013年主要地区投资新增预分解窑生产线

2007～2013年水泥制造业固定资产投资
和当年新增预分解窑水泥熟料年设计能力

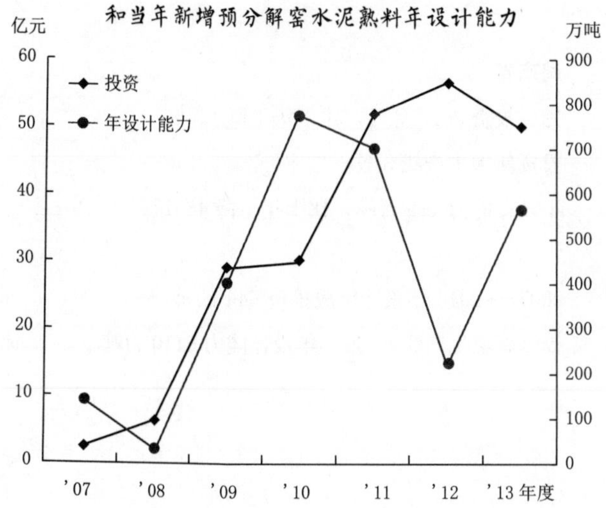

甘肃省

完成投资49.5亿元，比上年下降13.5%

投资新增生产线5条

年设计能力574万吨，比上年增长164.3%

2007～2013年累计完成投资226亿元

投资新增生产线30条，年设计能力2824万吨

2007～2013年水泥制造业固定资产投资
和当年新增预分解窑水泥熟料年设计能力

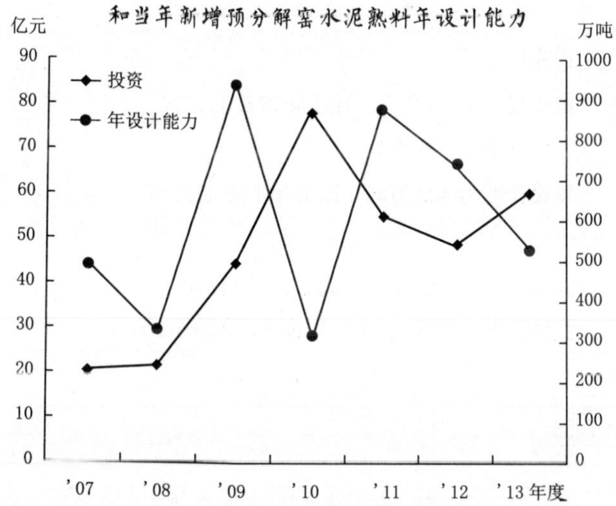

广东省

完成投资61.8亿元，比上年增长24.8%

投资新增生产线4条

年设计能力543万吨，比上年下降27.1%

2007～2013年累计完成投资336亿元

投资新增生产线32条，年设计能力4247万吨

2007～2013年水泥制造业固定资产投资
和当年新增预分解窑水泥熟料年设计能力

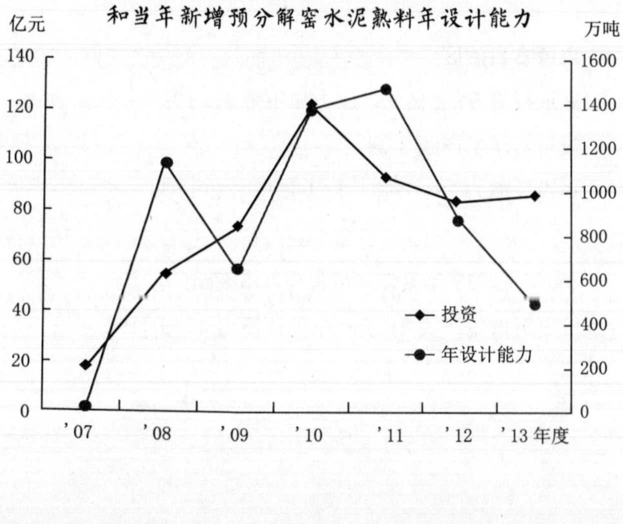

河北省

完成投资88.4亿元，比上年增长5.3%

投资新增生产线4条

年设计能力481万吨，比上年下降44.6%

2007～2013年累计完成投资535亿元

投资新增生产线51条，年设计能力5955万吨

2013年主要地区投资新增预分解窑生产线

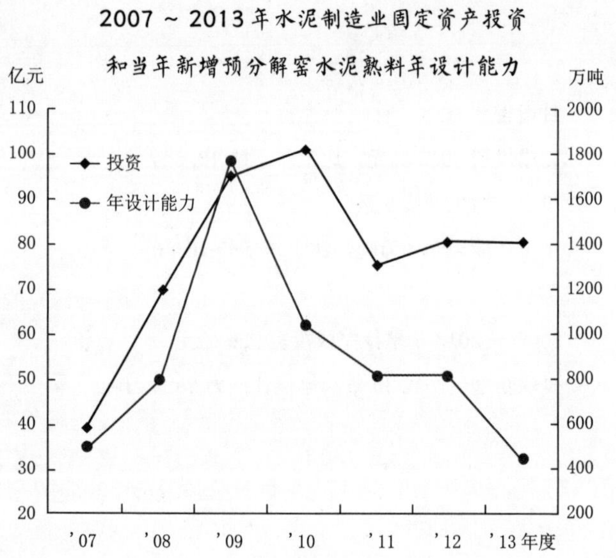

湖南省

完成投资80.8亿元，比上年下降1.4%

投资新增生产线3条

年设计能力419万吨，比上年下降48.1%

2007～2013年累计完成投资544亿元

投资新增生产线57条，年设计能力6110万吨

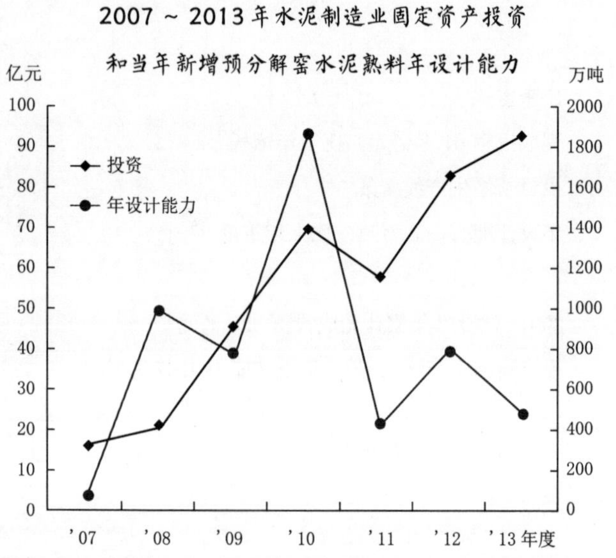

山东省

完成投资93.5亿元，比上年增长12.7%

投资新增生产线3条

年设计能力403万吨，比上年下降47.2%

2007～2013年累计完成投资379亿元

投资新增生产线38条，年设计能力5103万吨

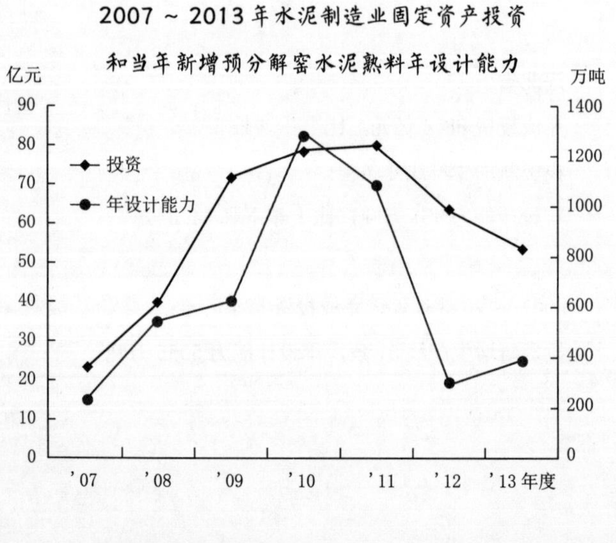

内蒙古自治区

完成投资54.2亿元，比上年下降15.1%

投资新增生产线3条

年设计能力381万吨，比上年增长29.5%

2007～2013年累计完成投资415亿元

投资新增生产线41条，年设计能力4449万吨

2013年主要地区投资新增预分解窑生产线

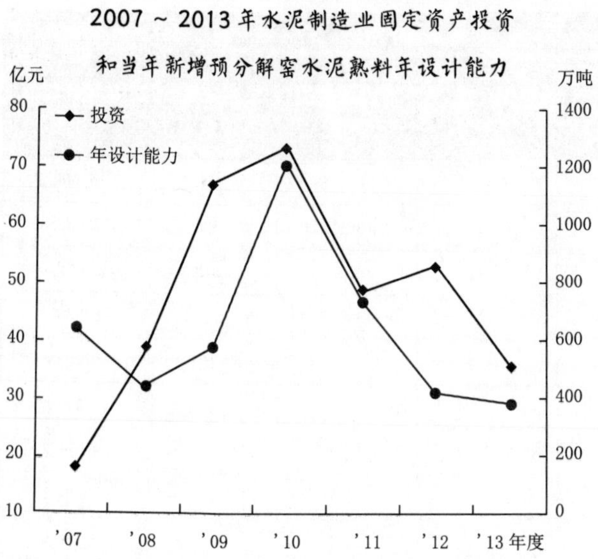

陕西省

完成投资36.3亿元，比上年下降32.5%

投资新增生产线3条

年设计能力372万吨，比上年下降7.7%

2007～2013年累计完成投资331亿元

投资新增生产线40条，年设计能力4371万吨

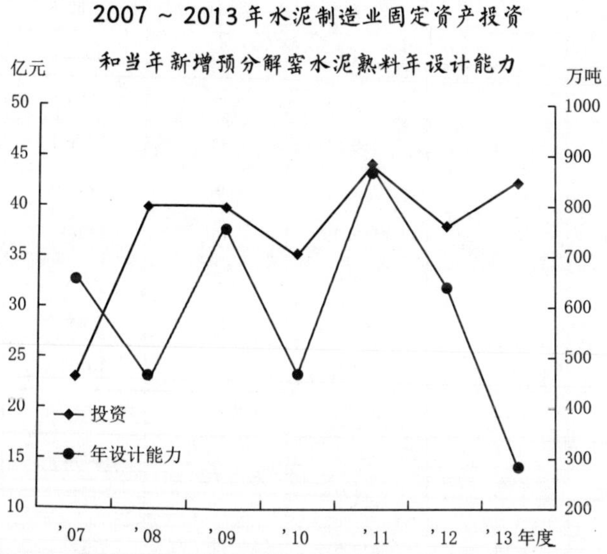

福建省

完成投资42.2亿元，比上年增长12.4%

投资新增生产线2条

年设计能力279万吨，比上年下降56.7%

2007～2013年累计完成投资261亿元

投资新增生产线35条，年设计能力4117万吨

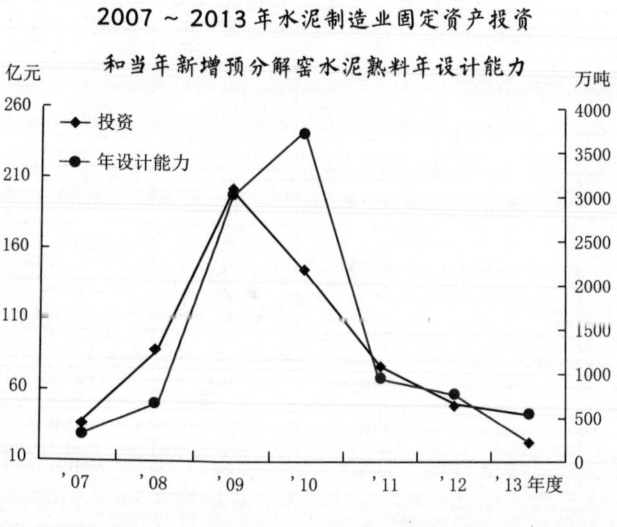

四川省

完成投资44.1亿元，比上年下降15.4%

投资新增生产线2条

年设计能力242万吨，比上年下降67.6%

2007～2013年累计完成投资638亿元

投资新增生产线97条，年设计能力9545万吨

2013年省区市水泥制造业固定资产投资

地区名称	水泥制造业完成固定资产投资（亿元）				投资新增生产线		投资累计新增生产线	
	完成投资	增长率%	其中：国有控股企业		生产线（条）	年设计能力（万吨）	生产线（条）	年设计能力（万吨）
			完成投资	增长率%				
全国总计	13286000	-3.9	2188308	4.1	85	9851.8	1763	167600.9
东部地区	4232262	11.8	575154	33.2	14	1891.0	525	53065.8
中部地区	4104249	-4.9	496769	-13.3	24	3013.2	513	51602.0
西部地区	4949489	-13.9	1116385	1.5	47	4947.6	725	62933.1
北　京	4201	-74.3	4201	-74.3			13	722.3
天　津	66942	-6.5	25742	—			4	217.0
河　北	883928	5.3	99110	-9.2	4	480.5	79	8159.2
山　西	619170	6.9	188102	93.2	8	837.0	75	5646.7
内蒙古	542084	-15.1	71752	10.0	3	381.3	62	5691.6
辽　宁	532206	45.3	0	—			44	4544.6
吉　林	442201	-11.3	9100	-78.0	1	155.0	31	2752.8
黑龙江	379917	16.2	61517	3.3	1	124.0	28	1953.0
上　海	10800	115.7	8000	59.7			5	170.5
江　苏	565548	35.0	24791	68.1	1	186.0	62	7109.9
浙　江	170205	-10.0	46795	260.9			96	7601.2
安　徽	494077	-22.2	112961	-29.9	4	589.0	101	13074.3
福　建	421760	12.4	122987	36.1	2	279.0	49	4997.2
江　西	466698	29.7	13155	-74.8	2	207.7	56	5279.3
山　东	934922	12.7	101671	-22.9	3	403.0	95	10199.0
河　南	552579	-3.5	5990	-70.7	4	651.0	87	9517.0
湖　北	342100	-34.7	10177	261.0	1	31.0	65	6242.8
湖　南	807507	-1.4	95767	-30.9	3	418.5	70	7136.2
广　东	617542	24.8	136350	177.7	4	542.5	68	7996.5
广　西	608497	24.1	52054	99.6	1	77.5	57	7133.1
海　南	24208	-86.5	5507	141.1			10	1348.5
重　庆	226560	-27.5	81038	11.8			51	5015.8
四　川	441386	-15.4	101938	379.0	2	241.8	117	10667.1
贵　州	583089	10.3	137556	-25.6	11	1147.0	77	6758.0
云　南	581833	24.1	118914	76.6	10	759.5	119	7790.3
西　藏	62042	357.9	59362	—			5	279.0
陕　西	362610	-32.5	132682	-1.8	3	372.0	59	5635.8
甘　肃	495153	-13.5	61407	-54.9	5	573.5	51	3558.8
青　海	324896	-1.0	19673	32.5	2	201.5	16	1373.3
宁　夏	84537	-30.2	43845	161.6	1	139.5	26	1860.0
新　疆	636802	-47.8	236164	-32.8	9	1054.0	85	7170.3

注释：投资累计新增生产线包括1983年以后建成投产的预分解窑生产线。

2013年全国窑外分解窑生产线数量变动

2013年全国投资新建窑外分解窑生产线日熟料生产能力规模比重

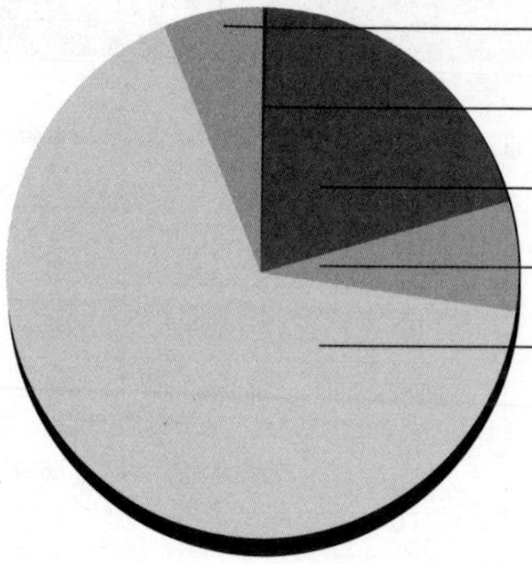

2013年全国投资新建窑外分解窑生产线

按水泥熟料日生产能力分组	生产线数量（条）	熟料日生产能力	
		生产能力（吨）	比重（%）
总计	85	317800	
其中：4000吨及以上	50	231300	72.8
1000吨级	1	1000	0.3
2000吨级	27	64500	20.3
3000吨级	7	21000	6.6
5000吨级	47	210800	66.3
6000吨级	3	20500	6.5

2013年全国累计关停窑外分解窑生产线日熟料生产能力规模比重

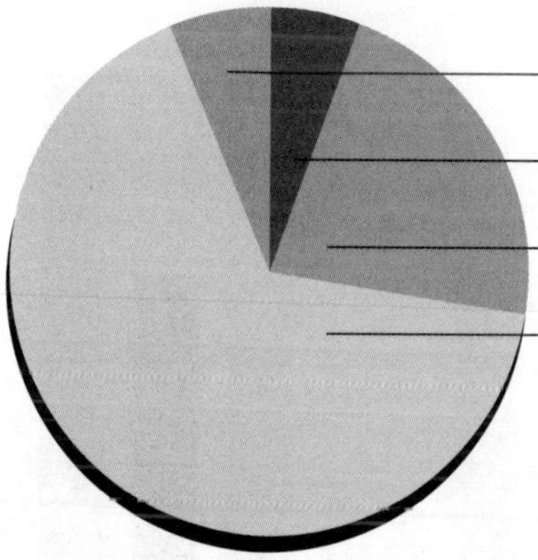

2013年全国累计关停窑外分解窑生产线

按水泥熟料日生产能力分组	生产线数量（条）	熟料日生产能力	
		生产能（吨）	比重（%）
总计	176	233400	
1000吨级	147	154200	66.1
2000吨级	22	51300	22.0
3000吨级	4	13400	5.7
5000吨级	3	14500	6.2

2007年以后预分解窑生产线变动情况

生产线：条　生产能力：万吨

年度	当年增加			当年关停		年末实际运营	
	新建生产线	复产生产线	实际能力	生产线	实际能力	生产线	实际能力
1983～2006	累计 712		累计 51492	累计 20	累计 6274		
2007	113	1	11302	15	613	792	68066
2008	143	2	17520	29	1274	908	84310
2009	195	5	22877	22	1214	1086	106224
2010	232	5	27647	36	1884	1207	132009
2011	162	7	20689	28	1190	1428	152159
2012	121	2	15774	14	502	1537	167886
2013	85	6	10915	41	1899	1587	178117
1983～2013	累计 1763		累计 176650	累计 176	累计 7629		

2013年末实际运营窑外分解窑生产线

2013年全国投资新建窑外分解窑生产线
日熟料生产能力规模比重

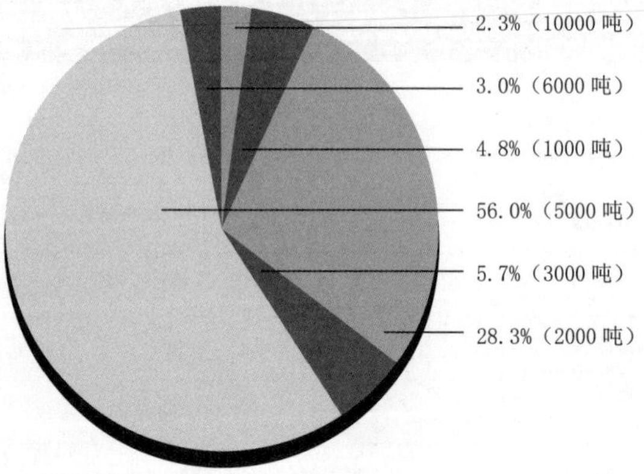

2013年全国投资新建窑外分解窑生产线

按水泥熟料日生产能力分组	生产线数量（条）	熟料日生产能力	
		生产能力（吨）	比重（%）
总计	1587	5185730	
其中：4000吨及以上	661	3177300	61.3
1000吨级	218	246530	4.8
2000吨级	612	1464800	28.3
3000吨级	96	297100	5.7
5000吨级	625	2904600	56.0
6000吨级	25	154700	3.0
10000吨级	11	118000	2.3

全国年末实际运营窑外分解窑生产线
日熟料生产能力规模比重

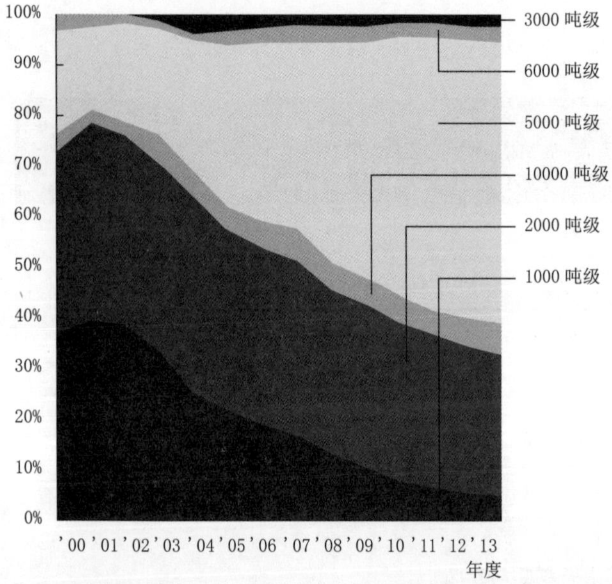

2013年末实际运营窑外分解窑生产线
东中西部地区规模比重

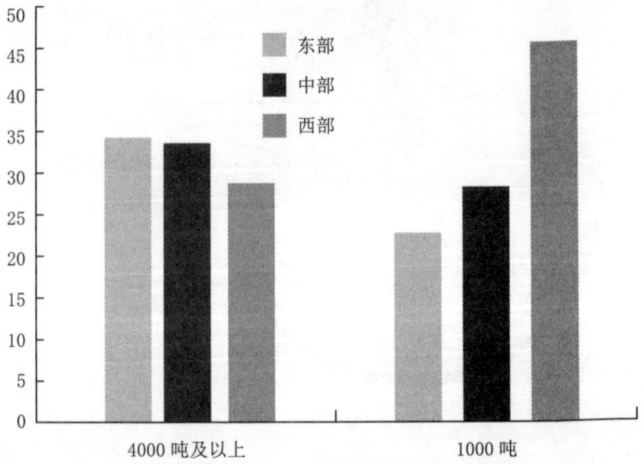

按水泥熟料日生产能力分组	东部地区		中部地区		西部地区	
	生产线（条）	能力比重（%）	生产线（条）	能力比重（%）	生产线（条）	能力比重（%）
总计	457		452		678	
其中：4000吨及以上	233	69.8	222	69.0	206	48.0
1000吨级	52	3.6	60	4.5	106	5.9
2000吨级	155	23.4	151	22.9	306	36.6
3000吨级	17	3.2	19	3.7	60	9.5
5000吨级	220	64.1	206	60.4	199	45.8
6000吨级	10	3.7	8	3.1	7	2.2
10000吨级	3	2.0	8	5.4	678	

2013 年水泥产品生产能力

指标名称	计量单位	2012 年	2013 年	增减
当年年末				
生产企业	个	3506	3636	130
水泥熟料生产能力	万吨	180203	186961	6758
预分解窑生产线	条	1537	1587	50
预分解窑生产能力	万吨	167886	178117	10231
其它熟料生产能力	万吨	12316	8844	-3473
水泥生产能力	万吨	307323	336717	29394
其中：粉磨企业	个	1918	2165	247
粉磨企业水泥制备能力	万吨	122759	145366	22606
当年增加				
水泥熟料生产能力	万吨	16842	13026	-3816
预分解窑生产线	条	123	91	-32
预分解窑生产能力	万吨	16302	12531	-3771
其它熟料生产能力	万吨	539	494	-45
水泥生产能力	万吨	32369	39204	6835
其中：粉磨企业	个	273	359	86
粉磨企业水泥制备能力	万吨	16392	23003	6611
当年减少				
水泥熟料生产能力	万吨	9400	6267	-3133
预分解窑生产线	条	14	41	27
预分解窑生产能力	万吨	575	2300	1725
其它熟料生产能力	万吨	8825	3967	-4858
水泥生产能力	万吨	18426	9692	-8734
其中：粉磨企业	个	249	113	-136
粉磨企业水泥制备能力	万吨	10759	5186	-5573
主要比例关系				
当年年末预分解窑水泥熟料生产能力比重	%	93.2	95.3	2.1
当年年末水泥熟料与水泥生产能力比例	%	58.6	55.5	-3.1
粉磨企业水泥制备能力占水泥生产能力比重	%	39.9	43.2	3.2
能力利用率				
水泥熟料	%	75.2	75.7	0.5
预分解窑	%	76.5	77.3	0.8
其它熟料	%	63.1	49.4	-13.7
水泥	%	73.7	75.6	1.9
其中：粉磨企业	%	68.5	71.1	2.5

2013年水泥产品生产能力变化

历年年末水泥熟料生产能力

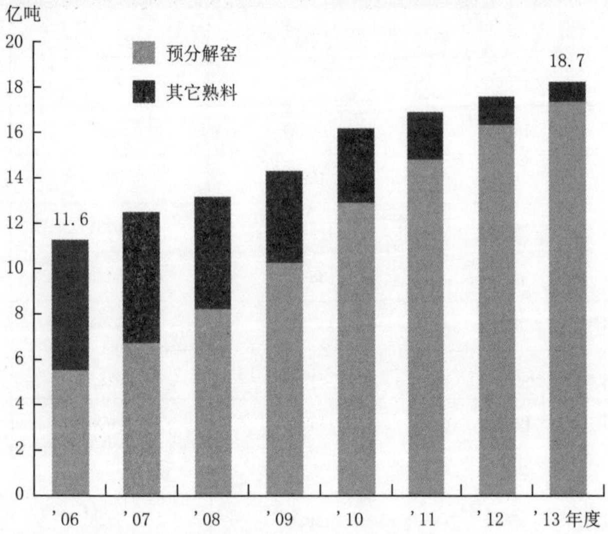

2013年末全国水泥熟料生产能力18.7亿吨，其中预分解窑生产能力17.8亿吨

历年年末水泥生产能力

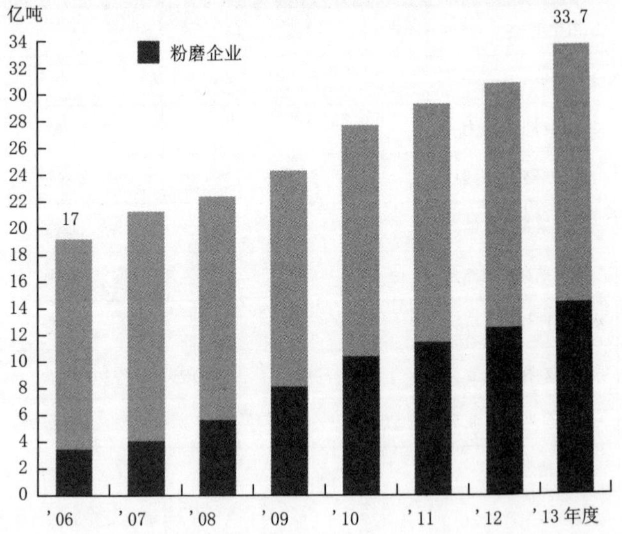

2013年末全国水泥生产能力33.7亿吨，其中粉磨企业水泥制备能力14.5亿吨

历年水泥熟料能力净增长量

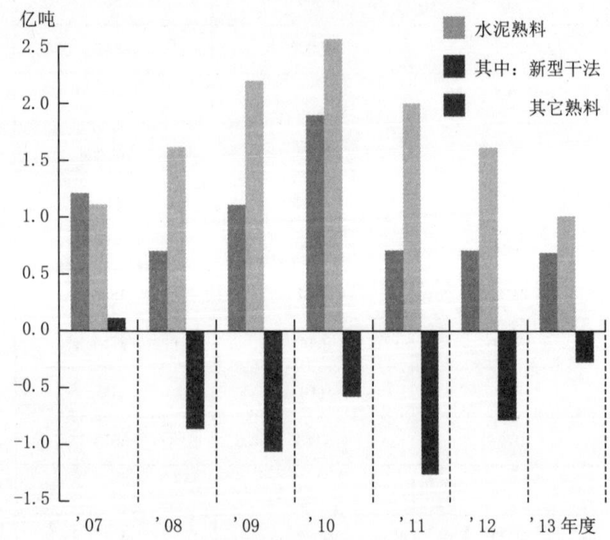

2013年末全国水泥熟料生产能力比上年净增6758万吨，其中预分解窑生产能力净增1.02亿吨，其它熟料能力净减3473万吨

历年水泥能力净增长量

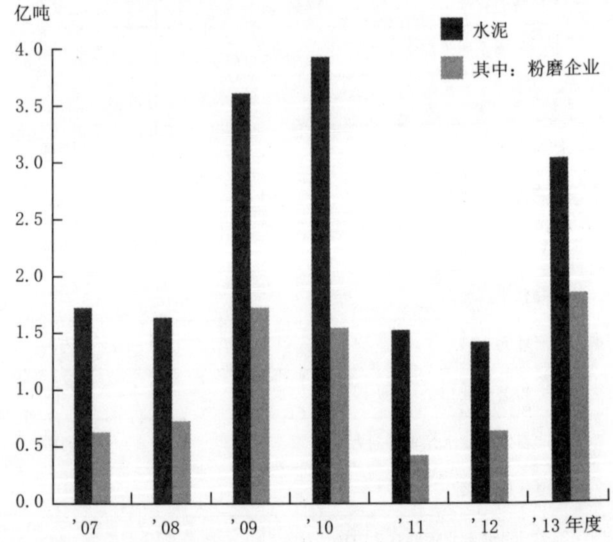

2013年末全国水泥生产能力比上年净增3亿吨，其中粉磨企业水泥制备能力净增1.8亿吨

2013 年水泥产品生产能力变化

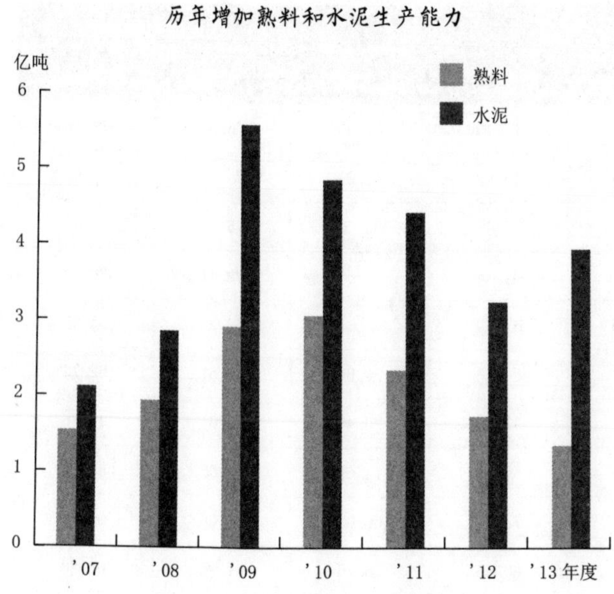

2007～2013 年全国累计增加水泥熟料生产能力 14.5 亿吨，其中预分解窑生产线 1079 条，生产能力 13 亿吨；增加水泥生产能力 26.8 亿吨，其中粉磨企业数量 2713 家，水泥制备能力 12 亿吨（增加生产能力中含少量停产后又恢复生产能力）

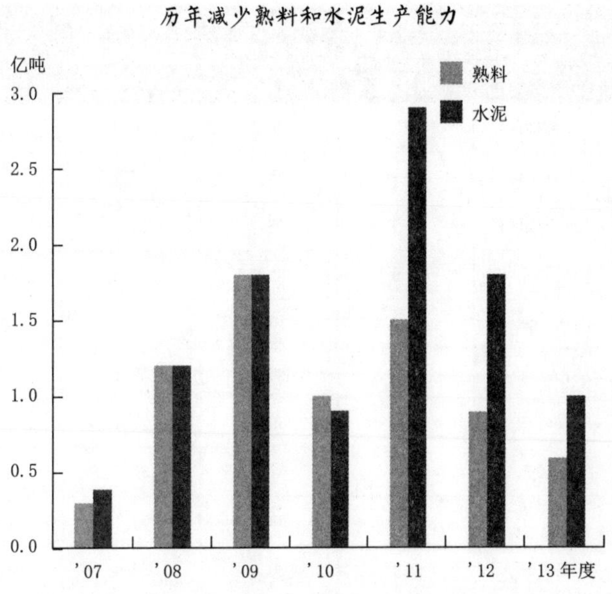

2007～2013 年全国累计减少水泥熟料生产能力 7.4 亿吨，其中预分解窑生产线 185 条，生产能力 1 亿吨，其它熟料 6.4 亿吨；减少水泥生产能力 10.1 亿吨，其中粉磨企业数量 1644 家，水泥制备能力 4.9 亿吨（减少生产能力中含少量停产后又恢复生产能力）

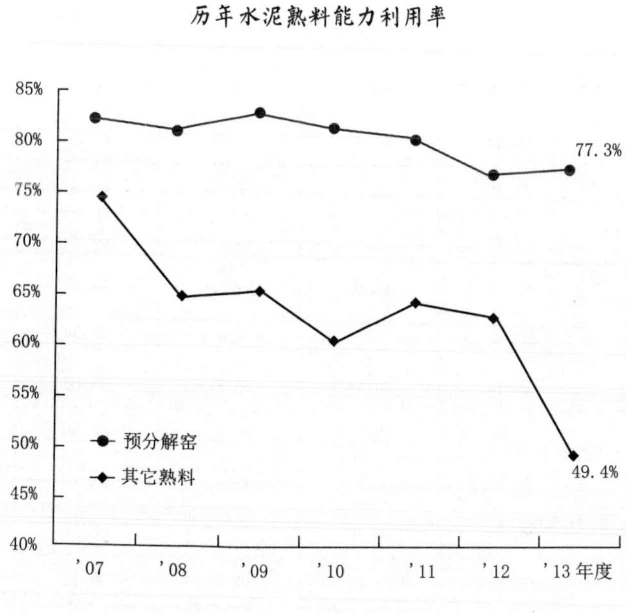

2013 年全国水泥熟料能力利用率 75.7%，比上年上升 0.5 个百分点，其中预分解窑熟料能力利用率 77.3%，比上年上升 0.8 个百分点，其它熟料能力利用率 49.4%，比上年下降 13.7 个百分点

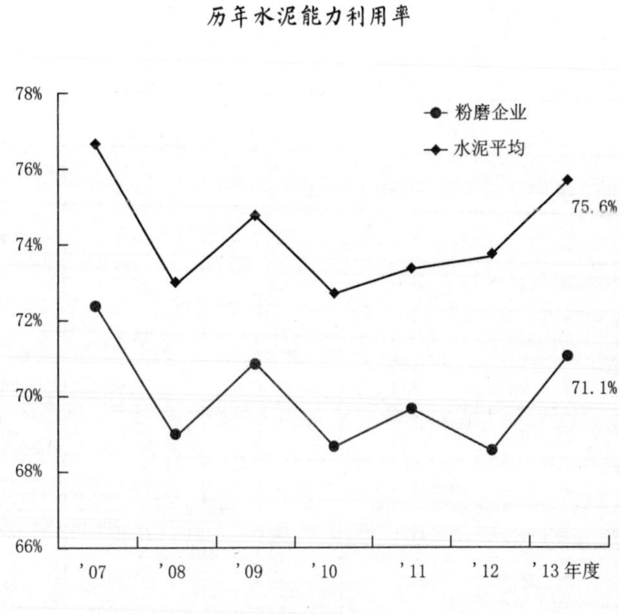

2013 年全国水泥能力利用率 75.6%，比上年上升 1.9 个百分点，其中粉磨企业水泥制备能力利用率 71.1%，比上年上升 2.5 个百分点

2013年省区市水泥产品生产能力

单位：%

地 区	年末4000吨以上生产线能力比重	年末水泥熟料与水泥生产能力比例	年末粉磨企业能力占水泥能力比重	水泥熟料能力利用率			水泥能力利用率	
				熟料	新型干法	其它熟料	水泥	粉磨企业
东部地区	69.8	46.5	56.2	76.07	78.13	37.33	76.68	73.18
中部地区	69.0	55.9	47.1	77.25	78.73	51.99	74.56	69.91
西部地区	48.0	65.7	24.2	74.17	75.47	55.62	75.39	67.47
北 京	0.0	62.7	11.3	90.54	92.45	—	80.41	38.29
天 津	0.0	10.7	85.3	101.98	101.98	—	62.25	55.45
河 北	67.0	48.0	59.1	64.11	64.44	50.86	67.61	62.72
山 西	46.0	59.4	29.1	55.78	57.33	20.43	58.64	47.36
内蒙古	56.9	57.5	56.7	57.88	57.26	74.60	63.65	69.66
辽 宁	81.0	53.1	52.1	75.57	75.97	66.03	74.05	66.15
吉 林	68.5	60.6	52.4	67.29	66.66	76.16	61.96	66.83
黑龙江	44.9	32.0	61.1	72.52	77.20	32.61	61.68	65.32
上 海	0.0	4.9	86.3	80.78	80.78	—	73.84	75.74
江 苏	79.6	32.5	68.8	71.78	73.86	41.80	83.49	81.57
浙 江	51.9	44.1	56.5	75.21	75.27	25.24	77.31	73.10
安 徽	83.5	84.6	56.3	83.67	84.18	50.33	76.89	65.85
福 建	60.4	58.1	37.2	87.32	90.80	46.84	82.12	68.41
江 西	58.9	51.0	45.0	83.01	85.91	51.11	80.05	76.48
山 东	74.4	48.9	56.9	80.15	83.45	29.08	73.67	75.43
河 南	80.9	45.7	56.2	75.74	76.12	65.72	77.43	73.40
湖 北	63.4	49.5	42.2	88.73	90.61	24.95	82.79	77.61
湖 南	61.8	54.6	32.7	72.20	74.40	58.63	75.24	70.26
广 东	79.1	53.7	43.4	77.47	82.45	27.17	78.14	72.66
广 西	86.4	66.2	31.6	88.95	91.17	51.80	82.59	71.57
海 南	71.9	77.8	78.2	83.22	83.22	—	97.47	98.36
重 庆	54.8	70.6	17.6	76.95	78.80	36.88	76.77	55.66
四 川	50.8	59.3	22.6	69.75	71.08	49.32	71.92	64.80
贵 州	37.4	72.6	12.3	77.61	79.22	62.07	83.51	73.70
云 南	17.1	68.0	15.2	78.63	80.43	50.75	77.47	62.32
西 藏	0.0	83.4	3.3	65.46	68.65	56.21	69.44	59.13
陕 西	62.8	56.1	30.5	82.40	83.69	60.02	77.22	68.85
甘 肃	37.2	67.3	20.8	78.31	78.80	74.56	80.11	75.85
青 海	39.5	64.4	7.8	87.60	89.94	69.24	87.58	51.99
宁 夏	33.2	69.6	18.7	70.34	71.04	58.71	73.60	65.03
新 疆	38.9	81.6	13.7	55.15	56.15	42.11	64.50	60.30

2013年水泥主要经济区域

长三角地区

水泥产量年增长率

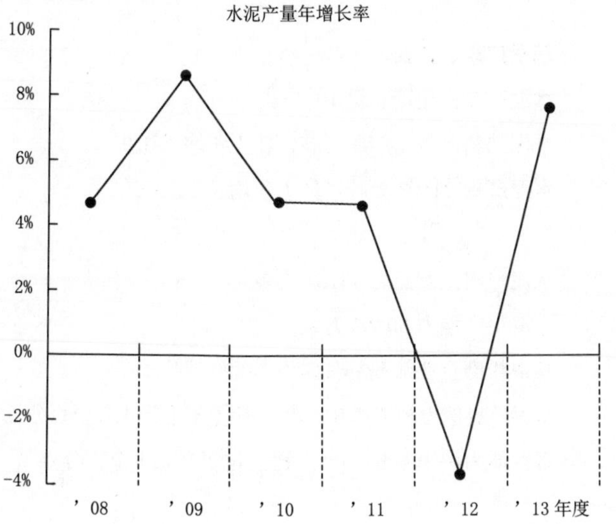

包括上海、浙江，江苏长江沿线以南的南京、无锡、常州、苏州、南通、扬州、镇江和泰州，安徽皖南的芜湖、铜陵、黄山、池州和宣城

水泥产量占全国总量 12%

水泥熟料产量 18574 万吨，比上年增长 0.6%

水泥产量 28778 万吨，比上年增长 7.9%

水泥熟料生产能力 23165 万吨

水泥生产能力 37015 万吨

其中粉磨企业水泥制备能力 20733 万吨

水泥熟料能力利用率 80.5%，比上年下降 0.7 个百分点

水泥能力利用率 79.5%，比上年上升 3.1 个百分点

山东和黄淮海地区

水泥产量年增长率

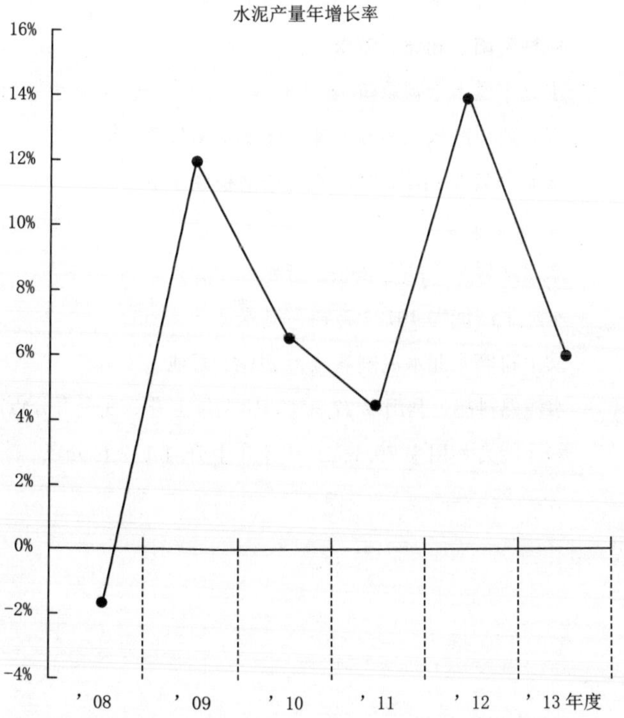

包括山东，江苏长江沿线以北的徐州、连云港、淮安、盐城和宿迁，安徽皖北的合肥、蚌埠、淮南、马鞍山、淮北、安庆、滁州、阜阳、宿州、六安和亳州

水泥产量占全国总量 12.7%

水泥熟料产量 13992 万吨，比上年增长 4.9%

水泥产量 30393 万吨，比上年增长 5.9%

水泥熟料生产能力 18270 万吨

水泥生产能力 41453 万吨

其中粉磨企业水泥制备能力 25238 万吨

水泥熟料能力利用率 76.6%，比上年下降 0.3 个百分点

水泥能力利用率 75.1%，比上年上升 0.9 个百分点

2013 年水泥主要经济区域

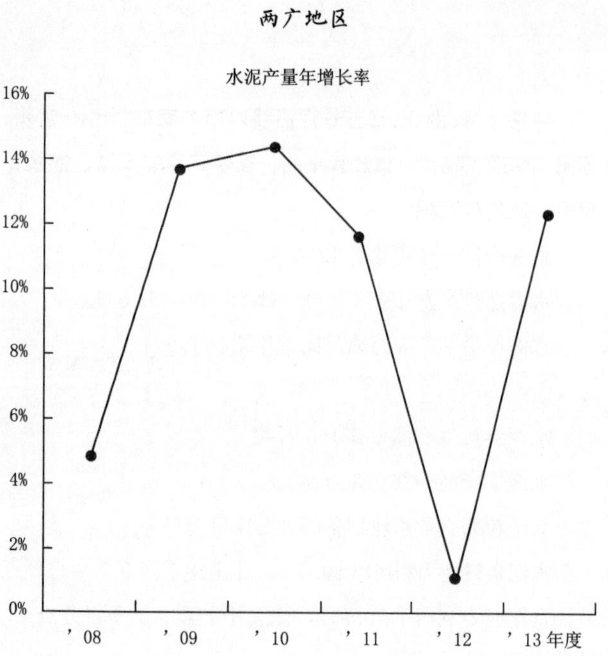

包括广东、广西

水泥产量占全国总量 10.1%

水泥熟料产量 14784 万吨，比上年增长 3.9%

水泥产量 24102 万吨，比上年增长 12.3%

水泥熟料生产能力 18181 万吨

水泥生产能力 30303 万吨

其中粉磨企业水泥制备能力 11299 万吨

水泥熟料能力利用率 81.4%，比上年上升 4.5 个百分点

水泥能力利用率 81.4%，比上年上升 6.1 个百分点

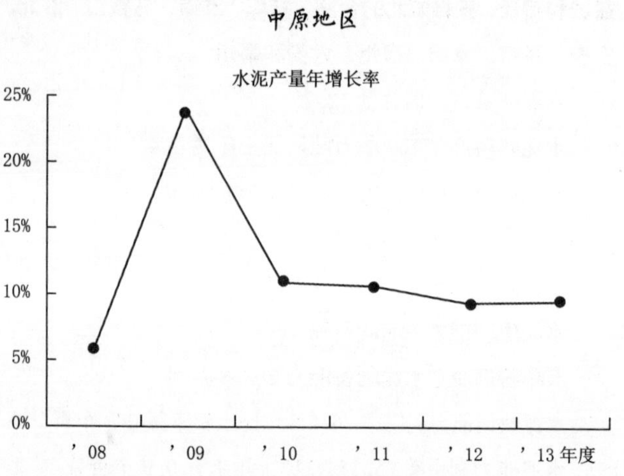

包括河南、湖北、湖南

水泥产量占全国总量 16.3%

水泥熟料产量 19546 万吨，比上年增长 2.5%

水泥产量 39074 万吨，比上年增长 9.5%

水泥熟料生产能力 25255 万吨

水泥生产能力 49721 万吨

其中粉磨企业水泥制备能力 21941 万吨

水泥熟料能力利用率 77.9%，比上年上升 0.8 个百分点

水泥能力利用率 79.7%，比上年上升 4.1 个百分点

2013年水泥主要经济区域

东北地区

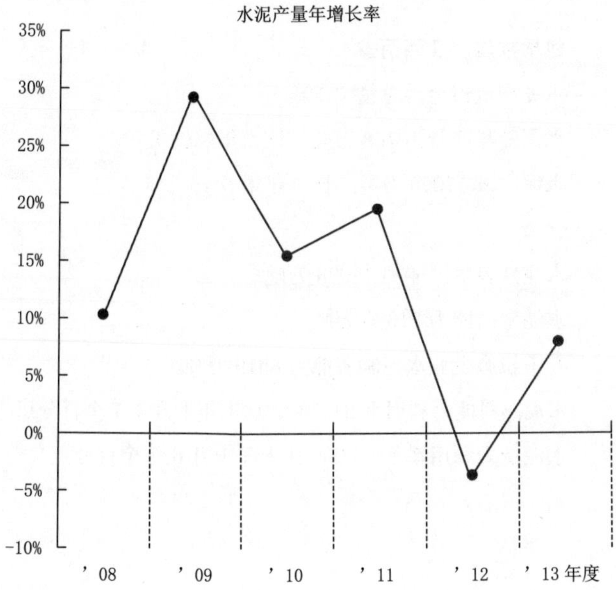

包括辽宁、吉林、黑龙江，内蒙东部的赤峰、通辽、呼伦贝尔、兴安和锡林郭勒

水泥产量占全国总量6.9%

水泥熟料产量8363万吨，比上年下降5.6%

水泥产量16424万吨，比上年增长6.5%

水泥熟料生产能力12290万吨

水泥生产能力25419万吨

其中粉磨企业水泥制备能力13753万吨

水泥熟料能力利用率69%，比上年下降4.7个百分点

水泥能力利用率67%，比上年下降0.4个百分点

华北地区

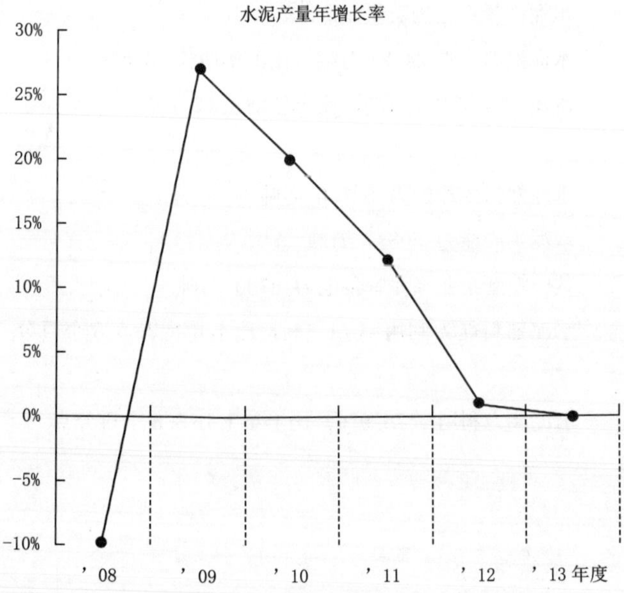

包括北京、天津、河北、山西，内蒙中部的呼和浩特、包头和乌兰察布

水泥产量占全国总量9.1%

水泥熟料产量10336万吨，比上年下降7.6%

水泥产量21809万吨，比上年下降0.4%

水泥熟料生产能力17409万吨

水泥生产能力34904万吨

其中粉磨企业水泥制备能力17513万吨

水泥熟料能力利用率61%，比上年下降9.5个百分点

水泥能力利用率64.5%，比上年下降3.5个百分点

2013 年水泥主要经济区域

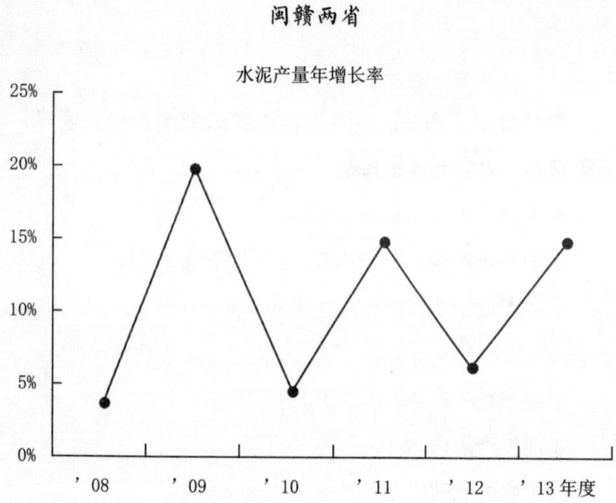

包括福建、江西两省

水泥产量占全国总量 7.1%

水泥熟料产量 10168 万吨，比上年增长 4.9%

水泥产量 17095 万吨，比上年增长 15.1%

水泥熟料生产能力 12098 万吨

水泥生产能力 21696 万吨

其中粉磨企业水泥制备能力 8619 万吨

水泥熟料能力利用率 84.7%，比上年上升 4.7 个百分点

水泥能力利用率 81.3%，比上年上升 6.7 个百分点

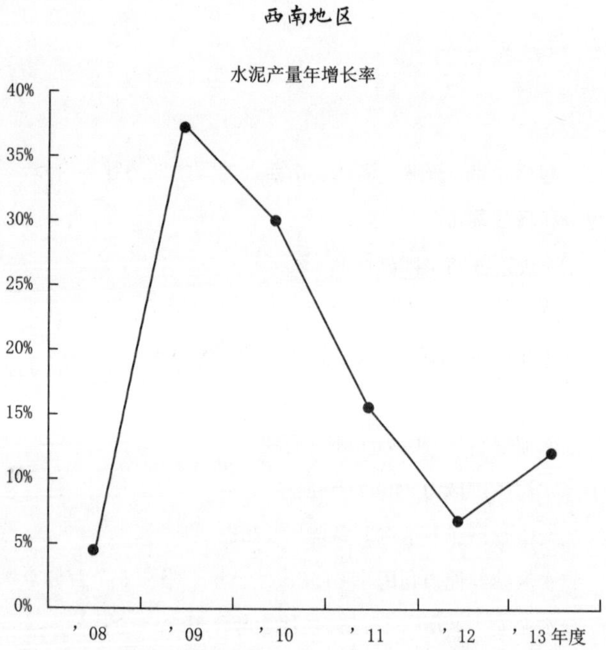

包括重庆、四川、贵州和云南

水泥产量占全国总量 15.5%

水泥熟料产量 24523 万吨，比上年增长 13.5%

水泥产量 37168 万吨，比上年增长 12.1%

水泥熟料生产能力 33806 万吨

水泥生产能力 50857 万吨

其中粉磨企业水泥制备能力 8730 万吨

水泥熟料能力利用率 74.5%，比上年上升 5.8 个百分点

水泥能力利用率 75.9%，比上年上升 3.8 个百分点

2013年水泥主要经济区域

西北地区

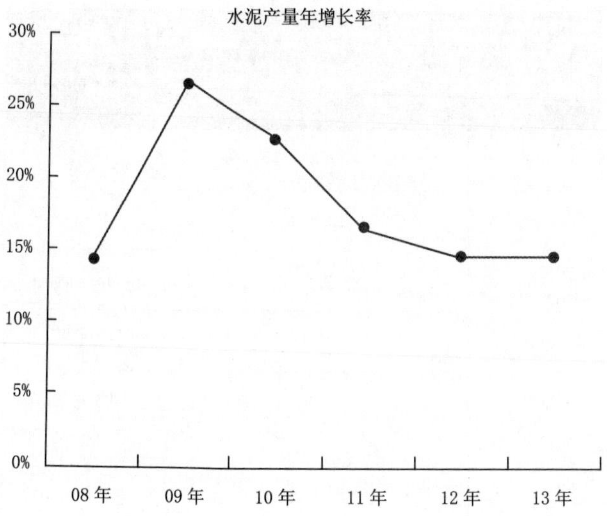

包括陕西、甘肃、青海、宁夏，内蒙西部的乌海、鄂尔多斯、巴彦淖尔和阿拉善

水泥产量占全国总量7.3%

水泥熟料产量11694万吨，比上年增长14.8%

水泥产量17505万吨，比上年增长14.2%

水泥熟料生产能力15740万吨

水泥生产能力24685万吨

其中粉磨企业水泥制备能力5912万吨

水泥熟料能力利用率76.7%，比上年上升6.1个百分点

水泥能力利用率 74.8%，比上年上升3.6个百分点

新疆地区

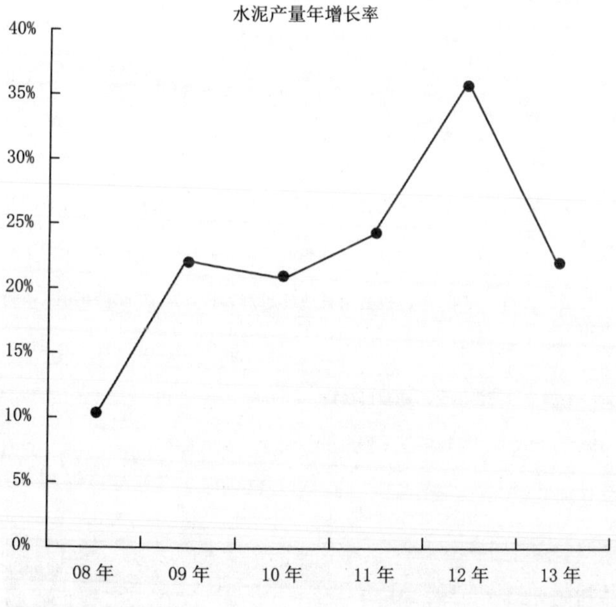

新疆

水泥产量占全国总量2.1%

水泥熟料产量3899万吨，比上年增长10.1%

水泥产量5040万吨，比上年增长21.1%

水泥熟料生产能力7717万吨

水泥生产能力10643万吨

其中粉磨企业水泥制备能力1155万吨

水泥熟料能力利用率53.8%，比上年下降10.1个百分点

水泥能力利用率57.4%，比上年下降9.3个百分点

混凝土与水泥制品业固定资产投资

2001~2013年混凝土与水泥制品业固定资产投资

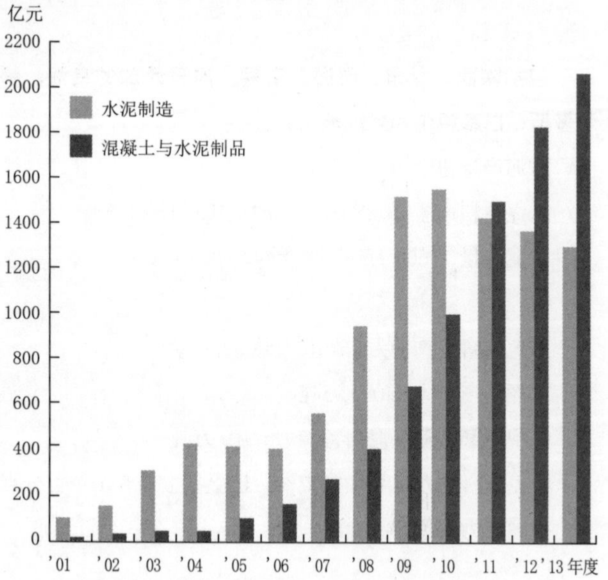

年 度	固定资产投资完成额（亿元）	年增长率（%）
1995	11.8	
2000	16.0	-12.2
2005	109.6	45.7
2007	281.5	57.1
2008	418.8	36.6
2009	692.6	69.5
2010	(883.0)	23.0
2010	1015.4	
2011	1515.9	40.1
2012	1850.8	20.7
2013	2085.4	12.4

东中西部地区混凝土与水泥制品业固定资产投资

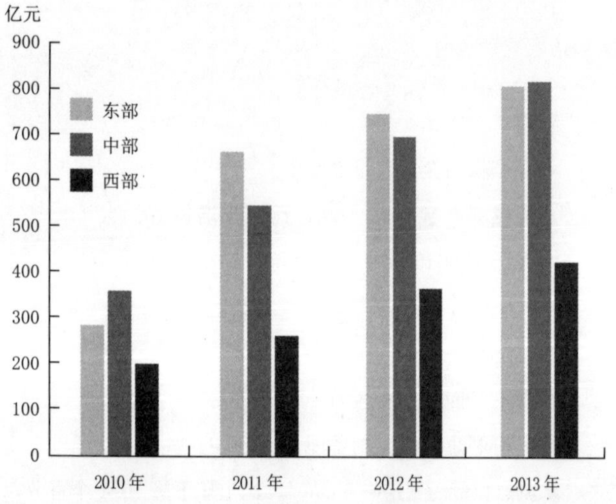

注释：

1. 混凝土与水泥制造业固定资产投资范围：包括水泥制品（含商品混凝土）、砼结构构件、石棉水泥及其他水泥制品制造企业的限额以上固定资产投资。1995～1996年，投资项目统计起点为5万元；1997～2010年为50万元；自2011年起为500万元。本表2010年的两组数据括号内为原口径数，未加括号的为调整后的新口径数。

2. 增长率为剔除投资价格变动因素后的实际增长率。

年 度	东部地区			中部地区			西部地区		
	投资额（亿元）	年增长率（%）	地区比重（%）	投资额（亿元）	年增长率（%）	地区比重（%）	投资额（亿元）	年增长率（%）	地区比重（%）
2010	299.8	20.6	34.0	369.3	30.8	41.8	213.8	13.7	24.2
2011	675.7	39.2	44.6	561.1	51.4	37.0	279.1	23.2	18.4
2012	758.3	12.1	41.0	714.4	26.0	38.6	378.1	33.5	20.4
2013	818.5	7.7	39.3	832.7	16.2	39.9	434.2	14.3	20.8

能源消耗
EnergyConsumptio

2012年水泥制造业能源消耗

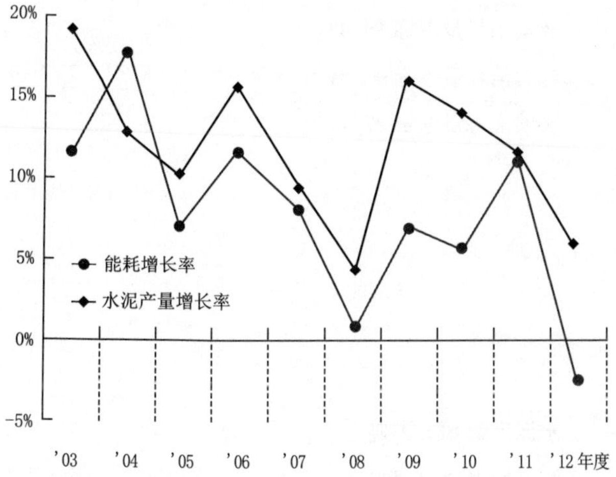

全国水泥产量22.1亿吨

比上年增长5.7%

能源消耗总量下降2.3%

水泥熟料产量增长0.9%

煤炭消耗量下降3.7%

电力消耗量下降0.4%

柴油消耗量增长3.4%

东部地区	中部地区	西部地区
水泥产量 8.6 亿吨	水泥产量 6.7 亿吨	水泥产量 6.8 亿吨
比上年下降 0.01 %	比上年增长 9.1 %	比上年增长 10.3 %
能源消耗总量下降 8.7 %	能源消耗总量下降 0.2 %	能源消耗总量增长 2.9 %
水泥熟料产量下降 3 %	水泥熟料产量增长 2.1 %	水泥熟料产量增长 3.8 %
煤炭消耗量下降 9.4 %	煤炭消耗量下降 2 %	煤炭消耗量增长 0.7 %
电力消耗量下降 5.1 %	电力消耗量下降 0.7 %	电力消耗量增长 5.2 %
柴油消耗量下降 0.6 %	柴油消耗量下降 0.3 %	柴油消耗量增长 11 %

注释：

1．水泥和水泥产量统计范围为全社会。2012年水泥制造业能源消耗统计范围更改为年主营业务收入2000万元及以上水泥制造法人企业。2011年水泥制造业能源消耗统计范围为年主营业务收入2000万元及以上，以及年主营业务收入2000万元以下、年综合能耗1万吨标准煤及以上的水泥制造法人企业。2010年及以前，年主营业务收入统计起点标准为500万元及以上。

2．能源消耗总量包括：原煤（无烟煤、炼焦烟煤、一般烟煤、褐煤）、洗精煤、其它洗煤、煤制品、焦炭、其它焦化产品、焦炉煤气、高炉煤气、转炉煤气、发生炉煤气、天然气（气态）、液化天然气（液态）、煤层气（煤田）、原油、汽油、煤油、柴油、燃料油、液化石油气、炼厂干气、石脑油、润滑油、石蜡、溶剂油、石油焦、石油沥青、其它石油制品、热力、电力，包括回收利用的余热余压，包括用于燃料的煤矸石、城市垃圾、生物质废料、工业废料以及其他燃料。能源消耗总量包括生产消耗和企业非生产性消费。

3．能源消耗总量中电力消耗采用电热当量计算法折算标准煤。电热当量计算法指电力按自身的热功当量换算成标准煤，采用的折标系数为1万千瓦时＝1.229吨标准煤。

4．煤炭消耗包括原煤（无烟煤、炼焦烟煤、一般烟煤、褐煤）、洗精煤、其它洗煤及煤制品。

5．全国及西部地区水泥制造业能耗中包括西藏自治区，分省区市表未列示。

2012年省区市水泥制造业能源消耗

北京市

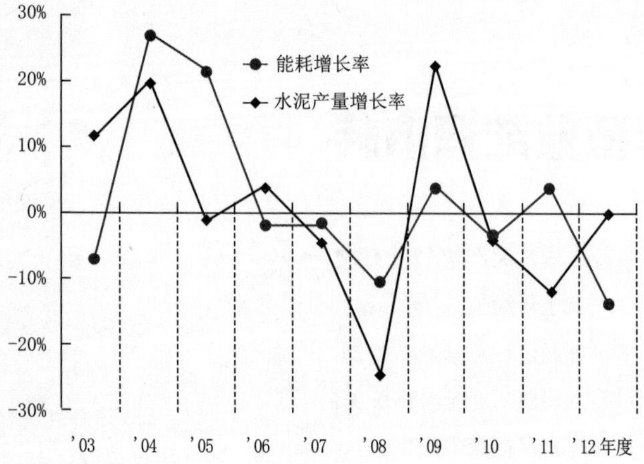

水泥产量923万吨

比上年下降0.1%

能源消耗总量下降13.5%

水泥熟料产量下降14.1%

煤炭消耗量下降16.9%

电力消耗量下降9.3%

柴油消耗量增长27.1%

天津市

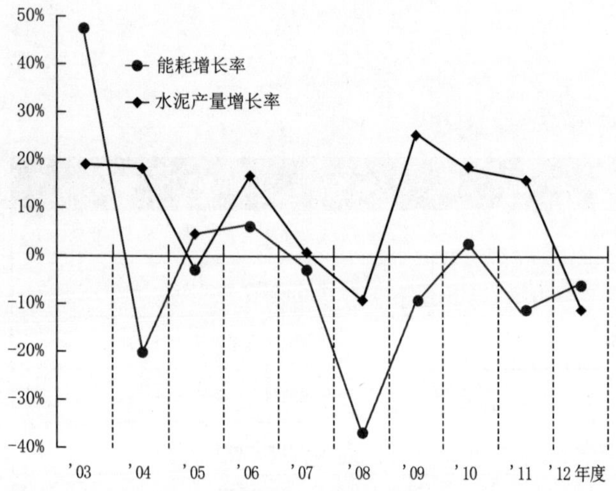

水泥产量865万吨

比上年下降10.5%

能源消耗总量下降5.5%

水泥熟料产量增长0.4%

煤炭消耗量下降4.9%

电力消耗量下降13.7%

柴油消耗量增长175.6%

河北省

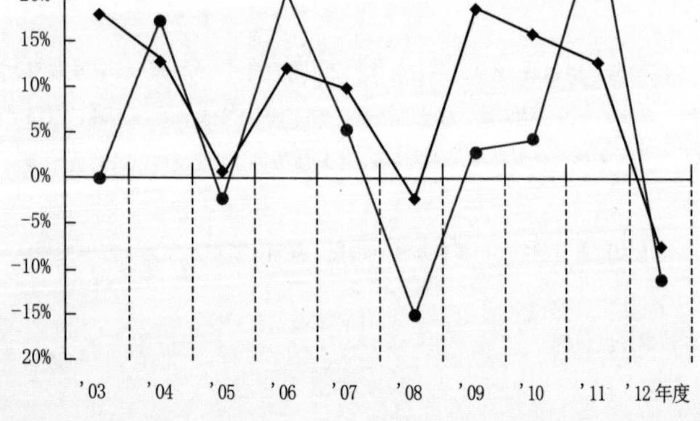

水泥产量13171万吨

比上年下降8.2%

能源消耗总量下降10.6%

水泥熟料产量增长4.1%

煤炭消耗量下降13.5%

电力消耗量下降6.5%

柴油消耗量下降4.4%

2012年省区市水泥制造业能源消耗

山西省

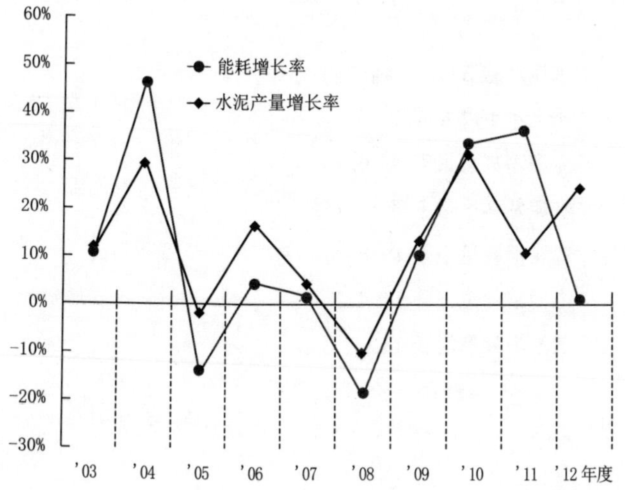

水泥产量5042万吨

比上年增长24.1%

能源消耗总量下降0.5%

水泥熟料产量增长0.3%

煤炭消耗量下降3.6%

电力消耗量增长3.1%

柴油消耗量下降5.7%

内蒙古自治区

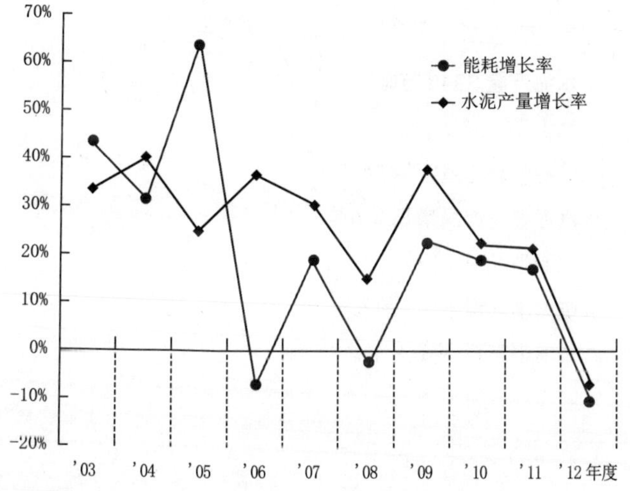

水泥产量6070万吨

比上年下降7.8%

能源消耗总量下降10%

水泥熟料产量下降8.3%

煤炭消耗量下降11.5%

电力消耗量下降7.3%

柴油消耗量增长113.6%

辽宁省

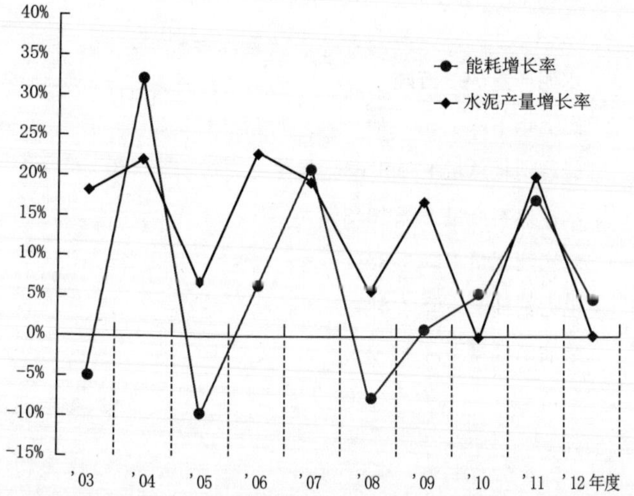

水泥产量5725万吨

比上年下降0.6%

能源消耗总量增长4.6%

水泥熟料产量下降6.2%

煤炭消耗量增长5.1%

电力消耗量增长3.7%

柴油消耗量增长11%

2012年省区市水泥制造业能源消耗

吉林省

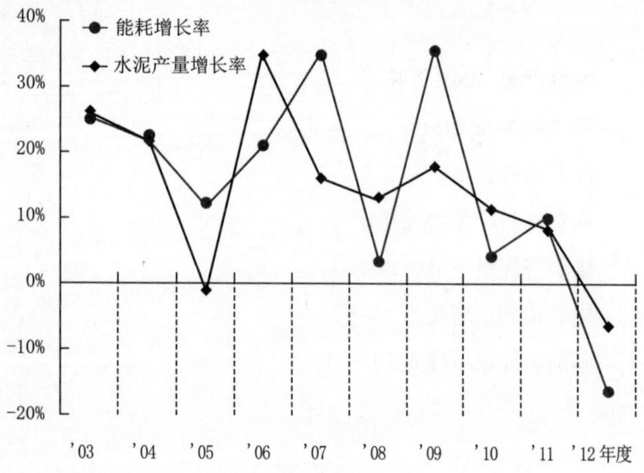

水泥产量3112万吨

比上年下降6.4%

能源消耗总量下降16.1%

水泥熟料产量下降11.7%

煤炭消耗量下降19.8 %

电力消耗量下降14.4%

柴油消耗量增长1%

黑龙江省

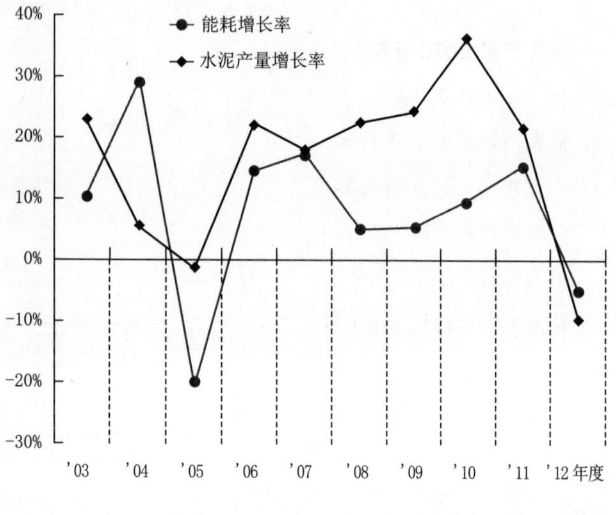

水泥产量3948万吨

比上年下降9.3%

能源消耗总量下降5%

水泥熟料产量增长3.6%

煤炭消耗量下降4.1%

电力消耗量下降5.4%

柴油消耗量下降4.5%

上海市

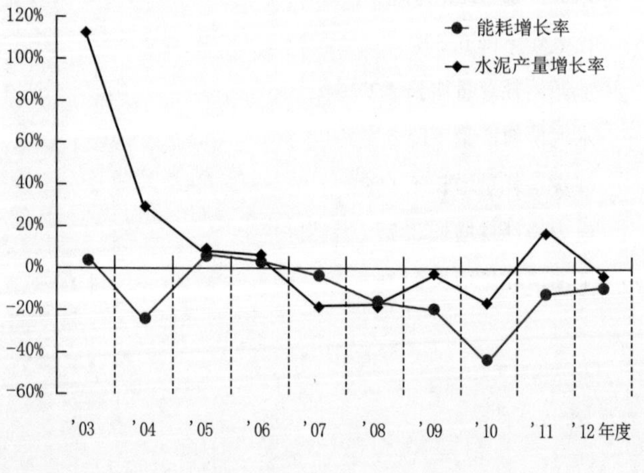

水泥产量793万吨

比上年下降1.5%

能源消耗总量下降8.6%

水泥熟料产量下降10.8%

煤炭消耗量下降9.8%

电力消耗量下降3.6%

柴油消耗量下降17.2%

2012年省区市水泥制造业能源消耗

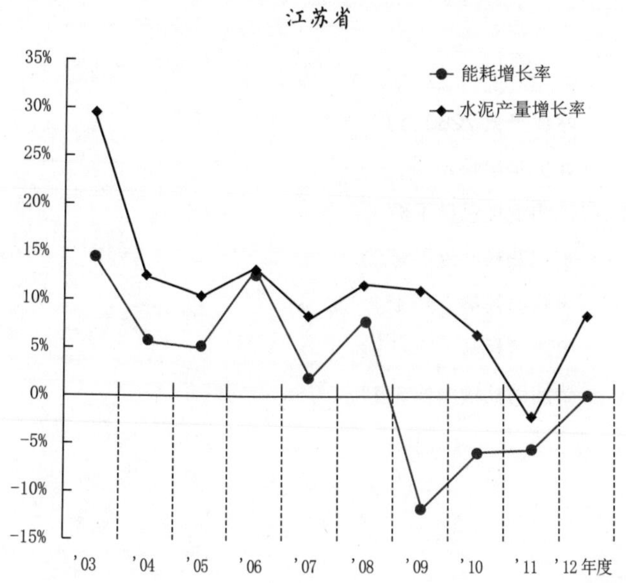

水泥产量16565万吨

比上年增长8.6%

能源消耗总量增长0.1%

水泥熟料产量增长7.5%

煤炭消耗量增长0.4%

电力消耗量增长4%

柴油消耗量增长30.9%

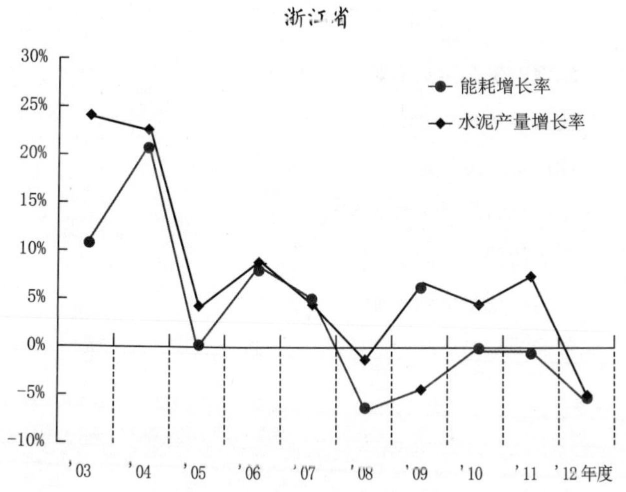

水泥产量11617万吨

比上年下降4.8%

能源消耗总量下降5.5%

水泥熟料产量下降5.1%

煤炭消耗量下降5.4%

电力消耗量下降6.1%

柴油消耗量下降8.7%

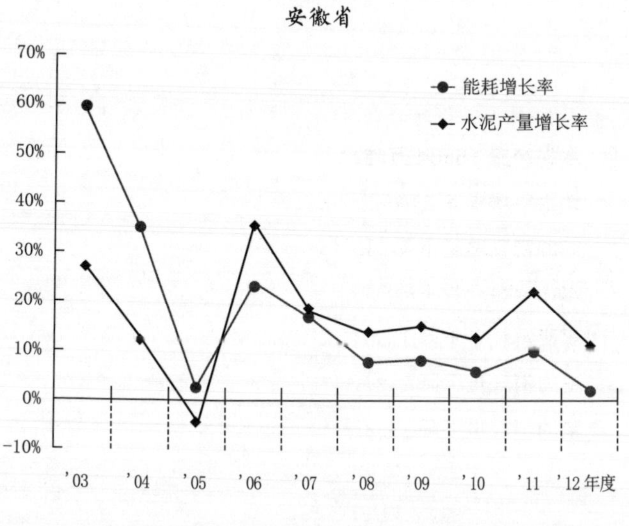

水泥产量11001万吨

比上年增长11.5%

能源消耗总量增长2.8%

水泥熟料产量增长4.3%

煤炭消耗量增长1.8%

电力消耗量增长7.6%

柴油消耗量增长9.6%

2012年省区市水泥制造业能源消耗

福建省

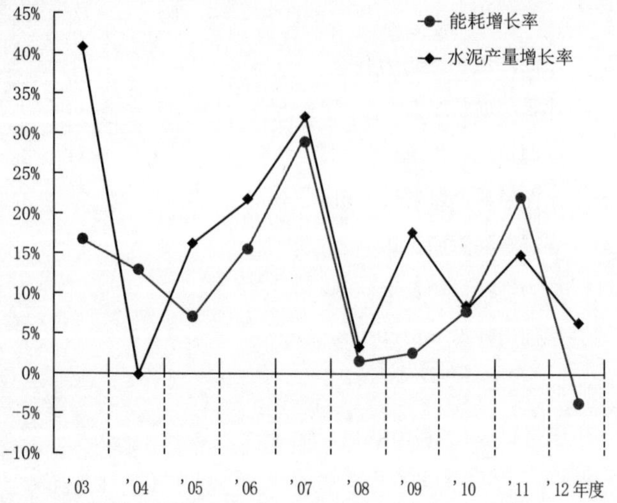

水泥产量7260万吨

比上年增长6.6%

能源消耗总量下降3.5%

水泥熟料产量下降2%

煤炭消耗量下降4%

电力消耗量下降4.2%

柴油消耗量增长8.4%

江西省

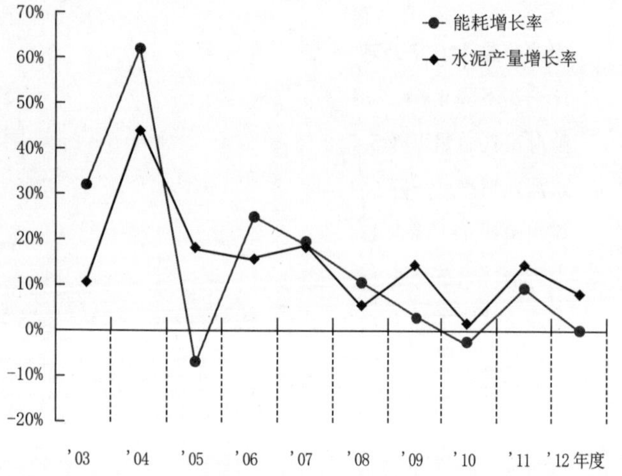

水泥产量7689万吨

比上年增长7.8%

能源消耗总量增长1%

水泥熟料产量下降3.5%

煤炭消耗量下降1.4%

电力消耗量增长6.4%

柴油消耗量下降10.2%

山东省

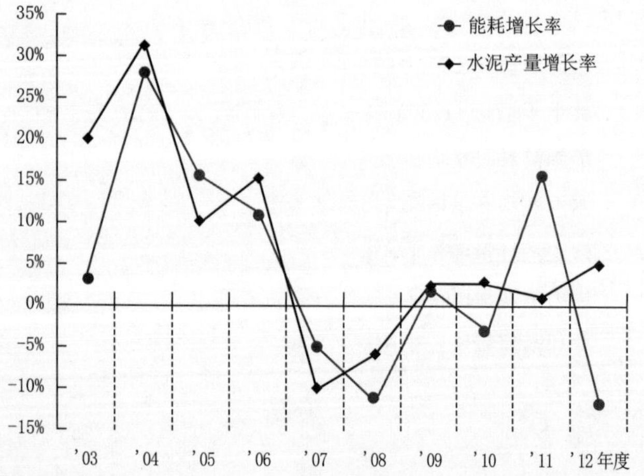

水泥产量15864万吨

比上年增长5.2%

能源消耗总量下降11.1%

水泥熟料产量下降3%

煤炭消耗量下降11.5%

电力消耗量下降2.2%

柴油消耗量下降13.3%

2012 年省区市水泥制造业能源消耗

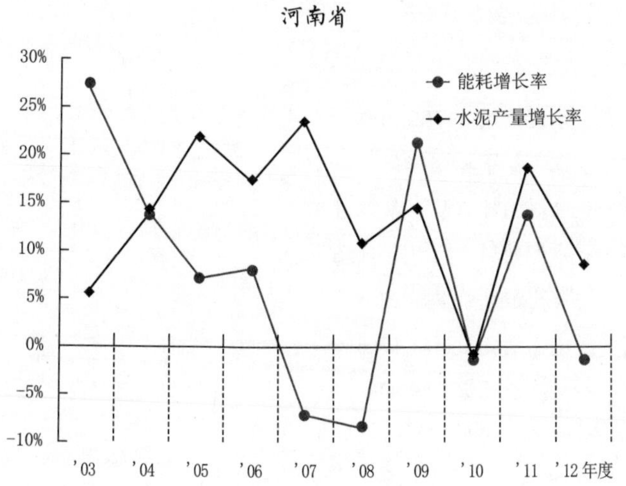

水泥产量 14971 万吨

比上年增长 8.3%

能源消耗总量下降 1.7%

水泥熟料产量增长 9%

煤炭消耗量下降 1.1%

电力消耗量下降 11.3%

柴油消耗量下降 34.7%

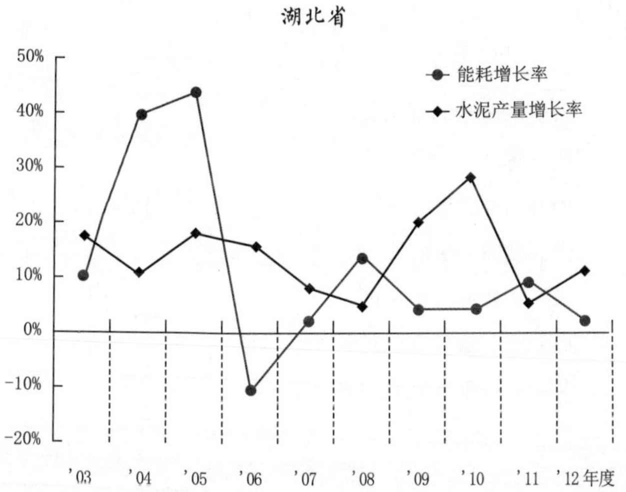

水泥产量 10506 万吨

比上年增长 11%

能源消耗总量增长 2.6%

水泥熟料产量增长 4.8%

煤炭消耗量增长 0.7%

电力消耗量下降 0.2%

柴油消耗量增长 5.3%

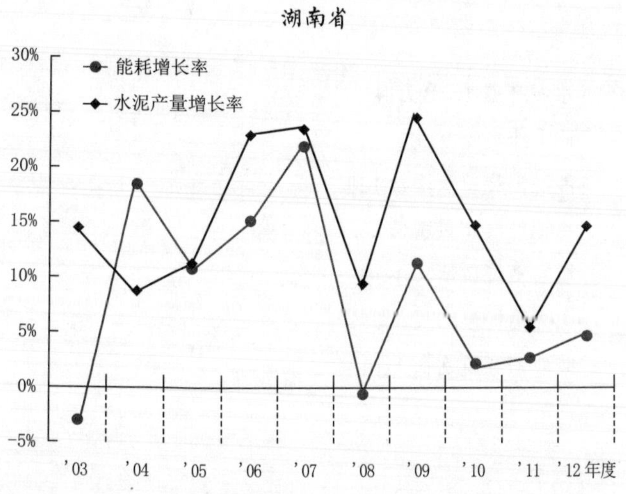

水泥产量 10638 万吨

比上年增长 14.4%

能源消耗总量增长 4.8%

水泥熟料产量下降 1.2%

煤炭消耗量增长 2.6%

电力消耗量增长 6.1%

柴油消耗量增长 9.3%

2012年省区市水泥制造业能源消耗

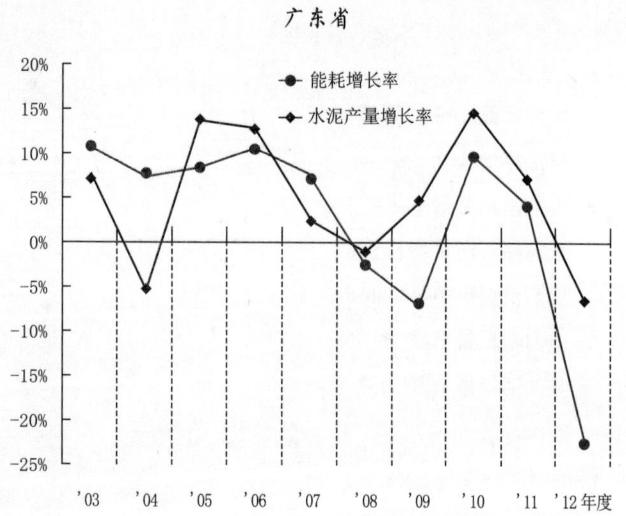

水泥产量11759万吨

比上年下降6.4%

能源消耗总量下降22.1%

水泥熟料产量下降14.6%

煤炭消耗量下降22.8%

电力消耗量下降17.8%

柴油消耗量下降23%

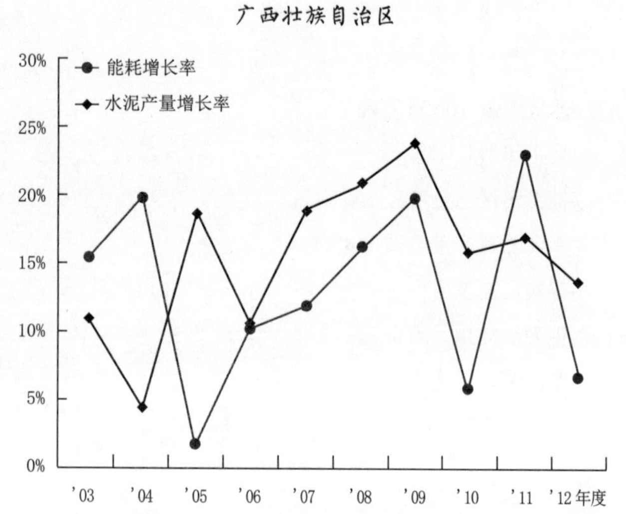

水泥产量10002万吨

比上年增长13.8%

能源消耗总量增长6.8%

水泥熟料产量增长5%

煤炭消耗量增长4.6%

电力消耗量增长9.8%

柴油消耗量增长10.4%

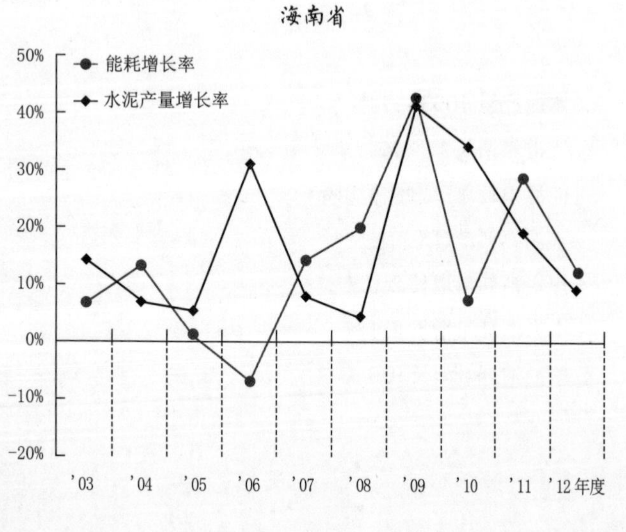

水泥产量1673万吨

比上年增长9.9%

能源消耗总量增长12%

水泥熟料产量增长23.3%

煤炭消耗量增长12%

电力消耗量增长3.3%

柴油消耗量增长11.1%

2012 年省区市水泥制造业能源消耗

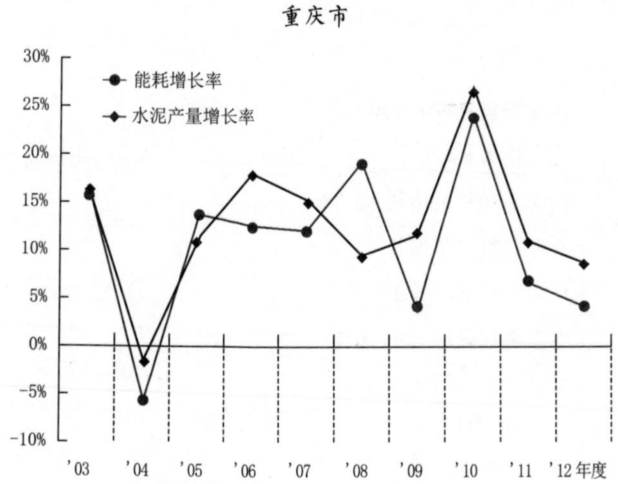

水泥产量 5550 万吨

比上年增长 8.4%

能源消耗总量增长 3.9%

水泥熟料产量下降 8.3%

煤炭消耗量下降 1.4%

电力消耗量增长 2%

柴油消耗量下降 21%

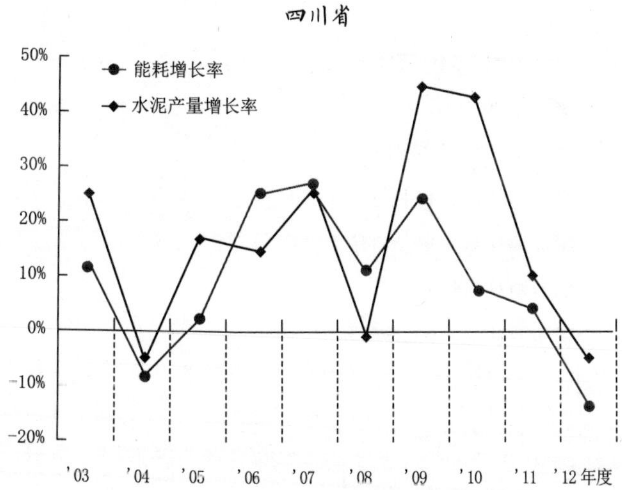

水泥产量 13473 万吨

比上年下降 5.8%

能源消耗总量下降 13.7%

水泥熟料产量下降 9.8%

煤炭消耗量下降 14.3%

电力消耗量下降 13.1%

柴油消耗量下降 5.3%

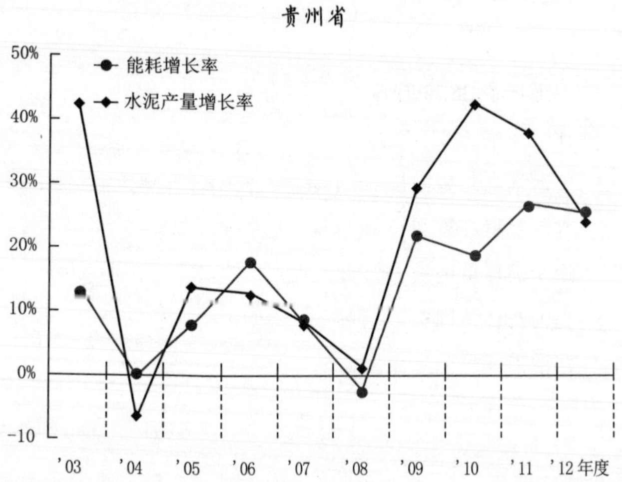

水泥产量 6516 万吨

比上年增长 24.1%

能源消耗总量增长 24.4%

水泥熟料产量增长 15.6%

煤炭消耗量增长 18.1%

电力消耗量增长 22.6%

柴油消耗量增长 17.6%

2012年省区市水泥制造业能源消耗

云南省

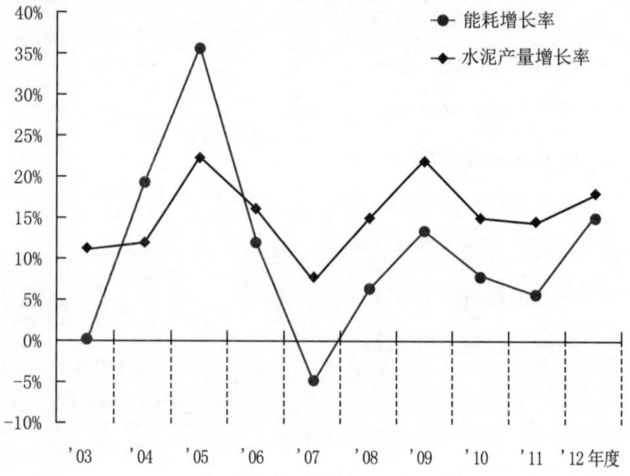

水泥产量7879万吨

比上年增长18.4%

能源消耗总量增长15.4%

水泥熟料产量增长13.7%

煤炭消耗量增长13.4%

电力消耗量增长17.5%

柴油消耗量增长4.9%

陕西省

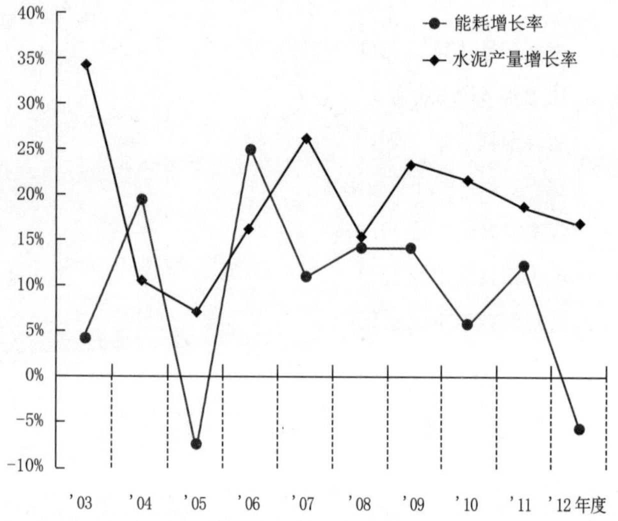

水泥产量7645万吨

比上年增长16.9%

能源消耗总量下降5.1%

水泥熟料产量增长2.5%

煤炭消耗量下降7.5%

电力消耗量增长1%

柴油消耗量下降28.2%

甘肃省

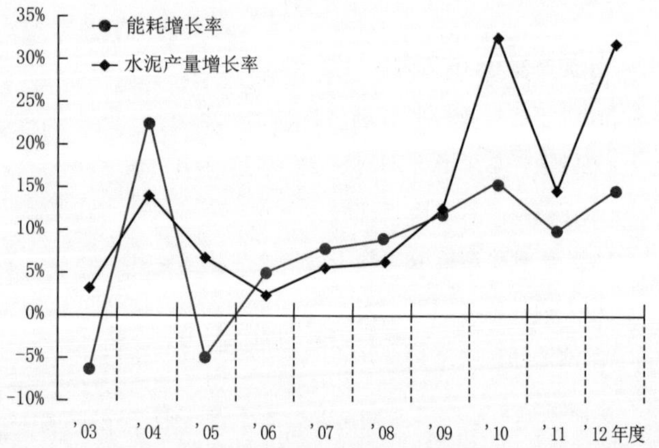

水泥产量3659万吨

比上年增长31.7%

能源消耗总量增长14.4%

水泥熟料产量增长12.3%

煤炭消耗量增长13.9%

电力消耗量增长19.7%

柴油消耗量下降2.8%

2012年省区市水泥制造业能源消耗

青海省

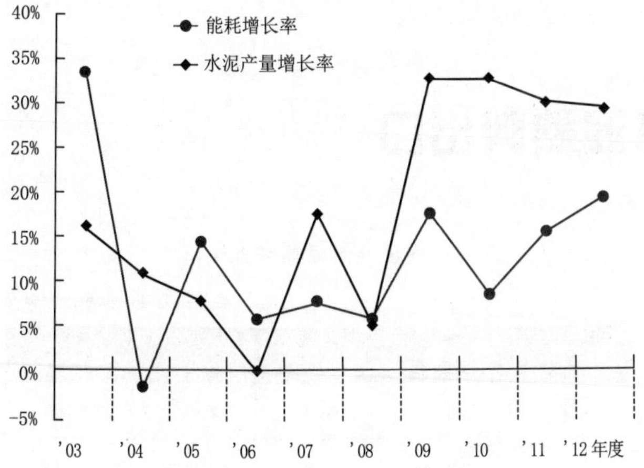

水泥产量1371万吨

比上年增长29.6%

能源消耗总量增长19.9%

水泥熟料产量增长16.5%

煤炭消耗量增长24.7%

电力消耗量增长17.8%

柴油消耗量增长0.2%

宁夏回族自治区

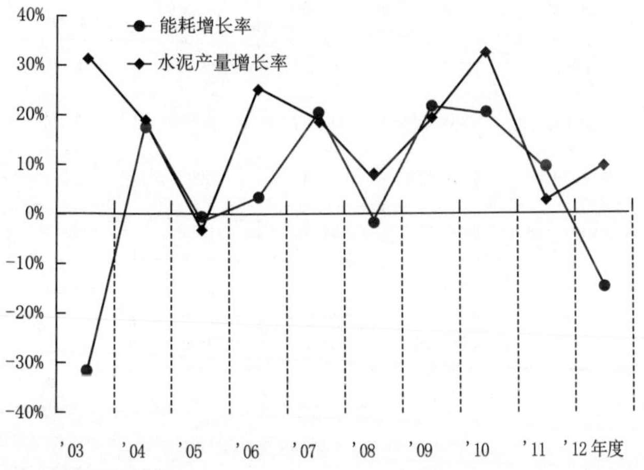

水泥产量1605万吨

比上年增长9.7%

能源消耗总量下降14.8%

水泥熟料产量增长0.5%

煤炭消耗量下降17.1%

电力消耗量下降6.7%

柴油消耗量下降17.9%

新疆维吾尔族自治区

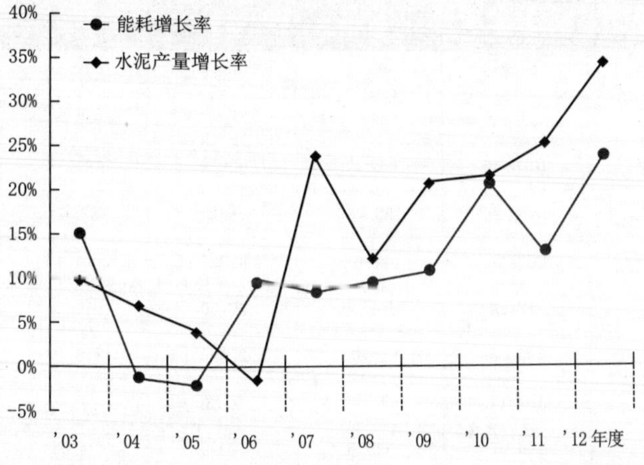

水泥产量4161万吨

比上年增长34.9%

能源消耗总量增长25.4%

水泥熟料产量增长42.4%

煤炭消耗量增长22.6%

电力消耗量增长27.2%

柴油消耗量增长33.1%

进出口

ImportandExport

历年水泥和水泥熟料出口

1981~2013 年水泥和水泥熟料出口数量（万吨）

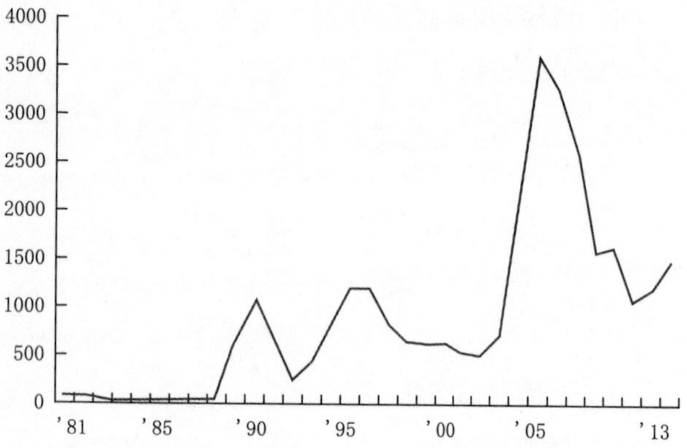

1992~2013 年水泥和水泥熟料出口数量（万吨）

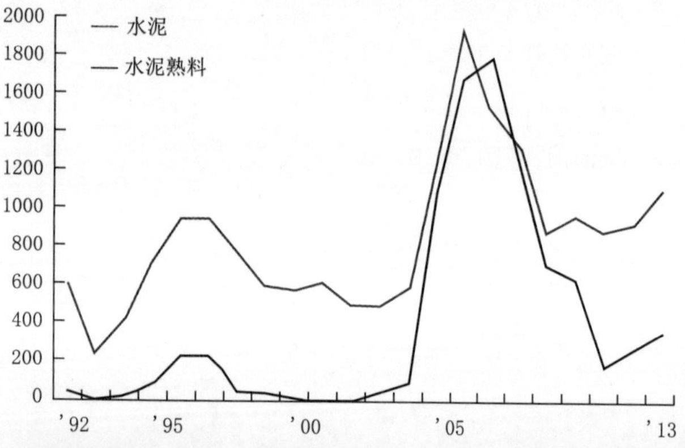

水泥和水泥熟料出口

数量：万吨 金额：万美元

年度	数量	增长率%	金额	增长率%
1995	818.95	81.06	29807	90.00
2000	605.90	-4.68	18996	-5.45
2005	2215.73	214.54	68460	197.14
2006	3612.97	63.06	118062	72.45
2008	2603.80	-21.11	109879	-4.49
2009	1561.13	-40.04	68719	-37.46
2010	1616.26	3.53	72307	5.22
2011	1060.98	-34.36	62035	-14.21
2012	1199.68	13.07	68363	10.20
2013	1454.20	21.22	79598	16.44

数量：万吨 金额：万美元

年 度	水泥出口				水泥熟料出口			
	数量	增长率%	金额	增长率%	数量	增长率%	金额	增长率%
1995	726.23	69.68	26914	79.40	92.72	281.56	2893	321.98
2000	582.46	-2.21	18427	-3.45	23.44	-41.43	569	-43.47
2005	1137.25	89.01	40602	100.99	1078.49	949.66	27858	881.38
2006	1940.71	70.65	72479	78.51	1672.26	55.06	45584	63.63
2008	1323.23	-12.91	63056	4.25	1280.57	-28.11	46823	-14.17
2009	848.65	-35.86	42559	-32.51	712.48	-44.36	26160	-44.13
2010	982.71	15.80	49608	16.56	633.55	-11.08	22699	-13.23
2011	879.81	-10.47	52962	6.76	181.17	-71.40	9073	-60.03
2012	924.01	5.02	56133	5.99	275.67	52.16	12229	34.08
2013	1094.42	18.44	63703	13.49	359.78	30.51	15895	29.97

历年水泥和水泥熟料进口

水泥和水泥熟料进口

数量：万吨 金额：万美元

年度	数量	增长率%	金额	增长率%
1995	31.36	-76.62	1933	-73.23
2000	142.58	185.36	3475	135.22
2005	116.35	-56.41	4048	-47.77
2006	111.64	-4.05	3925	-3.03
2008	61.71	-5.24	2900	11.02
2009	81.97	32.84	3699	27.56
2010	178.51	117.76	7599	105.43
2011	240.53	34.75	11194	47.31
2012	79.45	-66.97	4453	-60.22
2013	65.91	-17.04	3820	-14.23

2013 年我国进口水泥 41.1 万吨，价值 2687 万美元。其中从日本进口 39.1 万吨，价值 1582 万美元，进口金额占进口总值 58.9%。在国内收货地中，山东青岛进口 22 万吨，价值 1255 万美元，进口金额占进口总值 46.7%；广东深圳进口 17.3 万吨，价值 444 万美元，进口金额占进口总值 16.5%。

2013 年我国进口水泥熟料 24.8 万吨，价值 1133 万美元。其中从越南进口 23 万吨，价值 1020 万美元，进口金额占进口总值 90.0%；从中国台湾进口 1.5 万吨，价值 65 万美元，进口金额占进口总值 5.8%。在国内收货地中，海南省进口 15.6 万吨，价值 676 万美元，进口金额占进口总值 59.7%；广东省进口 7.4 万吨，价值 343 万美元，进口金额占进口总值 30.3%；福建省进口 1.5 万吨，价值 65 万美元，进口金额占进口总值 5.8%。

数量：万吨 金额：万美元

年 度	水泥进口				水泥熟料进口			
	数量	增长率%	金额	增长率%	数量	增长率%	金额	增长率%
1995	28.73	-78.17	1807	-74.31	2.63	6.09	126	-33.54
2000	3.63	-37.03	559	39.97	138.96	214.32	2916	170.53
2005	82.08	-25.62	3162	-20.05	34.27	-78.11	886	-76.66
2006	77.05	-6.13	2991	-5.40	34.59	0.93	934	5.46
2008	56.60	5.08	2709	18.13	5.10	-54.64	190	-40.21
2009	70.27	24.15	3338	23.21	11.7	129.2	361	89.45
2010	82.31	17.13	3873	16.03	96.20	722.16	3725	932.62
2011	85.56	3.95	4529	16.92	154.98	61.10	6664	78.90
2012	64.99	-24.04	3766	-16.84	14.46	-90.67	687	-89.69
2013	41.12	-36.73	2687	-28.66	24.79	71.42	1133	64.89

水泥和水泥熟料出口价格变动趋势

1992~2013 年水泥出口
年均离岸价格（美元/吨）

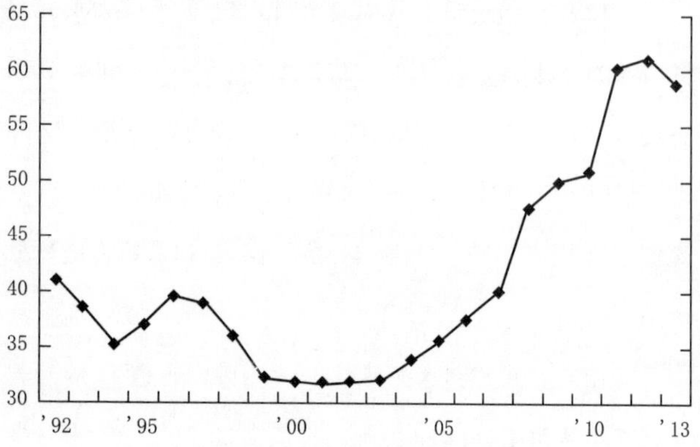

年 度	水泥年均离岸价格（美元/吨）
1995	37.06
2000	31.64
2001	31.35
2002	31.54
2003	32.23
2004	33.57
2005	35.70
2006	37.35
2007	39.81
2008	47.65
2009	50.15
2010	50.48
2011	60.20
2012	60.75
2013	58.21

1992~2013 年水泥熟料出口
年均离岸价格（美元/吨）

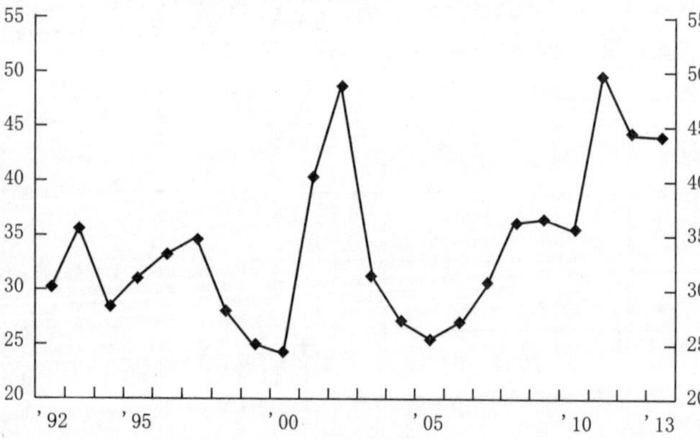

年 度	水泥熟料年均离岸价格（美元/吨）
1995	31.20
2000	24.26
2001	40.70
2002	49.04
2003	31.47
2004	27.63
2005	25.83
2006	27.26
2007	30.62
2008	36.56
2009	36.72
2010	35.83
2011	50.08
2012	44.36
2013	44.18

2013年水泥出口主要发货地

数量：吨 金额：万美元

地 区	数量	增长%	金额	增长%	比重%
水泥	10944226	18.44	63703	13.49	100.00
山东省	3744469	29.99	20952	19.73	32.89
龙口	2119140	8.57	11338	0.75	17.80
烟台	718646	68.97	3732	55.92	5.86
枣庄	453515	62.95	2721	62.84	4.27
日照	348308	121.95	1886	92.21	2.96
淄博	44041	27.77	870	-0.30	1.37
潍坊	25188	3398.32	157	1627.08	0.25
临沂	25019	31.13	121	-4.98	0.19
江苏省	3108306	23.83	16745	25.40	26.29
苏州张家港	643987	24.28	3850	27.58	6.04
南通	596503	32.29	3659	33.78	5.74
泰州	664325	-17.41	3131	-16.07	4.92
无锡	386625	98.63	2147	102.02	3.37
南京	427993	20.19	2029	16.59	3.18
镇江	388282	141.86	1919	121.21	3.01
内蒙古自治区	1441980	26.63	7206	11.38	11.31
锡林郭勒二连浩特	1271709	37.29	6091	25.41	9.56
阿拉善	61468	158.67	390	170.27	0.61
乌海	28319	-66.65	233	-73.37	0.37
呼伦贝尔满洲里	17630	101.19	138	102.72	0.22
锡林郭勒	22708	-26.14	135	23.12	0.21
巴彦淖尔	20210	-59.60	114	-57.70	0.18
安徽省	773475	10.93	4988	18.97	7.83
马鞍山	412996	27.24	2557	29.63	4.01
安庆	334641	0.59	2241	8.51	3.52
巢湖	25000	0.00	168	0.00	0.26
广东省	711602	7.03	4408	7.47	6.92
东莞	383653	-2.91	2188	-6.07	3.43
广州	236961	5.16	1589	8.65	2.49
佛山	27122	-10.04	107	-12.37	0.26
肇庆	27422	456.59	158	383.15	0.25
深圳	18428	2030.33	153	581.37	0.24
江门	12170	209.75	74	216.82	0.12
上海市	362406	-40.08	1946	-42.06	3.06

2013年水泥出口主要发货地

数量：吨　金额：万美元

地 区	数量	增长%	金额	增长%	比重%
天津市	21886	-5.96	1332	-5.11	2.09
云南省	201641	41.33	1282	30.76	2.01
临沧	130068	27.27	840	17.51	1.32
西双版纳	49171	5086.76	290	5164.91	0.46
德宏	12850	1846.97	76	1571.53	0.12
新疆维吾尔族自治区	107199	80.27	817	72.19	1.28
阿勒泰	54180	70.39	378	66.43	0.59
昌吉	20254	758.24	174	251.89	0.27
哈密	10604	380.25	129	440.81	0.20
河南省	19233	-1.84	726	19.42	1.14
郑州	12817	-3.83	492	20.17	0.77
辽宁省	71049	11.68	713	21.27	1.12
丹东	26659	-48.71	220	-46.17	0.34
抚顺	11411	470.55	179	517.56	0.28
大连	19766	5307.83	120	3880.25	0.19
河北省	120091	1041.65	712	344.39	1.12
唐山	113859	5933.87	634	2055.05	0.99
广西壮族自治区	90920	-52.66	422	-61.48	0.66
柳州	85411	-47.24	399	-56.18	0.63
吉林省	45984	-27.74	346	-18.45	0.54
延边珲春	13972	-51.31	115	-40.40	0.18
白山	13902	-30.89	85	-28.41	0.13
浙江省	57704	5019.97	307	929.63	0.48
杭州	57074	37949.00	285	6125.87	0.45
四川省	16230	-25.16	254	-21.70	0.40
成都	15755	-24.09	245	-11.32	0.39
黑龙江省	30516	7.72	253	-0.76	0.40
大庆	10700	9.24	107	-4.11	0.17
黑河	9614	11.61	73	16.07	0.11
佳木斯同江	6800	15.25	43	-15.50	0.07
北京市	11803	-89.23	97	-85.46	0.15

2013年水泥熟料出口主要发货地

数量：吨 金额：万美元

地区	数量	增长%	金额	增长%	比重%
水泥熟料	3597807	30.51	15894.87	29.97	100.00
安徽省	2711882	10.1	10538.34	9.92	66.30
芜湖	1105822	-3.76	4224.78	-3	26.58
铜陵	847786	40	3212.14	39.44	20.21
池州	393050	50.65	1601.75	47.32	10.08
安庆	365224	-12.74	1499.68	-13.07	9.44
广东省	416331	169.4	1923.77	207.11	12.10
珠海	204577	783.64	1004.73	759.82	6.32
肇庆	210877	198.76	862.3	193.8	5.43
广州	629	1.34	43.51	392.63	0.27
深圳	171	10392.31	8.56	14441.26	0.05
山东省	386282	3479.24	1650.15	1093.22	10.38
潍坊	360233	0	1404.91	0	8.84
淄博	1158	-1.81	94.38	-2.54	0.59
烟台	20870	398.8	79.13	457.48	0.50
济南	2229	750.56	57.33	781.06	0.36
河南省	35002	51.72	910.89	38.19	5.73
郑州	3863	-4.06	108.77	-15.01	0.68
贵州省	13300	-17.68	489.71	-17.53	3.08
贵阳	13300	-14.77	489.71	-14.54	3.08
天津市	2840	13.94	125.62	71.76	0.79
塘沽区	2081	92.28	97.56	155.52	0.61
河北省	2290	-54.57	53.44	-53.12	0.34
内蒙古自治区	12724	-55.46	48.79	-57.17	0.31
锡林郭勒	4623	0	22.26	0	0.14
锡林郭勒二连浩特	6790	2306.24	21.27	1432.58	0.13
广西壮族自治区	4987	-83.96	48.35	-68.7	0.30
贵港市	4644	-83.56	43.95	-66.62	0.28
山西省	2280	-83.93	42.23	-65.78	0.27
阳泉	2100	-43.55	25.98	-35.15	0.16
吉林省	7572	26.41	39.17	19.04	0.25
延边珲春	7572	26.41	39.17	19.04	0.25
云南省	150	0	1.24	0	0.01
西双版纳	150	0	1.24	0	0.01

2013 年水泥出口主要收货地

数量：吨　金额：万美元

国家或地区	数量	增长%	金额	增长%	比重%
总计	10944226	18.44	63703.39	13.49	100.00
安哥拉	2239603	8.37	12185.25	1.64	19.13
蒙古	1530169	28.55	7907.05	15.14	12.41
喀麦隆	945538	91.36	5682.4	85.74	8.92
刚果	981635	4.3	5129.29	2.25	8.05
加蓬	640807	40.15	3889.36	40.58	6.11
中国香港	582855	3.07	3501.11	1.05	5.50
新加坡	665964	-17.32	3209.68	-15.62	5.04
美国	475072	22.44	2533.65	23.29	3.98
日本	167587	-0.09	1738.8	0.24	2.73
莫桑比克	339648	103.88	1639.11	83.14	2.57
澳大利亚	231586	4.5	1589.54	2.43	2.50
缅甸	260876	46.42	1529.45	27.07	2.40
俄罗斯联邦	199384	0.88	1391.29	2.31	2.18
科特迪瓦共和国	195137	0	978.09	0	1.54
多哥	125000	24999900	815.95	23312671.4	1.28
朝鲜	114154	-30.11	801.33	-27.9	1.26
加纳	156385	115.26	800.1	78.8	1.26
中国澳门	111346	10.11	799.87	12.78	1.26
民主刚果	139917	-11.05	728.17	-19.34	1.14
文莱	106500	-30.16	699.71	-28.79	1.10
几内亚	126495	16.01	635.41	15.19	1.00
韩国	87695	467.19	565.69	108.01	0.89
印度	8047	-8.42	503.5	-4.05	0.79
赤道几内亚	82059	-13.15	492.94	-18.14	0.77
印度尼西亚	79318	205.18	465.35	100.67	0.73
纳米比亚	68000	-40.87	408.8	-40.39	0.64
老挝	50514	1176.9	311.77	1805.92	0.49
伊朗	2827	79.16	212.3	158.03	0.33
巴布亚新几内亚	29030	-7.06	191.4	-2.66	0.30

2013年水泥出口主要收货地

数量：吨 金额：万美元

国家或地区	数量	增长%	金额	增长%	比重%
乍得	14921	57.06	181.19	67.49	0.28
东帝汶	31920	-34.67	181.02	-38.32	0.28
尼日尔	10830	74.68	180.03	46.39	0.28
土库曼斯坦	12739	-35.96	150.02	-42.88	0.24
哈萨克斯坦	6785	-21.64	142.42	-28.69	0.22
中国台湾	5476	94.98	139.76	93.4	0.22
坦桑尼亚	25015	4752.87	139.25	2324.11	0.22
泰国	3445	33.64	129.89	34.51	0.20
马来西亚	1911	37.83	108.58	111.84	0.17
南非	2482	317.43	87.97	422.92	0.14
墨西哥	2300	153.31	79.61	127.59	0.13
哥伦比亚	12770	2221.82	74.65	1709.64	0.12
越南	1011	-24.95	67.52	151.68	0.11
塔吉克斯坦	12241	93.06	67.5	103.3	0.11
塞拉利昂	12650	-29.72	64.49	-36.47	0.10
苏丹	11070	-78.2	60.29	-76.46	0.09
乌兹别克斯坦	4049	-14.1	51.25	-13.13	0.08
伊拉克	3027	-78.45	45.53	-77.81	0.07
巴基斯坦	7445	-70.62	43.97	-68.33	0.07
吉尔吉斯斯坦	6392	51.57	40.83	71.61	0.06
阿根廷	697	3.87	38.29	22.26	0.06
菲律宾	1479	-67.5	36.84	-64.37	0.06
土耳其	566	19.1	36.37	24.79	0.06
法国	727	261.74	21.16	224.6	0.03
比利时	1060	960	20.72	1281.48	0.03
巴西	495	-49.37	20.01	-51.19	0.03
肯尼亚	130	-99.68	15.27	-90.11	0.02
英国	300	87.5	15.1	62.95	0.02
吉布提	1732	55.16	13.66	48.14	0.02
希腊	425	195	13.38	195	0.02
加拿大	1203	-87.22	12.23	-86.78	0.02

2013年水泥熟料出口主要收货地

数量：吨　金额：万美元

国家或地区	数量	增长%	金额	增长%	比重%
总计	3597807	30.51	15894.87	29.97	100.00
澳大利亚	1083483	242.55	4388.26	205.4	27.61
肯尼亚	698062	5.27	2629.72	5.18	16.54
孟加拉国	627747	-27.2	2363.54	-26.83	14.87
巴西	313496	-10.6	1222.63	-11.29	7.69
中国香港	243460	108.35	1030	102.98	6.48
菲律宾	233087	174.63	897.71	178.24	5.65
中国澳门	172513	169.36	861.04	275.43	5.42
韩国	43092	332.91	336.86	69.44	2.12
美国	12514	19.21	242.53	157.09	1.53
法国	7410	103.64	241.2	101.86	1.52
墨西哥	5904	78.49	187.6	61.67	1.18
智利	49625	12.78	186.09	11.3	1.17
日本	3740	28.93	165.26	13.55	1.04
阿联酋	3829	40.92	145.38	42.11	0.91
南非	3565	51.77	128.97	92.53	0.81
荷兰	3260	-47.64	100.47	-43.92	0.63
朝鲜	21372	-5.41	98.64	-4.48	0.62
瑞典	2500	-38.24	87.75	-33.9	0.55
斐济	19158	0	80.46	0	0.51
土耳其	1924	59.83	71.23	55.7	0.45
越南	5606	51.68	69.1	11.96	0.43
坦桑尼亚	10008	285841.43	55.47	56504.69	0.35
蒙古	12724	-55.46	48.79	-57.17	0.31
埃及	782	-13.83	29.69	-14.25	0.19

2013年水泥熟料出口主要收货地

数量：吨　金额：万美元

国家或地区	数量	增长%	金额	增长%	比重%
葡萄牙	1275	-6.11	25.88	12.63	0.16
印度尼西亚	727	-18.94	23.22	-20.83	0.15
俄罗斯联邦	6000	-9.88	21	-66.7	0.13
意大利	648	-55.05	18.15	-59.4	0.11
加拿大	500	-78.52	17.25	-78.32	0.11
英国	480	-27.29	16.76	-26.1	0.11
马达加斯加	5124	-26.1	15.66	-39.5	0.10
中国台湾	348	52.54	12.62	68.37	0.08
西班牙	592	-5.13	11.9	-22.15	0.07
新加坡	68	464.67	11.32	6255.08	0.07
印度	621	-99.11	9.24	-96.64	0.06
德国	244	838.08	6.83	1691.03	0.04
塔吉克斯坦	1403	0	6.31	0	0.04
伊朗	4	81.87	5.77	580.94	0.04
沙特阿拉伯	102	-54.76	3.72	-59.81	0.02
新西兰	150	3429.41	3.11	2518.04	0.02
希腊	140	0	2.57	0	0.02
贝宁	32	-93.81	2.47	-76.77	0.02

2013年水泥及水泥制品出口总表

商品名称	数量（吨）	数量增长率（%）	金额（万美元）	金额增长率（%）
水泥	10944226	18.44	63703	13.49
1. 白色硅酸盐水泥	82740	-15.07	1102	18.17
2. 硅酸盐水泥	10787448	18.96	59482	14.08
3. 铝酸盐水泥	58627	10.06	2894	5.93
4. 其它水泥	15411	-28.67	226	-31.01
水泥熟料	3597807	30.51	15895	29.97
水泥混凝土制品	2762073	9.77	180460	83.49
1. 混凝土管、杆、板、桩等	919832	38.64	16818	41.23
2. 混凝土轨枕	28951	-45.31	633	-38.74
3. 混凝土预制结构件	583499	-15.60	12053	9.65
4. 水泥砖瓦	804503	6.74	39615	110.26
①水泥建筑用砖及砌块	560432	-6.85	13017	108.03
②人造石制砖、瓦、扁平石	176370	40.47	24357	114.63
③水泥或混凝土制砖、瓦、扁平石	67702	155.09	2241	81.43
5. 其它水泥混凝土制品	425288	19.85	111341	100.35
纤维增强水泥制品	191952	3.22	7880	9.31
1. 石棉水泥制品	30031	-29.32	1176	-2.93
①石棉水泥瓦楞板	3029	-65.36	69	-48.24
②石棉水泥片、板、砖、瓦	26257	-19.09	913	6.33
③石棉水泥管子及管子附件	305	13.82	13	-65.54
④其它石棉水泥制品	439	-57.00	182	-0.83
2. 无石棉纤维水泥制品	161922	12.85	6703	11.78
①无石棉纤维水泥瓦楞板	361	-91.80	9	-93.73
②无石棉纤维水泥片、板、砖、瓦	152020	18.22	5750	17.58
③无石棉纤维水泥管子及管子附件	14	-73.20	2	-92.39
④其它无石棉纤维水泥制品	9527	-8.78	942	-0.06

2013年水泥及水泥制品进口总表

商品名称	数量（吨）	数量增长率（%）	金额（万美元）	金额增长率（%）
水泥	411199	-36.73	2686.88	-28.66
1. 白色硅酸盐水泥	6409	49.92	244.72	25.45
2. 硅酸盐水泥	392642	-38.41	1515.4	-48.95
3. 铝酸盐水泥	10118	45.85	653.95	27.38
4. 其它水泥	2030	82.26	272.81	204.87
水泥熟料	247919	71.42	1132.86	64.89
水泥混凝土制品	63258	8.06	6136.4	16.28
1. 混凝土管、杆、板、桩等	326	1759.15	28.54	1713.77
2. 混凝土轨枕	1	0	0.05	0
3. 混凝土预制结构件	4269	-36.41	116.19	-53.6
4. 水泥砖瓦	50211	5.27	5087.83	13.96
①水泥建筑用砖及砌块	2658	73.72	126.07	10.35
②人造石制砖、瓦、扁平石	45803	3.57	4811.18	15.94
③水泥或混凝土制砖、瓦、扁平石	1750	-9.9	150.58	-24.89
5. 其它水泥混凝土制品	8451	105.47	903.79	61.11
纤维增强水泥制品	7668	3.08	614.5	-6.11
1. 石棉水泥制品	5908	66.8	313.37	28.99
①石棉水泥瓦楞板	0	-99.57	0.23	-58.43
②石棉水泥片、板、砖、瓦	5899	67.46	273.98	29.4
③石棉水泥管子及管子附件	1	-29.89	3.74	-21.66
④其它石棉水泥制品	8	29.41	35.41	36.9
2. 无石棉纤维水泥制品	1760	-54.84	301.13	-26.83
①无石棉纤维水泥瓦楞板	0	0	0	0
②无石棉纤维水泥片、板、砖、瓦	1741	-54.83	279.91	-24.87
③无石棉纤维水泥管子及管子附件	3	30	12.33	64.81
④其它无石棉纤维水泥制品	16	-59.95	8.89	-71.81

历年水泥制品出口

1992~2013年水泥制品

出口数量(万吨)

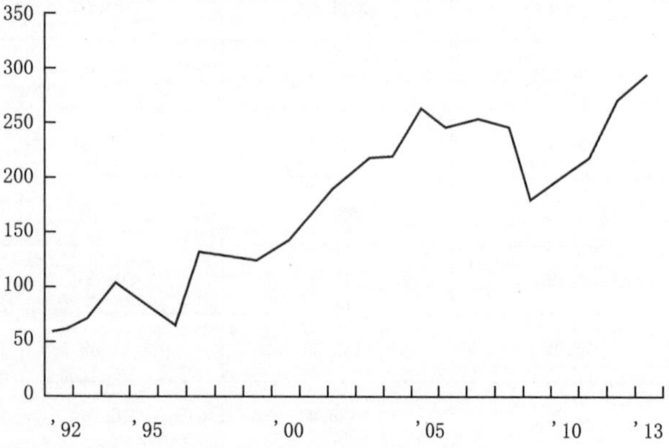

1992~2013年水泥混凝土制品

和纤维增强水泥制品出口数量(万吨)

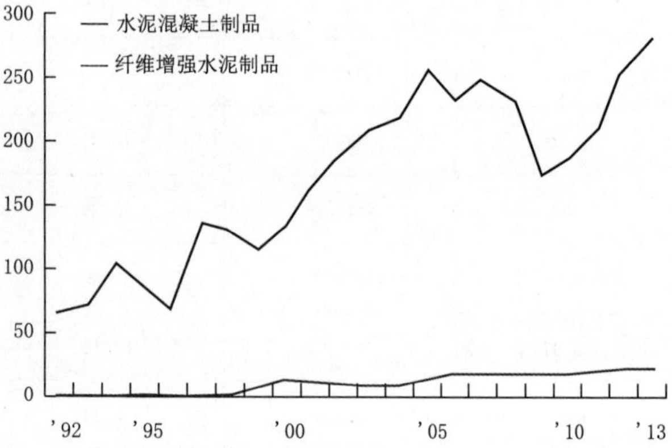

水泥制品出口

数量：吨　金额：万美元

年度	数量	增长率%	金额	增长率%
1995	831766	-21.07	3657	-23.31
2000	1416504	19.96	7730	28.45
2005	2620528	20.09	24102	36.90
2006	2402519	-8.32	28436	17.98
2008	2457528	-3.20	56123	36.61
2009	1824997	-25.74	39797	-29.09
2010	2027094	11.07	52063	30.82
2011	2174785	7.29	86950	67.01
2012	2702254	24.25	105556	21.40
2013	2954025	9.32	188340	78.43

数量：吨　金额：万美元

年　度	水泥混凝土制品出口				纤维增强水泥制品出口			
	数量	增长率%	金额	增长率%	数量	增长率%	金额	增长率%
1995	821441	-21.25	3334	-24.64	10325	-2.80	323	-6.34
2000	1309829	16.53	6305	14.84	106675	87.99	1425	170.05
2005	2532609	18.13	22360	34.52	87919	130.51	1743	77.19
2006	2275409	-10.16	25781	15.30	127111	44.58	2656	52.40
2008	2313278	-4.88	50710	33.22	144251	12.46	5413	27.99
2009	1693399	-26.80	34920	-31.14	131597	-8.77	4878	-9.89
2010	1856566	9.64	46622	33.51	170527	29.58	5441	11.55
2011	1999721	7.71	80605	72.89	175065	2.66	6345	16.61
2012	2516281	25.83	98347	22.01	185973	6.23	7209	13.61
2013	2762073	9.77	180460	83.49	191952	3.21	7880	9.31

2013年水泥混凝土制品出口主要发货地

数量：吨 金额：万美元

地 区	数量	增长%	金额	增长%	比重%
水泥混凝土制品	2762073	9.77	180460.24	83.49	100.00
广东深圳	707679	-12.4	50951.68	78.01	28.23
广东佛山	85105	45.23	11727.62	130.59	6.50
广东广州	39710	-47.32	8248.21	211.76	4.57
福建泉州	74972	5.21	4597.68	12.9	2.55
广东珠海	235682	366.82	4210.57	282.98	2.33
广东惠州	123322	23.7	3179.74	36.37	1.76
辽宁大连	20121	22.84	2438.53	205.61	1.35
广东顺德	51870	243.28	2420.15	249.1	1.34
广东云浮	33538	15.64	2181.58	16.31	1.21
重庆江北区	5210	-34.59	2113.04	7.96	1.17
四川成都	29555	16.53	2063.77	209.26	1.14
广东东莞	175230	-34.46	2055.66	-45.05	1.14
重庆渝北区	2797	441.43	1794.39	203.31	0.99
江苏南京	49741	-13.32	1696.84	2.41	0.94
湖南长沙	3082	1987.87	1638.07	1197.71	0.91
浙江嘉兴	16195	-0.14	1563.91	-8.4	0.87
上海青浦	9849	79.48	1555.67	100.88	0.86
广东江门	34558	41.76	1245.02	94.61	0.69
安徽合肥	5059	137.76	1170.96	145.79	0.65
广东潮州	5116	69.15	1162.62	428.8	0.64
广东中山	124581	65.49	1086.68	88.39	0.60
山东青岛	14880	11.25	943.74	-5.27	0.52
江苏无锡	41128	287.33	844.67	203.39	0.47
浙江台州	3945	-2.98	754.85	4.39	0.42
山东济南	5248	1983.73	746.64	1070.32	0.41
重庆渝中区	38157	3958.66	716.85	132.33	0.40
陕西西安	1311	64.74	682.63	41.71	0.38
江苏苏州昆山	4593	13.74	670.08	39.97	0.37
广东南海	13324	-12.41	645.1	-25.43	0.36
上海奉贤	31319	-35.62	641.64	-14.61	0.36
江西南昌	1171	-86	594.48	89.98	0.33
江西宜春	1314	122.08	585.97	216.69	0.32
山东烟台	40927	258.66	559.16	269.56	0.31
江西九江	3311	448.23	550.08	560.57	0.30
内蒙锡林郭勒二连浩特	84472	89.03	514.92	69.32	0.29
广东汕头	4199	16.12	488.21	165.25	0.27
山东临沂	6398	317.79	429.69	1614.89	0.24
广东番禺	30559	-63.02	411.09	-4.15	0.23
山东日照	2237	-81.86	370.45	-11.01	0.21
江苏镇江	27826	-20.56	343.23	-15.15	0.19
江苏苏州吴江	2766	2004593.48	335.2	7131731.91	0.19
云南昆明	3545	297.18	324.17	3324.17	0.18

2013年纤维增强水泥制品出口主要发货地

数量：吨　金额：万美元

地区	数量	增长%	金额	增长%	比重%
纤维增强水泥制品	191952	3.22	7879.52	9.31	100.00
广东广州	10589	13.55	1047.95	122.84	13.30
浙江慈溪	21740	-7.26	717.52	1.66	9.11
浙江宁波	27553	78.55	684.66	41.84	8.69
福建漳州	5530	11.98	513.18	20.33	6.51
安徽滁县	19814	120.69	454.76	156.38	5.77
广东佛山	13015	-49.32	383.32	-44.33	4.86
江苏苏州吴江	9936	-27.55	264.14	-27.26	3.35
广东深圳	2106	-75.15	232.19	-56.38	2.95
上海金山	5086	41.72	224.57	44.49	2.85
浙江海宁	6566	561.29	194.04	562.49	2.46
广东江门	5830	18.13	146.52	4.83	1.86
内蒙锡林郭勒二连浩特	16785	58.65	137.51	44.77	1.75
江苏南京	1385	34.84	103.26	124.3	1.31
山东泰安	4165	-26.99	100.55	-23.09	1.28
江苏苏州	1643	2896.02	86.69	762.49	1.10
江苏常州	1909	800.57	84.7	539.06	1.07
江苏南通启东	842	-43.88	84.62	-50.1	1.07
广东南海	2510	-10.93	80.4	-12.67	1.02
广东惠州	227	28.38	74.1	4.5	0.94
广东中山	1941	39.4	72.15	26.21	0.92
上海浦东	698	54.72	71.59	-33.36	0.91
河北唐山	375	56.24	64.62	1014.98	0.82
陕西咸阳	75	0	64.22	0	0.82
吉林延边珲春	125	52.23	61.63	3001.55	0.78
福建泉州	1164	1590.72	52.64	1006.52	0.67
上海闵行区	520	-49.24	41.2	-49.51	0.52
辽宁沈阳	1107	11.66	40.81	1.64	0.52
江苏泰州	1422	494.7	38.71	293.93	0.49
广东顺德	274	-53.84	38.17	-18.41	0.48
辽宁大连	94	136.5	37.15	819.89	0.47
江苏苏州张家港	1123	-5.84	36.75	-6.44	0.47
北京丰台	115	7569.73	34.03	17789.27	0.43
浙江义乌	163	60.32	33.45	82.57	0.42
山东烟台	226	106.92	31.36	134.8	0.40
湖北沙市	825	-32.67	27.13	-29.41	0.34
江西宜春	703	783.55	24.88	858.11	0.32
湖南长沙	57	325.37	24.84	139.44	0.32
上海川沙镇	76	30.73	24.35	15.79	0.31
山东德州	794	0	24.27	0	0.31
广西柳州	945	2113.96	23.26	1289.89	0.30

2013年水泥混凝土制品出口主要收货地

数量：吨 金额：万美元

国家或地区	数量	增长%	金额	增长%	比重%
水泥混凝土制品	2762073	9.77	180460.24	83.49	100.00
美国	108163	49.58	25149.42	71.97	13.94
中国香港	1188873	-7.9	25129.25	47.92	13.93
新加坡	29245	99.95	9574.2	204.76	5.31
荷兰	25517	6.56	8982.58	9.48	4.98
中国澳门	463201	22.46	8486.07	91.84	4.70
英国	24504	17.15	5860.31	119.7	3.25
马来西亚	35660	106.53	5689.41	185.81	3.15
阿拉伯联合酋长国	10477	156.82	5598.89	303.15	3.10
德国	12329	20.57	5171.47	46.27	2.87
加拿大	18840	37.4	4798.33	74.36	2.66
澳大利亚	36978	37.56	4347.29	49.47	2.41
沙特阿拉伯	9863	72.55	4290.64	151.87	2.38
日本	93941	-0.35	4248.66	-8.88	2.35
伊朗	5774	92.84	3988.04	2843.45	2.21
巴西	26047	51.37	3512.72	115.96	1.95
印度	10224	30.04	3176.11	180.32	1.76
南非	8575	79.18	3170.68	193.16	1.76
西班牙	10749	45	2885.87	176.01	1.60
韩国	44849	29.92	2662.14	63.82	1.48
法国	8638	15.49	2613.83	75.41	1.45
越南	90509	493.48	2381	265.44	1.32
墨西哥	5585	120.2	2298.66	139.01	1.27
比利时	8257	3.21	2162.45	37.76	1.20
泰国	9227	37.34	1887.97	183.56	1.05
巴拿马	3318	278.9	1709.36	250.44	0.95
以色列	6978	58.75	1630.12	282.07	0.90
印度尼西亚	61710	1.2	1615.24	69.06	0.90
意大利	7069	24.54	1359.92	132.82	0.75
波兰	3227	123.31	1237.89	165.68	0.69
新西兰	17563	57.56	1174.24	130.81	0.65
哥伦比亚	4160	91.92	1146.65	473.25	0.64
安哥拉	36478	-14.77	1110.23	-7.44	0.62
中国台湾	25911	-25.86	1041.56	8.09	0.58
菲律宾	37898	-19.59	1023.39	33.06	0.57
智利	3231	72.9	921.89	78.39	0.51
黎巴嫩	3933	-8.89	826.51	114.69	0.46
蒙古	110517	44.25	818.41	-2.21	0.45
马耳他	1363	269.56	798.78	679.8	0.44
牙买加	1585	146.63	636.96	502.36	0.35
卡塔尔	1472	100.41	626.45	600.52	0.35
苏丹	1843	494.98	622.43	359.45	0.34
多哥	904	50.39	614.55	34.14	0.34
俄罗斯联邦	44011	130.17	596.52	37.11	0.33
瑞典	1823	9.04	561.35	210.47	0.31
也门共和国	942	209.39	550.4	217.69	0.31
秘鲁	1397	33.65	535.41	537.15	0.30
土耳其	3149	-32.75	531.36	19.91	0.29
葡萄牙	1982	30.46	502.89	187.98	0.28
摩洛哥	1012	28.9	487.49	187.81	0.27

2013年纤维增强水泥制品出口主要收货地

数量：吨　金额：万美元

国家或地区	数量	增长%	金额	增长%	比重%
纤维增强水泥制品	191952	3.22	7879.52	9.31	100.00
中国香港	8367	-40.01	835	49.12	10.60
新加坡	12343	8.72	646.35	64.46	8.20
韩国	16423	-3.38	484.14	-6.94	6.14
沙特阿拉伯	18043	68.51	430.05	31.01	5.46
荷兰	5044	4.14	381.67	7.07	4.84
澳大利亚	5937	16.61	333.46	-3.95	4.23
委内瑞拉	13189	137.09	333.33	114.82	4.23
中国台湾	7721	36.19	307.57	85.37	3.90
美国	5232	33.33	265.41	7.52	3.37
阿拉伯联合酋长国	6200	-47.4	229.65	-16.48	2.91
马来西亚	3483	44.38	194.09	29.57	2.46
蒙古	17927	67.4	175.19	81.92	2.22
以色列	2763	14.96	162.07	-39.91	2.06
英国	2622	8	148.41	-3.82	1.88
越南	668	-26.27	140.29	34.12	1.78
加纳	6505	-6.43	131.46	-7.01	1.67
意大利	2854	23.35	119.72	43.48	1.52
菲律宾	3983	126.01	115.99	53.71	1.47
俄罗斯联邦	2515	-9.03	115.04	39.58	1.46
伊朗	1159	-42.65	113.45	24.81	1.44
丹麦	3076	5.84	113.21	1.47	1.44
印度尼西亚	907	61.04	109.95	131.91	1.40
泰国	2480	215.99	102.56	113.63	1.30
日本	1297	-17.66	93.61	27.73	1.19
印度	1196	-31.22	90.38	40.21	1.15
南非	3024	158.91	88.74	4.06	1.13
伊拉克	2986	430.08	86.18	524.24	1.09
巴布亚新几内亚	2372	-6.73	81.21	-1.65	1.03
马尔代夫	1753	639.28	74.37	331.9	0.94
挪威	1617	9.43	73.74	10.7	0.94
牙买加	221	-67.19	73.2	234.79	0.93
德国	370	-32.79	69.49	-32.22	0.88
安哥拉	2226	-20.1	69.01	-50.66	0.88

2013 年纤维增强水泥制品出口主要收货地

数量：吨 金额：万美元

国家或地区	数量	增长%	金额	增长%	比重%
尼日利亚	699	918.86	54.29	2049.6	0.69
哈萨克斯坦	1384	-84.46	51.21	-69.43	0.65
苏丹	1468	-87.03	50.9	-81.6	0.65
阿塞拜疆	173	220.87	45.84	385.78	0.58
加拿大	682	33.53	40.35	-11.95	0.51
朝鲜	2108	-12.21	38.92	-38.62	0.49
苏里南	1596	178.79	37.09	166.42	0.47
墨西哥	843	44.61	35.49	-67.74	0.45
土耳其	1246	31.06	34.86	-55.51	0.44
法国	362	416.64	29.43	457.45	0.37
缅甸	1641	458.99	26.73	446.23	0.34
莫桑比克	469	11.51	23.53	97.24	0.30
卡塔尔	867	-52.63	22.91	-48.17	0.29
叙利亚	224	69.11	22.88	395.43	0.29
科威特	476	507.17	22.65	586.3	0.29
奥地利	424	21186900	21.76	217525	0.28
波兰	46	-56.22	21.48	95.95	0.27
中国澳门	251	106.53	21.27	196.65	0.27
斯里兰卡	316	11.66	20.57	185.33	0.26
智利	848	-75.8	20.51	-82.8	0.26
新西兰	293	45.18	19.5	-58.57	0.25

主要经济指标
Maineconomicindicator

水泥制造业规模以上企业主要经济指标

水泥制造业规模以上企业单位数

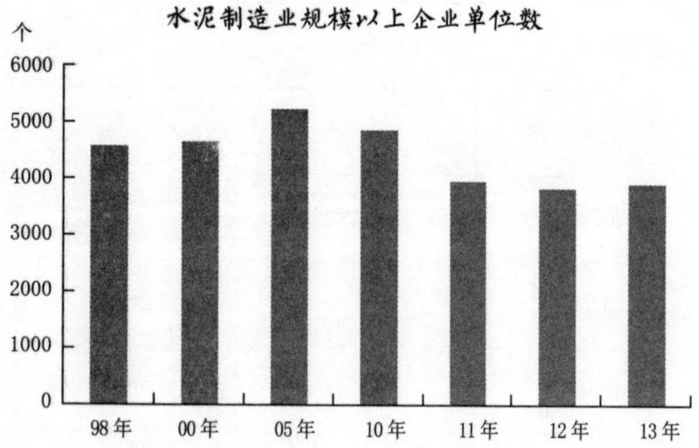

水泥制造业规模以上企业主营业务收入

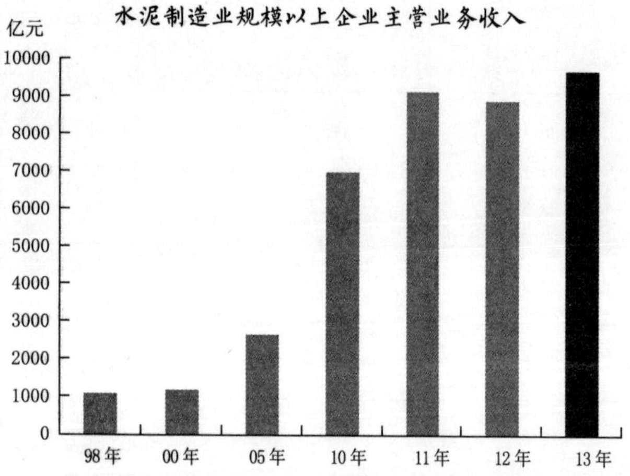

水泥制造业规模以上企业利润总额

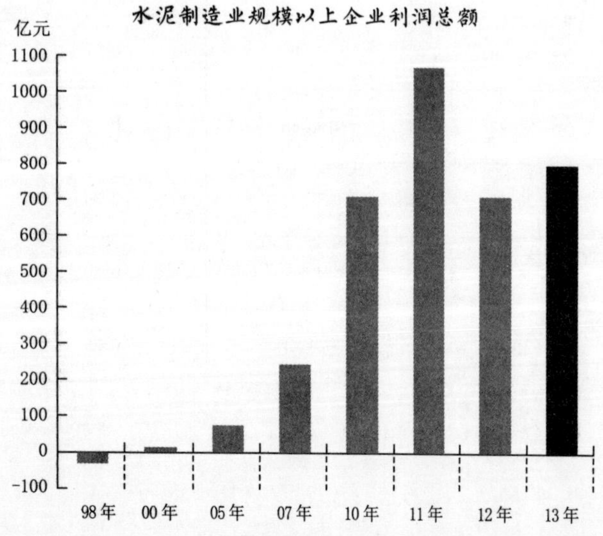

金额单位：亿元

指标名称	2012年	2013年	增长率%
企业单位数（个）	3786	3840	—
其中：亏损企业（个）	922	891	—
主营业务收入	8929	9696	8.6
主营业务成本	7447	8045	8.0
主营业务税金及附加	65	67	3.0
主营业务利润	1416	1583	11.8
销售费用	228	250	9.7
管理费用	381	398	4.3
财务费用	222	232	4.6
其中：利息支出	219	210	-4.3
费用总额	831	880	5.9
利润总额	714	800	12.1
亏损企业亏损总额	79	85	8.2
净利润	594	640	7.7
应交增值税	383	415	8.4
利税总额	1162	1248	7.4

注释：

1. 水泥制造业规模以上企业：1998年至2006年为全部国有和年主营业务收入500万元及以上的非国有水泥制造企业；2007至2010年为年主营业务收入500万元及以上的水泥制造企业；从2011年开始，为年主营业务收入2000万元及以上的水泥制造企业。2013年为初步统计，下同。

2. 主营业务收入、利润总额指标注释同前。

3. 主营业务成本指企业经营主要业务所发生的成本总额。

4. 主营业务税金及附加：指企业经营主要业务应负担的营业税、消费税、城市维护建设税、教育费附加等。

5. 销售费用指企业在销售产品和提供劳务等日常经营过程中发生的各项费用以及专设销售机构的各项经费。管理费用指企业行政管理部门为组织和管理生产经营活动而发生的各项费用。财务费用指企业在生产经营过程中为筹集资金而发生的各项费用，包括利息支出（减利息收入）。费用总额指销售费用、管理费用和财务费用三项费用之和。

6. 净利润为利润总额减应交所得税。

7. 应交增值税指企业按税法规定，从事货物销售或提供加工、修理修配劳务等增加货物价值的活动本期应交纳的税金。

8. 利税总额为企业利润总额与主营业务税金及附加、应交增值税之和。

水泥制造业规模以上企业主要经济指标

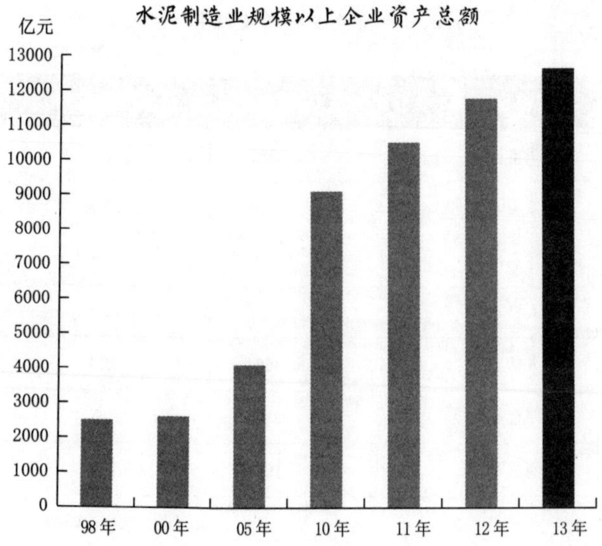

金额单位：亿元

指标名称	2012年	2013年	增长率%
流动资产合计	4223	4705	11.4
其中：应收帐款	642	753	17.3
存货	820	818	-0.3
其中：产成品	237	220	-7.2
固定资产原价	8320	8821	6.0
累计折旧	2802	2945	5.1
资产总额	11896	12800	7.6
负债总额	7096	7679	8.2
所有者权益	4743	5122	8.0
实收资本	2530		

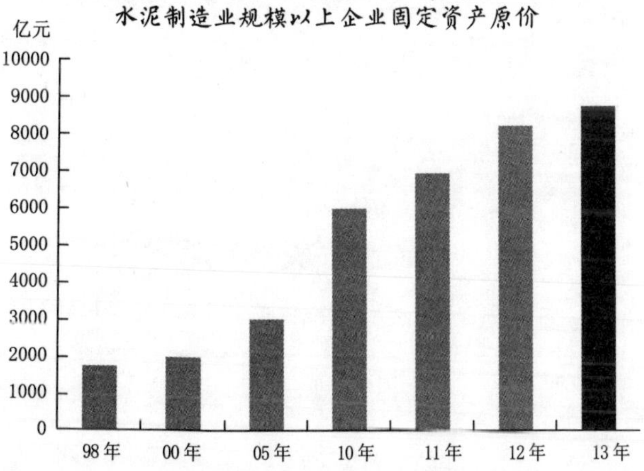

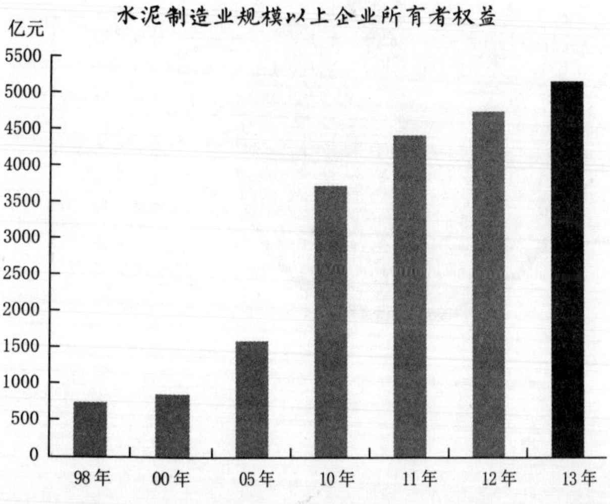

注释：

1. 资产总额注释同前。

2. 流动资产指资产预计在一个正常营业周期中变现、出售或耗用，预计在资产负债表日起一年内（含一年）变现，自资产负债日起一年内交换其他资产或清偿负债的能力不受限制的现金或现金等价物。主要包括货币资金、应收票据、应收账款、存货等。

3. 应收账款指企业在正常的经营过程中因销售商品、产品、提供劳务等业务，应向购买单位收取的款项，包括应由购买单位或接受劳务单位负担的税金、代购买方垫付的各种运杂费等。

4. 存货是指企业在日常活动中持有以备出售的产成品或商品、处在生产过程中的在产品、在生产过程或提供劳务过程中耗用的材料、物料等。

5. 产成品又称“成品”，指在一个企业内已完成全部生产过程、按规定标准检验合格、可供销售的产品。

6. 固定资产原价指固定资产的成本，包括企业在购置、自行建造、安装、改建、扩建、技术改造某项固定资产时所发生的全部支出总额。累计折旧指企业在报告期末提取的历年固定资产折旧累计数。

7. 负债总额指企业过去的交易或者事项形成的，预期会导致经济利益流出企业的现时义务。负债一般按偿还期长短分为流动负债和非流动负债。

8. 所有者权益即净资产，是资产扣除负债后由所有者享有的剩余权益。包括实收资本、资本公积、盈余公积、未分配利润等。

9. 实收资本指投资者按照企业章程或合同、协议的约定，实际投入企业的资本，它是企业注册登记的法定资本总额的来源，它表明所有者对企业的基本产权关系。

水泥制造业规模以上企业主要经济成分

水泥制造业规模以上企业实收资本构成

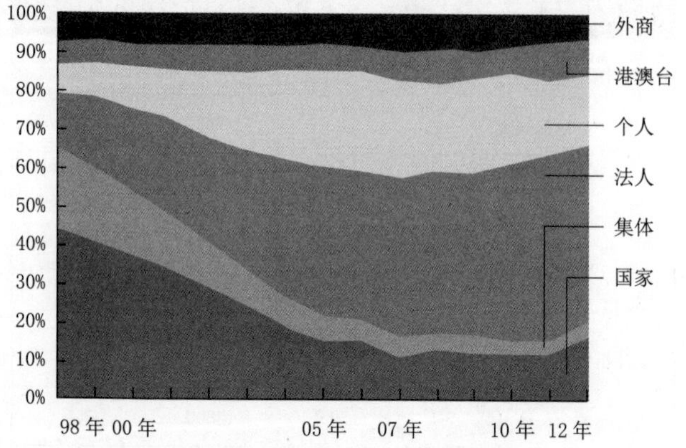

实收资本资本金构成（2012 年）

金额单位：亿元

实收资本资本金分类	资本金	资本金构成（%）
实收资本	2530	
国家资本金	413	16.3
集体资本金	100	4.0
法人资本金	1151	45.5
个人资本金	458	18.1
港澳台资本金	215	8.5
外商资本金	192	7.6

控股类型企业资产总额构成

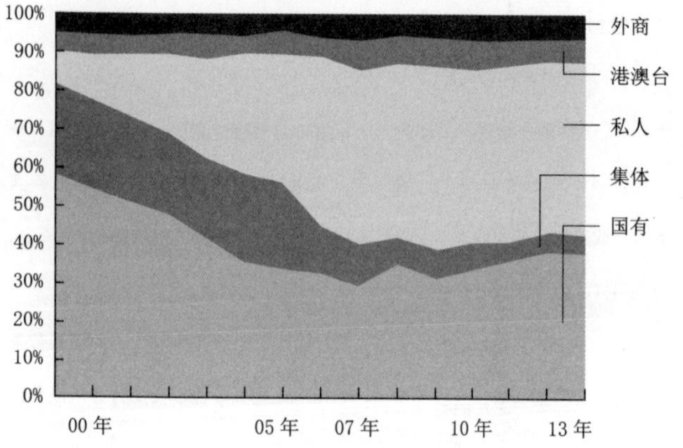

控股类型企业主管业务收入构成

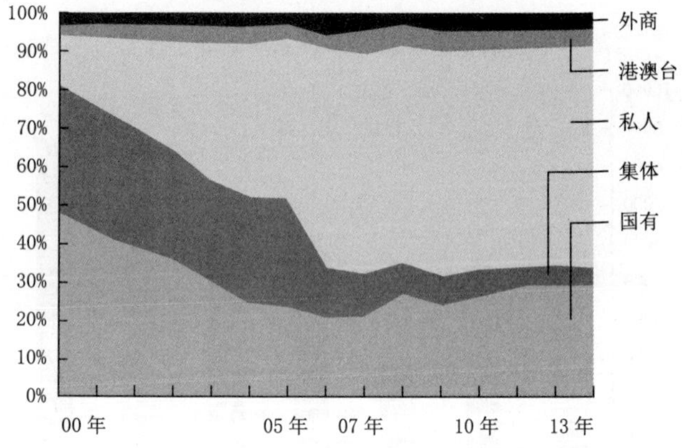

各控股类型企业主要经济指标

金额单位：亿元

控股类型	企业单位数（个）	资产总额	主营业务收入	利润总额
国有控股	597	4909	2905	278
集体控股	222	558	433	41
私人控股	2862	5791	5503	388
港澳台商控股	79	710	422	52
外商控股	80	832	433	41

控股企业利润构成

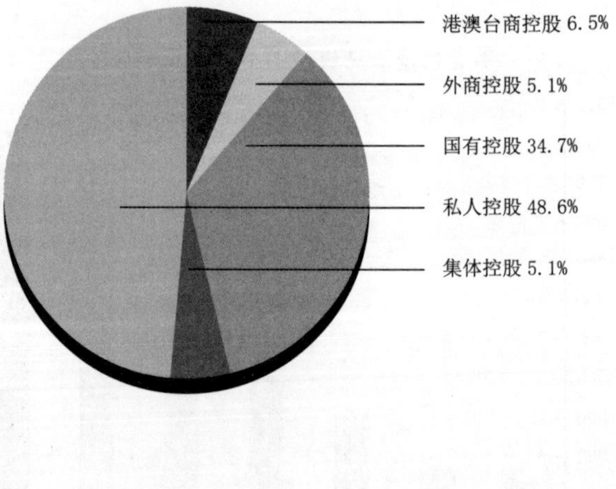

水泥制造业规模以上企业地区分布

地区资产总额构成

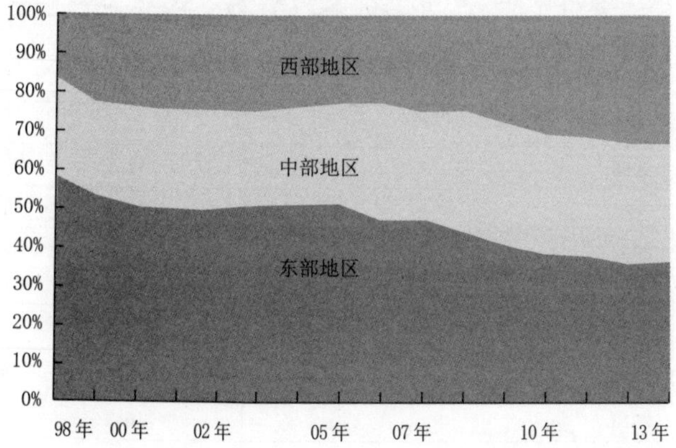

企业单位数量和资产总额

金额单位：亿元

地区名称	企业单位数（个）	资产总额	
		本 年	比重%
东部地区	1499	4580.3	35.8
中部地区	1194	4089.5	31.9
西部地区	1147	4130.6	32.3

地区主营业务收入构成

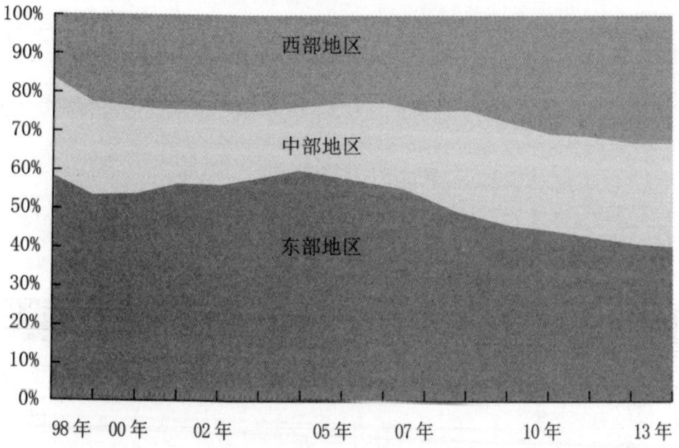

主营业务收入

金额单位：亿元

地区名称	本 年	增长%	比重%
东部地区	3914.8	8.0	40.4
中部地区	3444.4	9.3	35.5
西部地区	2336.5	8.6	24.1

地区利润构成

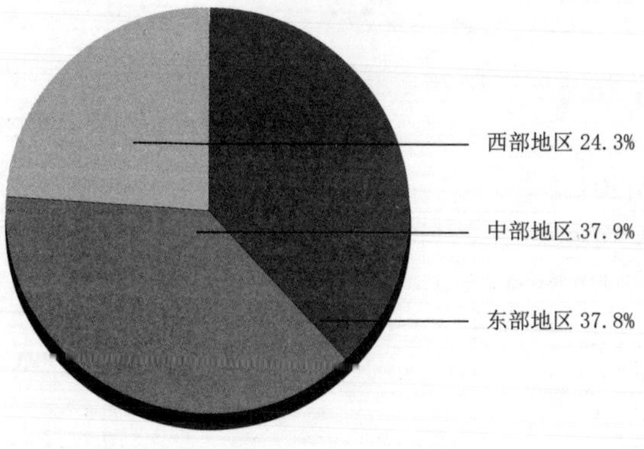

利润总额

金额单位：亿元

地区名称	本 年	增长%	比重%
东部地区	289.2	4.6	37.8
中部地区	290.2	-3.2	37.9
西部地区	186.1	35.4	24.3

水泥制造业规模以上经济效益

主营业务利润率（毛利率，%）

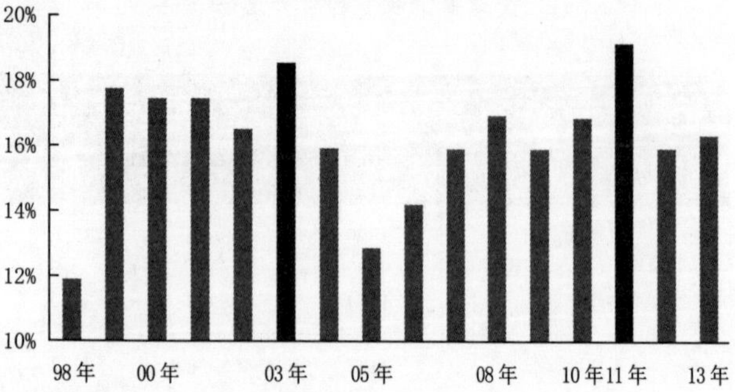

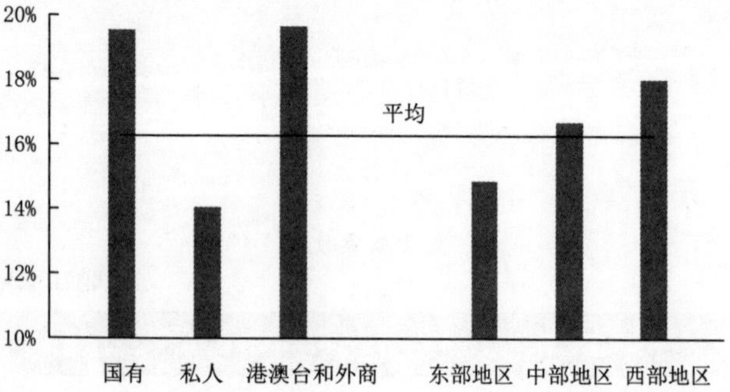

年份 企业 地区	指标
1998	11.8
2000	17.4
2003	18.5
2005	12.8
2008	16.9
2009	15.8
2010	16.8
2011	19.1
2012	15.9
2013	16.3
国有控股企业	19.6
私人控股企业	14.1
港澳台和外商控股企业	19.7
东部地区	14.9
中部地区	16.7
西部地区	18.1

销售利润率（%）

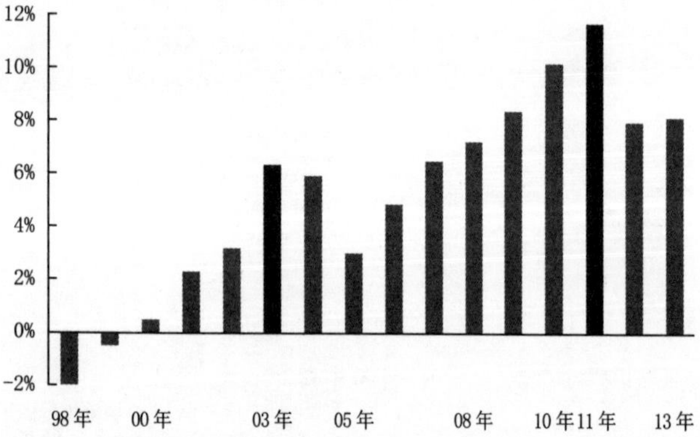

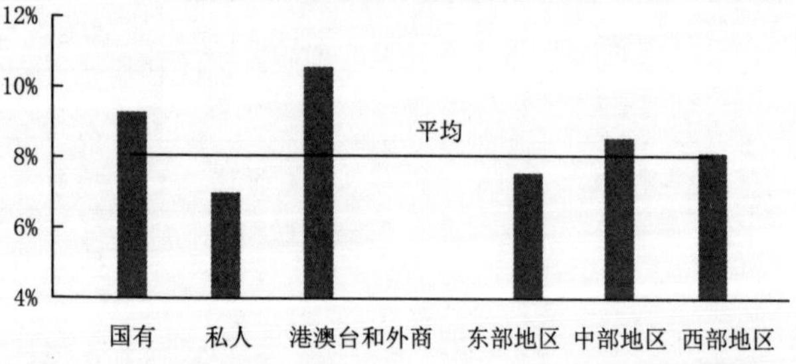

年份 企业 地区	指标
1998	-2.1
2000	0.5
2003	6.3
2005	3.0
2008	7.2
2009	8.4
2010	10.2
2011	11.7
2012	8.0
2013	8.1
国有控股企业	9.3
私人控股企业	7.0
港澳台和外商控股企业	10.6
东部地区	7.6
中部地区	8.6
西部地区	8.2

水泥制造业规模以上经济效益

总资产贡献率（%）

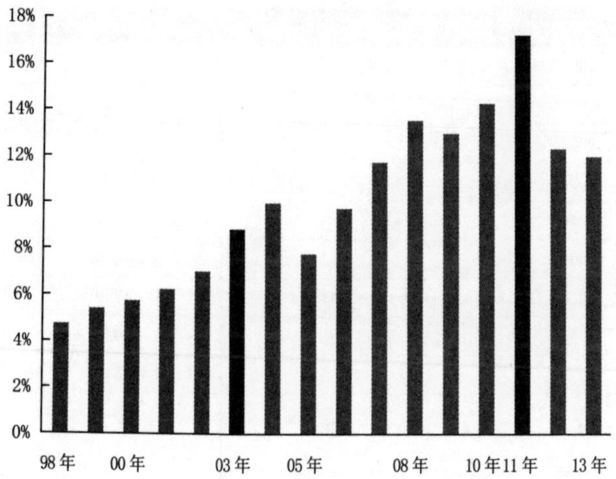

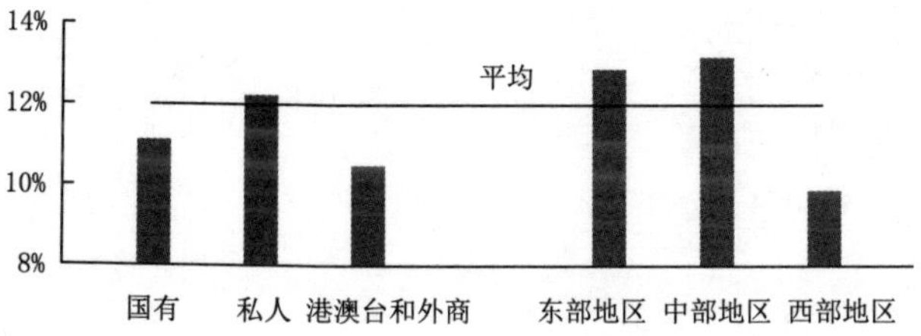

年份 企业 地区	指标
1998	4.8
2000	5.6
2003	8.8
2005	7.7
2008	13.5
2009	12.9
2010	14.3
2011	17.3
2012	12.3
2013	12.0
国有控股企业	11.1
私人控股企业	12.2
港澳台和外商控股企业	10.5
东部地区	12.9
中部地区	13.2
西部地区	9.9

注释：

1. 主营业务利润率即毛利率，指企业报告期内主营业务利润同主营业务收入净额的比率，表明企业的单位销售收入所获的销售利润，反映企业主营业务的获利能力。

2. 销售利润率：指企业报告期内利润总额与主营业务收入的比率，表明每百元主营业务收入的获利比率，反映企业盈利总水平。销售利润率体现了企业综合盈利能力和获利水平。销售利润率高，说明企业成本和费用低，总体获利水平高。

3. 总资产贡献率：指报告期内利税总额、利息支出之和与平均资产总额的比率，综合反映行业或地区全部资产获取收益的水平和投入产出状况。

4. 应收账款周转率反映企业应收账款的收款期，也是企业应收账款变现速度的指标。计算公式为：应收账款周转率＝主营业务收入／应收账款平均余额

5.存货周转率反映企业存货的周转速度。计算公式为：存货周转率＝（主营业务成本＋营业费用）／存货平均余额

6. 流动资产周转率反映投入企业流动资金周转速度。计算公式为：流动资产周转率＝主营业务收入／流动资产平均余额

7. 资产负债率指企业期末负债总额同资产总额的比率，表示企业总资产中通过负债筹集的数量，反映企业利用债权人提供的资金从事生产经营的能力，是衡量企业负债水平及风险程度的重要判断标准。

水泥制造业规模以上经济效益

应收账款周转率（次）

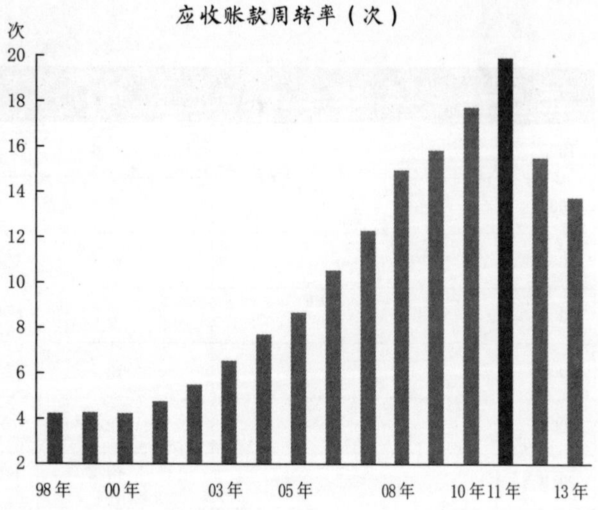

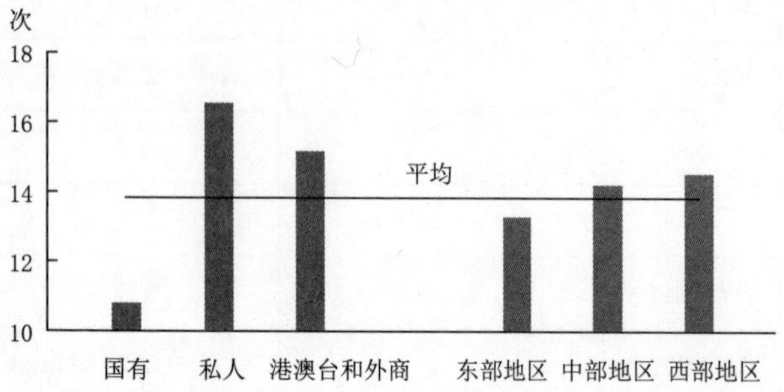

年份 企业 地区	指标
1998	4.3
2000	4.3
2003	6.5
2005	8.8
2008	15.1
2009	16.0
2010	17.9
2011	20.0
2012	15.6
2013	13.9
国有控股企业	10.8
私人控股企业	16.6
港澳台和外商控股企业	15.2
东部地区	13.2
中部地区	14.3
西部地区	14.6

存货周转率（次）

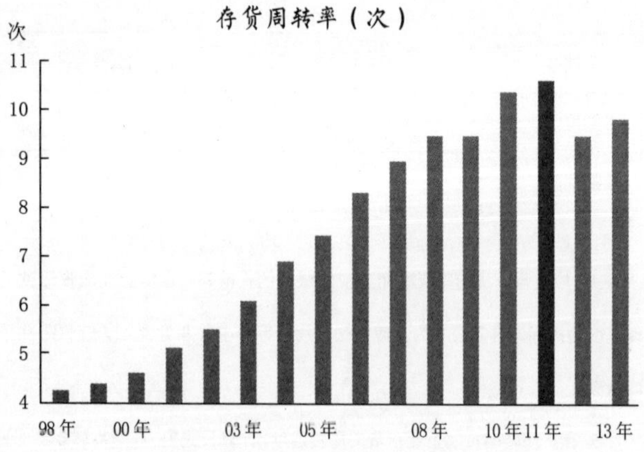

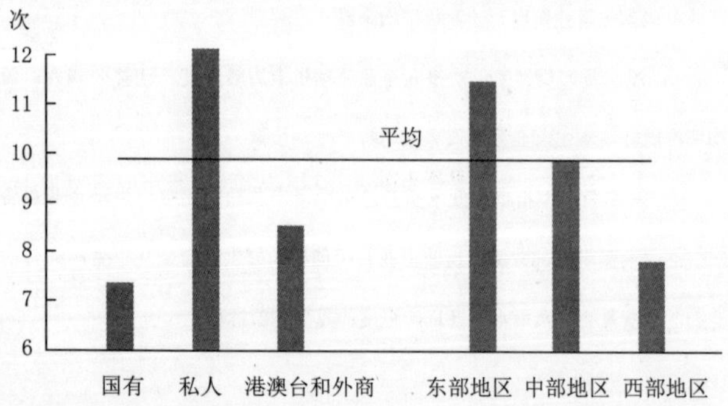

年份 企业 地区	指标
1998	4.3
2000	4.6
2003	6.1
2005	7.5
2008	9.5
2009	9.6
2010	10.4
2011	10.7
2012	9.6
2013	9.9
国有控股企业	7.4
私人控股企业	12.4
港澳台和外商控股企业	8.6
东部地区	11.5
中部地区	9.9
西部地区	7.9

水泥制造业规模以上经济效益

流动资产周转次数（次）

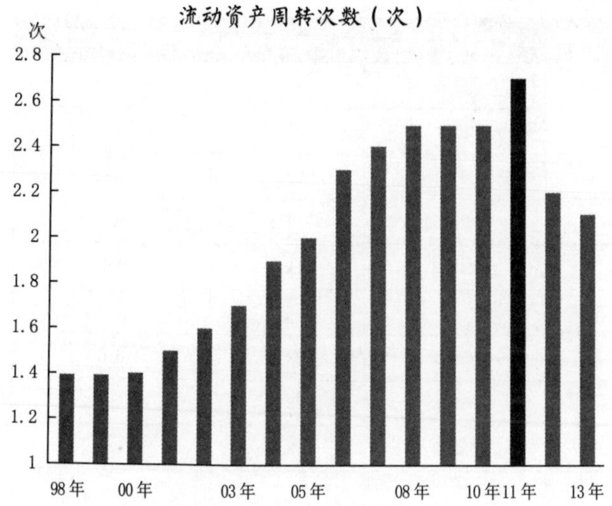

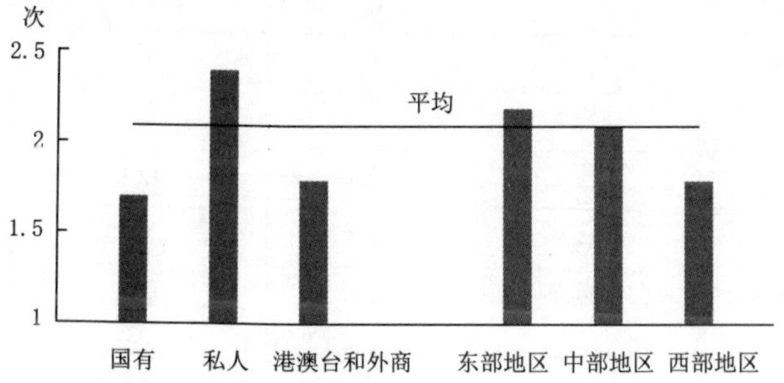

年份 企业 地区	指标
1998	1.4
2000	1.4
2003	1.7
2005	2.0
2008	2.5
2009	2.5
2010	2.5
2011	2.7
2012	2.2
2013	2.1
国有控股企业	1.7
私人控股企业	2.4
港澳台和外商控股企业	1.8
东部地区	2.2
中部地区	2.1
西部地区	1.8

资产负债率（%）

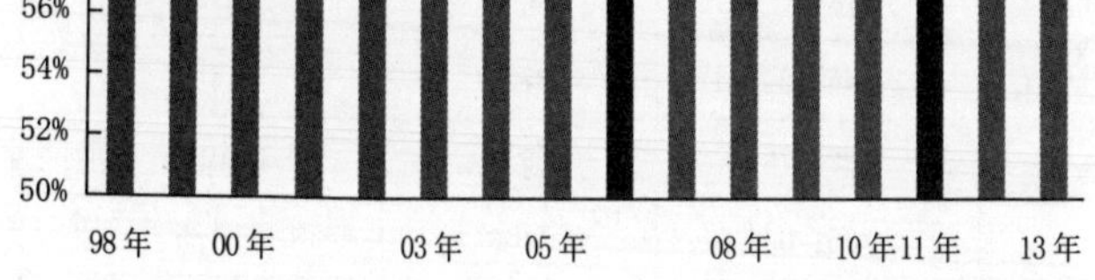

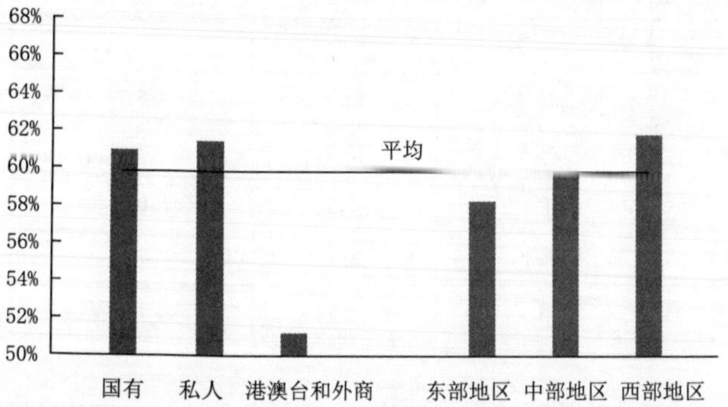

年份 企业 地区	指标
1998	70.6
2000	68.3
2003	62.2
2005	61.7
2008	58.5
2009	58.9
2010	59.4
2011	58.3
2012	59.7
2013	60.0
国有控股企业	61.0
私人控股企业	61.6
港澳台和外商控股企业	51.3
东部地区	58.3
中部地区	60.0
西部地区	62.0

地区水泥制造业规模以上企业主要经济指标

金额单位：亿元

地区名称	企业单位数（个）	流动资产合计	资产总额	负债总额	主营业务收入	利润总额	销售利润率（%）
北 京	8	17.6	43.8	17.8	26.6	-1.4	-5.2
天 津	24	43.8	91.7	33.7	35.9	1.5	4.1
河 北	231	281.4	993.8	647.0	565.1	22.7	4.0
山 西	113	103.4	317.4	238.5	124.0	-2.1	-1.7
内蒙古	116	135.9	384.4	256.8	245.8	11.9	4.8
辽 宁	151	151.4	417.6	247.9	350.3	23.0	6.6
吉 林	69	333.7	627.7	415.2	539.8	25.4	4.7
黑龙江	96	142.1	331.6	234.7	183.2	13.5	7.4
上 海	14	21.5	28.3	12.6	31.6	1.2	4.0
江 苏	254	300.3	680.0	435.7	713.3	62.6	8.8
浙 江	192	259.8	561.9	300.1	473.9	42.1	8.9
安 徽	169	217.2	591.9	305.2	518.8	64.9	12.5
福 建	111	93.2	276.4	163.9	284.8	11.2	3.9
江 西	138	143.8	398.1	208.4	400.3	47.5	11.9
山 东	295	351.8	792.7	412.5	878.3	80.3	9.1
河 南	238	388.5	804.2	475.2	673.7	58.3	8.7
湖 北	151	193.0	619.7	360.7	570.5	49.1	8.6
湖 南	220	86.4	398.8	212.3	434.1	33.6	7.7
广 东	204	217.0	592.1	345.3	474.3	40.5	8.5
广 西	148	116.0	387.2	178.7	344.0	49.6	14.4
海 南	15	53.1	102.1	52.9	80.7	5.6	6.9
重 庆	78	158.3	419.8	294.1	185.1	8.4	4.5
四 川	196	218.2	739.1	433.3	465.2	37.1	8.0
贵 州	133	91.5	367.5	244.2	224.7	28.2	12.6
云 南	149	134.2	434.7	290.2	251.0	11.3	4.5
西 藏	10	11.3	26.5	5.4	17.4	4.1	23.7
陕 西	116	82.2	312.6	203.8	253.2	14.4	5.7
甘 肃	68	61.8	213.2	126.8	124.3	13.3	10.7
青 海	20	39.5	152.7	123.1	44.4	3.0	6.7
宁 夏	27	36.1	90.1	49.2	45.1	3.4	7.4
新 疆	86	220.6	602.7	353.4	136.1	1.5	1.1

混凝土与水泥制品业规模以上企业主要经济指标

混凝土与水泥制品业规模以上企业单位数

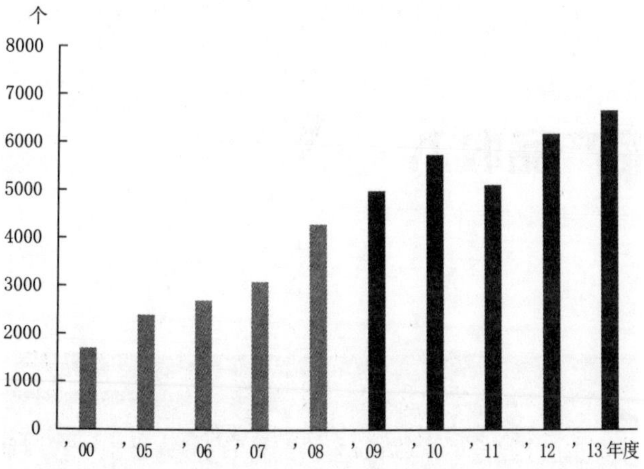

金额单位：亿元

指标名称	2012年	2013年	增减
企业单位数（个）	6202	6672	470
流动资产合计	3510	4265	29.9%
其中：应收账款	1558	1918	36.5%
存货	475	553	17.0%
其中：产成品	204	223	13.2%
固定资产原价	2590		34.1%
资产总额	5616	6676	31.9%
主营业务收入	7138	8705	17.7%
利润总额	466	524	16.0%
主营业务利润率（%）	14.8	13.8	-1.0
销售利润率（%）	6.5	6.0	-0.5
总资产贡献率（%）	17.4	16.2	-1.2

东中西部地区混凝土与水泥制品业
规模以上企业主营业务收入构成

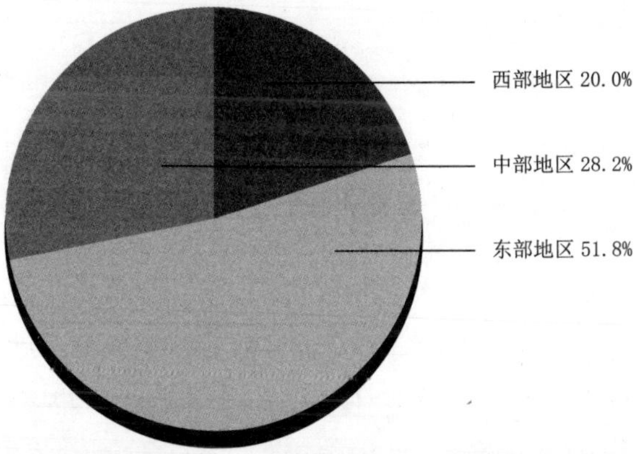

东中西部地区混凝土与水泥制品业
规模以上企业经济效益比较

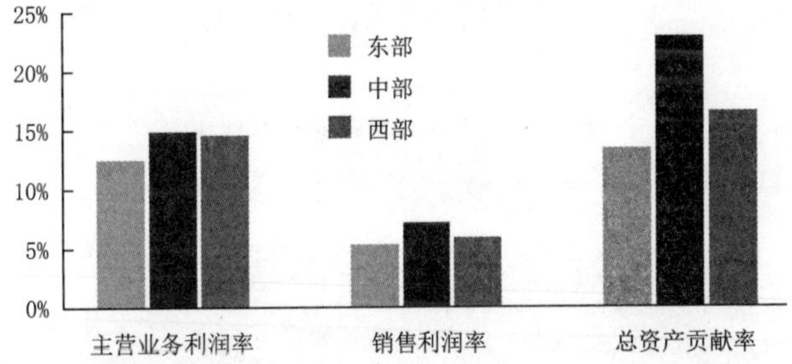

金额单位：亿元

指标名称	东部地区		中部地区		西部地区	
	指标	地区构成%	指标	地区构成%	指标	地区构成%
企业单位数（个）	3393	50.9	1946	29.2	1333	20.0
固定资产原价						
资产总额	3840	57.5	1423	21.3	1414	21.2
主营业务收入	4498	51.7	2443	28.1	1764	20.3
利润总额	243	46.4	175	33.4	106	20.1
主营业务利润率（%）	12.8		15.0		14.8	
销售利润率（%）	5.4		7.2		6.0	
总资产贡献率（%）	13.6		23.1		16.5	

水泥上市公司主要财务指标
The listed company main financial indicator

上市公司水泥产品收入

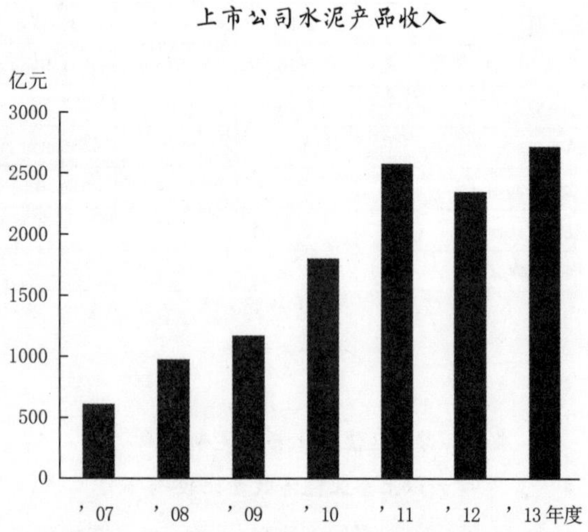

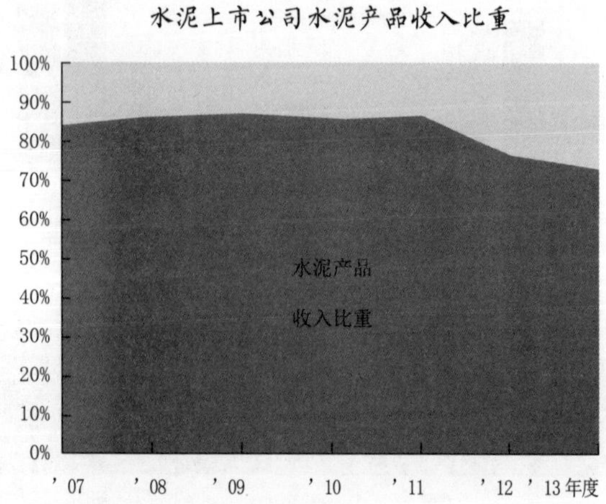

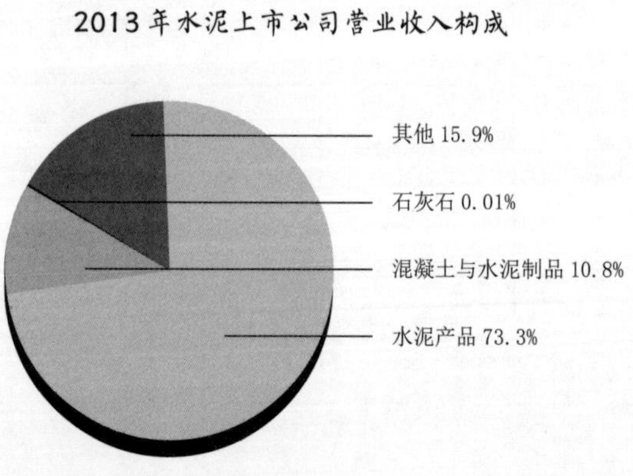

年度	上市公司有水泥产品销售收入企业（户）	上市公司水泥产品销售收入（亿元）	水泥上市公司（户）	水泥上市公司水泥产品销售收入比重（%）
2007年	29	578	23	84.2
2008年	29	936	24	85.9
2009年	31	1157	24	87.2
2010年	32	1782	25	86.1
2011年	33	2563	26	86.9
2012年	33	2315	26	76.0
2013年	33	2689	25	73.3

注释：

1. 上市公司有水泥产品收入企业：指沪、深、港三地股市上市公司中有水泥产品收入公司。2013年中国大陆地区有水泥产品销售收入公司33家。

2. 水泥上市公司指在沪、深、港三地股市上市的中国大陆地区以水泥产品业务为主业公司，即在营业收入中水泥产品收入占50%以上，或水泥产品收入在营业收入中比重最大的大陆上市公司（下同）。2013年沪、深、港三地股市水泥上市公司25家。

3. 2013年唐山冀东水泥股份有限公司财务报表合并范围包括陕西秦岭水泥（集团）股份有限公司，中国中材股份有限公司包括新疆天山水泥股份有限公司、宁夏建材集团股份有限公司、甘肃祁连山水泥集团股份有限公司。本表水泥上市公司水泥产品销售收入比重已剔除重复部分（下同）。

4. 水泥上市公司其他产品和服务收入中，2013年中国中材股份有限公司含建材装备制造收入2095094万元；中国中材股份有限公司和中国建材股份有限公司含玻璃纤维与增强塑料等复合材料收入671613万元、227715万元；北京金隅股份有限公司、中国建材股份有限公司含轻质建筑材料收入350065万元、698157万元；太原狮头水泥股份有限公司含砖瓦及建筑砌块收入815万元。

2013年上市公司营业收入和水泥产品收入

金额单位：万元

上市公司名称	营业收入				
	水泥产品	混凝土与水泥制品	石灰石开采	其他产品和服务	合计
总计	26893698	4109129	6482	16608748	47618057
唐山冀东水泥股份有限公司	1497984	60442	75	12573	1571073
江西万年青水泥股份有限公司	497536	118940		1425	617900
新疆天山水泥股份有限公司	634315	138951		17829	791094
河南同力水泥股份有限公司	396242			3901	400143
四川双马水泥股份有限公司	197907			3809	201716
广东塔牌集团股份有限公司	355036	24110	1287	1176	381609
安徽皖维高新材料股份有限公司	47296			310010	357306
中国葛洲坝集团股份有限公司	475397			5477359	5952756
陕西秦岭水泥（集团）股份有限公司	79187		75	491	79754
内蒙古西水创业股份有限公司	14247			858016	872262
安徽巢东水泥股份有限公司	116766			1040	117806
新疆青松建材化工（集团）股份有限公司	205928	17593		19028	242549
宁夏建材集团股份有限公司	321083	98393		1212	420687
太原狮头水泥股份有限公司	6872			1328	8200
安徽海螺水泥股份有限公司	5417722		2339	106106	5526168
浙江尖峰集团股份有限公司	93696			121443	215140
四川金顶（集团）股份有限公司	224		2781	244	3249
甘肃祁连山水泥集团股份有限公司	548990	26615		5698	581303
云南云维股份有限公司	10087			837314	847401
华新水泥股份有限公司	1309454	174479		114503	1598436
福建水泥股份有限公司	180794			1164	181958
吉林亚泰（集团）股份有限公司	725745			619077	1344822
云南博闻科技实业股份有限公司	3486			6	3492
内蒙古君正能源化工股份有限公司	10013			336144	346157
北京金隅股份有限公司	921988	390000		3166988	4478976
中国山水水泥集团有限公司	1514920	138600			1653520
东吴水泥国际有限公司	35901				35901
中国天瑞集团水泥有限公司	866117				866117
联合水泥控股有限公司	56188				56188
华润水泥控股有限公司	1876807	466708			2343515
中国中材股份有限公司（H股）	2441425			2766707	5208132
中国西部水泥有限公司	416784				416784
中国建材股份有限公司（H股）	7201138	2718258		1849388	11768784

2013年上市公司水泥及其他收入构成

金额单位：%

上市公司名称	水泥产品	混凝土与水泥制品	石灰石开采	其他产品和服务
水泥上市公司合计	73.30	10.77	0.01	15.92
唐山冀东水泥股份有限公司	95.35	3.85	…	0.80
江西万年青水泥股份有限公司	80.52	19.25		0.23
新疆天山水泥股份有限公司	80.18	17.56		2.25
河南同力水泥股份有限公司	99.03			0.97
四川双马水泥股份有限公司	98.11			1.89
广东塔牌集团股份有限公司	93.04	6.32	0.34	0.31
安徽皖维高新材料股份有限公司	13.24			86.76
中国葛洲坝集团股份有限公司	7.99			92.01
陕西秦岭水泥（集团）股份有限公司	99.29		0.09	0.62
内蒙古西水创业股份有限公司	1.63			98.37
安徽巢东水泥股份有限公司	99.12			0.88
新疆青松建材化工（集团）股份有限公司	84.90	7.25		7.84
宁夏建材集团股份有限公司	76.32	23.39		0.29
太原狮头水泥股份有限公司	83.81			16.19
安徽海螺水泥股份有限公司	98.04		0.04	1.92
浙江尖峰集团股份有限公司	43.55			56.45
四川金顶（集团）股份有限公司	6.90		85.60	7.51
甘肃祁连山水泥集团股份有限公司	94.44	4.58		0.98
云南云维股份有限公司	1.19			98.81
华新水泥股份有限公司	81.92	10.92		7.16
福建水泥股份有限公司	99.36			0.64
吉林亚泰（集团）股份有限公司	53.97			46.03
云南博闻科技实业股份有限公司	99.83			0.17
内蒙古君正能源化工股份有限公司	2.89			97.11
北京金隅股份有限公司	20.58	8.71		70.71
中国山水水泥集团有限公司	91.62	8.38		
东吴水泥国际有限公司	100.00			
中国天瑞集团水泥有限公司	100.00			
联合水泥控股有限公司	100.00			
华润水泥控股有限公司	80.09	19.91		
中国中材股份有限公司（H股）	46.88			53.12
中国西部水泥有限公司	100.00			
中国建材股份有限公司（H股）	61.19	23.10		15.71

2013年水泥上市公司主要财务数据

从业人员：人 金额单位：万元

上市公司名称	从业人员	资产总额	营业收入	净利润
唐山冀东水泥股份有限公司	18064	4309422	1571073	19872
江西万年青水泥股份有限公司	6880	784570	617900	69799
新疆天山水泥股份有限公司	12051	2132890	791094	38160
河南同力水泥股份有限公司	2961	519567	400143	14198
四川双马水泥股份有限公司	1205	481765	201716	19730
广东塔牌集团股份有限公司	3315	544533	381609	39737
中国葛洲坝集团股份有限公司 见注释	38014	8582472	5952756	195539
陕西秦岭水泥（集团）股份有限公司	1553	223208	79754	-11724
内蒙古西水创业股份有限公司	245	1755029	872262	34404
安徽巢东水泥股份有限公司	1197	205961	117806	10705
新疆青松建材化工（集团）股份有限公司	4853	1185118	242549	8574
宁夏建材集团股份有限公司	5517	799706	420687	37437
太原狮头水泥股份有限公司	1885	91669	8200	-13231
安徽海螺水泥股份有限公司	45235	9309448	5526168	981145
浙江尖峰集团股份有限公司 见注释	2091	320490	215140	23679
四川金顶（集团）股份有限公司 见注释	281	32207	3249	480
甘肃祁连山水泥集团股份有限公司	6498	1093248	581303	53968
华新水泥股份有限公司	13574	2582468	1598436	139452
福建水泥股份有限公司	2287	469252	181958	3139
吉林亚泰（集团）股份有限公司	24659	4883895	1344822	22727
云南博闻科技实业股份有限公司	112	73747	3492	662
北京金隅股份有限公司 见注释	28790	9883955	4478976	324316
中国山水水泥集团有限公司	22170	3223640	1653520	107471
东吴水泥国际有限公司	241	43316	35901	1625
中国天瑞集团水泥有限公司	8086	2264825	866117	48305
联合水泥控股有限公司	344	127841	56188	3692
华润水泥控股有限公司	23889	4259768	2343515	261876
中国中材股份有限公司（H股）	57935	9451203	5208132	146541
中国西部水泥有限公司	5013	1066471	416784	38227
中国建材股份有限公司（H股）	134780	29163118	11768784	831187

注释：非水泥主业上市公司，水泥上市公司汇总数据中不包括。

2013年水泥上市公司汇总财务数据

指标名称	计量单位	2013年	2012年	增长率（%）	增减额
从业人员	万人	37.87	35.86	5.6	2.01
人均销售额	万元	93.71	94.03	-0.3	-0.32
人均利润总额	万元	9.94	9.79	1.5	0.15
人均薪酬	万元	6.54	6.42	1.9	0.12
流动资产	亿元	2308.39	2137.65	8.0	170.74
货币资金	亿元	527.01	602.64	-12.5	-75.63
交易性金融资产	亿元	5.33	6.69	-20.3	-1.36
应收票据	亿元	212.01	196.67	7.8	15.34
应收账款	亿元	590.54	462.06	27.8	128.48
应收账款周转率	次	6.56	8.89	—	-2.33
预付款项	亿元	51.65	75.18	-31.3	-23.52
应收利息	亿元	0.53	0.02	3109.9	0.51
应收股利	亿元	1.22	1.48	-17.6	-0.26
其他应收款	亿元	364.07	316.64	15.0	47.43
存货	亿元	478.29	437.37	9.4	40.92
其中：在产品	亿元	65.31	73.59	-11.3	-8.28
产成品	亿元	99.54	105.81	-5.9	-6.26
存货周转率	次	5.65	5.84	—	-0.19
产成品存货可供销售天数	天	13.85	17.25	—	-3.40
一年内到期的非流动资产	亿元	0.21	0.08	155.9	0.13
其他流动资产	亿元	77.52	38.82	99.7	38.70
流动资产周转率	次	1.55	1.60	—	-0.05
非流动资产	亿元	5195.77	4594.44	13.1	601.33
可供出售金融资产	亿元	67.32	76.21	-11.7	-8.89
长期应收款	亿元	6.05	6.79	-10.8	-0.74
长期股权投资	亿元	229.72	219.47	4.7	10.26
投资性房地产	亿元	5.85	5.51	6.3	0.35
固定资产	亿元	3429.00	2334.78	46.9	1094.22
在建工程	亿元	291.94	1022.79	-71.5	-730.85
工程物资	亿元	23.23	16.51	40.7	6.72
固定资产清理	亿元	0.75	0.86	-13.1	-0.11
无形资产	亿元	226.84	190.42	19.1	36.42
开发支出	亿元	0.29	0.25	14.7	0.04
商誉	亿元	494.46	361.80	36.7	132.66
长期待摊费用	亿元	353.26	308.29	14.6	44.97
递延所得税资产	亿元	53.43	37.59	42.1	15.84
其他非流动资产	亿元	13.63	13.17	3.5	0.46
资产总额	亿元	7504.16	6732.09	11.5	772.07

2013年水泥上市公司汇总财务数据

指标名称	计量单位	2013年	2012年	增长率（%）	增减额
流动负债	亿元	3340.16	2934.10	13.8	406.06
短期借款	亿元	1668.66	1483.52	12.5	185.14
交易性金融负债	亿元	0.00	0.01	—	-0.01
应付票据	亿元	46.75	58.90	-20.6	-12.15
应付账款	亿元	1040.39	989.37	5.2	51.02
预收款项	亿元	47.02	30.77	52.8	16.25
应付职工薪酬	亿元	14.30	10.62	34.6	3.68
应交税费	亿元	49.56	36.02	37.6	13.54
应付利息	亿元	10.96	7.47	46.7	3.49
应付股利	亿元	6.48	3.98	62.9	2.50
其他应付款	亿元	198.27	185.44	6.9	12.83
一年内到期的流动负债	亿元	232.47	127.86	81.8	104.61
其他流动负债	亿元	25.29	0.14	17759.1	25.15
流动比率		0.69	0.73	—	-0.04
速动比率		0.55	0.58	—	-0.03
非流动负债	亿元	1735.31	1622.48	7.0	112.84
长期借款	亿元	954.79	968.30	-1.4	-13.52
应付债券	亿元	596.90	524.62	13.8	72.28
长期应付款	亿元	101.26	55.19	83.5	46.07
专项应付款	亿元	0.77	0.41	86.5	0.36
预计负债	亿元	5.37	4.26	26.2	1.11
递延所得税负债	亿元	38.35	36.08	6.3	2.27
递延收益	亿元	27.13	22.82	18.9	4.31
其他非流动负债	亿元	10.74	10.80	-0.5	-0.05
负债总额	亿元	5075.47	4556.57	11.4	518.90
资产负债率	%	67.64	67.68	—	-0.04
净资产	亿元	2428.69	2175.51	11.6	253.17
实收资本（或股本）	亿元	241.23	236.99	1.8	4.24
储备	亿元	720.94	644.00	11.9	76.93
资本公积	亿元	296.06	317.85	-6.9	-21.79
专项储备	亿元	3.93	3.63	8.2	0.30
盈余公积	亿元	48.70	46.59	4.5	2.12
未分配利润	亿元	603.54	489.24	23.4	114.30
外币报表折算差额	亿元	-0.30	-0.03	771.2	-0.27
归属于母公司所有者权益合计	亿元	1914.10	1738.26	10.1	175.84
少数股东权益	亿元	514.59	437.25	17.7	77.34
负债和所有者权益总计	亿元	7504.16	6732.09	11.5	772.07

2013年水泥上市公司汇总财务数据

指标名称	计量单位	2013年	2012年	增长率（%）	增减额
营业收入	亿元	3454.48	2857.79	20.9	596.69
水泥产品业务收入	亿元	2532.08	2172.59	16.5	359.49
混凝土与水泥制品业务收入	亿元	371.91	166.47	123.4	205.44
玻璃纤维与增强塑料等复合材料业务收入	亿元	89.93	81.32	10.6	8.62
砖瓦及建筑砌块业务收入	亿元	0.08	0.16	-48.4	-0.08
石灰石开采业务收入	亿元	0.37	0.22	66.9	0.15
轻质建筑材料业务收入	亿元	69.82	66.35	5.2	3.46
建材装备制造业务收入	亿元	209.51	197.98	5.8	11.53
其他产品和服务业务收入	亿元	180.78	172.69	4.7	8.09
销售成本	亿元	2586.64	2208.36	17.1	378.28
主营业务利润	亿元	867.84	649.43	33.6	218.41
主营业务利润率	%	25.12	22.72	—	2.40
销售费用	亿元	168.69	121.17	39.2	47.52
管理费用	亿元	256.96	206.47	24.5	50.49
管理费用占销售收入比重	%	7.44	7.22	—	0.22
财务费用	亿元	177.06	146.90	20.5	30.16
其中：利息净支出	亿元	152.71	133.77	14.2	18.94
财务费用占销售收入比重	%	5.13	5.14	—	-0.01
销售、管理、财务三项费用合计	亿元	602.70	474.54	27.0	128.17
三项费用占销售收入比重	%	17.45	16.61	—	0.84
资产减值损失	亿元	5.29	2.81	88.4	2.48
其他	亿元	1.16	0.74	57.4	0.42
公允价值变动收益	亿元	-0.13	2.59	-105.2	-2.72
投资收益	亿元	17.63	18.23	-3.3	-0.59
其中：对联营企业和合营企业的投资收益	亿元	15.52	13.56	14.4	1.96
营业利润	亿元	276.19	192.16	43.7	84.02

2013年水泥上市公司汇总财务数据

指标名称	计量单位	2013年	2012年	增长率（%）	增减额
营业外收入	亿元	92.73	107.91	-14.1	-15.18
其中：非流动资产处置收益	亿元	0.36	0.53	-31.4	-0.17
补贴收入	亿元	74.65	82.64	-9.7	-7.99
其中：增值税退税	亿元	47.19	44.90	5.1	2.29
营业外支出	亿元	2.63	2.66	-1.0	-0.03
其中：非流动资产处置损失	亿元	0.86	0.71	21.8	0.15
利润总额	亿元	366.29	297.42	23.2	68.87
销售利润率	%	10.60	10.41	—	0.19
总资产报酬率	%	7.29	7.54	—	-0.25
已获利息倍数	倍	3.40	3.22	—	0.18
所得税费用	亿元	90.75	66.19	37.1	24.56
净利润	亿元	275.54	231.23	19.2	44.31
归属于母公司所有者的净利润	亿元	216.71	174.47	24.2	42.24
少数股东损益	亿元	45.61	38.06	19.8	7.55
净资产收益率	%	11.97	11.88	—	0.09
其他综合收益	亿元	-5.85	-3.91	49.6	-1.94
综合收益总额	亿元	269.69	227.32	18.6	42.37
归属于母公司股东的综合收益总额	亿元	160.14	124.55	28.6	35.59
归属于少数股东的综合收益总额	亿元	20.05	17.58	14.0	2.47

2013年水泥上市公司汇总财务数据

指标名称	计量单位	2013年	2012年	增长率(%)	增减额
经营活动产生的现金流量净额	亿元	417.04	333.95	24.9	83.09
其中：支付给职工以及为职工支付的现金	亿元	241.25	195.17	23.6	46.08
投资活动产生的现金流量净额	亿元	-624.03	-739.30	-15.6	115.27
投资活动现金流入	亿元	160.86	135.09	19.1	25.77
收回投资收到的现金	亿元	114.85	108.44	5.9	6.41
取得投资收益收到的现金	亿元	10.29	6.93	48.5	3.36
处置固定资产、无形资产和其他长期资产收回的现金净额	亿元	14.27	5.15	177.0	9.12
收购子公司及其他营业单位收到的现金净额	亿元	1.89	2.05	-8.0	-0.16
处置子公司及其他营业单位收到的现金净额	亿元	5.10	3.32	53.5	1.78
收到的其他与投资活动有关的现金	亿元	14.47	9.20	57.3	5.27
投资活动现金流出	亿元	784.90	874.39	-10.2	-89.49
购建固定资产、无形资产和其他长期资产支付的现金	亿元	370.05	405.94	-8.8	-35.89
投资支付的现金	亿元	172.41	163.34	5.5	9.07
取得子公司及其他营业单位支付的现金净额	亿元	106.16	224.26	-52.7	-118.10
支付其他与投资活动有关的现金	亿元	136.27	80.85	68.6	55.43
筹资活动产生的现金流净额	亿元	119.99	401.47	-70.1	-281.48
筹资活动现金流入	亿元	2414.08	2373.84	1.7	40.24
吸收投资收到的现金	亿元	35.81	82.30	-56.5	-46.49
其中：子公司吸收少数股东投资收到的现金	亿元	34.78	22.41	55.2	12.36
取得借款收到的现金	亿元	2125.84	2038.67	4.3	87.17
发行债券收到的现金	亿元	220.66	231.66	-4.8	-11.01
收到其他与筹资活动有关的现金	亿元	31.76	21.20	49.8	10.57
筹资活动现金流出	亿元	2294.09	1972.37	16.3	321.72
偿还债务支付的现金	亿元	2023.25	1697.01	19.2	326.24
分配股利、利润或偿付利息支付的现金	亿元	248.88	242.46	2.7	6.43
其中：子公司支付给少数股东的利润	亿元	14.01	28.76	-51.3	-14.75
偿还债券支付的现金	亿元	4.00	4.01	-0.1	-0.01
支付其他与筹资活动有关的现金	亿元	17.95	28.90	-37.9	-10.95
汇率变动对现金及现金等价物的影响	亿元	-0.49	0.08	-726.0	-0.57
现金及现金等价物净增加额	亿元	-87.50	-3.81	2196.5	-83.69
期初现金及现金等价物余额	亿元	478.59	484.10	-1.1	-5.51
期末现金及现金等价物余额	亿元	391.08	480.29	-18.6	-89.20

2013年水泥上市公司数据分析

营业收入

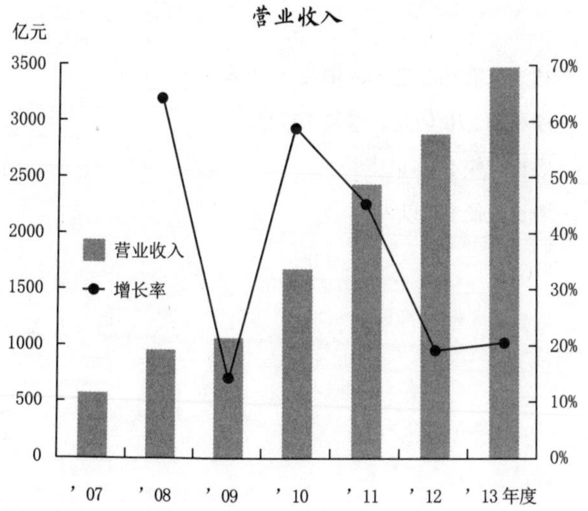

营业收入3454亿元，增长20.9%

增长较快30%以上

增长较低10%以内

水泥产品收入

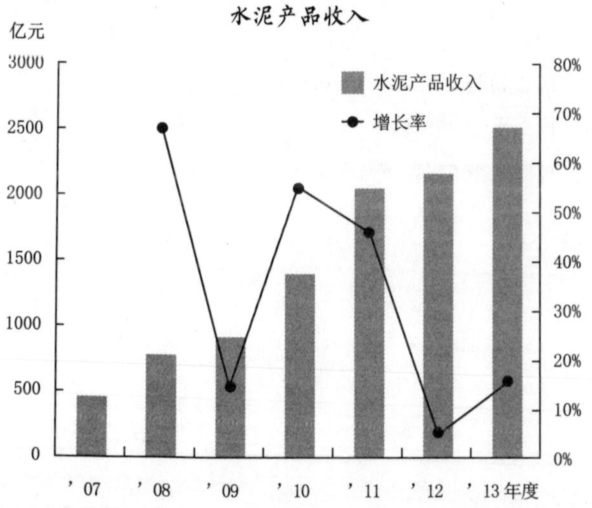

水泥产品收入2532亿元，增长16.5%

增长较快20%以上

增长较低5%以内

混凝土与水泥制品收入

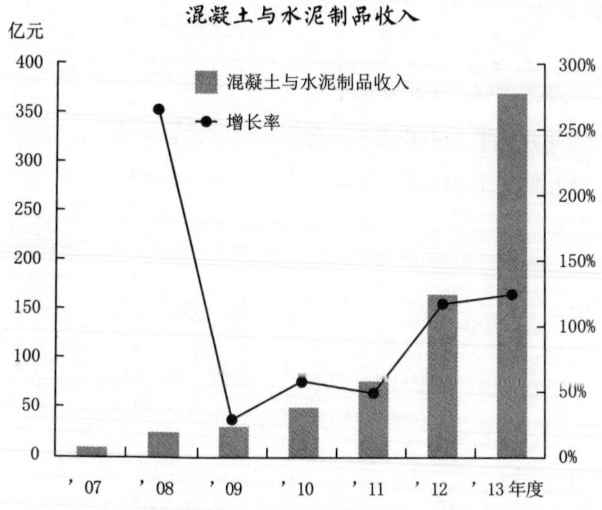

混凝土与水泥制品收入372亿元，增长123.4%

增长较快120%以上

增长较低30%以内

2013年水泥上市公司数据分析

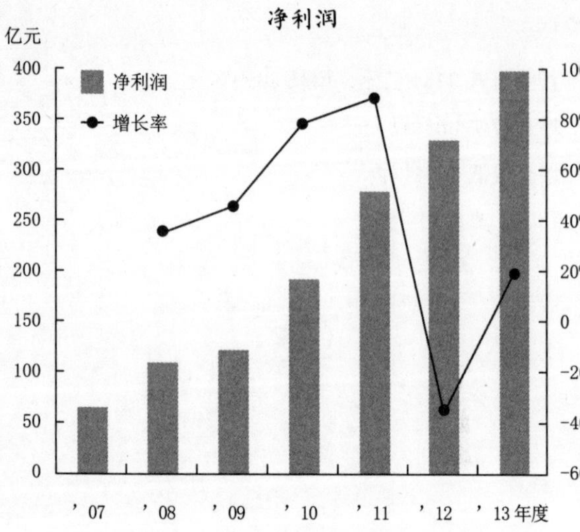

利润总额366亿元，增长23.2%

净利润276亿元，增长19.2%

增长较快20%以上

增长较低5%以内

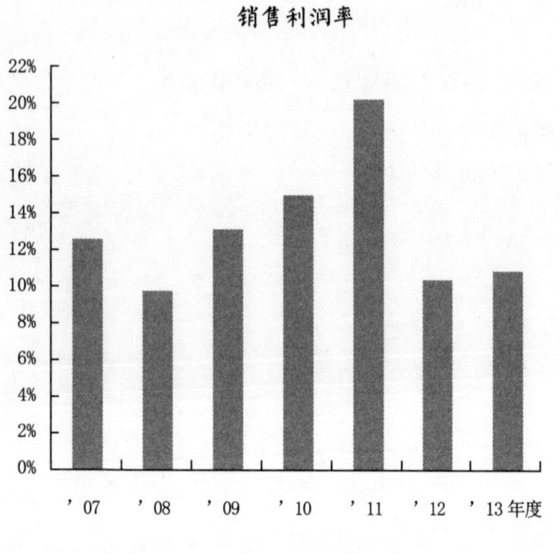

销售利润率平均水平10.6%

较高水平20%以上

较低水平5%以下

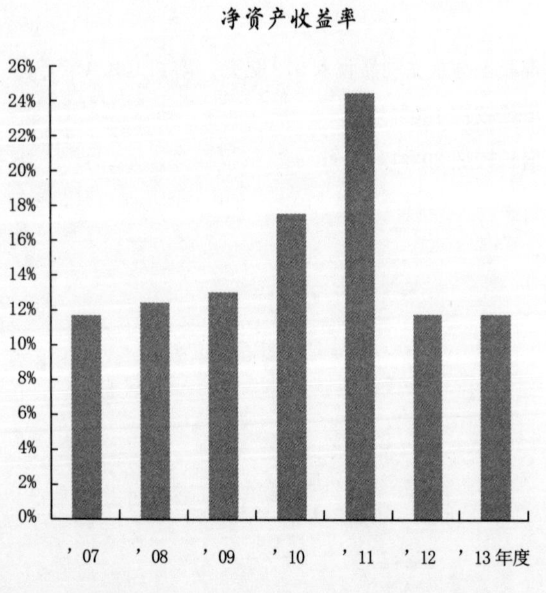

净资产收益率平均水平12%

较高水平17%以上

较低水平5%以下

2013年水泥上市公司数据分析

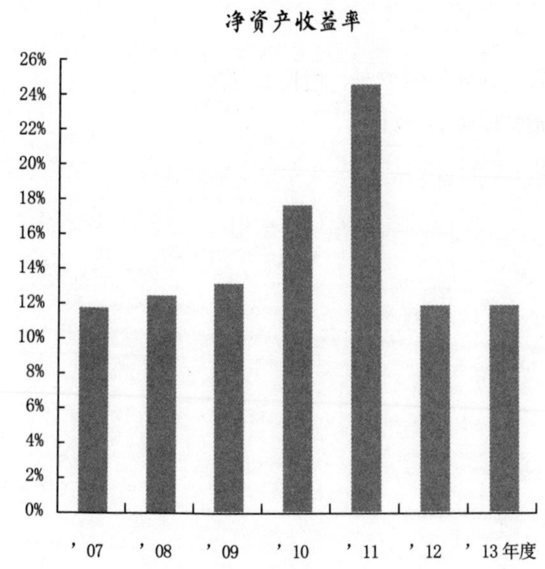

流动资产周转率平均水平10.6次

较快水平2.2次以上

较低水平1次以下

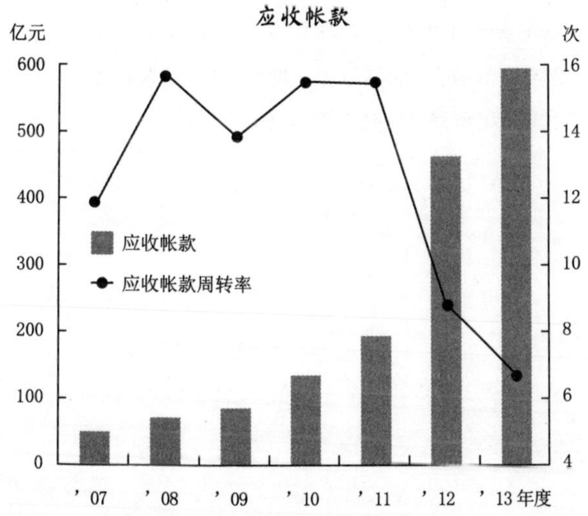

年末应收账款591亿元

应收账款周转率平均水平6.6次

最快100次以上，较快水平12次以上

较低水平4次以下

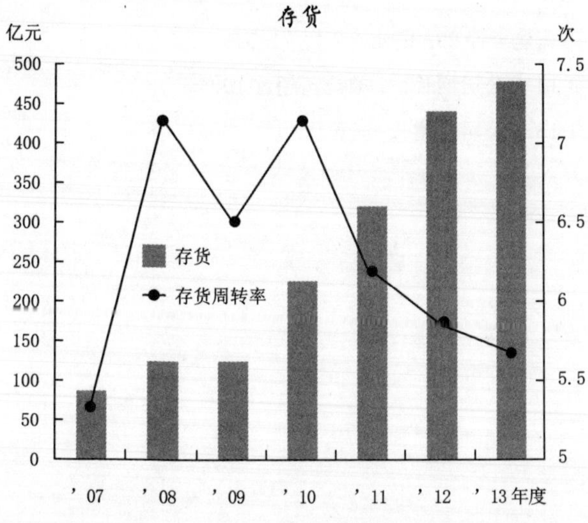

年末存货478亿元

存货周转率平均水平5.7次

较快水平10次以上

较低水平5次以下

2013年水泥上市公司数据分析

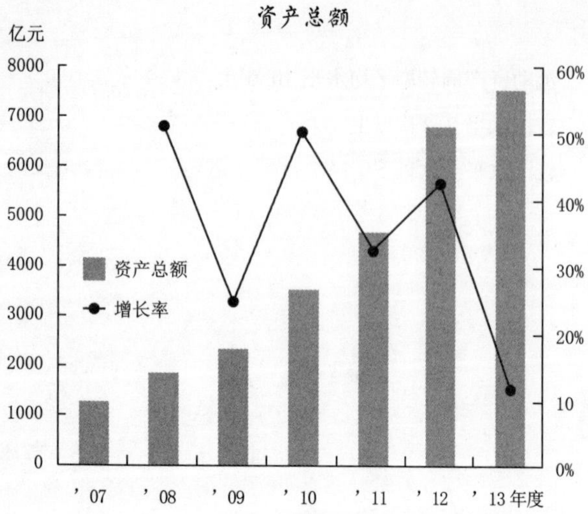

资产总额7504亿元，增长11.5%

增长较快15%以上

增长较低3%以下

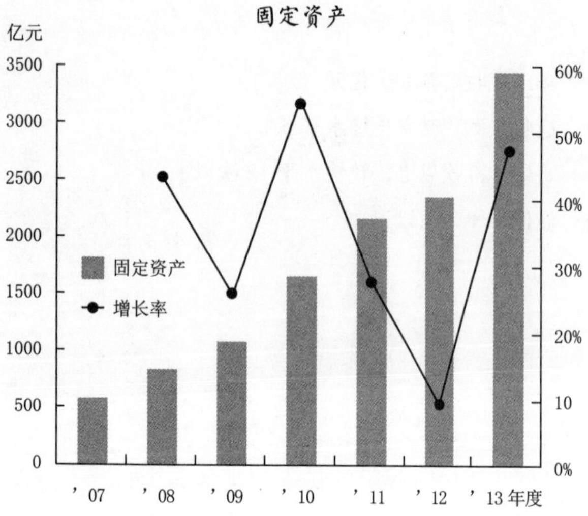

固定资产3429亿元，增长46.9%

2家公司增长100%以上，增长较快 20%以上

2家公司负增长，增长较低10%以下

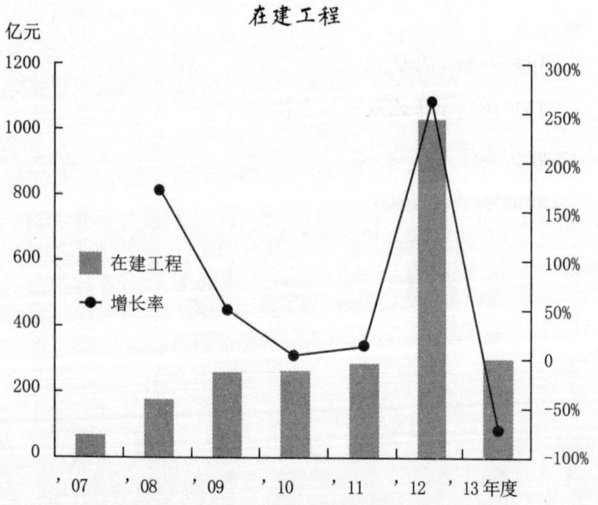

在建工程292亿元，下降71.5%

14家公司增长，7家公司超过100%

15家公司负增长

2013年水泥上市公司数据分析

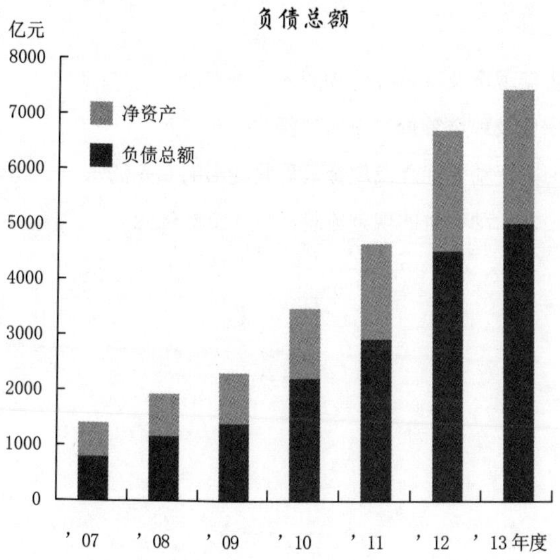

净资产2429亿元，增长11.6%

负债总额5075亿元，增长11.4%

资产总额7504亿元，增长11.5%

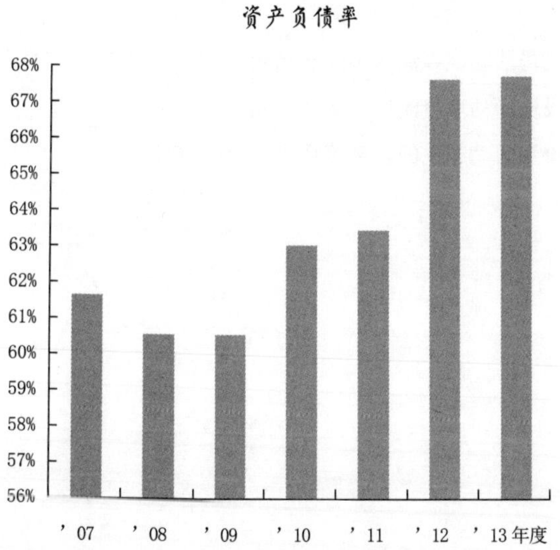

资产负债率平均水平67.6%

较高水平超过70%，部分超过80%

较低水平低于40%，部分低于30%

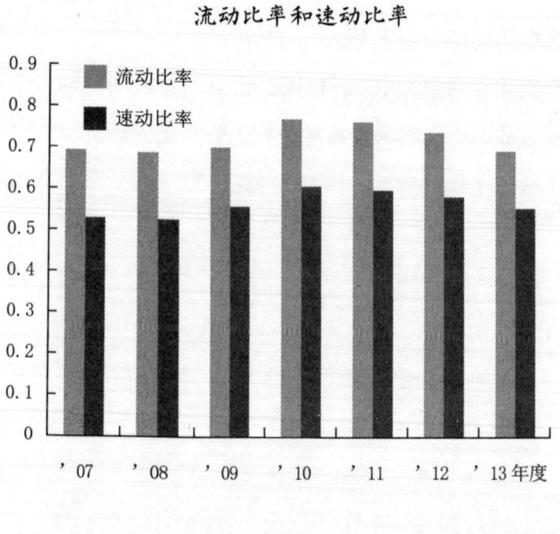

流动比率平均水平0.69

较快水平1.3以上

较低水平0.6 以下

速动比率平均水平0.55

较快水平0.8以上

较低水平0.4以下

2013 年水泥上市公司数据分析

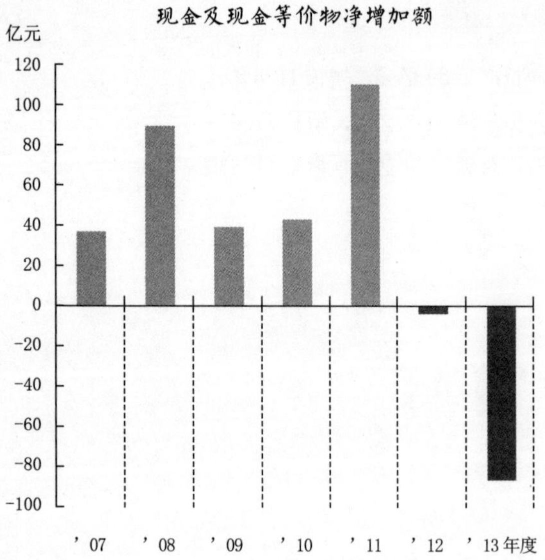

本年现金及现金等价物流入小于支出

现金及现金等价物净增加额 -87.5 亿元

汇率变动对现金及现金等价物的影响 0.5 亿元

经营活动产生的现金流量净额 417.0 亿元

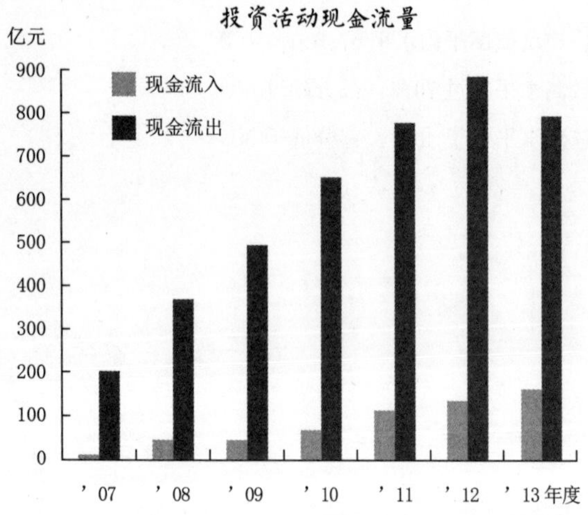

投资活动现金流入 160.9 亿元

投资活动现金流出 784.9 亿元

投资活动产生的现金流量净额 -624.0 亿元

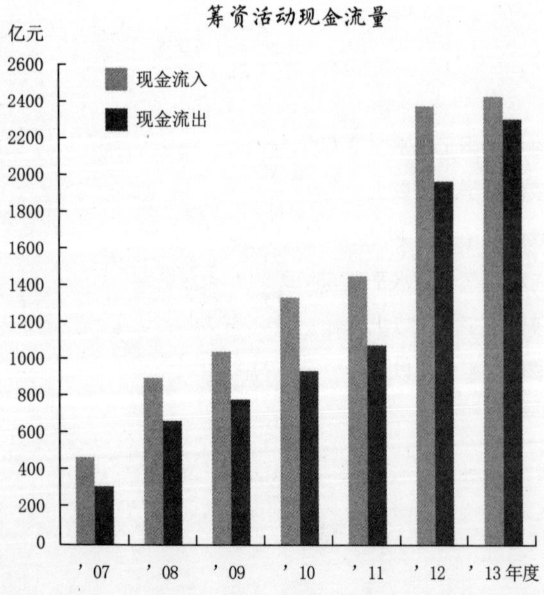

筹资活动现金流入 2414.1 亿元

筹资活动现金流出 2294.1 亿元

筹资活动产生的现金流量净额 120.0 亿元

传真:010-68138599 网址: www.cucc.com.cn

JIDD®

冀东发展

冀东发展集团有限责任公司是国家建材行业大型骨干企业，其前身河北省冀东水泥集团有限责任公司，是1996年9月在河北省冀东水泥厂的基础上经河北省人民政府批准、按照现代企业制度组建的国有控股公司，始建于1979年。在建厂30周年之际，企业更名为冀东发展集团有限责任公司。目前，公司已经发展成为拥有冀东水泥、冀东装备2家上市公司和200多家企业，分布在国内12个省区市，涉足建材、装备、房地产、贸易、物流、海外等多个产业、领域的“四跨型”大型综合企业集团。公司连续多年跻身“中国企业500强”之列。

冀东发展集团在环保、节能领域的创新发展上，取得丰硕成果。用水泥窑处置垃圾已实现产业化，磁飞轮技术填补国内科技和市场空白，装配式低层住宅成为住房和城乡建设部重点推荐项目。实施“走出去”战略取得积极进展，南非曼巴水泥项目有望提前完成工期。展望未来，公司将积极适应宏观形势的变化，顺应经济发展的大势，以创新为动力，做稳做强水泥主业，实现稳中求进；发挥比较优势，适度紧密相关多元发展；优化集团产业结构，发挥产业协同优势，提高综合竞争力，实现可持续发展，打造“百年企业”。力争把冀东发展集团建设成为一个主业做强、适度多元、结构优化、科学发展的国际化企业集团，争当产业结构调整的标兵和加快转变经济发展方式的龙头企业，为经济社会更好更快更大发展做出新的贡献。

JIDD 冀东发展集团有限责任公司

地址：中国河北省唐山市丰润区林荫路（064000）
电话：0315-3083355　　传真：0315-3241351
WWW.JIDD.COM.CN

可靠承载重托
SDLG
SDLG
LGS820B

湖北京兰水泥集团有限公司

董事长：

总经理：

湖北京兰水泥集团有限公司始建于2005年5月，由浙江民营资本投资，是湖北省荆门市和京山县招商引资重点企业，也是鄂中地区大规模的水泥生产企业，属国家重点支持的六十家大型水泥企业之一，位居湖北省第2位。公司已通过环境管理和职业健康安全管理体系认证，2007年被国家人事部、建材中心评为全国建材行业先进集体，国家安全生产标准化二级企业。

集团公司总部位于湖北省京山县，集团下辖湖北京兰水泥集团有限公司、永兴分公司、钱场分公司、京兰云梦、甘肃京兰、河北京兰等多家水泥生产企业和研究、机械、营销等若干专业子公司，拥有6条目前国内先进的新型干法回转窑生产线和3座大型粉磨站及3个商混生产企业。为实现节能环保，集团为所属各条新型干法回转窑生产线配置了纯低温余热发电机组和环保脱硝设备，并投入正常运行，创造了良好的经济效益和社会效益。

集团的水泥生产线均采用当前国际先进技术工艺，运用智能化中央控制系统，实现全自动化生产，产品质量优良。公司生产的“晶蓝”、“惠亭”牌系列水泥产品已通过ISO9001:2000质量管理体系认证和产品认证，连续多年被省、市评为“红榜”水泥，2005年被评为国家免检产品，2006年以来连续获湖北省名牌产品称号，2013年获湖北省著名商标。产品覆盖省内的大洪山脉地区、鄂西北地区、远销到重庆、上海、陕南、豫西地区和河南南阳、西北地区和京津地区等地。京兰水泥在国内市场的占有率大幅提高，广泛应用于高速公路、高速铁路、桥梁、隧道、新农村建设、大中型水利等重点工程，并拥有完善的售后服务体系，产品质量稳定，深受用户欢迎。

地 址：湖北省京山县　　综合部电话：0724-7539099　　传 真：0724-7539088　　邮 箱：jinglan@jinglan.cn

湖北地区销售热线：周先生13986965002　代先生13997923209　　河北地区销售热线：胡先生13807269563　陈先生13886906793

甘肃地区销售热线：赵先生13919201111　陈先生13957974457

善用资源 服务建设
嘉华水泥总厂警务室
油气井固井材料经典客户
四川嘉华企业（集团）股份有限公司
SISHUAN JIAHUA ENTERPRISE(GROUP)LIMITED LIABILITY COMPANY
联系电话：0833-2308516
传　　真：0833-2308516
公司地址：四川省乐山市市中区九峰路马鞍山2号
HALLIBURTON
Schlumberger
Statoil
ConocoPhillips
Chevron

公司是以生产、销售、研发“天山”牌通用、特种水泥为主的企业，主要产品有42.5级、52.5级普通和硅酸盐水泥，32.5级普通缓凝、复合水泥，A级、H级、G级油井水泥，道路硅酸盐水泥，425#和525#抗硫酸盐水泥、425#低碱水泥等。

公司设有国家技术中心、博士后流动工作站，能够根据市场所需组织各品种的水泥生产，先后研制开发了20多个水泥品种，有18个产品填补了区内外空白，日常储存了30多个品种的生产能力，承担着科技开发，新产品的开发、中试、试生产；生产工艺重大课题的技术攻关；组织进行新技术、新工艺、新材料、新设备的引进、吸收、消化、推广、应用；水泥技术交流与合作；在现有生产工艺条件下通过技术创新实施产品结构调整战略、实现优化资源配置、提高产品质量、降低消耗、提高综合效益的目标；对引进技术和设备进行消化吸收，注意行业技术发展动态，为企业发展提供可选择的战略依据。

地址：新疆乌鲁木齐市河北东路1256号天合大厦　电话：0991-6686781
邮编：830013　传真：0991-6686782